Das Recht der Reklame

Von

Dr. Felix Wolff und Dr. Karl-August Crisolli
Rechtsanwalt und Notar zu Berlin — Gerichtsassessor zu Berlin

Berlin und Leipzig 1929
Walter de Gruyter & Co.
vormals G. J. Göschen'sche Verlagshandlung · J. Guttentag, Verlagsbuchhandlung
Georg Reimer · Karl J. Trübner · Veit & Comp.

Vorwort.

Der Zweck dieses Buches ist, für alle Rechtsfragen, die das Gebiet der Reklame betreffen, eine Handhabe zu bieten.

Um diesen Zweck zu erreichen, sollen die hauptsächlichsten gesetzlichen Bestimmungen, welche von Reklame handeln bzw. mit Reklame in irgendeinem Zusammenhang stehen, nach bestimmten Grundsätzen behandelt und erläutert werden.

Eine Darstellung dieser Art für das deutsche Rechtsgebiet gibt es bisher nicht. Der Grund dafür dürfte sein, daß die Reklame in der Gesetzgebung kein in sich abgeschlossenes Gebiet bildet, sondern ihre gesetzlichen Grundlagen in den mannigfachsten Bestimmungen des privaten und öffentlichen Rechts findet. Soll z. B. eine Werbetätigkeit durch Zeitungsannoncen ausgeübt werden, so kommen für das Verhältnis zwischen dem Inserenten und dem Zeitungsverleger die privatrechtlichen Bestimmungen über Verträge in Betracht. Daneben finden auf das Inserat, um ein Beispiel aus dem öffentlichen Recht zu geben, die Vorschriften des Preßgesetzes Anwendung.

Wer sich wissenschaftlich oder praktisch mit Rechtsfragen auf dem Gebiete der Reklame befaßt, ist also darauf angewiesen, sich die in Betracht kommenden Bestimmungen nebst den Erläuterungen und Entscheidungen dazu in den einzelnen Rechtsgebieten, zu denen die betreffende Frage gehört, zusammenzusuchen.

Hier Abhilfe zu schaffen, liegt ein Bedürfnis vor.

Dieses Buch soll die Möglichkeit schaffen, sich über alle Rechtsfragen, welche die Reklame betreffen, mühelos zu informieren. Es soll nicht nur denen ein Hilfsmittel sein, die im einzelnen Falle darüber zu beraten oder zu entscheiden haben, ob eine betätigte Reklame zulässig oder verboten war, sondern insbesondere auch denen dienen, die selbst Reklame machen, oder die auf dem Gebiete der Reklame eine beratende Tätigkeit ausüben.

Inhaltsverzeichnis.

Verzeichnis der Abkürzungen.

a. a. O.	= am angeführten Ort.
a. A.	= anderer Ansicht.
AG.	= Amtsgericht.
A.-G.	= Aktiengesellschaft.
ALR.	= Preußisches Allgemeines Landrecht.
Apt.	= Gutachten der Ältesten der Kaufmannschaft von Berlin über Gebräuche im Handelsverkehr.
BadRspr.	= Badische Rechtsprechung.
BBl.	= Börsenblatt für den deutschen Buchhandel.
BGB.	= Bürgerliches Gesetzbuch.
BStrO.	= Berliner Straßenordnung.
Dambach Gutachten	= 50 Gutachten über Nachdruck und Nachbildung. Erstattet vom Preuß. Literarischen Sachverständigenverein in den Jahren 1874 bis 1889, herausgegeben von Dr. Otto Dambach 1891.
Daude Gutachten	= Gutachten der Preuß. Sachverständigenkammer für die Werke der Literatur- und Tonkunst aus den Jahren 1902 bis 1907, herausgegeben von P. Daude, Berlin, 1907.
DJZ.	= Deutsche Juristen-Zeitung.
Dove-Meyerstein	= Gutachten der Industrie- und Handelskammer Berlin.
ElsLothZ.	= Elsaß-Lothringische Zeitschrift.
FGG.	= Gesetz über die Angelegenheiten der freiwilligen Gerichtsbarkeit.
GebrMustG.	= Gesetz betr. den Schutz von Gebrauchsmustern.
GerS.	= Der Gerichtssaal (Zeitschrift).
GeschmMustG.	= Gesetz betr. das Urheberrecht an Mustern und Modellen.
GewA.	= Gewerbearchiv für das Deutsche Reich.
G. m. b. H.	= Gesellschaft mit beschränkter Haftung.
G. m. b. H.-Gesetz	= Gesetz betr. die Gesellschaft mit beschränkter Haftung.
Goltd. Arch.	= Archiv für Strafrecht und Strafprozeß, begründet von Goltdammer.
Gruch.	= Beiträge zur Erläuterung des Deutschen Rechts, begründet von Gruchot.
GRUR.	= Gewerblicher Rechtsschutz und Urheberrecht (Zeitschrift).
GVG.	= Gerichtsverfassungsgesetz.
HessRspr.	= Hessische Rechtsprechung.
HGB.	= Handelsgesetzbuch.
HMiBl.	= Ministerialblatt für Handel und Gewerbeverwaltung.
Holdheim	= Wochenschrift evtl. Monatsschrift für Handelsrecht und Bankwesen, Steuer- und Stempelfragen; seit 1919 Monatsschrift für Aktienrecht.
HRR.	= Höchstrichterliche Rechtsprechung auf dem Gebiete des Strafrechts, Beilage zur Zeitschrift für die gesamte Strafrechtswissenschaft.
HRRJR.	= Höchstrichterliche Rechtsprechung, Beilage zur „Juristischen Rundschau".
JMBl.	= Justizministerialblatt.
JR.	= Juristische Rundschau.
JW.	= Juristische Wochenschrift.
KaA.	= Kommanditgesellschaft auf Aktien.
KG.	= Kammergericht.

KGA.	= Blätter des Kaiserlichen Gesundheitsamts.
KGBl.	= Blätter für Rechtspflege im Bezirke des Kammergerichts.
KGJ.	= Jahrbuch der Entscheidungen des Kammergerichts in Sachen der freiwilligen Gerichtsbarkeit, in Kosten-, Stempel- und Strafsachen.
KunstUG.	= Gesetz betreffend das Urheberrecht an Werken der bildenden Künste und der Photographie.
LG.	= Landgericht.
LitUG.	= Gesetz betr. das Urheberrecht an Werken der Literatur und Tonkunst.
LVG.	= Landesverwaltungsgesetz.
LZ.	= Leipziger Zeitschrift für das Deutsche Recht.
MiBl.	= Ministerialblatt für die gesamte Preuß. Innere Verwaltung.
MeZ.	= Mecklenburgische Zeitschrift für Rechtspflege.
MuW.	= Markenschutz- und Wettbewerb (Zeitschrift).
ObLG.	= Bayerisches Oberstes Landesgericht.
ObLGSt.	= Sammlung der Entscheidungen des Bayerischen Obersten Landesgerichts in Strafsachen.
OHG.	= Offene Handelsgesellschaft.
OLG.	= Oberlandesgericht.
OLGR.	= Die Rechtsprechung der Oberlandesgerichte auf dem Gebiete des Zivilrechts.
OVG.	= Oberverwaltungsgericht; auch Entscheidungen des Preuß. Oberverwaltungsgerichts.
Polizei	= Die Polizei (Zeitschrift).
PrVBl.	= Preuß. Verwaltungsblatt.
PVG.	= Gesetz über die Polizeiverwaltung.
Recht	= Das Recht, Rundschau für den Deutschen Juristenstand.
Reger	= Entscheidungen der Gerichte und Verwaltungsbehörden, herausgegeben von Reger.
RG.	= Reichsgericht.
RGBl.	= Reichsgesetzblatt.
RGO.	= Gewerbeordnung für das Deutsche Reich.
RGSt.	= Entscheidungen des Reichsgerichts in Strafsachen.
RGZ.	= Entscheidungen des Reichsgerichts in Zivilsachen.
ROHG.	= Entscheidungen des Reichsoberhandelsgerichts.
RPG.	= Gesetz über die Presse.
S.	= Seite.
SächsArch.	= Archiv für Rechtspflege in Sachsen, Thüringen und Anhalt.
SeuffArch.	= Seufferts Archiv für Entscheidungen der Oberlandesgerichte in deutschen Staaten.
SeuffBl.	= Seufferts Blätter für Rechtsanwendung.
StGB.	= Reichsstrafgesetzbuch.
StPO.	= Strafprozeßordnung.
StriethArch.	= Striethorsts Archiv für Rechtsfälle.
StRZ.	= Zeitschrift für das gesamte Strafrecht.
UWG.	= Gesetz gegen den unlauteren Wettbewerb.
Warn.	= Die Rechtsprechung des Reichsgerichts auf dem Gebiete des Zivilrechts, herausgegeben von Warneyer.
WZG.	= Gesetz zum Schutze der Warenbezeichnungen.
ZG.	= Gesetz über die Zuständigkeit der Verwaltungs- und Verwaltungsgerichtsbehörden.
ZHR.	= Zeitschrift für das gesamte Handels- und Konkursrecht.
ZPO.	= Zivilprozeßordnung.
ZUW.	= Zeitschrift „Unzulässiger Wettbewerb“.
ZV.	= Zeitungsverlag (Zeitschrift).
ZVFP.	= Zeitschrift des Verbandes der Fachpresse.

Einleitung.

Die Reklame stellt im modernen Leben einen Machtfaktor ersten Ranges dar. Ihre Bedeutung hat Präsident Coolidge im Herbst 1926 auf einer Tagung der Advertising Agencies dahin charakterisiert, daß sie die Seele von Handel und Wandel sei.

Darüber, was Reklame bedeutet, sind die Ansichten in Wissenschaft und Praxis sehr geteilt. Je nach der Auffassung über das Wesen der Reklame sind die verschiedensten Definitionen aufgestellt worden. So ist Reklame als Gesamtheit aller Mittel zur Erzielung von Verkäufen und Anziehung von Kunden ohne persönliches Dazwischentreten eines Verkäufers definiert worden[1]). Eine andere Definition geht dahin, Reklame heiße bewirken, daß ein anderer „weiß, sich erinnert, handelt". Der bekannte Forscher auf dem Gebiet der Reklame Mataja[2]) sieht in der Reklame eine der Ausdehnung über einen größeren Personenkreis fähige Einwirkung auf das Denken und Verhalten anderer in Beziehung auf Person oder Gegenstände, und zwar durch Erregung von Aufmerksamkeit und Erweckung günstiger Vorstellungen für sie. Seyffert und Lysinski[3]) gehen davon aus, daß Reklame Werbung sei, und definieren Werbung als „die organisierte Anwendung von Mitteln zur Massenbeeinflussung von Menschen, in freier Entschließung sich einen dargebotenen Zweck zu eigen zu machen und sich, durch ihn bestimmt, an seiner Verwirklichung mit zu betätigen". In der Zeitschrift „Die Reklame"[4]) ist Reklame dahin definiert worden, daß sie jede Nachricht sei, die im positiven Sinne die öffentliche Aufmerksamkeit auf ein geschäftliches Unternehmen lenkt und damit indirekt als Empfehlung wirkt. Das Pr. OVG.[5]) sieht als Reklame die öffentliche Mitteilung an, welche durch die Häufigkeit ihrer Wiederholung, das Auffallende ihrer Darstellung — z. B. räumliche Ausdehnung, grelle Farben, Verwendung ungewöhnlich großer oder eigentümlicher Buchstaben und bildlicher Darstellungen —, ferner durch Lichteffekte oder auf sonstige Art das Publikum auf geschäftliche Ankündigungen in besonderem Maße und höherem Grade lenken soll, als es durch einfache Mitteilung geschieht.

Es soll hier nicht versucht werden, diesen Definitionen eine neue hinzuzufügen, da es für den Zweck dieses Buches einer derartigen Begriffsbestimmung nicht bedarf. Hier sei nur so viel gesagt, daß im Sinne der weiteren Darlegungen unter Reklame jedes Vorhaben verstanden wird, welches sich zur Verfolgung wirtschaftlicher Interessen an das Publikum wendet und das dazu bestimmt ist, für eine unbestimmte Zahl von Geschäften

---

[1]) So Gérin und Espinadel, La publ. suggestive 1921, S. 5.

[2]) Die Reklame 1926, S. 14.

[3]) Zeitschrift der Handelswissenschaft und Handelspraxis, Jahrg. 1920, Bd. 1, Kap. 1.

[4]) 1927, Heft 10, S. 347. [5]) OVG. 61, 178.

Aufmerksamkeit zu erwecken und eine Einwirkung dahin auszuüben, daß das Publikum im Bedarfsfalle von dem Gegenstand der Reklame Gebrauch macht.

Zu dem Begriffsmerkmal der Reklame gehört daher dreierlei: Verfolgung wirtschaftlicher Interessen, Inanspruchnahme des Publikums, d. h. einer individuell nicht bestimmten Anzahl von Personen, und ein Vorhaben, darauf gerichtet, für eine unbestimmte Zahl von Geschäften Aufmerksamkeit zu erwecken und Einwirkung auszuüben.

A. Wirtschaftliche Zwecke verfolgen, bedeutet die Absicht Gewinn zu erzielen. Gewinn entsteht, wenn der Gegenstand der Reklame begehrt wird. Deshalb macht der Kaufmann Reklame, um eine möglichst große Zahl von Abnehmern zu erlangen, der Unternehmer, damit seine Leistungen in Anspruch genommen werden. Reklame wird gemacht, um möglichst günstig zu verkaufen, zu vermieten, zu verpachten, zu verarbeiten usw. und dadurch zu gewinnen. Die Reklame dient, worauf Mataja[1]) mit Recht hinweist, nicht nur, wie es zunächst den Anschein hat, der Förderung des Verkaufs, wenn es sich auch allerdings um diesen hauptsächlich handeln wird, sie kann auch günstige Einkaufsmöglichkeiten erstreben. Für den Kaufmann ist es, um Gewinn zu erzielen, ebenso wichtig, gut zu verkaufen als günstig einzukaufen. Sein Reklamevorhaben kann sich somit auch darauf richten, eine Einwirkung auf das Publikum dahin auszuüben, daß ihm günstige Kaufangebote gemacht werden. Zu Unrecht folgert allerdings Mataja hieraus, daß die Zwecke der Reklame vielgestaltig seien. Der Zweck der Reklame ist immer der gleiche, nämlich, Aufmerksamkeit zu erwecken und Einwirkung auszuüben. Verschieden sind nur die Absichten, welche mit diesem als einheitlich festgestellten Zweck verfolgt werden. Die Einwirkung kann dahin gehen, zu kaufen, zu bestellen, zu mieten, zu pachten usw., sie kann aber auch dahin gehen, zum Kauf, zur Bestellung, zur Leistung von Diensten usw. anzubieten.

Fehlt es an der Absicht, wirtschaftliche Interessen zu verfolgen, so liegt keine Reklame vor. Deshalb sind Kundgebungen, die nur dazu bestimmt sind, die öffentliche Ordnung aufrechtzuerhalten, oder Kundgebungen, die nur propagandistischen Zwecken dienen, keine Reklame.

Zu den Kundgebungen, die nur die öffentliche Ordnung aufrechterhalten sollen, gehören z. B. die Signallampe, Warnungstafeln, Straßenschilder („Einbahnstraße", „Übergang für Fußgänger") usw. Sie sind zwar dazu bestimmt, die Aufmerksamkeit zu erwecken und in bestimmter Beziehung auf das Publikum einzuwirken, es wird aber mit ihnen kein wirtschaftlicher Zweck verfolgt. Wenn z. B. in den Berliner Straßenbahnen Plakate angebracht sind mit der Aufschrift: „Steigst Du aus, denk an den Kniff, linke Hand am linken Griff", so bedeutet dies lediglich eine Kundgebung zur Aufrechterhaltung der öffentlichen Ordnung. Anders dagegen die gleichfalls von der Straßenbahn ausgehenden Plakate mit der Aufschrift „Mit der Straßenbahn ans Wasser" und mit der weiteren Angabe, welche Orte dafür in Betracht kommen und mit welchen Linien der Straßenbahn diese Orte zu erreichen sind. Hier verfolgt die Straßenbahn einen wirtschaftlichen Zweck, sie will auf das Publikum einwirken, sich für den Besuch dieser am Wasser gelegenen Orte der Straßenbahn zu bedienen. Durch diese Kundgebungen macht also die Straßenbahn für sich Reklame.

An der Verfolgung wirtschaftlicher Interessen fehlt es weiter, wenn die Kundgebung lediglich propagandistischen Zwecken dient, d. h. wenn sie gemeinnützige oder

---

[1]) a. a. O. S. 50.

ideale Zwecke verfolgt[1]). Verbreitet z. B. der Staat im Interesse der Ertüchtigung seiner Angehörigen Kundgebungen wie „Treibt Sport" oder im Interesse der Volksgesundheit Kundgebungen wie „Hütet Euch vor Geschlechtskrankheiten", so übt der Staat keine Reklame-, sondern lediglich eine Propagandatätigkeit aus. Anders dagegen, wenn die Reichsbahn in öffentlichen Kundgebungen zu Wochenendfahrten auffordert und unter Hinweis auf die Notwendigkeit von derartigen Ausflügen zur Erhaltung der Gesundheit billige Wochenendfahrkarten anpreist. Hier verfolgt die Reichsbahn nicht ideale Zwecke, sondern rein wirtschaftliche, nämlich die, durch gesteigerte Benutzung der Eisenbahn für Wochenendausflüge ihre Einnahmen zu vergrößern, und macht somit für sich Reklame.

Der Name Propaganda wird vielfach fälschlich da gebraucht, wo es sich tatsächlich um Reklame handelt, so z. B. wenn ein Kaufmann für sein Unternehmen einen „Propaganda"-Chef sucht oder wenn für eine Ware „Propaganda" getrieben wird. Da hier stets wirtschaftliche Interessen verfolgt werden, handelt es sich in Wirklichkeit nicht um Propaganda, sondern um Reklame.

Kundgebungen, wie etwa die des Blauen oder Gelben Kreuzes oder Werbungen bei allein reisenden Mädchen zur Aufsuchung von Hospizen können rein propagandistisch erfolgen, können aber auch Reklame sein, je nachdem rein ideale oder gleichzeitig auch wirtschaftliche Zwecke, etwa Werbung von Beitrag zahlenden Mitgliedern verfolgt werden.

Kundgebungen, die noch so sehr gemeinnützigen Zwecken dienen mögen, werden jedoch immer dann Reklame und nicht Propaganda sein, wenn mit ihnen irgendwelche, sei es auch gegenüber den gemeinnützigen oder idealen Zwecken völlig in den Hintergrund tretende wirtschaftliche Interessen verfolgt werden.

Es handelt sich bei dem Unterschied zwischen Propaganda und Reklame keineswegs nur um einen Streit um Worte, da im wesentlichen nur die Werbung, welche wirtschaftlichen Interessen dient, dem Gesetzgeber Veranlassung gibt, gegebenenfalls den für die Werbung angewandten Mitteln Schranken zu setzen, während, wenn es sich um die Propagierung idealer oder gemeinnütziger Ideen handelt, im allgemeinen ein derartiges Bedürfnis überhaupt nicht bzw. nur unter gewissen Voraussetzungen vorliegt, die jedenfalls andere sind, als wenn es sich um Reklame handelt.

B. Nicht in das Gebiet der Reklame gehört weiter die Empfehlung, d. h. die aus uneigennützigen Zwecken erfolgende Anpreisung. Wer z. B. einem anderen mitteilt, daß er mit einem bestimmten Haarfärbemittel besonders gute Erfahrungen gemacht habe, dem anderen deshalb dieses Mittel anpreist und ihn bestimmt, das Mittel gleichfalls zu verwenden, macht nicht Reklame für dieses Mittel, obwohl im Verkehr hierfür häufig dieser Ausdruck gebraucht wird. Tatsächlich handelt es sich hier lediglich um eine Empfehlung, für welche die Bestimmungen des § 676 BGB. Anwendung finden, wonach, wer einem anderen eine Empfehlung erteilt, unbeschadet der sich aus einem Vertragsverhältnis oder einer unerlaubten Handlung ergebenden Verantwortlichkeit zum Ersatz des aus der Befolgung der Empfehlung entstehenden Schadens nicht verpflichtet ist. Derartige Empfehlungen sind keine Reklame, einmal weil sie nicht wirtschaftliche Zwecke verfolgen, sodann weil sie nicht an das Publikum gerichtet sind. Die Empfehlung kann jedoch zur Reklamebetätigung werden, wenn die Anpreisung nicht uneigennützig erfolgt und an eine unbestimmte Zahl von Personen ergeht, wenn z. B. also ein Reisender eine unbestimmte

[1]) Ebenso Behrmann, Reklame 1923.

Zahl von Personen aufsucht und sie zu bestimmen sucht, den angepriesenen Gegenstand zu erwerben.

Auch das sogenannte Anreißertum ist Reklame oder Empfehlung, je nachdem eine Tätigkeit ausgeübt wird, die auf das Publikum gerichtet ist oder nicht. Wenn ein Geschäftsmann einem Passanten, der sein Schaufenster betrachtet, seine Waren anpreist, um ihn zum Betreten des Ladens zu veranlassen, so ist das Empfehlung und nicht Reklame. Diese Art des Kundenfangs, die nach § 1 UWG. als gegen die guten Sitten verstoßend verboten ist[1]), hat somit für unsere Darstellungen als nicht zum Gebiete der Reklame gehörend außer Betracht zu bleiben. Anders dagegen, wenn die Kundgebungen durch sog. gewerbsmäßige Anreißer erfolgen, die zum Zwecke der Kundenwerbung angestellt sind. Diese treiben, wie unten[2]) dargetan werden wird, mündliche Reklame.

C. Zum Begriff der Reklame gehört schließlich ein Vorhaben, das darauf gerichtet ist, für eine unbestimmte Anzahl von Geschäften Aufmerksamkeit zu erwecken und Einwirkung auszuüben. Die Reklame ist daher etwas Geistiges, sie ist eine Idee, sie will erreichen, daß das Publikum auf den Reklamegegenstand eingestellt wird, daß es dahin gewiesen wird, im Bedarfsfalle von dem Reklamegegenstand Gebrauch zu machen, sie will für den Reklamegegenstand Kunden werben.

Allerdings wird bei der oben gezeigten Vielgestaltigkeit der Absichten, welche mit dem Reklamezweck verbunden sein können, das Wort „Kunde" hier im weitesten Sinne zu fassen sein. Im geschäftlichen Leben wird im allgemeinen als Kunde bezeichnet, wer bei einem Kaufmann einen Kauf tätigt. Es dürfte jedoch nicht zu beanstanden sein, den Begriff „Kunde" weiter dahingehend zu fassen, daß Kunde jeder ist, der geschäftlich die Leistungen eines anderen in Anspruch nimmt. So kann z. B. der Mieter, der aus einer Bücherei mietsweise Bücher entnimmt, ebenso als Kunde der Mietbibliothek bezeichnet werden wie der Besteller, der etwa nach seinen Entwürfen ein Werk herstellen läßt, als Kunde des Unternehmers. Im Sinne der Reklame als einem Vorhaben zur Kundenwerbung ist aber der Begriff des Kunden noch weiter zu fassen. Das Reklamevorhaben kann auch die Absicht verfolgen, einzukaufen oder Dienste entgegenzunehmen, so daß auch derjenige, der z. B. einem Antiquariat Bücher verkauft, in gleicher Weise als Kunde des Antiquariats anzusprechen ist wie etwa der Verkäufer von getragenen Kleidern dem Kleiderhändler gegenüber als dessen Kunde.

Wenn daher in den folgenden Ausführungen davon die Rede ist, daß die Reklame ein auf Kundenwerbung gerichtetes Vorhaben ist, so ist das Wort Kunde in der geschilderten weiten Bedeutung aufzufassen.

Nicht jede Kundgebung jedoch, die z. B. auf Kauf oder Verkauf hinzielt, ist schon Reklame. Keine Reklame liegt vor, wenn sich die Kundgebung lediglich auf Verkauf oder Einkauf einer bestimmten Sache bezieht oder durch sie Dienste oder Leistungen für einen einzigen, bestimmten Zweck oder ein bestimmtes Werk angeboten oder gesucht werden. Hier würde es nämlich an dem für die Reklame erforderlichen Merkmal fehlen, daß sie auf den Abschluß einer unbestimmten Zahl von Geschäften gerichtet sein muß. Es handelt sich daher nicht um Reklame, wenn z. B. im Submissionsverfahren zur Abgabe von Angeboten aufgefordert wird, oder wenn etwa ein Buchhändler eine Annonce erläßt, wonach er ein bestimmtes Werk sucht.

---

[1]) Vgl. OLG. Hamm in MuW. XIII, S. 157. [2]) S. 128.

Ist danach die Reklame ein geistiger Vorgang, eine Idee, so können ihr als solcher irgendwelche gesetzlichen Schranken nicht gesetzt sein. Derartige Schranken wären undenkbar, sie würden bedeuten, daß der Gesetzgeber das Denken verbietet bzw. einschränkt. Das wäre ein Unding. „Gedanken sind zollfrei."

Um ihren Zweck, Kunden zu werben, erfüllen zu können, bedarf die Reklameidee der Verkörperung.

Die Verkörperung der Reklameidee setzt ein Doppeltes voraus, einmal etwas, wofür Reklame gemacht wird, und sodann das Mittel, mit dem Reklame gemacht wird. Um die Reklameidee in die Welt der Erscheinungen treten zu lassen, muß also ein Objekt vorhanden sein, für das sie betätigt wird, und eine Ausdrucksform, in der sie kundgegeben wird.

Prinzipiell hat der Gesetzgeber weder für die Wahl des Reklameobjekts noch für die Kundgebung der Reklameidee irgendwelche Schranken gesetzt. An und für sich ist jede Reklamebetätigung erlaubt. Reklame ist nicht verboten, sie ist im Gegenteil das gegebene und erforderliche Mittel, den Handel zu heben. Im Wesen der Reklame liegt es begründet, ein Mittel im Konkurrenzkampf zu sein und eine Suggestion auf das Publikum in Richtung auf das Objekt, für das Reklame gemacht wird, auszuüben. Die Reklame kann daher im einzelnen Falle nicht schon deshalb vom Gesetzgeber verboten werden, weil sie den Konkurrenten in seinem Geschäftsbetrieb beeinträchtigt. Auch eine etwaige Schädigung, welche ihm durch Reklame des Konkurrenten herbeigeführt wird, muß sich der Kaufmann gefallen lassen.

Der an sich freien Reklamebetätigung muß aber vom Gesetzgeber dann eine Schranke gesetzt werden, wenn sie sich als ein Mißbrauch darstellt. Dies kann der Fall sein aus öffentlich-rechtlichen Gründen, d. h. aus Gründen der Staats- und Rechtssicherheit, sowie aus privatrechtlichen Gründen, und zwar entweder zum Schutze allgemeiner privater Interessen oder zum Schutze der Gewerbegenossen gegen unrechtmäßige oder unlautere Konkurrenz.

Die vom Gesetzgeber einer mißbräuchlichen Reklame zu setzenden Schranken können darin bestehen, daß er die Reklame verbietet, oder darin, daß er eine Reklame, der die Gefahr mißbräuchlicher Betätigung innewohnt, an bestimmte Voraussetzungen knüpft.

Eine Systematik der Reklame, d. h. ein nach bestimmten Grundsätzen geordnetes Rechtsgebiet der Reklame gibt es nicht. Das besagt jedoch nicht, daß jede Möglichkeit fehlt, das Gebiet der Reklame im Rechtsleben nach bestimmten Grundsätzen geordnet zu betrachten. Nach Elster[1]) soll es ein etwas systemloses Beginnen sein, die Reklame als besonderes Rechtsgebiet zu betrachten, weil die Behandlung der Reklame lediglich eine Zusammenstellung aus allen möglichen Rechtsgebieten, die irgend etwas mit Werbung zu tun haben, „in usum delphini ohne tieferes methodisches Interesse des Zusammenhanges" bedeute. Dieser Auffassung kann nicht ohne weiteres beigepflichtet werden. Wird daran festgehalten, daß die Reklame eine Idee, ein Wille zur Werbung ist, daß dieser Wille, um in die Erscheinung zu treten, der Verkörperung bedarf, daß diese Verkörperung ein Objekt bedingt, für das Reklame gemacht wird und eine Ausdrucksform, in der für dieses Objekt die Reklame kundgegeben wird, daß das, was als Objekt der Reklame in Betracht kommt, wie später im ersten Teil gezeigt werden wird, fest umgrenzt ist, und daß es sich schließlich bei der Betrachtung der Ausdrucksformen der Reklame nur

[1]) Stier-Somlo-Elster, Handwörterbuch der Rechtswissenschaft VI, 892 und GRUR. 29, 443.

darum handeln kann, ob ihnen aus öffentlich-rechtlichen oder aus privatrechtlichen Gründen Schranken gesetzt sind, so scheint hierin die Möglichkeit zu liegen, die Materie nach einer Art von System, d. h. nach bestimmten Grundsätzen geordnet zu betrachten. Es dürfte daher auch nicht zu beanstanden sein, die Reklame als ein besonderes Gebiet der Rechtsbetrachtung zu behandeln.

Die folgenden Darlegungen betreffen also die Darstellung der für die Reklamebetätigung gesetzten Schranken, und zwar einmal bezüglich des im ersten Teil zu behandelnden Objektes der Reklameidee, sodann bezüglich der im zweiten Teil zu behandelnden Ausdrucksformen der Reklame. Die Behandlung dieses Teiles wird in zwei Abschnitten erfolgen, und zwar werden im ersten Abschnitt die öffentlich-rechtlichen, im zweiten Abschnitt die privatrechtlichen Beschränkungen dargetan werden. Im Anschluß hieran soll sodann im dritten Teil die Rechtsnatur der Reklamekundgebungen und der Reklamevertrag behandelt werden.

Erster Teil.

Das Objekt der Reklame.

Die Reklame ist — wie in der Einleitung ausgeführt — der Wille, zur Erzielung wirtschaftlicher Vorteile Kunden zu werben. Der Zweck jeder Reklamebetätigung ist also einheitlich bestimmt. Er besteht in der Erlangung wirtschaftlicher Vorteile für denjenigen, der die Reklame betreibt. Das Wesen der Reklame ist, daß die Erstrebung wirtschaftlicher Vorteile durch Einwirkung auf das Publikum erfolgt. Um auf das Publikum einwirken zu können, d. h. um auf diesem Wege den einheitlich bestimmten Reklamezweck erreichen zu können, muß etwas in die Erscheinung treten, worauf das Publikum hingelenkt werden soll. Um Kunden zu werben, muß also etwas vorhanden sein, wofür die Kundenwerbung erfolgen soll. Dieses Etwas, für das die Reklame betätigt werden soll, gilt im Rahmen des vorliegenden Buches als das Objekt der Reklame.

Bei näherer Untersuchung, was in diesem Sinne Objekt der Reklame sein kann, muß davon ausgegangen werden, daß derjenige, der Reklame betreibt, wie ausgeführt, wirtschaftliche Vorteile erzielen will. Das Objekt der Reklame, auf das das Publikum hingelenkt werden soll, um im Bedarfsfalle Gebrauch zu machen und damit Kunde des Reklamebetreibenden zu werden, kann nur seine Person, sein Geschäft, seine Leistung, seine Ware bzw. die von ihm vertriebene Ware sein. Ein anderes Objekt für die Reklame ist undenkbar. In welcher Form auch immer die Reklameidee in die Erscheinung treten mag, ihr Objekt ist stets nur die Person, das Geschäft, die Ware oder die Leistung.

Völlig verschieden von dem Objekt der Reklame ist dagegen die einzelne Ausdrucksform, in der für das Objekt Reklame gemacht wird. Kundgebungen für die Reklame können in den mannigfachsten Formen erfolgen. Sie können mündlich geschehen, z. B. durch Ausrufer, Reisende usw., oder schriftlich vorgenommen werden, z.B. durch Inserate, Plakate, Reklamezettel, Schilder, Lichtreklame, Filmreklame, Grammophon, Himmelschrift usw. Schließlich kann die Kundgebung einer Reklame auch durch besondere Veranstaltungen erfolgen, z. B. durch Ausstellen auf Messen, Märkten und Ausstellungen, Rundfunk, Erregung von Sensationen, Ausstattung von Geschäftswagen oder sonstigen Wirtschaftsgegenständen, Wahl eindrucksvoller Kleidung für Bedienstete, Anbringung von Emblemen, Bildern und sonstigem Aufputz an den Geschäftshäusern, Ausstattung der Schaufenster und vieles andere mehr.

Während danach für das Objekt der Reklame das Gebiet eng umgrenzt ist, sind für die Möglichkeiten der Ausdrucksformen der Phantasie keine Grenzen gesetzt.

In dem vorliegenden Teile handelt es sich lediglich um das Objekt der Reklame.

Um den Zweck der Reklame zu erreichen, d. h. um die gewünschte Einwirkung des Publikums in Richtung auf das Reklameobjekt zu erzielen, muß die Kundgebung derart sein, daß das Publikum das Objekt aus ihr zu erkennen vermag. Die Kundgebung der Reklameidee muß daher auf die Person oder Sache oder auf beides zusammen hinweisen. Sie muß das Reklameobjekt kennzeichnen und es individualisieren, damit es von anderen unterschieden werden kann.

Zur Kennzeichnung des Reklameobjekts kommen diejenigen Mittel in Betracht, welche zur Kennzeichnung einer Person oder eines Gegenstandes geeignet sind. Das ist für die Person der Name und für den Gegenstand die Bezeichnung.

Der Name ist im Verkehr mit dem Publikum das Hauptunterscheidungsmerkmal der einzelnen Person von anderen Personen. Ebenso ist der Handelsname das Hauptunterscheidungsmerkmal des einzelnen Handelsunternehmens von anderen. Der Name bzw. die Firma sind somit die hauptsächlichsten Mittel, die für ein Reklamevorhaben in Betracht kommen, wenn es sich darum handelt, für eine Person oder ein Geschäft Reklame zu machen. Das gleiche trifft für Bezeichnungen zu, die einem Gegenstand beigelegt werden, um ihn von anderen Gegenständen zu unterscheiden.

Name oder Bezeichnung können eine Kennzeichnungskraft von derartiger Stärke besitzen, daß das Publikum das Objekt der Reklame bereits aus ihnen allein erkennt.

Für denjenigen, der als Künstler oder Schriftsteller bekanntgeworden ist, oder der sich als Kaufmann durch die Ehrlichkeit seines Geschäftsgebarens und durch die Güte seiner Ware Ansehen verschafft hat, wird der Name zu einem Reklamefaktor. Der Name braucht nur in die Erscheinung zu treten, um Reklamewirkung auszuüben. Die Reklamewirkung haftet dem Namen gleichsam an. Will z. B. ein Bilderhändler einen Rembrandt verkaufen, so braucht er für das Bild nicht damit Reklame zu machen, daß Rembrandt einer der bedeutendsten und berühmtesten Maler aller Zeiten sei. Die Nennung des Namens Rembrandt genügt, um bei den in Betracht kommenden Kreisen die gewünschte Reklamewirkung zu erzielen. Ebenso genügt es, wenn es sich um die Verbreitung eines Buches von Gerhart Hauptmann handelt, den Namen Gerhart Hauptmann zu nennen, um allgemein wissen zu lassen, daß es sich um ein Werk des bekannten deutschen Dichters handelt.

Vertreibt ein Kaufmann ein Erzeugnis unter einer bestimmten Bezeichnung, die dem Publikum geläufig geworden ist, und hat das Publikum Zutrauen zu dem Erzeugnis gewonnen, so übt die Bezeichnung bereits als solche Reklamewirkung aus. Hat z. B. die Hausfrau die Überzeugung gewonnen, daß „Persil" dasjenige Waschmittel sei, welches der Wäsche die gewünschten Eigenschaften gibt, so genügt es, wenn sie im Laden das Wort Persil sieht oder hört, um bei Bedarf dieses zu wählen. Allein die Bezeichnung „Persil" übt somit hier die Reklamewirkung aus. „Persil" wird zum Waschmittel schlechthin.

Die Einwirkung kann auch in der Weise erfolgen, daß zugleich auf die Person und die Ware des Reklametreibenden hingewiesen wird. Dies ist z. B. der Fall, wenn ein Kaufmann, der Otto Müller heißt und ein Zigarrengeschäft betreibt, in der Reklame als „Otto Müller Zigarrengeschäft" auftritt. Hier wird zugleich auf die Person des Kaufmanns sowie auf seine Ware hingewiesen. Derartige Hinweise erfolgen häufig auch in der Weise, daß aus dem Personennamen und der Bezeichnung der Ware eine Zusammensetzung gebildet wird, die schlagwortartig gebraucht wird und dazu bestimmt ist, eine besonders starke Reklamewirkung auszuüben. Dies ist z. B. der Fall, wenn ein Kaufmann, der Matz heißt und Hemden verkauft, als „Hemdenmatz", oder wenn ein Kaufmann, der König heißt und Stiefel verkauft, als „Stiefelkönig" Reklame macht und dadurch als Objekt der Reklame sowohl auf seinen Namen wie auch auf seine Ware hinweist.

Sind also Name und Bezeichnung die Mittel zur Kennzeichnung des Reklameobjektes, so ist zu prüfen, ob bzw. welche Schranken das Gesetz der Verwendung von Name und Bezeichnung als Kennzeichnung des Objekts für ein Reklamevorhaben gesetzt hat.

I. Der Name als Mittel für die Kennzeichnung des Reklameobjekts.

Der Name ist ein sprachliches Mittel zur Individualisierung einer Person oder einer Personenvereinigung, mit dem sie ständig bezeichnet werden. Unter dem Namen vollzieht sich der gesamte bürgerliche Verkehr seines Trägers in Staat und Gesellschaft. Unter dem Namen entstehen für ihn alle Rechte und Pflichten. Bei der Bedeutung, welche danach dem Namen zukommt, kann es der Gesetzgeber nicht zulassen, daß die einzelne Person sich irgendeines ihr genehmen Namens bedient, etwa ihren früheren Namen ablegt und im gesellschaftlichen und Rechtsverkehr plötzlich unter einem neuen Namen auftritt. Hierdurch würde die Sicherheit des Verkehrs gefährdet werden. Dem Rechte zur Führung des Namens steht also die Verpflichtung zur Namensführung gegenüber, nämlich zur Führung desjenigen Namens, welcher dem einzelnen zukommt.

Der Reklamewert des Namens liegt — wie vorstehend dargetan — darin, daß durch ihn die Person, welche ihn führt, gekennzeichnet und von anderen Personen unterschieden wird. Gerade der Name ermöglicht es, eine Einwirkung auf die durch ihn ihrer Identität nach festgestellte Person hervorzurufen. Als Objekt der Reklame kann danach prinzipiell nur derjenige Name in Betracht kommen, der die betreffende Person als solche kennzeichnet, d. h. der Name, den sie zu führen berechtigt und verpflichtet ist.

Es sind zwei Arten von Namen zu unterscheiden, einmal der bürgerliche Name, das ist der Name der natürlichen Personen oder der Personenvereinigungen, und sodann die Firma, das ist der Name, unter dem ein Kaufmann — worunter auch die handelsrechtlichen Gesellschaften fallen — im Handel seine Geschäfte betreibt[1]).

Für beide Namensarten sind gesetzliche Bestimmungen getroffen, aus denen sich ergibt, welche Namen oder welche Firma die einzelne Person bzw. Personenvereinigung zu führen berechtigt und verpflichtet ist. Diese Bestimmungen sind naturgemäß völlig verschieden voneinander, da der bürgerliche Name seinem Träger zugewiesen wird, ohne daß er prinzipiell in der Lage wäre, auf seine Gestaltung einen Einfluß auszuüben, bei der Wahl eines Handelsnamens aber mannigfache Möglichkeiten vorhanden sind, die Gestaltung zu beeinflussen.

A. Der bürgerliche Name.

1. Vor- und Zuname.

Der bürgerliche Name setzt sich aus einem oder mehreren Vornamen sowie aus dem Familiennamen zusammen.

Der Vorname wird durch denjenigen bestimmt, dem die Sorge für die Person des Namensträgers zusteht, und wird als Teil des Namens mit in das Geburtsregister des Standesamts eingetragen. Lediglich diesen bzw. diese Vornamen ist der Namensträger zu führen berechtigt.

---

[1]) § 17 HGB.

Welchen Familiennamen der einzelne erwirbt, ist reichsrechtlich durch das Bürgerliche Gesetzbuch geregelt.

a) Kinder erwerben den Familiennamen durch Geburt oder durch Rechtsakt.

Für den Erwerb durch Geburt gelten folgende Bestimmungen:

Das eheliche Kind erhält den Familiennamen des Vaters[1]), das uneheliche Kind den der Mutter[2]). Ist diese bei Geburt ihres unehelichen Kindes verheiratet, so erhält das Kind den Familiennamen, den sie vor der Verheiratung geführt hat. Der Ehemann der unehelichen Mutter kann[3]) jedoch dem Kinde seinen Namen erteilen. Verheiratet sich der Vater eines unehelichen Kindes mit der Mutter des Kindes, so erhält das Kind mit der Eheschließung die rechtliche Stellung eines ehelichen Kindes und demzufolge auch anstatt des bis dahin geführten Familiennamens der Mutter den des Vaters.

Für den Erwerb durch Rechtsakt kommen folgende Bestimmungen in Betracht:

α) Die Ehelichkeitserklärung. Eine solche liegt vor, wenn der „Vater" eines unehelichen Kindes dieses als das seinige anerkennt und es für ehelich erklären läßt. In diesem Falle erlangt es die rechtliche Stellung eines ehelichen Kindes und damit den Familiennamen des Vaters[4]).

β) Annahme an Kindes Statt. Das Kind erhält den Familiennamen des Annehmenden[5]). Ist die Annehmende eine verheiratete Frau, so erhält das Kind den vorehelichen[6]) Familiennamen der Annehmenden. Bei Annahme an Kindes Statt durch ein Ehepaar erhält das Kind den Familiennamen des Mannes.

b) Die Ehefrau erwirbt[7]) den Familiennamen des Mannes, den sie mangels einer anderweiten gesetzlichen Regelung auch als Witwe fortführt. Die geschiedene Ehefrau behält[8]) den Familiennamen ihres Mannes, sie kann aber auch ihren Mädchennamen wieder annehmen. Ihr steht es aber auch frei, wenn sie vor Eingehung der geschiedenen Ehe verheiratet war und bei der Scheidung nicht für allein schuldig erklärt worden ist, den Namen, den sie zur Zeit der Eingehung der geschiedenen Ehe hatte, wieder anzunehmen. Ist die Frau für allein schuldig erklärt, so kann ihr der Mann die Führung seines Familiennamens untersagen. In diesem Falle ist die Frau stets gezwungen, wieder ihren Mädchennamen zu führen.

2. Adel.

Zum Familiennamen gehört als Bestandteil des Namens nach ausdrücklicher Bestimmung des Art. 109 Abs. 3 der neuen Reichsverfassung auch die Adelsbezeichnung[9]). Der Adel ist danach als Standesbezeichnung abgeschafft[10]). Damit erledigt sich auch die Frage, ob das uneheliche Kind einer adligen Mutter die Adelsbezeichnung erwirbt. Ist

---

[1]) § 1616 BGB. [2]) § 1706 BGB. [3]) Vgl. § 1706 II BGB.

[4]) Über Einzelheiten vgl. §§ 1723 ff. BGB. [5]) Nach § 1758 BGB.

[6]) Es empfiehlt sich daher nicht, daß eine verheiratete Frau ein Kind adoptiert, da sonst wegen der Namensführung des Kindes leicht der Verdacht auftauchen kann, daß es sich um ein uneheliches Kind der adoptierenden Frau handelt.

[7]) Nach § 1355 BGB. [8]) Nach § 1577 BGB.

[9]) Über die Vorbehalte zugunsten der landesherrlichen Familien und des hohen Adels vgl. Art. 57 und 58 EGBGB.

[10]) Im amtlichen Verkehr sind die Prädikate Kgl. Hoheit, Hoheit, Durchlaucht, Erlaucht usw. nach einer Auskunft des Reichsjustizministers mit dem Übergang zur republikanischen Staatsform gefallen, weil sie in unmittelbarer Verbindung mit der monarchischen Staatsform gestanden haben.

die Adelsbezeichnung lediglich Bestandteil des Namens, so ist die Bejahung dieser Frage unabweisbar[1]). Aus demselben Grunde geht seit der neuen Reichsverfassung der Adel auch dann auf das Kind über, wenn er nur als persönlicher Adel verliehen worden war[2]).

3. Namensänderung.

Die gesetzlichen Bestimmungen des BGB. über die Namensführung sind zwingendes Recht. Abweichungen von ihnen sind daher unzulässig. Wenn das BGB. bestimmt, daß das eheliche Kind den Familiennamen des Vaters erhält, so kann das Kind keinen anderen Familiennamen haben, als denjenigen, den der Vater führt.

Ebenso kann die geschiedene Frau, die den Familiennamen ihres Mannes ablegt, als Familiennamen nur denjenigen führen, den sie als Mädchen (evtl. den auf Grund einer früheren Ehe) trug, nicht aber irgendeinen anderen Namen annehmen, der ihr vielleicht besser gefällt.

Nach § 360 Ziff. 8 StGB. macht sich strafbar, wer sich einem Beamten gegenüber eines ihm nicht zukommenden Namens bedient.

Der Name kann seine Bedeutung, der Sicherheit des Verkehrs zu dienen, nur dann erfüllen, wenn er unabänderlich ist bzw. nur unter bestimmten Voraussetzungen abgeändert werden darf.

Die Frage, ob jemand befugt ist, seinen Namen zu ändern oder sich einen anderen Namen beizulegen, entscheidet sich nach dem Personalstatut der betreffenden Person[3]). In Deutschland regelt sich das Namensänderungsrecht nach dem Recht des Heimatlandes (früher Bundesstaates). Es ist demzufolge, soweit es sich um Namensänderungen von Deutschen handelt, nach dem Landesrecht desjenigen Staates, dem der Betreffende angehört, zu prüfen, ob Beschränkungen für Namensänderungen bestehen und bejahendenfalls, an welche Voraussetzungen sie geknüpft sind.

In Preußen hat sich die Idee von der Unabänderlichkeit des Familiennamens im Anfang des vorigen Jahrhunderts durchgesetzt. Während nach dem ALR.[4]) noch die willkürliche Annahme von Namen, soweit es sich nicht um fremde oder erdichtete Namen handelte, gestattet war, wurde diesem Zustand in der Erkenntnis, daß dies eine große Verwirrung zur Folge habe, durch die kgl. VO. v. 30. X. 1816 ein Ende bereitet. Der im Jahre 1816 bestehende Zustand wurde festgelegt. Die Familiennamen, die damals geführt wurden, galten als endgültig, weitere Änderungen wurden für die Zukunft unmöglich gemacht. Eine Namensänderung war nicht nur strafbar, sondern insofern auch wirkungslos, als nur der eigentliche, nicht der veränderte Name auf die Kinder überging. Die Kabinettsorder vom 15. IV. 1822, welche bereits von der Unabänderlichkeit der

---

[1]) Auf die vor oder zur Zeit des Inkrafttretens der neuen Reichsverfassung bereits geborenen unehelichen Kinder und deren Abkömmlinge geht der adlige Name nicht über. Ebenso erwerben Adoptivkinder, die vor oder zur Zeit des Inkrafttretens der neuen Reichsverfassung bereits adoptiert waren, den Adel nicht, da der Art. 109 RV. keine rückwirkende Kraft besitzt. Die eine gegenteilige Bestimmung enthaltende preuß. Verordnung vom 3. XI. 1919 ist durch Verordnung vom 12. V. 1922 wieder aufgehoben worden.

[2]) Nach Staudinger 1925, Anm. II 1 E zu § 12 BGB. geht der Adel nicht über, wenn es sich nur um ein auf den Besitz eines Ordens beruhendes persönliches Adelsprädikat des Vaters handelte, weil das Gesetz einschränkend auszulegen und der Übergang in diesem Falle vom Gesetz offenbar nicht gewollt sei.

[3]) Vgl. Meikel, Recht 1904, S. 329. [4]) Vgl. §§ 1440, 1441, II 20 ALR.

Familien- und Geschlechtsnamen ausging, führte für die Änderung von Familien- oder Geschlechtsnamen die landesherrliche Genehmigung ein. Hiernach konnte seit dieser Zeit der Familienname zwar abgeändert werden, in jedem Falle war jedoch hierzu die landesherrliche Genehmigung erforderlich. Liegt eine die Abänderung des Namens betreffende landesherrliche Genehmigung nicht vor, so muß der Familienname so geführt werden, wie er sich als von den Ahnen evtl. bis 1816 hinaufreichend geführt nachweisen läßt. Hiernach kann selbst die Führung des beim Standesamt eingetragenen Namens unzulässig und strafbar sein, wenn erwiesen wird, daß der Familienname ursprünglich anders lautete und der Vorfahre seinen Familiennamen unbefugt geändert hatte[1]).

Der Hauptfall der Namensänderung liegt vor, wenn ein neuer Name — Vorname oder Familienname — mit anderem Wortklang als dem des alten Namens angenommen wird, z. B. Müller statt früher Schulze. Als Namensänderung ist es aber auch anzusehen, wenn ohne Änderung des Wortklanges die Schreibweise des Namens geändert wird, z. B. Szumann statt Schumann[2]). Als Namensänderung kommt schließlich in Betracht, daß dem Familiennamen ein weiterer Name oder Zusätze hinzugefügt werden. Alle diese Änderungen sind, wenn sie mit dem Vorsatz erfolgen, sie ständig beizubehalten, und wenn das betreffende Landesrecht überhaupt eine Genehmigungspflicht vorschreibt, genehmigungspflichtig.

Für das Gebiet der Reklame ist von besonderer Bedeutung, ob es auch als genehmigungspflichtige Namensänderung anzusehen ist, wenn eine Ehefrau dem Familiennamen ihres Mannes ihren Mädchennamen beifügt. Hierfür wird häufig ein Interesse vorliegen, wenn nämlich dem Mädchennamen ein besonderer Wert innewohnt. In der Reichstagskommission zur Beratung des Bürgerlichen Gesetzbuches war der Antrag, der Frau die Beifügung ihres Mädchennamens zu gestatten, abgelehnt worden, weil dadurch der Familienname des Mannes und der Frau verschieden würde. Daß die Rechtssicherheit dadurch gefährdet wird, ist nicht recht einzusehen, zumal die Frau durch die Führung des Familiennamens ihres Ehemannes als dessen Ehefrau hinreichend gekennzeichnet wird und weiter das Gesetz auch im Falle des § 1758 II BGB., wonach ein an Kindesstatt angenommenes Kind dem neuen Familiennamen seinen früheren Familiennamen hinzufügen darf, keine Gefährdung der Verkehrssicherheit befürchtet. Es muß jedenfalls festgestellt werden, daß der Ehefrau reichsrechtlich nicht das Recht zusteht, dem Familiennamen des Mannes ihren Mädchennamen hinzuzufügen.

Die Beifügung des Mädchennamens ist eine Namensänderung, über deren Zulässigkeit das Landesrecht nach dem angeführten Grundsatz des Personalstatutes entscheidet. Allerdings ist die Frage, ob in der Beifügung des Mädchennamens überhaupt eine Namensänderung liegt, nicht unbestritten. Nach Staudinger[3]) soll eine Namensänderung nicht vorliegen, weil die Hinzufügung des Mädchennamens nur einen Hinweis auf den vorehelichen Namen darstelle und einer weitverbreiteten Sitte entspreche. Dieser Ansicht, die auch, wie Staudinger selbst erklärt, der preußischen Praxis nicht entspricht, kann nicht beigetreten werden. Daß eine Frau, die den Vorsatz hat, sich ständig mit zwei Familiennamen zu nennen, einen anderen Namen führt als ihr Ehemann, dem nur die Führung seines Familiennamens zusteht, kann nicht zweifelhaft sein. Durch den ständigen

[1]) Vgl. KG. vom 3. XII. 1903 in DJZ. 1904, 74, 75 und KG. vom 5. V. 1902 in KGJ. 24, 163.
[2]) Vgl. OVG. vom 30. VI. 1903 in DJZ. 1904, 222.
[3]) Anm. III A 2 d zu § 12 BGB.

Gebrauch der beiden Familiennamen durch die Frau würde dem Familiennamen des Mannes ein neuer Bestandteil hinzugefügt werden, die Ehefrau würde im gesellschaftlichen und Rechtsverkehr einen anderen Namen führen als ihr Ehemann. Aus diesem Grunde ist auch der entsprechende Antrag in der Reichstagskommission abgelehnt worden. Ist die Hinzufügung danach eine Namensänderung, so ist sie — wie dargetan — wie jede andere Namensänderung zu behandeln, d. h. es entscheidet das Länderrecht, ob eine Genehmigung erforderlich ist oder nicht. Daß hieraus große Härten erwachsen können, ist nicht ohne weiteres ersichtlich. Hat nämlich die Frau ein gerechtfertigtes Interesse daran, ihren Mädchennamen mitzuführen, ist ihr etwa unter dieser Bedingung ein Vermächtnis zugewendet worden, so werden derartige Umstände für die Behörde ein hinreichender Anlaß sein, ihrem Antrage auf Namensänderung stattzugeben.

Ebenso liegt Namensänderung vor, wenn der Ehemann seinem Familiennamen den Familiennamen seiner Ehefrau hinzufügt. Hier sind, da es an einer reichsrechtlichen Regelung fehlt, die gleichen Gesichtspunkte maßgebend.

Als Namensänderung ist endlich auch die Änderung des Vornamens anzusehen, so daß auch bezüglich des Vornamens die gleichen Grundsätze gelten[1]).

Nicht als Namensänderung ist es dagegen anzusehen, wenn eine Ehefrau dem Familiennamen ihres Mannes ihren Mädchennamen mit dem Zusatz „geborene" anfügt. Hier wird der Mädchenname nicht als Bestandteil des Namens geführt. Der Zusatz besagt vielmehr deutlich, daß lediglich auf den früheren Mädchennamen hingewiesen werden soll. Nach Staub[2]) genügt zur Darlegung, daß es sich lediglich um einen solchen Hinweis handeln soll, wenn zwischen die beiden Namen ein Bindestrich gesetzt wird. Diese Ansicht erscheint nach den obigen Darlegungen zum mindesten bedenklich. Der Bindestrich läßt keineswegs mit Sicherheit erkennen, daß der zugefügte Name der Mädchenname der betreffenden Frau ist. Auch eine Übung nach dieser Richtung wird sich mit Rücksicht auf den zwingenden Charakter der Vorschriften des Namensrechts mit rechtlicher Anerkennung nicht bilden bzw. nicht gebildet haben können.

Wer zuständig für die Erteilung der Genehmigung zur Namensänderung ist, bestimmt das Landesrecht. In Preußen ist es auf Grund der VO. v. 3. XI. 1919 der Justizminister. Der Antrag ist gemäß § 2 der VO. bei dem Amtsgericht zu stellen, in dessen Bezirk der Antragsteller seinen Wohnsitz hat.

4. Deckname (Pseudonym).

Einen Ersatz dafür, daß Namensänderungen nicht willkürlich zulässig, sondern von behördlicher Genehmigung abhängig und daher nur mit Schwierigkeiten evtl. überhaupt nicht zu erlangen sind, bietet das Pseudonym, das insbesondere für das Gebiet der Reklame eine große Rolle spielt.

Ist der einzelne auch nicht berechtigt, als Mitglied von Staat und Gesellschaft ohne behördliche Genehmigung seinen Namen zu ändern, so bietet sich ihm doch die Möglichkeit, wenn er in irgendeiner Weise an das Publikum herantritt, einen Decknamen zu wählen und diesen als Kennzeichen seiner Persönlichkeit zu benutzen. Die Übung, daß Künstler, Schriftsteller, Schauspieler usw. sich im Verkehr mit dem Publikum eines an-

[1]) Vgl. RG. vom 17. IX. 1897 sowie für Preußen allgem. Verfg. des Min. des Innern vom 15. VIII. 1897 betr. den Gebrauch unrichtiger Familiennamen und Vornamen.

[2]) Vgl. Staub 1921, Anm. 4 zu § 18 HGB.

genommenen Namens bedienen, besteht allenthalben seit Hunderten von Jahren und ist allgemein als zulässig anerkannt. Der Deckname kann derart an die Stelle des bürgerlichen Namens treten, daß das Publikum annimmt, der Deckname sei der bürgerliche Name seines Trägers. So herrscht z. B. vielfach die Ansicht, Voltaire habe unter seinem bürgerlichen Namen geschrieben, er habe tatsächlich Voltaire geheißen. In Wirklichkeit ist aber der Name Voltaire ein Pseudonym[1]).

Dem Decknamen wohnt der gleiche Reklamewert inne wie dem bürgerlichen Namen. Auch er individualisiert. Auch er ist geeignet, seinen Träger nach außen hin zu kennzeichnen, ihn von anderen zu unterscheiden und somit eine Einwirkung auf das Publikum in Richtung auf den Träger des Pseudonyms auszuüben.

Bezüglich der Wahl des Decknamens sind vom Gesetzgeber keinerlei Schranken gesetzt. Es ist daher an sich jeder Name und jede Namensverbindung zulässig, sofern nicht öffentliche oder private Interessen verletzt werden. Die Frage, unter welchen Umständen eine solche Verletzung vorliegt und welchen Schutz das Gesetz gegen solche Verletzungen gewährt, ist unten im zweiten Teil zu behandeln.

Mit Hilfe des Pseudonyms ist es daher auch zulässig, daß Schauspielerinnen, Künstlerinnen, Schriftstellerinnen usw. in der Weise an die Öffentlichkeit treten, daß sie dem Familiennamen ihres Ehemannes den eigenen Familiennamen hinzufügen oder überhaupt nur ihren Mädchennamen benutzen. Derartige Namensführungen sind also auch ohne behördliche Genehmigung zulässig, weil es sich um Decknamen handelt, die nur im Verkehr mit dem Publikum verwandt werden. Im rechtlichen Verkehr aber behält derjenige, der sich eines Decknamens bedient, den bürgerlichen Namen und ist hier nur den Namen zu führen berechtigt, der ihm nach den obigen Ausführungen zukommt[2]).

5. Vereinsname.

Zu den Trägern eines bürgerlichen Namens gehören auch die Personenvereinigungen, die nicht zu den unten zu behandelnden Handelsgesellschaften gehören und daher keine Firma haben. Es handelt sich hier hauptsächlich um Vereine.

Irgendwelche Schranken bei der Wahl von Namen sind hier nicht gesetzt. Bezüglich des eingetragenen Vereins bestimmt das BGB.[3]), daß er einen Namen haben muß, und daß dieser sich von den Namen der an demselben Orte oder in derselben Gemeinde bestehenden eingetragenen Vereine deutlich unterscheiden solle. Es sind daher mit dieser Maßgabe alle Namen und Bezeichnungen erlaubt. Eine Grenze ist lediglich da gezogen, wo Gründe der öffentlichen Ordnung oder solche wettbewerblicher Art entgegenstehen.

B. Die Firma.

Die Firma ist der Name, unter dem der Kaufmann seine Geschäfte betreibt[4]). Sie ist ebenso wie der bürgerliche Name ein Mittel zur Identifizierung.

---

[1]) Zusammengesetzt aus den den bürgerlichen Namen enthaltenden Buchstaben Arouet l. j.

[2]) So verlangen deutsche Theaterdirektoren, daß die Engagementsverträge von Schauspielern mit dem bürgerlichen Namen unterzeichnet werden und behalten sich das Recht der Entlassung vor, wenn die Unterschrift nicht den bürgerlichen Namen wiedergibt. (Vgl. Engagementsformular des Deutschen Bühnenvereins bei Opet-Theaterrecht.)

[3]) § 57 Abs. 2. [4]) § 17 HGB.

Für das Gebiet der Reklame spielt die Firma eine erheblich größere Rolle als der bürgerliche Name. Es entspricht der Natur der Sache, daß die Reklamebetätigung ihr Hauptanwendungsgebiet im Handel findet. Für den Gewerbetreibenden liegt vor allen anderen Berufen das Bedürfnis vor, Mittel anzuwenden, die ihm dazu dienen, daß seine Ware den Vorzug vor der der Mitbewerber erhält. Hierzu bedient er sich der Reklame.

In der Reklamekundgebung weist der Kaufmann entweder auf sich als Gewerbetreibenden oder auf seine Ware hin. Ist Objekt der Reklame seine Person als Handelstreibender, so muß er sie in der Reklamekundgebung erkennbar machen. Das Mittel, das einen Kaufmann als Gewerbetreibenden kennzeichnet, das ihn von anderen Kaufleuten unterscheidet, ist seine Firma.

Ist die Firma das geeignete Mittel, Objekt der Reklamekundgebung zu sein, so ist zu untersuchen, wer berechtigt ist eine Firma zu führen, und weiter, welche Firma dem zur Führung einer solchen Berechtigten zusteht[1]).

Eine Firma zu führen berechtigt ist lediglich der Kaufmann.

Kaufmann ist, wer ein Handelsgewerbe betreibt[2]).

Unter „betreiben" ist nicht zu verstehen, daß der Inhaber persönlich tätig sein muß, erforderlich ist lediglich, daß die Geschäfte im Namen des Inhabers betrieben werden, daß er Träger der Rechte und Pflichten ist. Es kann daher auch ein Geisteskranker oder ein Minderjähriger ein Geschäft „betreiben", wenn nämlich die Geschäfte in seinem Namen abgeschlossen werden.

Was Handelsgewerbe ist, ergibt sich aus den §§ 1—3 HGB. Danach ist Handelsgewerbe einmal jeder Gewerbebetrieb, der eine der im § 1 Abs. 2 HGB. bezeichneten Arten von Geschäften zum Gegenstand hat[3]). Handelsgewerbe ist sodann weiter nach § 2 HGB. jedes gewerbliche Unternehmen, das nach Art und Umfang einen in kaufmännischer Weise eingerichteten Geschäftsbetrieb erfordert, sofern die Firma ins Handelsregister eingetragen ist. Handelsgewerbe ist schließlich nach § 3 HGB. ein Nebengewerbe zu einem land- oder forstwirtschaftlichen Betriebe, falls der Unternehmer sich ins Handelsregister eintragen läßt. Während nach § 2 bei Vorliegen der Voraussetzungen eine Verpflichtung zur Eintragung besteht, gewährt § 3, auch wenn das Unternehmen nach Art und Umfang einen in kaufmännischer Weise eingerichteten Geschäftsbetrieb erfordert, dem Unternehmer lediglich die Befugnis zur Eintragung.

---

[1]) Über den handelsrechtlichen Firmenschutz des § 37 HGB. vgl. unten S. 264 f.

[2]) § 1 Abs. 1 HGB.

[3]) § 1 Abs. 2 HGB. führt folgende 9 Arten von Geschäften auf:

1. Die Anschaffung und Weiterveräußerung von beweglichen Sachen (Waren) oder Wertpapieren, ohne Unterschied, ob die Waren unverändert oder nach einer Bearbeitung oder Verarbeitung weiterveräußert werden;
2. Die Übernahme der Bearbeitung oder Verarbeitung von Waren für andere, sofern der Betrieb über den Umfang des Handwerks hinausgeht;
3. die Übernahme von Versicherungen gegen Prämie;
4. die Bankier- und Geldwechslergeschäfte;
5. die Übernahme der Beförderung von Gütern oder Reisenden zur See, die Geschäfte der Frachtführer oder der zur Beförderung von Personen zu Lande oder auf Binnengewässern bestimmten Anstalten sowie die Geschäfte der Schleppschiffahrtsunternehmer;
6. die Geschäfte der Kommissionäre, der Spediteure oder der Lagerhalter;
7. die Geschäfte der Handlungsagenten oder der Handelsmäkler;
8. die Verlagsgeschäfte sowie die sonstigen Geschäfte des Buch- oder Kunsthandels;
9. die Geschäfte der Druckereien, sofern ihr Betrieb über den Umfang des Handwerks hinausgeht.

Nur diejenigen Gewerbetreibenden, die entweder eines der im § 1 genannten Geschäfte betreiben oder die gemäß §§ 2 und 3 ins Handelsregister eingetragen werden, sind Kaufleute. Nur sie sind daher zur Führung einer Firma berechtigt.

Kein Firmenrecht besitzen Gewerbetreibende, die zwar im Handelsregister eingetragen sind, tatsächlich aber keines der angegebenen Handelsgewerbe betreiben[1]). Sie sind nicht Kaufmann im Sinne des HGB. Kein Firmenrecht besitzen weiter Gewerbetreibende, die nur Handwerker sind oder deren Betrieb nicht über den Umfang des Kleingewerbes hinausgeht[2]).

Zur Führung einer Firma berechtigt sind nicht nur Einzelkaufleute, sondern auch Handelsgesellschaften. Das HGB.[3]) hebt ausdrücklich hervor, daß die in betreff der Kaufleute gegebenen Vorschriften auch auf die Handelsgesellschaften Anwendung finden. Handelsgesellschaften sind die Offene Handelsgesellschaft, die Kommanditgesellschaft, die Aktiengesellschaft, die Kommanditgesellschaft auf Aktien und die Gesellschaft mit beschränkter Haftung. Die Genossenschaft ist keine Handelsgesellschaft, nach § 17 GenGes. gilt sie jedoch als Kaufmann im Sinne des HGB., soweit das GenGes. keine abweichenden Vorschriften enthält.

Für die Handelsgesellschaften besteht die Pflicht, eine Firma zu führen. Für die A.-G., Kommanditgesellschaft a. A., G. m. b. H. und Genossenschaften (juristische Personen) folgt dies daraus, daß sie erst durch Eintragung ins Handelsregister bzw. Genossenschaftsregister entstehen, daß mit dem Antrag auf Eintragung ein Gesellschaftsvertrag einzureichen ist und daß dieser die Firma der Gesellschaft enthalten muß. Für die OHG. und Kommanditgesellschaft ist es ein Begriffsmerkmal, daß das Handelsgewerbe unter gemeinschaftlicher Firma betrieben wird[4]).

Es ist weiter zu prüfen, welche Firma den zu ihrer Führung berechtigten Kaufleuten oder Handelsgesellschaften zusteht.

Hierbei besteht ein erheblicher Unterschied, ob es sich um eine Neugründung handelt, oder ob eine bereits bestehende Firma erworben wird. Im ersteren Falle gilt das Prinzip der Firmenwahrheit, während dieser Grundsatz bei dem Übergang der Firma auf eine andere Person oder einen anderen Personenkreis in der Hauptsache nicht besteht.

1. Neugründung (Firmenwahrheit).

Für den Fall der Neugründung eines Geschäfts sind vom Gesetz bezüglich der zu wählenden Firma bestimmte Vorschriften gegeben, deren Befolgung erforderlich ist, um eine eintragungsfähige Firma zu begründen.

a) Der Einzelkaufmann, der seine Geschäfte allein oder nur mit einem stillen Gesellschafter betreibt, kann eine Firma nur mit seinem Familiennamen und mindestens einem ausgeschriebenen Vornamen begründen[5]). Sowohl für den Familiennamen wie auch für den Vornamen sind die oben unter A entwickelten Grundsätze maßgebend, es dürfen nur diejenigen Vor- bzw. Familiennamen verwandt werden, welche dem Betreffenden zukommen. Danach ist es auch ausgeschlossen, eine Firma unter einem Pseudonym zu begründen.

---

[1]) § 5 HGB.: „Solange die Eintragung besteht, gelten sie allerdings Dritten gegenüber, die sich auf die Eintragung berufen, als Kaufleute."

[2]) § 4 HGB. [3]) § 6 HGB. [4]) §§ 105, 161 HGB. [5]) § 18 HGB.

b) Die Firma einer **Offenen Handelsgesellschaft** hat den Namen wenigstens eines der Gesellschafter mit einem das Vorhandensein einer Gesellschaft andeutenden Zusatz oder die Namen aller Gesellschafter zu enthalten, die Firma einer **Kommanditgesellschaft** den Namen wenigstens eines persönlich haftenden Gesellschafters mit einem das Vorhandensein einer Gesellschaft andeutenden Zusatze[1]). Unter Namen ist hier selbstverständlich der Familienname zu verstehen, zumal das Gesetz ausdrücklich besagt, daß die Beifügung von Vornamen nicht erforderlich sei. Negativ ist dann noch bestimmt, daß die Namen anderer Personen als die der persönlich haftenden Gesellschafter in die Firma einer Offenen Handelsgesellschaft oder einer Kommanditgesellschaft nicht aufgenommen werden dürfen, so daß die Namen von Kommanditisten oder stillen Gesellschaftern nicht in der Firma erscheinen dürfen.

c) Die Firma einer **Aktiengesellschaft** sowie die Firma einer **Kommanditgesellschaft auf Aktien** ist in der Regel vom Gegenstand des Unternehmens zu entlehnen. Die erstere muß die Bezeichnung „Aktiengesellschaft", die letztere die Bezeichnung „Kommanditgesellschaft auf Aktien" enthalten[2]).

Auf Aktiengesellschaften und Aktienkommanditgesellschaften, die vor Inkrafttreten des HGB.[3]) schon bestanden, findet diese Vorschrift nur Anwendung, wenn die Firma aus Personennamen zusammengesetzt war und nicht erkennen ließ, daß ihre Inhaberin eine A.-G. oder eine Kommanditgesellschaft a. A. ist. Deshalb kann z. B. die „Deutsche Bank" weiter ohne den Zusatz „Aktiengesellschaft" und die „Berliner Handelsgesellschaft" ohne den Zusatz „Kommanditgesellschaft auf Aktien" firmieren.

Beide Gesellschaftsformen sollen prinzipiell eine Sachfirma führen. Nach dem Wortlaut des Gesetzes sind jedoch Ausnahmen zulässig, die Zulassung liegt in der Eintragung ins Handelsregister, da diese Gesellschaften erst durch die Eintragung existent werden. Die Zulassung hängt somit vom Registergericht ab.

Der Gegenstand des Unternehmens ist in der Satzung festgelegt. Der Sachname ist also so zu wählen, daß er in Übereinstimmung mit dem Gegenstand des Unternehmens als Kennzeichnung zu dienen geeignet ist.

d) Für die Firma der **Gesellschaft mit beschränkter Haftung** bestimmt § 4 des G. m. b. H.-Gesetzes, daß sie entweder eine Sachfirma (wie bei der A.-G.) oder eine Personalfirma (wie bei der OHG.) sein dürfe, daß sie aber in allen Fällen die zusätzliche Bezeichnung „mit beschränkter Haftung" enthalten müsse.

e) Für die Firma der **Genossenschaft** bestimmt § 3 des Genossenschaftsgesetzes, daß sie vom Gegenstand des Unternehmens entlehnt sein und die für sie in Betracht kommende zusätzliche Bezeichnung, nämlich entweder „eingetragene Genossenschaft mit unbeschränkter Haftpflicht" oder „eingetragene Genossenschaft mit unbeschränkter Nachschußpflicht" oder „eingetragene Genossenschaft mit beschränkter Haftpflicht" enthalten muß. Es ist dann weiter noch bestimmt, daß der Name von Genossen oder anderen Personen in die Firma nicht aufgenommen werden darf.

Ebenso wie beim bürgerlichen Namen sind auch diese Vorschriften zwingendes Recht. Die Begründung einer Firma, welche gegen diese Bestimmungen verstößt, ist unzulässig. Ein Kaufmann, der Otto Müller heißt, kann eine Einzelfirma nur mit der Namensbezeichnung „Otto Müller" begründen.

---

[1]) § 19 HGB. [2]) § 20 HGB. [3]) 1. I. 1900.

Die vorgenannten Bezeichnungen, welche die Wahl der Firma bei Neugründungen betreffen, erleiden eine wesentliche Einschränkung durch die Bestimmung des § 30 HGB.

§ 30 Abs. 1 und 2 HGB. lauten:

„Jede neue Firma muß sich von allen an demselben Orte oder in derselben Gemeinde bereits bestehenden und in das Handelsregister eingetragenen Firmen deutlich unterscheiden.

Hat ein Kaufmann mit einem bereits eingetragenen Kaufmanne die gleichen Vornamen und den gleichen Familiennamen und will auch er sich dieser Namen als seiner Firma bedienen, so muß er der Firma einen Zusatz beifügen, durch den sie sich von der bereits eingetragenen Firma deutlich unterscheidet."

Dieser Grundsatz der sog. Firmenklarheit, der bei den Neugründungen zu beobachten ist, erfordert also, wenn bereits eine Firma gleichen Namens existiert, daß die neue Firma sich von den bereits bestehenden und eingetragenen Firmen unterscheidet. Wenn also der Kaufmann Otto Müller seine Firma als Einzelkaufmann an einem Orte begründen will, an dem sich bereits eine Firma „Otto Müller" befindet, darf er als seine neue Firma nicht die Firma „Otto Müller" wählen, sondern muß nach § 30 Abs. 2 einen Zusatz beifügen, durch den sie sich von der bereits eingetragenen Firma deutlich unterscheidet. Hat Otto Müller mehrere im Standesamtsregister für ihn eingetragene Vornamen, ist er also befugt, außer dem Vornamen Otto einen zweiten Vornamen, z. B. Friedrich, zu führen, so kann er seine neue Firma „Otto Friedrich Müller" nennen. Er kann aber auch seiner neu zu gründenden Firma einen anderen Zusatz beifügen. Solche Zusätze sind nach § 18 Abs. 2 HGB. mit den dort angegebenen Beschränkungen zulässig. Diese im § 18 Abs. 2 enthaltenen Beschränkungen werden unten[1]) näher behandelt werden.

2. Durchbrechungen des Grundsatzes der Firmenwahrheit.

Das Prinzip der Firmenwahrheit wird in mehrfacher Weise durchbrochen.

a) Dem Grundsatz der Firmenwahrheit würde es entsprechen, daß die Firma geändert werden müßte, wenn der Vor- oder Familienname des Geschäftsinhabers oder der in der Firma enthaltene Name eines Gesellschafters geändert wird.

Derartige Änderungen können die Folge von Verheiratungen, Adoption, nachträglicher Legitimation usw. sein oder auf Grund staatlicher Genehmigung durch Namensänderung erfolgen[2]). Das Gesetz durchbricht hier den Grundsatz der Firmenwahrheit, indem es bestimmt, daß in solchen Fällen die bisherige Firma fortgeführt werden kann[3]).

Diese Bestimmung ist für die Reklame von größter Bedeutung. Hat sich eine Firma einen Ruf erworben, so kann die ihr dadurch gewonnene Reklamewirkung erhalten bleiben, auch wenn der Name des Inhabers bzw. Gesellschafters sich ändert. Die Vorschrift ist insbesondere zugunsten der Frauen, deren Namen in Firmen enthalten sind und die sich verheiraten, erlassen worden. Die Frau kann daher die Firma unverändert fortführen, auch wenn sie infolge Verheiratung einen anderen Namen führt als den, der in der Firma enthalten ist.

b) Eine weitere Durchbrechung des Grundsatzes der Firmenwahrheit besteht bei Übergang des bestehenden Firmenrechts auf eine andere Person oder einen anderen Personenkreis.

Hier bestimmt das Gesetz, daß, wer ein bestehendes Handelsgeschäft unter Lebenden oder von Todes wegen erwirbt, für das Geschäft die bisherige Firma mit oder ohne Bei-

---

1) S. 22 ff. 2) Vgl. oben S. 5 f. 3) § 21 HGB.

fügung eines das Nachfolgeverhältnis andeutenden Zusatzes fortführen darf, wenn der bisherige Geschäftsinhaber oder dessen Erben in die Fortführung ausdrücklich willigen[1]). Eine Ergänzung hierzu bildet die weitere Bestimmung[2]), wonach die bisherige Firma auch fortgeführt werden darf, wenn ein teilweiser Wechsel in der Person der Inhaber erfolgt.

Für das hier interessierende Gebiet der Reklame dürften diese Bestimmungen zu den wichtigsten des HGB. gehören. Einer Firma, die sich einen Namen gemacht hat, kann, wie in der Einleitung zu diesem Teile dargetan ist[3]), eine Reklamewirkung anhaften, so daß es genügt, auf die Firma hinzuweisen, um die durch die Reklame bezweckte Einwirkung herbeizuführen. Dieser Reklamewert würde verlorengehen, wenn bei völligem oder teilweisem Wechsel der Inhaber die Firma geändert werden müßte. In diesem Falle würde das Publikum bei Nennung der neuen Firma nicht mehr auf das ihm von früher her bekannte Unternehmen hingewiesen werden. Die Einwirkung, welche bereits durch Nennung der Firma geschah, wäre verloren. Der Wert der Firma als Reklameobjekt wäre erloschen. Das Gesetz gibt die Möglichkeit, den in der Firma liegenden Reklamewert zu erhalten, das Gesetz schützt das Reklameobjekt vor Zerstörung.

Die Firma kann bei Erwerb, sei es unter Lebenden oder von Todes wegen prinzipiell unverändert fortgeführt, es kann ihr aber auch ein Nachfolgezusatz hinzugefügt werden. Als solche Zusätze kommen in Betracht „Vormals", „Nachfolger", „Söhne", „Erben" usw. Werden zwei Geschäfte vereinigt, sei es, daß ein Kaufmann ein zweites hinzuerwirbt oder daß zwei Kaufleute ihre Geschäfte zusammenlegen, so ist es zulässig, die Firmen beider Geschäfte unter deren Vereinigungen zu einer einheitlichen Firma beizubehalten. So ist z. B., als die Firma „Friedmann & Weber" das Geschäft „Hohenzollern Kunstgewerbehaus H. Hirschwald" hinzuerwarb, die Firmierung „Hohenzollern Kunstgewerbehaus H. Hirschwald, Inh. Friedmann & Weber" für zulässig erachtet worden[4]).

Die Möglichkeit, die Firma unverändert fortzuführen, besteht nur, wenn das Geschäft als solches übertragen wird. Es ergibt sich dies bereits aus dem Wortlaut des § 22 HGB. Das Gesetz hebt aber im § 23 noch ausdrücklich hervor, daß die Firma ohne das Handelsgeschäft, für welches sie geführt wird, nicht veräußert werden kann. Es legt damit fest, daß die Firma als solche kein übertragbares Handelsgut ist. Jede Umgehung dieser Bestimmung ist unzulässig. Es kann daher auch nicht etwa das Gebrauchsrecht an einer Firma einem anderen überlassen werden[5]). So ist die Übertragung des Titels eines Zeitungsunternehmens für unzulässig erklärt worden[6]).

Weitere Voraussetzung ist, daß das Geschäft erworben und fortgeführt wird.

Zum Begriff „Erwerb des Geschäftes" ist es nicht erforderlich, daß alles, was zum Betriebe des Geschäfts gehört, erworben wird. Es können einzelne Bestandteile ausgeschieden sein, so z. B. der Grundbesitz oder die Passiven. Es muß jedoch ein Erwerb des Geschäftes im großen und ganzen vorliegen. Eine Vereinbarung, daß das Geschäft mit Firma aber ohne Aktiven und Passiven übergehen soll, wird in der Regel wirkungslos sein, es sei denn, daß noch so viele von der Übertragung nicht ausgenommene Geschäftsbestandteile vorhanden sind, daß überhaupt noch von einem Geschäftsübergang gesprochen werden kann[7]).

---

[1]) § 22 HGB. [2]) § 24 HGB. [3]) Siehe oben S. 2.
[4]) So Verfg. des AG. Berlin-Mitte vom 8. XI. 1906. [5]) KG. in OLGR. 16, 80.
[6]) RGZ. 68, 49. [7]) RG. in JW. 04, 99.

Auch die Fortführung der Firma ohne Fortführung des Geschäftes ist unzulässig[1]). Es ist jedoch nicht erforderlich, daß das Geschäft in genau der gleichen Weise, wie vor der Übernahme, fortgeführt wird. Es genügt, wenn die sog. Kontinuität des Unternehmens, der Zusammenhang des Geschäftsbetriebes, gewahrt ist[2]). Danach kann eine wesentliche Umgestaltung oder sogar eine völlige Veränderung des Gegenstandes des Unternehmens eintreten, wenn sie allmählich erfolgt und die Kontinuität gewahrt bleibt[3]).

Das Recht zur Fortführung der Firma bei Wechsel der Inhaber findet jedoch seine Grenzen insoweit, als die unveränderte Fortführung geeignet wäre, eine Täuschung hervorzurufen[4]). Diese Gefahr besteht dann, wenn in der Firma ein bestimmtes Rechtsverhältnis ausdrücklich hervorgehoben ist, das jedoch infolge des Erwerbes des Geschäftes nicht mehr den Tatsachen entspricht.

Praktisch ergeben sich danach bei dem Übergang der Firma von und auf Gesellschaften folgende Einschränkungen bezüglich der unveränderten Fortführung der Firma.

1. Der Einzelkaufmann erwirbt eine Gesellschaft, in deren Firma ein bestimmtes Rechtsverhältnis wie „Offene Handelsgesellschaft", „Kommanditgesellschaft", „Aktiengesellschaft", „Kommanditgesellschaft a. A.", „Gesellschaft mit beschränkter Haftung" angegeben ist. Er darf die Firma entweder nur unter Weglassung des Zusatzes fortführen oder ihr einen das wahre Verhältnis deutlich bezeichnenden Nachfolgezusatz hinzufügen. Der Kaufmann Otto Müller z. B., der ein Geschäft mit der Firma „Schulze & Co. Offene Handelsgesellschaft" erwirbt, kann die erworbene Firma daher nur entweder als Schulze & Co. fortführen oder mit einem Nachfolgezusatz, wie etwa „Otto Müller vorm. Schulze & Co. Offene Handelsgesellschaft".
2. Eine Offene Handelsgesellschaft oder eine Kommanditgesellschaft erwirbt ein Handelsgeschäft von einer juristischen Person, in der sich die Bezeichnung z. B. Aktiengesellschaft oder Gesellschaft mit beschränkter Haftung befindet. Hier gilt das gleiche wie oben zu 1. Sie muß entweder die Bezeichnung Aktiengesellschaft bzw. Gesellschaft mit beschränkter Haftung fortlassen oder die frühere Firma mit einem Nachfolgezusatz führen.
3. Eine juristische Person erwirbt das Geschäft eines Einzelkaufmanns oder einer Handelsgesellschaft, die nicht juristische Person ist. Also eine G. m. b. H. erwirbt das Geschäft einer Offenen Handelsgesellschaft. Hier kann sie einmal ihrer bisherigen Firma die neuerworbene Firma mit einem das Nachfolgeverhältnis andeutenden Zusatz hinzufügen. Die Firma Schulze & Co. G. m. b. H., welche die Firma Otto Müller erwirbt, kann daher firmieren „Schulze & Co. G. m. b. H. vorm. Otto Müller". Sie kann aber auch durch Satzungsänderung die neu erworbene Firma als einzige Firma annehmen, d. h. also die Firma „Schulze & Co. G. m. b. H." umändern in „Otto Müller G. m. b. H.". Nicht aber ist es zulässig, daß sie neben ihrer bisherigen Firma die neue Firma führt und dadurch Inhaberin von zwei Firmen wird. Es entspricht der Struktur der Gesetzgebung, daß jede juristische Person nur eine Firma haben darf. Das KG.[5]) führt hierzu folgendes aus:

„Die Entstehung einer G. m. b. H. ist im Anschlusse an Bestimmungen, wie sie für die Kommanditgesellschaften a. A. und die Aktiengesellschaften gelten, an die Erfüllung bestimmter Erfordernisse formeller und materieller Art gebunden ... Tritt eine Gesellschaft als solche mit

[1]) RG. in JW. 11, 105. [2]) RG. in JW. 02, 186. [3]) RGZ. 46, 152.
[4]) Staub-Koenige 1921, Anm. 12 zu § 22 HGB. [5]) KGJ. 14, 36.

beschränkter Haftung in die äußere Erscheinung, so besteht eine Gewähr dafür, daß den gesetzlichen Sicherungsvorschriften genügt und namentlich auch die Gesellschaft wenigstens ursprünglich auf einer gewissen finanziellen Grundlage errichtet ist. Diese gesetzliche Fürsorge würde sich als illusorisch erweisen, wenn auf Grund eines einzigen Errichtungsvorgangs eine G. m. b. H. unter beliebig vielen Firmen ... nach außen hin erscheinen dürfte. Damit wäre der Weg eröffnet, um die unerläßlichen Voraussetzungen für die Entstehung jeder G. m. b. H., namentlich die Deckung des Mindeststammkapitals und den teilweisen Einschuß auf dasselbe zu umgehen. Bei nur einmaliger Übernahme von Stammeinlagen im Gesamtbetrage von 20000 Mk. und nur einmalige Zahlung nach Maßgabe des Gesetzes würden ... so viele Gesellschaften mit beschränkter Haftung in den Verkehr treten können, als von der im Rechtssinne einen Gesellschaft Firmen angenommen werden."

Das Recht, bei Erwerb eines Geschäfts die bisherige Firma unverändert oder mit einem das Nachfolgeverhältnis andeutenden Zusatz fortzuführen, ist in jedem Falle davon abhängig, daß der bisherige Geschäftsinhaber oder dessen Erben der Fortführung ausdrücklich zustimmen. Diese Zustimmung ist an eine Form nicht gebunden. Schon ein bloßes Kopfnicken kann genügen. Dagegen dürfte ein bloßes Dulden der Fortführung nicht als ausreichend anzusehen sein, da nach dem Wortlaut des Gesetzes ein positives Tun des bisherigen Geschäftsinhabers erforderlich ist. Die einmal erteilte Zustimmung hat mangels gegenteiliger Bestimmung zur Folge, daß die Firma so lange fortgeführt werden darf, als das Geschäft besteht. Danach ist auch der Erwerber berechtigt, das Geschäft mit dem Rechte der Fortführung der Firma weiter zu veräußern. Der Erwerber ist auch berechtigt, Zweigniederlassungen zu begründen und diese unter der erworbenen Firma zu betreiben. Ob er berechtigt ist, derartige Zweigniederlassungen zu selbständigen Geschäften zu erheben und als solche mit dem Firmenrechte zu übertragen, ist nicht unbestritten. Es wird hier anzunehmen sein, daß ein solches Verfahren mangels besonderer Vereinbarung dem Willen des früheren Firmeninhabers nicht entspricht[1]), insbesondere, wenn der Name des früheren Inhabers in der übertragenen Firma enthalten ist.

Auch bei teilweisem Wechsel des Geschäftsinhabers, d. h. wenn jemand in ein bestehendes Handelsgeschäft als Gesellschafter aufgenommen wird oder wenn ein neuer Gesellschafter in eine Handelsgesellschaft eintritt oder wenn ein Gesellschafter aus einer Handelsgesellschaft ausscheidet, kann die bisherige Firma fortgeführt werden. Bei Ausscheiden eines Gesellschafters, dessen Name in der Firma enthalten ist, bedarf es zur Fortführung der Firma der ausdrücklichen Einwilligung des Gesellschafters oder seiner Erben. Als Handelsgesellschaften kommen hier nur diejenigen in Betracht, welche nicht juristische Personen sind, weil nur bei diesen die Gesellschafter die Eigenschaft besitzen, Geschäftsinhaber zu sein. Verkauft z. B. der Gesellschafter einer G. m. b. H., dessen Namen in der Firma der G. m. b. H. enthalten ist, seinen Anteil, so kann er nach seinem Ausscheiden nicht die Abänderung der Firma verlangen.

Nach § 24 HGB. ist es für die Fortführung der Firma unerheblich, ob sich ein Einzelkaufmann durch Aufnahme eines Gesellschafters in eine Offene Handelsgesellschaft umwandelt. Der Kaufmann, der sein Geschäft unter der Firma „Otto Müller" betreibt, kann diese Firma fortführen, auch wenn er den Kaufmann Schulze als Gesellschafter aufnimmt und Inhaber der Firma somit die Offenen Handelsgesellschafter Müller und Schulze sind. Ebenso kann bei Ausscheiden eines oder mehrerer Gesellschafter die frühere etwa einen Gesellschaftszusatz enthaltende Firma fortgesetzt werden, auch wenn

[1]) RGZ. 67, 94.

durch das Ausscheiden das Geschäft zu dem eines Einzelkaufmanns wird. Hier gilt aber auch der Grundsatz, daß die Fortführung der Firma nicht zu einer Täuschung und dadurch zu einer möglichen Schädigung des Verkehrs führen darf[1]). Enthält daher eine Firma den Zusatz „Offene Handelsgesellschaft", so darf dieser nicht fortgeführt werden, wenn das Geschäft zu dem eines Einzelkaufmanns wird. Anders, wenn eine Firma, die den Zusatz „Kommanditgesellschaft" enthält, durch Ausscheiden und Eintritt von Gesellschaftern zu einer Offenen Handelsgesellschaft wird. Hier ist eine Schädigung des Verkehrs nicht zu befürchten, weil eine Offene Handelsgesellschaft mehr Kredit zu genießen pflegt als eine Kommanditgesellschaft[2]).

Da nach den vorstehend angegebenen Möglichkeiten aus der Firmierung nicht ersichtlich ist, wer der Inhaber eines Geschäftes ist und wen demzufolge die Verantwortungen treffen, die der Betrieb eines Geschäftes mit sich führt, ist gemäß § 9 EGHGB. in die RGO. die Zusatzbestimmung des § 15a eingefügt worden, wonach alle Gewerbetreibende, die einen offenen Laden haben oder Gast- oder Schankwirtschaften betreiben, verpflichtet sind, ihren Familiennamen mit mindestens einem ausgeschriebenen Vornamen an der Außenseite oder am Eingange des Ladens oder der Wirtschaft in deutlich lesbarer Schrift anzubringen[3]). Nach Abs. 3 dieser Bestimmung haben offene Handelsgesellschaften, Kommanditgesellschaften und Kommanditgesellschaften a. A. die Namen der persönlich haftenden Gesellschafter anzugeben, wobei es, wenn mehr als zwei Beteiligte vorhanden sind und die Polizei nicht eine anderweite Anordnung im einzelnen Falle trifft, genügt, wenn die Namen von zweien mit einem das Vorhandensein weiterer Beteiligter andeutenden Zusatz aufgenommen werden.

Abgesehen von den dargelegten Ausnahmen herrscht das Prinzip der Firmenwahrheit. Die Gründung einer Firma kann nur erfolgen, wenn die Vorschriften des Gesetzes beobachtet werden.

c) Es liegt daher die Frage nahe, ob eine Möglichkeit besteht, die gesetzlichen Vorschriften dadurch zu umgehen, daß man einen anderen gründen läßt und von diesem sodann das Geschäft mit Firma erwirbt (Scheingründungen, Strohmännergründungen). Die zu einer solchen Umgehung maßgeblichen Gründe können mannigfach sein. Es kann hierfür bestimmend sein, daß der Betreffende seinen Namen nicht herausstellen will oder daß ihm sein Name nicht geeignet erscheint oder auch, daß er einen in einer bestimmten Beziehung bekannten und gut beleumundeten Namen benutzen und mit Hilfe dieses Namens Konkurrenz treiben will. Für die Entscheidung der Frage nach der Zulässigkeit derartiger Gründungen dürfte folgendes in Betracht kommen:

Nach § 17 HGB. darf nur der Kaufmann eine Firma führen. Kaufmann ist nach § 1 HGB., wer ein Handelsgewerbe betreibt. „Betreiben" bedeutet, wie oben dargetan, daß die Geschäfte auf seinen Namen abgeschlossen werden. Besteht nicht die Absicht, daß die Geschäfte auf den Namen desjenigen, der eine Firma begründet, abgeschlossen werden sollen, so ist er nicht Kaufmann und darf somit auch keine Firma führen. Führt er sie gleichwohl, so gebraucht er eine ihm nicht zustehende Firma. Es treten daher die für diesen Fall vom Gesetz angeordneten Folgen ein. Der Firmenträger

[1]) Vgl. Staub-Koenige, a. a. O. Anm. 5 zu § 24 HGB. [2]) Holtheim 8, 226.

[3]) Diese Bestimmung bezieht sich somit nicht auf Gewerbetreibende, die einen Familiennamen nicht führen, also nicht auf Aktiengesellschaften, Gesellschaften mit beschränkter Haftung, Genossenschaften.

ist vom Registergericht zur Unterlassung des Gebrauchs der Firma durch Ordnungsstrafen anzuhalten[1]), das Gericht kann aber auch die Firma von Amts wegen löschen[2]). Ein bekanntgewordenes Beispiel für eine Strohmännergründung war der Fall „Boenicke & Eichner". Die Firma Boenicke & Eichner war ein bekanntes Zigarrengeschäft in Berlin. Infolge Ausscheidens des Mitinhabers Eichner wurde die Firma gelöscht. Der Mitinhaber Boenicke führte das Geschäft unter der Firma Otto Boenicke weiter. Ein Zigarrengeschäft wollte sich die Löschung der Firma Boenicke & Eichner zunutze machen, sie veranlaßte wenige Tage nach erfolgter Löschung der Firma Boenicke & Eichner einen Tapezierer namens Boenicke und eine Armenunterstützung beziehende Witwe Eichner, eine neue Firma Boenicke & Eichner eintragen zu lassen, und ließ sich sodann unmittelbar nach der erfolgten Eintragung das Geschäft nebst Firma übertragen. Hier bestand somit nicht die Absicht, daß das Geschäft von den Gründern betrieben, d. h. daß die Geschäfte auf den Namen der Gründer abgeschlossen werden sollten. Die Gründer waren lediglich vorgeschoben worden, um ihren Namen herzugeben. Die Firma ist, nachdem das Registergericht von dem Tatbestand Kenntnis erlangt hatte, auf Grund der §§ 37 HGB., 142 FGG. gelöscht worden.

Nur eine scheinbare Ausnahme dürfte es sein, wenn es dagegen nach der in der Wissenschaft und Praxis herrschenden Meinung als zulässig angesehen wird, daß Aktiengesellschaften und Gesellschaften mit beschränkter Haftung durch Strohmänner gegründet werden können. Der Kaufmann, in dessen Namen hier das Handelsgewerbe betrieben wird, ist nicht derjenige, der gründet, sondern die Aktiengesellschaft bzw. die G. m. b. H. Firmenrechtliche Gründe, d. h. solche gemäß §§ 17ff. HGB., weil die A.-G. bzw. G. m. b. H. kein Handelsgewerbe „betreibe" und deshalb auf Führung einer Firma keinen Anspruch habe, dürften daher hier nicht in Betracht kommen.

Eine andere Frage ist es, ob die A.-G. bzw. G. m. b. H. überhaupt wirksam gegründet worden ist, wenn als Begründer Strohmänner aufgetreten sind. Diese Frage ist in Wissenschaft und Praxis nicht unbestritten[3]). Hier kann nur so viel gesagt werden, daß nach der herrschenden Meinung Bedenken gegen die Gültigkeit von Gründungen durch Strohmänner kaum bestehen dürften, da die Gründung bei einer juristischen Person ein konstitutiver Gesamtakt ist, d. h. neben der Erfüllung gewisser gesetzlicher Formalien durch das Zusammentreffen einseitiger, nicht empfangsbedürftiger Willenserklärungen zustande kommt[4]).

II. Die Bezeichnung als Mittel für die Kennzeichnung des Reklameobjekts.

Was bei der Person der Name, ist beim Gegenstand die Bezeichnung.

Als Gegenstand, welcher das Objekt einer Reklamebetätigung bilden kann, kommen das Geschäft des Reklametreibenden, seine Leistung, seine Ware bzw. die von ihm vertriebene Ware in Betracht. An dieser Stelle sollen nur die Bezeichnungen behandelt

---

[1]) § 37 HGB. [2]) § 142 FGG.

[3]) Für die A.-G. vgl. Staub, a. a. O. Anm. 13 zu § 182 HGB. sowie RGZ. 84, 26; für die G. m. b. H. Staub-Hachenburg, Anm. 38 zu § 2. Dagegen Brodmann, G. m. b. H.-Gesetz, Anm. 8 zu § 2.

[4]) Vgl. Crisolli, Die Rechtsnatur der Sacheinlageverpflichtung in ZHR. 93, 226ff.

werden, welche eine Ware oder eine Leistung betreffen. Die Bezeichnung als Kennzeichnung eines Geschäfts wird unten[1]) bei der Betrachtung der Firmenzusätze dargestellt, weil derartige Bezeichnungen als Firmenzusatz auch Bestandteil einer eingetragenen Firma sein können.

Die Bezeichnung ist das Mittel, einen Gegenstand von anderen Gegenständen zu unterscheiden. Durch die Bezeichnung wird das Publikum in die Lage versetzt, den Gegenstand, um den es sich handelt, als solchen zu erkennen. Wird somit für ein Reklamevorhaben als Objekt ein Gegenstand und nicht die Person des Reklametreibenden gewählt, so muß der Gegenstand in der Kundgebung bezeichnet werden, da sonst eine Einwirkung auf ihn nicht möglich ist.

Hier ist der Grundsatz an die Spitze zu stellen, daß jede Bezeichnung als Mittel zur Kennzeichnung eines Gegenstandes als Reklameobjekt zulässig ist, sofern nicht Gründe der öffentlichen Ordnung oder solche, die sich aus dem Wettbewerbs-, Namens-, Warenzeichen- oder Urheberrecht ergeben, entgegenstehen[2]).

Unter den Begriff „Bezeichnung" fällt jedes denkbare Mittel, einen Gegenstand zu kennzeichnen. Die Bezeichnung kann für die Reklame ihren Zweck jedoch nur erfüllen, wenn sie so gewählt wird, daß das Publikum das Reklameobjekt auch tatsächlich aus ihr erkennt. So führt z. B. eine Anzahl zu einem Ganzen verbundener Blätter oder Bogen Papier die Bezeichnung „Buch". Diese Bezeichnung wäre zum Hinweis auf ein einzelnes Buch als Reklameobjekt völlig ungeeignet. Es gibt eine Unzahl von Büchern. Das Publikum ist nicht in der Lage, aus der Bezeichnung dasjenige Buch, für welches Reklame gemacht werden soll, zu erkennen. Es ist daher erforderlich, dem Buche eine weitere, individualisierende Bezeichnung zu geben. Hierzu erhält das Buch einen Titel. Mit Hilfe des Titels wird das Publikum in die Lage versetzt, das Buch zu erkennen, es von anderen zu unterscheiden.

In der Wahl von Bezeichnungen ist der Phantasie keine Grenze gesetzt. Den zu vertreibenden Reklameobjekten eine wirksame Bezeichnung zu geben, die das Publikum interessiert, an die es sich erinnert, so daß es im Bedarfsfalle das Reklameobjekt wählt, gehört zu den Hauptaufgaben der Reklametechnik.

Bezeichnungen finden sich in den verschiedensten Formen und Zusammenstellungen Um Waren von gleichartigen anderen zu kennzeichnen, werden Schlagworte geprägt, wie z. B.: „Elida", „Odol", „Persil", „4711", oder es wird auf das Reklameobjekt durch leicht einprägbare Verse hingewiesen, z. B.: „Feuer breitet sich nicht aus, hast du Minimax im Haus", oder es werden Satzbildungen gewählt, die in der Reklame immer wiederkehren und dadurch auf die Ware eines bestimmten Geschäfts hinweisen, z. B.: „Sind's die Augen, geh' zu Ruhnke." Hierher gehören weiter bildliche und plastische Bezeichnungen, z. B.: markante Kühlerverschlüsse von Automobilen, die bekannten beiden Schwerter für die Meißner Porzellanmanufaktur oder die beiden verschlungenen Männergestalten von Henkells Zwillingswerk. Schließlich kommen auch Kombinationen von Wort und Bild in Betracht, z. B.: „Wasmuths Hühneraugenringe in der Uhr" oder „Schwan im Blauband" usw.

Die Bezeichnung ist für die Reklamebetätigung von allergrößter Bedeutung. Sie weist auf das Objekt hin, auf das sich die Reklamekundgebung bezieht. Um das Publikum dahin zu bringen, in der Bezeichnung die Ware und ihre Qualität zu erkennen, werden

---

[1]) S. 27. [2]) Siehe unten zweiter Teil.

die größten Mühen und Kosten aufgewandt. Mit Hilfe der Bezeichnung ist es möglich, durch ein einziges Wort (Schlagwort) oder durch ein einziges Zeichen alles das auszudrücken, was über die betreffende Ware auszusagen ist.

Der Bedeutung der Bezeichnung hat der Gesetzgeber Rechnung getragen. Er hat vor allem in dem Namens-, Firmen-, Warenzeichen-, Urheber- und unlauteren Wettbewerbsrecht eine Möglichkeit geschaffen, die Bezeichnung demjenigen, der sie gewählt hat, vorzubehalten, so daß dieser allein berechtigt ist, die Bezeichnung zu führen.

III. Zusätze zu Personen- und Firmennamen als Mittel für die Kennzeichnung des Reklameobjekts.

Name und Firma sind nur dann geeignet, in wirksamer Weise auf das Reklameobjekt hinzuweisen, wenn ihnen eine derartige Kennzeichnungskraft innewohnt, daß das Publikum aus ihnen allein bereits das Objekt der Reklame erkennt. Ist dies nicht der Fall, so ist es erforderlich, die Kennzeichnungskraft des Namens oder der Firma durch Hinzunahme eines Zusatzes zu schaffen oder zu ergänzen. Der Name Kohn z. B. besitzt keine Unterscheidungskraft. Erscheint dieser Name aber in Verbindung mit der Bezeichnung „Erzbischof", so weiß jeder, um wen es sich handelt. Durch die Bezeichnung „Erzbischof" wird der Name Kohn näher gekennzeichnet.

Die Zufügung von charakterisierenden Zusätzen zum bürgerlichen Namen und zur Firma sind für die Reklamebetätigung von der größten Bedeutung, da vor allem für Reklamezwecke das Bedürfnis besteht, daß der Reklametreibende erkannt und von anderen unterschieden wird.

A. Zusätze zum Personennamen.

An und für sich sind der Wahl von Zusätzen zu bürgerlichen Namen prinzipiell keine Schranken gesetzt. Sofern nicht etwa Gründe wettbewerblicher Art entgegenstehen, ist jede Bezeichnung erlaubt (z. B. „Der urkomische Bendix", „Wurstmax", „Eiserner Gustav" usw.). Nur für die Wahl gewisser Bezeichnungen bestehen Beschränkungen, bei denen der Gesetzgeber den öffentlichen Verkehr oder die öffentliche Ordnung gegen Gefahren schützen will, die aus der Benutzung entstehen können.

So bestimmt § 360 Ziff. 8 StGB., daß bestraft wird, wer unbefugt Titel, Würden oder Adelsprädikate annimmt.

Das Adelsprädikat ist, wie oben gezeigt[1]), seit der neuen Reichsverfassung ein Bestandteil des Namens, so daß er als Bezeichnung nicht mehr in Frage kommt und ein Schutzobjekt nach § 360 Ziff. 8 StGB. nicht mehr bieten kann[2]).

Unter Titeln sind solche Bezeichnungen zu verstehen, die durch höhere Verleihung von Staats wegen erworben werden oder mit einer bestimmten Rangstellung verknüpft sind, deren Träger, wenn sie auch keine Beamten sind, mindestens dem Publikum gegenüber eine öffentlich-rechtliche Stellung im Leben einnehmen[3]). Als den Schutz des Gesetzes genießend sind hiernach zu unterscheiden:

1. Amtstitel, welche durch Übertragung eines öffentlichen Amtes entweder ausdrücklich oder stillschweigend verliehen werden. Auch Titel Geistlicher gehören zu den nach

---

[1]) S. 4. [2]) Vgl. Olshausen, StGB. 1927, S. 1954. [3]) So Olshausen, a. a. O. S. 1944.

§ 360 Ziff. 8 geschützten Titeln, da sie, wie das Reichsgericht[1]) ausführt, „Bezeichnungen sind, die mit einer bestimmten Rangstellung verknüpft sind, deren Träger, wenn sie auch keine Beamten sind, mindestens dem Publikum gegenüber eine öffentlich-rechtliche Stellung einnehmen".

2. Berufstitel, wie Rechtsanwalt, Patentanwalt, Privatdozent, Prozeßagent[2], gerichtlicher Bücherrevisor, vereidigter Landmesser usw. Für Ärzte bestimmt § 147 Ziff. 3 RGO., daß bestraft wird, wer, ohne hierzu approbiert zu sein, sich als Arzt (Wundarzt, Augenarzt, Geburtshelfer, Zahnarzt, Tierarzt) bezeichnet oder sich einen ähnlichen Titel beilegt, durch den der Glaube erweckt wird, der Inhaber desselben sei eine geprüfte Medizinalperson.

3. Ehrentitel, wie Doktor, Kommerzienrat, Professor (falls nicht Amtstitel), Musikdirektor, Hoflieferant usw. Die Verleihung von Ehrentiteln ist nach Art. 109 Abs. 4 RV. hinfort unstatthaft, weil danach Titel nur noch verliehen werden dürfen, wenn sie ein Amt oder einen Beruf bezeichnen. Akademische Grade werden jedoch hiervon nicht betroffen.

Eine besondere Bestimmung enthält die Reichsverfassung für die Führung ausländischer Titel durch Inländer. Nach Art. 109 Abs. 6 RV. darf kein Deutscher von einer ausländischen Regierung einen Titel annehmen. Unter Regierung sind hier nur Staatsregierungen zu verstehen, so daß z. B. päpstliche Titel angenommen werden dürfen.

Ausländer dürfen ihre im Auslande rechtmäßig erworbenen Titel im Inlande führen, sofern nach Landesrecht keine Beschränkungen bestehen. Für Preußen bestimmt die Verordnung vom 30. IX. 1924 für die Führung ausländischer akademischer Grade durch Ausländer[3]):

„Ausländer, die sich in Preußen aufhalten, bedürfen der Genehmigung des Kultusministers für die Führung ausländischer akademischer Titel, es sei denn, daß sie sich nur vorübergehend und nicht zu Erwerbszwecken oder ausschließlich im amtlichen Auftrag in Preußen aufhalten. Letzterenfalls genügt es, wenn sie zur Führung des akademischen Grades nach dem Rechte ihres Heimatstaates befugt sind."

Ehefrauen dürfen sich nach in Deutschland herrschender Verkehrssitte der ihren Ehemännern zustehenden Titel bedienen.

Unter „Würde" im Sinne des § 360 Ziff. 8 StGB. ist eine von zuständiger öffentlich-rechtlicher Stelle verliehene Ehrenstellung innerhalb einer Gemeinschaft zu verstehen[4]). Z. B. Dr. h. c., Dipl.-Kaufmann, Dipl.-Wirtschaftler, Exzellenz, Stadtverordneter[5]).

Nicht unter § 360 Ziff. 8 StGB. fallen dagegen Bezeichnungen, die auf eine selbstgewählte Lebensstellung hinweisen, wie z. B. Handelsanwalt, Justitiar, Lehrer, Masseur usw.

Ob die Fortführung des Titels unter Zusatz „a. D." oder „i. R." oder ohne Zusatz nach Ausscheiden aus dem Amt oder Beruf gestattet ist, entscheidet sich nach dem betreffenden Reichs- oder Landesrecht.

Insoweit es danach unzulässig ist, Titel oder Würden anzunehmen, dürfen sie als Bezeichnungen zur Individualisierung des Namens nicht verwandt werden. § 360 Ziff. 8 StGB. bildet daher eine gesetzliche Schranke für die Wahl von Bezeichnungen als Mittel zur Identifizierung der Person bei der Reklamebetätigung.

[1]) RGSt. 37, 176. [2]) JMBl. 1899, 272. [3]) PrGes. S. 625.
[4]) So Olshausen, a. a. O. S. 1950. [5]) Dies ist streitig.

B. Firmenzusätze.

Auch bei Firmen ist es ebenso wie beim bürgerlichen Namen zulässig, ihnen durch Hinzufügung eines Zusatzes eine besondere Kennzeichnungskraft zu geben. Das HGB.[1]) bestimmt ausdrücklich, daß Zusätze, die zur Unterscheidung der Person oder des Geschäftes dienen, gestattet sind.

Bei dem oben[2]) erwähnten Beispiel würde der Firma „Otto Müller" jede Unterscheidungskraft fehlen, wenn etwa an demselben Ort bereits eine andere gleichlautende Firma bestünde. Hier würde — wie ausgeführt — die Wahl eines Zusatzes sogar ein Erfordernis sein, da jede neue Firma sich von allen an demselben Ort oder in derselben Gemeinde bereits bestehenden und in das Handelsregister eingetragenen Firmen deutlich unterscheiden muß[3]). Stehen dem Begründer der Firma „Otto Müller" mehrere Vornamen zu, so würde als unterscheidender Zusatz z. B. die Aufnahme eines zweiten Vornamens in Betracht kommen. Handelt etwa die bereits bestehende Firma „Otto Müller" mit Textilien, die neu zu gründende dagegen mit Zigarren, so wäre es ein unterscheidender Zusatz, wenn in die neue Firma als Bestandteil das Wort „Zigarrengeschäft" aufgenommen, das Geschäft daher „Zigarrengeschäft Otto Müller" firmieren und in dieser Form ins Handelsregister eingetragen würde. Durch die zusätzliche Bezeichnung „Zigarrengeschäft" wird sie charakterisiert. Sie kann nunmehr als diejenige Firma erkannt werden, welche in die Erscheinung treten will, auf welche das Publikum hingewiesen werden soll.

Die an sich nach dem Handelsgesetzbuch zulässigen Zusätze zu eingetragenen Firmen unterliegen jedoch einer Reihe von Beschränkungen.

Einmal finden auf sie diejenigen Beschränkungen Anwendung, welche oben[4]) bei den Zusätzen zum bürgerlichen Namen behandelt worden sind. In dieser Hinsicht wird auf die obigen Ausführungen verwiesen.

Unzulässig sind weiter Zusätze, die durch Sondergesetz verboten sind, wie z. B. der Zusatz „Rotes Kreuz[5])".

Unzulässig ist nach dem Handelsgesetzbuch[6]) schließlich jeder Zusatz zu einer eingetragenen Firma, der entweder ein Gesellschaftsverhältnis andeutet, obwohl Inhaber des betreffenden Geschäfts ein Einzelkaufmann ist[7]), oder der geeignet ist, eine Täuschung über die Art und den Umfang des Geschäfts oder die Verhältnisse des Geschäftsinhabers herbeizuführen[8]).

Diese Beschränkungen in der Wahl von Zusätzen zu eingetragenen Firmen sind im § 18 Abs. 2 HGB. enthalten. Sie beziehen sich also ihrem Wortlaut nach nur auf Einzelkaufleute. Nach § 6 HGB. finden jedoch die bezüglich der Einzelkaufleute gegebenen Vorschriften auch auf die Handelsgesellschaften Anwendung. Hiernach dürfen auch die Handelsgesellschaften keine Zusätze zu ihren Firmen wählen, die gegen die Vorschriften des § 18 Abs. 2 HGB. verstoßen.

---

[1]) § 18 II HGB. [2]) S. 12. [3]) § 30 HGB. [4]) S. 19.

[5]) Dieser Zusatz darf nach dem Reichsgesetz zum Schutze des Genfer Neutralitätszeichens vom 22. III. 1902 nur mit behördlicher Genehmigung geführt werden.

[6]) § 18 Abs. 2.

[7]) Es ist ausdrücklich darauf hinzuweisen, daß sich diese Bestimmung nur auf die Neugründung einer Firma bezieht.

[8]) Über den handelsrechtlichen Firmenschutz nach § 37 HGB. vgl. unten S. 264 f.

Die Vorschrift des § 18 II HGB. hat ihre besondere Bedeutung bei Neugründung von Firmen, da insbesondere bei Begründung einer Firma das Bedürfnis zur Wahl eines unterscheidenden Zusatzes vorhanden sein wird. Sie kann jedoch auch bei bestehenden Firmen in Betracht kommen, so z. B. bei Änderung des Geschäftsbetriebes, wenn der Zusatz infolge dieser Änderung seine Berechtigung verloren hat. Führt z. B. eine Firma den Zusatz „Zigarrenfabrik" und gibt sie später den Fabrikationsbetrieb auf, beschränkt sich etwa nur noch auf den Handel mit Zigarren, so ist der Zusatz „Fabrik" nicht mehr gerechtfertigt und geeignet, eine Täuschung über die Art des Geschäftsbetriebes herbeizuführen. Der Zusatz wäre demzufolge zu löschen bzw. zu ändern.

Ob die Voraussetzungen des § 18 II HGB. vorliegen, entscheidet das Registergericht. Maßgebend dafür, ob der gewählte Zusatz einen Verstoß gegen § 18 II HGB. darstellt, ist die Verkehrsauffassung. Um sich mit dieser in Einklang zu setzen und Eintragungen zu unterlassen, die in Widerspruch mit der Verkehrsauffassung stehen, hat der Registerrichter erforderlichenfalls die Organe des Handelsstandes[1]) zu befragen, welche[2]) verpflichtet sind, die Registergerichte behufs der Verhütung unrichtiger Eintragungen zu unterstützen. Hiervon machen die Gerichte, insbesondere das Berliner Registergericht, in weitestem Umfange Gebrauch. In Berlin gelangt kaum noch eine Firma zur Eintragung, ohne daß zuvor die Industrie- und Handelskammer befragt worden ist. Diese hat dadurch für die Eintragung von Firmen aller Art geradezu die Bedeutung einer besonderen Instanz erlangt, was vom Gesetz offenbar nicht beabsichtigt war.

§ 18 II HGB. verbietet Zusätze nach zweierlei Richtung. Sie dürfen einmal kein Gesellschaftsverhältnis andeuten, sodann dürfen sie nicht geeignet sein, eine Täuschung über Art und Umfang des Geschäfts oder die Person des Geschäftsinhabers herbeizuführen.

1. Das Verbot, ein Gesellschaftsverhältnis anzudeuten, kann sinngemäß nur die Firma eines Einzelkaufmanns betreffen. Nur für diesen Fall kann eine Täuschung in Frage kommen, da das Gesetz bei Neugründung von Firmen für Handelsgesellschaften vorschreibt, daß das bestehende Gesellschaftsverhältnis aus der Firma ersichtlich sein müsse und bei Erwerb einer Firma — wie oben[3]) gezeigt — das Prinzip der Firmenwahrheit nicht gilt.
2. Das weitere Verbot betrifft Zusätze, welche geeignet sind, das Publikum irrezuführen. Handelt es sich dabei um objektive Unwahrheiten, so bedarf es keiner Erörterung, daß sie nach § 18 II HGB. verboten sind. Eine Zeitung, die sich als städtisches oder amtliches Organ bezeichnet, tatsächlich aber in keinerlei Beziehung zu irgendeinem Gemeinwesen oder einer Behörde steht, täuscht das Publikum, so daß dieser Zusatz für ein derartiges Unternehmen unzulässig ist.

Nach § 18 II HGB. genügt es aber bereits für die Unzulässigkeit eines Zusatzes, daß er geeignet ist, eine Täuschung herbeizuführen, d. h. daß die Möglichkeit besteht, daß das Publikum durch den Zusatz irregeführt wird. Ob im Einzelfalle eine solche Möglichkeit vorhanden ist, kann nicht endgültig und einheitlich entschieden werden, da hierfür die Verkehrsanschauung maßgebend ist. Diese steht nicht ein für allemal fest, sondern ist je nach den Bedürfnissen wechselbar. So können, wie das Kammergericht[4])

---

[1]) Industrie- und Handelskammer, Älteste der Kaufmannschaft usw.

[2]) Nach § 126 FGG. [3]) S. 12. [4]) OLGR. 44, 222.

ausführt, „Zusätze, die der Verkehr früher als irreführend ansah, infolge ihres überaus häufigen und unbeanstandeten Vorkommens in der Bedeutung, die ihnen früher anhaftete, verblassen, da die Neigung zur Annahme wohlklingender und übertreibender Firmenbezeichnungen nicht nur dem unredlichen Geschäftsmann heutzutage eigen ist, die Käufer aber sich durch solche Bezeichnungen nicht mehr täuschen lassen, die Übertreibungen vielmehr auf das richtige Maß zurückführen." Andererseits kann sich die Verkehrsanschauung auch dahin ändern, daß Zusätze, die früher nicht als irreführend angesehen wurden, heute als gegen § 18 II HGB. verstoßend gelten. Gerade in jüngster Zeit ist, gestützt insbesondere auf die Stellungnahme der Handelskammern, eine Tendenz nach dieser Richtung hin bemerkbar.

Die Beispiele aus der Praxis zeigen, unter welchen Voraussetzungen danach Firmenzusätze erlaubt oder verboten sind.

a) Zusätze über Art und Umfang des Geschäfts.

α) Fabrik. Der Zusatz Fabrik ist nur dann zulässig, wenn es sich um ein Unternehmen handelt, bei dem alle zu einem Fabrikationsbetrieb erforderlichen Voraussetzungen gegeben sind. Das Reichsgericht[1]) verlangt hierfür:

1. Arbeitsteilung zwischen der vorwiegenden kaufmännischen Tätigkeit des Unternehmers und der technischen Tätigkeit des Gehilfen,
2. Vorhandensein einer größeren Arbeiterzahl,
3. Verhältnismäßig große Ausdehnung der Betriebsräume und der Betriebseinrichtung,
4. großen Umfang der Produktion,
5. Arbeitsteilung unter den Gehilfen,
6. Umfangreiche Verwendung von Kraft- und Arbeitsmaschinen.

Danach legt das Reichsgericht entscheidendes Gewicht auf die Art der Betriebsführung und den Umfang des Betriebes. Beteiligen sich die Unternehmer unmittelbar an der Herstellung der Arbeitserzeugnisse, so liegt kein Fabrikations-, sondern ein Handwerksbetrieb vor, so daß die Bezeichnung eines solchen Betriebes als „Fabrik" irreführend wäre.

Als unzulässig ist auch der Zusatz „Fabriken" angesehen worden, wenn von der Firma tatsächlich nur eine Fabrik betrieben wird.

β) Werk oder Werke. Prinzipiell ist der Zusatz „Werk" nur dann gerechtfertigt, wenn es sich um ein großindustrielles Unternehmen handelt, also um ein solches, das mit großer maschineller Anlage und bedeutender Arbeiterzahl betrieben wird.

Eine Ausnahme bilden die Unternehmungen für Holz-, Erd- und Steinindustrie, wo sich der Zusatz „Werk" so eingebürgert hat, daß er zu Irrtümern über die Bedeutung des Unternehmens keinen Anlaß gibt. Wortbildungen wie Hammer-, Marmor-, Steinbruch-, Säge-, Kunststein-, Schleuderbeton-, Kalk und Mörtel-, Hartstein-, Kalksandsteinwerke sind daher zulässig, auch wenn die Voraussetzungen nicht vollständig gegeben sind, die sonst zur Führung des Zusatzes „Werk" erforderlich sind[2]).

---

[1]) Vgl. JUW. September 1927 und die dort zitierten Entscheidungen.

[2]) Vgl. KG. vom 4. VI. 1925 in OLGR. 44, 222 sowie das dieser Entscheidung zugrunde liegende Gutachten der Industrie- und Handelskammer vom 3. III. 1924. Für die optische Industrie hat diese Kammer die Verwendung des Wortes „Werke" nicht für so allgemeingebräuchlich erklärt, daß der Verkehr sich daran gewöhnt habe, in solchem Zusatz nicht mehr den Hinweis auf einen Großbetrieb zu sehen.

γ) Großhandlung. Nach einer von der Industrie- und Handelskammer zu Berlin getroffenen Feststellung dürfen die Bezeichnung „Großhandlung" prinzipiell nur solche Firmen führen, die sich vorwiegend mit dem Vertrieb von Gegenständen an Weiterveräußerer und Weiterverarbeiter und -bearbeiter befassen, so daß die Bezeichnung Großhandlung weniger den Umfang des Betriebes als vielmehr seine Stellung innerhalb des Warenverteilungsprozesses veranschauliche. Es ist allerdings anerkannt worden, daß in bestimmten Gewerbezweigen auch solche Unternehmungen berechtigt seien, den Firmenzusatz „Großhandlung" zu führen, die sich vorwiegend mit dem Absatz von Waren unmittelbar an den Verbraucher befassen, wenn es sich um besonders große Unternehmungen handle.

δ) Kammer. Ist als Zusatz für private Unternehmungen als unzulässig erklärt worden, weil das Wort Kammer den Eindruck einer öffentlich-rechtlichen Organisation erwecke[1]).

ε) Verein. Ist als Zusatz für eine Offene Handelsgesellschaft für unzulässig erklärt worden, weil durch das Wort Verein der Anschein erweckt werde, als ob sich eine größere Anzahl von Geschäftsleuten zur Führung des Betriebes zusammengetan hätten.

ζ) Zentrale. Die Bezeichnung ist unzulässig, wenn der Betrieb nicht der Verkehrsmittelpunkt für das in Frage kommende Erzeugnis ist.

η) Weltbureau oder Welthaus. Diese Bezeichnungen sind nur dann zulässig, wenn das Unternehmen geschäftliche Beziehungen zu einer größeren Anzahl von Ländern, Zweigniederlassungen in mehreren Großstädten und an zahlreichen anderen Plätzen der Welt unterhält.

ϑ) Börse. Für private Unternehmungen unzulässig, da unter Börse ein Ort verstanden wird, wo zu bestimmten Zeiten Käufer und Verkäufer zusammentreffen, um Geschäfte abzuschließen und wo ein Geschäftsverkehr in erheblichem Umfange stattfindet.

ι) Treuhandgesellschaft. Nur zulässig, wenn es sich um Unternehmungen von bedeutenderem Umfange handelt.

κ) International. Nur zulässig, wenn es sich um ein in größerem Umfange betriebenes Geschäft handelt, das Beziehungen zum Auslande unterhält.

λ) Industrie. Nur zulässig, wenn auch Fabrikation erfolgt, nicht jedoch, wenn nur Handel betrieben wird.

μ) Stelle. Unzulässig, weil der Eindruck hervorgerufen werde, es handle sich um eine Behörde[2]).

ν) Bank. Nur zulässig, insbesondere auch mit Zusätzen wie Volks-, Handels-, Kommerz-Bank usw. bei Unternehmungen mit großem Kapital, die regelmäßig als juristische Personen betrieben werden. Bei nichtjuristischen Personen nur ausnahmsweise zulässig, wenn das Geschäft so erheblich ist, daß der Zusatz gerechtfertigt erscheint.

o) Versandhaus. Nur zulässig, wenn es sich um ein Unternehmen von bedeutenderem Umfange handelt, bei dem in großem Maßstabe Versendungen erfolgen. Der Zusatz „Waren-Versandhaus für Deutsche Beamte" ist nur für zulässig erklärt worden, wenn das Unternehmen mit Beamtenverbänden zu tun hat, gemeinnützigen Charakter trägt und Waren feilbietet, die speziell von Beamten gebraucht werden und zu Preisen verkauft werden, die unter den sonst üblichen liegen.

---

[1]) KG. in JW. 1925, 2014.

[2]) So AG. Berlin-Mitte auf Grund eines Gutachtens der Industrie- und Handelskammer Berlin.

φ) Verbindung von Namen und Branche. Wenn der Name vor der Branche erscheint, z. B. „Müller-Fahrräder“, so wird der Anschein eigener Fabrikation erweckt, erscheint dagegen der Name hinter der Branche, z. B. „Fahrräder-Müller“, so wird nur zum Ausdruck gebracht, daß der Betreffende mit den Waren handle.

b) Zusätze über die Verhältnisse des Geschäftsinhabers oder des Geschäfts.

α) Verwandtschaftsverhältnis. Zusätze wie „Vater und Sohn“, „Gebrüder“ sind auch bei Neugründungen zulässig, wenn sie den tatsächlichen Verhältnissen entsprechen. Der Zusatz „Sohn“ ist bei Neugründung nur dann zulässig, wenn Vater und Sohn den gleichen Namen haben und durch den Zusatz angezeigt werden soll, daß der Sohn der Inhaber des Geschäfts ist[1]). Der Zusatz würde daher unzulässig sein, wenn Vater und Sohn nicht den gleichen Namen haben. Der Zusatz „Söhne“ ist bei Neugründung für unzulässig erklärt worden, da diese Bezeichnung auf ein Rechtsnachfolgeverhältnis hindeute[2]).

β) Herkunftsangaben. Sie sind prinzipiell nur zulässig, wenn die Ware, welche die Firma herstellt oder vertreibt, auch tatsächlich aus den Orten stammt, die in der Firma angegeben sind. Der Zusatz Thüringer Fleischwursthandlung z. B. ist irreführend, wenn die Wurst nicht aus Thüringen stammt. Ebenso darf der Zusatz „Sächsisches Engroslager“ nur gewählt werden, wenn die zu vertreibenden Waren im wesentlichen sächsischen Ursprungs sind[3]).

Ob mit dem betreffenden Zusatz auf die Herkunft hingewiesen werden soll, kann in einzelnen Fällen zweifelhaft sein. Es ist zu unterscheiden, ob die Verkehrsauffassung den Zusatz tatsächlich als Herkunftsbezeichnung auffaßt oder ob die Bezeichnung zum Gattungsbegriff geworden ist. Bei „Wiener“ Würstchen, „Frankfurter“ Leberwurst weiß jeder, daß sie nicht in den Städten hergestellt worden sind, auf deren Namen sie hinweisen. Ebenso ist die Bezeichnung „Selter“ oder „Selterwasser“ zum Gattungsbegriff geworden, zumal die wenigsten überhaupt wissen, daß es einen Ort Selters gibt.

Darüber, inwieweit Herkunftsbezeichnungen zu Gattungsbegriffen geworden sind, haben die Anschauungen gewechselt, und zwar insbesondere nach der Richtung hin, daß Bezeichnungen, die früher als Beschaffenheitsangaben angesehen wurden, jetzt als Herkunftsbezeichnungen zu gelten haben.

In der Praxis sind z. B. als Herkunftsbezeichnungen anerkannt: „Straßburger Gänseleberpastete“, „Braunschweiger Wurst“, „Rheinlachs“, „Sardinen“, „Nürnberger Lebkuchen“, „Emser Karamellen“, „Harzer Sauerbrunnen“, „Dänischer Korn“, „Ägyptische Zigaretten“, „Gervais-Käse“. Camembert ist als Gattungsbegriff für Weichkäse anerkannt worden, gilt aber als Herkunftsbezeichnung, wenn aus der Aufmachung, in welcher der Käse in den Verkehr gebracht wird[4]), auf die Herkunft hingewiesen wird[5]). Für die Frage, ob das Wort Camembert als Zusatz zur Firma gewählt werden darf, wird es daher, wenn die zu vertreibenden Waren nicht französischen Ursprungs sind, darauf ankommen, in welcher Aufmachung sie vertrieben werden sollen. Der Zusatz „Havanna“ gilt im Gegensatz zu der früheren Verkehrsauffassung nach

---

[1]) OLGR. 11, 377. [2]) KGJ. 28, 42. [3]) Vgl. Staub-Koenige, Anm. 12d zu § 18 HGB.

[4]) Z. B. Gebrauch der französischen Sprache auf dem Etikett oder Abbildung einer Bäuerin aus der Normandie.

[5]) Vgl. MuW. XIV, 337.

der neueren Rechtsprechung als Herkunftsbezeichnung[1]). Der Zusatz Kognak war früher in Deutschland reine Beschaffenheitsangabe, bei Champagner war es zweifelhaft, die Praxis bejahte es jedoch. Diese Fragen sind nicht mehr aktuell, nachdem für Champagner bereits durch § 17 des Weingesetzes[2]) bestimmt worden war, daß Schaumwein eine Bezeichnung tragen müsse, die das Land erkennbar macht, wo er auf Flaschen gefüllt ist, und Trinkbranntwein nach § 18 des Weingesetzes[3]), der nach Art des Kognak hergestellt wird, im geschäftlichen Verkehr nur noch als Weinbrand bezeichnet werden darf. Daraus ergibt sich, daß der Registerrichter Firmenzusätze, welche die Worte Champagner oder Kognak enthalten, nicht mehr zulassen darf, wenn es sich nicht um Erzeugnisse aus dem Ursprungslande handelt.

Besonders umstritten ist die Frage, ob bei Geschäften, deren Gegenstand die Herstellung oder der Vertrieb von Bier ist, die Zusätze „Münchener", „Pilsener", „Nürnberger" usw. zu dem Worte Bier zulässig sind, auch wenn es sich um Produkte handelt, die nicht aus München usw. stammen. Das Reichsgericht[4]) sieht den ausschließlichen Gebrauch der Worte „Münchener Bier" oder „Pilsener Bier" als Herkunftsbezeichnungen an, hält aber die Verwendung der Worte Münchener oder Pilsener auch für Bier, das nicht aus München oder Pilsen stammt, dann für zulässig, wenn durch Zusätze einwandfrei klargestellt werde, daß die Worte Münchener oder Pilsener nur eine Beschaffenheitsangabe sein sollen. Diese Voraussetzung sieht das Reichsgericht dann als gegeben an, wenn die Braustätte genau bezeichnet und dadurch zum Ausdruck gebracht werde, daß es sich lediglich um Bier nach Münchener bzw. Pilsener Art handle. Das Reichsgericht hat daher Zusätze wie „Radeberger Pilsener", „Lindener Pilsener", „Deutsch-Pilsener", „Engelhardt-Berliner-Pilsener", „Hansa-Pilsener" für zulässig erklärt. Dieser Standpunkt des Reichsgerichts ist als der Verkehrsauffassung widersprechend stark angegriffen worden, insbesondere hat sich auch das Reichspatentamt aus zeichenrechtlichen Gesichtspunkten gegen diese Entscheidung gewandt[5]). In Anbetracht der später darzulegenden Entwicklung, welche die Rechtsprechung auf dem Gebiete des UWG. insbesondere zu § 1 dieses Gesetzes genommen hat, ist anzunehmen, daß das Reichsgericht auf seinem Standpunkt nicht verharren wird. Jedenfalls ist auf Grund dieser Entwicklung nicht damit zu rechnen, daß das Registergericht Zusätze der oben gedachten Art als Teil der Firma noch eintragen wird.

γ) Beschaffenheitsangaben. Hierunter sind zu verstehen Zusätze wie „Erste", „Neue", „Einzige", „Amtliche", „Allgemeine" usw. oder Zusätze, welche das Gründungsjahr der Firma betreffen.

Die Eintragung derartiger Zusätze ist nur zulässig, wenn der Inhalt durch die Tatsachen oder durch die Umstände als gerechtfertigt erscheint. Der Zusatz „Stadt-Brauerei" ist daher abgelehnt worden, weil der betreffende Brauereibetrieb mit der Stadtgemeinde in keinerlei Verbindung stand[6]). Zusätze wie „Berliner", „Preußisch", „Deutsch" usw. geben nach der Verkehrsauffassung den Unternehmungen nicht den Anschein, daß sie mit dem betreffenden Staat oder Gemeindeverband in Verbindung stehen. Der Eintragung derartiger Firmenzusätze steht somit aus dem Gesichtspunkte

---

[1]) Vgl. MuW. XIV, 18, 19. [2]) Vom 7. IV. 1909.
[3]) In der Fassung des Abänderungsgesetzes vom 1. II. 1923.
[4]) RGZ. 79, 250; JW. 1924, 692. [5]) Vgl. Becher, Wettbewerbsrecht 1928, S. 141.
[6]) KGJ. 22, 100.

des § 18 Abs. 2 HGB. nichts im Wege, sofern der Zusatz nach dem Sitz des Unternehmens gerechtfertigt ist. So wird sich z. B. eine Firma den Zusatz „Berliner" nur beilegen dürfen, wenn sie bei Begründung auch tatsächlich ihren Sitz in Berlin hat.

C. Geschäftsbezeichnungen (Etablissementsname).

Das Handelsgesetzbuch handelt wie gezeigt nur von Zusätzen, die als Teil der Firma mit deren Hauptbestandteilen ein zusammenhängendes Ganzes bilden und als ihr Bestandteil mit ins Handelsregister eingetragen werden. Daneben gibt es Geschäftsbezeichnungen, auch Etablissementsnamen genannt, welche von eingetragenen oder nichteingetragenen Gewerbetreibenden zur Charakterisierung ihrer Unternehmungen gewählt werden. Solche Geschäftsbezeichnungen werden häufig dort gewählt, wo der betreffende Gewerbetreibende nicht firmenberechtigt ist, so z. B. bei Pensionsinhabern, bei Leitern von Sanatorien oder Minderkaufleuten.

Derartige Bezeichnungen kennzeichnen häufig die Person oder das Geschäft des Inhabers derart, daß der Name des Inhabers selbst völlig in den Hintergrund tritt und sein Geschäft lediglich aus der Bezeichnung erkannt wird. Geschäfte mit Bezeichnungen wie „Goldene 110", „Zum braunen Hirsch", „Stehbierhalle", „Markbasar" usw. besitzen ihre Unterscheidungskraft vielfach lediglich durch die Bezeichnung.

Für die Wahl von Geschäftsbezeichnungen, die auch bei Kaufleuten nicht Bestandteil der Firma sind und deshalb auch nicht mit ins Handelsregister eingetragen werden, enthält das Handelsgesetzbuch keinerlei Beschränkungen. Sie sind in jeder Form zulässig, es sei denn, daß Gründe der öffentlichen Ordnung, wettbewerbliche, namens-, warenzeichen- oder urheberrechtliche Bedenken entgegenstehen. Darüber ist unten im zweiten Teil zu handeln.

Die Geschäftsbezeichnung oder Etablissementsname kann mit dem Gewerbebetrieb oder auch ohne diesen übertragen werden. Derartige Übertragungen geben dem Erwerber aber noch kein selbständiges Recht, sondern legen nur dem Veräußerer die Verpflichtung auf, den Etablissementsnamen nicht weiter zu benutzen[1]). Regelmäßig wird die Geschäftsbezeichnung mit dem veräußerten Geschäft übergehen. Der Veräußerer muß die Fortführung durch den Erwerber regelmäßig dulden[2]).

---

[1]) Bolze 2, 989; 3, 233. [2]) Vgl. RGZ. 88, 424.

Zweiter Teil.

Beschränkungen in der Reklamekundgebung.

Während im ersten Teil Gegenstand der Betrachtungen das Reklameobjekt gewesen ist, soll nunmehr im vorliegenden zweiten Teil untersucht werden, welche Grenzen der Kundgebung[1]) einer Reklamebetätigung gesetzt sind.

Wie bereits in der Einleitung ausgeführt, sind der Kundgebung einer Reklamebetätigung prinzipiell keine Schranken gesetzt. Jede Reklamekundgebung ist an sich erlaubt. Dieser Grundsatz der Freiheit in der Reklamekundgebung findet jedoch eine Grenze, sobald die Reklamekundgebung mißbräuchlich ist, d. h. schutzwürdige öffentliche oder private Interessen verletzt werden. Hier muß das Gesetz eingreifen, indem es die mißbräuchliche Reklamekundgebung verbietet oder einschränkt. In den folgenden Ausführungen des vorliegenden zweiten Teils ist demnach zu untersuchen, welche Schranken das Gesetz der prinzipiell erlaubten Reklamekundgebung setzt.

Diese Schranken können sowohl im öffentlichen wie im privaten Recht enthalten sein. Dies ergibt eine Zweiteilung der vorliegenden Ausführungen. In einem ersten Abschnitt sollen die öffentlich-rechtlichen, in einem zweiten Abschnitt die privatrechtlichen Beschränkungen der Reklamekundgebung behandelt werden.

Bei der Betrachtung der öffentlich-rechtlichen Beschränkungen der Reklamekundgebung ist zu prüfen, welche Rechtsnormen dem Staat als Träger der staatlichen Hoheitsrechte gegeben sind, um die Reklamebetätigung zu verbieten oder zu beschränken. Hier wird also nur dargestellt werden, welche Rechtsregeln dem Staat die Macht geben, als Träger der Straf- und Polizeigewalt in das Gebiet der Reklame einzugreifen. Dagegen werden die Rechte privater Personen, die die Reklamebetätigung einer anderen Privatperson — wozu auch der Staat als Träger von Privatrechten (Fiskus), z. B. als Hausbesitzer usw., gehören kann — verhindern oder beschränken, in dem zweiten Abschnitt des vorliegenden Teils ihre Betrachtung finden.

---

[1]) Da nach den Ausführungen in der Einleitung (s. oben auf S. XVI f.) unter Reklame im Rahmen des vorliegenden Buches nur diejenigen Kundgebungen verstanden werden, welche sich in der Absicht der Verfolgung wirtschaftlicher Interessen an die Allgemeinheit wenden, haben diejenigen Vorschriften, die sich auf Propaganda, welche zum Zwecke der Verfolgung irgendwelcher anderen Interessen gemacht wird, beziehen und manche Propaganda bestrafen, hier auszuscheiden. So werden also z. B. die §§ 85, 110, 141 ff. StGB. nicht behandelt, da sie nicht in den Rahmen des Buches gehören.

Erster Abschnitt.

Öffentlich-rechtliche Beschränkungen.

Im ersten Abschnitt ist also nur zu untersuchen, welche Kundgebungen der Reklamebetätigung mit öffentlicher Strafe bedroht sind oder von der Polizei beschränkt werden können.

Auch im Gebiete des öffentlichen Rechts gilt der bereits hervorgehobene Grundsatz, daß jede Reklamekundgebung, die nicht gesetzlichen Verboten oder Beschränkungen unterliegt, erlaubt ist. Für die strafrechtlichen Vorschriften ergibt sich dies aus dem unser gesamtes Strafrecht durchziehenden Grundsatz des § 2 StGB.[1]), daß keine Handlung mit Strafe belegt werden kann, die nicht vom Gesetz mit Strafe bedroht ist. Dieser Grundsatz entspricht dem alten Rechtssatz „nulla poena sine lege". Daß auch die Polizei den Staatsbürgern nur auf Grund von Gesetzen Gebote oder Verbote setzen kann, folgt aus der Struktur und dem Aufbau unseres modernen Verwaltungsrechts, von dem das Polizeirecht nur ein Teilgebiet bildet.

Die strafrechtlichen Vorschriften und die Vorschriften, die der Polizei die Macht zum Einschreiten geben, beziehen sich nun entweder auf bestimmte Tatbestände, bei denen jede Art von Reklamekundgebung verboten ist, oder auf bestimmte Arten von Reklamekundgebungen, die verboten oder beschränkt sind, oder schließlich auf bestimmte Personen, denen eine Reklameausübung für sich persönlich verboten ist oder deren Reklamebetätigung bestimmte Grenzen gesetzt sind.

Die folgenden Betrachtungen werden in der Weise vorgenommen werden, daß zunächst in einem ersten Unterabschnitt diejenigen Tatbestände dargestellt werden sollen, bei denen jede Reklamekundgebung bestraft oder beschränkt wird. In diesem Abschnitt sind auch diejenigen Beschränkungen zu behandeln, die einzelnen Berufen für eine Reklameausübung gesetzt sind. In einem zweiten Unterabschnitt wird sich daran die Darstellung derjenigen Vorschriften anschließen, die einzelne Arten der Kundgebung der Reklameausübung verbieten oder beschränken.

I. Beschränkungen von Reklamekundgebungen allgemeiner Art und für Berufe.

Tatbestände, bei denen jede Reklamekundgebung bestraft oder beschränkt wird, sowie Berufe, denen die Reklameausübung beschränkt ist.

A. Strafrechtliche Normen.

Als Tatbestände, bei denen Reklamekundgebungen bestraft werden, kommen unsittliche Reklame, Beleidigung, Betrug, betrugsähnliche Fälle und nicht genehmigte Lotterieausspielungen in Frage.

---

[1]) § 2 StGB.: „Eine Handlung kann nur dann mit einer Strafe belegt werden, wenn diese Strafe gesetzlich bestimmt war, bevor die Handlung begangen wurde.

Bei Verschiedenheit der Gesetze von der Zeit der begangenen Handlung bis zu deren Aburteilung ist das mildeste Gesetz anzuwenden."

1. Unsittliche Reklamekundgebungen.

Unsittliche Reklamekundgebungen sind in erster Linie solche, welche die Tatbestandsmerkmale der §§ 184[1]), 184a[2]) StGB. erfüllen. Im § 184 StGB. ist eine Reihe solcher Tatbestände enthalten.

a) Der erste Tatbestand des § 184 StGB. wird, soweit es sich um die hier alleininteressierende Kundgebung einer Reklame handelt, dadurch gebildet, daß jemand unzüchtige Schriften, Abbildungen oder Darstellungen verteilt, verbreitet, ankündigt, anpreist oder an Orten, die dem Publikum zugänglich sind, ausstellt oder anpreist.

Schriften sind[3]) im Sinne der vorliegenden Gesetzesvorschrift die Feststellungen von Gedankenäußerungen in der Form irgendwelcher Zeichen, die geeignet und bestimmt sind, sie dem menschlichen Verständnis zu vermitteln, d. h. sinnlich wahrnehmbar zu machen und aus sich heraus wiederzugeben[4]). Als Zeichen der Gedankenäußerung kommen Buchstaben, Noten, Bilder, Zahlen, Chiffren, Blindenbuchstaben[5]) usw. in Betracht.

Abbildungen sind bildhafte Darstellungen von Geschehnissen, also Zeichnungen, Photographien und Filmstreifen, auch Bilder, die erst durch Erwärmen in die Erscheinung treten[6]) sowie Klappbilder[7]). Es müssen aber stets körperliche Gegenstände sein, also nicht die Schattenbilder, die ein „Künstler" vor dem Publikum macht und die sich nach der Vorstellung durch den Künstler auflösen, wohl aber Photographien solcher Schattenbilder.

Darstellung ist jede Form der Übermittlung eines Wortes usw.; hierher gehören auch Grammophonplatten[8]).

Der Begriff der Unzüchtigkeit im Sinne des § 184 StGB. ist sehr lebhaft umstritten[9]). Im Rahmen des vorliegenden Buches kann nur so viel gesagt werden, daß eine Schrift usw. unzüchtig ist, wenn sie geeignet ist, das Scham- oder Sittlichkeitsgefühl des normal

---

[1]) § 184 StGB.: „Mit Gefängnis bis zu einem Jahre und mit Geldstrafe bis zu eintausend Mark oder mit einer dieser Strafen wird bestraft, wer

1. unzüchtige Schriften, Abbildungen oder Darstellungen feilhält, verkauft, verteilt, an Orten, welche dem Publikum zugänglich sind, ausstellt oder anschlägt oder sonst verbreitet, sie zum Zwecke der Verbreitung herstellt oder zu demselben Zwecke vorrätig hält, ankündigt oder anpreist;
2. unzüchtige Schriften, Abbildungen oder Darstellungen einer Person unter sechzehn Jahren gegen Entgelt überläßt oder anbietet;
3. Gegenstände, die zu unzüchtigem Gebrauche bestimmt sind, an Orten, welche dem Publikum zugänglich sind, ausstellt oder solche Gegenstände dem Publikum ankündigt oder anpreist;

3a. wer in einer Sitten oder Anstand verletzenden Weise Mittel, Gegenstände oder Verfahren, die zur Verhütung von Geschlechtskrankheiten dienen, öffentlich ankündigt, anpreist oder solche Mittel oder Gegenstände an einem dem Publikum zugänglichen Orte ausstellt.

4. öffentliche Ankündigungen erläßt, welche dazu bestimmt sind, unzüchtigen Verkehr herbeizuführen.

Neben der Gefängnisstrafe kann auf Verlust der bürgerlichen Ehrenrechte sowie auf Zulässigkeit von Polizeiaufsicht erkannt werden."

[2]) § 184a StGB.: „Wer Schriften, Abbildungen oder Darstellungen, welche, ohne unzüchtig zu sein, das Schamgefühl gröblich verletzen, einer Person unter sechzehn Jahren gegen Entgelt überläßt oder anbietet, wird mit Gefängnis bis zu sechs Monaten oder mit Geldstrafe bis zu sechshundert Mark bestraft."

[3]) Nach Ebermayer, Reichsstrafgesetzbuch von Ebermayer, Lobe, Rosenberg, 3. Aufl., S. 569.

[4]) Vgl. auch RGSt. 38, 345; 46, 390. [5]) JW. 13, 151.

[6]) RG. in Recht 06, 574. [7]) Goltd. Arch. 61, 344. [8]) Goltd. Arch. 57, 400.

[9]) Außer den Lehrbüchern und Kommentaren des StGB. vgl. Schauer, Zum Begriff der unzüchtigen Schrift 1893; Halzipatros, dasselbe 1896; Schlechtriem, Die strafrechtliche Bedeutung unzüchtiger Schriften 1907.

empfindenden Menschen in geschlechtlicher Beziehung[1]) zu verletzen, wobei aber nicht erforderlich ist, daß die Verletzung des Sittlichkeitsgefühls eine gröbliche[2]) Belästigung hervorruft.

Der Täter muß das Bewußtsein haben, daß das Scham- oder Sittlichkeitsgefühl verletzt wird. Das Bewußtsein der Möglichkeit der Scham- oder Sittlichkeitsverletzung reicht aber aus, dagegen nicht das bloße Rechnen[3]) mit einer solchen Möglichkeit. Das danach erforderliche Bewußtsein kann aber auch derjenige haben, der nach seinem Empfinden nichts Unzüchtiges an der Schrift usw. findet[4]). Hat der Täter das Bewußtsein, daß die geschilderte Verletzung vorliegen könnte, so hat er die Pflicht, sich über den Inhalt der Schrift usw. zu erkundigen[5]). Die Annahme, die Ankündigung einer unzüchtigen Darstellung sei erlaubt, weil sie die Aufschrift „Gef. gesch." trägt, ist ebenso gleichgültig[6]) wie die Tendenz des Täters, z. B. zum Zwecke der Abschreckung oder Aufklärung[7]).

Strafbar ist jede Art der Reklame für solche unzüchtige Schrift, Abbildung oder Darstellung; denn unter Ankündigung der Anpreisung im Sinne des § 184 Ziff. 1 StGB. ist jede Kundgebung zu verstehen, durch welche auf die Gelegenheit zum Bezug unzüchtiger Schriften aufmerksam gemacht wird. In der Ankündigung braucht nicht einmal erkennbar enthalten zu sein, daß die Schrift usw. unzüchtig ist[8]). So sind Inserate, Kataloge usw., die lediglich Büchertitel enthalten — mögen in ihnen neben unzüchtigen Schriften zugleich auch nicht unzüchtige Schriften angekündigt werden —, nach § 184 Ziff. 1 StGB. strafbar, selbst wenn die in dem Inserat oder der sonstigen Ankündigung verwendete Bezeichnung der unzüchtigen Bücher nicht unmittelbar auf die Unzüchtigkeit hinweist. Kündigt aber ein Prospekt ein wissenschaftliches, nicht unzüchtiges Werk an, so ist der Prospekt nicht schon deshalb eine unzüchtige Schrift, weil es einzelne unzüchtige Bilder aus dem Buche reproduziert[9]).

b) Der zweite Tatbestand des § 184 StGB. wird dadurch gebildet, daß jemand Gegenstände, die zu unzüchtigem Gebrauche bestimmt[10]) sind, an Orten, die dem Publikum zugänglich sind, ausstellt oder solche Gegenstände dem Publikum ankündigt oder anpreist. Nach der oft von der Wissenschaft angegriffenen Rechtsprechung des Reichsgerichts ist[11]) ein Gegenstand dann zum unzüchtigen Gebrauch bestimmt, wenn er sich hierzu infolge seiner Beschaffenheit und Geltung eignet und erfahrungsgemäß dazu verwendet zu werden pflegt[12]), wobei die Absicht des Verfertigers oder Verkäufers gleichgültig[13]) ist. Der Gegenstand braucht auch nicht lediglich zur unzüchtigen Benutzung bestimmt zu sein, es genügt, daß er neben anderem zu dieser gebraucht werden kann und gebraucht wird. Deshalb ist jeder[14]) Gegenstand, der zum Gebrauch beim ehelichen Beischlaf bestimmt ist, unzüchtig, da er auch naturnotwendig dem außerehelichen dienen kann. Es ist nicht notwendig, daß die Benutzung des Gegenstandes selbst eine unzüchtige Handlung ist, es reicht aus,

---

1) RG. in JW. 27, 2695, 2713.
2) RGSt. 4, 87; 8, 130; 21, 306; 24, 365; 27, 115; 32, 418.
3) RGSt. 27, 114; 37, 315: 43, 145; Goltd. Arch. 50, 102. 4) RG. in Recht 07, 264.
5) So Ebermayer, Anm. 6 a. a. O. nicht unbestritten; vgl. RG. in LZ. 22, 470.
6) RG. in LZ. 15, 769. 7) Goltd. Arch. 69, 634.
8) RGSt. 57, 360. 9) RG. in JW. 1913, 937.
10) Über Gegenstände, die zur Verhütung von Geschlechtskrankheiten dienen, vgl. unten S. 33.
11) Nach Ebermayer, Anm. 8 a. a. O. 12) RGSt. 46, 6. 13) RGSt. 34, 365; 39, 315.
14) RGSt. 34, 81, 365; 35, 277; Goltd. Arch. 56, 93.

daß durch seinen Gebrauch eine unzüchtige Handlung irgendwie gefördert oder erleichtert wird[1]).

Das Reichsgericht hatte daher bisher die Ankündigung der sog. Gummiartikel (Opale, Präservative) und der sog. Frauenschutzmittel, die empfängnisverhindernd[2]) und ansteckungsverhütend wirken sollten, unter dieser Gesetzesvorschrift bestraft, wobei es ihm gleichgültig erschien, zu welcher Zeit in bezug auf Zeitpunkt des außerehelichen Beischlafes diese Mittel angewendet wurden. Diese Ansicht des Reichsgerichts, das allerdings seinen Standpunkt in der jüngsten Zeit bereits etwas gemildert[3]) hatte, hat die lebhaftesten Angriffe[4]) in der Wissenschaft gezeitigt. Diese Ansicht des Reichsgerichts ist aber durch die neueste Gesetzgebung völlig überholt und über den Haufen geworfen worden; denn alle Gegenstände, die eine Ansteckung von Geschlechtskrankheiten verhindern, fallen nicht mehr unter die Vorschrift des bisherigen § 184 Ziff. 3 StGB., wie unten näher dargestellt werden wird.

Für Gegenstände, die den unzüchtigen Verkehr fördern, ist, soweit sie nicht die Ansteckung von Geschlechtskrankheiten verhüten sollen, jegliche Art der Reklame nach § 184 Ziff. 3 unter Strafe gestellt. Es ist nicht notwendig, daß die Reklame zum Zwecke eines unzüchtigen Gebrauchs geschieht[5]); z. B. ist als strafbare Reklame auch ein Hinweis auf eine Schrift anzusehen, in der derartige Gegenstände empfohlen werden und die auf Bestellung nach einem angezeigten Preisverzeichnis[6]) abgegeben werden, falls der mit gewöhnlicher Verstandesschärfe begabte Leser aus dem Hinweis entnehmen kann, daß in der Schrift die Bekanntgabe über den Verkauf solcher Gegenstände enthalten ist[7]). Auch die Beilegung von Prospekten für solche Gegenstände genügt[8]), falls diese Prospekte auch nur Zwischenhändlern gegeben werden. Auch ist eine Ankündigung strafbar, die sich an Fachkreise (Ärzte, Apotheker, Hebammen) wendet oder in Fachzeitschriften[9]) geschieht. Ebenso liegt eine Ankündigung im Sinne des § 184 Ziff. 3 StGB. vor, wenn nach und nach zu verschiedenen Zeiten jedesmal nur an einzelne Personen Ankündigungen gesandt werden, falls aus diesen Einzelankündigungen auf einen Vorsatz, beim Publikum Erfolg zu erringen, zu schließen ist, wobei es gleichgültig ist, ob sich der Ankündigende nur an Verheiratete wenden will[10]).

Es genügt beim Täter das Wissen und Wollen, eine Reklame an das Publikum zu richten, und das Bewußtsein, daß die angekündigten Gegenstände bei außerehelichem Beischlaf verwendet werden können[11]). Nimmt der Täter eine Verwendung des Gegenstandes im außerehelichen Verkehr nicht an, weil etwa der Gegenstand nach seiner Ansicht nur im ehelichen Verkehr aus gesundheitlichen oder wirtschaftlichen Motiven gebraucht werde, so ist dies ebenso unerheblich[12]) wie die Annahme, die Eintragung eines Waren-

---

[1]) RGSt. 36, 312; 46, 118; LZ. 1916, 173.

[2]) RGSt. 37, 142; 38, 102; 40, 159; Goltd. Arch. 50, 100.

[3]) RG. in LZ. 1914, 1858; 1915, 547.

[4]) Vgl. Binding, Lehrbuch 1, 217; Liszt, dasselbe, 6. Auflage 396; Meyer-Allfeld 583; Schwalbe, Deutsche Medizinische Wochenschrift 1912, Nr. 36; Alsberg, Goltd. Arch. 61, 205 ff; JW. 27, 2016.

[5]) RGSt. 46, 6 [6]) RGSt. 38, 204. [7]) RGSt. 34, 286; 36, 139, 390.

[8]) RG. III 2523/02 vom 7. VII. 1902.

[9]) RGSt. 48, 61; Recht 1914, 709; JW. 1912, 417; LZ. 1921, 46.

[10]) RGSt. 46, 6; StRZ. 14, 684; LZ. 1914, 396, 687, 932; 15, 983; 21, 232.

[11]) StRZ. 1920, 373. [12]) RGSt. 34, 366; 39, 314; 43, 147; 46, 9; LZ. 1914, 688, 932.

zeichens oder die Patentierung des Gegenstandes mache Reklamekundgebungen straffrei[1]).

Der Anzeigenredakteur einer Zeitung, die ein Inserat mit der Reklame für derartige Gegenstände enthält, macht sich strafbar, wenn das mit der gewöhnlichen Verstandesschärfe begabte Leserpublikum die Anzeige als eine Anzeige für derartige Gegenstände auffaßt und der Redakteur sich dessen bewußt ist[2]). Deshalb ist der Redakteur einer Zeitschrift strafbar, in der eine Frau „Peitschenartikel für vorkommende Fälle" annonciert.

Soweit die Gegenstände, Mittel und Verfahren zur Verhütung von Geschlechtskrankheiten dienen, ist jetzt der durch § 16 II des Gesetzes v. 18. II. 1927 (RGBl. I, 61) geschaffene § 184 Ziff. 3a[3]), der am 1. X. 1927 in Kraft trat, maßgebend. Nach dieser Gesetzesvorschrift wird die öffentliche Ankündigung, Anpreisung oder Ausstellung solcher Gegenstände nur bestraft, wenn sie unter Verletzung von Sitte und Anstand geschieht.

Als Geschlechtskrankheiten gelten nach § 1 des Gesetzes vom 18. II. 1927 nur Syphilis, Tripper und Schanker.

Als zur Verhütung von Geschlechtskrankheiten dienend ist jeder Gegenstand, jedes Mittel oder Verfahren anzusehen, mit deren Hilfe man die Gefahr einer Ansteckung mit Geschlechtskrankheiten einzudämmen in der Lage ist. Die Reichsregierung kann nach § 16 des Gesetzes v. 18. II. 1927 die Zulassung von solchen Gegenständen usw., die zur Verhütung von Geschlechtskrankheiten dienen sollen, von dem Ergebnis einer amtlichen Prüfung abhängig machen und das Inverkehrbringen hierfür nicht geeigneter Gegenstände verbieten. Die Reichsregierung hat aber von diesem Recht bisher nicht Gebrauch gemacht.

Daß der Gegenstand dadurch, daß er Geschlechtskrankheiten zu verhüten geeignet ist, natürlich auch wegen der Gefahrenminderung den unzüchtigen außerehelichen Verkehr in starkem Maße fördert, ist unbeachtlich. Die Ziff. 3a des § 184 StGB. geht als Sondergesetz der bisherigen Vorschrift, die Ankündigungen von Gegenständen des unzüchtigen Verkehrs bestraft, vor. Dem Gesetzgeber stand bei Schaffung der Vorschrift der Ziff. 3a die durch diese Gegenstände sich hebende Volksgesundheit höher als die Bestrafung der Forderung unzüchtigen Verkehrs[4]). Da es außerdem nach zahlreichen ärztlichen Gutachten keine Gegenstände, Mittel und Verfahren gibt[5]), die der Gefahr der Geschlechtskrankheit begegnen und die nicht zugleich die Empfängnis verhindern oder jedenfalls den Eintritt derselben unwahrscheinlicher machen, ist es, da sonst die ganze Vorschrift der Ziff. 3a sinnlos wäre, unerheblich, ob die Gegenstände usw. zugleich auch die Empfängnis verhindern. Daher fallen Reklamekundgebungen für Opale, Präservative[6]) nicht mehr unter § 184 Ziff. 3, sondern unter § 184 Ziff. 3a.

Nach § 184 Ziff. 3a StGB. wird die Reklame für Gegenstände usw., die der Verhütung von Geschlechtskrankheiten dienen, nur noch bestraft, wenn sie unter Verletzung von Sitte und Anstand geschieht. Die Reichsregierung kann nach § 16 des Gesetzes v.

---

[1]) Goltd. Arch. 58, 110; LZ. 1915, 769. [2]) RG. in Goltd. Arch. 60, 286.

[3]) § 184 Ziff. 3a: „Wer in einer Sitte oder Anstand verletzenden Weise Mittel, Gegenstände oder Verfahren, die zur Verhütung von Geschlechtskrankheiten dienen, öffentlich ankündigt, anpreist oder solche Mittel oder Gegenstände an einem dem Publikum zugänglichen Orte ausstellt."

[4]) So auch ObLG. vom 5. VI. 1928 in LZ. 28, 1405; DJZ. 28, 1488.

[5]) So OLG. Hamburg vom 23. II. 1928 in JW. 28, 2284.

[6]) So die Entscheidung des ObLG. und des OLG. Hamburg a. a. O.

18. II. 1927 Vorschriften über die Reklame für diese Gegenstände treffen. Eine solche Bestimmung der Reichsregierung ist bisher nicht ergangen, der Inhalt der in Aussicht genommenen Ausführungsvorschriften ist aber aus dem Bericht des 10. Reichstagsausschusses[1]) zu entnehmen. Danach soll die Reklame an Fachkreise, wie Ärzte, Apotheker, Drogisten und Inhaber ähnlicher Geschäfte, ebenso wie Mitteilungen in Fachblättern erlaubt sein; auch soll durch Anbringung von Tafeln mit unanstößigen Inschriften in Ladengeschäften auf die Kaufgelegenheit hingewiesen werden dürfen. Dagegen soll es verboten sein, die Gegenstände in Schaukästen auszulegen oder in offenen Läden in Glasschränken oder unter mit Glasplatten versehenen Ladentischen auszustellen. Diese Beispiele dürften die Grundlage für die Auslegung der Begriffe „Sitte" und „Anstand" in § 184 Ziff. 3a StGB. bilden. Eine Rechtsprechung hierüber ist bisher nicht bekanntgeworden mit Ausnahme der zitierten Entscheidung des OLG. Hamburg a. a. O., in der ein Inserat in einer Drogistenzeitung auf Präservative unter der Bezeichnung von „hygienischen Panzeretten" hinwies. Dieses Inserat ist in der Entscheidung nicht für strafbar angesehen worden.

Nicht zu verwechseln mit der eben behandelten Reklame für prophylaktische Mittel, Verfahren und Gegenstände zur Verhinderung von Ansteckungen mit Geschlechtskrankheiten ist die Reklame für Schriften, Abbildungen oder Darstellungen für Mittel, Verfahren oder Gegenstände, die der Heilung oder Linderung von Geschlechtskrankheiten dienen sollen. Die Reklame für solche Gegenstände ist nach § 11 des Gesetzes v. 18. II. 1927, das am 1. X. 1927 in Kraft trat, mit Strafe belegt. Straflos bleibt eine solche Reklame nur, soweit sie nicht anderweit[2]) mit Strafe belegt ist, wenn sie sich an Ärzte, Apotheker oder sonstige Personen wendet, denen ein Handel mit derartigen Mitteln oder Gegenständen erlaubt ist, oder falls sie in wissenschaftlichen ärztlichen oder pharmazeutischen Fachzeitschriften geschieht.

c) Ein weiterer Fall, in dem jegliche Art der Reklamekundgebung verboten ist, wird durch den Tatbestand des § 184 Ziff. 4 StGB. gebildet. Hier werden Ankündigungen bestraft, die in irgendeiner — auch nur versteckten Form — dazu bestimmt sind, einen unzüchtigen Verkehr herbeizuführen. Unzüchtiger Verkehr ist ein solcher, der zur Befriedigung eines Geschlechtstriebes führt, der mit Zucht und Sitte im Widerspruch steht. Nach § 184 Ziff. 4 StGB. ist also die Anstrebung widernatürlichen oder außerehelichen Verkehrs strafbar. Der Ankündigende muß sich bewußt sein, daß er eine Ankündigung solchen Inhalts erläßt. Ist dies gegeben, so ist gleichgültig, ob die Anzeige zum Erfolge geführt hat, ob der Ankündigende auch nur solchen erwartet hat. Es ist sogar unbeachtlich, ob er den Willen hatte, unzüchtigen Verkehr herbeizuführen[3]). Es genügt, daß die Bestimmung der Herbeiführung des unzüchtigen Verkehrs erkennbar ist. Dabei reicht es aus, daß dieser Zweck für Personen von gewisser Lebenserfahrung ersichtlich[4]) ist. Deshalb werden Anzeigen „Ich suche eine energische Person, die sich mit mir über die Vorteile der Prügelstrafe unterhalten will" oder „Eine energische Masseuse" usw. strafbar sein.

Auch hier ist der Zeitungsredakteur — die Vorschrift bezieht sich meist auf Zeitungsanzeigen, worauf Ebermayer bereits richtigerweise hinweist — strafbar, wenn er das Verständnis für derartige Anzeigen hatte[5]).

---

[1]) III. Wahlperiode 124/26, Anlage zum stenographischen Bericht Nr. 2714, S. 21 f.

[2]) In Frage kommen hierfür wohl nur § 184 Ziff. 1 StGB., die Vorschriften über Arzneimittel und einzelne Bestimmungen der RGO.

[3]) RGSt. 39, 314. [4]) StRZ. 1914, 619. [5]) RGSt. 39, 315.

d) Als weitere Strafvorschrift kommt für das Gebiet der Kundgebung der unsittlichen Reklame ferner die Vorschrift des § 184 Ziff. 2 StGB. in Betracht, nach welcher das Anbieten einer unzüchtigen Schrift, Abbildung oder Darstellung an Personen unter 16 Jahren strafbar ist.

Der Begriff einer unzüchtigen Schrift, Abbildung oder Darstellung ist hier derselbe wie der oben auf S. 30 dargestellte Begriff.

Hier wird jede Reklame, die eine entgeltliche Anbietung an Jugendliche enthält, bestraft. Entgelt bedeutet im Sinne dieser Bestimmung jeder Vermögensvorteil, also nicht bloß bares Geld. „Gegen" Entgelt hat aber den Sinn, daß das Entgelt bereits vor Erwerb der unzüchtigen Schrift ausdrücklich gefordert oder versprochen sein muß. Es genügt aber nicht, daß nachträglich ein vorher weder versprochenes noch auch nur erwartetes Entgelt gezahlt wird. Das Anbieten bedeutet, daß an den Jugendlichen schriftlich oder mündlich mit dem Ersuchen, eine solche Schrift zu erwerben, herangetreten wird. Ein bloßes Auslegen im Schaufenster usw. reicht also nicht aus, um den Tatbestand des § 184 Ziff. 2 StGB. zu erfüllen.

In subjektiver Beziehung muß derselbe Tatbestand wie oben S. 31 vorliegen, d. h. der Täter muß das Bewußtsein haben, daß die Schrift usw. unzüchtigen Inhalts ist oder die Vorstellung haben, daß die Schrift usw. möglicherweise unzüchtig sei. Ein Rechnen mit der bloßen Möglichkeit der Unzüchtigkeit reicht[1]) jedoch nicht aus. Hat der Täter aber die Vorstellung, daß die Schrift möglicherweise unzüchtig ist, so hat er die Pflicht, um der Bestrafung zu entgehen, sich über den Inhalt der Schrift zu orientieren. Außerdem aber muß im Falle des § 184 Ziff. 2 StGB. der Täter das Bewußtsein haben, daß derjenige, dem er die unzüchtige Schrift gegen Entgelt anbietet, noch nicht das 16. Lebensjahr vollendet hat, wobei allerdings die Vorstellung, daß dies möglicherweise der Fall sei, ausreicht.

e) Diesem letzten Tatbestand sehr nahe verwandt ist der Tatbestand des § 184a StGB. Denn hiernach wird bestraft, wer Jugendlichen gegenüber Reklame durch entgeltliches Anbieten nicht nur für unzüchtige Schriften, Abbildungen und Darstellungen macht, sondern auch für solche Schriften usw., die das Schamgefühl gröblich verletzen. Die Schrift usw. muß das Schamgefühl des Durchschnittsmenschen verletzen. Allerdings wird nur eine gröbliche Verletzung geahndet. Es braucht aber nicht — wie es beim Begriff der Unzüchtigkeit erforderlich ist — das geschlechtliche Schamgefühl betroffen zu sein. Die Schrift usw. braucht weder in der Absicht, einen geschlechtlichen Reiz auszuüben, verfaßt zu sein, noch braucht sie der Freude am Obszönen entsprungen zu sein. Daher gehören die sog. skologischen Schriften, die sich auf das Urinieren, Fäkieren usw. beziehen, ebenso hierher wie unter die Abbildungen Präparate menschlicher Körperteile in Wachs oder anatomische Atlasse zu rechnen sind. Im übrigen deckt sich der Tatbestand des § 184a mit dem zuletzt dargestellten des § 184 Ziff. 2 StGB.

f) Den beiden zuletzt untersuchten Tatbeständen nähern sich die Tatbestände der sog. Schund- und Schmutzgesetze v. 18. XII. 1926 (RGBl. I, 505), zu dem eine Ausführungsverordnung v. 23. XII. 1926 (Reichsanzeiger v. 24. XII. 1926 Nr. 300) ergangen ist.

Das genannte Gesetz bezieht sich nur auf diejenigen Schund- und Schmutzschriften, die in eine im Gesetz und seiner Ausführungsverordnung näher geregelten Liste auf-

[1]) RGSt. 27, 144; 37, 315; 43, 145; Goltd. Arch. 50, 102.

genommen sind, falls diese Liste im Reichsanzeiger und im Buchhändlerbörsenblatt veröffentlicht ist. Die Eintragung in diese Liste erfolgt auf Antrag eines Ministeriums eines deutschen Landes oder eines Landesjugendamtes auf Grund einer für das ganze Reich verbindlichen Entscheidung einer Prüfstelle, gegen die es eine Beschwerde an eine Oberprüfstelle gibt.

Solche Schund- und Schmutzschriften dürfen nach § 1 Nr. 1 des genannten Gesetzes im Umherziehen[1]) weder feilgehalten noch angeboten oder angekündigt werden; auch dürfen auf sie keine Bestellungen im Umherziehen gesucht oder entgegengenommen werden.

Ferner dürfen diese Schund- und Schmutzschriften nach § 1 Nr. 2 und 3 des Gesetzes im stehenden Gewerbe nicht von Haus zu Haus oder auf öffentlichen Wegen, Straßen, Plätzen oder an anderen öffentlichen Orten feilgehalten, angekündigt sowie innerhalb der Verkaufsräume oder in Schaufenstern oder in anderen von der Straße aus sichtbaren Orten zur Schau gestellt werden. Auch dürfen Bestellungen auf sie nicht gesucht werden. Sie dürfen ferner Personen unter achtzehn Jahren weder zum Kaufe angeboten noch innerhalb des gewerblichen Betriebs entgeltlich oder unentgeltlich überlassen werden.

Nach diesen Vorschriften ist für die Schund- und Schmutzschriften — worauf Schnitzler[2]) S. 31 bereits richtig hinweist — im Wandergewerbe der Vertrieb jeder Art verboten, auch an Erwachsene wirkt sich das Gesetz hier aus. Im stehenden Gewerbe dagegen dürfen die Schund- und Schmutzschriften Erwachsenen — allerdings nur auf ihr Verlangen — verkauft werden. Hieraus ist ersichtlich, daß für die auf die Liste gesetzten Werke jegliche Art von Reklame bei Vermeidung von Geld- oder Gefängnisstrafen (§ 6) verboten ist.

Es sei hervorgehoben, daß die Bestimmungen des Gesetzes sich nur auf die Schund- und Schmutzschriften, die auf die Liste gesetzt sind, beziehen. Solange also eine Schrift noch nicht auf die Liste gesetzt ist, findet das Gesetz auf sie keine Anwendung. Ist eine Schrift aber auf die Liste gesetzt, so dürfte die Frage, ob die Schrift zu Recht auf die Liste gesetzt ist, der Nachprüfung des Strafrichters nicht unterliegen.

Schwebt ein Verfahren auf Aufnahme der Schrift in die Liste oder ist ein solches anhängig gewesen, so darf bei Vermeidung von Geld- oder Gefängnisstrafe (§ 6) in der Reklame für die Schrift kein Hinweis enthalten sein, daß ein Verfahren auf Aufnahme der Schrift in die Liste anhängig ist oder gewesen ist (§ 4 V).

Erfüllt die Schrift, weil sie unzüchtig ist, den geschilderten Tatbestand des § 184 StGB., so muß der Vorsitzende der Prüfstelle der zuständigen Staatsanwaltschaft die Schrift mitteilen (§ 9 der Ausführungsverordnung). Lehnt diese ein Einschreiten ab oder ergeht ein freisprechendes Urteil, so kann das Aufnahmeverfahren in die Liste betrieben werden. Erfüllt die Schrift den Tatbestand des § 184a StGB., so ist sowohl eine Anwendung des § 184a StGB. als auch die des Schund- und Schmutzgesetzes gegeben.

2. Beleidigende Reklamekundgebungen.

Beleidigende Reklamekundgebungen liegen vor, wenn durch sie gegen die Vorschriften der §§ 185ff. StGB. verstoßen wird.

---

[1]) Über den Begriff des Gewerbes im Umherziehen vgl. die Ausführungen unten auf S. 129.

[2]) Dr. Schnitzler, Die Bekämpfung von Schund und Schmutz, Berlin 1927.

In den §§ 185ff. StGB. ist eine Reihe von Tatbeständen enthalten, von denen ein jeder durch Reklamekundgebungen erfüllt werden kann.

Durch beleidigende Reklamekundgebungen wird stets die Ehre eines anderen angetastet. Der in seiner Ehre Angegriffene wird in den meisten Fällen der Konkurrent sein, der durch die Reklamekundgebung bekämpft werden soll. Es ist aber auch möglich, daß durch Reklamekundgebungen die Ehre des Kunden, der durch sie geworben werden soll, getroffen wird. Schließlich ist auch eine beleidigende Reklamekundgebung denkbar, welche die Ehre eines Dritten angreift, ohne daß dieser mit der in der Reklamebetätigung liegenden Werbung in irgendeinem Zusammenhang steht, dessen Ehre vielmehr lediglich für die Zwecke des Reklametreibenden von diesem mißbraucht wird.

Derjenige, der durch eine strafbare Reklamekundgebung beleidigt worden ist, kann, falls ihm durch die Beleidigung ein Vermögensnachteil zugefügt worden ist, von dem Täter Schadenersatz[1]) nach § 823 BGB. wegen dieser Vermögensbeschädigung verlangen. Denn die verletzte Ehre ist ein absolutes Recht nach § 823 I BGB., dessen, Verletzung Schadenersatzansprüche nach sich zieht. Daneben steht dem Beleidigten bei Wiederholungsgefahr ein Anspruch auf Unterlassung[2]) künftiger Beleidigungen zu.

Die folgenden Betrachtungen der beleidigenden Reklamekundgebungen sollen in der Weise erfolgen, daß zunächst die für alle Beleidigungen gemeinsamen Gesetzesvorschriften untersucht werden, woran sich dann die Betrachtung der einzelnen Tatbestände der Beleidigung anschließen wird.

a) Alle Beleidigungen richten sich gegen die Ehre des Verletzten. Unter Ehre eines Menschen versteht man im Sinne der §§ 185ff. StGB. nach der herrschenden Lehre die sog. äußere Ehre, d. h. den Wert, der einem Menschen innerhalb der menschlichen Gesellschaft kraft seiner Eigenschaften und Leistungen zukommt, wogegen die innere Ehre, d. h. der Wert, den eine Person hat, jeglichem Angriff unzugänglich ist[3]). Angriffsobjekt ist die Ehre jedes lebenden Menschen, also auch eines Kindes[4]) oder Geisteskranken[5]). Verstorbene[6]) dagegen können im eigentlichen Sinne nicht[7]) beleidigt werden.

Die kollektiven Personeneinheiten, wie die Handelsgesellschaften, juristischen Personen usw. außer den Behörden und politischen Körperschaften können nach der wohl als herrschend anzusprechenden Meinung als solche nicht[8]) beleidigt werden, sofern nicht die noch unten auf S. 47 zu betrachtende nach § 187 StGB. strafbare Kreditgefährdung vorliegt.

Nicht zu verwechseln mit der Frage, ob eine kollektive Personeneinheit beleidigt werden kann, ist aber die Frage, ob nicht lebende Einzelpersonen durch eine Kollektiv-

---

[1]) Wegen der evtl. bei Beleidigungen gegebenen Bußen vgl. die Ausführungen auf S. 47.

[2]) Sind nämlich weitere Beleidigungen zu befürchten, so kann der Beleidigte in Analogie des § 1004 BGB. auf Unterlassung der Beleidigungen klagen. Dies war früher bestritten, da die Beleidigung nach §§ 185ff. StGB. bestraft wird. Dies ist jetzt aber vom Reichsgericht anerkannt (RGZ. 115, 121). Voraussetzung der Unterlassungsklage ist allerdings meist, daß bereits eine Beleidigung geschehen ist. Jedoch reichen schwere Drohungen mit solchen aus (RGZ. 65, 38). Der Beleidigte kann sich zur Durchsetzung seines Unterlassungsanspruchs natürlich des schnellen einstweiligen Verfügungsverfahrens bedienen.

[3]) RG. in Goltd. Arch. 38, 434. [4]) RGSt. 10, 372; 27, 366. [5]) RGSt. 27, 366.

[6]) RGSt. 13, 95. [7]) Vgl. aber über den besonderen Fall des § 189 StGB. unten S. 48.

[8]) So das Reichsgericht in ständiger Rechtsprechung z. B. in RGSt. 4, 75; 40, 184; 47, 63; aber in der Wissenschaft sehr bestritten; vgl. im übrigen Olshausen I, Anm. 11 zu 185, S. 851 mit weiterem Literaturnachweis.

bezeichnung, d. h. unter einem Sammelnamen oder unter Angabe gemeinsamer Kennzeichen usw. beleidigt werden können. Hier ist das Vorliegen einer Beleidigung zu bejahen, wenn der Täter die Gesamtbezeichnung im Bewußtsein ihrer Beziehbarkeit auf sämtliche unter den Begriff fallende Einzelpersonen wählt und bestimmte Einzelpersonen erkennbar werden[1]). Hierbei ist es gleichgültig, ob der Täter eine Vorstellung von jeder Einzelperson hat, auch ist es nicht notwendig, daß jede Einzelperson individuell aus dem Wortlaut der Beleidigung erhellt wird, sie muß sich nur im Wege der Schlußfolgerung so ermitteln lassen, daß über ihre Zugehörigkeit zu den Betroffenen kein Zweifel besteht. Es seien zur Klarlegung einige Beispiele der Praxis angeführt. Anerkannt ist eine Beleidigung der einzelnen Person unter der Bezeichnung der „Offiziere[2]) der Garnison", der „Großgrund besitzer"[3]) und der „Geistlichen"[4]). Dagegen hat das Reichsgericht[5]) die Beleidigung eines einzelnen Juden bei einer Kundgebung „gegen die Juden" nicht für vorliegend erachtet, da eine Einzelperson nicht erkennbar sei. Eine Beleidigung einer Einzelperson liegt auch vor, wenn sie nur unter einer Sammelbezeichnung bezeichnet wird, die Bezeichnung aber derart gewählt wird, daß die Einzelperson erkennbar ist, z. B. „ein Jude, der ....", „eine Offizierstochter[6]) ....".

Hiernach ist eine Reklamekundgebung, die die Konkurrenz unter einem Sammelnamen bezeichnet und beleidigt, zu beurteilen.

Nach diesen Grundsätzen ist vor allem auch zu entscheiden, ob die Art, in der die sog. „Revolverpresse" für sich mitunter durch fette Überschriften Reklame zu machen versucht, eine strafbare Beleidigung darstellt oder nicht. Nach den vorstehenden Ausführungen stellt es eine Beleidigung der einzelnen Geistlichen dar, wenn ein Revolverblatt die Reklameüberschrift wählt „Geistliche frönen dem Laster" und dann einen Hetzartikel gegen die Geistlichen einer Religionsgemeinschaft bringt, der im übrigen bestimmte Persönlichkeiten unter den Geistlichen erkennen läßt.

b) Jede Beleidigung muß w i d e r r e c h t l i c h sein. Daher ist eine Beleidigung, die in Notwehr oder mit Einwilligung des Verletzten geschieht, straflos.

α) Unter Notwehr ist nach § 53 StGB. diejenige Handlung zu verstehen, die notwendig ist, um einen gegenwärtigen rechtswidrigen Angriff von sich oder einem Dritten abzuwehren. Danach ist Notwehr nur berechtigt, wenn die Verteidigung zur Angriffsabwehrung notwendig und der rechtswidrige Angriff, gegen den die Verteidigung gerichtet wird, zur Zeit der Verteidigung gegenwärtig, d. h. noch nicht voll beendet ist. Die Voraussetzungen werden bei Notwehrhandlungen durch Beleidigungen selten gegeben sein. Einmal wird sich der durch einen rechtswidrigen Angriff Betroffene meist nicht notwendigerweise gerade durch eine Beleidigung des Gegners verteidigen müssen, so daß der Begriff des „notwendigen" fehlen würde. Weiter wird es aber meist auch bei Beleidigungen, die in Verteidigung gegen einen Angriff erfolgen, an dem Begriff der „Gegenwärtigkeit" ermangeln. Geschieht nämlich z. B. der Angriff des Gegners durch eine Beleidigung, so wird der Angriff durch die erste Beleidigung schon vollendet, also nicht mehr gegenwärtig sein, ehe der Beleidigte zur Verteidigung gegen den Angriff eine Gegenbeleidigung ausstoßen kann, so daß die Gegenbeleidigung keine zulässige Notwehr ist. Für diesen Fall hat das Gesetz aber den § 199 StGB. geschaffen, nach welchem

[1]) So RG. in RGSt. 3, 246; 7, 169; 23, 246; 45, 138: 18, 167; 44, 143; 48, 121.
[2]) RGSt. 3, 246. [3]) RGSt. 33, 46. [4]) Goltd. Arch. 48, 121.
[5]) Rechtsprechung des RG. in Strafsachen 3, 606. [6]) RGSt. 23, 246.

der Richter in dem Falle, daß eine Beleidigung auf der Stelle von dem Beleidigten — nicht einer dritten Person — erwidert wird, beide Beleidiger oder einen von beiden für straffrei erklären kann. Unter „auf der Stelle" hat man natürlich nicht örtlich, sondern zeitlich zu verstehen. „Auf der Stelle" bedeutet, daß der Beleidigte die Gegenbeleidigung ausstieß, als der bei ihm durch die erste Beleidigung erregte Affekt noch andauerte, so daß also die Gegenbeleidigung schriftlich oder durch die Presse erfolgen kann[1]).

Neben den allgemeinen Rechtfertigungsgründen der Einwilligung oder Notwehr stellt das Gesetz in den §§ 192, 193 StGB. noch zwei besondere Rechtfertigungsgründe für die Beleidigung auf.

β) Nach § 192 StGB. wird nämlich die Strafbarkeit der Beleidigung bis auf einen Ausnahmefall ausgeschlossen, wenn der Täter den Beweis der Wahrheit für die in der Beleidigung behaupteten oder verbreiteten Tatsachen führt[2]).

Der die Strafbarkeit ausschließende Wahrheitsbeweis findet nur Anwendung auf diejenigen Beleidigungen, die durch Worte geschehen. Beleidigungen durch Handlungen, die im Gebiete der Reklame z. B. durch beleidigende Zusendung unbestellter Waren[3]) denkbar sind, können niemals durch einen Wahrheitsbeweis aus der Welt geschafft werden.

Die Wahrheit beweisen heißt nach richtiger Einschätzung nicht „beweisen", daß etwas wahr ist, was einmal wahr gewesen ist und es vielleicht noch jetzt formell ist, sondern unwahr wird eine an sich formell wahre Behauptung auch durch die „leise Verschiebung der Frische und Neuheit, die falschtönliche Übertreibung, indem längst Übermoostes als gegenwärtig hingestellt wird[4])". Was nach dem Volksbewußtsein eine „längst verjährte" Wahrheit ist, „wird" auch im Rechtsleben unwahr, wenn die „längst verjährte Wahrheit" als frische Wahrheit hingestellt wird. Diese ethisch hervorragende Ansicht des Reichsgerichts[5]), die „wirkliche Wahrheit von formaler Richtigkeit scheidet", ist durchaus zu billigen. Nach ihr wird die häufig als frivol zu bezeichnende Reklameart[6]) der Revolverpresse zu beurteilen sein, wenn diese dem Vorleben bekannter Persönlichkeiten nachspioniert, um dann, sofern sie dort etwas nicht ganz Reines entdeckt hat, durch Ausbeutung ihrer Entdeckung für sich Reklame macht, indem sie durch möglichst „interessant" gehaltene Fettüberschriften Abnehmer sucht. Wenn also unter der Fettüberschrift „Ein stehlender Ministerialdirektor" aus dem Vorleben des Ministerialdirektors eine Episode aus seiner etwa 30 Jahre zurückliegenden Studentenzeit gebracht und dabei ausgeführt wird, daß der Ministerialdirektor einmal in seiner Studentenzeit einen geringfügigen Gegenstand stahl, ist dem Blatte richtigerweise ohne weiteres die Möglichkeit der Führung des Wahrheitsbeweises nach § 192 StGB. zu verwehren, da,

[1]) Vgl. RGSt. 38, 339.

[2]) Einen Fall, in dem das Gesetz den Beweis der Wahrheit als geführt ansieht bzw. die Führung des Beweises ausschließt, bildet § 190 StGB., welcher lautet:

Ist die behauptete oder verbreitete Tatsache eine strafbare Handlung, so ist der Beweis der Wahrheit als erbracht anzusehen, wenn der Beleidigte wegen dieser Handlung rechtskräftig verurteilt worden ist. Der Beweis der Wahrheit ist dagegen ausgeschlossen, wenn der Beleidigte wegen dieser Handlung von der Behauptung oder Verbreitung rechtskräftig freigesprochen worden ist.

[3]) Vgl. unten S. 45.

[4]) So zutreffenderweise Elster in Urheber- und Erfinder-, Warenzeichen- und Wettbewerbsrecht, 2. Aufl., § 58 II, S. 425 und AG. Berlin-Schöneberg in 27 G 134/28.

[5]) RGSt. 44, 143 und in MuW. 26, 143.

[6]) Die Beleidigung durch diese Reklameart der Revolverpresse wird in der Praxis viel zu wenig als solche anerkannt. Dies hebt Heinemann in DJZ. 1908, 959 bereits richtig hervor.

selbst wenn bewiesen würde, daß der Ministerialdirektor vor 30 Jahren dieses Vergehen beging, die Wahrheit des behaupteten Diebstahls nicht erbracht würde. Damit würde der Revolverpresse unendlich viel Wind aus den Segeln genommen werden; denn die Führung des „Wahrheitsbeweises" ist für sie eine erneute und oft gerade begehrte Reklamesensation.

Die Rechtswirkung des Wahrheitsbeweises nach § 192 StGB. setzt voraus, daß über den Beleidigten „Tatsachen" behauptet werden. Geschieht die Beleidigung nicht durch Behauptung oder Verbreitung von Tatsachen, sondern durch Kundgebung eines mißachtenden Werturteils über die Persönlichkeit des Beleidigten, so hat die bewiesene Wahrheit der dem Werturteil etwa zugrunde liegenden Tatsachen keine Straflosigkeit des Beleidigers zur Folge. In diesem Falle führt der Wahrheitsbeweis nicht zur Straffreiheit. Der Täter, der die seinem Werturteil etwa zugrunde liegenden Behauptungen als wahr beweist, kann diesen Umstand als Strafmilderungsgrund geltend[1]) machen. Erklärt z. B. ein Käsefabrikant von seinem Konkurrenten X. gegenüber Dritten: „X. ist ein Betrüger. Er bezeichnet seinen Käse als reinen feinen Kuhkäse und manscht in ihn Margarine," so ist der Käsefabrikant hiernach auch bei Beweis, daß X. Margarine verwendet, nicht straflos, sondern wird nur nach der Rechtsprechung des Reichsgerichts milder bestraft.

Der Grundsatz, daß der Wahrheitsbeweis straffrei mache, erleidet — wie bereits angedeutet — eine Ausnahme. Der Wahrheitsbeweis wirkt nämlich dann nicht, wenn das Vorhandensein einer Beleidigung aus der Form der Behauptung oder Verbreitung derselben oder aus den Umständen, unter welchen sie geschah, hervorgeht.

Falls also jemand für sich Reklame macht, indem er von dem Konkurrenten eine Tatsache behauptet, die die Ehre desselben angreift, so bleibt er straflos, wenn die Tatsache als wahr bewiesen wird. Er macht sich strafbar, falls er durch die Form seiner Ausdrucksweise oder durch die Art der Verbreitung eine Beleidigung begehen wollte.

Aus der Form der Ausdrucksweise, der Art der Verbreitung oder den Umständen muß nach der Rechtsprechung des Reichsgerichts[2]) eine Absicht der Beleidigung hervorgehen. Eine solche wird bei dem Reklametreibenden, der für sich Reklame macht und dabei die Ehre des Konkurrenten angreift, meist nicht vorliegen; denn der Reklametreibende hat meist nur die Absicht, für sich Reklame zu machen, und mißbraucht dazu die Ehre des Konkurrenten. Eine Beleidigungsabsicht wird er selten haben. Zu bemerken ist jedoch, daß der Standpunkt des Reichsgerichts, der eine Beleidigungsabsicht erfordert, sehr angegriffen wird. Die Gegner[3]) lassen es zur Strafbarkeit ausreichen, daß aus der Form oder Art der Verbreitung hervorgeht, daß der Täter sich bewußt war, daß er durch die Form der Behauptung oder die Art der Verbreitung das Recht auf Verbreitung der Wahrheit überschreitet[4]).

Stellt also z. B. ein Käsefabrikant die Behauptung auf, der Konkurrent verarbeite trotz gegenteiliger Versicherung Margarine in seinen Käse, so wird er wegen Beleidigung

[1]) So das Reichsgericht in ständiger Rechtsprechung, z. B. RGSt. 33, 50; 35, 227; aber in der Wissenschaft sehr bestritten; a. A. z. B. Frank, S. 417, der auch bei Kundgebungen von Mißachtungen Straflosigkeit eintreten lassen will, wenn bewiesen wird, daß die Mißachtung gerechtfertigt ist.

[2]) RGSt. 34, 80; 40, 317; 41, 215.

[3]) Liszt-Schmidt, § 195 und Ebermayer, a. a. O. Anm. 15 zu § 193.

[4]) Vgl. auch ähnlich RG. in RGSt. 3, 328; das Kammergericht in Goltd. Arch. 69, 120.

des Konkurrenten nicht bestraft, falls er beweisen kann, daß der Konkurrent wirklich Margarine zur Herstellung von Käse verwendet. Strafbar wird die Behauptung aber, wenn aus der Ausdrucksweise, der Art der Verbreitung der Behauptung oder aus den Umständen die Absicht hervorgeht, den Konkurrenten zu beleidigen. Dies kann vorliegen, wenn etwa durch Zettelverteiler Druckzettel mit der Aufschrift „X. verfälscht Nahrungsmittel, er manscht Margarine in seinen Käse, nennt ihn aber reinen Kuhkäse" verteilt werden. Für die Beurteilung der Frage, ob aus der Ausdrucksweise, der Art der Verbreitung oder den Umständen die Absicht der Beleidigung hervorgeht oder nicht, ist der Bildungsgrad des Täters beachtlich.

γ) Außer dem Rechtfertigungsgrund des Wahrheitsbeweises ist im § 193 StGB. noch ein weiterer besonderer Rechtfertigungsgrund für jede[1]) Art von Beleidigung geschaffen. Nach § 193 StGB. sind nämlich — soweit es für das Gebiet der Reklame interessiert — tadelnde Urteile über wissenschaftliche, künstlerische oder gewerbliche Leistungen sowie Äußerungen, welche im Gebiet der Reklame zur Wahrnehmung berechtigter Interessen gemacht werden, nur insofern strafbar, als das Vorhandensein einer Beleidigung aus der Form der Äußerung oder aus den Umständen, unter welchen sie geschah, hervorgeht.

Hiernach sind zunächst Reklamekundgebungen, die tadelnde Urteile über wissenschaftliche, künstlerische und — was hier besonders interessiert — gewerbliche Leistungen enthalten, straflos, wenn sich nicht aus der Form oder den Umständen eine Beleidigung ergibt. Nicht richtig erscheint es[2]), zwischen einer Kritik der Leistung und einer Kritik der Person zu scheiden. Einmal würde eine solche praktisch kaum möglich sein. Sodann aber würde eine solche Scheidung leicht dazu führen, die Vorschrift des § 193 StGB. zu eliminieren. Das würde jedoch in der Entwicklung von Wissenschaft, Kunst und Gewerbe eine starke Behinderung des Fortschrittes darstellen. Der Zweck des § 193 StGB. ist, dem Fortschritt des Lebens dadurch zu dienen, daß die Art der Ausübung eines Gewerbes usw., seine Ergebnisse und Erzeugnisse einer vielseitigen und vor allem öffentlichen Beurteilung unterzogen werden darf[3]).

Hiernach ist also eine Reklame durch tadelnde Beurteilung der Leistungen der Konkurrenz nur dann eine strafbare Beleidigung, wenn aus der Form oder den Umständen, in denen die Beurteilung erfolgt, eine Absicht der Beleidigung hervorgeht, was aber im Gebiete der Reklame — wie oben ausgeführt[4]) — selten der Fall sein wird. Es ist jedoch nicht außer acht zu lassen[5]), daß in der Wissenschaft[6]) teilweise das Vorliegen einer besonderen Beleidigungsabsicht nicht erfordert, sondern eine strafbare Beleidigung

---

[1]) In der Wissenschaft ist es sehr bestritten, ob § 193 StGB. auch auf die noch unten näher auf S. 46 zu betrachtenden Fälle der Verleumdung und Kreditgefährdung des § 187 StGB. Anwendung findet. Daß seine Anwendung auf den § 187 StGB. nicht ausgeschlossen ist, ergibt sich wohl ohne weiteres daraus, daß der § 193 hinter dem § 187 StGB. steht. Das Reichsgericht steht jedenfalls auf dem gleichen Standpunkt (vgl. RGSt. 5, 56; 16, 41; StRZ. 1915, 35; vgl. im übrigen Frank, a. a. O. Anm. II zu § 193, S. 418).

[2]) Wie Olshausen, Anm. 4 zu § 193, S. 886, es will.

[3]) Die vorstehende Meinung teilen Ebermayer, Anm. 5 zu § 193, S. 600, und Frank, Anm. III zu § 193, S. 418.

[4]) S. 40. [5]) Vgl. die entsprechenden Ausführungen auf S. 40.

[6]) So z. B. Frank, a. a. O. Anm. IV zu § 193 V, 422; vgl. auch Liszt-Schmidt, a. a. O. § 95; Ebermayer, a. a. O. Anm. 15 zu § 193; RG. in RGSt. 3, 328; KG. in Goltd. Arch. 69, 120.

bereits angenommen wird, wenn aus der Form oder den Umständen eine bewußte Überschreitung des Rechtes auf Kritik hervorgeht.

Nach § 193 StGB. ist weiter eine Beleidigung, die zur Wahrnehmung berechtigter Interessen erfolgt, nur dann strafbar, wenn das Vorhandensein einer Beleidigung aus der Form der Äußerung oder aus den Umständen, unter denen sie geschah, hervorgeht.

Unter „Interesse" im Sinne der vorliegenden Gesetzesvorschrift ist stets nur das eigene Interesse des Beleidigers zu verstehen. Fremde Interessen finden nur dann Berücksichtigung, wenn sie dem Beleidiger besonders nahe gehen und daher gleichsam seine eignen sind[1]). Dieser Grundsatz gilt auch für die Presse[2]). Daher würden Reklamekundgebungen der Revolverpresse in der oben[3]) mitgeteilten Art niemals den Schutz des § 193 StGB. genießen.

Der Begriff „berechtigtes Interesse" ist in der Praxis und Wissenschaft sehr umstritten. Im Rahmen des vorliegenden Buches kann es ausreichen, ihn dahin nach Frank[4]) zu definieren, daß ein berechtigtes Interesse ein Ziel, ein Zweck ist, dessen Verfolgung nicht im Widerspruch mit Recht und Sitte steht. Aber es ist[5]) erforderlich, daß die Verletzung fremder Ehre das durch die Umstände gebotene Mittel ist, die eigenen Interessen wahrzunehmen[6]). Es muß also eine Art Notstand vorliegen. Dem Beleidiger ist es zur Wahrung seiner berechtigten Interessen erlaubt, die Beleidigung auszustoßen, wenn die von ihm verfolgten Interessen im Einzelfall höher stehen als die Ehre des Beleidigten. Es kann ihm in einem solchen Fall die Ehre des Beleidigten nicht hinderlich sein, seine berechtigten Interessen wahrzunehmen. Die Abwägung, was im Einzelfall höher anzuschlagen ist — die Interessen des Beleidigers oder die Ehre des Beleidigten — hat nach der billigen Beurteilung der Sachlage unter Berücksichtigung der konkreten Umstände des Einzelfalles zu geschehen. Unter die konkreten Umstände sind auch die gesamten Verhältnisse des Beleidigers zu rechnen[7]). Da das Interesse, für sich oder eine Sache Reklame zu machen, in der Regel niedriger zu bewerten sein wird als die Ehre eines Menschen, kann eine Beleidigung in der Reklameausübung regelmäßig nicht als in Wahrnehmung berechtigter Interessen erfolgt angesehen werden[8]). Nur wenn der Beleidiger sich selbst gegen Angriffe des Beleidigten wehrt, kann auch die Reklameausübung als ein derartig berechtigtes Interesse angesehen werden, daß sie höher bewertet werden kann als die angegriffene Ehre des Beleidigten. Die Frage, ob ausnahmsweise in der Reklameausübung eine Wahrnehmung berechtigter Interessen gesehen werden kann, kann demnach nur für jeden Einzelfall gesondert beantwortet werden. Zu ihrer Beantwortung ist die geschilderte Abwägung vorzunehmen.

Straffreiheit einer Beleidigung wegen Wahrnehmung berechtigter Interessen tritt nach § 193 StGB. nur ein, wenn die Beleidigung erfolgte, um berechtigte Interessen wahrzunehmen. Hat der Beleidiger die Beleidigung nur bei Gelegenheit der Wahr-

---

[1]) RGSt. 23, 285; 24, 67; 26, 76; 29, 177; 30, 41; 34, 216; 36, 422.
[2]) RGSt. 41, 277; 56, 380; 59, 424. [3]) Siehe S. 38.
[4]) a. a. O. Anm. 2a zu § 193, S. 19.
[5]) Worauf Frank, dem sich Ebermayer a. a. O. Anm. 7 zu § 193, S. 601 anschließt, hinweist.
[6]) Vgl. auch ähnlich RGSt. 23, 422 und in Goltd. Arch. 15, 15; 41, 16; 42, 443 a E.
[7]) RGSt. 26, 76; 29, 147; 59, 414.
[8]) So auch RG. in Goltd. Arch. 56, 325.

nehmung berechtigter Interessen ausgestoßen, waren diese nicht der Zweck seines Handelns, so bleibt er nicht straffrei[1]).

Ebenso wie bei den oben[2]) behandelten Beleidigungen durch tadelnde Urteile eine Straffreiheit nur eintritt, wenn nicht aus der Form der Kundgebung der Beleidigung oder den Umständen, unter denen sie geschah, eine Beleidigungsabsicht hervorgeht, ist auch die Straffreiheit von Beleidigungen wegen Wahrnehmung berechtigter Interessen davon abhängig, daß sich aus Form oder Umständen eine Beleidigungsabsicht nicht ergibt. Ergeben Form oder Umstände eine solche Absicht, so wird der Beleidiger, der in Wahrnehmung berechtigter Interessen handelte, milder bestraft.

c) Für alle Tatbestände der Beleidigung ist zu beachten, daß sie mit der Ausnahme des § 197 StGB.[3]) ein sog. Antragsdelikt sind; d. h. die Verfolgung einer Beleidigung tritt nur auf Antrag des Beleidigten ein, der zurückgenommen werden kann (§ 194 StGB.). Der Antrag kann nur binnen 3 Monaten seit dem Tage, an welchem der Beleidigte von der Beleidigung und der Person des Beleidigenden Kenntnis erlangte, gestellt werden (§ 61 StGB.). Der Antrag darf nicht mit der Firma unterzeichnet werden[4]). Ist die Ehefrau beleidigt, so ist auch der Ehemann antragsberechtigt (§ 195 StGB.). Die Beleidigung ist ein Privatklagedelikt, d. h. die Staatsanwaltschaft verfolgt die Beleidigung im Wege der öffentlichen Klage nur, wenn dies im öffentlichen Interesse liegt (§ 376 StPO.). Sonst ist der Beleidigte auf den Weg der Privatklage nach §§ 374ff. StPO. verwiesen, dem, abgesehen von besonderen Fällen, ein Verfahren vor dem Schiedsmann vorhergehen muß, sofern die Beteiligten in demselben Gemeindebezirk wohnen.

d) Erfolgt die Verurteilung wegen einer öffentlichen Beleidigung oder wegen einer durch Verbreitung von Schriften, Abbildungen oder Darstellungen begangenen Beleidigung, so ist nach § 200 I StGB. in dem Urteil ohne besonderen Antrag auszusprechen, daß der Beleidigte — nicht der Strafantragsberechtigte — die Befugnis hat, die Verurteilung, d. h. das ganze Urteil mit den Gründen[5]) auf Kosten des Verurteilten öffentlich bekanntzumachen. Die Durchsetzung der Publikationsbefugnis liegt zunächst in der Hand des Beleidigten. Erst wenn sie ihm nicht gelingt, ist die Staatsanwaltschaft verpflichtet, dabei mitzuwirken. In dem Urteil ist die Art der Bekanntmachung und die Frist, binnen deren sie zu erfolgen hat, nach dem Ermessen des Richters zu bestimmen. Die Befugnis zur Veröffentlichung geht auf die Erben des Beleidigten nicht über.

Eine öffentliche Beleidigung liegt vor, wenn von ihr eine größere durch persönliche Beziehungen nicht verbundene Anzahl von Personen Kenntnis nehmen kann[6]). Die Möglichkeit, daß eine größere Anzahl von Menschen von ihr Kenntnis nehmen kann, darf aber nicht auf einem Zufall beruhen[7]).

Schriften usw. vertreiben bedeutet ihren Inhalt einem größeren Personenkreis zugänglich[8]) machen. Unter Schriften sind dabei nicht nur die Erzeugnisse der Druck-

---

[1]) RGSt. 4, 316; 20, 100; 29, 54; 59, 172. [2]) Siehe S. 41.

[3]) § 197 StGB: Eines Antrages bedarf es nicht, wenn die Beleidigung gegen eine gesetzgebende Versammlung des Reichs oder eines Bundesstaats oder gegen eine andere politische Körperschaft begangen worden ist. Dieselbe darf nur mit Ermächtigung der beleidigten Körperschaft verfolgt werden.

[4]) RGSt. 1, 78. [5]) RGSt. 20, 1. [6]) RGSt. 21, 254; 22, 241.

[7]) RGSt. 37, 290. [8]) RGSt. 30, 224.

presse zu verstehen, sondern auch Erzeugnisse der Hand- oder Maschinenschrift. Wird an eine Mehrheit von Personen je ein Schriftstück unter bestimmter Adresse mit einer bestimmten Anfrage, die nur an den einzelnen Adressaten gerichtet ist, gesandt, so liegt eine Verbreitung von Schriften nicht[1]) vor.

Die Reklame wendet sich begrifflich an das Publikum, daher wird bei ihr regelmäßig eine öffentliche Beleidigung vorliegen und daher die Publikationsbefugnis bestehen.

Erfolgt die Beleidigung in einer Zeitschrift oder Zeitung, so ist nach § 200 II StGB. der Urteilstenor auf Antrag des Beleidigten, den er vor Urteilsverkündung stellen muß[2]), durch öffentliche Blätter bekanntzumachen, und zwar, wenn möglich, durch dieselbe Zeitung oder Zeitschrift und in demselben Teile und in derselben Schrift, in der der Abdruck der Beleidigung geschehen ist. Diese Bekanntmachung, die durch die Staatsanwaltschaft im Wege des § 10 Preßgesetz herbeigeführt wird, ist neben der in den vorhergehenden Absätzen behandelten Publikationsbefugnis besonders auszusprechen[3]). Die Bekanntmachung spielt für die durch die Reklame begangenen Beleidigungen eine erhebliche Rolle, da Beleidigungen durch Reklamekundgebungen, abgesehen von den oben behandelten Artikeln der Revolverpresse, meist durch Inserate der Konkurrenz begangen werden dürften.

e) Nachdem die für alle Beleidigungen maßgebenden Gesetzesvorschriften betrachtet sind, sind nunmehr die einzelnen Arten der Beleidigungen zu behandeln.

Das StGB. kennt folgende Arten der Beleidigung: einfache oder formelle Beleidigung (§ 185 StGB.), üble Nachrede (§ 186 StGB.), Verleumdung und Kreditgefährdung (§ 187 StGB.) sowie die Beleidigung Verstorbener (§ 189 StGB.).

α) Die einfache oder formelle Beleidigung nach § 185[4]) StGB. ist der Angriff, der auf die Ehre eines lebenden Menschen dadurch geschieht, daß der Täter seiner eignen Mißachtung des Beleidigten Ausdruck gibt. Sie kann durch mündliche, schriftliche oder symbolische Äußerungen (Karikatur) oder durch Handlungen begangen werden. Bei den Äußerungen ist es gleichgültig, ob sie in der Form eines Werturteils über den Beleidigten oder durch Behauptungen von Tatsachen, die ein Urteil in sich schließen, erfolgen. Ob es in einer Reklame heißt: „Der Konkurrent ist ein Betrüger" oder „Der Konkurrent betrügt" ist gleichbedeutend. Stets muß[5]) ein Urteil des Beleidigers[6]) selbst vorliegen.

Bei der Entscheidung der Frage, ob in der betreffenden Äußerung oder Handlung der Ausdruck einer Ehrenkränkung zu sehen ist, ist die Anschauungsweise der betr. Kreise und die „Gewöhnung" der Beteiligten maßgebend[7]). Der Beleidigte braucht sie aber als solche nicht empfunden zu haben[8]).

Der Täter muß das Bewußtsein haben, daß die Äußerung oder Handlung geeignet ist, den Eindruck der Mißachtung hervorzurufen, wobei es schon als ausreichend zu bezeichnen ist, wenn er mit der Möglichkeit eines solchen Eindrucks der Äußerung rechnete. Eine besondere Beleidigungsabsicht ist nicht erforderlich[9]). Daher hat das Reichsgericht[10])

[1]) RG. in Goltd. Arch. 52, 86. [2]) RGSt. 14, 153; 16, 73. [3]) RGSt. 20, 1.

[4]) § 185 StGB.: „Die Beleidigung wird mit Geldstrafe bis zu sechshundert Mark oder mit Haft oder mit, Gefängnis bis zu einem Jahre, und wenn die Beleidigung mittels einer Tätlichkeit begangen wird mit Geldstrafe bis zu eintausendfünfhundert Mark oder mit Gefängnis bis zu zwei Jahren bestraft."

[5]) Worauf Liszt a. a. O. S. 514 bereits hinweist.

[6]) Dies ist der Unterschied zu den §§ 186, 187 StGB.

[7]) RG. in DRZ. 16, 530. [8]) RGSt. 10, 372. [9]) RGSt. 5, 239.

[10]) So RG. vom 3. X. 1912 in III, 586/12.

in der Reklame durch Übersendung von unbestellten unzüchtigen[1]) Gegenständen oder von Preislisten solcher Gegenstände an Eheleute eine nach § 185 StGB. strafbare Reklame erblickt.

β) Die nach § 186 StGB.[2]) strafbare üble Nachrede ist das Behaupten oder Verbreiten von nicht erweislich wahren Tatsachen in Beziehung auf einen anderen lebenden Menschen, die geeignet sind, diesen verächtlich zu machen oder in der öffentlichen Meinung herabzusetzen. Die üble Nachrede ist also nicht der Ausdruck eines eigenen mißachtenden Urteils, sondern sie ist die Mitteilung von Tatsachen an Dritte — nicht den Beleidigten —, die bei diesen zu mißachtenden Urteilen über den Beleidigten zu führen geeignet ist.

Tatsache ist alles das, was sinnlich wahrnehmbar ist oder gewesen ist. Tatsache ist also nicht, was zukünftig geschehen wird oder was nicht sinnlich wahrnehmbar ist wie Werturteile[3]) oder Meinungen. Daher ist eine Reklamekundgebung, in der erklärt wird, der Konkurrent werde in Zukunft in Konkurs gehen, oder der Konkurrent sei ein Schieber, nicht üble Nachrede im Sinne des § 186 StGB., sondern formale Beleidigung[4]) (§ 185 StGB.). Dagegen ist eine Reklamekundgebung, welche die Behauptung enthält, der Konkurrent sei zahlungsunfähig oder habe Konkurs gemacht[5]), üble Nachrede im Sinne des § 186 StGB.

Zu den sinnlich wahrnehmbaren Gegenständen gehören nach feststehender Rechtsprechung auch die sog. inneren Tatsachen. Dies sind solche Wahrnehmungen, die auf Selbstbeobachtung beruhen, wie Absichten, Motive, Ziele eines Handelns. So ist eine Reklamekundgebung, der Konkurrent wolle sein Geschäft verschleudern, evtl. als üble Nachrede nach § 186 StGB. strafbar.

Die in der üblen Nachrede behauptete oder verbreitete Tatsache muß geeignet sein, den Beleidigten in der öffentlichen Meinung herabzuwürdigen oder ihn verächtlich zu machen. Verächtlich machen heißt, den sittlichen Wert absprechen[6]). Herabwürdigen heißt, als minderwertig hinstellen. Es ist aber erforderlich, daß die behauptete oder verbreitete Tatsache dazu geeignet ist, in der öffentlichen Meinung — nicht in der Meinung eines individuell bestimmten Bevölkerungsteiles — das mißachtende Urteil hervorzurufen. Die Behauptung, jemand sei ein Jude, kann keine üble Nachrede sein, weil die Tatsache, Jude zu sein, nicht geeignet ist, in der öffentlichen Meinung herabzusetzen. Soll jedoch mit der Behauptung zum Ausdruck gebracht werden, daß der Betreffende ein Mensch von niedrigem gewinnsüchtigen Charakter sei, so liegt darin nicht die Behauptung einer Tatsache, sondern ein Werturteil. Ein solches ist niemals eine üble Nachrede, sondern eine formale Beleidigung, die nach § 185 StGB. strafbar ist[7]).

---

[1]) Siehe S. 31 ff.

[2]) § 186 StGB.: „Wer in Beziehung auf einen anderen eine Tatsache behauptet oder verbreitet, welche denselben verächtlich zu machen oder in der öffentlichen Meinung herabzuwürdigen geeignet ist, wird, wenn nicht diese Tatsache erweislich wahr ist, wegen Beleidigung mit Geldstrafe bis zu sechshundert Mark oder mit Haft oder mit Gefängnis bis zu einem Jahre und, wenn die Beleidigung öffentlich oder durch Verbreitung von Schriften, Abbildungen oder Darstellungen begangen ist, mit Geldstrafe bis zu eintausendfünfhundert Mark oder mit Gefängnis bis zwei Jahre bestraft."

[3]) In einem Werturteil kann aber mitunter eine Tatsache stecken, so z. B. wer behauptet, ein anderer sei ein Dieb, behauptet mit diesem Urteil von dem anderen auch die Tatsache, er habe gestohlen.

[4]) Weiß man genau, daß der Konkurrent nicht in Zahlungsschwierigkeiten ist, so kann eine sog. nach § 187 StGB. strafbare Kreditgefährdung vorliegen (vgl. unten S. 47).

[5]) RGSt. 2, 309; 31, 384. [6]) RGSt. 35, 126. [7]) So auch Bar in GS. 52, 100.

Die Tatsache muß behauptet oder verbreitet werden; d. h. sie muß als eigene Überzeugung — aber nicht als eigene Wahrnehmung — ausgegeben, anderen mitgeteilt oder weitergegeben werden[1]).

Ein weiteres Tatbestandsmerkmal der üblen Nachrede des § 186 StGB. ist, daß die behauptete oder verbreitete Tatsache nicht erweislich wahr ist. Eine Bestrafung nach § 186 StGB. ist daher schon dann gegeben, wenn irgendwelche Zweifel über die Wahrheit der Behauptung bestehen.

Der Beleidiger muß das Bewußtsein haben oder mit der Möglichkeit rechnen, daß die in der Reklame behauptete oder verbreitete Tatsache geeignet ist, den Beleidigten verächtlich zu machen oder herabzuwürdigen. Ferner muß der Täter das Bewußtsein und den Willen haben, die Tatsache zu behaupten oder zu verbreiten. Dies liegt dann nicht vor, wenn der Täter annimmt, er bespreche eine allgemein bekannte Tatsache. In diesem Falle hat der Täter nämlich nicht den Willen, die Tatsache zu verbreiten, weil er annimmt, daß sie bereits allgemein bekannt sei. Der Täter braucht aber nicht das Bewußtsein zu haben, daß die Tatsache unwahr oder möglicherweise unwahr ist. Der positive Glaube des Beleidigers sogar[2]), die Tatsache sei wahr, ist unerheblich[3]).

γ) Der § 187 StGB.[4]) umfaßt zwei Tatbestände, die Verleumdung und die Kreditgefährdung.

Eine nach § 187 StGB. strafbare Verleumdung begeht, wer über einen anderen wider besseres Wissen eine unwahre Tatsache behauptet oder verbreitet, die geeignet ist, den anderen verächtlich zu machen oder in der öffentlichen Meinung herabzuwürdigen.

Die nach § 187 StGB. strafbare Verleumdung unterscheidet sich von der behandelten üblen Nachrede (§ 186 StGB.) nur in zweifacher Hinsicht. Nur diese Abweichungen sind hier darzustellen, während im übrigen auf die obigen Ausführungen verwiesen werden kann.

Einmal muß feststehen, daß die behauptete oder verbreitete Tatsache unwahr ist. Bestehen nur die geringsten Zweifel über die Wahrheit der Behauptung, so ist nur eine Bestrafung wegen übler Nachrede (§ 186 StGB.), aber nicht wegen Verleumdung (§ 187 StGB.) möglich.

Ferner aber ist erforderlich, daß der Täter hier positiv wußte, daß die von ihm behauptete oder verbreitete Tatsache unwahr ist. Hielt er dies nur für möglich, so ist nur eine Bestrafung nach § 186 StGB., dagegen nicht eine solche nach § 187 StGB. gegeben[5]).

Die Kreditgefährdung nach § 187 StGB. begeht derjenige, der wider besseres Wissen eine unwahre Tatsache behauptet oder verbreitet, welche den Kredit des Beleidigten zu gefährden geeignet ist.

---

[1]) RGSt. 38, 368. [2]) RGSt. 25, 355; 40, 101.

[3]) Wegen der Buße und der eventuellen Straferhöhung bei der üblen Nachrede vgl. unten S. 47.

[4]) § 187 StGB.: „Wer wider besseres Wissen in Beziehung auf einen anderen eine unwahre Tatsache behauptet oder verbreitet, welche denselben verächtlich zu machen oder in der öffentlichen Meinung herabzuwürdigen oder dessen Kredit zu gefährden geeignet ist, wird wegen verleumderischer Beleidigung mit Gefängnis bis zu zwei Jahren und, wenn die Verleumdung öffentlich oder durch Verbreitung von Schriften, Abbildungen oder Darstellungen begangen ist, mit Gefängnis nicht unter einem Monat bestraft.

Sind mildernde Umstände vorhanden, so kann die Strafe bis auf einen Tag Gefängnis ermäßigt, oder auf Geldstrafe bis zu neunhundert Mark erkannt werden."

[5]) RGSt. 32, 302.

Die Kreditgefährdung ist also diejenige Verleumdung, die nicht die Ehre des Verletzten, sondern sein Vermögen angreift[1]). Da also nicht die Ehre des Verletzten, sondern sein Vermögen gefährdet wird, können hier auch juristische Personen — vor allem Aktiengesellschaften und G. m. b. H. — als Verletzte auftreten. Antragberechtigt sind bei solchen nach § 374 III StPO. diejenigen Personen, durch welche sie in bürgerlichen Rechtsstreitigkeiten vertreten werden.

Kredit ist das Vertrauen, das jemand bezüglich der Erfüllung seiner vermögensrechtlichen Verpflichtungen genießt. Daher ist evtl. jede Reklame als Kreditgefährdung strafbar, die vorgenommen wird, indem von dem Konkurrenten wider besseres Wissen behauptet wird, „er könne seinen Verbindlichkeiten nicht nachkommen", „er sei nicht kreditwürdig, weil er schon andere betrogen habe oder weil er überhaupt ein Betrüger sei", „er habe Konkurs gemacht", „er werde bald Konkurs machen" usw.

Wird irgendeine Tatsache oder eine in einem Werturteil versteckte Tatsache bezüglich des Konkurrenten behauptet oder verbreitet, die geeignet ist, das Vertrauen, das der Konkurrent genießt, zu gefährden, so liegt ein Verstoß gegen § 187 StGB. vor, falls die behauptete oder verbreitete Tatsache unwahr ist und dies der Täter genau weiß. Liegt eine von diesen beiden Voraussetzungen nicht vor, so kann evtl. ein Verstoß gegen §§ 185, 186 StGB. vorliegen.

Wird durch die behauptete oder verbreitete Tatsache nicht nur der Kredit des Konkurrenten sondern auch sein Betrieb gefährdet, so liegt neben dem Verstoß gegen § 187 StGB. auch ein Verstoß gegen § 15 UWG.[2]) vor[3]). Betrifft die Gefährdung des Konkurrenten seinen Betrieb, so kommt nur § 15 UWG. in Frage. In einer solchen Betriebsgefährdung wird jedoch auch meist eine Kreditgefährdung liegen[4]).

Geschah die üble Nachrede (§ 186 StGB.) oder die Verleumdung oder Kreditgefährdung öffentlich oder durch Verbreitung von Schriften, Abbildungen oder Darstellungen, so tritt nach §§ 186, 187 StGB. eine Straferhöhung ein.

Über die Begriffe „öffentliche Beleidigung" und Beleidigung durch „Verbreitung von Schriften" usw. wird auf die obigen[5]) Ausführungen bei der Betrachtung der Publikationsbefugnis des § 200 StGB. Bezug genommen. Hier ist dazu nur soviel zu sagen, daß die Reklame sich ihrem Wesen nach an das große Publikum wendet, so daß die bei ihrer Kundgebung begangenen üblen Nachreden, Verleumdungen oder Kreditgefährdungen regelmäßig unter die Strafverschärfungsvorschriften der §§186, 187 StGB. fallen werden.

In den Fällen der üblen Nachrede (§ 186 StGB.), der Verleumdung und der Kreditgefährdung (§ 187 StGB.) kann ferner auf Antrag des Verletzten neben der Strafe noch auf eine an den Beleidigten zu zahlende Buße erkannt werden, falls die Verstöße gegen die §§ 186, 187 StGB. nachteilige Folgen für die Erwerbs- oder Vermögensverhältnisse des Beleidigten zur Folge haben. Die Buße kann bis zu 10000 RM. betragen[6]). Ihre Zuerkennung schließt aber die Geltendmachung eines weiteren Schadensersatzanspruches wegen der Ehr- oder Kreditverletzung im Zivilprozeß aus, so daß dem Beleidigten, falls

[1]) Der Angriff in der Kreditgefährdung auf das Vermögen des Verletzten wird in der Wissenschaft vielfach als ein solcher gegen die Geschäftsehre angesehen.

[2]) Vgl. hierzu unten S. 255. [3]) RGSt. 31, 84.

[4]) Vgl. Rosenthal, Unlauterer Wettbewerb, Anm. 1 zu § 15.

[5]) S. 43. [6]) VO. vom 6. II. 1924 Art. IV.

seinem Bußeantrage stattgegeben wird, die ihm sonst nach § 823 BGB. gegebene Zivilklage verschlossen ist. Die Abweisung des Bußantrages hat aber solche Bedeutung nicht[1]). Der mit seinem Bußantrage Abgewiesene kann also seine Rechte im Zivilprozeß geltend machen. Die Zuerkennung oder Abweisung eines Schadensersatzes im Zivilprozeß schließt die Zuerkennung der Buße nicht aus, jedoch kann der Strafrichter den vom Zivilrichter anerkannten Schadensersatz auf die Buße anrechnen[2]).

Auf Buße kann nur neben einer Verurteilung zur Strafe erkannt werden. Wird also wegen Kompensierung[3]) zweier Beleidigungen nach § 199 StGB. auf Straflosigkeit erkannt oder wird das Verfahren wegen fehlenden Antrages eingestellt, so ist jede Zuerkennung einer Buße unstatthaft.

Bußantragsberechtigt ist nur der Beleidigte, nicht auch der sonst Strafantragsberechtigte, ebenso können die Erben keinen Bußantrag stellen.

δ) Den Tatbestand einer Beleidigung bildet schließlich die nach § 189 StGB.[4]) strafbare Beschimpfung des Andenkens Verstorbener. Sie ist keine Verletzung der Ehre des Verstorbenen, da diesem eine Ehre im Rechtssinne nicht mehr zusteht; sie ist vielmehr eine Verletzung des Pietätsgefühls, mit welchem die Familie des Verstorbenen gedenkt[5]). Ihr Tatbestand gleicht dem der nach § 187 StGB.[6]) strafbaren Verleumdung. Nur muß derjenige, auf den sich die Verleumdung bezieht, zur Zeit der Verleumdung schon tot sein und der Täter das Bewußtsein haben, daß dies der Fall ist. Nimmt der Täter an, der Beleidigte sei verstorben, während er noch lebt, so bleibt er straflos[7]). Antragsberechtigt zur Strafverfolgung sind nur Eltern, Kinder oder Ehegatten des Verstorbenen.

3. Betrügerische Reklamekundgebungen.

Eine betrügerische Reklamekundgebung liegt vor, wenn bei ihr die Voraussetzungen des § 263 StGB. erfüllt sind.

Zu dem Tatbestande des nach § 263[8]) StGB. strafbaren Betruges[9]) gehört, daß der Täter in der Absicht, sich oder einem Dritten einen rechtswidrigen Vermögensvorteil zu ver-

[1]) RGSt. 44, 284. [2]) RGSt. 5, 734. [3]) Vgl. oben auf S. 38.

[4]) § 189 StGB.: „Wer das Andenken eines Verstorbenen dadurch beschimpft, daß er wider besseres Wissen eine unwahre Tatsache behauptet oder verbreitet, welche denselben bei seinen Lebzeiten verächtlich zu machen oder in der öffentlichen Meinung herabzuwürdigen geeignet gewesen wäre, wird mit Gefängnis bis zu sechs Monaten bestraft.

Sind mildernde Umstände vorhanden, so kann auf Geldstrafe bis zu neunhundert Mark erkannt werden.

Die Verfolgung tritt nur auf Antrag der Eltern, der Kinder oder des Ehegatten des Verstorbenen ein."

[5]) Nicht unbestritten. [6]) Vgl. oben S. 46. [7]) RGSt. 26, 33.

[8]) § 263 StGB.: „Wer in der Absicht, sich oder einem Dritten einen rechtswidrigen Vermögensvorteil zu verschaffen, das Vermögen eines anderen dadurch beschädigt, daß er durch Vorspiegelung falscher oder durch Entstellung oder Unterdrückung wahrer Tatsachen einen Irrtum erregt oder unterhält, wird wegen Betruges mit Gefängnis bestraft, neben welchem auf Geldstrafe sowie auf Verlust der bürgerlichen Ehrenrechte erkannt werden kann.

Sind mildernde Umstände vorhanden, so kann ausschließlich auf die Geldstrafe erkannt werden. Der Versuch ist strafbar.

Wer einen Betrug gegen Angehörige, Vormünder oder Erzieher begeht, ist nur auf Antrag zu verfolgen. Die Zurücknahme des Antrages ist zulässig."

[9]) Ist durch einen strafbaren Betrug ein Schaden entstanden, so kann der Geschädigte Ersatz des zugefügten Schadens nach § 823 II BGB. verlangen.

schaffen, das Vermögen eines anderen dadurch beschädigt, daß er durch Vorspiegelung falscher, Entstellung oder Unterdrückung wahrer Tatsachen einen Irrtum erregt oder unterhält.

a) Der Täter muß also zunächst einen Irrtum über Tatsachen erregen oder unterhalten.

Der Begriff der „Tatsache" im Sinne des § 263 StGB. ist derselbe wie bei der Beleidigung.

„Tatsache" ist nach den obigen Ausführungen alles, was sinnlich wahrnehmbar ist oder gewesen ist (äußere Tatsachen). Der Begriff „Tatsache" umgreift demnach alle gegenwärtigen oder vergangenen Gegenstände, Zustände oder Ereignisse. Tatsache ist also nicht, was in Zukunft geschehen soll oder wird.

Zu den Tatsachen gehören auch — wie bereits oben[1]) ausgeführt — die sog. inneren Tatsachen, d. h. diejenigen Vorgänge, die durch Selbstbeobachtung gewonnen werden, wie z. B. Ziele, Absichten, Motive.

Tatsachen sind aber niemals Werturteile, Kenntnisse, Meinungsäußerungen oder Auffassungen. Die Feststellung, ob eine Tatsache oder ein Werturteil usw. vorliegt, wird im Einzelfall oft recht schwierig sein. Gleichwohl ist aber diese Feststellung gerade für das Gebiet der Reklamekundgebungen von der allergrößten Bedeutung; denn nach ihr richtet es sich, ob im Einzelfalle eine marktschreierische Reklame nach § 263 StGB. strafbar ist oder nicht. Ist in einer marktschreierischen Reklame eine allgemein gehaltene Anpreisung enthalten, so ist also zu untersuchen, ob diese Anpreisung nur eine Meinungsäußerung des Reklametreibenden darstellt oder ob in ihr die Behauptung einer Tatsache enthalten ist. So ist z. B. bei einer Ankündigung „weitverzweigtes Unternehmen" zu entscheiden, ob damit die Tatsache behauptet wird, daß der Ankündigende ein weitverzweigtes Unternehmen besitze, oder ob darin nur eine Meinungsäußerung des Kaufmanns über die Größe seines Unternehmens zu sehen ist. Das Kriterium, ob die Behauptung einer Tatsache oder eine Meinungsäußerung vorliegt, ist im Einzelfalle darin zu sehen, ob die Reklame einen erkennbaren, wirklich greifbaren Kern enthält oder nicht, ob die behaupteten Eigenschaften der Ware oder des Unternehmens nach einem festen Maßstab bestimmbar sind oder nicht. So werden Bezeichnungen wie „gut", „bestes" usw. nicht als Behauptung einer Tatsache anzusehen sein, wohl aber Angaben über Herstellungsart und Zusammensetzung der Ware, Größe und Ansehen des Unternehmens usw. Bestehen Zweifel, ob eine in einer Reklame enthaltene Angabe nachprüfbar ist oder nicht, so hat man dies zu bejahen, da eine entgegengesetzte weitherzige Auffassung auch im Interesse der Kaufmannschaft nicht am Platze erscheint. So hat die Rechtsprechung z. B. in der obigen Bezeichnung „weitverzweigtes Unternehmen" die Behauptung einer Tatsache gesehen[2]), ebenso dürfte[3]) dies bei Bezeichnungen wie „ungeahnte Vorteile" der Fall sein[4]). Nur wenn es sich um Übertreibungen in der Reklame handelt, bei denen der Durchschnittsmensch erkennt, daß sie nicht ernsthaft gemeint sind, wie „schönstes Kaffee der Stadt" usw., dürfte die Behauptung einer Tatsache nicht vorliegen.

Eine unwahre Tatsache „vorspiegeln" heißt nur eine bewußt unwahre Tatsache aufstellen. Ein besonderes positives Handeln, um dem zu Täuschenden die Behauptung als

---

[1]) S. 45. [2]) JR. 1925, 631.

[3]) Über andere Fälle vgl. z. B. RGSt. 25, 183; RG. in JW. 14, 890; Goltd. Arch. 47, 283; OLG. Dresden in Stengleins Z. 5, 113, 374.

[4]) Vgl. MuW. 17, 172.

wahr einzuprägen, ist nicht nötig. Auch konkludentes Handeln kann ausreichen. So ist z. B. eine Reklame derart, daß Warenpackungen durch Ausstellung im Schaufenster oder sonst angepriesen werden, bei denen die unteren Lagen von minderer Qualität sind als die oberen, bereits Betrug; ebenso die Benutzung von Briefbogen mit unwahren tatsächlichen Angaben im Kopf. Auch kann falsche Etikettierung hierher gehören.

Eine wahre Tatsache „entstellen" heißt „die Bestandteile derselben verschieben"[1]). Dies Verschieben der Bestandteile kann in der Weise erfolgen, daß wahren Tatsachen unwahre Momente hinzugefügt oder daß einzelne Momente aus wahren Tatsachen fortgelassen werden, so daß dadurch die „Tatsache" unwahr wird.

Eine wahre Tatsache „unterdrücken" setzt eine Handlung voraus, durch die die Kenntnisnahme der Wahrheit dem zu Täuschenden entzogen wird. Ein bloßes Verschweigen reicht nur aus, wenn eine rechtliche — nicht bloß moralische — Pflicht, zu reden, besteht. Ob und wann eine solche Redepflicht besteht, ist sehr bestritten. Hier kann nur so viel gesagt werden, daß — was im Gebiet der Reklame allein interessiert — eine Redepflicht sich aus vorausgegangenen Handlungen ergeben kann. Wer z. B. einen anderen, wenn auch schuldlos, in einen Irrtum versetzt hat, muß, wenn er später mit dem anderen ein Rechtsgeschäft tätigt, bei dem der Irrtum des anderen eine Rolle spielen kann, diesen aufklären. Wer also als Antiquitätenhändler in sein Schaufenster eine chinesische Puppe, die er als echt ansieht, stellt und an sie ein Schild lehnt „echtes Stück", muß, wenn er bei Kaufverhandlungen über die Puppe merkt, daß sie nicht echt ist, den Käufer aufklären[2]).

b) Durch die Täuschungshandlung muß ein „anderer" in einen Irrtum versetzt und durch diesen zu einer Vermögensverfügung veranlaßt worden sein. Zu der Annahme eines Betruges durch eine Reklamekundgebung ist es also erforderlich, daß ein bestimmter Mensch tatsächlich in einen Irrtum versetzt wurde. Nicht reicht es aus, daß durch die Kundgebung nur die Möglichkeit[3]) der Irrtumserregung im Publikum hervorgerufen wird. Hierin liegt der entscheidende Unterschied zu dem Tatbestand[4]) des § 3 UWG.

Es ist weiter erforderlich, daß die Täuschungshandlung für die Irrtumserregung kausal war, sie muß auf den Irrtum motivierend gewirkt haben.

Ferner muß der erregte Irrtum für eine Vermögensverfügung des Getäuschten kausal sein. Derjenige, der durch die Täuschungshandlung in einen Irrtum versetzt wurde, muß eine Verfügung über sein Vermögen treffen, die er ohne die Irrtumserregung nicht treffen würde. Wenn z. B. jemand für ein Haarwuchsmittel Reklame macht und dabei anpreisend hervorhebt — was nicht wahr ist —, das Haarwuchsmittel enthalte bestimmte Alpenkräuter, dann muß zur Annahme eines Betruges durch diese Reklame festgestellt werden, daß ein bestimmter Käufer das Haarwuchsmittel gerade wegen der Angabe der Alpenkräuter in der Reklame gekauft hat, daß er gerade durch diese Angabe sich zum Ankauf hat bestimmen lassen[5]).

c) Zur Annahme eines vollendeten Betruges ist es weiter notwendig, daß das Vermögen eines anderen dadurch geschädigt ist, daß der im Irrtum befindliche eine Ver-

---

[1]) Berner, Lehrbuch des Strafrechts 1898, S. 583.

[2]) So Cleric, Betrug verübt durch Schweigen 1912, S. 7.

[3]) RG. in JW. 24, 58. [4]) Vgl. S. 239 f., 255.

[5]) So Frank, Anm. III 2 zu § 263, S. 562; vgl. auch die Fälle in Stengleins Z. 5, 113, 374; RG. in Goltd. Arch. 47, 283.

mögensverfügung traf. Auch hierin liegt ein erheblicher Unterschied zu dem Tatbestand des § 3 UWG., der eine Vermögensbeschädigung nicht voraussetzt.

Es ist nicht erforderlich, daß derjenige, der infolge seines Irrtums eine Vermögensverfügung vornahm und derjenige, der in seinem Vermögen geschädigt wurde, ein und dieselbe Person sind[1]). Wenn also eine Hausangestellte infolge einer schwindelhaften Reklame Einkäufe macht und durch den Einkauf das Vermögen ihrer Herrschaft schädigt, so liegt vollendeter Betrug vor. Ebenso hat das Preuß. Ob. Trib. in der Entscheidung v. 21. X. 1875[2]) die Ausgabe eines tatsächlich falschen Prospektes bei Gründung einer Aktiengesellschaft, die demnächst in Vermögensverfall geriet, als Betrug angesehen, indem es den Einwand, es fehle an einer Vermögensbeschädigung, weil nur derjenige Kurs der Aktien in Betracht gezogen werden könne, den sie bei Ausgabe gehabt hatten, wie folgt zurückgewiesen hat: „Wenn wirklich der Ausgabekurs ein solcher gewesen wäre, daß die neuen Erwerber die Aktien zu diesem Kurse hätten verkaufen können, so würde der Verlust jedenfalls ihren Nachfolger getroffen haben, eine Vermögensbeschädigung somit unter allen Umständen eingetreten sein. Daß dann vielleicht die Personen der getäuschten und geschädigten nicht identisch gewesen wären, würde nicht in Betracht kommen, weil eine solche Identität zum Tatbestande des Betruges nicht wesentlich gehört.

Die Feststellung, daß der Getäuschte und der Geschädigte nicht identisch zu sein brauchen, ist für das Gebiet der schwindelhaften Reklame, wie gezeigt werden wird, von noch weittragenderer Bedeutung.

Vermögen ist der Inbegriff der geldwerten Güter einer Person. Es gehören zum Vermögen einer Person nicht nur die ihr gehörigen Sachen, sondern auch ihre Rechte, sogar auch bloße Aussichten auf Gewinn, wenn sie mit Wahrscheinlichkeit zu erwarten sind.

Der Vermögensschaden muß ein in Geld ausdrückbarer Nachteil sein, er braucht aber seinem Betrage nach nicht festgestellt zu werden, wenn nur nachgewiesen wird, daß der Geschädigte überhaupt einen in Geld ausdrückbaren Nachteil erlitten hat[3]). Deshalb dürfte der Gatte der Konzertmeisterin, der für das Konzert seiner Frau dadurch Reklame machte, daß er auf Heiratsannoncen hin ein Stelldichein in dem Konzert seiner Frau vortäuschte, abgesehen von allem anderen, deshalb keinen Betrug begangen haben, weil die „geschädigten" Heiratslustigen wohl kaum einen in Geld ausdrückbaren Vermögensnachteil dadurch erlitten haben, daß sie die erwartete Zukünftige nicht in dem Konzert fanden. Das Geld, das sie etwa für die Billets ausgaben, können sie hierbei nicht in Rechnung stellen, da sie das Konzert genießen konnten.

Eine Vermögensbeschädigung ist dann anzunehmen, wenn der Vergleich der beiden Vermögensbestände vor und nach der Vermögensverfügung des Getäuschten ein Minus des zweiten[4]) gegenüber dem ersten ergibt[5]). Die Vergleiche der beiden Vermögensbestände müssen unmittelbar vor und nach der durch den Irrtum veranlaßten Vermögensverfügung erfolgen. Es ist nicht nötig, daß die Vermögensbeschädigung dauernd ist[6]).

---

[1]) RGSt. 11, 246; 21, 236; 25, 244; 39, 82; 42, 171; 56, 166.

[2]) Stengleins Z. 15, S. 375.

[3]) RGSt. 4, 361; 23, 430; 51, 204.

[4]) Bei dieser Vermögensübersicht haben aber Ansprüche auf Schadensersatz, die gegen den Betrüger wegen des Betruges bestehen, auszuscheiden.

[5]) RGSt. 16, 5 mit den Ausführungen in Ger. S. 43, 321 ff.

[6]) RGSt. 2, 89; 4, 295; 39, 80.

Wenn also der Täter zum Ausgleich des Schadens nachträglich etwas gibt, bleibt der Betrug bestehen.

Hat der Geschädigte einen Gegenwert erhalten, so liegt keine Vermögensbeschädigung vor, wenn der Gegenwert und die Leistung, die infolge der Vermögensverfügung des Getäuschten gegeben wurde, gleichwertig sind. Bei der Beurteilung, ob Gleichwertigkeit von Leistung und Gegenleistung vorliegt, ist jedes berechtigte Interesse des Geschädigten zu berücksichtigen. Deshalb wird immer eine Vermögensbeschädigung vorliegen, wenn z. B. jemand Naturwein kaufen will und dafür Kunstwein erhält, auch wenn dieser dem Naturwein gleichwertig ist. Wird in einer schwindelhaften Reklame Naturwein angepriesen, tatsächlich aber Kunstwein geliefert, so wird, selbst wenn der Kunstwein dem Naturwein gleichwertig ist, dann eine Vermögensbeschädigung vorliegen, wenn der Käufer ein berechtigtes Interesse hatte, Naturwein zu erhalten[1]).

Die Frage der Vermögensbeschädigung kann nicht von der subjektiven Auffassung des Getäuschten abhängig gemacht, und vor allem einfach eine Vermögensbeschädigung deshalb als vorliegend angenommen werden, weil der Getäuschte ohne die Täuschung die Vermögensverfügung nicht vorgenommen hätte. Der Vergleich der beiden Vermögensbestände hat nach objektivem[2]) Maßstab — allerdings unter Berücksichtigung der konkreten Verhältnisse[3]) — zu erfolgen.

Eine Vermögensbeschädigung liegt auch dann vor, wenn Gegenstand der Leistung des Betrügers etwas unerlaubtes oder unsittliches ist. Das Reichsgericht[4]) hatte früher hier eine Vermögensbeschädigung nicht angenommen, weil niemand in seinem Vermögen geschädigt werden könne, der keine Ansprüche im Rechtssinne habe, dem also, wenn er bezüglich der gekauften unsittlichen oder unerlaubten Sache getäuscht worden ist, kein Anspruch auf Lieferung der Sache zustehe, die er kaufen wollte. Diese Ansicht ist aber vom Reichsgericht[5]) verlassen worden. Das Reichsgericht hat jetzt eine Vermögensbeschädigung bei Kauf von unsittlichen oder unerlaubten Gegenständen angenommen und erblickt diese in dem gezahlten Kaufpreise. Wird also in schwindelhafter Weise Reklame für ein Abtreibungsmittel gemacht, das in Wirklichkeit etwa nur aus Wasser besteht, und erwirbt jemand auf Grund dieser Reklame dieses Abtreibungsmittel, so liegt in der Zahlung des Kaufpreises eine Vermögensbeschädigung im Sinne des § 263 StGB. vor, obwohl ein Anspruch auf Lieferung eines tatsächlichen Abtreibungsmittels nicht besteht.

Da einerseits eine Personenidentität zwischen Getäuschten und Geschädigten nicht vorzuliegen braucht und andererseits der mit Wahrscheinlichkeit zu erwartende Gewinn, der infolge der Vermögensverfügung des Getäuschten dem Geschädigten entging, als Vermögensschaden anzusehen ist, ergibt sich, daß ein Betrug nicht bloß dem Kunden, sondern auch der Konkurrenz gegenüber begangen werden kann. Wird nämlich jemandem durch schwindelhafte Reklame eine feste — nicht bloß allgemeine[6]) oder zukünftige[6]) — Kundschaft abspenstig gemacht, so stellt sich dies demjenigen gegenüber, der diese feste Kundschaft besitzt, als Betrug dar[7]). Dagegen wird die Entziehung eines einzelnen Kauflustigen im allgemeinen nicht ausreichend[8]) sein.

[1]) So Liszt, a. a. O. § 139, S. 669. [2]) So Frank, Anm. 4 zu § 263, S. 568.

[3]) Deshalb liegt, wenn ein Kleinkaufmann infolge schwindelhafter Reklame Einkäufe von Waren macht, die für ihn unverkäuflich sind, eine Vermögensbeschädigung vor. (So Frank, a. a. O.)

[4]) RGSt. 36, 242. [5]) RGSt. 44, 230. [6]) RGSt. 6, 75.

[7]) RGSt. 26, 227; Oberst. LG. in LZ. 1923, 409; RG. in JW. 26, 621; vgl. auch RGSt. 42, 424.

[8]) RGSt. 13, 8.

d) Der Täter muß vorsätzlich und in der Absicht, sich oder einem anderen einen rechtswidrigen Vermögensvorteil zu verschaffen, gehandelt haben.

Der Täter muß das Bewußtsein haben, daß die von ihm behauptete Tatsache unwahr ist. Es genügt aber, daß er mit der Unwahrheit rechnet und auch für diesen Fall die Tatsache behauptet. Der Täter muß ferner das Bewußtsein haben oder wenigstens mit der Möglichkeit rechnen, daß der Getäuschte durch den Irrtum über die Wahrheit der Behauptung zu der Vermögensverfügung, die sein oder eines anderen Vermögen schädigt, veranlaßt wurde.

Der Vermögensvorteil, den der Täter sich oder einem Dritten zu verschaffen beabsichtigt, muß rechtswidrig sein. Rechtswidrig ist jeder Vermögensvorteil, auf den der Täter oder der Dritte keinen rechtlichen Anspruch hat. Der Täter muß sich bewußt sein oder mit der Möglichkeit rechnen, daß ihm oder dem Dritten der Vermögensvorteil, den er beabsichtigt, nicht zusteht.

Schließlich muß die Erlangung des Vermögensvorteils beabsichtigt sein. Die Erlangung eines Vorteils ist nicht erforderlich. Die Erstrebung des Vorteils muß aber für den Täter das motivierende Moment der Tat gewesen sein. Die Vorstellung des Vorteils muß für seinen Entschluß bestimmend gewesen sein. Eine Werbung, die zwar aus wirtschaftlichen Gründen — etwa um jemanden bekanntzumachen — vorgenommen wird, die aber nicht unmittelbar auf Erlangung eines Vermögensvorteils hinzielt, kann daher Reklame sein, ist aber kein Betrug. Macht also der in unserem Beispiel[1]) angeführte Ehemann der Konzertmeisterin Reklame, um für sie ein volles Haus zu haben, nicht aber um Gewinn zu erzielen, so stellt seine Handlungsweise keinen Betrug dar.

e) Beim Betrug ist auch der Versuch strafbar. Ein solcher liegt vor, wenn jemand in der Absicht, sich oder einem Dritten einen rechtswidrigen Vermögensvorteil zu verschaffen, auf eine bestimmte andere Person mit der auf Täuschung berechneten Tätigkeit einzuwirken beginnt. Hierbei ist es gleichgültig, ob die Vollendung der Tat dadurch unmöglich wird, weil der andere sich nicht täuschen läßt oder weil er keine Vermögensdisposition trifft. Solange aber der Täter noch nicht auf eine bestimmte Persönlichkeit einzuwirken beginnt, liegt noch kein Betrugsversuch vor, sondern nur straflose Vorbereitungshandlung. Deshalb dürfte das Hinaussenden schwindelhafter Reklamekundgebungen noch nicht als Betrugsversuch anzusehen sein; der Betrug beginnt erst mit einer etwaigen Geschäftsverbindung mit den durch die Schwindelreklame angelockten Kunden.

4. Betrugsähnliche Fälle.

a) Betrug und Wettbewerb. Da die Reklamekundgebung die Absicht verfolgt, auf das Publikum in bezug auf das Reklameobjekt einzuwirken, so werden in den meisten Fällen, wenn die Anpreisung betrügerisch ist, auch die Voraussetzungen des Schutzes gegeben sein, welche das Wettbewerbsrecht dem durch die betrügerische Handlung Verletzten gewährt. Umgekehrt wird aber keinesfalls, wenn die Voraussetzungen des gewerblichen Rechtsschutzes gegeben sind, immer auch Betrug im Sinne des § 263 StGB. vorliegen. Zum Tatbestand des Betruges gehört, wie dargetan, stets eine Vermögensbeschädigung, das Wettbewerbsrecht geht jedoch darüber hinaus und gewährt Schutz auch dann, wenn eine Vermögensbeschädigung nicht erfolgt ist. In dieser Beziehung wird auf

---

[1]) Oben S. 51.

die Ausführungen unten[1]) in Abschnitt 2 verwiesen. Es wird daher bei den einzelnen Reklamekundgebungen, welche gegen das Wettbewerbsrecht verstoßen, stets zu prüfen sein, ob nicht auch die Voraussetzungen des § 263 StGB. vorliegen. Handelt es sich nach dem Wettbewerbsrecht um eine mit Strafe bedrohte Handlung[2]) und sind zugleich auch die Voraussetzungen des § 263 StGB. gegeben, so ist weiter zu prüfen, ob die speziellere Bestimmung des Wettbewerbsrechts und nicht die allgemeine des Strafgesetzbuches verletzt ist[3]), oder ob nach § 73 StGB. von beiden verletzten Gesetzen dasjenige Gesetz zur Anwendung kommt, welches die schwerste Strafe androht[4]).

b) Betrügerische Reklame im Handelsrecht. Für das Gebiet der Reklame sind weiter die Strafvorschriften des HGB., des Börsengesetzes sowie des Gesetzes betr. die Gesellschaften mit beschränkter Haftung von Bedeutung, welche die öffentlichen Mitteilungen über den Wert der Aktien bzw. die Vermögenslage der Gesellschaft betreffen. Es handelt sich hier um betrugsähnliche Fälle, bei denen der Tatbestand über den des Betruges insofern hinausgeht, als hier das betrügerische Handeln als solches bestraft wird ohne Rücksicht darauf, ob jemand getäuscht oder geschädigt ist.

α) Für das HGB. bestimmt § 313 Ziff. 2, daß mit Gefängnis und zugleich mit Geldstrafe diejenigen bestraft werden, welche in Ansehung der Zeichnung oder Einzahlung des Grundkapitals, des Ausgabekurses oder der im § 186 HGB. vorgesehenen Festsetzungen[5]) wissentlich falsche Angaben in einer im § 203 HGB. bezeichneten Ankündigung von Aktien machen.

§ 203 HGB. betrifft Reklameankündigungen, die erfolgen, um die Aktien in den Verkehr einzuführen. Nach § 203 HGB. macht sich schadensersatzpflichtig, wer vor Eintragung der Gesellschaft ins Handelsregister oder in den ersten zwei Jahren nach der Eintragung in solchen Reklamekundgebungen unrichtige oder unvollständige Angaben in bezug auf Zeichnung, Einzahlung des Grundkapitals, Ausgabekurs der Aktien sowie Festsetzungen nach § 186 macht, sofern er die Unrichtigkeit oder Unvollständigkeit kannte oder bei Anwendung der Sorgfalt eines ordentlichen Kaufmanns kennen mußte. Diese Vorschriften richten sich somit gegen die Emittenten der Aktien. Die Ankündigung setzt nicht notwendig voraus, daß sie unterzeichnet ist. Es ist lediglich erforderlich, daß aus dem Inhalt und der Art, in der sie erfolgt, deutlich ersichtlich ist, von wem sie ausgeht. So wird ein im redaktionellen Teil einer Zeitung befindlicher, nicht unterzeichneter Artikel nicht geeignet sein, für den Emittenten auf Grund der hier fraglichen Bestimmung eine Schadensersatzpflicht zu begründen, weil es hier an der Erkennbarkeit des Emittenten fehlt. Wohl aber kann dies der Fall sein, wenn diese nicht unterzeichnete Veröffentlichung im Inseratenteil der Zeitung erfolgt, weil hier der Inserent zum Publikum spricht und dieser somit auch ohne Unterzeichnung erkennbar ist[6]).

§ 203 HGB. ist eine Spezialvorschrift, die nur aktienrechtliche Ansprüche begründet, welche lediglich von der Gesellschaft gegen die Emittenten geltend gemacht werden können. Die Haftung der Emittenten einzelnen Personen, insbesondere Aktionären gegenüber bestimmt sich nach allgemeinen Grundsätzen[7]).

---

[1]) S. 239 f., 255. [2]) Z. B. § 4 UWG., §§ 14, 15 Warenzeichengesetz, § 40 PatGes.

[3]) Gesetzeskonkurrenz. [4]) Idealkonkurrenz.

[5]) § 186 HGB. bestimmt, daß bei der Gründung getroffene Abreden über Sondervorteile, Sacheinlagen und Übernahmen sowie Gründerlohn in den Gesellschaftsvertrag aufzunehmen sind.

[6]) So Staub-Koenige, Anm. 1 zu § 203 HGB. [7]) Vgl. RGZ. 39, 247.

β) Eine besondere Regelung haben Prospekte erfahren, welche zum Zwecke der Einführung von Wertpapieren zum Börsenhandel erlassen sind und tatsächlich zur Zulassung geführt haben. Hier bestimmt § 45 BörsGes.:

„Sind in einem Prospekte, auf Grund dessen Wertpapiere zum Börsenhandel zugelassen sind, Angaben, welche für die Beurteilung des Wertes erheblich sind, unrichtig, so haften diejenigen, welche den Prospekt erlassen haben, sowie diejenigen, von denen der Erlaß des Prospektes ausgeht, wenn sie die Unrichtigkeit gekannt haben oder ohne grobes Verschulden hätten kennen müssen, als Gesamtschuldner jedem Besitzer eines solchen Wertpapieres für den Schaden, welcher demselben aus der von den gemachten Angaben abweichenden Sachlage erwächst. Das gleiche gilt, wenn der Prospekt infolge der Fortlassung wesentlicher Tatsachen unvollständig ist und diese Unvollständigkeit auf böslichem Verschweigen oder auf der böslichen Unterlassung einer ausreichenden Prüfung seitens derjenigen, welche den Prospekt erlassen haben, oder derjenigen, von denen der Erlaß des Prospekts ausgeht, beruht.

Die Ersatzpflicht wird dadurch nicht ausgeschlossen, daß der Prospekt die Angabe als von einem Dritten herrührend bezeichnet."

Die zivilrechtliche[1]) Prospekthaftung geht danach erheblich über den strafrechtlichen Tatbestand des Betruges hinaus. Einmal begründen nämlich nicht nur wissentlich unwahre Angaben Schadensersatzansprüche, sondern auch solche, die auf grobem Verschulden oder böslicher Unterlassung der Prüfung beruhen. Sodann sind nach § 45 Börsengesetz auch diejenigen verantwortlich, die zwar mit ihrem Namen nicht hervortreten, in Wirklichkeit aber die eigentlichen Urheber des Prospektes sind.

Eine besondere Art der Leistung des Schadenersatzes enthält § 46 Abs. 2 BörsGes., wonach der Ersatzpflichtige seiner Ersatzpflicht dadurch genügen kann, daß er das Wertpapier gegen Erstattung des von dem Besitzer nachgewiesenen Erwerbspreises oder desjenigen Kurswertes übernimmt, den die Wertpapiere zur Zeit der Einführung hatten.

γ) Eine den unwahren Reklameankündigungen über die geschäftlichen Verhältnisse oder die Vermögenslage von Aktiengesellschaften entsprechende Bestimmung enthält auch das G. m. b. H.-Gesetz. § 82 Ziff. 3 bestimmt hier, daß mit Gefängnis bis zu einem Jahr und zugleich mit Geldstrafe Geschäftsführer, Liquidatoren sowie Mitglieder eines Aufsichtsrats oder ähnlichen Organs einer G. m. b. H. bestraft werden, welche in einer öffentlichen Mitteilung die Vermögenslage der Gesellschaft wissentlich unwahr darstellen oder verschleiern. Voraussetzung für die Anwendbarkeit dieser Bestimmung ist, daß die Veröffentlichung von einem der Organe der Gesellschaft in dienstlicher Eigenschaft ausgeht. Veröffentlichungen privater Natur fallen nicht darunter. Macht z. B. ein Inhaber von Geschäftsanteilen einer G. m. b. H. in einem Zeitungsartikel Reklame für die Gesellschaft und stellt er dabei, um einen Anreiz zum Erwerb von Anteilen zu erwecken, die Vermögenslage der Gesellschaft wissentlich in einem der Sachlage in keiner Weise entsprechenden günstigen Lichte dar, so kann zwar der Tatbestand des Betruges oder des versuchten Betruges vorliegen, nicht aber der des § 82 G. m. b. H.-Gesetz.

Der Tatbestand des § 82 G. m. b. H.-Gesetz geht ebenso wie der des § 313 Ziff. 2 HGB. über den des Betruges hinaus, weil auch hier die Strafbarkeit nicht davon abhängig ist, daß jemand getäuscht oder geschädigt worden ist.

δ) Weitere betrugsähnliche und mit Strafe bedrohte Tatbestände, die für das Gebiet der Reklame Interesse haben, enthält das Börsengesetz. Hierher gehören:

---

[1]) Diese zivilrechtliche Haftung soll, trotzdem sie an sich nicht in den vorliegenden Teil des Buches gehört, des Zusammenhanges wegen hier gebracht werden.

αα) Der sog. Kursbetrug nach § 88 I BörsGes., welcher bestimmt:

„Wer in betrügerischer Absicht auf Täuschung berechnete Mittel anwendet, um auf den Börsen- oder Marktpreis von Waren oder Wertpapieren einzuwirken, wird mit Gefängnis und zugleich mit Geldstrafe bestraft."

Hier ist allgemein von Mitteln die Rede. Als solche kommen daher auch Reklamekundgebungen aller Art in Frage. Die nach dieser Bestimmung strafbaren Kurstreibereien, die darauf abzielen, eine günstige oder ungünstige Stimmung hervorzurufen, werden vielfach durch öffentliche Ankündigungen in Szene gesetzt werden. Dies ist z. B. der Fall, wenn durch Verbreitung verfrühter, verspäteter oder übertriebener Nachrichten eine Panik hervorgerufen werden soll. Der Zweck dieser Bestimmung ist die Preisbildung gegen täuschende Beeinflussung zu schützen. Zum Tatbestand ist daher nicht wie beim Betruge erforderlich, daß eine Vermögensbeschädigung eingetreten ist. Es genügen täuschende Handlungen, welche bestimmt sind, die Preise im allgemeinen zu beeinflussen, eine günstige oder ungünstige Stimmung an der Börse oder dem Markte im allgemeinen hervorzurufen.

ββ) Der sog. Prospektbetrug nach § 88 III BörsGes., welcher bestimmt:

„Die gleiche[1]) Strafe trifft denjenigen, der in betrügerischer Absicht wissentlich unrichtige Angaben in Prospekten oder in öffentlichen Kundgebungen macht, durch welche die Zeichnung oder der Ankauf oder Verkauf von Wertpapieren herbeigeführt werden soll."

Diese Bestimmung findet nur auf Wertpapiere, nicht auch wie der vorstehend behandelte § 88 Abs. I BörsGes. auf Waren Anwendung. Auch hier ist die Bestrafung nicht davon abhängig, daß eine bestimmte Person getäuscht oder geschädigt worden ist. Die Straftat ist vielmehr vollendet mit der Einreichung des Prospektes bei der Zulassungsstelle bzw. mit der Veröffentlichung der Kundgebung. Ob die Zulassung auf Grund des Prospektes erteilt oder versagt wird, ist ohne Belang.

γγ) Eine besondere Art des Kursbetruges behandelt § 89 BörsGes. Hiernach wird mit Gefängnis bis zu einem Jahre und zugleich mit Geldstrafe bestraft, wer für Mitteilungen in der Presse, durch welche auf den Börsenpreis eingewirkt werden soll, Vorteile gewährt oder verspricht oder sich gewähren oder versprechen läßt, welche in auffälligem Mißverhältnis zu der Leistung stehen. Ein solches Mißverhältnis liegt dann vor, wenn der gewährte oder versprochene Vorteil, diejenige Summe, die in der Regel von der Presse für Aufnahme von Reklamekundgebungen verlangt wird, erheblich überschreitet.

δδ) Die nach § 90 BörsGes. bestrafte Veröffentlichung und Verbreitung von Kurszetteln:

a) von Wertpapieren, die zur öffentlichen Zeichnung aufgelegt oder an die Zeichner noch nicht zugeteilt sind,
b) von Wertpapieren, deren Zulassung zum Börsenhandel verweigert oder nicht nachgesucht ist, sofern etwa die Börsenordnung nicht eine Ausnahme für den Einzelfall gestattet,
c) von Waren oder Wertpapieren, in denen Börsentermingeschäfte verboten sind oder deren Zulassung zum Börsenterminhandel endgültig verweigert oder zurückgenommen ist.

Wer wissentlich derartige Kurszettel veröffentlicht oder in mechanisch hergestellter Vervielfältigung verbreitet, wird mit Geldstrafe oder mit Haft oder mit Gefängnis bis zu sechs Monaten bestraft.

---

[1]) Wie der zitierte § 88 I BörsGes.

εε) Die nach § 94 BörsGes. strafbare Verleitung zu Börsengeschäften. Nach § 94 BörsGes. wird mit Gefängnis und zugleich mit Geldstrafe bestraft, wer gewohnheitsmäßig in gewinnsüchtiger Absicht andere unter Ausbeutung ihrer Unerfahrenheit oder ihres Leichtsinns zu Börsenspekulationsgeschäften verleitet, welche nicht zu ihrem Gewerbebetrieb gehören. Auch diese Bestimmung gehört in das Gebiet der Reklame, da die Verleitung durch Reklamekundgebungen erfolgen kann, so z. B. durch Entsendung von Agenten behufs Anknüpfung von Geschäftsverbindungen[1]).

c) Auf Täuschung berechnete Reklamemittel, die keinen Betrug im Sinne des § 263 StGB. darstellen, sind auch die Tatbestände des § 360 Ziff. 7 und 8 StGB. Danach wird mit Geldstrafe bis zu 150 RM. oder mit Haft bestraft

Ziffer 7: Wer unbefugt die Abbildung des kaiserlichen Wappens[2]) oder von Wappen eines Bundesfürsten[2]) oder von Landeswappen[3]) gebraucht.

Ziffer 8: Wer unbefugt . . . Titel, Würden, Adelsprädikate annimmt . . .

Es handelt sich hier um Mißbrauch von Namen und Bezeichnungen, die, wie im ersten Teil dargetan, Mittel zur Kennzeichnung des Reklameobjekts sind. Diese Bestimmungen sind daher Beschränkungen in der Reklamebetätigung. Die Bestrafung erfolgt hier aus dem Gesichtspunkt der Mißachtung der staatlichen Gewalt[4]), und zwar in Ziff. 7 wegen unbefugter Anmaßung eines Staatssymbols, in Ziff. 8 wegen Verletzung der staatlichen Autorität (Titel, Würden) und wegen Verletzung eines Vorrechts des Adelsstandes[5]).

Ob durch den unbefugten Gebrauch tatsächlich in eine fremde Rechtssphäre eingegriffen wird, ist gleichgültig. Wer sich z. B. unbefugt einen Adelstitel beilegte, wurde auf Grund des § 360 Ziff. 8 nicht bestraft, weil er hierdurch in die Rechte desjenigen eingriff, der etwa diesen Namen mit Adelszusatz befugt führte, sondern weil er das Vorrecht des Adelsstandes verletzte. Ebenso wird, wer unbefugt einen Titel annimmt, nicht deshalb bestraft, weil er in wettbewerblicher Beziehung Qualitäten vortäuscht, die den Tatsachen nicht entsprechen, sondern deshalb, weil er die staatliche Autorität verletzt, weil er sich einer Bezeichnung bedient, die nicht durch höhere Verleihung von Staats wegen erworben oder mit einer bestimmten Rangstellung verknüpft ist. Daneben kann der Verstoß gegen die Bestimmungen des § 360 Ziff. 7 und 8 StGB. natürlich auch einen Eingriff in fremde Rechte oder eine Verletzung wettbewerblicher Grundsätze enthalten. Die dem Verletzten in solchen Fällen zustehenden Abwehrmöglichkeiten sind unten im zweiten Abschnitt behandelt.

5. Reklamekundgebungen durch Ausspielung.

Eine die freie Reklamekundgebung einengende, im öffentlichen Interesse erlassene Schutzvorschrift, die wegen der aufgetauchten Zweifelsfragen zu vielfachen Erörterungen Veranlassung gegeben hat, ist ferner die Bestimmung des § 286 StGB. In dieser heißt es:

---

[1]) Vgl. Stenglein, a. a. O. S. 66.

[2]) An die Stelle des kaiserlichen Wappens ist jetzt das Reichswappen getreten (bestritten; a. A. Kiesow DJZ. 21, 874).

[3]) Unter Landeswappen sind nur die Wappen der deutschen Länder, nicht die eines ausländischen Staates oder der Städte oder Provinzen zu verstehen (RGSt. 34, 26).

[4]) Vgl. Olshausen 1927, Anm. a zu § 360 Ziff. 7 und Anm. a zu § 360 Ziff. 8.

[5]) Über den Einfluß der RV. vom 11. VIII. 1919 auf § 360 Ziff. 8 vgl. oben S. 4 u. S. 20.

„Wer ohne obrigkeitliche Erlaubnis öffentliche Lotterien veranstaltet, wird mit Gefängnis bis zu zwei Jahren oder mit Geldstrafe bestraft.
Den Lotterien sind öffentlich veranstaltete Ausspielungen beweglicher oder unbeweglicher Sachen gleich zu achten."

Diese Bestimmungen kommen bei der Reklamebetätigung in Betracht, wenn zwecks Schaffung eines besonderen Anreizes für das Publikum Lotterien oder Ausspielungen veranstaltet werden, indem außer der Ware auch noch eine Gewinnchance geboten wird. Diese Art Reklame hat eine gewisse Ähnlichkeit mit dem im zweiten Abschnitt[1]) zu behandelnden Zugabewesen, da auch bei diesem der Käufer außer der Ware noch eine Mehrleistung erhält. Sie unterscheidet sich aber von der Zugabe insofern, als bei dieser von vornherein für jeden Käufer fest bestimmt ist, ob bzw. welche Zugabe er zu beanspruchen hat, während bei der Lotterie oder Ausspielung derjenige die Mehrleistung erhält, der das Glück hat, Gewinner zu sein. Hier ist die Erlangung also vom Zufall abhängig. Regelmäßig wird der Gewinner Eigentümer der gewonnenen Sache werden. Derartige Ausspielungen sind aber auch in der Weise denkbar, daß der Gewinner nicht das Eigentum an den ausgesetzten Gegenständen erwirbt. Auch der bloße Besitzerwerb kann Gegenstand einer Ausspielung sein, sei es, daß nach dem Spielplan das Eigentum an der Sache beim Veranstalter verbleibt, sei es, daß Eigentum und Besitz an verschiedene Personen übergehen sollen[2]).

Die Veranstaltung von Reklamelotterien oder Ausspielungen ist an und für sich vom Gesetz nicht verboten. Durch derartige Veranstaltungen wird jedoch die Spielleidenschaft aufgestachelt, weil das Publikum die angepriesene Ware evtl. nicht deshalb kauft, weil es ihrer bedarf, oder weil sie besonders gut oder preiswert ist, sondern, um an der mit dem Kauf verbundenen Gewinnchance teilzunehmen. Das Gesetz übt daher eine Art bevormundende Tätigkeit aus. Es verlangt die behördliche Nachprüfung, ob eine solche Veranstaltung im einzelnen Falle auch nicht ungünstig oder gefährlich ist. Jede öffentliche Lotterie oder Ausspielung bedarf also der obrigkeitlichen Erlaubnis. Wer sich dieser Kontrollpflicht entzieht und derartige Veranstaltungen ohne Erlaubnis unternimmt, hat Bestrafung zu gewärtigen.

Welche Obrigkeit für die Erteilung der Erlaubnis zuständig ist, bestimmt sich nach dem Recht der einzelnen Länder. In Preußen gilt hierfür der Erlaß vom 2. XI. 1868[3]). Hiernach ist die Erlaubnis von den Oberpräsidenten für den Umfang ihrer Verwaltungsbezirke, für den ganzen Umfang der Monarchie aber vom Minister des Innern zu erteilen. Für Ausspielungen geringfügiger Gegenstände, welche bei Volksbelustigungen vorgenommen werden, sind für die Erteilung der Genehmigung die Ortspolizeibehörden zuständig.

Für die hier lediglich interessierenden Lotterieausspielungen zu Reklamezwecken ist die Stimmung in Preußen keineswegs günstig. Derartige Veranstaltungen werden vielmehr als ein in volkswirtschaftlicher, rechtlicher und ethischer Beziehung ernsthafter Mißstand angesehen und daher prinzipiell nicht geduldet. Dies beweist die Verfügung des Ministers des Innern v. 27. II. 1922 betr. Lotterieausspielungen zu Reklamezwecken[4]), in der es heißt:

---

[1]) S. 242f. [2]) Vgl. RGSt. 59, 347.
[3]) Vgl. PrGS. 1868, S. 991.
[4]) MiBl. vom 8. III. 1922, Nr. 10, S. 243.

„In letzter Zeit sind verschiedentlich Anträge von Kaufleuten und Gewerbetreibenden auf Genehmigung von Ausspielungen, die die Antragsteller zu Reklamezwecken veranstalten wollten, gestellt worden. Diese Ausspielungen zu Reklamezwecken sind grundsätzlich und im Zweifelsfalle als Veranstaltung einer öffentlichen Lotterie im Sinne des § 286 StGB. anzusprechen, sie bedürfen daher einer obrigkeitlichen Genehmigung. Privatlotterien werden jedoch nur zugunsten gemeinnütziger Zwecke, nicht aber für solche Unternehmungen genehmigt, die vorwiegend der geschäftlichen Reklame von Privatpersonen zu dienen bestimmt sind. Solche Anträge sind daher grundsätzlich abzulehnen."

Danach ist praktisch, wenigstens in Preußen, das Ergebnis derart, daß der Gesetzgeber Lotterieausspielungen zwar gestattet, wenn sie obrigkeitlich genehmigt werden, daß aber die Obrigkeit die Erlaubnis dazu nicht erteilt. Hiernach sind Ausspielungen zu Reklamezwecken in Preußen de facto verboten.

Nicht jede Reklameveranstaltung, bei welcher der Zufall entscheidet, wem die ausgesetzten Mehrleistungen zufallen werden, ist aber Lotterieausspielung im Sinne des § 286 StGB. Um zu beurteilen, ob eine Reklameveranstaltung erlaubt oder nach § 286 StGB. von obrigkeitlicher Genehmigung abhängig ist, bedarf es der Untersuchung, was als Lotterieausspielung im Sinne des § 286 StGB. zu gelten hat.

Drei Merkmale sind erforderlich, um die Voraussetzungen des § 286 StGB. zu erfüllen:

a) Die Veranstaltung muß öffentlich sein,

b) die Gewinne müssen unter Bedingungen gewährt werden, die lediglich vom Zufall abhängen,

c) die Teilnehmer am Spiel müssen einen Einsatz zahlen.

Fehlt es bei der Reklamebetätigung an einem dieser Merkmale, so entfällt für sie die Anwendbarkeit des § 286 StGB. Die Reklamebetätigung ist daher in einem solchen Falle, sofern nicht sonstige gesetzliche Einschränkungen vorliegen, ohne obrigkeitliche Genehmigung erlaubt.

a) Das Tatbestandsmerkmal „Öffentlichkeit" wird, wenn es sich bei Lotterieausspielungen um eine Reklamebetätigung handelt, immer vorliegen, da in der Einleitung für den Begriff „Reklame" zugrunde gelegt ist, daß sie an das Publikum gerichtet wird.

Den Gegensatz von der öffentlichen Ausspielung bildet die private Ausspielung. Eine solche liegt vor, wenn die Veranstaltung bereits im Zeitpunkt der Werbung nur einen nach außen fest abgeschlossenen Kreis von Personen, die durch Beruf, gemeinsame Interessen oder in ähnlicher Weise innerlich miteinander verbunden sind, zu denen auch der Veranstalter selbst gehört, umschließt[1]). Deshalb hat das Reichsgericht[2]) Ausspielungen, die als „Fahrrad-Hilfen" oder „Fahrrad-Sparsystem" bezeichnet wurden, als öffentliche Ausspielungen im Sinne des § 286 StGB. angesehen, obwohl zu ihnen jeweils nur 50 Personen gehörten. Der dieser Entscheidung zugrunde liegende Tatbestand war der, daß der Angeklagte, der ein Fahrrad- und Nähmaschinengeschäft betrieb, ein Unternehmen ins Werk gesetzt hatte, bei dem die Teilnehmer — aber nicht der Unternehmer — einen Verpflichtungsschein zu unterschreiben hatten, inhalts dessen nach Zusammenschluß von 50 Teilnehmern jeder von ihnen wöchentlich 50 Wochen lang 3 Mk.[3]) zu zahlen hatte. Für diese 150 Mk. lieferte der Angeklagte entweder eine Nähmaschine oder ein Fahrrad. Jede Woche sollte durch das Los an einen Teilnehmer nach seiner Wahl ein vorgenannter Gegenstand fallen. Dieses sollte 50 Wochen lang wiederholt werden, wobei jeder, der ge-

[1]) Vgl. RGSt. 31, 413. [2]) Vgl. RGSt. 59, 347. [3]) 50×3 Mk. = 150 Mk.

wonnen hatte, an der Verlosung nicht mehr teilnahm, so daß also jeder Teilnehmer eine Nähmaschine oder ein Fahrrad erhielt. Das Reichsgericht hat hier den Charakter der Öffentlichkeit mit folgender Begründung bejaht: „In dem nach der Rechtsprechung des Reichsgerichts maßgebenden Zeitpunkt, wo der Angeklagte mit seinem Spielplan an die ihm geeignet erscheinenden Personen herantrat, um sie für das Unternehmen zu gewinnen, war ein für die Ausspielung in Betracht kommender, fest abgeschlossener Personenkreis, dessen Mitglieder innerlich miteinander verbunden gewesen wären, überhaupt noch nicht vorhanden. Hieran wird auch dadurch nichts geändert, daß bei der Anwerbung von Teilnehmern durch den Unternehmer eine gewisse Auslese nach Zuverlässigkeit und Zahlungsfähigkeit getroffen wurde. Erst nach Unterzeichnung des Verpflichtungsschreibens durch den letzten Teilnehmer war der Kreis begrenzt und, wenn man das Zustandekommen eines Gesellschaftsvertrages annehmen darf, durch ein gemeinsames Interesse innerlich miteinander verbunden. Der Angeklagte selbst gehörte aber auch dann nicht zu diesem Kreis, stand ihm vielmehr als Vertragsgegener und Veranstalter der Ausspielung gegenüber." Ebenso würde eine unter den Mitgliedern eines Vereins, dessen Mitgliederzahl etwa nach Hunderten zählt, vorgenommene Reklamelotterieausspielung als öffentliche anzusehen sein, weil bei der großen Zahl der Mitglieder von einem innerlichen Miteinanderverbundensein nicht wohl die Rede sein könnte.

b) Die Entscheidung über den Gewinn muß vom Zufall, d. h. von einer unberechenbaren und unbestimmbaren Ursache abhängen. Wird ein Gewinn ausgesetzt, z. B. für die beste Lösung einer Aufgabe, für die beste Zeichnung einer Reklameidee, für das geistvollste Reklamegedicht usw., und erfolgt die Entscheidung über den Gewinn durch Preisrichter nach sachlichen Gesichtspunkten, so entscheidet hier über den Gewinn nicht der Zufall, sondern das von den Preisrichtern abgegebene Werturteil über die geistige Tätigkeit der Mitwirkenden. Hier kann somit von einer Ausspielung im Sinne des § 286 StGB. nicht die Rede sein.

Im allgemeinen erfolgt die Zuteilung der Gewinne nach einem durch den Unternehmer der Veranstaltung vorher festgestellten Plan durch Ziehung von Losen usw. Gleichwohl gehört es nicht zum Tatbestand des § 286 StGB., daß ein solcher Plan aufgestellt ist. Deshalb hat das Reichsgericht[1]) in einem Falle, in dem der Angeklagte in öffentlichen Blättern und durch Plakate im Schaufenster bekannt gemacht hatte, daß mehrere Gegenstände zur Verlosung kommen würden, wozu jeder Käufer ein Los gratis erhalte, eine Ausspielung im Sinne des § 286 StGB. angenommen, obwohl weder ein Verlosungsplan aufgestellt, noch auch Lose ausgegeben, diese vielmehr noch nicht einmal fertiggestellt waren. Zur Begründung führt das Reichsgericht folgendes an: „Eine öffentliche Veranstaltung liegt dann vor, wenn dem Publikum gegen Entrichtung eines Einsatzes die Hoffnung in Aussicht gestellt wird, je nach dem Ergebnis einer wesentlich durch Zufall bedingten Ziehung usw. einen mehr oder weniger bestimmten Wertgegenstand zu gewinnen. Es bedarf nur der Zusicherung, ein Verlosungsplan ist nicht erforderlich, dieser kann bei der Verlosung selbst festgestellt werden. Es genügt das dem Publikum gegenüber erfolgte Angebot, welches in der Veröffentlichung des Inserats und im Aushange der Plakate erblickt werden konnte. Es ist auch unerheblich, daß die Lose noch nicht fertiggestellt waren, es genügt, daß der Angeklagte in der Lage war, ein Los auszustellen und dem Käufer auszuhändigen."

[1]) RGSt. 19, 257.

Die Tatsache, daß der Zufall über den Gewinn entscheidet, wird auch nicht dadurch ausgeschlossen, daß der Mitspielende, um an der Verlosung teilzunehmen, eine Tätigkeit auszuüben, z. B. ein Preisrätsel zu lösen hat. Die Entscheidung über den Gewinn hängt in einem solchen Falle stets vom Zufall ab, wenn bei mehreren richtigen Lösungen darüber, wer den Gewinn erhält, das Los entscheidet. Dies liegt auch vor, wenn die Verteilung der Gewinne in der Weise vorgenommen wird, daß der Schreiber des die richtige Lösung enthaltenden Briefes, der zuerst in die Hände des Unternehmers gelangt, den ersten, der sodann folgende den zweiten Gewinn usw. erhalten soll. Auch hier hat das Reichsgericht[1]), obwohl das Aussetzen einer Prämie für die rascheste Lösung eines Rätsels an sich aus dem Bereich der durch Zufallsentscheidung bedingten Glückspiele herausfällt, Zufall angenommen, weil die Priorität unter etwa gleichzeitig bei dem Unternehmer eingehenden Briefen vollkommen willkürlich bestimmt ist und die Briefe daher nicht anders als Lose anzusehen sind.

Bei dem in der Reklamebetätigung häufigen Fall, daß Preisrätsel gestellt werden, deren Lösung auf der Hand liegt oder bei auch nur geringem Nachdenken leicht zu finden ist, wird es sich niemals darum handeln, den Scharfsinn oder die Kombinationsgabe der Teilnehmer anzuregen. Das Preisrätsel wird hier lediglich für die Reklame als leere Form benutzt. Bei der zu erwartenden großen Zahl der Einsender der richtigen Lösung wird die Entscheidung über die Gewinne stets vom Zufall abhängen und daher dieses für § 286 StGB. erforderliche Tatbestandsmerkmal erfüllt sein.

Erheblich schwieriger ist die Frage, ob die Voraussetzungen des § 286 StGB. gegeben sind, wenn die Teilnahme am Gewinn weder allein von einer geistigen Tätigkeit des Teilnehmers, noch allein vom Zufall abhängt, sondern wenn hierzu Tätigkeit und Zufall zusammenwirken. Dies ist der Fall bei dem System der kettenweise fortschreitenden Kundenwerbung, bei der die Teilnahme am Gewinn nicht nur vom Zufall, sondern auch von anderen Faktoren, wie Rührigkeit, Geschicklichkeit, Aufdringlichkeit usw., abhängt. In der Literatur ist ein lebhafter Streit entstanden, ob derartige Werbungen, wie Hydra-, Gella-, Schneeballen-, Gutschein-, Multiplex- und ähnliche Systeme, unter den Begriff der Ausspielung fallen. Das Reichsgericht hat sich in einer großen Anzahl von Entscheidungen mit diesen Systemen befaßt. Um zu beurteilen, was unter diesen Systemen der kettenweisen fortschreitenden Kundenwerbung zu verstehen ist, sollen einige Tatbestände, welche einzelnen Entscheidungen des Reichsgerichts zugrunde lagen, mitgeteilt werden.

α) Hydra- oder Schneeballengeschäft[2]). Der Angeklagte hat im Publikum Prospekte des Inhalts verbreitet, daß man sich bei ihm für 35 Pfg. eine Kollektion solider Waren im Werte von mindestens 4 Mk. erwerben könne, und zwar auf folgende Weise: Man muß für 25 Pfg. einen Originalkupon des Angeklagten kaufen, welcher ein Postanweisungsformular über 1 Mk. mit der Adresse des Angeklagten ist. Der Abschnitt dieses Formulars ist mit einer Nummer versehen, als Originalkupon bezeichnet. Er sichert durch den weiteren Aufdruck dem Inhaber zu, daß dieser, wenn er die 1 Mk. portofrei an den Angeklagten absende, vier weitere Originalkupons, Postanweisungen à 25 Pfg., erhalten werde, durch deren Verkauf er nach Maßgabe des Prospekts eine der dort bezeichneten 40 Kollektionen erhalte. Der Käufer hat also nach dem Inhalt des Prospekts die

[1]) RGSt. 25, 256. [2]) RGSt 34, 140.

ihm weiter zugegangenen vier Kupons an Freunde und Bekannte für je 25 Pfg. weiter zu verkaufen. Dadurch erhält er die von ihm eingesandte Mark zurück. Wenn dann die von ihm verkauften vier Kupons von den Käufern nebst je einer Mark dem Angeklagten wieder zugesandt sind, so erhält der Käufer des ersten Kupons die von ihm ausgesuchte Kollektion franko zugesandt. Wollen die Freunde und Bekannten des ersten Käufers ihrerseits gewinnen, so müssen sie gleichfalls ihre Kupons absetzen und ihre Käufer wiederum in gleicher Weise verfahren. Gelingt es dem Käufer eines Kupons nicht, die vier anderen Kupons abzusetzen, oder lassen sich ihre Abnehmer nicht auf die Einzahlung von je einer Mark ein, so sind die ausgelegten 1.25 Mk. und 10 Pfg. Porto für Einsendung der Postanweisung über 1 Mk. verloren. Doch gestattet der Angeklagte dem Inhaber eines Kupons gegen Barzahlung des Betrages, der nicht durch Einzahlungen auf abgesetzte Kupons gedeckt wird, den gewünschten Gegenstand zu erwerben.

β) Hydra- oder Gella-System[1]). Der Angeklagte versprach jeder Person, die bei ihm für 1.50 Mk. einen Kupon und für 4.50 Mk. einen Anteilschein kaufte, die Lieferung einer Uhr im Verkaufswerte von 18 Mk., wenn die Person die an dem Anteilschein befindlichen drei Kupons von je 1.50 Mk. an drei weitere Personen abgesetzt, und wenn wiederum jede von diesen Personen für 4.50 Mk. einen Anteilschein vom Angeklagten gekauft hatte. Jede dieser drei Personen erlangte damit die gleiche Stellung, wie ein erster Kuponkäufer und erhielt vom Angeklagten, wenn sie drei Kupons abgesetzt, und wenn deren Abnehmer auch wieder Anteilscheine erworben hatten, ebenfalls eine Uhr geliefert.

γ) Schneeballen-Geschäft (Rabattsystem Multiplex[2]). Der Angeklagte hatte an zahlreiche Personen Offerten versandt, worin er den Erwerb von Gegenständen nach einem Rabattsystem Multiplex empfahl, das in folgendem bestand: Wer sich auf die Offerte einläßt, erhält gegen Zahlung von 75 Pfg. einen Rabattschein. Dann hat er einen Anzahlungsschein zu erwerben, und zwar zum Preise von 3 Mk., auf welche die für den Rabattschein entrichteten 75 Pfg. angerechnet werden. Mit dem Anzahlungsschein werden dem Erwerber vier weitere Rabattscheine zur weiteren Veräußerung an andere Personen zugesandt. Die Käufer dieser vier Rabattscheine können wiederum Anzahlungsscheine nebst vier neuen Rabattscheinen vom Angeklagten unter den gleichen Bedingungen wie der erste Abnehmer erwerben. Den Erwerbern der Anzahlungsscheine wird beim Angeklagten jedesmal ein Betrag von 2.25 Mk. gutgeschrieben, sobald einer von denen, an welche die Rabattscheine weiterveräußert sind, seinerseits einen Anzahlungsschein gegen Zahlung des normierten Preises erwirbt.

δ) Schneeballen-ähnliches System (Verkaufssystem mit Provision[3]). Die Angeklagten haben den Absatz von Fahrrädern in der Weise betrieben, daß sie eine Werbeschrift verbreiteten, die mit der Frage begann „wie verschaffe ich mir bei diesen teuren Fahrpreisen für 7 GM. ein erstklassiges Fahrrad?" Sodann folgt die Anweisung an den Kaufliebhaber, sich vier weiterer Kunden zu vergewissern, die je ein Fahrrad von den Angeklagten zu den gleichen Bedingungen kaufen würden. Nach der Anweisung sollte er sodann das beigefügte Kaufformular unterschreiben und unter Zahlung von 7 GM. als erste Anzahlung dem Angeklagten übersenden, der ihm unter Nachnahme von 28 GM. vier gleichlautende Kaufvordrucke zugehen lassen würde. Diese Vordrucke sollten sodann von den vier geworbenen Kunden unterschrieben und die hierauf von jedem als An-

[1]) RGSt. 34, 321. Vgl. auch RGZ. 60, 379. [2]) RGSt. 34, 319.
[3]) Vgl. RGZ. 115, 319 ff. sowie Urteil des 3. Strafsenats vom 7. IV. 1927.

zahlung zu leistenden 7 GM. von ihm einkassiert werden. Dadurch erhalte er den Betrag von 28 GM. wieder zurück. Es wird sodann in der Anweisung fortgefahren: „Wenn jeder dieser Kunden gleichfalls wie Sie die Anzahlung von 28 GM. an uns gezahlt hat, wird Ihnen für jeden Kunden 30 GM., bei weiteren vier Kunden 120 GM. auf Ihr gekauftes Rad gutgeschrieben, so daß Sie das Rad nicht mehr als 7 GM. kostet." Weiter wird darauf hingewiesen, daß das Rad bei Nachweis von nur drei Kunden 32 GM., bei Nachweis von zwei Kunden 46 GM., bei nur einem 69 GM. zu stehen kommen würde. Es folgt schließlich der Hinweis, daß es sich um kein Schneeball-System handle, weil der Käufer nicht verpflichtet sei, innerhalb einer gewissen Zeit eine bestimmte Anzahl von Kunden zu bringen, daß er vielmehr kein Geld verlieren könne, weil er das gekaufte Rad nach Belieben durch Arbeit, d. h. Kundenwerbung, Barzahlung oder Abzahlung abnehmen könne.

Das Reichsgericht hat in allen diesen Fällen Ausspielung im Sinne des § 286 StGB. angenommen. Dem Einwand, daß es sich bei diesen Systemen lediglich um ein besonders geartetes wirtschaftliches Verfahren des Warenabsatzes handle, ist das Reichsgericht damit begegnet, daß diese Verfahren als Ganzes betrachtet werden müßten. Von diesem Gesichtspunkt aus seien sie keineswegs wirtschaftlich und führten auch jedenfalls im weiteren Verlauf mit Naturnotwendigkeit zu rein zufälligen Ergebnissen. In der Begründung zu der hierfür grundlegenden Entscheidung[1]) wird dazu im wesentlichen folgendes ausgeführt: „So wenig wie das Gella-Verfahren im ganzen als wirtschaftliches Verfahren angesehen werden kann, ebensowenig kann anerkannt werden, daß die Tätigkeit des einzelnen Abnehmers eine wirtschaftliche ist und sich der Tätigkeit des Agenten oder ähnlicher Personen an die Seite stellen läßt; denn der einzelne Abnehmer, dem es gelingt, einen Gewinn zu machen, kann nicht für sich allein und seinen nächsten Abnehmern als eine besondere Gruppe betrachtet, sondern hinsichtlich seiner Stellung nur im Rahmen des ganzen Verfahrens und nur im Zusammenhang mit allen übrigen Teilnehmern richtig beurteilt werden. Maßgeblich für den zu erreichenden Gewinn ist, daß die Abnehmer des ersten Erwerbers ihrerseits wieder Gella-Urkunden kaufen. Dies ist ein Vorgang, dessen Herbeiführung in der weitaus größten Zahl aller Fälle außerhalb der bestimmenden Einwirkung des ersten Erwerbers liegt, und dessen Eintritt daher für ihn ein Zufall bedeutet. Einmal ist die freie Willensentschließung dem maßgebenden Einfluß anderer Personen überhaupt entzogen, sodann hängt die Entscheidung der Abnehmer wesentlich mit von tatsächlichen Verhältnissen und deren Wechsel ab, so unter anderem von der Gestaltung ihrer Aussichten, die zu erwerbenden Kupons ihrerseits wieder absetzen zu können. Das Ergebnis des Gella-Verfahrens ist hiernach in der Hauptsache für fast alle Beteiligten von einer für sie nicht berechenbaren und von ihnen nicht bestimmbaren Kausalität, also vom Zufall, abhängig. Damit ist der Charakter des Gella-Verfahrens als der einer öffentlich veranstalteten Ausspielung gegeben."

Dieser Standpunkt des Reichsgerichts ist durchaus zu billigen. Diese Systeme der kettenweise fortschreitenden Kundenwerbung mit außerberuflicher Tätigkeit der Teilnehmer sind, als ganzes betrachtet, darauf berechnet, durch Aussicht auf scheinbar mühelosen Gewinn, somit also durch Ausnützung der Spielleidenschaft, auch solche Kunden zum Abschluß anzureizen, für die der Kauf ohne den Anreiz des in Aussicht gestellten Ge-

[1]) Vgl. RGZ. 60, 379.

winnes nicht in Frage käme. Bei allen diesen Systemen wird es stets eine große Anzahl von Hereingefallenen geben, die einen Einsatz gezahlt haben, ohne schließlich den in Aussicht gestellten Gegenwert dafür zu erhalten.

c) Endlich gehört zu den Voraussetzungen des § 286 StGB., daß die Teilnehmer einen Einsatz zahlen. Ohne Einsatz ist Lotterie oder Ausspielung im Sinne des § 286 StGB. undenkbar. Die vom Unternehmer getroffene Veranstaltung wird erst zur Lotterie oder Ausspielung dadurch, daß er von den Teilnehmern einen Einsatz fordert. Hierüber herrscht in Literatur und Judikatur Einigkeit.

Wird die Teilnahme an der Ausspielung von der Zahlung einer bestimmten Summe abhängig gemacht, sei es in der Form, daß ein Betrag à fond perdu zu zahlen ist, oder wie beim Hydra-, Gella- usw. System, daß der Mitspieler dafür einen Gutschein, Anteilschein, Originalkupon usw. erwirbt, so stellen diese den Einsatz dar. Gleichgültig ist es dabei, ob die geforderte Zahlung etwa damit begründet wird, daß sie zur Deckung der Unkosten für Porti, Drucksachen usw. erfolgt. Jede Zahlung, die der Unternehmer in irgendeiner Form zwecks Teilnahme an der Ausspielung verlangt, ist als Einsatz anzusehen. Begrifflich liegt eine Ausspielung oder Lotterie auch vor, wenn der Einsatz so niedrig bemessen ist, daß er tatsächlich nur die Unkosten deckt, oder daß der Unternehmer sogar noch zusetzt.

Erhebliche Schwierigkeiten für die Frage, ob ein Einsatz vorliegt oder nicht, ergeben sich dann, wenn für die Teilnahme zwar keine Zahlung verlangt, wenn sie aber an Bedingungen geknüpft wird oder Bedingungen in sich schließt, die indirekt auf ein Entgelt hinweisen, so daß in Wirklichkeit ein — wenn auch versteckter — Einsatz zu gewähren ist. Für die Reklame ist dieser Fall von besonderer Bedeutung. Der Kaufmann, der sich des Mittels der Ausspielung bedient, wird sie in den meisten Fällen nicht benutzen, um aus der Ausspielung als solcher einen Gewinn zu erzielen. Er wird also in den seltensten Fällen für die Teilnahme an ihr eine Zahlung verlangen. Er wird die Ausspielung meist als Reklamemittel gebrauchen, um einen gesteigerten Absatz seiner Ware herbeizuführen und deshalb die Teilnahme an der Ausspielung nicht von einer Zahlung abhängig machen. Ebenso wie er für Inserate, Kataloge, Zugaben usw. Aufwendungen macht, für die er von der Kundschaft keine direkte Zahlung verlangt, wird er, wenn er eine Ausspielung veranstaltet, davon absehen, einen besonderen Bareinsatz zu fordern. Es liegt aber ein versteckter Einsatz vor, wenn die Warenpreise mit Rücksicht auf die Ausspielung erhöht werden, wenn also das Publikum mit Rücksicht auf die Ausspielung höhere Preise zahlen muß, als es zu zahlen hätte, wenn die Ausspielung nicht veranstaltet worden wäre. In diesem Falle fordert der Kaufmann einen in der Erhöhung des Warenpreises liegenden versteckten Einsatz. Der Fall liegt hier ebenso wie bei dem im zweiten Abschnitt zu behandelnden[1]) Zugabewesen. Die Zugabe soll eine mit dem Kauf der Ware verbundene, unentgeltliche Mehrleistung darstellen. Erhöht der Kaufmann mit Rücksicht auf die Zugabe den Warenpreis, so ist sie nicht mehr unentgeltlich, wird vielmehr in den Warenpreis einkalkuliert und ist somit keine Zugabe.

Für die Frage des versteckten Einsatzes hat daher das Reichsgericht[2]) in einem Falle, wo der Inhaber eines Modewarengeschäftes Anzeigen veröffentlicht hatte, wonach er innerhalb bestimmter 10 Tage seinen Kunden bei Einkäufen von gewisser Höhe Freilose zu einer mit bestimmten Gegenständen seines Geschäftes zu veranstaltenden Aus-

---

[1]) S. 242 f. [2]) Urteil vom 8. III. 1926 abgedruckt in ZUW. Juni 1927.

spielung verabreichen werde, mit Recht verlangt, daß sorgfältig geprüft werden müsse, ob die Kosten der Ausspielung nicht etwa auf den Warenpreis aufgeschlagen seien. Es führt dazu aus: „Ganz uneigennützige Veranstaltungen fallen allerdings nicht unter den § 286 StGB., davon wird aber in einem kaufmännisch geleiteten Geschäftsbetriebe nur in den allerseltensten Fällen die Rede sein können, auch wenn es sich um Lockwaren handelt, deren Kosten als Teil der allgemeinen Ausgaben für Werbezwecke betrachtet werden. Jeder verständige Kaufmann wird seine allgemeinen Geschäftsunkosten, unter die selbstverständlich auch die Ausgaben für die Werbetätigkeit fallen, bei Festsetzung der einzelnen Preise berücksichtigen müssen. Es handelt sich daher hier um eine Frage der Berechnung. In solchen Fällen bedarf es, wenn nicht einer Gesetzesumgehung die Wege geebnet werden sollen, einer besonders sorgfältigen Prüfung, ob nicht anzunehmen ist, daß solche Ausgaben, von denen der Veranstalter eine Vergrößerung seines Kundenkreises erhofft, in jedem einzelnen Warenpreise wirksam geworden sein müssen. Dann aber zahlt jeder Käufer mit dem von ihm gezahlten Preise nicht nur den reinen Warenwert, sondern gleichzeitig einen Einsatz für die ihm gewährte Gewinnhoffnung. Diese Mehrleistung braucht nach außen hin nicht besonders in die Erscheinung zu treten, sie steckt — wenn auch dem Käufer verborgen — eingerechnet in jedem im Geschäft geforderten Preise. Darin liegt ein versteckter Einsatz, der Werbezweck schließt die Annahme eines solchen Einsatzes nicht aus."

Praktisch werden daher Sachverständige festzustellen haben, ob der Warenpreis mit Rücksicht auf die Ausspielung ad hoc erhöht worden ist, oder, wenn dies nicht der Fall ist, ob bei Kalkulierung der Reklamekosten Ausgaben für in Aussicht genommene Ausspielungen in Ansatz gebracht und der Warenpreis unter Berücksichtigung dieser besonderen Ausgaben erhöht normiert worden ist.

Bei der feindlichen Stellungnahme gegen alle Veranstaltungen, die einen Spielcharakter tragen, bei denen evtl. das Publikum nur oder in erheblichem Maße zum Kaufe wegen der mit ihnen verbundenen Gewinnchance bestimmt wird, ist aber darüber hinausgehend das Vorliegen eines versteckten Einsatzes auch dann angenommen worden, wenn sich nicht erweisen ließ, daß der Kaufpreis der Ware mit Rücksicht auf die Ausspielung erhöht worden war. Aus der Fülle der Entscheidungen, welche diese Frage betreffen, sollen hier zwei Urteile des Reichsgerichts behandelt und daran die weiteren Ausführungen geknüpft werden.

α) Der Angeklagte hatte in Zeitungsankündigungen veröffentlicht, daß er in je eines von 100 Paketen zu einem Pfund Kaffee einen Fünfmarkschein legen und diese Pakete ohne Unterscheidungsmerkmal mit den übrigen Paketen in das Schaufenster stellen werde. Er hatte 300 Pakete mit Kaffee fertiggemacht, in je drei einen Fünfmarkschein gelegt und sämtliche Pakete ins Schaufenster gestellt. Das Reichsgericht[1]) hat hierin eine Ausspielung gesehen und den versteckten Einsatz in folgendem gefunden: „Der Kaffee kostete zwar nicht mehr als der Händlerpreis ausmachte und war in diesem Sinne den Kaufpreis wert. Aber zahlreiche Personen kaufen eine Sache nicht für den Handelspreis, wenn ihnen nicht außer der Sache ein weiterer Vorteil geboten wird. Sie betrachten alsdann die zu zahlende Summe nicht lediglich als Preis für die Sache, sondern zugleich als Preis für den daneben gebotenen Vorteil. Der Verkäufer, der die

---

[1]) RGSt. 34, 448.

Sache mit einem solchen Vorteil ausbietet, rechnet hiermit und will zu dem Kauf durch die Zusage des Vorteils verlocken. Tatsächlich bildet daher in einem derartigen Falle der sog. Kaufpreis den Preis sowohl für die Sache als auch für den außerdem versprochenen Vorteil"; der für die Ware geforderte Preis „enthielt somit den Preis nicht nur für den Kauf, sondern auch für die Gewinnhoffnung, mithin einen freilich der Höhe nach nicht festzustellenden Einsatz".

β) Der Angeklagte, der gerahmte Bilder besonderer Art vertrieb, hatte, um sein Geschäft zu fördern, in Zeitungen ein ganz leichtes Preisrätsel ausgeschrieben. Er hatte dazu bekanntgemacht, daß er unter die Finder der richtigen Lösung wertvolle Preise, nämlich eine Villa, Klaviere, Fahrräder, Nähmaschinen, Uhren notariell verlosen lassen werde. Er hat überdies jedem Rätsellöser um 50 Pfg. die Zusendung eines ungerahmten Bildes von Schiller und Goethe versprochen und dabei empfohlen, lieber sofort ein gerahmtes plastisch wirkendes Bild um 2.90 Mk. zu bestellen. Das Reichsgericht[1]) hat auch hier das Vorliegen eines versteckten Einsatzes angenommen. Es hat als festgestellt angesehen, der Angeklagte habe darauf gerechnet, er werde zum mindesten von jedem Einsender der Lösung dessen Adresse und damit ein Mittel zum Anknüpfen der Geschäftsverbindung erlangen, von vielen auch die 50 Pfg. für das einfache Bild, von anderen die Bestellung auf das teuere Bild. Es werde ihm gelingen, außerdem noch einen Teil der Bezieher des teuren Bildes zum Bestellen des Rahmens zu bewegen und daraus Gewinn zu ziehen. Das Reichsgericht begründet hier das Vorliegen des Einsatzes folgendermaßen: „Es kann dahingestellt bleiben, ob und in welchem Zusammenhange schon in dem Einsenden der Rätsellösungen durch die Post ein Einsatz gefunden werden könnte, denn es ist festgestellt, daß nach dem Willen des Angeklagten der Nutzen des ganzen Unternehmens für ihn darin liegen sollte, daß ein Teil der Rätsellöser von ihm die angebotenen gerahmten Bilder kaufen sollte. Nach der feststehenden Rechtsprechung des Reichsgerichts kann in solchen Fällen in den Kaufpreisen, die der Ausspielende erwartet, zugleich auch der Einsatz für die zu gewährende Gewinnhoffnung erblickt werden. Rechtlich ohne Belang ist, ob dieser Einsatz von seiten des beteiligten Spielers schon im Augenblick seiner Beteiligung durch Einsenden der Rätsellösung oder erst später bei der Bestellung oder dem Empfang der gekauften Ware gezahlt wird, entscheidend ist nur, ob der Unternehmer diese Leistungen der Spielteilnehmer von vornherein als deren Gegenleistung für die Darbietung der Gewinnaussicht in Aussicht genommen und in Berechnung gestellt hat. War dies der Fall, so lag versteckter Einsatz vor. Ob alle Teilnehmer oder nur ein Teil davon Einsätze leisteten oder leisten sollten, ist ohne Belang. Freispieler finden sich in vielen Lotterien und Ausspielungen in geringerer oder größerer Zahl."

Offensichtlich sind die drei vorstehend besprochenen Entscheidungen (im folgenden kurz Modewaren-, Kaffee-, Rahmenentscheidung genannt) nicht miteinander in Einklang zu bringen. Wenn in der Kaffeeentscheidung ein Einsatz bereits darin erblickt wird, daß außer der Ware ein weiterer Vorteil geboten wird und deshalb vielleicht mancher die Ware kaufe, der sie ohne den Vorteil nicht kaufen würde, müßte das Vorhandensein eines Einsatzes um vieles mehr in der Modewarenentscheidung angenommen werden, wo die Teilnahme an der Verlosung von einem Einkauf in gewisser Höhe abhängig war, so daß es

[1]) JW. 1916, 1127.

der vom Reichsgericht in dieser Entscheidung geforderten Beweiserhebung nicht bedurft hätte. Bei Würdigung der beiden Entscheidungen dürfte dem Modewarenurteil vor dem Kaffeeurteil der Vorzug zu geben sein, da es durch das Gesetz allein begründet erscheint. Das Gesetz verlangt nämlich für den Begriff der Ausspielung einen Einsatz. Dem Angeklagten ist der Beweis zu erbringen, daß er — wenn auch versteckt — einen Einsatz gefordert hat. Die Hoffnung des Unternehmers, daß ihm die Ausspielung eine große Anzahl von Kunden zuführen wird, ist — wenn hierin überhaupt ein Einsatz erblickt werden könnte — höchstens sein Einsatz, sein Risiko, das aber zu einem von dem Kunden zu leistenden Einsatz dann werden kann, wenn der Unternehmer sein Risiko auf die Kunden ganz oder zum Teil abzuwälzen sucht und mit Rücksicht auf die Ausspielung seine Ware verteuert, so daß durch diese Mehrforderung den Kunden tatsächlich ein Einsatz auferlegt wird. Ob diese Voraussetzungen gegeben sind, ist im einzelnen Falle zu prüfen. Ergibt sich, daß sie nicht vorliegen, besteht der „Einsatz" vielmehr lediglich darin, daß der Teilnehmer an der Ausspielung dazu beiträgt, den Umsatz zu steigern, so kann von einer Ausspielung im Sinne des § 286 StGB. nicht die Rede sein. Hier würde vielmehr der Unternehmer tatsächlich wegen einer Reklameveranstaltung lediglich deshalb bestraft werden, weil bei ihr eine Verlosung stattfindet. Ein Gesetz, welches Reklameveranstaltungen mit Verlosungen, die keine Ausspielungen im Sinne des StGB. sind, verbietet, gibt es aber nicht. Eine andere Frage ist es, ob es zweckmäßig wäre, ein solches Gesetz zu schaffen, ebenso wie die Absicht besteht, das Zugabewesen gesetzlich zu regeln und Zugaben nur zu den danach im Gesetz vorgesehenen Voraussetzungen zuzulassen.

Noch weniger als das Kaffeeurteil dürfte aber das Rahmenurteil mit dem Gesetz in Einklang zu bringen sein. Hier hat das Reichsgericht einen Einsatz angenommen, obwohl für die Teilnehmer an der Ausspielung eine Verpflichtung zum Kauf überhaupt nicht bestand, die Interessenten vielmehr an der Verlosung auch ohne jeglichen Warenbezug teilnehmen konnten. Die Begründung des Reichsgerichts, daß sich bei jeder Ausspielung Freispieler in geringerer oder größerer Zahl fänden, dürfte fehlgehen. Einmal wäre es durchaus denkbar, daß keiner der Teilnehmer die Hoffnung des Unternehmers erfüllt und Waren kauft. In diesem Falle stände sicherlich fest, daß ein Einsatz weder gefordert noch gewährt sei. Sodann kann es aber nicht darauf ankommen, ob und wieviel Teilnehmer zugleich auch Waren kaufen, sondern ob der Unternehmer die Beteiligung an der Verlosung von dem Kauf von Waren abhängig macht, da nur in diesem Falle von einer Ausspielung die Rede sein könnte, bei welcher der Teilnehmer einen Einsatz zu leisten hat. Die Entscheidung ist deshalb auch mit Recht angegriffen worden. Liszt[1]) weist darauf hin, daß es sich hier um zwei völlig getrennte Verträge handle, einen Vertrag mit Verlosung ohne Einsatz und einen Kaufvertrag, die schon aus dem Grunde nicht zusammengezogen werden könnten, weil die Einsender keinerlei Verpflichtung zum Kauf übernommen hätten, so daß es durchaus fehlgehe, hier von einem versteckten Einsatz zu sprechen.

In heutiger Zeit, wo die Reklame eine noch ganz andere Rolle spielt als im Jahre 1901, in dem das Kaffeeurteil erging, ist es zweifelhaft, ob überhaupt die vom Reichsgericht im Modewarenurteil aufgestellte Behauptung zutrifft, daß in einem kaufmännisch geleiteten Geschäftsbetrieb von uneigennützigen Veranstaltungen in den aller-

---

[1]) JW. 1916, 1127.

seltensten Fällen die Rede sein könne. Es handelt sich darum, was unter uneigennützigen Veranstaltungen zu verstehen ist. Jeder Kaufmann betreibt sein Gewerbe, um Gewinn zu erzielen. Fehlt es an dieser Absicht, sollen etwa z. B. aus Wohltätigkeit nur die Selbstkosten gedeckt werden, so liegt ein Handelsgewerbe überhaupt nicht vor[1]). Auch das Reichsgericht hat offensichtlich in dem fraglichen Urteil unter Uneigennützigkeit nicht etwa verstanden, daß der Kaufmann, der eine Verlosung veranstaltet, aus seinem Gewerbe keinen Gewinn erzielen wolle. Es führt selbst aus, daß jeder verständige Kaufmann seine allgemeinen Geschäftsunkosten, unter die selbstverständlich auch die Ausgaben für die Werbetätigkeit fielen, bei Festsetzung der Einzelpreise berücksichtigen müsse. Uneigennützig kann daher nur dahin verstanden werden, daß der Kaufmann bei Festsetzung der Einzelpreise trotz der beabsichtigten Verlosung nur einen üblichen und angemessenen Unkostenetat berücksichtigt, oder, falls er die Absicht, eine Verlosung zu veranstalten, später faßt, die festgesetzten Einzelpreise wegen der Unkosten für die Verlosung nicht erhöht. Uneigennützig kann nur bedeuten, daß der Kaufmann die Unkosten für die Verlosung nicht auf die Kunden abwälzen, sondern sie in irgendeiner Form selbst tragen will, sei es, daß er sie aus dem üblichen und angemessenen Reklameetat entnimmt und dafür an anderen Werbekosten (etwa Inseraten, Katalogen usw.) spart, oder daß er sich eine Einbuße an dem zu erzielenden Gewinne auferlegt. Derartige Fälle dürften durchaus nicht selten sein. Vielfach wird der Kaufmann, sei es in der Hoffnung, seinen Geschäftsbetrieb damit zu vergrößern, sei es, um ihn auf der erzielten Höhe zu halten, Reklamemittel aufwenden, für die er keine Gegenleistung verlangt. Es ist deshalb auch sehr wohl möglich, daß er sich des Mittels der Verlosung bedient, deren Kosten er nicht abwälzt, die für ihn ein Opfer bedeuten, und die er somit im obigen Sinne uneigennützig veranstaltet.

Wenn auch das Reichsgericht in dem Modewarenurteil v. 8. III. 1926 für die Frage des versteckten Einsatzes einen von der früheren Rechtsprechung abweichenden, nach diesseitiger Auffassung dem Gesetze allein Rechnung tragenden Standpunkt eingenommen hat, so ist doch zu berücksichtigen, daß es sich hier keinesfalls um eine nunmehr einheitliche Rechtsprechung handelt. So führt das OLG. Hamburg zur Frage des versteckten Einsatzes im Urteil v. 4. II. 1926 folgendes aus: „Den Einsatz bildet die Leistung, welche der Spieler dem Unternehmer für die Teilnahme an der Ausspielung zu gewähren hat. Sie kann im Kaufpreise für eine Ware enthalten sein, ohne gesondert von diesem in die Erscheinung zu treten und ohne einen Aufschlag auf den üblichen und angemessenen Preis darzustellen. Die Strafbestimmung des § 286 StGB. will in erster Linie die Spielleidenschaft und die durch sie hervorgerufene Veranlassung zu Ausgaben, die sonst vielleicht nicht gemacht würden, wirksam bekämpfen. Es schließt mithin die Anwendbarkeit der Vorschrift nicht aus, wenn der Teilnehmer eine der Einzahlung gleichwertige Ware erhält, ohne einen weiteren Einsatz zu leisten." Das OLG. steht hier somit völlig auf dem Boden des Kaffeeurteils des Reichsgerichts.

Jeder Kaufmann, der eine Verlosung veranstaltet, muß also damit rechnen, daß sie als Ausspielung angesehen und daß er mangels obrigkeitlicher Genehmigung bestraft wird.

Nicht nur für Laien wird es schwer sein, einem Gedankengange zu folgen, nach dem z. B. jemand, der täglich eine bestimmte Zeitung kauft, in dieser Zeitung eines Tages ein Preisrätsel findet, die Lösung einsendet und dadurch Teilnehmer an einer Verlosung wird,

---

[1]) Vgl. Staub-Koenige, Anm. 7 zu § 1 HGB.

durch den Kauf der Zeitung an diesem Tage einen Einsatz für die Teilnahme an einer Lotterie geleistet hat. Desgleichen wird es schwer verständlich sein, daß z. B. ein Kaffeehausbesitzer, der in seinem Lokale stets eine bestimmte Zeitung auslegt, an dem Tage, an dem etwa in dieser Zeitung ein Preisrätsel enthalten ist, durch den Kauf der Zeitung an diesem Tage für eine unbestimmte Zahl von Lesern Einsätze für diese Lotterie leistet, und zwar für alle diejenigen Leser, welche die Lösungen einsenden. Gleichwohl geht nun einmal das Bestreben dahin, alles, was mit Anregung der Spielleidenschaft zu tun hat, als Ausspielung anzusehen bzw., wenn es sich um Reklame handelt, nicht zu gestatten. Diese Tendenz verfolgt auch die Verordnung des Justizministers v. 14. VII. 1924 über strafbare Ausspielungen, die unter dem Deckmantel eines Preisrätsels oder in ähnlicher Weise veranstaltet werden[1]), in der es heißt:

„In letzter Zeit mehren sich die Fälle, in denen gewerbliche Unternehmer — offenbar unter dem Druck der Absatzstockung und der Kreditnot — ihren Kundenkreis dadurch zu erweitern suchen, daß sie den Abnehmern ihrer Ware oder den Besuchern ihrer Unternehmungen (Kinos, Vergnügungsstätten, Ausstellungen usw.) in irgendeiner Form, insbesondere unter dem Deckmantel von sogenannten Preisrätseln, Aussicht auf den Gewinn von Gegenständen verschiedener Art eröffnen. Derartige Veranstaltungen werden meist den Tatbestand des § 286 StGB. erfüllen. Das Reichsgericht hat in ständiger Rechtsprechung sich auf den Standpunkt gestellt, daß der für den Tatbestand erforderliche „Einsatz" auch als versteckter Einsatz derart geleistet werden könne, daß er in einer anderen Leistung, insbesondere im Kaufpreis für eine Ware, dem Eintrittsgeld für eine Vorstellung usw. enthalten sein kann. Daß der Unternehmer für die Gewährung der Gewinnaussicht eine Mehrleistung über den gewöhnlichen Kaufpreis (Eintrittsgeld usw.) hinaus verlangt, ist nach der Rechtsprechung des RG. nicht erforderlich. Auch die Einkleidung der Ausspielung in die Form eines Preisrätsels nimmt der Veranstaltung nicht den Charakter der strafbaren Ausspielung, sofern durch die Leichtigkeit der Lösung und die darum zu erwartende große Zahl der Einsender der richtigen Lösung die Entscheidung über die Gewinne überwiegend vom Zufall abhängt. Die etwaige Schutzbehauptung der Veranstalter, daß sie die Veranstaltung nicht für eine genehmigungspflichtige Ausspielung gehalten hätten, vermag als Irrtum über die Anwendbarkeit des Strafgesetzes Straflosigkeit nicht zu begründen. Die Staatsanwaltschaften werden angewiesen, gegen strafbare Ausspielungen der geschilderten Art nachdrücklich einzuschreiten und dabei die vorbezeichneten rechtlichen Gesichtspunkte zugrunde zu legen."

Der Kaufmann wird unter diesen Umständen gut daran tun, von Verlosungen als Reklamemittel so lange Abstand zu nehmen, bis entweder durch Gesetz oder durch einheitliche Rechtsprechung feststeht, wann versteckter Einsatz vorliegt und wann nicht.

Bereits in der obigen Verordnung des Justizministers ist darauf hingewiesen, daß der Veranstalter nicht dadurch der Bestrafung entgeht, daß er die Veranstaltung nicht für genehmigungspflichtig gehalten habe. Der strafrechtliche Vorsatz im § 286 StGB. besteht nicht in dem Willen, das Strafgesetz zu verletzen, sondern diejenigen Handlungen vorzunehmen, durch welche das Gesetz — wenn auch dem Täter unbewußt — verletzt wird[2]). Die Verletzung des Gesetzes besteht z. B. in der Kaffeentscheidung darin, daß der Veranstalter den Käufern das Finden von Geldscheinen in einigen der Pakete in Aussicht gestellt hat. Damit ist der subjektive Tatbestand erfüllt. Der erforderliche Vorsatz wäre dagegen zu verneinen, wenn der Veranstalter der irrtümlichen Annahme wäre, er habe die obrigkeitliche Erlaubnis erhalten. Wendet sich z. B. der Veranstalter an sein für die Erteilung der Erlaubnis nicht zuständiges Polizeirevier und wird ihm dort, obgleich das Revier nicht zuständig ist, erklärt, daß gegen die Veranstaltung keine Bedenken beständen,

[1]) JMBl. 1924, 283. [2]) RGSt. 16, 83.

so wird anzunehmen sein, daß er sich in entschuldbarem Irrtum über die erteilte Genehmigung befunden hat. Es wäre nämlich Pflicht des Reviers gewesen, den Veranstalter darauf hinzuweisen, daß es für Erteilung der Erlaubnis nicht zuständig sei.

6. Reklamekundgebungen bei Rennwetten.

Für Rennwetten ist die freie Reklamekundgebung durch das Rennwett-Lotteriegesetz beschränkt.

Der Gesetzgeber verfolgt hier die Tendenz, eine Kontrolle über diejenigen Personen auszuüben, deren sich das Publikum beim Abschluß von Rennwetten bedient. Diese Beschränkungen sind in den § 9 Ziff. 1 und 2 und Abs. II sowie im § 6 des Rennwetten- und Lotteriegesetzes v. 8. IV. 1922 enthalten.

§ 9 Ziff. 1 und 2 und Abs. II des Gesetzes lauten:

Mit Geldstrafe bis zu einhunderttausend Mark, im Unvermögensfalle mit Gefängnis bis zu sechs Monaten wird bestraft:

1. Wer öffentlich oder durch Verbreitung von Schriften oder anderen Darstellungen ohne zugelassener Unternehmer eines Totalisators oder zugelassener Buchmacher zu sein, zum Abschluß von Wetten außerhalb der Örtlichkeiten des Totalisatorunternehmens oder außerhalb der im § 2 Abs. 2 bezeichneten Örtlichkeiten des Buchmachers anreizt.
2. Wer gewerbsmäßig Voraussagen über den Ausgang von Rennen verbreitet.

Straffrei sind redaktionelle Veröffentlichungen in einer periodisch erscheinenden Druckschrift, sofern diese nicht ausschließlich oder überwiegend der Verbreitung von Voraussagen dient.

§ 6 dieses Gesetzes bestraft das gewerbsmäßige Auffordern oder Sicherbieten zum Abschluß oder zur Vermittlung von Wetten, ferner die Entgegennahme von Angeboten zum Abschluß oder zur Vermittlung solcher Wetten, soweit dies nicht von zugelassenen Wettunternehmern vorgenommen wird.

B. Polizeirechtliche Normen.

Dem Reiche steht nach Art. 9 Ziff. 2 RV. das Recht zur Gesetzgebung über den Schutz der öffentlichen Ordnung und Sicherheit zu, soweit ein Bedürfnis für den Erlaß einheitlicher Vorschriften vorliegt.

Das Reich hat hiervon, soweit es das Gebiet der Reklame interessiert, in mancher Hinsicht Gebrauch gemacht. So sind z. B. die Vorschriften über Ausverkäufe, die, wie dargetan werden wird, gewerbepolizeilichen Charakter haben, reichsrechtlich im Gesetz zur Bekämpfung des unlauteren Wettbewerbs geregelt. Soweit ein Bedürfnis zur einheitlichen Regelung vom Reich nicht anerkannt ist, kommen für das Polizeirecht die einzelnen Landesrechte der deutschen Länder in Betracht.

Bei den polizeirechtlichen Normen ist daher in jedem Falle zu scheiden, ob sie auf Reichsrecht oder Landesrecht beruhen. Soweit für das Gebiet der Reklame landesrechtliche Polizeibestimmungen in Frage kommen, findet im Rahmen dieses Buches nur das Polizeirecht Preußens seine Behandlung.

Bei der Betrachtung der polizeirechtlichen Normen soll zunächst eine Übersicht darüber gegeben werden, welche Mittel der Polizei zu einem Eingreifen gegen Reklamekundgebungen zur Verfügung stehen. Sodann sollen diese Mittel einzeln und die dem Staatsbürger dagegen zustehenden Rechtsbehelfe dargestellt und schließlich die allgemeinen Grundlagen des Polizeirechts, soweit sie für das Gebiet der Reklame in Betracht kommen, behandelt werden.

Über die Mittel der Polizei zum Eingreifen sowie über die Rechtsbehelfe gegen polizeiliche Maßnahmen fehlt es an einer reichsrechtlichen Regelung, so daß hier lediglich Landesrecht in Frage kommt. Anders dagegen bei den Grundlagen des Polizeirechts, wo teils Reichsrecht, teils Landesrecht zur Anwendung gelangt.

1. Mittel der Polizei und Rechtsbehelfe gegen diese.

Die Mittel der Polizei werden lediglich durch das Landesrecht bestimmt. In Preußen kommen als Mittel der Polizei, in Reklamekundgebungen einzugreifen, die Polizeiverordnungen, die Polizeiverfügungen, die Polizeistrafverfügungen und die polizeilichen Mahnungen in Betracht. Diese Mittel der Polizei sind streng voneinander zu scheiden. Es bestehen große Unterschiede in ihren Voraussetzungen, ihren Rechtswirkungen und in den Rechtsbehelfen, welche gegen sie gegeben sind.

a) Die Polizeiverordnung ist eine von der Polizei erlassene Rechtsverordnung. Sie ist ein materielles Gesetz, das ohne die Volksvertretung geschaffen wird. Die Polizeiverordnung wendet sich nicht an ein einzelnes Individuum oder einen individuell bestimmten Personenkreis wegen eines individuell begrenzten Tatbestandes, sondern sie gibt der Allgemeinheit Gebote oder Verbote für allgemeine Tatbestände. Die Polizeiverordnung regelt einen abstrakten — also bloß gedachten — Tatbestand. Bezüglich der Gefahren, denen sie begegnen will, muß nur eine gewisse Wahrscheinlichkeit des künftigen Entstehens (Gefahr in abstracto) bestehen.

Zu beachten ist vor allem, daß sämtliche Polizeiverordnungen, die vor dem 1. I. 1890 erlassen sind, soweit sie das Reklamegebiet interessieren, aufgehoben sind, auch wenn sie später abgeändert sind[1]).

b) Die Polizeiverfügung ist eine konkrete Rechtsnorm, die einen konkreten Tatbestand im Einzelfall so regelt, wie ihn ein Gesetz oder eine Verordnung vorschreibt. Sie ist eine Anordnung der Polizei, die sich zur Regelung eines Einzelfalles an eine einzelne Persönlichkeit wendet und ihr für diesen Einzelfall bestimmte Gebote oder Verbote setzt. Die Polizeiverfügung will einen einzelnen, bestimmten Fall einer zur Zeit der Verfügung tatsächlich bestehenden Gefahr (Gefahr in concreto) bekämpfen. Hat die Gefahr vorher bestanden, ist sie vor der Mitteilung der Verfügung beseitigt oder entsteht sie erst später, so ist die Polizeiverfügung unzulässig. Hiernach ist jede polizeiliche Anordnung, die eine Polizeibehörde oder ein einzelner Polizeibeamter in dem Bewußtsein, eine polizeiliche Aufgabe zu erfüllen, zur Regelung eines einzelnen Tatbestandes erläßt, eine Polizeiverfügung[2]). Dies ist jedoch nur dann der Fall, sofern in der Anordnung ein polizeiliches Gebot (Forderung einer Leistung) oder Verbot (Forderung einer Unterlassung) oder eine Versagung einer erforderlichen Polizeierlaubnis enthalten ist[3]).

Ein Beispiel möge den Unterschied zwischen Polizeiverordnung und Polizeiverfügung beleuchten. Der Polizeipräsident erläßt ein Gebot dahin, daß die Reklame durch Zettelankleben unzulässig sei: Verordnung. Ein Polizeiwachtmeister verbietet einem Mann, in der Leipziger Straße Zettel anzukleben: Polizeiverfügung.

c) Die Polizeistrafverfügung ist ein bedingtes Strafurteil der Polizeibehörde für Übertretungen, die im Gesetz oder einer Verordnung normiert sind. Als Beispiel sei angeführt: Der Polizeipräsident erläßt gegen den Zettelankleber wegen Übertretung der obigen Polizeiverordnung eine Strafverfügung auf 10 Mk.

---

[1]) Erlaß vom 14. I. 1929 JMBl. 29, 33. [2]) RGZ. 51, 328. [3]) OVG. 66, 317.

d) Die polizeilichen Mahnungen sind Anordnungen der Polizei, hinter denen keine Zwangsandrohung steht. Sie gehen auch von einem konkreten Tatbestand aus, wenden sich aber an das große Publikum. Das Hauptgebiet dieser polizeilichen Mahnungen bilden die Warnungen der Polizei. Als Beispiel sei hierfür die bekannte Jagowsche Mahnung „Ich warne Neugierige" angeführt. Polizeiliche Mahnungen spielen auch in dem Gebiet der Reklame eine Rolle, z. B. wenn die Polizei Warnungen gegen unlautere gewerbliche Handlungen erläßt.

a) Alle Polizeiverordnungen müssen auf einem Gesetz beruhen. Der Reichs- und Landesgesetzgeber hat der Polizei in seinen Gesetzen die Delegation zugewiesen, einzelne Materien mit Gesetzeskraft zu regeln. Grundsatz der Voraussetzungen der Rechtsgültigkeit jeder Polizeiverordnung ist also, daß sie nur insoweit rechtsgültig ist, als sie den Rahmen, den ihr die Gesetzesdelegation zugewiesen hat, innehält. Überschreitet sie diesen, so ist sie ungültig.

Die Delegation des Gesetzes kann der Polizei ein bestimmtes Teilgebiet zur Regelung überlassen. Als Beispiel sei auf § 7 UWG. hingewiesen[1]), auf dem die Verordnung des Berliner Polizeipräsidenten v. 14. V. 1928 über Ausverkäufe beruht. Abgesehen hiervon ist der Polizei in Preußen eine sog. Generalvollmacht zur Erfüllung ihrer Aufgaben erteilt. Diese beruht auf den Vorschriften des § 10 II, 17 Allgemeinen Landrechts (ALR.) v. 5. II. 1794 und des § 6 des Polizeiverwaltungsgesetzes (PVG.) v. 11. III. 1850.

Zum Erlaß von Polizeiverordnungen mit Strafen bis zu 150 RM.[2]) sind in Preußen gemäß §§ 136ff. Pr. Landesverwaltungsgesetz (LVG.), § 5 PrPVG. befugt: Die Minister in ihren Ressorts für ganz Preußen, die Oberpräsidenten unter Zustimmung des Oberpräsidialrats für die Provinzen, die Regierungspräsidenten[3]) unter Zustimmung des Bezirksausschusses für die Regierungsbezirke, die Landräte mit Zustimmung des Kreisausschusses für die Kreise. Für ortspolizeiliche Polizeiverordnungen sind in Städten die Bürgermeister, evtl. Polizeipräsidenten, mit Zustimmung des Magistrats, auf dem Lande die Amtsvorsteher, evtl. mit Zustimmung des Amtsausschusses zuständig.

Durch diese Zuständigkeitsregelung haben die Polizeiverordnungen eine sehr beschränkte Gültigkeit, da sie natürlich nur für den Bereich der der Verwaltung der erlassenden Behörde unterliegt, gelten.

Ferner ist das Polizeiverordnungsrecht durch die erforderlichen Zustimmungen sehr eingeschränkt. Zu beachten ist aber, daß das delegierende Gesetz mitunter die Anhörung ganz anderer Behörden fordert, so z. B. § 7 UWG.[1]), der die Anhörung der Gewerbe- und Handelsvertretungen zum Erlaß von Polizeiverordnungen über Ausverkäufe vorschreibt.

Zu beachten ist ferner, daß die vorstehend als erforderlich geschilderten Zustimmungen für Polizeiverordnungen auf dem Gebiete der Sicherheitspolizei nicht notwendig sind. Die Abgrenzung des Begriffs „Polizeiverordnung der Sicherheitspolizei" ist sehr umstritten. Hier kann nur so viel gesagt werden, daß die Sicherheitspolizei diejenige ist, die den Gefahren, die durch den menschlichen Willen hervorgerufen werden — im Gegensatz zu den Gefahren, die infolge von Naturereignissen ohne menschlichen Willen ein-

[1]) Siehe unten S. 91.

[2]) Die frühere Staffelung der Geldstrafen ist durch Art. I, III der VO. vom 6. II. 1924 (RGBl. I, 44) aufgehoben (vgl. Vfg. d. Ministers d. J. vom 29. XI. 1923 MiBl. 1191).

[3]) In Berlin der Polizeipräsident mit Zustimmung des Oberpräsidenten.

treten —, begegnen will. Verfolgt die Polizeiverordnung neben den Zwecken der Sicherheitspolizei noch andere Zwecke, so ist eine Zustimmung nicht erforderlich[1]).

Weitere Voraussetzungen der Gültigkeit einer Polizeiverordnung sind:

α) Die Polizeiverordnung darf gegen kein Gesetz oder keine Verordnung, die von höherer Instanz erlassen ist, verstoßen[2]) und darf — worauf wegen der Wichtigkeit nochmals hingewiesen sei — vor allem den Rahmen der Delegation nicht überschreiten.

β) Die Polizeiverordnung muß einen klaren Wortlaut haben. An das Gebot der Klarheit werden hier keine großen Anforderungen gestellt. Eine auf Grund des Verunstaltungsgesetzes[3]) von 1902 erlassene Polizeiverordnung z. B., welche „verunzierende Reklameschilder" verbot, ist als genügend klar angesehen worden[4]).

γ) Die Polizeiverordnung muß die für den Zuwiderhandlungsfall verwirkte Strafe[5]), die Bezeichnung als Polizeiverordnung, das ermächtigende Gesetz und die Mitteilung des Vorliegens der erforderlichen Zustimmung enthalten.

δ) Sie muß in den Regierungsblättern publiziert sein.

Bei Zuwiderhandlungen gegen Polizeiverordnungen kommen Polizeiverfügungen, Polizeistrafverfügungen, richterliche Strafbefehle oder öffentliche Klagen der Amtsanwaltschaft im Strafverfahren in Betracht. Dem Staatsbürger stehen gegen Polizeiverordnungen keinerlei Rechtsbehelfe zu.

b) Die Polizeiverfügungen beruhen entweder auf Polizeiverordnungen oder auf gesetzlichen Delegationen. Die Sachlage ist so, daß an sich die Polizei berechtigt ist, für dasselbe Gebiet entweder eine Polizeiverordnung — für die abstrakte Regelung bloß gedachter, wahrscheinlicher Gefahren — oder eine Polizeiverfügung — für die konkrete Regelung einer tatsächlichen Gefahr — erlassen kann[6]). Diese Berechtigung der Polizei, für das gleiche Gebiet Verordnungen und Verfügungen zu erlassen, entfällt jedoch, wenn entweder die Delegation ausdrücklich nur Verordnungen zuläßt[7]) oder die Materie durch eine Polizeiverordnung abschließend geregelt ist[8]).

Die Zuständigkeit zum Erlaß von Polizeiverfügungen ist die gleiche wie die der Polizeiverordnungen. Hier kommt jedoch hinzu, daß die Verfügungen des einzelnen Exekutivbeamten der Ortspolizei — also des Schutzpolizeiwachtmeisters — als Verfügungen der Ortspolizei angesehen werden, sofern der Exekutivbeamte im Auftrage des Inhabers der ortspolizeilichen Gewalt handelte oder sein Handeln nachträglich von diesem gebilligt wird[9]). Hiernach ist unter diesen Voraussetzungen jeder Exekutivbeamte der Polizei als zuständig anzusehen, Polizeiverfügungen zu erlassen.

Die Polizeiverfügung darf weder gegen ein Gesetz noch gegen eine Polizeiverordnung, die die Materie regelt, verstoßen.

Die Polizeiverfügung ist formlos. Sie kann mündlich, schriftlich oder sogar nur durch konkludente Handlung erfolgen[10]), z. B. der Schupowachtmeister regelt durch Handerheben den Verkehr. Ist die Polizeiverfügung schriftlich ergangen, so bedarf es zu ihrer Zustellung keiner besonderen Form[11]). Die Polizeiverfügung muß nur zugegangen sein, d. h. der

---

1) KG. in PrVBl. 19, 489. 2) Vgl. § 15 des PolVG. 3) Vgl. unten S. 182.
4) OVG. 64, 468. 5) OVG. 33, 344. 6) OVG. 9, 369; 51, 303.
7) Was z. B. für die noch auf S. 181 ff. zu betrachtenden Fälle der unzulässigen Reklame nach dem Verunstaltungsgesetz von 1907 der Fall ist.
8) OVG. 50, 366; 51, 393. 9) OVG. 30, 416.
10) OVG. in PrVBl. 26, 544. 11) OVG. 65, 260.

Adressat — bei juristischen Personen die vertretungsberechtigten Organe[1]) — muß in die Lage versetzt sein, von ihrem Inhalt Kenntnis zu nehmen.

Die Polizeiverfügung muß bestimmt und klar enthalten, was und von wem etwas verlangt wird; jedoch braucht die Polizei die einzelnen Maßregeln zur Durchführung des Geforderten nicht anzugeben. Tut sie dies nicht, so hat der Adressat die Wahl unter etwaigen verschiedenen Mitteln[2]). Der Mangel der Bestimmtheit kann nachträglich geheilt werden[3]). Die Polizeiverfügungen brauchen auch keine Rechtsmittelbelehrung zu enthalten[4]).

Die Polizeiverfügung darf nicht etwas objektiv Unmögliches verlangen, z. B. eine Frist setzen, in der die Ausführung des Verlangten unmöglich ist[5]). Dagegen kommt es nicht darauf an, ob der Adressat nach seiner Vermögenslage dem Gebot Folge leisten kann.

Aus jeder Polizeiverfügung muß — wenn auch stillschweigend — hervorgehen, daß die Polizei mit den ihr zu Gebote stehenden Mitteln zur Durchführung des Gebotes schreiten werde.

Jede Polizeiverfügung ist jederzeit widerruflich, falls nicht durch ihren Erlaß einer Privatperson bestimmte Rechte oder Befugnisse verliehen sind[6]).

Für die Polizeiverfügungen steht der Polizei der sog. Polizeizwang nach § 132 LVG. zur Verfügung. Die Zwangsmittel der Polizei sind aber nur Exekutivstrafen, d. h. sie dienen nur zur Erzwingung eines staatlichen Befehls. Ihre Festsetzung und Durchführung ist daher unzulässig, sobald dem Befehl nachgekommen ist[7]). Ihre Durchführung macht den Bestraften auch nicht zum Vorbestraften. Bestritten ist, ob die Polizei Exekutivstrafen auch dann festsetzen kann, wenn die zu erzwingende Handlung unter eine öffentliche Strafe gestellt ist, d. h. einen Tatbestand, z. B. des StGB., erfüllt. Dies dürfte dann möglich sein, wenn sich beide Strafen nach Zweck und Voraussetzung nicht völlig decken. Fällt z. B. eine Reklamekundgebung unter die noch zu behandelnde Regelung[8]) des groben Unfugs, so ist trotz § 360 Ziff. 10 StGB. eine Exekutivstrafe der Polizei auf Unterlassung nicht ausgeschlossen, wenn sie durch die Exekutivstrafe die Unterlassung dauernden groben Unfugs durchsetzen will. § 360 Ziff. 10 StGB. will nämlich nur die einzelne vorgenommene Handlung bestrafen[9]).

Die Zwangsmittel des Polizeizwangs sind in die Erzwingung von vertretbaren Handlungen, in die von unvertretbaren Handlungen und ähnliche Fälle und in die Brachialgewalt einzuteilen.

α) Soll die Durchsetzung einer vertretbaren Handlung erzwungen werden, d. h. soll eine Handlung erzwungen werden, die an Stelle des Adressaten auch durch einen Dritten vorgenommen werden kann — z. B. die Entfernung eines unzulässigen Reklameschildes —, so soll die Polizei die Handlung durch einen Dritten vornehmen lassen und den vorläufig zu berechnenden Kostenbetrag dafür vom Adressaten im Zwangswege einziehen[10]).

β) Kann die Handlung von einem Dritten nicht vorgenommen werden — so z. B. Unterlassungen — (sog. unvertretbare Handlungen) oder steht bei Erzwingung vertretbarer Handlungen fest, daß der Adressat nicht imstande ist, die bei Ausführung durch einen Dritten entstehenden Kosten zu tragen, so ist die Polizei berechtigt, Geldstrafen[11])

---

1) PrVBl. 31, 61. 2) OVG. 61, 210. 3) OVG. 54, 230. 4) OVG. in PrVBl. 22, 285.
5) OVG. 64, 477. 6) OVG. 33, 232. 7) OVG. 2. 385; 7, 347. 8) Siehe S. 84 ff.
9) Sehr bestritten; vgl. OVG. 23, 388; 59, 365; oldenb. OVG. in PrVBl. 33, 600.
10) § 132 Ziff. 1 LVG.
11) Die Geldstrafen werden nach dem Pr. Ges. vom 15. XI. 1899 beigetrieben.

von[1]) 1—1000 RM. anzudrohen und festzusetzen. Gleichzeitig[2]) kann nach §§ 28, 29 StGB. die Dauer der Haft festgesetzt werden, welche für den Fall des Unvermögens an Stelle der Geldstrafe treten soll. Die Dauer der Haft beträgt[3]) mindestens einen Tag bis höchstens vier Wochen nach dem Ermessen der Behörde (§ 132 Ziff. 2 LVG.). Die Androhung einer Geldstrafe für jeden Tag der Zuwiderhandlung ist unzulässig[4]).

Die Zwangsmittel aus § 132 Ziff. 1 und 2 LVG. (Ersatzvornahme und Strafe) müssen vorher schriftlich — nicht bloß mündlich zu Protokoll[5]) — angedroht werden. In der Praxis wird zulässigerweise die Androhung der Zwangsmittel zugleich mit der die Handlung anordnenden Polizeiverfügung vorgenommen. Diese schriftliche Androhung, die durch Faksimilestempel unterzeichnet sein kann[6]), muß, falls keine Unterlassung, sondern eine Handlung gefordert wird, eine Frist enthalten, innerhalb derer die Handlung vorzunehmen ist. Unzulässig ist es, beide Zwangsmittel gleichzeitig anzudrohen[7]). Nach vergeblichem Ablauf der in der Androhung gesetzten Frist wird die Strafe festgesetzt, evtl. werden die Ersatzvornahmen ausgeführt.

Gegen die Androhung finden die gleichen Rechtsbehelfe wie gegen die Polizeiverfügung statt, die die Handlung oder Unterlassung anordnete. Diese werden weiter unten betrachtet werden. Gegen die Festsetzung der Strafe gibt es nur die Beschwerde im Aufsichtswege und nicht die Verwaltungsbeschwerde (§ 50 LVG.). Sobald ein Rechtsmittel eingelegt ist, muß jede Vollstreckung eingestellt werden (§ 53 LVG.).

γ) Die Brachialgewalt der Polizei ist im § 132 Nr. 3 LVG. statuiert. Sie ist nur gegeben, wenn eine Befolgung der Anordnung von dem Adressaten mit Sicherheit nicht zu erwarten ist und die oben angegebenen Zwangsmittel des § 132 Nr. 1 und 2 LVG. auf seinen Willen mit Sicherheit nicht einwirken werden[8]), so daß ein eigenes Handeln der Polizei notwendig wird[9]). Eine vorherige Androhung ist nicht erforderlich[10]). Dieser unmittelbare Zwang darf aber nur angewendet werden, wenn die Polizeiverfügung ohne ihn nicht durchführbar ist. Unter dieser Voraussetzung ist er aber stets zulässig[11]). Gegen die Polizeiverfügung, die sofort durch unmittelbaren Zwang ausgeführt wird, kommen zwei Rechtsbehelfe in Betracht. Soweit die Polizeiverfügung die Anordnung der geforderten Handlung oder Unterlassung enthält — z. B. der Schupowachtmeister sagt: „Unterlassen Sie das Zettelverteilen" —, unterliegt sie den nachstehenden Rechtsmitteln, soweit sie durch Brachialgewalt ausgeführt wird — der Schupowachtmeister nimmt dem Verteiler die Zettel weg —, der Aufsichtsbeschwerde.

Der Polizei stehen alle Mittel der Brachialgewalt offen. Sie kann sich jedes Mittels bedienen, z. B. Plakate entfernen, Schilder überstreichen, Zettelverteiler, Sandwichmans usw. festnehmen, vom Gummiknüppel, schließlich auch von der Waffe Gebrauch machen.

[1]) Die frühere gesetzliche Abstufung ist durch VO. vom 6. II. 1924 (RGBl. I, 44) aufgehoben; der Pr. Minister d. J. hat aber die ihm nachgeordneten Behörden (Vfg. vom 29. XI. 1923 MiBl. 1192 mit Vfg. vom 30. V. 1925 MiBl. 737) eine Abstufung erlassen, nach der die Ortspolizei auf dem Lande bis 150, in Städten bis zu 10000 Einwohnern bis 300, in größeren Städten sowie die Landräte bis 500, die Reg. Präsidenten bis zu 1000 RM. androhen dürfen.

[2]) OVG. in PrVBl. 23, 198.

[3]) Der Minister d. J. hat auch hier eine Abstufung vorgenommen. (Vfg. vom 30. V. 1925 MiBl. 747), danach gibt er Haft für Anordnungen der Ortspolizei auf dem Lande bis 1 Woche, in Städten bis zu 10000 Einwohnern 2 Wochen usw. Diese Abstufung ist aber nicht gesetzlich.

[4]) PrVBl. 42, 240. [5]) OVG. 4, 395. [6]) OVG. 31, 429.

[7]) PrVBl. 23, 197. [8]) OVG 32, 421. [9]) OVG. in PrVBl. 32, 345.

[10]) OVG. in PrVBl. 32, 120. [11]) OVG. in PrVBl. 20, 343.

Gegen die Polizeiverfügungen — und auch die Strafandrohungen — stehen folgende Rechtsbehelfe zur Verfügung:

α) Die Aufsichtsbeschwerde. Sie ist in jedem Falle zulässig. Sie ist form-, fristen-, kostenlos. Sie ist der einzige Rechtsbehelf — wie oben bereits bemerkt — gegen die Straffestsetzung.

β) Die Verwaltungsbeschwerde[1]) nach § 127 LVG. (sog. Beschwerdeverfahren mit Schlußklage). Sie muß schriftlich oder zu Protokoll bei der Behörde, über die man sich beschwert (iudex a quo), oder bei der Behörde, bei der man sich beschweren will (iudex ad quem), innerhalb von 2 Wochen seit Zugehen der Polizeiverfügung eingereicht werden. Eine Begründung ist nicht erforderlich.

Gegen die Bescheide der Beschwerdestelle ist meist[1]) die weitere Beschwerde an die nächst höhere Stelle gegeben.

Gegen die Entscheidung der weiteren Beschwerdestelle ist die Schlußklage beim Oberverwaltungsgericht zulässig. Für diese ist beachtlich, daß der Verwaltungsrichter niemals nachprüft, ob die Polizeiverfügung notwendig[2]) und zweckmäßig war, sondern nur nachprüft, ob die Polizeiverfügung gültig[3]), ob sie z. B. auf Grund einer gültigen[3]) Polizeiverordnung usw. erlassen ist. Wenn das OVG. der Ansicht ist, daß die Polizeiverfügung oder die Polizeiverordnung, auf Grund deren die Polizeiverfügung erging, ungültig ist, so hebt es nur die Polizeiverfügung auf und erklärt die Polizeiverordnung für ungültig.

γ) Statt der Verwaltungsbeschwerde kann der Adressat auch die Verwaltungsklage[4]) erheben. Sie kann ebenso wie die Verwaltungsbeschwerde meist bei dem iudex a quo oder bei dem iudex ad quem innerhalb von 2 Wochen eingereicht werden. Es ist aber nur

---

[1]) Sie ist zu richten bei Polizeiverfügungen:

a) der Ortspolizei auf dem Lande oder in Städten bis 10000 Einwohnern an den Landrat, gegen dessen Bescheid weitere Beschwerde an den Regierungspräsidenten;

b) der Ortspolizei in Städten über 10000 Einwohnern oder der Landräte an den Regierungspräsidenten, gegen dessen Bescheid weitere Beschwerde an den Oberpräsidenten;

c) des Regierungspräsidenten an den Oberpräsidenten. Hier muß die Beschwerde aber bei dem Oberpräsidenten eingelegt werden. Gegen den Bescheid des Oberpräsidenten ist eine weitere Beschwerde gegeben;

d) des Polizeipräsidenten in Berlin an den Oberpräsidenten, gegen dessen Bescheid keine weitere Beschwerde gegeben ist.

[2]) Anderer Ansicht OVG. 61, 162 für den auf S. 81 dargestellten Begriff „nötige Anstalt" in § 10 II 17 ALR.

[3]) Bei Prüfung der Gültigkeit hat sich in der Praxis ein sehr erheblicher Unterschied zwischen Polizeiverordnung und Polizeiverfügung gebildet. Erläßt eine Polizeibehörde eine Polizeiverfügung, die an sich ungültig ist, ist aber der Zustand, den diese ungültige Polizeiverfügung regeln will, an sich gesetzwidrig, so wird die ungültige Polizeiverfügung für den ungesetzlichen Zustand, den sie regeln will, vom OVG. unter Umständen als gültig angesehen. Es gilt also für die Polizeiverfügungen der Grundsatz der Konversion des § 140 BGB. Liegen jedoch die gleichen Verhältnisse bei einer Polizeiverordnung vor, so gilt nach der Praxis der KG. der Grundsatz der Konversion nicht. Ein ungesetzlicher Zustand kann also durch eine ungültige Polizeiverordnung nicht geahndet werden (vgl. KG. in DJZ. 04, 998).

[4]) Sie ist zu richten bei Polizeiverfügungen:

a) der Ortspolizei auf dem Lande und in Städten bis 10000 Einwohner an den Kreisausschuß, gegen dessen Vorbescheid oder Urteil innerhalb 2 Wochen Berufung an den Bezirksausschuß, gegen dessen Urteil Revision an das OVG.

b) der Landräte oder der Ortspolizei in Städten über 10000 Einwohner an den Bezirksausschuß, gegen dessen Urteil oder Vorbescheid, Berufung an das OVG.

entweder Klage oder Beschwerde zulässig, wobei, wenn das Gegenteil nicht ausdrücklich gesagt wird, angenommen wird, daß die Beschwerde gemeint sei. Auch hier sei hervorgehoben, daß der Verwaltungsrichter nur die Rechtmäßigkeit und nicht die Zweckmäßigkeit oder Notwendigkeit der Polizeiverfügung oder der ihr zugrunde liegenden Polizeiverordnung prüft.

d) Daneben gibt es in dem noch zu betrachtenden[1]) Falle des polizeilichen Notstandes noch eine Klage im ordentlichen Zivilprozeß wegen Verletzung besonderer Rechte und Vorteile nach §§ 74, 75 EGALR. in Verbindung mit dem PrGes. v. 11. V. 1842. Da die Voraussetzungen dieser Klage im Gebiete der Reklame äußerst selten vorliegen werden, sei nur auf sie hingewiesen.

c) Die polizeiliche Strafverfügung ist die bedingte verwaltungsrechtliche Verurteilung wegen einer Übertretung, namentlich wegen Übertretungen von Polizeiverordnungen[2]). Die Polizei ist befugt, in solchen Polizeistrafverfügungen Geldstrafen[3]) bis zu 150 Mk. oder Haft[4]) bis zu 14 Tagen anzudrohen (StPO. § 413).

Voraussetzung einer polizeilichen Strafverfügung ist, daß eine vorsätzliche oder fahrlässige Übertretung im Sinne des § 1 III StGB.[5]) vorliegt oder daß vorsätzlich oder fahrlässig eine Polizeiverordnung verletzt wird. Jedoch unterliegen der Strafverfügungsgewalt der Polizei — soweit das Gebiet der Reklame in Betracht kommt — nicht die Übertretungen der preßpolizeilichen Vorschriften[6]) des Preßgesetzes.

Gegen die polizeiliche Strafverfügung gibt es innerhalb einer Woche einen beim Gericht oder der Polizeibehörde — nicht der Staatsanwaltschaft — anzubringenden schriftlichen oder zu Protokoll zu gebenden Antrag auf gerichtliche Entscheidung (§ 414 StPO.). Dieser hat das strafgerichtliche Verfahren vor dem ordentlichen Strafgericht zur Folge. Zuständig ist der Amtsrichter (§ 416 StPO.). Gegen sein Urteil gibt es die Berufung an die sog. kleine Strafkammer, gegen deren Urteil eine Revision an das Oberlandesgericht — für ganz Preußen das Kammergericht. Statt erst Berufung und dann Revision einzulegen, ist auch die sog. Sprungrevision zulässig.

Der Richter — und zwar hier der ordentliche Strafrichter[7]) — hat nur zu prüfen, ob die Polizeiverordnung, um deren Übertretung es sich handelt, rechtsgültig[8]) ist, z. B. ob sie in richtiger Form erlassen und publiziert ist, ob sie einen Verstoß gegen ein Gesetz ent-

---

[1]) Siehe S. 81.

[2]) Statt dessen kann die Polizeibehörde auch für Übertretungen den Erlaß eines richterlichen Strafbefehls beantragen, gegen welchen es innerhalb einer Woche den Einspruch gibt, welcher das Verfahren in das ordentliche Strafverfahren überleitet.

Auch kann die Polizeibehörde dem Amtsanwalt die Übertretung anzeigen, der dann öffentlich Anklage erheben kann, welche das ordentliche Strafverfahren zur Folge hat.

[3]) VO. über Vermögensstrafen vom 6. II. 24 (RGBl. I, 44).

[4]) Über Ersatzhaftstrafen vgl. Ges. vom 30. IV. 1883.

[5]) § 1 III StGB. lautet: „Eine mit Haft oder mit Geldstrafe bis 150 RM. bedrohte Handlung ist eine Übertretung."

[6]) Siehe S. 160 ff.

[7]) Die Frage der Rechtmäßigkeit einer Polizeiverordnung kann also sowohl von dem ordentlichen Strafrichter als auch von dem Verwaltungsrichter nachgeprüft werden, je nachdem, ob wegen der Übertretung der Polizeiverordnung eine Polizeistrafverfügung (hier ordentliches Gericht) oder eine Polizeiverfügung (hier Verwaltungsgericht) erging.

[8]) Daß bei der Prüfung der Gültigkeit einer Polizeiverordnung der Grundsatz der Konversion nicht gilt, ist in Anm. 3 auf S. 76 ausgeführt.

hält und ob die gesetzliche Delegation innegehalten ist. Ferner hat der Richter zu prüfen, ob der Angeklagte die Polizeiverordnung übertreten hat. Dagegen unterliegt die Frage, ob die Polizeiverordnung zweckmäßig oder notwendig war, nicht seiner Nachprüfung[1]). Der Richter ist an die von der Polizei erlassene Strafe nicht gebunden, er kann auf eine höhere oder geringere Strafe erkennen.

Ist die Polizeistrafverfügung rechtskräftig geworden, so gilt der Bestrafte nicht als vorbestraft[2]). Auch hindert die Rechtskraft der Polizeistrafverfügung die Staatsanwaltschaft nicht, falls die als Übertretung bestrafte Handlung sich später als eine unter eine schwerere Strafe zu stellende Handlung herausstellt[3]), noch einmal[4]) Anklage zu erheben. Nach richtiger[5]) Ansicht wird im Falle erneuter Verurteilung die etwa bereits gezahlte Geldstrafe herauszuzahlen sein oder eine etwa bereits abgesessene Haftstrafe auf die neue zu erkennende Strafe anzurechnen sein.

Die Polizei kann die Polizeistrafverfügung bis zu ihrer Rechtskraft zurücknehmen und wegen derselben Handlung eine neue erlassen[6]).

d) Die polizeiliche Mahnung endlich hat wie die Polizeiverfügung zur Voraussetzung, daß eine konkrete nahe bevorstehende Gefahr mit einem konkreten Tatbestand vorliegt. Sie gleicht also im allgemeinen der Polizeiverfügung nur mit dem entscheidenden Unterschied, daß sie keine Zwangsmaßnahmen enthält. Gehen die Mahnungen der Polizei über das Ziel, eine gegenwärtige Gefahr abzuwehren, hinaus, so ist die Mahnung keine der Polizei verbotene Maßnahme.

Als Rechtsbehelf gegen sie gibt es nur die frist-, form- und kostenlose Beschwerde im Dienstaufsichtswege. In den Rechtsbehelfen besteht also zwischen einer Polizeimahnung und einer Polizeiverfügung ein großer Unterschied. Die Polizeimahnung unterliegt — im Gegensatz zur Polizeiverfügung — niemals einer Nachprüfung durch den Verwaltungsrichter.

2. Grundlagen des polizeilichen Eingreifens.

Nachdem die Mittel der Polizei, in das Gebiet der Reklame einzugreifen, besprochen sind, sollen die Grundlagen ihres Eingriffrechts behandelt werden.

a) Landesrechtliche Bestimmungen.

Als solche allgemeine Grundlagen des Polizeirechts kommen — wie bemerkt — reichsrechtliche und landesrechtliche Vorschriften in Frage.

Es sollen hier zunächst die landesrechtlichen Vorschriften erörtert werden. Da, soweit es sich um Landesrecht handelt, nur die in Preußen geltenden Bestimmungen behandelt werden sollen, sind die für Preußen in Betracht kommenden allgemeinen Grundlagen zu untersuchen. Diese wurzeln in den Gesetzesvorschriften des § 10 II 17 ALR., des § 6b ff. PVG.[7]) und den baupolizeilichen Vorschriften.

---

[1]) § 17 des PVG. vom 11. III. 1850.

[2]) Nicht so, wenn der Richter nach Stellung eines Antrages auf gerichtliche Entscheidung erkennt.

[3]) Stellt sich während der Hauptverhandlung heraus, daß die strafbare Handlung eine solche war, bei welcher die Polizei zum Erlaß einer Polizeistrafverfügung nicht befugt war — die Handlung also keine Übertretung war —, so hat das Gericht die Polizeistrafverfügung aufzuheben und in der Sache zu entscheiden.

[4]) Für richterliche Strafbefehle ist dies sehr bestritten (vgl RGSt. 4, 245 und 28, 84).

[5]) Vgl. Löwe-Rosenberg, Die Strafprozeßordnung, 16. Aufl., Anm. 7 zu § 413.

[6]) KG. in DJZ. 1913, 1270. [7]) PVG. vom 11. III. 1850.

α) Nach § 10 II 17 ALR. kann die Polizei zur Erhaltung der öffentlichen Sicherheit und Ordnung und zur Abwendung der dem Publikum oder seinen einzelnen Mitgliedern bevorstehenden Gefahren die nötigen Anstalten treffen.

αα) Der Begriff der „öffentlichen Ruhe" bedeutet nicht etwa Schutz des Publikums vor ruhestörenden Lärm. Dieser ist in dem noch[1]) zu behandelnden § 360 Ziff. 11 StGB. geregelt. Öffentliche Ruhe im Sinne des § 10 II 17 ALR. bedeutet eine Haltung der Staatsbürger, die den Gesetzen, welche die Sicherheit und Ordnung regeln, entspricht[2]). Der Begriff hat also dieselbe Bedeutung wie der Begriff „öffentliche Sicherheit"[3]).

ββ) „Öffentliche Sicherheit" bedeutet das gleiche wie Rechtssicherheit, also Schutz von Leib, Leben, Vermögen und Ehre[4]). Die Polizei darf aber die genannten Güter nur insoweit schützen, als nicht zu ihrem Schutze andere staatliche Organe berufen sind, so z. B. namentlich die staatlichen Gerichte. Daher darf die Polizei niemals eingreifen, wenn z. B. jemand in seinem Recht am Besitze des Ladenschildes gestört wird. Dieser Schutz wird allein durch die Gerichte gewährleistet[5]). Aber auch da, wo die Zuständigkeit anderer Staatsbehörden begründet ist, darf die Polizei zur Abwehr unmittelbarer dringender Gefahr eingreifen, wenn diese im ordentlichen Verfahren nicht mehr rechtzeitig zu erreichen wäre. In diesem Falle dürfen jedoch die Maßnahmen der Polizei nur einstweiligen Charakter haben. Wenn z. B. eine Filmreklame, die von der nach dem Lichtspielgesetz[6]) zuständigen Behörden zugelassen ist, sich später als polizeiwidrig erweist, so darf die Polizeibehörde diese Filmreklame für die Dauer eines Widerrufsverfahrens nach § 4 Lichtspielgesetz für ihren Bezirk einstweilen untersagen[7]).

Die Polizei darf vor allem im Interesse der öffentlichen Sicherheit bevorstehende strafbare Handlungen verbieten (sog. Präventivpolizei). Ist also eine Reklame geplant, die den Tatbestand einer strafbaren Handlung darstellt und erfährt die Polizei davon, so darf sie gegen diese Reklame einschreiten. Allerdings ist die Präventivpolizei im Gebiete des Preßgesetzes[8]) verboten.

γγ) „Öffentliche Ordnung" im Sinne des § 10 II 17 ALR. ist nach Anschütz[9]) der Inbegriff „der Normen, deren Befolgung nach den jeweils herrschenden ethischen und sozialen Anschauungen als Vorbedingung gedeihlicher Koexistenz aller mit allen, als Grundlage des Gemeinlebens gilt". Die Auslegung des Begriffs „öffentliche Ordnung" ist also je nach Zeit, Ort und Gegend, Sitte und Gewohnheit verschieden. Es kann etwas in ruhigen Zeiten nicht polizeiwidrig sein, was in unruhigen polizeiwidrig ist. So z. B. kann eine Reklamekundgebung, welche die schwarz-weiß-roten Farben enthält, für Zeiten schwerer Unruhen polizeiwidrig sein. Ebenso ist es denkbar, daß etwa eine Tracht von weiblichen Sandwichman in früheren Zeiten die Polizei zum Eingreifen veranlaßt hätte, die heute absolut nicht als anstößig angesehen würde. Zur Auslegung des Begriffs ist auch auf die religiösen Anschauungen der Gegend Rücksicht zu nehmen, so kann z. B. eine lärmende Reklame an Friedhofsgegenden evtl. als polizeiwidrig erachtet werden[10]). Die Polizei kann auch an Orten des öffentlichen Verkehrs grob belästigende Reklame als polizeiwidrig verbieten[11]).

---

[1]) S. 85 ff. [2]) OVG. 6, 351. [3]) Vgl. KGJ 32, C 12.
[4]) OVG 78, 272. [5]) Vgl. OVG. in Polizei 28, 48.
[6]) Siehe S. 194. [7]) Vgl. OVG. 77, 423.
[8]) Siehe S. 156. [9]) Die Polizei, S. 17.
[10]) Vgl. Polizei 26, 97. [11]) Vgl. HRR. 3, 304.

Unter „gedeihlicher Koexistenz als Grundlage des Gemeinlebens" im Sinne der obigen Begriffsbestimmung ist das Zusammenleben der Staatsbürger untereinander zu verstehen. Es kann das aber nicht bedeuten, daß die Polizei danach etwa auch befugt wäre, Anordnungen zu erlassen, die zum Zwecke des gedeihlichen Zusammenlebens etwa darauf gerichtet sind, staatliche oder kommunale Finanzen zu heben. Sie kann z. B. nicht die Anbringung oder Belassung von Reklameschildern an der Hauswand von einer an die Kommune zu zahlenden Gebühr abhängig machen[1]).

dd) Der Begriff „Gefahr" bedeutet eine Lage, die erkennbar und objektiv die Möglichkeit eines Schadeneintritts in sich trägt[2]). Die Gefahr muß bei Polizeiverordnungen in abstracto[3]) mit verständigem Ermessen zu befürchten sein[4]), dagegen bei Polizeiverfügungen in concreto direkt bevorstehen. Bloße Nachteile und Belästigungen sind niemals eine Gefahr, selbst wenn sie erheblich sind. So darf die Polizei gegen lärmende Reklame nur bei Gesundheitsgefährdung[5]) oder bei Gefährdung ethischer Güter[6]) vorgehen.

Als bevorstehende Gefahr ist im Gebiete der Reklame von der Rechtsprechung die Aufstellung von undurchsichtigen Reklamehäuschen in belebten Straßen[7]) sowie Reklamekundgebungen für erlaubnisbedürftige Betriebe, solange die Erlaubnis fehlt[8]), angesehen werden. Auch ist in der ständigen[9]) Rechtsprechung des PrOVG. als Gefahr angesehen worden, wenn durch den Gebrauch eines an sich rechtmäßig erworbenen Apothekertitels bei dem weniger intelligenten Teil des Publikums der Irrtum veranlaßt wird, ein Geschäft sei eine Apotheke. Hierbei ist es unbeachtlich, ob der Täter die Absicht hat, eine Täuschung hervorzurufen; es kommt nur darauf an, ob die Art der Führung der Bezeichnung objektiv geeignet erscheint, einen Irrtum hervorzurufen. So ist die Polizei für befugt erklärt worden, ein Schild zu entfernen, welches bei dem Publikum den Irrtum hervorrief, ein Drogengeschäft sei eine Apotheke. Ob die Führung der Bezeichnung „Apotheker" geeignet ist, eine solche Täuschung hervorzurufen, hängt von der Lage des Einzelfalls ab. Ebenso ist es zu beurteilen, ob die Führung von Bezeichnungen wie „Apothekerwarenhandlung", „Handlung medizinischer Drogen", „Medizinaldrogerie", die an sich für Drogenhandlungen nicht unzulässig sind, im Einzelfall gestattet sind oder nicht. Die Führung solcher Bezeichnungen ist also verboten, wenn dadurch der Irrtum hervorgerufen wird, die Drogenhandlung sei eine Apotheke. So hat das OVG. in einem Falle ein Schild mit der Aufschrift „Medizinaldrogerie" beanstandet[10]), dagegen in einem anderen Falle die Bezeichnung „Medizinalapotheker" auf Geschäftsempfehlungen, in Zeitungsinseraten, auf Tüten und Beuteln durch einen approbierten Apotheker, der ein Drogengeschäft betrieb, für zulässig erklärt[11]). Auch hat das OVG. Aufschriften wie „Arzneimittel" auf den im Schaufenster eines Drogisten ausliegenden Arzneimitteln nicht beanstandet[12]). Auch ist eine Polizeiverordnung, die jegliche Reklame für die dem freien Verkehr entzogenen Arzneimittel verbot[13]), ebenso wie eine Polizeiverordnung, die in Milchverkaufsräumen Reklame für andere Gegenstände als Milch verbot[14]), für unzulässig erachtet worden.

[1]) KGJ. 40 C, 457; OVG. 54, 261. [2]) OVG. 77, 378. [3]) Siehe S. 71.
[4]) OVG. 51, 355. [5]) Vgl. OVG. 2, 380. [6]) Vgl. Polizei 26, 97.
[7]) Vgl. OVG. im MiBl. 28, 121. [8]) OVG. 1, 319.
[9]) OVG. 4, 342; 30, 350; PrVBl. 2, 214; 26, 372; GA. 5, 228.
[10]) OVG. in Reger 5, 151; entgegengesetzt in GA. 5, 226. [11]) PrVBl. 22, 168.
[12]) PrVBl. 21, 7. [13]) Vgl. KG. in KGJ. 45, 452.
[14]) Vgl. KG. in KGJ. Erg.-Bd. 3, 114.

εε) Dem „Publikum oder einzelnen Mitgliedern desselben" muß die Gefahr drohen. Die Polizei hat also nur die Gefahren, die der Allgemeinheit drohen, abzuwenden. Hierzu reicht es aber aus, daß die Gefahr einer einzelnen Person, die nicht der Störer ist, bevorsteht. Die Polizei kann aber niemandem verbieten, sich in seiner Wohnung zu töten oder in Lebensgefahr zu begeben. Hiergegen kann sie aber einschreiten, sobald es in der Öffentlichkeit geschieht und dadurch die öffentliche Ordnung gestört wird. Daher kann die Polizei die in der letzten Zeit von Varietékünstlern geübten Reklamekundgebungen, gefesselt vor großem Publikum ins Wasser zu springen oder auf Kirchtürme zu klettern, verbieten[1]).

ζζ) Die Polizei darf nur die „nötigen Anstalten" treffen; d. h. die Polizei darf immer nur die Anordnungen treffen, die zur Abwendung der Gefahr notwendig sind. Die Polizei darf aber alle aussichtsvollen Anordnungen treffen, falls diese ihr nicht im Einzelfall verboten sind. Verboten ist z. B. jegliche präventivpolizeiliche Maßnahme gegenüber Preßerzeugnissen. Sobald eine Reklame ein Preßerzeugnis ist[2]), darf die Polizei nicht durch Präventivmaßnahmen einschreiten[3]).

Regelmäßig wendet sich die Polizei mit ihren Geboten und Verboten an denjenigen, der die Störung der öffentlichen Ruhe, Sicherheit usw. hervorrief. Aber in Ausnahmefällen (im sog. polizeilichen Notstand) kann sich die Polizei auch an einen Nichtstörer wenden. Ein polizeilicher Notstand liegt dann vor, wenn eine dringende Gefahr vorliegt und die Polizei objektiv außerstande ist, die akute Gefahr durch Gebote an den Störer mit ihren vorhandenen Kräften abzuwehren. In diesem Fall kann sie einem unbeteiligten Dritten Anordnungen aufgeben, die aber nur das sachlich und zeitlich unbedingt Notwendige erfordern dürfen. So kann die Polizei z. B. in Zeiten schwerer Unruhen einem Ladenbesitzer befehlen, seine Reklame, die die Unruhestifter reizen könnte, zu verdecken[4]).

Ob eine „nötige Anstalt" vorliegt, unterliegt[5]) der Nachprüfung des Verwaltungsrichters, trotzdem es eine Frage des polizeilichen Ermessens sein dürfte[6]).

β) Nach § 6b PVG. kann die Polizei die Ordnung, Sicherheit und Leichtigkeit des Verkehrs auf öffentlichen Straßen, Wegen, Plätzen, Brücken usw. regeln.

Öffentlich ist eine Straße usw. dann, wenn sie mit öffentlich-rechtlicher Gültigkeit dem allgemeinen Verkehr gewidmet ist[7]). Zu den öffentlichen Straßen gehört auch der Luftraum über ihnen.

Die Polizei kann hier im Interesse des Verkehrs Befugnisse, die evtl. den nach Privatrecht Berechtigten zustehen, einschränken. Aber nur das Interesse des Verkehrs darf hier ihre Anordnungen leiten. So sind z. B. Anordnungen, in denen Reklameschilder wegen Häßlichkeit verboten werden, nicht durch diese Vorschrift gedeckt[8]).

Nach dieser Vorschrift kann die Polizei aus verkehrspolizeilichen Gründen jede Reklame[9]) an Häusern verbieten, die eine Verkehrsstockung zur Folge haben[10]). Sie kann auch Schaufensterauslagen[11]), die eine verkehrsstockende Ansammlung Schaulustiger verursacht, untersagen[12]). Die Polizei kann sogar gebieten, daß Grundstückseigentümer und

---

[1]) Vgl. DJZ. 1901, 310. [2]) Siehe S. 156. [3]) § 2 PreßG.; OVG. 40, 299.
[4]) OVG. 78, 267. [5]) OVG. 61, 162. [6]) Siehe S. 76. [7]) RGSt. 42, 313.
[8]) Ein solches Verbot könnte sich evtl. aus den Verunstaltungsgesetzen (s. S. 182ff.) oder aus dem Baurecht ergeben.
[9]) Für Berlin vgl. Straßenordnung §§ 59ff. unten S. 176ff.
[10]) OVG. in PrVBl. 12, 519.
[11]) Für Berlin vgl. Straßenordnung § 60 Ziff. b unten S. 180. [12]) OVG. 40, 216.

Mieter nur solche Reklame[1]) an den Grundstücken machen dürfen, die lediglich ihr eigenes Interesse berühren, im übrigen aber alle sonstige Reklame an den dazu bestimmten Tafeln, Säulen oder sonstigen Vorrichtungen anbringen[2]). Auch der Straßenbahn kann dies für die Reklame an ihren Wagen — aber nicht in ihren Wagen — geboten werden[3]). Die Polizei kann auch eine Reklame verbieten, die den Verkehr erschweren würde, z. B. wenn Reklameschilder die Hausnummern verdecken[4]).

Bei den Verboten ist stets sorgfältig zu prüfen, ob die Verkehrssicherheit gestört wird. Eine Polizeiverordnung, die für die Anbringung eines jeden[5]) Schildes eine Genehmigung aus Verkehrssicherheitsgründen erfordert, dürfte Bedenken unterliegen[6]).

Auch kann die Polizei das Feilbieten von Theaterkarten[7]) in den Vorräumen, Zugängen und Vorplätzen von Theatern, Kinos usw. auf Grund des § 6b PVG. verbieten[8]).

Bezüglich der Plakate[9]) an Häusern[10]) ist zu beachten, daß das Pr. Plakatgesetz durch Gesetz v. 26. XI. 1925 aufgehoben ist. Durch diese Aufhebung ist der Wille des Gesetzgebers zum Ausdruck gelangt, die Plakate möglichst wenigen Beschränkungen zu unterwerfen, so daß auch die Vorschrift des § 6b PVG. Beschränkungen des Plakatrechts nur bei wesentlichen Verkehrsbedürfnissen rechtfertigen kann[11]).

Die Polizei ist nicht befugt, auf Grund des § 6b PVG. erlassene Verbote etwa gegen Zahlung von Gebühren an die Stadt wieder aufzuheben[12]).

γ) Nach § 6c PVG. kann die Polizei den M a r k t v e r k e h r regeln. Hier sind aber die in §§ 69ff. RGO.[13]) enthaltenen Beschränkungen zu berücksichtigen. Nach diesen darf die Polizei auf Grund des § 6c PVG. Verordnungen nur für Märkte bei besonderen Gelegenheiten oder für solche, die für bestimmte Warengattungen abgehalten werden, erlassen. Nur bei solchen kann sie daher auf Grund des § 6c PVG. das Reklamewesen regeln.

Die Regelung des Handels mit Lebensmitteln, die früher der Polizei auch auf Grund des § 6c PVG. übertragen war, ist jetzt im großen und ganzen durch eine Spezialgesetzgebung erfolgt. Die Rechtsprechung hat den § 6c PVG. gleichwohl noch als gültige Grundlage für manche Polizeiverordnungen angesehen[14]). So ist z. B. eine Polizeiverordnung auf Grund des § 6c PVG. als gültig angesehen worden, die vorschreibt, daß gewisse Warenbezeichnungen für Lebensmittel, die gang und gäbe sind, nur für solche Lebensmittel gebraucht werden dürfen, für die sie nach dem Sprachgebrauch gelten, so z. B. Tafelbutter nur für Butter, die sich als Brotaufstrich eignet[15]).

δ) § 6f. PVG. überträgt der Polizei die Sorge für Leben und Gesundheit. Hiernach kann die Polizei eine Reklamekundgebung für Gegenstände, Vorrichtungen und Mittel verbieten, welche zur Linderung von Krankheiten von Mensch und Tier bestimmt sind, sofern sie nach ihrer Beschaffenheit geeignet sind, Gesundheitsschäden hervorzurufen[16]). Jedoch kann sie auf Grund des § 6f. PVG. nicht jede Reklame für Arzneimittel, die dem freien Verkehr entzogen sind, verbieten[17]).

---

[1]) Für Berlin vgl. Straßenordnung § 61 unten S. 180. [2]) OVG. 41, 30.
[3]) OVG. 49, 403. [4]) Für Berlin vgl. Straßenordnung § 4 unten S. 176.
[5]) Für Berlin vgl. § 59 f. Straßenordnung KGJ. 25, 22. [6]) KGJ. 26 C, 22.
[7]) Für Berlin vgl. Straßenordnung § 71 unten S. 137. [8]) OVG. in PrVBl. 47, 505.
[9]) Über den Begriff vgl. die Ausführungen unten auf S. 172.
[10]) Für Berlin vgl. Straßenordnung §§ 59ff. unten S. 176ff. [11]) MiBl V 28, 53.
[12]) OVG. in PrVBl. 47, 324. [13]) Siehe S. 205ff. [14]) GewA. 24, 484.
[15]) OVG. in PrVBl. 48, 257. [16]) KGJ. Erg.-Bd. 1, 178. [17]) KGJ. 45, 452.

ε) Das Baurecht gibt schließlich der Baupolizei noch einige Grundlagen für ihr Eingreifen in das Gebiet der Reklame.

αα) § 66 I 8 ALR. stellt die gröbliche Verunstaltung eines Baues in Städten und öffentlichen Plätzen als einen polizeiwidrigen Zustand dar, gegen den die Polizei einschreiten kann. Eine gröbliche Verunstaltung ist aber nur die Herbeiführung eines positiv häßlichen Zustandes, der jedes für Ästhetik offene Auge verletzt. Hiernach kann die Baupolizei jede Reklame, die eine derartige Verunstaltung hervorruft, verbieten.

§ 66 I 8 ALR. gilt aber nur in den alten Gebieten des ALR., also nicht im Gebiete des gemeinen und französischen Rechts. Er ist aber durch die Verunstaltungsgesetze nicht aufgehoben[1]).

ββ) § 80 I 8 ALR. knüpft ferner die Anbringung von Schildern[2]), die sich in die Straße hineinerstrecken, an eine baupolizeiliche Erlaubnis. Hiernach muß die Baupolizei jedes Reklameschild, das in den Luftraum der Straße hineinragt, genehmigen[3]).

γγ) Schließlich gibt die Rechtsprechung der Ortspolizei auf Grund des Baufluchtliniengesetzes v. 2. VII. 1875 noch das Recht, Polizeiverordnungen über die Benutzung von Vorgärten zu geben. Ein Vorgarten ist der Teil der Bodenfläche, der zwischen der festgesetzten Straßenfluchtlinie und der festgesetzten Baufluchtlinie liegt. Hier kann die Ortspolizei verordnen, daß die Vorgärten als Ziergärten zu benutzen sind, so daß innerhalb derselben kein Reklameschild angebracht werden darf[4]).

b) Reichsrechtliche Bestimmungen.

Die reichsrechtlich gegebenen Grundlagen für das Eingreifen der Polizei in das Gebiet der Reklame wurzeln in denjenigen Bestimmungen der Reichsgesetzgebung, welche zur Aufrechterhaltung der öffentlichen Ordnung dienen. Dafür kommen diejenigen Vorschriften in Betracht, welche sicherheitspolizeilichen, gewerbepolizeilichen und gesundheitspolizeilichen Charakter haben.

α) Vorschriften der Reichsgesetzgebung mit sicherheitspolizeilichem Charakter, die für das Gebiet der Reklame interessieren, sind in den §§ 366 Ziff. 10, 360 Ziff. 11, 360 Ziff. 6 StGB. enthalten.

αα) Nach § 366 Ziff. 10 StGB. wird wegen Übertretung bestraft, wer die zur Erhaltung der Sicherheit, Bequemlichkeit, Reinlichkeit und Ruhe auf öffentlichen Wegen, Straßen, Plätzen oder Wasserstraßen erlassenen Polizeiverordnungen übertritt.

Diese Vorschrift ist ein sog. Blankettgesetz, welches die Übertretungen von Polizeiverordnungen bestimmter Art ahndet. Der Begriff der Polizeiverordnung im Sinne dieser Vorschrift ist der, welcher oben[5]) angegeben wurde. Es ist eine allgemeine von der Polizei auf Grund der Delegation von der zuständigen Stelle erlassene und ordnungsmäßig publizierte Rechtsnorm. Die Zuständigkeit für den Erlaß der Polizeiverordnungen und deren Publikation wird vom Landesrecht geregelt. Für Preußen finden also die dargestellten Regeln[6]) Anwendung.

---

[1]) OVG. 62, 469.

[2]) Die Schilder unterliegen also evtl. 2 Genehmigungen. Einmal nach § 6 b PVG. der Verkehrspolizei und ferner nach § 80 I 8 ALR. der Baupolizei. Vgl. S. 185.

[3]) Die Versagung der Erlaubnis ist eine Polizeiverfügung, die mit den gegen diese gegebenen, oben auf S. 76 dargestellten Rechtsmitteln angegriffen wird.

[4]) OVG. 49, 371. [5]) S. 71 f. [6]) S. 71 ff.

Die Polizeiverordnungen müssen den Zweck verfolgen, die Sicherheit, Bequemlichkeit, Reinlichkeit und Ruhe auf öffentlichen Wegen, Straßen, Plätzen oder Wasserstraßen zu erhalten. Daß eine tatsächliche Störung vorliegt, ist nicht Voraussetzung, es braucht nur eine mit einiger Wahrscheinlichkeit voraussehbare Gefahr der Störung vorzuliegen.

Die Polizeiverordnungen dürfen nur die Erhaltung der Sicherheit auf öffentlichen Wegen usw. bezwecken. Danach müssen die Wege usw., auf die sich die Verordnungen beziehen, dem öffentlichen Verkehr dienen; dagegen ist es gleichgültig, wer der privatrechtliche Eigentümer der Straße usw. ist.

Wenn die Polizeiverordnungen die Sicherheit usw. zu erhalten geeignet sind, so ist es gleichgültig, ob sie in die Gewerbefreiheit eingreifen[1]) oder die Ausübung bestehender Privatrechte beeinträchtigen. Hiernach kann die Polizei nach § 366 Ziff. 10 StGB. die Anbringung von Plakaten untersagen, die die Bequemlichkeit des Verkehrs auf offenen Straßen gefährden. Durch die Vorschrift des § 366 Ziff. 10 StGB. ist die Polizei befugt, jedes Aufstellen oder Aushängen von Waren oder anderen Gegenständen auf öffentlichen Straßen usw. zu verbieten, wenn dies die Bequemlichkeit des Verkehrs beeinträchtigen würde[2]). Auch kann die Polizei auf Grund dieser Vorschrift Reklamevorführungen in Schaufenstern, die ein Stehenbleiben von Schaulustigen auf der Straße vor dem Laden verursachen würde, verbieten, wenn dies zur Gefährdung oder Behinderung des Verkehrs führen würde. Die berechtigte Gewerbeausübung hat hier dem durch § 366 Ziff. 10 StGB. geschützten öffentlichen Interesse der Beseitigung eines polizeiwidrigen Zustandes zu weichen[3]). Auch ist ein Verbot des Flaggens in anderen als den Reichs- und Landesfarben als gültig angesehen worden[4]). Dagegen ist die Polizei nicht befugt, auf Grund dieser Vorschrift die Zulassung zum Gewerbebetrieb auf öffentlichen Straßen usw. von einer polizeilichen Erlaubnis abhängig zu machen; denn dies würde gegen die durch § 1 RGO. gewährleistete Gewerbefreiheit verstoßen[5]).

§ 366 Ziff. 10 StGB. hat in letzter Zeit für das Gebiet der Reklame eine erhöhte[6]) Bedeutung erworben; denn auf ihm beruht die Bayrische Verordnung v. 12. XII. 1925[7]), nach welcher der öffentliche Anschlag von Plakaten verboten wird. Auf diese Verordnung wird noch kurz bei der Betrachtung[8]) der für Plakate maßgebenden Vorschriften eingegangen werden. Hier sei nur so viel gesagt, daß Polizeiverordnungen, die auf Grund von § 366 Ziff. 10 StGB. den öffentlichen Anschlag von Plakaten nur an den von der Stadtgemeinde aufgestellten Säulen oder sonstigen Vorrichtungen zuließ, von der Rechtsprechung[9]) als gültig angesehen werden, wobei betont wird, daß hieran Art. 118, 151, III RV. nichts ändern.

ββ) Eine weitere Vorschrift des StGB., die sicherheitspolizeiartigen Charakter trägt, ist die im § 360 Ziff. 11 StGB. enthaltene Gesetzesnorm.

Hiernach wird wegen Übertretung bestraft, wer ruhestörenden Lärm oder groben Unfug verübt.

Diese Vorschrift bezweckt den Schutz des Publikums als solchen im Gegensatz zu Einzelpersönlichkeiten und individuell begrenzten Personenkreisen[10]). Dies bedeutet aber

---

[1]) ObLGSt. 3, 116; BZR. 17, 297; hieran ändert auch Art. 151 III RV. nichts (ObLGSt. 26, 241).
[2]) OLG. Darmstadt in HRR. 2, 112. [3]) OLG. Dresden in Goltd. Arch. 64, 500.
[4]) Goltd. Arch. 44, 405. [5]) ObLG. in JR. 25, 776.
[6]) Vgl. die Ausführungen von v. Jan in DJZ. 26, 582.
[7]) GesVBl. 1925, S. 269. [8]) S. 175. [9]) KG. in JR. 27, 784. [10]) RGSt. 13, 366; 53, 139.

nicht etwa, daß im Einzelfall kein ruhestörender Lärm vorliegt, wenn die Bewohner eines Hauses durch ihn allein gestört werden; denn diese bilden, falls sie mit dem Störer in keinerlei Beziehung stehen, der Störer sie — wie meist in den Großstädten — weder ihrer Zahl noch ihrer Individualität nach kennt, einen Teil des Publikums[1]). Ebenso liegt auch ein das Publikum belästigender grober Unfug vor, wenn zunächst und unmittelbar nur eine einzelne Person durch ihn angegriffen wurde, falls in diesem Angriff eine Verletzung der öffentlichen Ordnung liegt und das Publikum als solches durch ihn belästigt oder verletzt wird[2]). Daher ist es gleichgültig, ob der Ort, an dem der ruhestörende Lärm oder der grobe Unfug geschah, ein „öffentlicher" ist, wenn nur durch sie das Publikum berührt wird. Danach kann grober Unfug in einem geschlossenen Raum verübt werden, wenn sich in demselben ein nicht durch individuelle Beziehungen verbundener Personenkreis befindet, so z. B. in einem Lokal, in einer Theater-, Musik-, Kinovorführung oder in einem größeren Laden.

ααα) Unter **ruhestörendem Lärm**, dessen Begriff zuerst behandelt werden soll, ist ein Lärm, der in unnötiger und ungerechtfertigter Weise das Publikum zu belästigen oder zu stören geeignet ist, zu verstehen, wobei eine tatsächliche Störung nicht verlangt wird. Auch ist das Gebiet in keiner Weise auf die nächtliche Ruhezeit beschränkt[3]). Die Störung muß aber erheblich oder grob sein, so z. B. ist das Klingeln[4]) der Bollewagenkutscher in Berlin nicht als ruhestörender Lärm aufzufassen. Was im Einzelfall erheblicher Lärm ist, ist nach der Gegend sowie der Zeit der Vornahme zu beurteilen. So kann die Reklame eines Radiohändlers, der einen Lautsprecher in die Gegend schreien läßt, ebenso das Ausschreien von Zeitungen[5]) sehr wohl ruhestörender Lärm sein. Die Rechtsprechung hat z. B. das Pfeifen eines Hotelportiers bereits als solchen angesehen[6]). Falls ein genehmigter Gewerbebetrieb — z. B. ein Tanzlokal — Lärm verursacht, so ist zur Beurteilung, ob in der Ausübung desselben ein ruhestörender Lärm vorliegt, die Untersuchung notwendig, ob die polizeilichen Bedingungen der Konzession eingehalten sind und ob nicht durch übermäßig starke oder lange Ausübung ein Mißbrauch der gewerblichen Befugnis vorliegt[7]).

In subjektiver Beziehung ist nur zu verlangen, daß der Täter vorsätzlich den Lärm verursacht — oder nicht verhindert —, dagegen ist nach ständiger Rechtsprechung nicht erforderlich, daß hinsichtlich der möglichen oder tatsächlichen Ruhestörung ein Vorsatz des Täters vorliegt[8]).

Schließlich ist noch hervorzuheben, daß nach der neuesten Rechtsprechung der Umfang der Materie „ruhestörender Lärm" reichsgesetzlich nicht als erschöpfend geregelt gilt. Hiernach können Polizeiverordnungen, wenn sie den allgemeinen landesgesetzlichen Grundlagen des Polizeirechts entsprechen, für diese Materie eine weitere Regelung treffen[9]).

βββ) Der Begriff „**grober Unfug**" ist in Rechtsprechung und Wissenschaft äußerst umstritten. Im Rahmen des vorliegenden Buches kann hier nur so viel gesagt werden, daß unter „grober Unfug" diejenige Handlung zu verstehen ist, welche das Publikum un-

---

[1]) RGSt. 13, 366; Goltd. Arch. 37, 197; KG. in HRR. 1, 258.
[2]) RGSt. 53, 139; JR. 25, Nr. 1472. [3]) ObLGSt. 2, 338.
[4]) Für Berlin vgl. unten S. 128. [5]) Für Berlin vgl. unten S. 128.
[6]) Sächs. OLG. 21, 408. [7]) KGJ. 3, 372.
[8]) RGSt. 43, 119; a. A. fast die gesamte Wissenschaft, die auch bezüglich der Ruhestörung Vorsatz erfordert; vgl. Ebermayer, Anm. 9 zu § 360.
[9]) KGJ. 47, 374; Goltd. Arch. 70, 273.

gebührlich belästigt und dadurch den äußeren Bestand der öffentlichen Ordnung zu stören geeignet ist, wogegen eine tatsächliche Störung nicht zu verlangen ist[1]).

Die Belästigung muß eine unmittelbare sein. Ungenügend ist daher, wenn nur eine nachträgliche Folge der Handlung eine Störung hervorruft[2]). Daher stellt die Handlung des Ehemanns der Konzertmeisterin, der für deren Musikaufführung dadurch Reklame machte, daß er Personen, die eine Heiratsannonce aufgegeben hatten, ein Stelldichein in dem Konzert in Aussicht stellte, keinen groben Unfug dar. In seiner ersten Handlung, der Zusendung der fingierten Verabredungsbriefe, liegt, da die Briefe an Einzelpersonen gesandt waren, keine Belästigung des Publikums vor. Die spätere Folge, daß die in ihren Hoffnungen getäuschten Freier sich empörten, ging nicht mehr auf das Konto der Handlung des Ehemanns der Konzertmeisterin. Aus demselben Grunde hat auch die Rechtsprechung angenommen, daß z. B. eine lebende Schaufensterreklame kein[3]) grober Unfug ist, da die durch eine solche Reklame etwa veranlaßte Menschenansammlung auf dem Bürgersteig, die das Publikum belästigen könnte, bezüglich der Störung der öffentlichen Ordnung nur eine unmittelbare Folge der Ansammlung, nicht aber der Schaufensterreklame[4]) ist.

Die einen groben Unfug darstellende Belästigung des Publikums kann durch unmittelbar physich lästig fallende ungerechtfertigte Handlungen vorgenommen werden[5]). So z. B. wird die Handlung der Varietekünstler, die in letzter Zeit für sich dadurch Reklame zu machen versuchten, daß sie auf Kirchtürme stiegen oder gefesselt ins Wasser sprangen, einen groben Unfug darstellen, da sie dem Publikum mit ihren Handlungen einen erheblichen Schrecken einjagten[6]).

Vor allem kann nach der Rechtsprechung die Belästigung des Publikums auch durch die Presse vorgenommen werden[7]). Diese Ansicht hat die weittragendste Bedeutung für das Gebiet der Reklame. So hat die Rechtsprechung schwindelhafte Reklame, die durch Ankündigung einer Art Wunderelixier, welches alle möglichen Krankheiten heilen sollte, für groben Unfug erklärt, weil das Publikum dadurch aus seinen sonstigen Lebensanschauungen geworfen würde[8]). Die Rechtsprechung hat sogar in letzter Zeit eine Reklamekundgebung der Revolverpresse, in der schwere Ehrenangriffe gegen eine Reihe von Personen, die im öffentlichen Leben stehen oder standen, gerichtet wurden, als groben Unfug bestraft[9]). Die Begründung dieser Ansicht ist damit erfolgt, daß durch diese Hetzartikel bei einem nicht abgegrenzten Bevölkerungsteil unmittelbar durch Kenntnisnahme der Artikel Furcht vor Beleidigungen hervorgerufen würde, wodurch die öffentliche Ordnung, d. h. die durch Gesetz und Gesellschaftssitte geregelte, auf gleicher gegenseitiger Achtung beruhende Form

---

[1]) RGSt. 16, 99; Goltd. Arch. 45, 128.

[2]) So Frank, a. a. O. Anm. XI d zu § 360; sehr bestritten.

[3]) Ein solches Verhalten kann aber gegen eine nach § 366 Ziff. 10 StGB. (siehe oben S. 83 f.) erlassene Polizeiverordnung verstoßen..

Für Berlin vgl. § 60 Nr. b Straßenordnung unten S. 180.

[4]) ObLG. in DJZ. 24, 323; ebenso KG. in ZRStR 46, 48; a. A. Liszt-Schmidt, § 190 IV 871, welcher Veranlassungen auf den Straßen durch Schaustellungen, Aufzüge usw. als groben Unfug bestrafen will.

[5]) Nicht unbestritten; so Frank in Goltd. Arch. 34, 153; 36, 270; RGSt. 23, 426; 25, 405; 27, 294; 31, 191; 32, 100.

[6]) Diese Sensationsreklame kann daher nicht nur, wie oben auf S. 81 gezeigt, auf Grund von § 10 II 17 ALR. verboten, sondern nach § 360 Ziff. 11 StGB. bestraft werden.

[7]) RGSt. 16, 98; 19, 294; 25, 405; 31, 193. [8]) OLG. Dresden in Goltd. Arch. 37, 68.

[9]) ObLG. in DRZ. 27, Nr. 173, 174.

des Zusammenlebens der Menschen, gestört würde. Schließlich hat die Rechtsprechung auch falsche Sensationsnachrichten in der Presse als groben Unfug bestraft[1]). Hiernach würden Reklamekundgebungen, wie sie z. B. in letzter Zeit zwei polnische Journalisten mit der Nachricht der Übersendung einer angeblichen Höllenmaschine, Dempsey mit der Nachricht des angeblichen Überfalls auf ihn, vornahmen, groben Unfug darstellen. Ob diese Reklamekundgebungen neben der Begründung, daß sie die öffentliche Ordnung störten, auch deshalb als grober Unfug zu bestrafen seien, weil sie die Polizei[2]) unnütz beschäftigten und damit von wichtigeren Aufgaben abzogen, ist nicht unbestritten. Das OLG. Dresden hat einen Fall, in dem ein Polizeibeamter grundlos in Anspruch genommen wurde, als groben Unfug bestraft[3]). Wegener[3]) will dagegen diesen Fall straflos sein lassen, weil die Inanspruchnahme der Polizei nur eine mittelbare Belästigung des Publikums darstelle.

Die Belästigung des Publikums muß, um den Tatbestand des § 360 Ziff. 11 StGB. zu erfüllen, stets erheblich sein, bloße Taktlosigkeiten und Geschmacklosigkeiten fallen nicht unter diese Strafvorschrift. Deshalb kann eine Reklame, mit der sich kürzlich eine illustrierte Zeitschrift im Auslande einführte, welche zufällig am Tage der Hinrichtung eines bekannten Mörders zum erstenmal erschien und auf der Umschlagseite das Bild dieses Mörders mit der Unterschrift brachte „dieser arme Mann konnte leider die Zeitschrift nicht mehr lesen. Aber Sie leben und können es. Abonnieren Sie schleunigst", abgesehen von allem anderen, keinen groben Unfug darstellen.

Zum subjektiven Tatbestand gehört beim groben Unfug genau so, wie beim ruhestörenden Lärm, Vorsatz nur bezüglich der vorgenommenen Handlung, während bezüglich der Wirkung der Handlung auf das Publikum Fahrlässigkeit genügt[4]).

$\gamma\gamma$) Eine weitere Bestimmung, sicherheitspolizeiartigen Charakters, die für das Gebiet der Reklame Bedeutung hat, ist die Vorschrift des § 360 Ziff. 6 StGB. Danach wird bestraft, wer Waren, Empfehlungskarten, Ankündigungen oder andere Drucksachen oder Abbildungen, welche in der Form oder Verzierung dem Papiergelde oder den dem Papiergelde nach § 149 StGB. gleichgeachteten Papieren[5]) ähnlich sind, anfertigt oder verbreitet.

Durch diese Bestimmungen werden Reklamekundgebungen getroffen, die in Form oder Verzierung den Eindruck hervorrufen, als ob es sich um ein Wertpapier handle. Dabei ist es nicht erforderlich, daß die betreffenden Papiere nachgebildet werden. Zur Erfüllung des Tatbestandes genügt es bereits, daß die Kundgebungen in Form und Verzierung Merkmale aufweisen, wie sie sich im allgemeinen bei jenen Wertpapieren vorzufinden pflegen[6]).

---

[1]) So KG. in JW. 1894 (angeblichen Einbruch), in Goltd. Arch. 39, 180 (angebliches Auffinden von Brandbriefen); vgl. auch RGSt. 25, 405.

[2]) In dem Fall der beiden polnischen Journalisten hat bekanntlich ein Berliner Schupowachtmeister eine ganze Nacht vor der „Höllenmaschine", die weiter nichts als eine in eine Konservenbüchse verpackte Weckeruhr enthielt, Wache gestanden.

[3]) JW. 27, 928. [4]) So RGSt. 16, 98; ObLGSt. 20, 403 (nicht unbestritten).

[5]) Diese sind die auf den Inhaber lautenden Schuldverschreibungen, Banknoten, Aktien oder deren stellvertretende Interimsscheine oder Quittungen sowie die zu diesen Papieren gehörenden Zins-, Gewinnanteils- oder Erneuerungsscheine, welche von dem Reich, dem Norddeutschen Bunde, einem Bundesstaate oder fremden Staate oder von einer zur Ausgabe solcher Papiere berechtigten Gemeinde, Korporation, Gesellschaft oder Privatperson ausgestellt sind.

[6]) So ObLGSt. 3, 263.

δδ) Durch Sondergesetze ist auch das Feilhalten des Papiers, aus welchem Wertpapiere der im § 360 Ziff. 6 gedachten Art angefertigt werden, verboten und mit Strafe belegt. Dies ist erfolgt durch Reichsgesetz v. 26. V. 1885 für Papier, das zur Anfertigung von Reichskassenscheinen, durch Reichsgesetz v. 2. I. 1911 für Papier, das zur Anfertigung von Reichsbanknoten und durch Reichsgesetz v. 3. VII. 1925 für Papier, das zur Anfertigung von Schuldurkunden des Reichs und der Länder verwandt wird. Der Zweck dieser Gesetze ist, Vorkehrungen gegen die Gefahr der Fälschung zu bieten und zu verhindern, daß taugliches Papier in die Hände von Personen kommt, die eine Fälschung begehen können[1]).

Da Feilhalten eine Reklamebetätigung ist[2]), bedeuten somit auch diese Vorschriften Einschränkungen für die Kundgebung der Reklame.

β) Zu den Einschränkungen der Kundgebung der Reklame gehören auch die gewerbepolizeilichen Vorschriften des UWG. Es handelt sich hierbei um die Bestimmungen, welche die Ausverkaufsankündigungen betreffen, sowie um die Bestimmung des § 11 UWG., wonach bestimmte Waren im Einzelverkehr nur in vorgeschriebenen Einheiten oder mit vorgeschriebenen Angaben feilgehalten werden dürfen.

αα) Obwohl die Bestimmungen über Ausverkäufe in das UWG. aufgenommen sind, haben sie an und für sich mit unlauterem Wettbewerb wenig zu tun. Der Ausverkauf als solcher ist nicht etwa eine unlautere Wettbewerbshandlung. Auch für den redlichen Kaufmann ist der Ausverkauf, wenn ausreichende Gründe für ihn vorliegen, eine durchaus zulässige, unter Umständen sogar unentbehrliche Form des Warenabsatzes. Die Vorschriften des UWG. über Ausverkäufe sind auch nicht auf die Fälle beschränkt, in denen mit dem Ausverkauf die Absicht einer Schädigung oder Gefährdung der Inhaber von Geschäften verfolgt wird, oder wenn der Ausverkauf zu einer solchen Schädigung oder Gefährdung geeignet ist. Die Vorschriften finden vielmehr auch Anwendung, wenn beim Ausverkauf die Absicht des Wettbewerbs ausscheidet[3]). Der Ausverkauf ist im UWG. behandelt, weil durch die Vorschriften über den Ausverkauf im Interesse des geschäftlichen Verkehrs Auswüchse auf dem Gebiete des Ausverkaufswesens bekämpft werden sollen und das UWG., wie später im zweiten Abschnitt darzulegen ist, mit dazu bestimmt ist, die Ordnung und Sicherheit des geschäftlichen Verkehrs zu schützen.

Den hier fraglichen Beschränkungen sind die Ausverkaufsankündigungen unterworfen. Allerdings sind diese Beschränkungen unter dem Gesichtspunkt der der Ankündigung folgenden Ausverkaufstätigkeit auferlegt[4]).

Unter Ausverkaufsankündigungen sind die öffentlichen oder für einen größeren Personenkreis bestimmten Bekanntmachungen zu verstehen, durch welche Ausverkäufe angekündigt werden. Ausverkaufsankündigungen, die nicht für die Öffentlichkeit oder einen größeren Personenkreis bestimmt sind, z. B. Rundschreiben an eine begrenzte Kundenzahl, insbesondere an ständige Geschäftskunden, fallen nicht hierunter. Aus diesem Grunde ist auch, abgesehen von anderen Gründen, die Anordnung des Berliner Polizeipräsidenten betr. Regelung der Ausverkäufe v. 28. XII. 1926 für rechtsunwirksam erklärt worden[5]), weil sie sich auf alle Ankündigungen von Ausverkäufen der in der An-

[1]) So Stenglein, Strafrechtliche Nebengesetze 1927, Bd. 2, S. 6.
[2]) Vgl. unten S. 106. [3]) So der RG. ID 101/29 im Berliner Tageblatt vom 9. V. 1929.
[4]) Vgl. Boehm in JW. 29, 563. [5]) KG. in Goltd. Arch. 72, 306.

ordnung näher bestimmten Art bezog, während eine Anzeige über den Ausverkauf nur bei „öffentlichen Bekanntmachungen oder Mitteilungen, die für einen größeren Kreis von Personen bestimmt sind", verlangt werden dürfen.

ααα) Für die Reklameankündigungen von Ausverkäufen bestimmt § 7 I UWG.[1]), daß in der Ankündigung der Grund anzugeben ist, der zu dem Ausverkauf Anlaß gegeben hat. Nach der Begründung zum Gesetz soll diese Bestimmung dazu dienen, die Nachprüfung des in der Ankündigung angegebenen Sachverhalts und die etwaige Verfolgung unrichtiger Angaben zu erleichtern. Das Gesetz will unreelle Ausverkaufsankündigungen bekämpfen. Unreell ist die Ankündigung dann, wenn ein den Ausverkauf, d. h. die schleunige Räumung rechtfertigender Grund in Wirklichkeit nicht vorliegt. Ein Verstoß gegen § 7 I UWG. ist also nach zweierlei Richtung möglich. Einmal kann dies der Fall sein, wenn ein Grund überhaupt nicht angegeben ist, z. B. Ausverkauf für die Reise, für Einsegnungsgarderobe usw., da hier lediglich die zum Verkauf gestellte Ware bezeichnet wird. Sodann kann zwar ein Grund angegeben sein, dieser aber nach der Auffassung des Verkehrs den Verkauf der Ware in der forcierten Form eines Ausverkaufs nicht rechtfertigen. Dies liegt z. B. vor, wenn Ausverkauf wegen Vergrößerung des Geschäfts angezeigt wird, da die Vergrößerung eines Geschäfts einen Ausverkauf nicht ohne weiteres, sondern nur unter gewissen Umständen rechtfertigen kann.

Eine weitere Einschränkung der Reklamekundgebung für Ausverkäufe enthält § 7 II UWG.[2]). Hiernach kann die höhere Verwaltungsbehörde für die Ankündigung bestimmter Arten von Ausverkäufen nach Anhörung der zuständigen Gewerbe- und Handelsvertretungen anordnen, daß zuvor Anzeige über den Grund des Ausverkaufs und den Zeitpunkt des Beginns zu erstatten sowie ein Verzeichnis der auszuverkaufenden Waren einzureichen ist. Eine derartige Anzeigepflicht kann von der höheren Verwaltungsbehörde aber nicht für alle Ankündigungen von Ausverkäufen schlechthin angeordnet werden, sondern, wie § 7 II UWG. bestimmt, nur für Ankündigungen bestimmter, in den Anordnungen einzeln aufzuführenden Arten von Ausverkäufen. Der Gesetzgeber ist hierbei, wie sich aus der Begründung ergibt, von folgenden Erwägungen ausgegangen[3]):

„In der Natur der einschlägigen wirtschaftlichen Verhältnisse liegt begründet, daß die Verpflichtung zur Anzeige des Ausverkaufs nicht schlechthin und in allen Fällen Platz greifen kann. Das Bedürfnis wird nicht nur in den verschiedenen Teilen des Reiches, in Stadt und Land, sondern auch in bezug auf die einzelnen Arten der Ausverkäufe durchaus verschieden sein. Die Befugnis zum Erlaß der in Frage stehenden Anordnungen ist daher der höheren Verwaltungsbehörde übertragen, die in der Lage sein wird, nach Maßgabe der örtlichen und sachlichen Verhältnisse zu prüfen, ob eine solche Anordnung angezeigt ist, Erfolg verspricht und mit den allgemeinen wirtschaftlichen Verhältnissen des Bezirks vereinbar ist. Durch die Übertragung der Befugnis zum Erlasse der An-

---

[1]) § 7 I UWG. lautet: „Wer in öffentlichen Bekanntmachungen oder in Mitteilungen, die für einen größeren Kreis von Personen bestimmt sind, den Verkauf von Waren unter der Bezeichnung eines Ausverkaufs ankündigt, ist gehalten, in der Ankündigung den Grund anzugeben, der zu dem Ausverkauf Anlaß gegeben hat."

[2]) § 7 II UWG. lautet: „Durch die höhere Verwaltungsbehörde kann nach Anhörung der zuständigen gesetzlichen Gewerbe- und Handelsvertretungen für die Ankündigung bestimmter Arten von Ausverkäufen angeordnet werden, daß zuvor bei der von ihr zu bezeichnenden Stelle Anzeige über den Grund des Ausverkaufs und den Zeitpunkt seines Beginns zu erstatten sowie ein Verzeichnis der auszuverkaufenden Waren einzureichen ist. Die Einsicht der Verzeichnisse ist jedem gestattet."

[3]) RGSt. 45, 20.

ordnungen an die höhere Verwaltungsbehörde soll die Möglichkeit sichergestellt werden, den besonderen wirtschaftlichen und lokalen Bedürfnissen der einzelnen Absatzgebiete Rechnung zu tragen, der Verwaltungsbehörde soll es daher auch überlassen bleiben, zu bestimmen, für welche Arten der Ausverkäufe die Anordnung gelten soll."

Praktisch erhalten die Bestimmungen des § 7 eine erweiterte Bedeutung durch § 9 I UWG.[1]). Hiernach steht der Ankündigung eines Ausverkaufs im Sinne des § 7 II UWG. jede sonstige Ankündigung gleich, welche den Verkauf von Waren wegen Beendigung des Geschäftsbetriebs, Aufgabe einzelner Warengattungen oder Räumung eines bestimmten Warenvorrates aus dem vorhandenen Bestande betrifft. Danach unterliegen auch die hier genannten ausverkaufsähnlichen Ankündigungen den Beschränkungen des § 7 UWG. In § 9 I UWG. ist zwar nur auf § 7 II UWG. Bezug genommen. Das Reichsgericht[2]) hat jedoch eingehend dargetan, daß Ausdruck und Wille des Gesetzes unzweideutig dahingehe, daß § 9 I UWG. sachlich auch für die Fälle des § 7 I UWG. zu gelten hat. Auch bei diesen ausverkaufsähnlichen Ankündigungen ist somit der Grund anzugeben. Auch diese Ankündigungen sind, wenn sie in öffentlichen Bekanntmachungen oder in Mitteilungen erfolgen, die für einen größeren Personenkreis bestimmt sind, nur zulässig, wenn der angegebene Grund nach der Verkehrsauffassung die beschleunigte Räumung rechtfertigt.

Ein ausreichender Ausverkaufsgrund ist nach dem Reichsgericht[3]) stets dann vorhanden, wenn ein Ereignis vorliegt, das dem Verkäufer Anlaß bietet, die Räumung eines bestimmten Warenlagers ganz oder teilweise im Wege des beschleunigten Verkaufs herbeizuführen. Als ein solches Ereignis ist nicht angesehen worden, wenn der Verkäufer schon bei Eröffnung des Geschäfts mit einem Ausverkauf in kurzer Zeit rechnete. Der Veranstalter eines Ausverkaufs hatte sein Geschäftslokal auf drei Monate gemietet. Nach Ablauf dieser Zeit wurde ihm vom Wirt gekündigt. Die Firma meldete darauf einen Ausverkauf wegen Aufgabe des Geschäfts an. Das Einigungsamt der Handelskammer Berlin[4]) entschied, die Firma habe bei der Sachlage mit der Möglichkeit rechnen müssen, daß das Geschäft sehr bald nach der Eröffnung wieder geräumt werden müsse und sei daher nicht berechtigt gewesen, den Ausverkauf vorzunehmen.

Nach § 10 UWG.[5]) wird bestraft, wer gegen die Bestimmung des § 7 UWG. verstößt Da es sich um eine Übertretung handelt, beträgt die Verjährungsfrist 3 Monate. Die Strafverfolgung geschieht gemäß § 22 UWG. von Amts wegen. Der Verletzte, ebenso wie Verbände zur Förderung gewerblicher Interessen können nach § 13 UWG. auf Unterlassung klagen. Der Verletzte kann auch gegebenenfalls Schadensersatz verlangen und statt Schadensersatz im Strafverfahren Buße (§ 26 UWG.).

---

[1]) § 9 I UWG. lautet: „Der Ankündigung eines Ausverkaufs im Sinne des § 7 II und des § 8 steht jede sonstige Ankündigung gleich, welche den Verkauf von Waren wegen Beendigung des Geschäftsbetriebs, Aufgabe einer einzelnen Warengattung oder Räumung eines bestimmten Warenvorrats aus dem vorhandenen Bestande betrifft."

[2]) RGSt. 45, 45. [3]) RGSt. 45, 372. [4]) ZUW. vom Sept. 1928.

[5]) § 10 UWG. lautet: „Mit Geldstrafe bis zu einhundertfünfzig Mark oder mit Haft wird bestraft:

1. Wer der Vorschrift des § 7 Abs. 1 zuwider es unterläßt, in der Ankündigung eines Ausverkaufs den Grund anzugeben, der zu dem Ausverkauf Anlaß gegeben hat;
2. wer den auf Grund des § 7 Abs. 2 erlassenen Anordnungen zuwiderhandelt oder bei Befolgung dieser Anordnungen unrichtige Angaben macht;
3. wer den von der höheren Verwaltungsbehörde auf Grund des § 9 Abs. 2 Satz 2 getroffenen Bestimmungen zuwiderhandelt."

Hiermit erschöpft sich jedoch die Bedeutung dieser Schutzvorschriften nicht. Erheblich wichtiger ist, daß bei Ausverkaufsankündigungen auch die Polizei befugt ist, im Falle der Zuwiderhandlung mit den ihr zustehenden Mitteln einzugreifen. Dies ist auch der Grund, weshalb diese Bestimmungen im Rahmen dieses Buches in dem vorliegenden Teile behandelt werden, welcher die polizeilichen Einschränkungen in der Kundgebung der Reklame betrifft. Die Zulässigkeit des polizeilichen Eingreifens richtet sich nach dem Recht der einzelnen Länder. Für Preußen kommt § 10 II 17 ALR. in Betracht, der, wie oben[1]) gezeigt, der Polizei das Recht gibt, Zuwiderhandlungen evtl. auch durch Anwendung unmittelbaren Zwanges zu verhindern.

Die nach § 7 II UWG. zuständige höhere Verwaltungsbehörde wird gemäß § 29 UWG. von der Zentralbehörde der einzelnen Länder bestimmt. In Preußen ist es nach einer Bekanntmachung des Ministers des Inneren und des Ministers für Handel und Gewerbe v. 27. VIII. 1909[2]) der Regierungspräsident, für den Landespolizeibezirk Berlin der Polizeipräsident.

Die höheren Verwaltungsbehörden, welche auf Grund der ihnen durch § 7 II UWG. erteilten Ermächtigung im Einvernehmen mit den gesetzlichen Gewerbe- und Handelsvertretungen Anordnungen schufen, hatten zum großen Teil ihre Aufgabe mißverstanden. So kam es, daß eine große Anzahl von Anordnungen von den Gerichten für unwirksam erklärt wurden, weil sie Vorschriften enthielten, welche über die im § 7 II UWG. erteilte Ermächtigung hinausgingen. Danach sind Anordnungen für ungültig erklärt worden, welche, obwohl nach § 7 II UWG. nur bestimmte Arten von Ausverkäufen für anzeigepflichtig erklärt werden dürfen, eine Anzeigepflicht allgemein und unterschiedslos für sämtliche Verkäufe, die unter den Begriff eines Ausverkaufs fallen, bestimmt hatten[3]). Eine andere Anordnung ist für ungültig erklärt worden, weil sie bestimmte, daß die nach § 7 II UWG. erforderliche Anzeige spätestens 2 Wochen vor Beginn zu erfolgen habe[4]). Eine Anordnung ging dahin, daß vor Ankündigung von Ausverkäufen, welche sich ganz oder zum Teil auf 1. Manufakturwaren, Woll- und Weißwaren . . . 2. bis 14. . . . . . erstreckten, spätestens 14 Tage vor Beginn des Ausverkaufs Anzeige zu erstatten sei. Diese Anordnung hat das Kammergericht[5]) für ungültig erklärt, weil nicht bestimmte Arten von Ausverkäufen genannt seien, wie es das Gesetz vorschreibe, sondern bestimmte Warengattungen, für welche Ausverkäufe jeglicher Art anzeigepflichtig erklärt seien. Eine weitere Anordnung ist vom Kammergericht[6]) für ungültig erklärt worden, weil alle im § 9 I UWG. genannten Gruppen von Teilausverkäufen für anzeigepflichtig erklärt worden waren, während nach § 7 I UWG. nur bestimmte Arten für anzeigepflichtig erklärt werden durften. Zufolge dieser Urteile waren die Anordnungen Änderungen unterzogen worden und dann im großen und ganzen ohne Anfechtung geblieben. Als nach Beendigung der Inflation der Handel wieder in geregelte Bahnen gelangt und insbesondere der Warenmangel geschwunden war, machten sich wieder Auswüchse auf dem Gebiete des Ausverkaufswesens bemerkbar. Der Handelsstand forderte daher von den Verwaltungsbehörden stärkeres Einschreiten seitens der Polizei. Der Preußische Minister für Handel und Gewerbe trug diesen Wünschen im Erlaß vom 26. IX. 1926[7]) Rechnung. Er empfahl die Aufnahme verschiedener Punkte in die Anordnungen, so z. B., daß bei Angabe des

[1]) S. 78ff. [2]) MiBl. der Handels- und Gewerbeverwaltung 1909, S. 399.
[3]) Vgl. RGSt. 45, 18, 194. [4]) KGJ. 41 C, 367. [5]) KGJ. 42 C, 362.
[6]) KGJ. 45, 398. [7]) HMiBl. 26, 277.

Grundes die Tatsachen anzuführen unf gegebenenfalls die Belege beizufügen seien, aus denen sich ergebe, daß dieser Grund wahr und ernsthaft gemeint sei und nach Auffassung der beteiligten Geschäftskreise den Ausverkauf rechtfertige. Er bestimmte, daß „Ausverkäufe, die entgegen den Anordnungen nicht in der vorgeschriebenen Weise angemeldet würden, oder solche, bei denen der angegebene Grund zur Rechtfertigung des Ausverkaufs nicht genüge, nach Benehmen mit der Industrie- und Handelskammer von der Polizeibehörde zu verhindern seien."

Auf Grund dieses Erlasses wurden die Anordnungen fast in ganz Preußen einer Durchsicht unterzogen und neu veröffentlicht[1]). Diese Anordnungen sind zum größten Teile rechtsunwirksam, weil sie Vorschriften enthalten, die über die im § 7 II UWG. erteilte Ermächtigung hinausgehen. So ist z. B. die Anordnung des Berliner Polizeipräsidenten v. 28. XII. 1926 außer dem oben[2]) bereits angeführten Grunde noch aus folgenden weiteren Gründen für ungültig erklärt worden.

1. Weil sie, wenn auch nur eine dreitägige, Frist für die Erstattung der Anzeige setze, während im § 7 II UWG. Erstattung der Anzeige nur „zuvor", d. h. überhaupt vor Erlaß der Ankündigung des Ausverkaufs verlangt werden könne.
2. Weil sie die Einreichung von Anzeige und Verzeichnis in dreifacher Ausfertigung verlange, während nach § 7 II UWG. nur eine einfache Anzeige gefordert werden dürfe.
3. Weil sie verlange, daß bei Angabe des Grundes die Tatsachen anzuführen und gegebenenfalls die Belege beizufügen seien, aus denen sich ergäbe, daß dieser Grund wahr und ernsthaft gemeint sei und nach Auffassung der beteiligten Geschäftskreise den Ausverkauf rechtfertige, ein Verlangen, das im Gesetz überhaupt keine Stütze findet.

Der Polizeipräsident hat demzufolge unter dem 14. V. 1928 eine neue Anordnung erlassen. Diese dürfte jedoch, sofern das KG. bei seinem bisherigen Standpunkt verharrt, gleichfalls ungültig sein, weil auch in dieser Anordnung bestimmt ist, daß die Ausverkäufe 3 Tage vor Beginn anzuzeigen seien. Der Polizeipräsident hat dann weiter in einer Ausführungsvorschrift zu dieser Anordnung, gleichfalls v. 14. V. 1928, bestimmt, daß der Veranstalter gleichzeitig mit der Anzeige unter Beifügung von Belegen die Tatsachen anführen solle, die zu einer Nachprüfung des Grundes und Zulässigkeit des Ausverkaufs sowie seiner Durchführung erforderlich sei. Es wird hier in das Polizeirecht eine Sollvorschrift eingeführt, die als ein Unding erscheinen dürfte, da es Sollvorschriften sonst wohl nur im bürgerlichen Recht gibt. Jedenfalls würde die Nichtbefolgung weder eine Bestrafung nach § 10 UWG. noch ein Einschreiten der Polizei nach sich ziehen können.

Gegen die Rechtsprechung des Kammergerichts, welche außer der Anordnung des Berliner Polizeipräsidenten v. 28. XII. 1926 noch eine Anzahl weiterer Anordnungen für ungültig erklärt hat[3]), weil sie sich nicht im Rahmen der im § 7 II UWG. erteilten Ermächtigung gehalten haben, hat sich Weißbart[4]) gewandt. Er legt dar, daß diese Rechtsprechung nicht nur dem Zweck des Gesetzes widerspreche, sondern auch mit dem Inhalt der Bestimmungen nicht zu vereinbaren sei. Diesen Ausführungen widerspricht Boehm[5]), indem er vor allem geltend macht, der Strafrichter könne nicht seine Hand dazu bieten, daß durch eine Auslegung der Ermächtigungsklausel, die im Gesetz keine Stütze

[1]) Vgl. Weißbart in JW. 29, 305. [2]) S. 88.
[3]) 9. XI. 1927 und 10. IX. 1928; JW. 29, 33 ff. [4]) JW. 29, 305 ff. [5]) JW. 29, 562 ff.

habe, Lücken des Gesetzes beseitigt würden und weist hierzu insbesondere auf die Entscheidung des Kammergerichts v. 10. IX. 1928 hin, in der dieses ausführt: „Die gesetzlichen Vorschriften ergeben, daß mit ihnen den Verwaltungsbehörden die Befugnis eingeräumt worden ist, Normen zu schaffen, deren Übertretung ohne weiteres die Anwendung der reichsrechtlichen Strafvorschrift nach sich zieht. Schon dieser Gesichtspunkt nötigt den Strafrichter, diesen Normen nur insoweit sachliche Rechtsgültigkeit zuzubilligen, als sie durch die Fassung der gesetzlichen Ermächtigung gedeckt sind. Denn es würde zu einer mit der Strafrechtspflege nicht zu vereinbarenden Rechtsunsicherheit führen, wollten die Strafgerichte eine eng umschriebene gesetzliche Ermächtigung der Verwaltungsbehörde zur Schaffung von Übertretungstatbeständen ausdehnend auslegen. Eine solche ausdehnende Auslegung, die dazu führen würde, daß die Verwaltungsbehörden das gesamte Ausverkaufswesen polizeilich regeln könnten, würde aber auch dem Zweck der gesetzlichen Vorschrift des § 7 II UWG. entgegenstehen."

Zur Zeit schweben zwischen dem Polizeipräsidenten und der Industrie- und Handelskammer Verhandlungen unter Zuziehung des zuständigen Senats des Kammergerichts, um den Text für eine einwandfreie Anordnung festzustellen. Daher dürfte mit einer alsbaldigen Abänderung der Anordnung v. 14. V. 1928 zu rechnen sein. Es ist auch zu erwarten, daß die übrigen Anordnungen im Reich entsprechend den dabei zur Anwendung gelangenden Grundsätzen einer Revision unterzogen werden, um zu verhüten, daß in Zukunft noch Anordnungen für rechtsunwirksam erklärt werden.

Das Gesetz enthält außer den in §§ 7, 9 I UWG. bestimmten Einschränkungen bei Ankündigungen von Ausverkäufen und ausverkaufsähnlichen Veranstaltungen im § 8 für Ausverkäufe eine weitere Einschränkung, nämlich das Verbot des Vor- und Nachschiebens von Waren. Dies Verbot interessiert jedoch im Rahmen unserer lediglich die Reklamekundgebung behandelnden Betrachtungen nicht.

Die §§ 7 und 9 I UWG. betreffen, abgesehen von den später noch zu behandelnden Sondervorschriften des § 6 und 9 II UWG., alle Ankündigungen, welche vom Publikum als solche für einen Ausverkauf angesehen werden. Unter „Publikum" ist eine individuell nicht bestimmte Personenzahl zu verstehen. Eine an das Publikum gerichtete Anzeige liegt dann vor, wenn sie unbestimmt von welchen und wievielen Personen gelesen werden kann. Das Reichsgericht[1]) hat auch die Ausverkaufsanzeige eines Wareneinkaufsvereins als an das Publikum gerichtet angesehen, obwohl in ihr der Zusatz enthalten war, daß die Warenabgabe nur an Mitglieder erfolge. Es führt hierzu aus: „Die Anzeige konnte unbestimmt von welchen und wievielen Mitgliedern gelesen werden, sie konnte auch über den Kreis der Mitglieder hinausgehende Wirkungen haben, insofern sich Nichtmitglieder durch sie dazu bestimmen ließen, dem Verein beizutreten oder durch ihnen bekannte Mitglieder Waren aus dem Ausverkauf für sich zu erwerben."

Was unter Ausverkauf zu verstehen sei, sagt das Gesetz nicht, es ist dies aber aus dem Zusammenhang des § 7 mit § 9 I UWG. zu entnehmen, wonach der Ausverkaufsankündigung jede sonstige Ankündigung gleichsteht, welche den Verkauf von Waren wegen Beendigung des Geschäftsbetriebes, Aufgabe einer einzelnen Warengattung oder Räumung eines bestimmten Warenvorrates aus einem vorhandenen Bestand betrifft. Danach gehört zum Begriff der Ausverkaufsankündigung, daß entweder Räumung

---

[1]) Berliner Tageblatt vom 9. V. 1929 (I D 101/29).

der vorhandenen Vorräte zwecks Beendigung des Geschäftsbetriebes im ganzen (Totalausverkauf) oder Aufgabe einer Warengattung bzw. Räumung eines bestimmten Warenvorrats aus dem vorhandenen Bestande (Teilausverkauf) angekündigt wird. Die Räumungsabsicht, welche jeder Ausverkauf voraussetzt, ist nicht eine solche, die mit einem ordnungsmäßigen Geschäftsgange verbunden ist und die jeder Kaufmann verfolgt, sondern tritt aus diesem Rahmen heraus. Das Reichsgericht[1]) führt hierzu aus: „In einem weiteren Sinne verfolgt der Kaufmann mit jedem Verkauf, auch mit dem im laufenden Geschäftsgange, den Zweck einer Räumung. Das kennzeichnende Merkmal des Ausverkaufs besteht demgegenüber darin, daß der Verkauf und die damit verbundene Räumung beschleunigte sein sollen und hierdurch aus dem Rahmen eines laufenden Geschäftsganges heraustreten. Das kann nach den Erfahrungen des Geschäftslebens nur durch eine über das gewöhnliche Maß hinausgehende Anlockung Kauflustiger geschehen, und das gelingt wiederum nur durch Inaussichtstellung von besonderen, sei es auch nur angeblichen oder vermeintlichen Kaufvorteilen."

Welcher Ausdruck in der Ankündigung dafür, daß es sich um einen aus dem Rahmen des laufenden Geschäftsganges heraustretenden Verkauf handelt, gewählt wird, ist gleichgültig. Weder ist es entscheidend, ob das Wort „Ausverkauf" gebraucht wird, noch ist es, wenn es sich um einen Teilausverkauf handelt, erforderlich, daß das Wort „Räumung" in der Ankündigung erscheint. Es genügt, daß das Publikum aus der Ankündigung schließt, daß Verkauf und Räumung als beschleunigte beabsichtigt sind und daß sich daraus besonders vorteilhafte Einkaufsbedingungen ergeben werden[2]).

Bei Teilausverkäufen ist weiter nach § 9 I UWG., soweit es sich nicht um beschleunigte Aufgabe einer einzelnen Warengattung handelt, begrifflich erforderlich, daß ein Bestand vorhanden ist, aus dem ein bestimmter Vorrat beschleunigt geräumt werden soll. Das Reichsgericht[3]) führt hierzu aus: „Der Begriff des Ausverkaufs setzt einen Warenvorrat von bestimmt abgegrenztem Umfange voraus, mag sich der Vorrat auch zur Zeit der Ankündigung noch nicht in der tatsächlichen Verfügungsgewalt des Verkäufers befinden. Die Ankündigung eines Ausverkaufs muß daher unmittelbar oder mittelbar auf einen solchen bestimmten Warenvorrat hinweisen."

Fehlt es in der Ankündigung an dem Merkmal des Verkaufs eines bestimmten Vorrates aus einem vorhandenen Bestande, so liegt ein Teilausverkauf im Sinne des Gesetzes nicht vor, und zwar auch dann nicht, wenn eine solche Veranstaltung als Ausverkauf bezeichnet werden sollte. Darin liegt die Abgrenzung der Ausverkäufe gegen Sonderveranstaltungen wie Reklametage, 95-Pfennig-Tage, Ausnahmetage, weiße Woche usw., die nicht Ausverkäufe sind und nicht unter die Bestimmungen der §§ 7, 9 I UWG. fallen, weil nicht die Räumung eines bestimmten Vorrates angekündigt wird.

In der Praxis ist die Beantwortung der Frage, ob im einzelnen Falle eine ausverkaufsähnliche Anzeige im Sinne des § 9 I UWG. oder eine Sonderveranstaltung vorliegt, vielfach auf große Schwierigkeiten gestoßen. Bei der Beurteilung wird daran festzuhalten sein, daß Sonderveranstaltung überall da vorliegt, wo eines der Begriffsmerkmale: Beschleunigte Räumung, vorhandener Bestand, bestimmter Warenvorrat fehlt. Ein bestimmter Vorrat, aber kein vorhandener Bestand ist z. B. gegeben, wenn ein Gelegenheitskauf angekündigt wird. Vorhandener Bestand, aber kein bestimmter Vorrat, liegt dagegen bei Veranstaltungen wie weiße Woche, 95-Pfennig-Tage usw. vor.

[1]) RGSt. 45, 191. [2]) RGSt. 45, 192. [3]) RGSt. 45, 317.

Wer danach einen aus dem Rahmen des laufenden Geschäftsganges hinaustretenden Verkauf öffentlich ankündigt, wird sorgfältig zu prüfen haben, ob die Ankündigung den Voraussetzungen der §§ 7, 9 I UWG. entspricht. Im bejahenden Falle wird er die Vorschriften des Gesetzes zu befolgen haben, da ihm sonst Verhinderung der Veranstaltung durch die Polizei und Bestrafung nach § 10 UWG. droht.

Nach § 10 UWG. können Ankündgungen strafbar sein a) gemäß §§ 7, 9 I UWG., weil kein Grund angegeben ist, b) gemäß denselben Vorschriften, weil der angegebene Grund den Ausverkauf nicht rechtfertigt, c) gemäß §§ 7, 9 I UWG., weil es sich um eine Art Ausverkauf oder ausverkaufsähnlicher Veranstaltung handelt, die anzeigepflichtig ist und die Einreichung eines Verzeichnisses notwendig macht.

Die Stellungnahme der Gerichte möge aus einigen Beispielen[1]) aus der Praxis veranschaulicht werden.

a) Für unzulässig, weil die Angabe des Grundes nicht enthaltend, sind Ausverkaufsankündigungen erklärt worden, wie:

1. „Um zu räumen verkaufe ich Spielwaren zu herabgesetzten Preisen." Die Worte „Um zu räumen" weisen nur auf die Absicht des beschleunigten Verkaufs hin, ein Grund für diese Absicht ist nicht angegeben.
2. „Räumungsverkauf in Glaswaren."
3. „Ein Posten Möbel teilweise unter dem Herstellungspreis".
4. „Jahresräumungsverkauf." Falls ein Inventurausverkauf beabsichtigt wäre, müßte dies zum Ausdruck gebracht werden, für einen gewöhnlichen Ausverkauf fehlt die Grundangabe.
5. „Konservenausverkauf."
6. „Totalausverkauf."
7. „Ausverkauf wegen Räumung von Handwagen."
8. „Ein Waggon Fleischtöpfe für die Hälfte des regulären Wertes."
9. „Die noch vorrätige Ware wird zu herabgesetzten Preisen verkauft."
10. „Endgültiger Verkauf übernommener Waren."
11. „Massenschnellverkauf."
12. „Schneller und billiger Verkauf."
13. „Schnellverkauf."
14. „Massenverkauf[2])."
15. „Viertausend Paar wollene Strümpfe zu billigen Extrapreisen."
16. „Wir müssen räumen."
17. „Räumungswoche zu herabgesetzten Preisen[3])."
18. „Raus mit der Ware." Durch diese Ankündigung wird beim Publikum die Annahme hervorgerufen, daß es sich um die Absicht beschleunigter Räumung der Ware handle. Es liegt also eine ausverkaufsähnliche Ankündigung vor, bei der jedoch der Grund für die beschleunigte Räumung nicht angegeben ist.
19. „Nach beendetem Umbau! Außergewöhnliches Angebot! Beim Umbau angestaubte Gegenstände Damenwäsche, Bettwäsche usw. bis zu 5% unter Preis." Das Land-

[1]) Die Beispiele aus der Praxis sind zum größten Teil aus der ZUW. entnommen.

[2]) Die Beispiele Nr. 9 bis 14 sind im Merkblatt der Industrie- und Handelskammer Berlin enthalten.

[3]) RG. I D 101/29 in Berliner Tageblatt vom 9. V. 1929.

gericht III, Berlin, hatte den Antrag auf Erlaß einer einstweiligen Verfügung auf Untersagung der Ankündigung abgelehnt, weil die Voraussetzungen der §§ 7 und 9 UWG. nicht gegeben seien. Das Kammergericht[1]) hat die einstweilige Verfügung angeordnet mit folgender Begründung: „Es handelt sich um einen bestimmten Warenvorrat aus dem vorhandenen Bestande, der verkauft werden soll. Dieser Posten soll nicht im ordentlichen Geschäftsgange veräußert, sondern außerhalb desselben baldmöglichst abgestoßen werden, weil es sich um irreguläre, nämlich beschädigte Ware handelt. Das Publikum entnimmt die Tatsache, daß es sich um einen beschleunigten Absatz handle, der aus dem Rahmen des laufenden Geschäftsbetriebes heraustritt, also um eine Räumung, auch aus dem Umstande, daß hier besondere — wirkliche oder vermeintliche — Kaufvorteile geboten werden. Es handelt sich somit um die Ankündigung eines Ausverkaufs, und zwar ist diese Ankündigung mangels Angabe des Ausverkaufsgrundes als Verletzung der §§ 7, 9 UWG. anzusehen."
Diese Entscheidung des Kammergerichts erscheint bedenklich. Der Grund für den beschleunigten Verkauf geht aus der Ankündigung unzweideutig hervor. Nach einer andern Entscheidung[2]) ist in einer Ankündigung „Verkauf von angestaubten und durch Dekoration beschädigten Waren" die Grundangabe als enthalten angesehen worden.

b) Für unzulässig, weil einen zureichenden Grund nicht enthaltend, sind Ausverkaufsankündigungen erklärt worden, wie:

1. „Kehraus-Woche", „Kehraus-Tage".
2. „Nur noch kurze Zeit."
3. „Verkauf von Restposten", „Verkauf von Restbeständen[3])".
4. „Wegen fehlender Lohngelder Verkauf zu bedeutend herabgesetzten Preisen."
5. „Verkauf von unmodern gewordenen Schuhwaren." Zu beschleunigtem Absatz derartiger Waren sind lediglich die Inventur- und Saisonausverkäufe bestimmt.
6. „Restbestände der weißen Woche."
7. „Um 50000 Mk. will ich mein übermäßig großes Warenlager verkleinern."
8. „Wegen Überfüllung des Lagers." Ein Ausverkauf wegen Überfüllung des Lagers wird als nicht gerechtfertigt angesehen, weil sonst die Gefahr bestände, daß die Lager künstlich überfüllt werden, um die Möglichkeit eines Ausverkaufs herbeizuführen.
9. „Da mein Lager zu groß ist, verkaufe ich zu herabgesetzten Preisen" (wie zu 8.).
10. „Wegen Platzmangel", „Um Platz zu schaffen". Im allgemeinen kann bloßer Platzmangel einen Ausverkauf nicht rechtfertigen. Anders, wenn der Platzmangel einen hinreichenden Grund abgibt, was jedoch selten der Fall sein wird. Das OLG. Dresden[4]) hat in einer Ankündigung „Wir müssen Platz schaffen, um die für das Frühjahr 1928 neu eingekauften Tapeten schon jetzt hereinnehmen zu können", einen ausreichenden Grund erblickt, weil sie vom Durchschnittsleser dahin verstanden werden müsse, daß die Hereinnahme der neueingekauften Tapeten und, um für diese Platz zu schaffen, Verkauf der alten Vorräte zur Aufrechterhaltung des Betriebes in den regelmäßigen Bahnen erforderlich sei. Diese Entscheidung erscheint bedenklich.

---

[1]) 15. VI. 1928 abgedruckt in ZUW. Sept. 1928.
[2]) Mitgeteilt in ZUW. März 1927.
[3]) Die Beispiele 1 bis 3 sind im Merkblatt der Industrie- und Handelskammer Berlin enthalten.
[4]) Vgl. MuW. XXVIII, 399. Gegen diese Entscheidung Rosenthal UWG., 6. Aufl., S. 239.

Um das Lager für neue Ware frei zu machen, die im Interesse der Durchführung eines geordneten Geschäftsganges hereingenommen werden müssen, sind die Saison- und Inventurausverkäufe bestimmt[1]).

11. „Geschäftsaufgabe wegen Neugründung einer G. m. b. H." Wenn die Änderung nur juristisch in die Erscheinung tritt, d. h., daß z. B. die Inhaber, die bisher offene Handelsgesellschafter waren, eine juristische Person gegründet haben, das Geschäft aber unverändert fortgeführt wird, so fehlt es an einem Ausverkaufsgrund.

12. „Ausverkauf wegen Austritt eines Teilhabers." Gegen den vom Reichsgericht in der Entscheidung v. 18. V. 1928 eingenommenen Standpunkt, daß der Austritt eines Teilhabers kein ausreichender Ausverkaufsgrund sei, wendet sich mit Recht Seelow[2]). Er weist darauf hin, daß das Ausscheiden eines Gesellschafters unzweifelhaft ein Ereignis im Sinne der früher genannten Entscheidung[3]) sei, welches dem Verkäufer Anlaß biete, einen Ausverkauf vorzunehmen, es sei denn, daß die Mittel vorhanden sind, den ausscheidenden Gesellschafter sofort auszahlen zu können, ohne diese aus dem Lager selbst ziehen zu müssen. Natürlich darf der Ausverkauf nur so lange fortgesetzt werden, bis der Grund fortgefallen ist, bis also die für die Abfindung des Teilhabers notwendigen Mittel durch den Ausverkauf herbeigeschafft worden sind.

13. „Räumungsverkauf wegen Vergrößerung des Lagers." Die Vergrößerung des Lagers rechtfertigt an und für sich nicht einen Ausverkauf. Einen zureichenden Grund könnte lediglich eine Verkleinerung des Lagers abgeben. Anders, wenn etwa mit der Vergrößerung ein Umbau verbunden ist (darüber vgl. zu Nr. 14).

14. „Ausverkäufe wegen baulicher Veränderungen und Geschäftsverlegungen." Hier gilt der Grund als nicht zureichend, wenn der Umbau oder der Umzug eine beschleunigte Räumung des Warenlagers nicht rechtfertigt. Es können jedoch besondere Umstände vorliegen, die einen Ausverkauf wegen baulicher Veränderungen oder Umzuges rechtfertigen. So ist bereits der Wunsch, die Umzugskosten durch Räumung des bisherigen Warenlagers zu verringern, als ein ausreichender Grund für den Ausverkauf angesehen worden. Die Absicht, den Geschäftsbetrieb selbst aufzugeben, ist nicht erforderlich[4]). Auch das Bewußtsein, daß sich bis zur baulichen Veränderung oder bis zum Umzug die völlige Räumung möglicherweise nicht werde verwirklichen lassen und ein übrigbleibender Rest werde übergeführt werden müssen, ebenso die Absicht, nach erfolgtem Umzug bzw. nach erfolgter baulicher Veränderung, also nach Wegfall des Grundes für die gegenwärtige vollständige Räumung, von neuem wieder gleichartige Waren anzuschaffen, hindert nicht, den Ausverkaufsgrund als zulässig anzusehen[5]). In dem Merkblatt der Handelskammer Berlin sind Geschäftsverlegung und Umzug als zulässige Ausverkaufsgründe aufgeführt. Die Zentrale zur Bekämpfung unlauteren Wettbewerbs hat über den Ausverkauf wegen baulicher Veränderungen und Geschäftsverlegung folgendes Gutachten erteilt:

„Ein Ausverkauf wegen Umzuges oder Umbaues kann als zulässig nur angesehen werden, wenn durch den Umzug bzw. den Umbau der Geschäftsmann gezwungen ist, sein Warenlager beschleunigt zu räumen. Hierbei ist es gleichgültig, ob er die Artikel, mit denen er räumen will, weiterführt. Bei einem Umzug wird man einen Ausverkauf als zulässig nur dann ansehen können, wenn der Umzug bedeutende Unkosten verursacht oder wenn das zu beziehende Geschäfts-

---

[1]) Vgl. Seelow, ZUW. März 1929. [2]) ZUW. Juni 1928. [3]) RGSt. 45, 372.
[4]) So RG.; vgl. MuW. Jahrg. 10, 649. [5]) RGSt. 43, 49.

lokal geringeren Umfanges als das bisherige ist. Ein Umzug, der sich auf eine kürzere Entfernung erstreckt, größere Unkosten nicht verursacht, auch eine Einschränkung des Geschäftsbetriebes nicht mit sich bringt, kann als zulässig für einen Ausverkauf nicht angesehen werden.
Ein Umbau ist als ausreichender Ausverkaufsgrund nur dann anzusehen, wenn es sich um eine größere bauliche Veränderung handelt, die es dem Geschäftsmann nicht ermöglicht, das Geschäft regulär weiterzuführen. Das Ziehen einer Wand oder dergl. kann als ausreichend für eine beschleunigte Räumung nicht angesehen werden. Es ist durchaus nicht notwendig, daß während des Umbaues das Geschäft stillgelegt werden muß. Bei größeren Umbauten werden Waren beschädigt bzw. leiden durch Staub usw. Der Geschäftsmann darf diese Waren als regulär nicht verkaufen. Es muß ihm also die Möglichkeit gegeben werden, diese Waren abzustoßen. Dies kann nur durch einen Ausverkauf geschehen. Es ist daher von Fall zu Fall zu prüfen, ob der angegebene Grund zu der Veranstaltung eines Ausverkaufs berechtigt."

Das Kammergericht hat im Urteil v. 30. VII. 1928 eine Ankündigung „Sonderverkauf wegen Umzuges" überhaupt nicht als Ausverkaufsankündigung, sondern als eine Veranstaltung angesehen, die irgendwelchen beschränkenden Bestimmungen nicht unterliegt und hat den Angeklagten freigesprochen. Gegen dieses Urteil hat sich mit Recht Seelow[1]) unter Hinweis auf die reichsgerichtliche Judikatur gewandt und insbesondere auf ein Urteil des Reichsgerichts v. 19. XII. 1927 verwiesen, in dem eine Ankündigung „Extrabillige Angebote wegen Umbaues" als Ausverkaufsanzeige angesehen worden ist. Das Reichsgericht führt aus: „Dafür, ob eine Anzeige die Ankündigung eines Ausverkaufs darstellt, ist die Auffassung des Publikums maßgebend. Die Anzeige wird dahin verstanden, daß der Angeklagte Waren, die wegen Umbaues hinderlich waren, beschleunigt außerhalb des Rahmens des bewilligten Geschäftsbetriebes veräußern wolle. Allerdings sei die Meinung vertreten, daß von Räumung eines „bestimmten Warenvorrates" nur gesprochen werden könne, wenn die Waren irgendwie individualisiert seien, und sogar gefordert, daß sie auch äußerlich von dem sonstigen Warenbestande ausgeschieden sein müßten. Diese Auslegung sei weder durch den Wortlaut des Gesetzes geboten, noch mit seinem Sinn und Zweck vereinbar. Es könnte sonst die Anwendung der Vorschriften zur Bekämpfung der Mißstände im Ausverkaufswesen dadurch vereitelt werden, daß der Veranstalter in der Ankündigung eine genaue, eine Individualisierung ermöglichende Bezeichnung der zu veräußernden Waren unterläßt. Dies könne nicht der Absicht des Gesetzgebers entsprechen. Es bleibe dahingestellt, ob das Gesetz bei einem Teilausverkauf weder eine begriffliche noch räumliche Abgrenzung der der Veräußerung unterstellten Waren fordert. Jedenfalls sei der Tatbestand des § 9 I UWG. dadurch erfüllt, daß erkennbar eine Räumung der beim Umbau eine Beengung verursachenden Waren angekündigt war."

c) Als ausverkaufsähnliche Veranstaltungen, im Sinne des § 9 I UWG. (im Gegensatz zu Sonderveranstaltungen) sind Ankündigungen angesehen worden, wie:

1. „Wegen Umstellung (Einführung von Einheitspreisen) haben wir unsere sämtlichen Waren herabgesetzt."
2. „Wegen Renovierung großer Pelzverkauf zu herabgesetzten Preisen."
3. „Enorm billige Preise wegen Geschäftsvergrößerung."
4. „Zufolge Zusammenlegung meiner Betriebe und Lager besonders niedrige Preise."
5. „Schnellverkauf."
6. „Verkauf wegen Auflösung."
7. „Großer Posten Mäntel mit kleinen Fehlern."

---

[1]) ZUW. Sept. 1928.

8. „9750 m Waschstoffe weit unter Preis." Wenn eine bestimmte Warenmenge unter Preis angeboten wird, so wird der Eindruck erweckt, daß mit dieser Menge beschleunigt geräumt werden soll. Es liegt daher Ausverkauf vor und nicht Sonderveranstaltung, die im laufenden Geschäftsgange erfolgt und nicht aus dem regulären Geschäftsgange heraustritt.

9. „Etwa 10000 Rollen Tapeten — letzte Neuheiten — weit unter Preis." Vgl. zu 8.

10. „Ca. 15000 m Kleiderstoffe bis zu 50% Ermäßigung." Wie zu 8.

11. „6000 Stück Lederbekleidung aus Heeresbeständen zu nie wiederkehrenden Preisen." Nach dem Kammergericht[1]) entnimmt das Publikum aus dem Inserat, daß hier ein Ausverkauf angekündigt werde. Es handle sich um irreguläre Ware, die außerhalb des gewöhnlich laufenden Geschäftsganges zur Veräußerung gebracht werden solle. Die Beschleunigung der angekündigten Räumung entnehme das Publikum daraus, daß ihm ein besonderer Kaufvorteil — Erwerb zu nie wiederkehrenden Preisen — angeboten werde.

12. „Etwa 1000 Kleider in Serien eingeteilt zu bedeutend herabgesetzten Preisen. Sämtliche Modellkleider zur Hälfte des Wertes und billiger." Das Oberlandesgericht Breslau hat im Urteil v. 16. II. 1928[2]) beide Anzeigen dieser Ankündigung als Sonderveranstaltungen angesehen. Betreffs der Ankündigung von 1000 Kleidern usw. führt das Urteil aus: „Mit den außerhalb der gesetzlich zulässigen Räumungs-, Saison- und Inventurausverkäufen veranstalteten Sonderverkäufen bezweckt der Geschäftsinhaber einmal bares Geld in sein Geschäft hereinzubekommen, dann auch, dem kauflustigen Publikum Gelegenheit zu billigem Wareneinkauf zu bieten, vor allem aber mit der Serienbildung dem Publikum das Aussuchen der gewünschten Ware bequemer zu machen, während er dabei an Zeit und Personal sparen kann. Diese Art des Verkaufs ist heute allgemeinüblich und beim Publikum sehr beliebt. Das Publikum, insbesondere das der Großstadt, ist sich wohl bewußt, daß es sich hierbei nicht um einen Ausverkauf handelt. Auch die ziffernmäßige Begrenzung von Warenposten kann dem Sonderangebot nicht das Merkmal eines Ausverkaufs aufprägen; denn sie dient nur dazu, dem Publikum deutlich und augenfällig anzuzeigen, daß es sich um einen größeren Posten von Waren handelt. Auch diese Reklame ist gegenwärtig allgemein üblich und wird vom Publikum in dem beabsichtigten Sinne aufgefaßt." Seelow[3]) wendet mit Recht hiergegen ein, daß es sich hier nicht um eine Veranstaltung im laufenden Geschäftsgange handle, sondern um eine solche, die aus dem regulären Geschäft heraustrete, daß die Räumung eines bestimmten, aus einem vorhandenen Bestande heraussortierten Warenvorrats angezeigt werde, und daß daher die Voraussetzungen des § 9 I UWG. gegeben sind.

Bezüglich der Anzeige über die Modellkleider führt das Urteil folgendes aus: „Modellkleider sind solche, die von vornherein nicht zum Verkauf, sondern dazu bestimmt sind, als Vorbild für andere nach ihrem Muster anzufertigende Kleider zu dienen. Es kann sich hierbei nur immer um Einzelstücke, nicht aber um eine bestimmte Warengattung handeln. Auch handelt es sich hier stets nur um einen ganz geringen Posten, der wegen seiner Unerheblichkeit nicht den Begriff eines Teilausverkaufs erfüllt." Hiergegen wendet Seelow richtig ein, daß es sich tatsächlich nicht um Aufgabe

---

[1]) JUW. Dez. 1928. [2]) JUW. Nov. 1928. [3]) a. a. O.

einer Warengattung, sondern um Räumung eines bestimmten Warenvorrats aus dem vorhandenen Bestande handelt, und daß daher auch diese Anzeige die Voraussetzungen des § 9 I UWG. erfüllt.

13. „Während des Umbaues besondere Preisermäßigung" oder „Wegen Umbau 10% Rabatt". Wenn nur angekündigt würde „10% Rabatt" oder „Preisermäßigung", so würde es sich lediglich um eine Sonderveranstaltung handeln. Dadurch, daß der Grund angegeben ist, nämlich Umbau, wird die Sonderveranstaltung zu einer ausverkaufsähnlichen, da nunmehr der Eindruck erweckt wird, daß e sich nicht um eine Veranstaltung im laufenden Geschäftsgange handle, sondern daß beschleunigte Räumung beabsichtigt ist.

14. „Erweiterungsbau, enorm billige Preise." Als Ausverkauf wegen Umbaues anzusehen, vgl. Nr. 13.

15. „Während des Umbaues nie wiederkehrende billige Preise." Der gesamte Inhalt der Ankündigung ist dahin zu verstehen, daß ein vorhandener Bestand mit Beschleunigung geräumt werden soll.

16. „Verkauf von Rest- und Einzelpaaren zu herabgesetzten Preisen." Nach ständiger Rechtsprechung des Kammergerichtes al Ausverkaufsankündigung anzusehen.

17. „Restbestände", „Restabschnitte", „Restposten", „Restmengen". Bei diesen Ankündigungen wird der Eindruck hervorgerufen, daß es sich um einen festumgrenzten Warenvorrat aus vorhandenem Bestande handelt, der beschleunigt geräumt werden soll. Dagegen liegt lediglich eine Sonderveranstaltung vor, wenn die Bezugnahme auf einen bestimmten Vorrat fehlt, z. B. „Verkauf von Resten und Abschnitten zu herabgesetzten Preisen". So auch Oberlandesgericht Hamburg im Urteil v. 5. VII. 1 28[1]): „Ausverkäufe bezwecken die Räumung eines bestimmten Warenvorrats. Unter Resten versteht das Publikum im allgemeinen die nachgebliebenen Kleinstücke der meistens meterweise gehandelten Waren, insbesondere von Stoffen, Spitzen usw. Ein solcher Verkauf fällt in der Regel nicht unter die Begriffsbestimmung des Ausverkaufs, und seine Ankündigung wird vom Publikum in der Regel auch nicht als Ankündigung eines Ausverkaufs einer Warengattung oder eines Warenvorrats aufgefaßt."

d) Als Sonderveranstaltungen, die also den Beschränkungen für Ausverkäufe nicht unterliegen, sind dagegen angesehen worden Ankündigungen wie:

1. „Modenschau."
2. „Weiße Woche", „Kinderwoche", „Jägerwoche", „billige Tage", „95-Pfennig-Tage", „Ultimo-Tage", „Ausnahme-Tage", „Werbe-Tage", „Werbe-Woche".

Während bezüglich der „weißen Woche", „Kinder-Woche", „Ultimo-Tage" usw. ein gesetzlicher Zwang zur Befristung besteht, da die Ankündigung sonst, wie später im zweiten Abschnitt darzulegen ist, als unrichtige oder täuschende Reklame im Sinne der §§ 3 und 4 UWG. anzusehen wäre, i t dies bei Veranstaltungen wie „Werbe-Tage" und „Werbe-Wochen" nicht der Fall. Um zu verhüten, daß diese Veranstaltungen über eine angemessene Frist hinaus ausgedehnt werden, haben sich der Fachausschuß für Einzelhandel und das Einigung amt der Industrie- und Handelskammer Berlin mit der Angelegenheit befaßt. Nach eingehender Prüfung sind beide zu der Auffassung

---

[1]) ZUW. März 1929.

gelangt, daß Sonderveranstaltungen wie „Werbe-Tage", „Ultimo-Tage" usw. dem Publikum tatsächlich besondere Vorteile bieten müssen, daß „Werbe-Tage" nicht über 6, „Werbe-Wochen" nicht über 14 Tage ausgedehnt und im Monat nicht mehr als 6 „Werbe-Tage" abgehalten werden dürfen, und daß es Pflicht eines jeden anständigen Kaufmanns sei, den Beginn der „Werbe-Tage" und „Werbe-Wochen" in den Ankündigungen bekanntzugeben, um nicht den Anschein zu erwecken, es werde gegen die guten kaufmännischen Sitten verstoßen[1]).

3. „Ausnahme-Tage." Diese sind z. B. auch als Verlängerung der „Weißen Woche", nicht als Ausverkauf anzusehen, weil es an den wesentlichen Merkmalen des § 9 I UWG. fehlt.
4. „Großer Verkauf zu bedeutend herabgesetzten Preisen." Es fehlt an einer Ausverkaufsankündigung, daher als Sonderangebot unbeschränkt zulässig.
5. „Sommer-Verkäufe", „Januar-Verkäufe", „Oster-, Pfingst-, Weihnachts-Verkäufe", „Serien-Verkäufe". Als Sonderveranstaltung unbeschränkt zulässig; es sei denn, daß aus irgendwelchen Hinweisen auf eine beschleunigte Räumung eines bestimmten Vorrats aus einem vorhandenen Bestande geschlossen werden kann.
6. „Eine Seltenheit, ein Waggon regulärer I a Emaille, aber 30 bis 40% billiger[2])." Das Publikum muß aus dem Inhalt der Anzeige annehmen, daß es sich um einen Gelegenheitskauf handle, es fehlt an dem vorhandenen Bestand, daher keine ausverkaufsähnliche Veranstaltung, sondern Sonderangebot.
7. „Wir bieten an Fabriklagerposten 2000 Paar Schuhe weit unter Preis." Auch diese Ankündigung ist als Sonderangebot angesehen worden, weil das Publikum aus der Fassung der Anzeige annehmen müsse, daß die anbietende Schuhwarenfirma einen Gelegenheitskauf gemacht habe, daß es sich also nicht um einen bestimmten Vorrat aus einem vorhandenen Bestande handelt.
8. „Jubiläums-Verkäufe." Ein solcher Verkauf kann jedoch gegen die §§ 3, 4 UWG. verstoßen. Der Einzelhandelsausschuß der Industrie- und Handelskammer Berlin hat erklärt, daß ein „Jubiläums-Verkauf" nur dann angekündigt werden dürfe, wenn es sich um ein Jubiläum markanter Art handle. (10, 25, 40, 50, 75, 100jähriges Bestehen des Geschäfts). Sonst liege unlautere Reklame vor.

Das UWG. enthält für zwei Arten von Ausverkaufsankündigungen Sondervorschriften

im § 6[3]) für Ankündigungen von Konkursmassenausverkäufen und

im § 9 II UWG.[3]) für Ankündigungen von Saison- und Inventurausverkäufen.

βββ) Nach § 6 UWG. wird es bestraft, in öffentlichen Ankündigungen darauf hinzuweisen, daß die zum Verkauf gelangenden Waren aus einer K o n k u r s m a s s e stammen,

---

[1]) Vgl. ZUW. Febr. 1929. Diese Ausführungen sowie die Ausführungen zu Ziff. 8, die an sich in den zweiten Abschnitt gehören, sind zur besseren Übersicht hier gebracht.

[2]) Die Beispiele zu 6 und 7 sind entnommen aus Becher UWG., S. 169.

[3]) § 6 UWG. lautet: „Wird in öffentlichen Bekanntmachungen oder in Mitteilungen, die für einen größeren Kreis von Personen bestimmt sind, der Verkauf von Waren angekündigt, die aus einer Konkursmasse stammen, aber nicht mehr zum Bestande der Konkursmasse gehören, so ist dabei jede Bezugnahme auf die Herkunft der Waren aus einer Konkursmasse verboten.

Zuwiderhandlungen gegen diese Vorschrift werden mit Geldstrafe bis zu einhundertfünfzig Mark oder mit Haft bestraft."

es sei denn, daß die Ware noch zur Konkursmasse gehört und die Ankündigung somit vom Konkursverwalter ausgeht.

Während sonst, wie im zweiten Abschnitt darzulegen ist, Reklamekundgebungen im wesentlichen nur dann verboten sind, wenn sie unrichtige Angaben enthalten oder geeignet sind, Verwechslungen herbeizuführen, erfolgt hier Bestrafung und evtl. Verhinderung der Veranstaltung durch die Polizei, auch wenn wahre Angaben angekündigt werden, wenn also die Ware tatsächlich aus einer Konkursmasse stammt. In der Begründung zu dieser allgemeinen, aus dem Rahmen der sonstigen Gesetzgebung über Reklamekundgebungen fallenden Strafandrohung ist ausgeführt, daß jeder Hinweis auf die Herkunft einer Ware aus einem Konkurs einen sachlich nicht gerechtfertigten Anreiz auf das Publikum ausübe und dem redlichen Geschäftsmann Schaden zufüge. Gegen die Bedenken, daß hier bestraft werde, etwas anzukündigen, was wahr sei, wurde erwogen, daß es sich hier um eine reine im Interesse der Allgemeinheit erlassene Polizeivorschrift handle und daß die Strafandrohung sich deshalb auch im Rahmen der Übertretung halte.

Da jede Bezugnahme auf einen Konkurs strafbar ist, sofern die Ware nicht mehr zur Konkursmasse gehört, ist auch eine Ankündigung wie „Aus der Konkursmasse zurückgekauft, daher Verkauf zu bedeutend herabgesetzten Preisen", als gegen § 6 UWG. verstoßend für unzulässig erklärt worden.

Maßgebend dafür, ob eine Ware als aus einer Konkursmasse stammend angekündigt werden darf, ist der Tag des angekündigten Verkaufs. So hat das Reichsgericht[1]) in einem Falle, wo der Angeklagte am 21. XII. einen Warenbestand aus einer Konkursmasse gekauft hatte, der am 27. XII. übergeben werden sollte, und sich somit bis zu diesem Tage in der Verfügung des Konkursverwalters befand, wegen einer am 23. XII. veröffentlichten Bekanntmachung eines Konkursmassenausverkaufs verurteilt, weil dieser Ausverkauf für einen Tag angekündigt war, an dem, wie der Angeklagte wußte oder mit Bestimmtheit voraussah, die Ware nicht mehr zur Konkursmasse gehören würde und auch tatsächlich nicht gehört habe, so daß am Tage des angekündigten Verkaufs, auf den es allein ankomme, die Bezugnahme auf die Herkunft der Ware aus einer Konkursmasse nach § 6 UWG. strafbar war.

γγγ) Die weiteren Sondervorschriften betreffen die Saison- und Inventur-Ausverkäufe.

Nach der Begründung zum UWG. ist diesen Ausverkäufen eine besondere Stellung eingeräumt, weil sie eine unentbehrliche Form des Warenabsatzes sind. Sie sind dazu bestimmt, die Räumung von Waren mit verminderter Absatzfähigkeit in forcierter Form herbeizuführen, um das Lager für neue, den Bedürfnissen des Konsums entsprechende Waren frei zu machen. Nach einem Gutachten der Zentrale zur Bekämpfung des unlauteren Wettbewerbs[2]) über die Frage, ob es statthaft sei, bei einem Sommer-Saison-Ausverkauf auch Herbst- und Winterwaren mit zum Verkauf zu stellen, würde es den Begriff eines Saisonverkaufs vollkommen verwischen, wenn ihm Winterwaren, also Waren, die bereits für die neue Saison angeschafft worden sind, mit unterworfen werden. Hier liege keine Berechtigung für eine beschleunigte Räumung vor. Einem Saison-Ausverkauf dürften begrifflich nur solche Waren unterworfen werden, die von verminderter Absatzfähigkeit seien.

---

[1]) RGSt. 45, 43. [2]) ZUW. Sept. 1927, S. 4.

Nach § 9 II UWG.[1]) ist Voraussetzung für Saison- und Inventurausverkäufe:

a) daß sie als solche bezeichnet werden,

b) daß sie im ordentlichen Geschäftsverkehr üblich sind.

a) Aus den Ankündigungen muß sich ergeben, daß es sich um Saison- oder Inventurausverkäufe handle. Dazu ist jedoch nicht erforderlich, daß gerade diese Bezeichnungen gewählt werden. Als Saison- oder Inventurausverkauf bezeichnend sind auch Ankündigungen angesehen worden wie: „Wegen vorgerückter Saison", „Wegen Schluß der Saison", „Verkauf von Saison-Artikeln", „Verkauf von Saison-Rückständen", „Alle Saison-Artikel bis zu 50 % herabgesetzt", „Wegen bevorstehender Inventur", „Zu Inventurpreisen". Ankündigungen dagegen wie „Sommerausverkauf", „Winterausverkauf", „Saisonangebot" sind nicht als zulässige Bezeichnungen angesehen worden. Die Bezeichnung „Diesjähriger Jahresräumungsausverkauf" ist als ausreichende Bezeichnung für einen im Januar abgehaltenen Saisonausverkauf angesehen worden: „Aus der Ankündigung sei ersichtlich, daß es sich um einen jährlich Anfang Januar veranstalteten Ausverkauf zur Räumung der Restbestände, um einen Saisonausverkauf handle. Das Wort „Saison" sei nicht unbedingt erforderlich." Nach Seelow[2]) ist diese Entscheidung unhaltbar. Aus der Ankündigung müsse hervorgehen, ob ein Saison- oder ein Inventurausverkauf veranstaltet werde, gerade im Januar würden meist nicht Saison-, sondern Inventurausverkäufe abgehalten. Gegen diese Ansicht Seelows wendet sich Wassermann[3]): „Es sei durchaus nicht nötig, daß der Ausdruck Saison oder Inventur gebraucht werde. Die Unterscheidung im Gesetz zwischen Saison- und Inventurausverkäufen sei bedeutungslos und schließe eine Täuschung des Publikums aus, weil der Inventurausverkauf mit der Inventur nichts zu tun habe, auch der Kaufmann sich bei der Preisstellung für diesen Ausverkauf nicht danach richte, ob seine Inventur besser oder schlechter ausgefallen ist." Hierauf hat Seelow entgegnet: „Wenn der Inventurausverkauf mit der Inventur nicht im Zusammenhang stehe, so wären die Angaben als Inventurausverkauf nach §§ 3, 4 UWG. unzulässig. Der Gesetzgeber habe nicht die Absicht gehabt, starr zum Ausdruck zu bringen, daß nur die bezeichneten Saisonausverkäufe bzw. Inventurausverkäufe zulässig seien, es sei aber notwendig, daß in der Ankündigung das Wort Saison bzw. Inventur vorhanden sei." Es ist wohl entscheidend, wie das Publikum die fragliche Ankündigung auffaßt. Wenn zu einer Zeit, in der die überaus große Mehrzahl der Kaufleute Saison- oder Inventurausverkäufe abhält, eine Firma ihren „diesjährigen" Jahresräumungsverkauf ankündigt und für diesen Ausverkauf die für Saison- und Inventurausverkäufe erlassenen Vorschriften der Verwaltungsbehörde, z. B. Angabe des Beginnes der Veranstaltung, befolgt, so kann die Ankündigung nicht anders verstanden werden, als daß es sich um einen Saisonausverkauf handle. Der Ausverkauf als Saisonausverkauf dürfte auch durch das Wort „diesjährig", das auf eine regelmäßig wiederkehrende Übung schließen läßt, und durch das Wort „Jahresräumungs-

[1]) § 9 II UWG. lautet: „Auf Saison- und Inventurausverkäufe, die in der Ankündigung als solche bezeichnet werden und im ordentlichen Geschäftsverkehr üblich sind, finden die Vorschriften der §§ 7 und 8 keine Anwendung. Über Zahl, Zeit und Dauer der üblichen Saison- und Inventurverkäufe kann die höhere Verwaltungsbehörde nach Anhörung der zuständigen gesetzlichen Gewerbe- und Handelsvertretungen Bestimmungen treffen."

[2]) ZUW. Juni 1927.

[3]) ZUW. Sept. 1927.

ausverkauf", das auf die beabsichtigte Räumung der Restbestände aus dem vorigen Jahr hinweist, hinreichend bezeichnet sein.

b) Weitere Voraussetzung für die Zulässigkeit von Saison- und Inventurausverkäufen ist, daß sie im ordentlichen Verkehr üblich sind. Falls sie im einzelnen Falle nicht üblich sind, würde ein gleichwohl abgehaltener Saison- oder Inventurausverkauf als gewöhnlicher Ausverkauf anzusehen sein, der aber in dieser Form unzulässig wäre, weil Saison oder Inventur keinen ausreichenden Grund im Sinne des § 7 UWG. darstellt[1]).

Unter „üblich" ist nicht das zu verstehen, was bei Erlaß des Gesetzes im Jahre 1909 üblich war, sondern was sich im kaufmännischen Verkehr Geltung verschafft hat. Nach dem Oberlandesgericht Düsseldorf[2]) entscheidet darüber, was üblich ist, die große allgemeine Entwicklung, wie sie aus den Bedürfnissen des Erwerbslebens und den Bedingungen der Wirtschaftslage im ganzen Reiche oder in Teilen des Reiches geboren wird und die auch die engere örtliche Übung beeinflussen muß[3]). Demgegenüber setzt das Oberlandesgericht Hamburg[4]) den Begriff „üblich" gleich „ortsüblich", indem es ausführt: „Richtig ist, daß sich die Üblichkeit nach der Anschauung der beteiligten Kreise bestimmt. Dagegen findet die Annahme, daß der Gesetzgeber für das ganze Reichsgebiet eine einheitliche Regelung dergestalt habe herbeiführen wollen, daß die in einem Bezirke bestehende Üblichkeit auch für die anderen Bezirke maßgebend sein sollte, weder im Gesetz noch in der Entstehungsgeschichte hinreichende Stütze (RGZ. 117, 276). Vielmehr spricht der Umstand, daß das Gesetz gewisse Anordnungen den örtlichen Verwaltungsbehörden überlassen hat, eher für die entgegengesetzte Auffassung. Allerdings dürfe die Örtlichkeit nicht in zu engem Sinne verstanden werden, in der Regel würden die Geschäftsanschauungen einer im Mittelpunkt eines ausgedehnten Vororts- und Nachbarortsverkehrs gelegenen Großstadt auch diejenigen im ganzen Wirtschaftsgebiete sein." Dem Standpunkt des Oberlandesgerichts Düsseldorf, wonach die örtlichen besonderen Verhältnisse nur dann Anspruch auf Beachtung verdienen, wenn sie in besonderen örtlichen Bedürfnissen wurzeln, dürfte als der großzügigen Entwicklung des geschäftlichen Verkehrs mehr Rechnung tragend der Vorzug zu geben sein.

Der höheren Verwaltungsbehörde steht das Recht zu, nach Anhörung der zuständigen gesetzlichen Gewerbe- und Handelsvertretungen Bestimmungen über Zahl, Zeit und Dauer der üblichen Saison- und Inventurausverkäufe zu treffen. Die Zuwiderhandlung gegen diese Anordnungen zieht nach § 10 Ziff. 3 UWG. Bestrafung nach sich. Über das Recht des Eingreifens seitens der Polizei und die zivilrechtlichen Ansprüche wird auf die obigen[5]) Ausführungen zu den § 7, 9 I verwiesen.

Für Berlin hat der Polizeipräsident in der Anordnung v. 14. V. 1928 im § 5 folgende Bestimmungen getroffen:

„Saison- und Inventurausverkäufe dürfen höchstens zweimal im Jahre, und zwar in der Zeit vom 2. Januar bis 15. Februar einschließlich und vom 1. Juli bis 15. August einschließlich stattfinden[6]).

[1]) So Seelow in JUW. Febr. 1928, der mit Recht eine Entscheidung zurückweist, welche in der Bezeichnung des Ausverkaufs als „Inventurausverkauf" eine genügende Angabe des Grundes im Sinne des § 7 UWG. erblickt.

[2]) 22. XII. 1926 in MuW. 26, 221.

[3]) So auch Rosenthal, Wettbewerbsgesetz 1928, Anm. 9 zu § 9.

[4]) 1. XII. 1927 MuW. XXVIII, 408. [5]) S. 90 ff.

[6]) Der Einzelhandel bemüht sich seit längerer Zeit, eine Verlegung dieser Termine herbeizuführen. Für Berlin ist mit dem Polizeipräsidenten bezüglich des Saisonausverkaufs für 1929

Die Dauer der Ausverkäufe im Januar bis Februar ist auf die ununterbrochene Zeit von zwei Wochen, die der Ausverkäufe im Juli bis August auf die ununterbrochene Dauer von drei Wochen beschränkt. Es sind aber nur entweder zwei Saisonausverkäufe oder je ein Saison- und ein Inventurausverkauf gestattet.
Der Beginn eines innerhalb der gezogenen Grenzen zulässigen Saison- oder Inventurausverkaufs ist am Geschäftslokal des Ausverkaufsveranstalters bekanntzugeben. Die Bekanntgabe hat so zu erfolgen, daß der Zeitpunkt des Beginns für jedermann deutlich erkennbar ist."

Bezüglich der zwei- bzw. dreiwöchentlichen Frist ist zu beachten, daß der Tag des Beginns mit zählt. Eine Ausdehnung des Ausverkaufs über die von der höheren Verwaltungsbehörde bestimmte Frist ist als Zuwiderhandlung gegen die Bestimmungen anzusehen und hat nach § 10 Ziff. 3 UWG. Bestrafung zur Folge. Während sich die Bestimmungen über Ausverkäufe, wie oben gezeigt, sonst nur auf die Reklameankündigungen beziehen, betrifft die im § 9 II UWG. der Verwaltungsbehörde eingeräumte Befugnis über Zahl, Zeit und Dauer Bestimmungen zu treffen, die Saison- und Inventurausverkäufe selbst. Die von der Verwaltungsbehörde zu bestimmenden Fristen beziehen sich daher nur auf die Dauer des Ausverkaufs, nicht auf die Dauer der Ankündigung. Aus diesem Grunde ist auch angeordnet, daß der Tag des Beginnes des Ausverkaufs am Geschäftslokal deutlich bekanntzugeben ist.

Der Kaufmann, der für die Saison- und Inventurausverkäufe durch Schilder-, Schaufensterdekorationen usw. besondere Veranstaltungen zu treffen pflegt, braucht somit nicht etwa bis zum Tage des Beginns diese auf den Ausverkauf hinweisende Kundgebungen zu verhängen, er muß jedoch alles vermeiden, was geeignet ist, eine Irreführung des Publikums hervorzurufen.

Durchaus unzulässig und nach § 10 UWG. strafbar ist es, bereits an den Tagen vor Beginn des Ausverkaufs zu Ausverkaufspreisen zu verkaufen. Auch ein in der Weise erfolgender Verkauf, daß an die Kundschaft Mitteilungen gesandt werden, wonach an sie entgegenkommenderweise bereits vor Beginn zu Ausverkaufspreisen verkauft werden soll, sind als Umgehung der Verordnung anzusehen.

Sonderveranstaltungen, die unmittelbar vor Beginn oder nach Beendigung von Saison- oder Inventurausverkäufen getroffen werden, gelten als verschleierte Verlängerungen der Ausverkäufe und nehmen daher an den Vergünstigungen des § 9 II UWG.[1]) nicht teil, unterliegen vielmehr den Bestimmungen der §§ 7 und 8 UWG. Als derartige verschleierte Verlängerungen sind Veranstaltungen angesehen worden wie „Ausverkauf von Resten und Abschnitten aus unserem Saisonausverkauf", „Restbestände aus dem Inventurausverkauf, fabelhaft billig", „Die noch vorhandenen Restbestände in Sommerwaren ohne Rücksicht auf den weit höheren Wert". Um diesem Mißstand verschleierter Verlängerungen von Saison- und Inventurausverkäufen zu steuern, hat der Einzelhandelsausschuß der Industrie- und Handelskammer Berlin folgenden Beschluß gefaßt: „Die Abhaltung von Sonderveranstaltungen (billige Tage, Restertage, Reklamewochen usw.)

---

eine Verständigung dahin herbeigeführt worden, daß die Berliner Saisonausverkäufe sich auf die Zeit vom 1.—31. VIII nach freier Wahl erstrecken dürfen. Jedoch darf sich dieser Ausverkauf wie bisher nur auf die Dauer von drei Wochen erstrecken.

Über die Frage des Inventurausverkaufs zu Beginn 1930 ist eine Verständigung noch nicht erzielt worden. Jedoch sollen auch darüber noch Besprechungen mit dem Berliner Polizeipräsidenten stattfinden (Berliner Tageblatt vom 11. V. 1929).

[1]) S. 103.

innerhalb der Woche vor oder nach den üblichen Saison- und Inventurausverkäufen ist als unzulässige Erweiterung derselben zu bezeichnen.

Die Sonderstellung der Saison- und Inventurausverkäufe ist die, daß auf sie die §§ 7 und 8 UWG. keine Anwendung finden. Es ist daher bei ihnen weder ein Grund anzugeben, noch Anzeige zu erstatten und Verzeichnis einzureichen. Auch ist Vor- und Nachschieben gestattet.

ββ) Für das Gebiet der Reklame kommen weiter die gewerbepolizeilichen Vorschriften des § 11 UWG.[1]) in Betracht, wonach bestimmte Waren im Einzelverkehr nur in vorgeschriebenen Einheiten oder mit vorgeschriebenen Angaben verkauft oder feilgehalten werden dürfen.

Verkaufen hat allerdings mit der Reklame nichts zu tun, wohl aber das Feilhalten. Feilhalten bedeutet, daß an einer zum Verkauf bestimmten Stelle dem Publikum oder einem Teile desselben Waren mit der Verkaufsabsicht zugängig gemacht werden[2]). Die übliche Form dieser Zugänglichmachung, durch welche gleichzeitig auf die Verkaufsabsicht hingewiesen wird, ist die der Ausstellung der Ware, sei es im Schaufenster oder im Geschäftslokal. Unter den Begriff des Feilhaltens fällt daher auch die öffentliche Zurschaustellung[3]). Die Zurschaustellung der Ware erfolgt, um auf das Publikum in bezug auf den ausgestellten Gegenstand eine Einwirkung auszuüben. Feilhalten ist somit eine Reklamekundgebung. Im Rahmen dieses Buches interessieren daher die hier in Betracht kommenden Bestimmungen nur insoweit, als ein Feilhalten verboten ist oder Einschränkungen unterliegt.

Nach § 11 UWG. kann durch Beschluß der Reichsregierung[4]) festgesetzt werden, daß bestimmte Waren im Einzelverkehr nur in vorgeschriebenen Einheiten der Zahl, des Maßes oder des Gewichts oder mit einer auf der Ware oder ihrer Aufmachung anzubringenden Angabe über Zahl, Maß, Gewicht, über den Ort der Erzeugung oder den Ort der Herkunft der Ware feilgehalten werden dürfen.

Diese Bestimmungen beziehen sich nur auf den Einzelverkehr, kommen daher für den Fabrikanten bzw. Produzenten oder den Großhandel nicht in Betracht.

Die Tendenz der Bestimmung und damit auch der Grund, weshalb sie im UWG. Aufnahme gefunden hat, ist die, daß für bestimmte Waren, bei denen sich das Bedürfnis

---

[1]) § 11 UWG. lautet: „Durch Beschluß des Bundesrats kann festgesetzt werden, daß bestimmte Waren im Einzelverkehr nur in vorgeschriebenen Einheiten der Zahl, des Maßes oder des Gewichts oder mit einer auf der Ware oder ihrer Aufmachung anzubringenden Angabe über Zahl, Maß, Gewicht, über den Ort der Erzeugung oder den Ort der Herkunft der Ware verkauft oder feilgehalten werden dürfen.

Für den Einzelverkehr mit Bier in Flaschen oder Krügen kann die Angabe des Inhalts unter Festsetzung angemessener Fehlergrenzen vorgeschrieben werden.

Die durch Beschluß des Bundesrats getroffenen Bestimmungen sind durch das Reichsgesetzblatt zu veröffentlichen und dem Reichstag sogleich oder bei seinem nächsten Zusammentritt vorzulegen.

Zuwiderhandlungen gegen die Bestimmungen des Bundesrats werden mit Geldstrafe bis zu einhundertfünfzig Mark oder mir Haft bestraft."

[2]) RGSt. 14, 428, 436.

[3]) Vgl. Entscheidung DJZ. 1910, 1413, in der das KG. den Unterschied zwischen Feilbieten und Feilhalten dahin darlegt, daß Feilhalten das öffentliche Zurschaustellen bedeutet, während zum Feilbieten erforderlich ist, daß der Gewerbetreibende auf irgendeine Weise, wenn auch nur durch konkludente Handlung, zur Inanspruchnahme der bereitgestellten Leistung auffordert. Siehe auch S. 277.

[4]) Früher Bundesrat. Nach Art. 179 RV. die Reichsregierung.

zeigt, im Kleinhandel Verschleierungen über Zahl, Maß oder Gewicht, Ort der Erzeugung oder Ort der Herkunft vorgebeugt werden soll.

Nach § 11 III UWG. sind die durch Beschluß des Reichsrats getroffenen Bestimmungen durch das Reichsgesetzblatt zu veröffentlichen und dem Reichstag sogleich oder bei seinem nächsten Zusammentritt vorzulegen.

Bisher sind auf Grund des § 11 UWG. folgende Bestimmungen erlassen:

$\alpha\alpha\alpha$) Für Kerzen durch Bekanntmachung v. 4. XII. 1901 (RGBl. 494), 25. IX. 1926 (RGBl. I 471). Hier ist bestimmt, daß Packungen mit Zeresin-, Stearin- und Paraffinkerzen sowie mit Kerzen, die überwiegend aus diesen Stoffen hergestellt sind (Kompositionskerzen) im Einzelverkehr nur in bestimmten Einheiten des Gewichts und unter Angabe der Gewichtsmenge feilgehalten werden dürfen. Weiter ist auf der Außenseite der Packungen sowohl das Rohgewicht als auch das Reingewicht in Gramm oder Bruchteilen von Kilogramm in leicht erkennbarer Weise anzugeben.

$\beta\beta\beta$) Für Garn durch Bekanntmachung v. 10. IV. 1918 (RGBl. 181). Danach dürfen zum Einzelverkauf aufgemachte baumwollene, wollene und halbwollene Garne aller Art nur in bestimmten Einheiten des Gewichts und unter Angabe der Gewichtsmenge im Einzelverkehr feilgehalten werden, baumwollene Garne jedoch auch in bestimmten Einheiten der Länge und unter Angabe der Länge. Für den Einzelverkauf bestimmte Packungen mit baumwollenem Nähgarn, die gewerbsmäßig feilgehalten werden, dürfen nach § 6 der Bekanntmachung in Einzelaufmachungen (Spulen, Rollen, Karten, Papierhülsen usw.) nur je 10 oder 20 oder 30 usw. bis 100 Stück oder vielfache von 100 Stück enthalten. Die Stückzahl muß unter Bezeichnung der Aufmachungen auf der Außenseite der Packung leicht erkennbar angegeben sein. Die Bestimmungen der Bekanntmachung finden keine Anwendung auf Garne, die zum Zwecke der Fertigstellung von halbfertigen Waren in Verbindung mit diesen feilgehalten werden, sowie auf Garne, die dem Käufer zugemessen oder zugewogen werden.

$\gamma\gamma\gamma$) Für seidene Bänder durch Verordnung v. 11. I. 1923 (RGBl. II. 38). Danach dürfen Bänder, die in Kette oder Einschlag, Seide oder Kunstseide — auch in Verbindung mit anderen Webstoffen — enthalten, wenn sie unter einer handelsüblichen Nummerbezeichnung in den öffentlichen Verkehr gebracht werden, nur in den in der Verordnung angegebenen Nummern und dazugehörigen Linienbreiten feilgehalten werden. Nicht betroffen werden jedoch Sammetbänder aller Art. Werden die Bänder in Aufmachung auf Rollen mit Papierunterlauf innerhalb des deutschen Zollgebietes in den öffentlichen Verkehr gebracht, so darf dies nur in Stücken von 10 m Länge erfolgen. Die Längenangabe muß auf jeder Einzelaufmachung leicht erkennbar sein.

$\delta\delta\delta$) Für Tafelschokolade durch Verordnung v. 11. XII. 1925 (RGBl. 467). Danach darf Tafelschokolade im Einzelverkehr nur in bestimmten Einheiten des Gewichts feilgehalten werden. Diese Vorschrift gilt jedoch nicht für Abgabe von Stücken unter 25 g, ferner nicht für den Verkauf von Teilen (Riegeln, Rippen) einer Tafel, für die Abgabe durch Automaten und für Schokolade, die zugewogen verkauft wird. Zugelassen sind Tafeln mit einem Reingewicht von 500, 250, 200, 125, 100, 50 und 25 g.

γ) Von weit größerem Umfange und weit größerer praktischer Bedeutung für die Reklame als die zuletztgenannten gewerbepolizeilichen Einschränkungen sind die Vorschriften gesundheitspolizeilichen Charakters im Verkehr mit Lebens- und Arzneimitteln.

αα) Verkehr mit Lebensmitteln. Diese Materie war im § 367 Ziff. 7 StGB. geregelt. Danach wurde bestraft, wer verfälschte oder verdorbene Getränke oder Eßwaren, insbesondere trichinenhaltiges Fleisch feilhält oder verkauft. Daneben enthielt das StGB. im § 324 noch Bestimmungen über Vergiften von Brunnenwasser und anderen Lebensmitteln. In der Folgezeit stellte sich jedoch heraus, daß diese Bestimmungen keinesfalls ausreichten, um die Mißstände, welche sich im Verkehr mit Lebensmitteln herausgebildet hatten, zu beseitigen. Einmal erschien es vom Standpunkt der Gesundheitspflege nicht als ausreichend, Schutz nur gegen gesundheitsgefährliche Lebensmittel zu bieten, es wurde vielmehr als notwendig angesehen, den Schutz auch auf solche Lebensmittel auszudehnen, die durch Verfälschung oder inneren Verderb in ihrem Nährwert beeinträchtigt wurden. Sodann gelangte man zu der Erkenntnis, daß eine Beseitigung der Übelstände durch das Strafgesetz allein überhaupt nicht zu erreichen sei, daß es vielmehr erforderlich sei, vorbeugend zu wirken und daß zu dem Zweck eine polizeiliche Kontrolle des Verkehrs mit Lebensmitteln und Gebrauchsgegenständen geschaffen werden müsse. Diese Gesichtspunkte führten zur Schaffung des Gesetzes betr. den Verkehr mit Nahrungsmitteln, Genußmitteln und Gebrauchsgegenständen v. 14. V. 1879. In diesem Gesetz wurden zunächst präventiv die polizeilichen Befugnisse für Durchführung der Kontrolle geregelt, es folgte ein Verordnungsrecht des Bundesrats zum Schutze der Volksgesundheit nach verschiedenen Richtungen und daran schlossen sich sodann die Vorschriften über den Verkehr mit verdorbenen, nachgemachten, verfälschten und solchen Gegenständen, die geeignet sind, die menschliche Gesundheit zu beschädigen oder zu zerstören. Es stellte sich jedoch heraus, daß dieses Gesetz mehrere Lücken enthielt, so z. B., daß das Verbot irreführender Bezeichnung nur das Feilhalten und den Verkauf verdorbener, nachgemachter oder verfälschter Lebensmittel betraf, nicht aber allgemein ausgesprochen war. Dies führte zur Verordnung über die äußere Kennzeichnung von Waren vom 26. VI. 1916. Die Absicht, diese Lücken auszufüllen und die im Laufe der Jahre gesammelten Erfahrungen zu verwerten, führten sodann zu dem zur Zeit in Geltung befindlichen Gesetz über den Verkehr mit Lebensmittel und Gebrauchsgegenständen vom 5. VI. 1927[1]), durch dessen § 24 das Nahrungsmittelgesetz, § 367 Ziff. 7 StGB., sowie die Verordnung v. 26. VI. 1916 aufgehoben worden.

ααα) Das Lebensmittelgesetz betrifft Lebensmittel und Bedarfsgegenstände.

Lebensmittel sind nach § 1 alle Stoffe, die dazu bestimmt sind, in unverändertem, zubereitetem oder verarbeitetem Zustand von Menschen gegessen oder getrunken zu werden, soweit sie nicht überwiegend zur Beseitigung, Linderung oder Verhütung von Krankheiten bestimmt sind. Den Lebensmitteln sind gleichgestellt Tabak, tabakhaltige und tabakähnliche Erzeugnisse, die zum Rauchen, Kauen oder Schnupfen bestimmt sind.

Bedarfsgegenstände im Sinne des Gesetzes sind nach § 2:

1. Eß-, Trink-, Kochgeschirr und andere Gegenstände, die dazu bestimmt sind, bei der Gewinnung, Herstellung, Zubereitung, Abmessung, Auswägung, Verpackung, Aufbewahrung, Beförderung oder dem Genusse von Lebensmitteln verwendet zu werden und dabei mit diesen in unmittelbare Berührung kommen.
2. Mittel zur Reinigung, Pflege, Färbung oder Verschönerung der Haut, des Haares, der Nägel oder der Mundhöhle.

[1]) RGBl. I, 134.

3. Bekleidungsgegenstände, Spielwaren, Tapeten, Masken, Kerzen, künstliche Pflanzen und Pflanzenteile.
4. Petroleum.
5. Farben, soweit sie nicht zu den Lebensmitteln gehören.
6. Andere Gegenstände, welche die Reichsregierung mit Zustimmung des Reichsrats und nach Anhörung des zuständigen Ausschusses des Reichsrats bezeichnet.

Im Rahmen dieses Buches interessiert lediglich, inwieweit das Lebensmittelgesetz Reklamekundgebungen für die danach gekennzeichneten Lebensmittel und Bedarfsgegenstände Beschränkungen enthält. Solche Beschränkungen liegen da vor, wo das Gesetz das Feilhalten verbietet oder an gewisse Bedingungen knüpft, da, wie oben[1]) gezeigt, Feilhalten eine Reklamekundgebung ist.

Nach § 3 des Gesetzes ist es verboten:

1. Gegenstände als Lebensmittel feilzuhalten, deren Genuß die menschliche Gesundheit zu schädigen geeignet ist;
2. Bedarfsgegenstände der im § 2 bezeichneten Art, mit Ausnahme der in Ziff. 5 genannten Farben, feilzuhalten, die so hergestellt oder verpackt sind, daß sie bei bestimmungsgemäßem oder vorauszusehendem Gebrauch die menschliche Gesundheit durch ihre Bestandteile oder Verunreinigungen zu schädigen geeignet sind.

Nach § 4 ist es verboten:

1. Verdorbene, nachgemachte oder verfälschte Lebensmittel ohne ausreichende Kenntlichmachung feilzuhalten;
2. Lebensmittel unter irreführender Bezeichnung, Angabe oder Aufmachung feilzuhalten.

Die Farben, soweit sie nicht zu den Lebensmitteln gehören, sind von dem Verbot des § 3 Ziff. 2 ausgenommen. In der Begründung zum Gesetze heißt es hierüber, die Unterbindung der Herstellung und des Vertriebes aller gesundheitsschädlicher Farben sei nicht durchführbar, der Gesundheitsschutz auf diesem Gebiete sei durch das Verbot unbedenklicher Verwendung derartiger Farben im Farbengesetze[2]) gesichert, könne künftig auch durch Verordnung nach § 5 Ziff. 1 b des Gesetzes gesichert werden.

Darüber hinaus können nach § 5 des Gesetzes von der Reichsregierung mit Zustimmung des Reichsrats und nach Anhörung des zuständigen Ausschusses des Reichstages Verbote erlassen werden, wenn auch nur die allgemeine Befürchtung besteht, daß Lebensmittel oder Bedarfsgegenstände von gewisser Art die menschliche Gesundheit schlechthin oder unter Umständen gefährden könnten.

Danach kann zum Schutze der Gesundheit

1. verboten oder nur unter Einschränkungen zugelassen werden, das Feilhalten
   a) von Lebensmitteln bestimmter Beschaffenheit,
   b) von Bedarfsgegenständen der im § 2 genannten Art unter Ausnahme der Farben,
   c) von gesundheitsschädlichen Farben unter einer ihre gesundheitsschädliche Beschaffenheit verschleiernden Beschaffenheit, Angabe oder Aufmachung;
2. verboten oder nur unter Beschränkungen zugelassen werden, daß Gegenstände oder Stoffe, die zur Nachmachung oder Verfälschung von Lebensmitteln bestimmt sind oder deren Verwendung bei der Gewinnung, Herstellung oder Zubereitung von Lebensmitteln unzulässig ist, für diese Zwecke feilgehalten werden:

---

[1]) S. 106. [2]) Vom 5. VII. 1887, vgl. auch S. 113.

3. vorgeschrieben werden, daß und wie auf den Packungen oder Behältnissen oder auf den Lebensmitteln selbst Angaben über den, der sie in den Verkehr bringt, über die Zeit der Herstellung, über Inhalt nach Art und Maß, Gewicht oder Anzahl oder einem anderen Maßstab angebracht wird.

Nach § 5 Ziff. 4 können weiter Begriffsbestimmungen für die einzelnen Lebensmittel aufgestellt und Grundsätze darüber festgesetzt werden, unter welchen Voraussetzungen Lebensmittel als verdorben, nachgemacht oder verfälscht unter die Verbote des § 4 des Gesetzes fallen sowie welche Bezeichnungen, Angaben oder Aufmachungen als irreführend diesen Verboten unterliegen.

Auf Grund des § 5 Ziff. 3 sind von der Reichsregierung die Verordnung über die Kennzeichnung von Lebensmitteln v. 29. IX. 1927[1]) und die Abänderungsverordnung v. 28. III. 1928[2]) erlassen, durch welche folgendes bestimmt worden ist:

§ 1.

Der Kennzeichnungspflicht unterliegen, sofern sie in Packungen oder Behältnissen an den Verbraucher abgegeben werden, folgende Lebensmittel:

1. Dauerwaren von Fleisch oder mit Fleischzusatz in luftdicht verschlossenen Behältnissen,
2. Dauerwaren von Fischen, einschließlich Marinaden,
3. Dauerwaren von Krustentieren,
4. Milch- und Sahnedauerwaren,
5. Gemüsedauerwaren,
6. Obstdauerwaren, einschließlich Obstmuß, Obstkraut, Marmelade, Obstsaft, Obstgelee, Obstsirup,
7. Honig und Kunsthonig,
8. Diätische Nährmittel,
9. Fleischextrakt und seine Ersatzmittel, Fleischbrühwürfel und ihre Ersatzmittel, kochfertige Suppen in trockener Form,
10. Krebsextrakt und Krabbenextrakt,
11. Eipulver und ihre Ersatzmittel,
12. Puddingpulver, Backpulver,
13. Gewürze und ihre Ersatzmittel,
14. Schokolade und Schokoladenwaren, außer in Packungen unter 25 g, Schokolade und Kakaopulver,
15. Marzipan und Marzipanersatz,
16. Kaffee, Tee und ihre Ersatzmittel,
17. Teigwaren,
18. Zwieback, Keks, Biskuits und Lebkuchen.

Ohne die vorgeschriebene Kennzeichnung dürfen diese Lebensmittel in den Packungen oder Behältnissen nicht feilgehalten, verkauft oder sonst in den Verkehr gebracht werden.

Die Angaben hat der Hersteller anzubringen oder, falls ein anderer die Ware unter seinem Namen oder seiner Firma in den Verkehr bringt, dieser andere.

§ 2.

Auf den Packungen oder Behältnissen müssen in deutscher Sprache und für den Käufer leicht erkennbar angegeben sein:

1. Der Name oder die Firma und der Ort der gewerblichen Hauptniederlassung desjenigen, der das Lebensmittel hergestellt hat; befindet sich die gewerbliche Hauptniederlassung des Herstellers im Ausland, ist aber das Lebensmittel im Inland hergestellt, so muß außerdem der Ort der Herstellung angegeben werden; bringt ein anderer als der Hersteller das Lebensmittel in der Verpackung oder dem Behältnis unter seinem Namen oder seiner Firma in den Verkehr, so ist an Stelle des Herstellers dieser andere anzugeben;

---

[1]) RGBl. I, 318. [2]) RGBl. I, 136.

2 Der Inhalt nach handelsüblicher Bezeichnung und nach deutschem Maß oder Gewicht (entsprechend der Maß- und Gewichtsordnung) zur Zeit der Füllung oder nach Stückzahl unter Berücksichtigung folgender besonderer Bestimmungen. Es ist anzugeben:

a) Bei Dauerwaren von Fleisch oder mit Fleischzusatz in luftdicht verschlossenen Behältnissen das Gewicht, welches das knochenfreie Fleisch (einschließlich Fett) oder der Speck hat, bei Rippchen, Eisbein und Geflügeldauerwaren darf das Gewicht der Knochen in dem angegebenen Gewicht einbegriffen sein.

b) Bei Dauerwaren von Fischen, einschließlich Marinaden, das Gewicht der zubereiteten Fische oder Fischteile, außerdem die Zeit der Füllung nach Monat und Jahr, sofern es sich nicht um Ware handelt, die durch Erhitzen haltbar gemacht ist; die Verpflichtung zur Angabe der Zeit der Füllung fällt fort, wenn auf der Packung oder dem Behältnis getrennt von den übrigen Angaben an einer in die Augen fallenden Stelle die deutliche, nicht verwischbare Inschrift angebracht wird: „Kühl aufbewahren, zum alsbaldigen Verbrauche bestimmt", bei durch Erhitzen in Öl haltbar gemachten Sardinen (clupea pilchardus) genügt an Stelle der Gewichtsangabe die Angabe der Zahl der eingefüllten Fische.

c) Bei kondensierter Milch der Gehalt an Fett und fettfreier Milchtrockensubstanz in Hundertteilen des Gewichts; bei Sahnedauerwaren der Gehalt an Fett in Hundertteilen des Gewichts; bei Milchpulver die Zeit der Herstellung nach Monat und Jahr.

d) Bei Gemüsedauerwaren und bei Obstdauerwaren, mit Ausnahme von Obstmus, Obstkraut, Marmelade, Obstsaft, Obstgelee, Obstsirup, das Gewicht des Gemüses oder Obstes ohne die zugesetzte Flüssigkeit, sofern nicht für die Füllung eine Normaldose (§ 3) verwendet wird.

e) Bei kochfertigen Suppen in trockener Form, wieviel Teller Suppe daraus hergestellt werden können.

f) Bei Backpulver die Gewichtsmenge Mehl, zu deren Verarbeitung der Inhalt der Packung auch noch nach der im Verkehre vorauszusehenden Lagerzeit ausreicht.

g) Bei Volleipulver, wieviel Eiern im Gewichte von je 45 g, bei Eidotterpulver, wieviel Eidottern von je 16 g der Inhalt der Packung entspricht.

h) Bei Schokolade und Schokoladepulver die Menge der Kakaobestandteile in Hundertteilen des Gewichts.

i) Bei Kaffee-Ersatzmitteln anstelle des Gewichts zur Zeit der Füllung das Gewicht der Ware zu dem Zeitpunkt, zu dem sie in den Verkehr gebracht wird.

In den unter a, b, d, e, f aufgeführten Fällen bedarf es keiner weiteren Gewichtsangabe.

§ 3.

Unter einer 1/1 Normaldose ist eine Dose zu verstehen, die in nicht verschlossenem Zustande gemessen einen Rauminhalt hat

bei Gemüsedauerwaren von 900 ccm,
bei Obstdauerwaren von 850 ccm.

Neben der 1/1 Normaldose werden zugelassen.

1/8-, 1/4-, 1/2-, $1^1/_2$-, 2/1-, $2^1/_2$-, 5/1-Normaldosen.

Die Dosen müssen als Normaldosen entsprechend den zugelassenen Größen bezeichnet werden. Sie müssen handelsüblich gefüllt sein und dürfen nicht mehr Flüssigkeit enthalten als technisch unvermeidbar ist.

§ 4.

Die Vorschriften dieser Verordnung gelten auch für die aus dem Ausland eingeführten Lebensmittel.

§ 5.

Diese Verordnung tritt am 1. X. 1927 in Kraft.

Für vorsätzlichen oder fahrlässigen Verstoß gegen die §§ 3 bis 5 werden gemäß §§ 12 und 13 des Gesetzes Strafen angedroht. Nach § 15 kann dem Täter auch, wenn ihm die erforderliche Zuverlässigkeit fehlt, die Führung eines Betriebes ganz oder teilweise untersagt oder nur unter Bedingungen gestattet werden, soweit er sich auf die Herstellung oder den Vertrieb von Lebensmitteln oder Bedarfsgegenständen erstreckt. Nach § 14 kann in den dort bezeichneten Fällen auf Einziehung und Vernichtung der Gegenstände, auf die sich die Zuwiderhandlung bezieht, erkannt werden, auch wenn die Gegenstände dem Verurteilten nicht gehören. Hier ist auch das sog. objektive Verfahren zulässig, d. h. es kann, auch wenn keine bestimmte Person verfolgt oder verurteilt werden kann, auf Einziehung oder Vernichtung der Gegenstände erkannt werden.

Von besonderer Wichtigkeit sind die im Gesetz vorgesehenen Präventivmaßnahmen. Nach § 7 sind die mit der Überwachung des Verkehrs mit Lebensmitteln und Bedarfsgegenständen beauftragten Beamten der Polizei und die von der zuständigen Behörde beauftragten Sachverständigen, bei Gefahr im Verzuge auch die sonstigen Beamten der Polizei befugt, in die Räume, in denen Lebensmittel oder Bedarfsgegenstände feilgehalten werden, während der Arbeits- oder Geschäftszeit einzutreten, Besichtigungen vorzunehmen und Proben zu entnehmen. Nach § 8 können die Landesregierungen bestimmen, daß die Polizeibehörde ihre Sachverständigen ermächtigen kann, zum Schutze der Lebensmittel gegen Verunreinigung oder Übertragung von Krankheitserregern unaufschiebbare Anordnungen vorläufig zu treffen oder beanstandete Lebensmittel vorläufig zu beschlagnahmen. Die Inhaber der Räume sind verpflichtet, die Beamten und Sachverständigen bei Ausübung der Befugnisse zu unterstützen, eine Zuwiderhandlung hiergegen wird nach § 17 bestraft.

$\beta\beta\beta$) Außer dem Lebensmittelgesetz gibt es noch eine große Anzahl bestimmte Arten von Lebensmittel betreffender Sondergesetze und Verordnungen gesundheitspolizeilichen Charakters, welche für das Gebiet der Reklame deshalb von Bedeutung sind, weil auch in ihnen Verbote oder Einschränkungen enthalten sind, welche das Feilhalten dieser Arten von Lebensmittel betreffen. Es würde über den Rahmen dieses Buches hinausgehen, erschöpfend alle diese Gesetze und Verordnungen aufzuführen. Es muß hier vielmehr auf die Spezialschriften hingewiesen werden, in denen diese behandelt sind[1]). Nur auf einige der wichtigsten dieser Gesetze kann hier hingewiesen werden:

1. Gesetz betr. den Verkehr mit Butter, Käse, Schmalz und deren Ersatzmitteln vom 15. VI. 1897 mit den Bekanntmachungen v. 9. IX. 1915 und 16. VII. 1916, wo z. B. angeordnet ist, daß in Räumen, in denen Butter feilgehalten wird, das Feilhalten von Margarine verboten ist oder daß Geschäftsräume, in denen Margarine feilgehalten wird, die deutliche, nicht verwischbare Aufschrift „Verkauf von Margarine" tragen müssen.
2. Gesetz betr. die Schlachtvieh- und Fleischbeschau v. 3. VI. 1900, wonach es z. B. verboten ist, aus dem Auslande eingeführtes zubereitetes Fleisch feilzuhalten, wenn bei der Zubereitung Stoffe oder Arten des Verfahrens angewendet worden sind, die der Ware eine gesundheitsschädliche Beschaffenheit zu verleihen vermögen.
3. Verordnung über Fleischbrühwürfel und deren Ersatzmittel v. 25. X. 1917, wonach z. B. auf der Packung nur dann die Bezeichnung „Fleischbrühe" oder eine gleichartige Bezeichnung enthalten sein darf, wenn die hierfür im Gesetz enthaltenen Voraussetzungen erfüllt sind.
4. Weingesetz v. 1. II. 1923. Nach diesem Gesetz ist es z. B. verboten, gezuckerten Wein unter einer Bezeichnung feilzuhalten, die auf Reinheit des Weines deutet. Im gewerbsmäßigen Verkehr mit Wein dürfen geographische Bezeichnungen nur zur Kenn-

[1]) So z. B. Holthöfer und Juckenack, Lebensmittelgesetz 1927.

zeichnung der Herkunft verwandt werden. Schaumwein, der gewerbsmäßig feilgehalten wird, muß eine Bezeichnung tragen, die das Land erkennbar macht, wo er auf Flaschen gefüllt ist. Trinkbranntwein, dessen Alkohol ausschließlich aus Wein gewonnen und der nach Art des Kognaks hergestellt ist, darf im geschäftlichen Verkehr nur als Weinbrand bezeichnet werden.

5. Gesetz über Branntweinmonopol v. 8. IV. 1922. Danach dürfen Trinkbranntweine, welche die Reichsmonopolverwaltung nicht hergestellt hat oder deren Verpackungen oder Umhüllungen nicht mit der Bezeichnung Monopol oder mit einer ähnlichen Bezeichnung oder mit einer Ausstattung versehen oder in den Verkehr gebracht werden, die den Eindruck hervorzurufen geeignet ist, daß es sich um Monopolerzeugnisse handelt. Das gleiche gilt für Ankündigungen, Preislisten, Geschäftsbriefe, Empfehlungen, Rechnungen usw. Das Gesetz enthält weiter das Verbot, Nahrungs- und Genußmittel feilzuhalten und in den Verkehr zu bringen, die Methylalkohol enthalten. Es verbietet, im gewerbsmäßigen Verkehr Gemische von Brandweinhefe mit Bierhefe anzukündigen.

6. Gesetz über den Verkehr mit Absinth v. 27. IV. 1923. Danach ist es verboten, Absinth anzukündigen. Ebenso ist die Ankündigung von Wermuthöl oder Thujong zur Herstellung von alkoholischen Getränken verboten, ebenso Ankündigungen von Anweisungen zur Herstellung von Absinth oder alkoholischen Getränken, die Wermuthöl oder Thujong enthalten.

7. Biersteuergesetz v. 9. VII. 1923. Danach darf z. B. Bier, zu dessen Herstellung auch Zucker oder Süßstoff verwendet worden ist, nur in den Verkehr gebracht werden, wenn die Verwendung dieser Stoffe in einer dem Verbraucher erkennbaren Weise kundgemacht wird.

8. Verordnung über den Verkehr mit Süßstoffen v. 4. VIII. 1926. Danach müssen z. B. die unter Verwendung von Süßstoff hergestellten Lebens- und Arzneimittel, wenn sie in Packungen oder Umhüllungen an den Verbraucher abgegeben werden, die für den Verbraucher deutlich erkennbare, nicht verwischbare Aufschrift „Mit künstlichem Süßstoff zubereitet“ tragen.

9. Gesetz über den Verkehr mit Futtermitteln v. 22. XII. 1926. Danach hat z. B., wer Futtermittel feilhält, diese ihrer Natur entsprechend zu benennen.

10. Gesetz betr. den Verkehr mit blei- und zinkhaltigen Gegenständen v. 25. VI. 1887. Danach ist z. B. das Feilhalten von Eß-, Trink- und Kochgeschirr sowie Flüssigkeitsmaaßen verboten, wenn sie den gesetzlichen Bestimmungen zuwider hergestellt sind.

11. Gesetz betr. Verwendung gesundheitsschädlicher Farben bei Herstellung von Lebensmitteln, Genußmitteln und Gebrauchsgegenständen v. 5. VII. 1887. Danach dürfen z. B. zur Herstellung von kosmetischen Mitteln, die zum Verkauf bestimmt sind, gewisse im Gesetz bezeichnete Stoffe nicht verwandt werden. Ebenso dürfen Spielwaren einschl. Bilderbogen, Bilderbücher und Tuschfarben für Kinder nur hergestellt werden, wenn die im Gesetz angegebenen Voraussetzungen erfüllt sind. Das Feilhalten verbotswidrig hergestellter Waren ist strafbar.

12. Verordnung über das gewerbsmäßige Feilhalten von Petroleum v. 24. II. 1882. Hier ist z. B. bestimmt, daß Petroleum nur in solchen Gefäßen feilgehalten werden darf, welche an in die Augen fallender Stelle auf rotem Grunde in deutlichen Buchstaben die nicht verwischbare Aufschrift „feuergefährlich“ tragen.

ββ) Insoweit der Verkauf von Arzneimitteln den Apotheken vorbehalten und dem freien Verkehr verschlossen ist, dürfen für diese Heilmittel auch Reklamekundgebungen nicht erfolgen, insbesondere dürfen sie in anderen Betrieben als Apotheken nicht feilgehalten werden. Der Gesetzgeber ging davon aus, daß Apothekerwaren prinzipiell dem freien Verkehr entzogen seien, im § 6 II RGO. ist demzufolge bestimmt, daß diejenigen Apothekerwaren, welche dem freien Verkehr zu überlassen seien, durch kaiserliche Verordnung festgesetzt werden sollten. Im übrigen bestimmt § 6 I RGO., daß die RGO. auf den Verkauf von Arzneimitteln nur insoweit Anwendung findet, als sie hierüber ausdrückliche Bestimmung enthält. Insoweit danach die GewO. keine Regelung trifft, kommt die Landesgesetzgebung in Frage, auf welche die GewO. auch mehrfach hinweist[1]).

Für das gesamte Gebiet des Verkehrs mit Arzneimitteln kommen somit die GewO. und sonstige den Verkehr mit Arzneimitteln behandelnden Reichsgesetze sowie die Landesgesetze in Frage, wobei unter diesen sowohl die Gesetze im engeren Sinne als auch die Verfassungs- oder gesetzmäßig erlassenen Verordnungen und Polizeivorschriften zu verstehen sind[2]).

Eine hierher gehörige reichsgesetzliche Regelung hat z. B. der Verkehr mit Süßstoffen erfahren. Die bereits obenerwähnte, auf Grund des Süßstoffgesetzes v. 14. VII. 1926 erlassene Verordnung v. 4. VIII. 1926 schreibt z. B. vor, daß Dulcin im Einzelhandel nur von Apotheken abgegeben werden darf. Reichsrechtlich ist weiter der Verkehr mit Opium geregelt, und zwar durch Reichsgesetz v. 30. XII. 1920 zur Ausführung des internationalen Opiumabkommens v. 23. I. 1912 mit Nachtragsgesetz v. 21. III. 1924. Danach ist z. B. das Feilhalten von Opium, Kokain, von Salzen des Morphins usw., soweit es nicht in Apotheken erfolgt, nur mit behördlicher Erlaubnis gestattet. Hierher gehören auch die Bestimmungen des Branntweinmonopolgesetzes, soweit sie sich auf die Verwendung von Branntwein zur Herstellung von Heilmitteln beziehen.

Auf Grund des § 6 II RGO. ist unter dem 22. X. 1901 die kaiserliche Verordnung betr. den Verkehr mit Arzneimitteln ergangen. Die Regelung des Heilmittelverkehrs auf Grund dieser Verordnung schließt sich insofern nicht an den in der GewO. gemachten Vorbehalt an, als nach der GewO. durch Verordnung bestimmt werden sollte, welche Arzneimittel dem freien Verkehr zu überlassen seien, während die Verordnung umgekehrt darüber Bestimmungen trifft, welche Arzneimittel dem ausschließlichen Verkauf in Apotheken vorbehalten sind. Dem Stande der Wissenschaft und Praxis Rechnung tragend ist die kaiserliche Verordnung mehrfach geändert und ergänzt worden. Die Verordnung enthält drei Verzeichnisse A, B und C[3]), in denen die einzelnen dem freien Verkehr entzogenen Heilmittel aufgeführt sind. Sie bestimmt, daß die dort genannten Stoffe außerhalb der Apotheken nicht feilgehalten werden dürfen. Für diese Stoffe darf somit im freien Verkehr auch keine Reklame gemacht werden. Eine für das Gebiet der Reklame in Betracht kommende Ausnahme ist es jedoch, daß der Großhandel den Bestimmungen der Verordnung nicht unterliegt, so daß also im Großhandel Reklamekundgebungen auch für die hier fraglichen Stoffe zulässig sind.

Über die Ankündigung und den Verkehr mit Geheimmitteln und ähnlichen Arzneimitteln hat der Bundesrat am 23. V. 1903[4]) ebenfalls auf der Grundlage des § 6 RGO.

---

[1]) So z. B. §§ 14, 21, 41 II usw.

[2]) Vgl. Gneist, Apothekergesetze des Deutschen Reiches und Preußens, S. 25.

[3]) Dieses Verzeichnis ist durch die VO. v. 9. VII. 1924 (RGBl. I, 774) neu geschaffen.

[4]) § 409 der Protokolle.

beschlossen, die Landesregierungen zu ersuchen, über den Verkehr mit Geheimmitteln usw. gleichförmige Bestimmungen zu erlassen. Diese sollten dem Vorbilde eines Entwurfs entsprechen, der dem Beschluß als Anlage beigegeben war. Strengere Vorschriften, die in den einzelnen Ländern galten, sollten jedoch in Kraft bleiben. In der Anlage des Bundesratsbeschlusses befindet sich ein umfangreiches Verzeichnis von Mitteln, die in zwei Listen, A und B, enthalten sind. Nach § 3 der in der Anlage des Bundesratsbeschlusses befindlichen Musterverordnung ist es verboten, auf den Gefäßen und äußeren Umhüllungen, in denen ein solches Mittel abgegeben wird, irgendwelche Anpreisungen, insbesondere Empfehlungen, Bestätigungen von Heilerfolgen, gutachtliche Äußerungen oder Danksagungen, in denen den Mitteln eine Heilwirkung oder Schutzwirkung zugeschrieben wird, anzubringen. Nach § 3 der Musterverordnung ist es ferner verboten, solche Anpreisungen, sei es bei der Abgabe des Mittels, sei es auf sonstige Weise, zu verabfolgen. Vor allem aber ist — was für die vorliegenden Ausführungen von besonderem Interesse ist — verboten, die Mittel öffentlich anzukündigen oder anzupreisen. Der Bundesratsbeschluß vom 8. V. 1903 wurde dann noch durch einen weiteren Bundesratsbeschluß vom 27. VI. 1907[1]) dahin ergänzt, daß der verbotenen öffentlichen Anpreisung oder Ankündigung gleich behandelt werden sollte, wenn in öffentlichen Druckschriften auf sonstige Mitteilungen verwiesen wird, welche eine Anpreisung enthalten. Auch wurden die Listen der Mittel ergänzt und neu aufgestellt.

Nach diesen Bundesratsbeschlüssen erließen dann die einzelnen Länder zahlreiche Bestimmungen über die Reklame und den Verkehr mit Geheimmitteln und anderen Arzneimitteln. Ebner[2]) ist der Ansicht, daß noch heute im Deutschen Reiche über 250 Verordnungen diese Materie regeln. In Preußen gaben die Minister des Innern, für Handel und Gewerbe sowie der geistlichen, Unterrichts- und Medizinalangelegenheiten den Ober- und Regierungspräsidenten in einem gemeinschaftlichen Erlaß vom 8. VII. 1903[3]) auf, nach einem dem Erlaß als Anlage beigefügten Muster, das dem des Bundesratsbeschlusses im großen und ganzen entsprach, für ihre Bezirke Polizeiverordnungen zu erlassen. Dieser Erlaß ist am 20. VII. 1903[4]) und 11. IX. 1907[5]) durch erneute Erlasse der drei Minister ergänzt worden.

Die Ober- und Regierungspräsidenten haben dann auf Grund der Erlasse zahlreiche Polizeiverordnungen auf der Grundlage der oben besprochenen[6]) §§ 10 II 17 ALR. und 6f PVG. erlassen. Diese Polizeiverordnungen haben nach Ebner[7]), soweit es das Gebiet der Reklame betrifft, meist folgenden Wortlaut:

§ 3.

Öffentliche Anzeigen von nicht approbierten Personen, welche die Heilkunde gewerbsmäßig ausführen, sind verboten, sofern sie über Vorbildung, Befähigung oder Erfolge dieser Personen zu täuschen geeignet sind oder prahlerische Versprechungen enthalten.

§ 4.

Die öffentliche Ankündigung von Gegenständen, Vorrichtungen, Methoden oder Mitteln, welche zur Verhütung, Linderung oder Heilung von Menschen- oder Tierkrankheiten bestimmt sind, ist verboten, wenn

---

1) § 412 der Protokolle. 2) Das Anzeigenrecht, S. 174. 3) MiBl. 286.
4) MiBl. 312. 5) MiBl. 316. 6) S. 79, 82. 7) a. a. O. S. 175.

1. Den Gegenständen, Methoden oder Mitteln besondere, über ihren wahren Wert hinausgehende Wirkungen beigelegt werden oder das Publikum durch die Art ihrer Anpreisung irregeführt wird, oder wenn
2. die Gegenstände, Vorrichtungen, Methoden oder Mittel ihrer Beschaffenheit nach geeignet sind, Gesundheitsbeschädigungen hervorzurufen.

Der öffentlichen Ankündigung der Mittel steht es gleich, wenn in öffentlichen Druckschriften auf sonstige Mitteilungen verwiesen wird, welche eine Anpreisung der Mittel enthalten.

Diese Polizeiverordnungen sind im Durchschnitt in Preußen für rechtsgültig gehalten worden[1]), weil sie dazu bestimmt sind, der Sorge für Leib, Leben und Gesundheit zu dienen, und daher nicht über die Rahmen der §§ 10 II 17 ALR. und 6f PVG. hinausgehen. Die Rechtsprechung hat nur Polizeiverordnungen über die Reklame von Heilmethoden und Geheimmitteln insoweit für ungültig erklärt, als in ihnen eine Reklame verboten wurde, die das Publikum belästigt[2]). Denn es ist nicht die Aufgabe der Polizei, das Publikum vor Belästigungen zu schützen. Auch hat das Kammergericht eine Polizeiverordnung für ungültig erklärt, die eine Reklame für viele harmlose Mittel gegen unbedeutende Leiden verbot[3]). Das Kammergericht ist der Ansicht, daß eine Polizeiverordnung nur gültig sei, wenn sie sich auf das Verbot von Reklamekundgebungen für Mittel beschränke, die bei gefährlichen Krankheiten angewendet werden sollen.

Über den Begriff „Ausübung der Heilkunde" für die die öffentlichen Anzeigen von nicht approbierten Personen dann verboten werden können, sofern sie über Vorbildung, Befähigung oder Erfolge dieser Personen zu täuschen geeignet sind oder prahlerische Versprechungen enthalten, führt das Kammergericht[4]) folgendes aus:

„Eine Ausübung der Heilkunde . . . liegt nur dann vor, wenn jemand gewerbsmäßig mit bestimmten Personen, welche wirklich oder angeblich an Krankheiten, Schäden oder sonstigen Übeln des Körpers leiden oder anderweit zur Regelung körperlicher Funktionen sachverständiger Beratung oder Unterstützung bedürfen oder zu bedürfen glauben, zu dem Zwecke in Verbindung tritt, um nach wirklicher oder angeblicher Feststellung ihres körperlichen Zustandes die erforderlichen Schritte zur Beseitigung oder Linderung des Übels oder zur Regelung der körperlichen Funktionen zu tun. Immer ist zur Annahme eines Heilgewerbebetriebes erforderlich, daß der wirkliche oder angebliche Heilkundige zunächst die erwähnte individuelle Feststellung durch mündliche oder schriftliche Befragung des Patienten oder dritter Personen, durch Untersuchung oder auf andere Weise wirklich oder angeblich vornimmt und auf Grund dieser Feststellung die betreffende „Behandlung" vornimmt, mag diese in mündlicher oder schriftlicher Ratserteilung, in Angabe oder Empfehlung eines Heilmittels, in unmittelbarer Einwirkung auf den Körper des Patienten oder in einer anderen Handlung bestehen. Die bloße Ankündigung, Anpreisung und Verabfolgung von Heilmitteln ist daher kein Heilgewerbebetrieb; hier tritt der Fabrikant oder Händler dem Kunden nicht als Heilgewerbetreibender, sondern als Kaufmann gegenüber, der seine Ware anpreist und abgibt. Mag auch der Kauflustige bei Abschluß des Handels erklären, daß er das Mittel auf Grund der Anpreisung und zur Heilung eines bestimmten Übels erwerben wolle, so ist dies für die Beurteilung der Gewerbshandlung unerheblich, da die Abgabe nicht auf Grund einer Feststellung des Übels nach dem Ermessen des Abgebenden, sondern lediglich auf Verlangen des Kunden erfolgt.

Die vorstehende Unterscheidung entspricht auch durchaus der Anschauung des Lebens. Niemand sagt von einem Arzneimittelgroßhändler, Apotheker oder Drogisten, der seine Mittel anpreist und demnächst ohne individuelle Feststellung abgibt, daß er Heilkunde betreibe."

---

[1]) RGSt. 47, 119; KGA. 5, 549.
[2]) KGA. 5, 549.
[3]) JW. 1913, 43, 905.
[4]) KGJ. 33, C 72.

Neben dem Verbot von öffentlichen, prahlerischen oder zur Täuschung geeigneten Anzeigen von Heilkundigen verbieten die Polizeiverordnungen auch Reklamekundgebungen für Heilmittel, Vorrichtungen, Methoden oder Mittel, welche zur Verhütung, Linderung oder Heilung von Menschen- oder Tierkrankheiten bestimmt sind, falls sie irreführen oder gesundheitsbeschädigend sind. Enthalten die Polizeiverordnungen nur ein Verbot für Reklamekundgebungen von „Heilmitteln", so sind darunter Mittel zu verstehen, die in Arzneiform dem menschlichen oder Tierkörper ganz oder teilweise eingeführt werden sollen. Zu den „Heilmitteln" gehören dagegen nicht nur äußerlich anwendbare Vorrichtungen[1]). So sind z. B. Anzeigen für gymnastische Übungen ebensowenig wie Reklamekundgebungen für Gehörvorrichtungen, Voltakreuze, Gicht- und Rheumatismusketten[2]) als verbotene Reklamekundgebungen für Heilmittel angesehen worden. Ob Bruchbänder als Heilmittel anzusehen sind, ist streitig. Ob auch die Anzeigen für kosmetische Mittel unter das Verbot für Ankündigungen von Heilmitteln fallen, ist noch nicht als geklärt anzusehen. Es ist anzunehmen, daß kosmetische Mittel angepriesen und feilgehalten werden dürfen, sofern sie nicht die in der Kaiserlichen Verordnung vom 22. X. 1901 besonders genannten Stoffe oder Gifte enthalten[3]).

Wie schon hervorgehoben, dürfen die Polizeiverordnungen Anpreisungen und Reklamekundgebungen für Geheimmittel, Methoden usw. nur insoweit verbieten, als sie der Heilung von Krankheiten dienen sollen. Der Begriff der Krankheit ist in Wissenschaft und Praxis keineswegs geklärt. Als Krankheit sind z. B. von der Rechtsprechung angesehen worden[4]):

Appetitlosigkeit[5]),
Blutreinigung[6]),
Fettleibigkeit[7]),
Flechten[8]),
Freßmangel bei Tieren[9]),
Gliederreißen[10]),
Haarausfall[11]),
Kahlköpfigkeit[12]),
Kopfschmerzen[13]),
Kopfschuppen[14]),
Läuse[15]),
Magenbeschwerden[16]),

---

[1]) KG. in ZV. 1900, Nr. 4.
[2]) KGJ. 23 C 56; OLG. Dresden in Goltd. Arch. 56, 350.
[3]) KG. in ZV. 1925, 45, 2990.
[4]) Die folgenden Beispiele sind Ebner a. a. O., S. 182 entnommen.
[5]) KGA. 1, 128; PharmZ. 1902, Nr. 75 und 81.
[6]) OLG. Jena in KGA. 2, 290; OLG. Naumburg in KGA. 2, 261.
[7]) OLG. Dresden KGA. 2, 356.
[8]) KG. in KGA. 3, 462 und PharmZ. 1902, Nr. 53.
[9]) KG. in KGA. 2, 248.
[10]) KG. in PharmZ. 1902, Nr. 49.
[11]) KG. in PharmZ. 1903, Nr. 51; anderer Ansicht KG. in PharmZ. 1902, Nr. 22.
[12]) KGJ. 9, 227.
[13]) KGJ. 20, C 49.
[14]) KGJ. 15, 335; KG. in KGA. 3, 462.
[15]) RG. in KGA. 1, 50.
[16]) KG. in KGA. 3, 461; KG. in PharmZ. 1902, Nr. 100.

Nervenschwäche[1]),
schlechter Geschmack oder Geruch im Munde[2]),
Schweißfuß[3]),
Trunksucht[4]),
unregelmäßiger Blutumlauf[5]),
Verdauungsstörung[6]),
Zahnfäulnis[7]),
Zahnschmerzen[8]).

Dagegen sind als Krankheiten nicht angesehen worden:

Empfängnis[9]),
Entbindung[10]),
Hühneraugen[11]),
Schwangerschaft[12]),
Sommersprossen[13]),
Warzen[14]),
Zahnen[15]).

Zur Bestrafung des Urhebers einer unzulässigen Ankündigung oder Anpreisung eines Heilgewerbebetriebes oder Heilmittels ist Vorsatz des Täters erforderlich, es reicht aber auch Fahrlässigkeit aus. Die Bestrafung wird auch nicht dadurch ausgeschlossen, daß der Täter den Anzeigenauftrag einem Anzeigenvermittlungsgeschäft unter dem Vorbehalt erteilt, daß die Ausführung der Bestellung gegen keine Polizeiverordnung verstoße[16]). Die Bestrafung der Ankündigung eines Heilmittels wegen Beilegung besonderer, in Wahrheit nicht vorhandener Wirkungen tritt aber nur ein, wenn der Täter die unwahren Angaben als solche gekannt hat oder fahrlässigerweise nicht gekannt hat[17]). Der Glaube des Ankündigenden an den Wert seines Mittels schließt seine Bestrafung wegen prahlerischer unwahrer Anpreisungen nicht aus[18]).

Die Rechtslage bezüglich der Reklamekundgebungen für Heilmittel und das Heilgewerbe ist also höchst kompliziert. Der Verein der Deutschen Zeitungsverleger hat deshalb Richtlinien veröffentlicht[19]) und deren Befolgung den deutschen Zeitungsverlegern zur Ehrenpflicht gemacht. Nach diesen Richtlinien sollen die deutschen Zeitungsverleger niemals Anzeigen aufnehmen:

1. Die eine Fernbehandlung anbieten,
2. die marktschreierischer oder schwindelhafter Natur sind,
3. die eine Heilung durch übersinnliche Verfahren, z. B. Sterndeuten usw. in Aussicht stellen.

Auf den Verkehr mit Giften hat das Reich insofern eine Einwirkung ausgeübt, als der Bundesrat sich über Aufstellung bestimmter Grundsätze schlüssig gemacht und auf

---

1) KG. in KGA. 1, 128. 2) OLG. Dresden in KGA. 2, 357.
3) KG. in KGA. 1, 51; anderer Ansicht KGA. 1902, Nr. 28.
4) LG. I Berlin in ZV. 1901, Nr. 29. 5) KG. in KGA. 1, 128.
6) OLG. München in PharmZ. 1903, Nr. 9. 7) KG. vom 23. X. 1893.
8) KGJ. 1920, C 49. 9) KG. in KGA. 2, 333.
10) KG. in KGA. 2, 333. 11) KG. in KGA. 2, 370.
12) KG. in KGA. 2, 333. 13) RG. in KGA. 2, 375.
14) KG. in KGJ. 23, C 56. 15) OLG. Dresden in Sächs. Arch. 6, 454.
16) KG. in PharmZ. 1900, Nr. 64; vgl. auch RG. in KGA. 5, 565.
17) KG. in PharmZ. 1905, Nr. 49.
18) KG. in PharmZ. 1906, 101. 19) ZV. 1927, 7, 301.

ihrer Grundlage eine Musterverordnung aufgestellt hat, die den Einzelstaaten zwecks Erlasses einer entsprechenden Verordnung zugegangen ist, um dadurch eine einheitliche Regelung dieses Gegenstandes in den einzelnen Ländern sicherzustellen.

In Preußen erfolgte die Regelung für das gesamte Staatsgebiet durch die von den Ministern des Innern, für Handel und Gewerbe und der geistlichen, Unterrichts- und Medizinalangelegenheiten gemeinschaftlich erlassene Polizeiverordnung über den Handel mit Giften v. 22. II. 1906, in der z. B. Anordnungen enthalten sind, an welche Personen Gift abgegeben werden darf, mit welchen Aufschriften die Vorratsgefäße versehen sein müssen und in welcher Weise Vorräte von Giften aufzubewahren sind.

Wer Arzneien oder Gifte feilhält, obwohl ihm nach den bevorstehenden Gesetzen oder Verordnungen die Befugnis hierfür nicht zusteht, macht sich gemäß § 367 Ziff. 3 StGB. strafbar. Weiter macht sich auch derjenige, dem die Befugnis zusteht, nach § 367 Ziff. 5 StGB. strafbar, wenn er bei der Feilhaltung die in den Gesetzen oder Verordnungen hierfür enthaltenen Vorschriften nicht befolgt.

§ 367 Ziff. 5 StGB. erwähnt außer Giften und Arzneien auch noch Schießpulver[1]) oder Feuerwerke sowie Sprengstoffe und andere explodierende Stoffe. Es handelt sich hier um sicherheitspolizeiliche Vorschriften, die im Gesetz zusammen mit den genannten gesundheitspolizeilichen Vorschriften behandelt und deshalb an dieser Stelle erwähnt werden. Danach macht sich strafbar, wer derartige Stoffe feilhält, ohne die für die Feilhaltung dieser Stoffe erlassenen Vorschriften zu befolgen. Insoweit es sich um Sprengstoffe im Sinne des Sprengstoffgesetzes v. 9. VI. 1884 handelt, ist an die Stelle des § 367 Ziff. 5 StGB. die Vorschrift des § 9 Sprengstoffgesetz getreten, wonach unzulässiges Feilhalten von Sprengstoffen mit Gefängnis von 3 Monaten bis zu 2 Jahren bestraft wird, während ein Zuwiderhandeln gegen § 367 Ziff. 5 nur eine Übertretung ist und daher Geldstrafe bis 150 Mk. oder Haft androht.

C. Beschränkungen der Reklamebetätigung für einzelne Berufe.

Der an die Spitze unserer Ausführungen gestellte Grundsatz, wonach prinzipiell jede Reklamekundgebung erlaubt ist, erfährt, abgesehen von den erörterten Einschränkungen, welche als Ausfluß allgemeiner Staatsgewalt alle Einwohner des Staates ergreift, eine Einschränkung insofern, als für die Angehörigen gewisser Berufszweige eine Reklamebetätigung verboten oder nur in gewissen Grenzen erlaubt ist, sei es, weil die freie Reklamebetätigung mit der Würde des Berufes nicht vereinbar ist, sei es, weil die Art des Berufes derartig ist, daß die freie Reklamebetätigung irgendwelche Gefahren in sich schließt.

1. Rücksicht auf Standesehre.

Die freie Reklamebetätigung ist bei allen Berufen beschränkt, bei denen das Gesetz vorschreibt, daß diejenigen, die ihm angehören, sich bei Ausübung des Berufes sowie außerhalb desselben der Achtung würdig zu zeigen haben, die der Beruf erfordert. Solche Bestimmungen finden sich z. B.:

---

[1]) Gesondert geregelt ist auch das Feilhalten von Schußwaffen und Munition. Nach dem Reichsgesetz vom 12. IV. 1928 wird mit Gefängnis bis zu drei Jahren bestraft, wer gewerbsmäßig Schußwaffen oder Munition feilhält oder den Erwerb vermittelt, es sei denn, daß ihm hierfür eine Erlaubnis zusteht.

1. Für Reichsbeamte im § 10 des Reichsbeamtengesetzes v. 31. III. 1873.
2. Für richterliche Beamte im § 1 des Gesetzes betr. Dienstvergehen der Richter v. 7. V. 1851, dem auch Gerichtsassessoren[1]), Mitglieder der Auseinandersetzungsbehörden, Mitglieder der Bezirksausschüsse, Mitglieder der Oberrechnungskammer und Notare unterstehen.
3. Für nichtrichterliche Beamte im § 2 des Gesetzes betr. die Dienstvergehen der nicht richterlichen Beamten v. 21. VII. 1852. Unter dieses Gesetz fallen die unmittelbaren Staatsbeamten, d. h. diejenigen, die ihr Amt unmittelbar und allein vom Staat erhalten haben, sowie die mittelbaren, die ihre Berufung durch einen Kommunalverband, durch eine öffentlich-rechtliche Korporation der bezeichneten Art oder durch sonstige Inhaber einer öffentlichen Gewalt oder gewisser Regierungsrechte (Standesherren usw.) erhalten haben und zu diesen in ein dem staatlichen Beamtenverhältnis entsprechendes Dienstverhältnis getreten sind[2]). Hierher gehören somit z. B. auch die Lehrer an den Universitäten und technischen Hochschulen sowie an den höheren und niederen Schulen. Für Privatdozenten gilt in Preußen das Gesetz betr. Disziplinarverhältnisse der Privatdozenten v. 17. VI. 1898, in dessen § 1 gleichfalls die Bestimmung enthalten ist, daß sie sich in und außer ihrem Berufe der Achtung des Ansehens und des Vertrauens, die ihre Stellung erfordert, würdig zeigen müssen.
4. Für Geistliche im § 2 des Gesetzes betr. die Dienstvergehen der Kirchenbeamten v. 16. VII. 1886.
5. Für Rechtsanwälte im § 28 der Rechtsanwaltsordnung v. 1. VII. 1878.
6. Für Patentanwälte im § 5 des Reichsgesetzes betr. die Patentanwälte v. 21. V. 1900.
7. Für Ärzte[3]) im § 3 des Gesetzes betr. die ärztlichen Ehrengerichte v. 25. XI. 1899.
8. Für Zahnärzte im § 1 der Richtlinien für die preußischen Zahnärzte zur Erfüllung ihrer Berufspflichten v. 30. VI. 1923.
9. Für Tierärzte in der Preuß. Verordnung betr. Einrichtung einer Standesvertretung für Tierärzte v. 2. IV. 1911.

a) Für die zu 1. bis 3. genannten Berufe dürfte eine Reklamebetätigung bei Ausübung des Berufes nicht in Frage kommen. Wohl aber kann eine solche bei außerberuflicher Nebenbeschäftigung der Beamten eine Rolle spielen. Reklamekundgebungen, die von Beamten außerhalb ihres Berufes ausgehen und dazu bestimmt sind, für sie selbst oder für ihre Leistungen oder Waren usw. Reklame zu machen, werden nicht erlaubt sein, wenn sie mit Rücksicht auf die Eigenschaft des Reklametreibenden als Beamten unwürdig sind. Ob das der Fall ist, entscheidet das richterliche Ermessen, dem hier weitester Spielraum gelassen ist. Jedenfalls wird hier ein anderer Maßstab anzulegen sein als bei den sonstigen Staatsbürgern. Es wird hier vor allem der Zweck der für die Beamten erlassenen Sondergesetze zu berücksichtigen sein, der in der Erhaltung eines pflichtgetreuen und unbescholtenen Beamtenstandes ruht. Da die Ausübung einer Nebenbeschäftigung von der Genehmigung der vorgesetzten Dienstbehörde abhängig ist[4]) und von dieser nur widerruflich erteilt wird, so kann eine mit der Eigenschaft als Beamter nicht zu vereinbarende Reklamekundgebung, abgesehen von etwaigen weiteren Folgen, die Entziehung der Erlaubnis zur Ausübung der Nebenbeschäftigung nach sich ziehen.

---

[1]) Die bei der Staatsanwaltschaft beschäftigten Gerichtsassessoren unterstehen dem zu 3. genannten Gesetz für nichtrichterliche Beamte. Vgl. Rheinbaben, Die preuß. Disziplinargesetze 1911, S. 417. [2]) Vgl. Rheinbaben, a. a. O. S. 25.
[3]) Über Heilgewerbetreibende vgl. S. 116. [4]) § 12 II RGO.

b) Beim Geistlichen kann eine Reklamebetätigung auch in Ausübung des Berufs in Frage kommen, so z. B., wenn er durch Inserate, Zettelverteilung oder durch mündliche Reklame eine Einwirkung auszuüben versuchen würde, ihn bei Vornahme kirchlicher Handlungen in Anspruch zu nehmen. Es bedarf keiner Erörterung, daß eine solche Reklamebetätigung mit der Achtung und dem Ansehen, welche der Beruf des Geistlichen erfordert, nicht in Einklang zu bringen sein würde.

c) Eine wesentlich größere Rolle spielt die Frage, ob und inwieweit Reklamekundgebungen für die oben zu 5. bis 9. genannten Berufe zulässig sind. Die Mitglieder dieser Berufe stehen nicht, wie die große Mehrzahl der Beamten und Geistlichen, in festen Einkommensverhältnissen mit Pensionsberechtigung. Sie müssen daher am Konkurrenzkampf teilnehmen und müssen, um die Aufmerksamkeit auf sich zu lenken und um zu erreichen, daß ihre Dienste in Anspruch genommen werden, insbesondere seitdem die Berufe anfingen sich zu füllen oder, wie es heute vielfach der Fall ist, überfüllt zu sein, Reklame machen.

Die Reklamebetätigung ist diesen Berufen nicht schlechthin verboten. Die Angehörigen dieser Berufe können Schilder anbringen, können ihre Niederlassung in Tageszeitungen ankündigen, können Artikel schreiben, durch welche das Publikum auf sie aufmerksam gemacht wird usw. Gleichwohl sind diesen Berufen in der Reklamebetätigung enge Grenzen gezogen. Diese Grenzen liegen darin, daß die Angehörigen dieser Berufe nach Maßgabe der obengenannten Gesetze durch ihr Verhalten in Ausübung des Berufs sowie außerhalb desselben sich der Achtung würdig zu zeigen haben, die der Beruf erfordert. Hiernach ist für diese Berufe jede Reklamebetätigung verboten, welche die Achtung, die der betreffende Beruf erfordert, verletzt, welche mit der Standeswürde in Widerspruch steht. Was Standeswürde ist, wird oft schwer festzustellen sein. Die Anschauungen über Standeswürde sind stetiger Wandlung unterworfen[1]). So dürfte z. B. bei der riesenhaften Entwicklung, welche die Publizität genommen hat, heute ein anderer Maßstab anzulegen sein, wenn Ärzte oder Anwälte in Zeitungen oder Zeitschriften genannt oder abgebildet werden, als in früheren Zeiten[2]). Als die hier fraglichen, die Standesehre betreffenden Vorschriften erlassen wurden, wurde davon ausgegangen, daß der Hauptzweck der betreffenden Tätigkeit grundsätzlich weniger in der Erzielung wirtschaftlicher Erfolge, als in der Erfüllung des Berufes oder der idealen Tätigkeit selbst liege bzw. liegen solle[3]). Die Mitglieder dieser Berufe gelten deshalb nicht als Gewerbetreibende. Nach ausdrücklicher Bestimmung des § 6 findet die RGO. auf advokatorische und Notariatspraxis sowie auf Ausübung der Heilkunde keine Anwendung. Praktisch äußerte sich dies inbesondere auch auf steuerrechtlichem Gebiete. Alle Steuern, die dem Gewerbe auferlegt waren, kamen für diese Berufe nicht in Betracht. Diese Anschauung hat sich geändert. Die freien Berufe zahlen schon seit langer Zeit Umsatzsteuern, neuerdings wird erwogen, von ihnen auch Gewerbesteuern zu erheben. Es ist nicht von der Hand

---

[1]) Vgl. Schläger, Deutsche Richterzeitung 1929, S. 100.

[2]) In einer am 17. IV. 1929 im Preuß. Justizministerium stattgehabten Aussprache zwischen dem Vorstand der Anwaltskammer, des Preuß. Richtervereins, der Presse usw. ergab sich Übereinstimmung darin, daß die bildliche Berichterstattung ein zeitgemäßes und durchaus geeignetes Mittel sei, neben der Wortberichterstattung, die Öffentlichkeit über Inhalt und Verlauf von Gerichtsverhandlungen zu unterrichten. Andererseits herrschte Einverständnis darüber, daß Mißbräuche der Bildberichterstattung im Interesse der Rechtspflege und im Interesse der an den Verhandlungen beteiligten Personen entgegengetreten werden müsse.

[3]) Friedländer, R.-A.-Ordnung 1920, S. 6.

zu weisen, daß durch derartige Heranziehungen dieser Berufe auch die Anschauungen darüber, was Standessitte sei, sich ändern können, und daß damit auch Reklamekundgebungen in Zukunft erlaubt sein können, die früher als verboten angesehen wurden.

Einen Anhalt dafür, welche Reklamekundgebungen als gegen die Standesehre verstoßend anzusehen sind, geben die Entscheidungen der Ehrengerichtshöfe. So ist nach der Rechtsprechung des Ehrengerichtshofs für deutsche Rechtsanwälte standesunwürdige Reklame z. B. die Versendung von Niederlassungsschreiben an fremde Privatpersonen, mit denen der Anwalt noch nicht in Verbindung stand, reklamehafte Annoncen („Ich habe mich als Rechtsanwalt am Oberlandesgericht X. niedergelassen und bitte das in meiner früheren Tätigkeit durch die Herren Kollegen bewiesene Vertrauen mir auch hier entgegenbringen zu wollen. Ich war früher an den Oberlandesgerichtsbezirken usw tätig" oder „Für die Behandlung von Angelegenheiten mit den französischen Verwaltungsbehörden empfehle ich mich auf Grund spezieller Sachkenntnisse"). Hier hat der Ehrengerichtshof angenommen, daß der unbefangene Leser in der Annonce insbesondere durch das Wort „empfehle" ein unzulässiges Werben um Praxis erblicken müsse. Hierher gehören weiter das Angebot unentgeltlicher Führung von Prozessen in öffentlichen Ankündigungen, Verteilung von Adreßzetteln an Gefangene, überaus zahlreiche Versendung von Anzeigen an Anwälte und Geschäftsleute bei Verlegung des Büros in ein Haus derselben Straße usw.

Daß die Anschauungen darüber, ob eine Reklamekundgebung gegen die Standeswürde verstößt, durchaus nicht einheitlich sind, beweist die große Zahl von Fällen, in welchen der Ehrengerichtshof als übergeordnete Instanz einen von dem Ehrengericht abweichenden Standpunkt eingenommen hat.

Um einen Anhalt dafür zu bieten, welche Art der Reklamekundgebung erlaubt und welche als gegen die Standessitte verstoßend anzusehen ist, haben die Ärztekammern sowie die Zahnärztekammern für die Angehörigen ihrer Berufe Standesordnungen erlassen, in welchen auch die Frage der Reklame behandelt wird. So bestimmt § 18 der Standesordnung für deutsche Ärzte von 1926:

Öffentliche Anpreisung.

a) Jede öffentliche sowie die private mündliche oder schriftliche Anpreisung ist dem Arzt untersagt. Unter öffentlicher Anpreisung ist namentlich zu verstehen:

1. Das nach Form, Art und Inhalt auffallende Anbieten einer Behandlung in öffentlichen Blättern oder durch andere Ankündigungsmittel wie Vorträge, Rundfunk, Film usw. und der Versuch, dadurch die Aufmerksamkeit besonderer Arten von Kranken oder untergeordneter Medizinalpersonen (Hebammen, Heilgehilfen) auf sich zu lenken.
2. die öffentliche Anzeige unentgeltlicher oder brieflicher Behandlung.
3. Die Ankündigung privater Polikliniken oder anderer unentgeltlicher Sprechstunden.
4. Die Empfehlung besonderer Heilverfahren oder eigener Heilmittel auf Schildern, in Drucksachen (Rezepten), öffentlichen Blättern oder durch öffentliche Vorträge, Flugschriften und ähnliche Mittel.
5. Die Bekanntgabe von Krankengeschichten und Operationen in anderen als fachwissenschaftlichen Schriften, ebenso wie die Zulassung unbeteiligter Laien als Zuschauer bei Operationen, Hypnosen und ähnlichen ärztlichen Verrichtungen.
6. Die Veranlassung und Zulassung öffentlicher Danksagungen und anpreisender Zeitungsaufsätze.

Öffentliche Bekanntmachungen.

b) Eröffnung, Unterbrechung, Wiederaufnahme der Praxis, Wohnungswechsel und ähnliche für den Verkehr mit dem Arzt wichtige Tatsachen dürfen in ortsüblicher Weise bekanntgemacht werden.

Bekanntmachungen in auswärtigen Zeitungen, an deren Sitz Ärzte desselben Faches ihre Tätigkeit ausüben, bedürfen der vorherigen Zustimmung der Standesvertretung.

Form der Anzeigen und Schilder.

c) Die Anzeige, insbesondere bei der Niederlassung, muß nach Form und Inhalt, ebenso wie die Anbringung, Aufschrift und Größe des Schildes mit der örtlichen Standesvertretung vorher besprochen werden.
Öfteres Anzeigen kann den Besitzern von Heilanstalten und ähnlichen Einrichtungen durch die zuständige Standesvertretung gestattet werden, wenn sich ihre Tätigkeit auf ihre Anstalt beschränkt.

Für Zahnärzte ist im § 3 der Richtlinien für die preußischen Zahnärzte zur Erfüllung ihrer Berufspflichten v. 30. VI. 1923 bestimmt:

Öffentliche Anpreisung.

Jede öffentliche Anpreisung (Reklame) ist als der Standeswürde nicht entsprechend untersagt, ebenso das private, mündliche oder schriftliche Anerbieten ohne entsprechende Aufforderung.
Als öffentliche Anpreisung ist anzusehen:
1. das oft wiederholte oder nach Form und Inhalt auffallende Anerbieten zahnärztlicher Hilfe in öffentlichen Zeitungen, in Vereinsorganen und ähnlichen Schriften und Verzeichnissen oder durch sonstige Ankündigungsmittel.
2. Die Versendung von Mitteilungen des Wohnungswechsels über den Kreis der bisherigen Schranken hinaus.
3. Das Anzeigen privater Polikliniken sowie privater unentgeltlicher Sprechstunden oder Behandlungen.
4. Die Anpreisung besonderer eigener Behandlungsmethoden durch öffentliche Blätter, Vorträge, Flugschriften usw.
5. Die Veröffentlichung von Berichten über Krankengeschichten oder Behandlungen in anderen als fachwissenschaftlichen Schriften.
6. Die Bezeichnung als Vertrauenszahnarzt oder als mit ähnlichen Aufträgen Betrauter zum Zwecke der Reklame, welche stets als Angebot besonderer Leistungen oder die Inanspruchnahme besonderer Fähigkeiten angesehen werden müssen.
7. Die Veranlassung öffentlicher Danksagungen, der Reklame dienende Zeitungsaufsätze oder die Ankündigung von Mitteln irgendwelcher Art, welche die Aufmerksamkeit der Kranken oder untergeordneter Medizinalpersonen auf sich lenken.
8. Straßenschilder mit Reklamecharakter (übermäßig große, Balkonschilder [1]), Transparente usw.) sind verboten. Straßenschilder sollen in ortsüblicher Größe, möglichst nur am Eingange zur Sprechstelle angebracht sein und lediglich Namen, Titel, Sprechstunde und evtl. Sonderfach enthalten.

Dagegen dürfen die Niederlassung, die Unterbrechung und die Aufnahme der Praxis, Vertretung und Wohnungswechsel in ortsüblicher Weise bekanntgemacht werden.

Von besonderer Bedeutung für das Gebiet der Reklame ist die Frage, ob und unter welchen Voraussetzungen die Mitglieder der genannten freien Berufe berechtigt sind, sich als Spezialisten zu bezeichnen. Insbesondere für die Rechtsanwälte wird zur Zeit lebhaft die Frage erörtert, ob sie sich, was bisher unzulässig war, als Spezialanwälte für besondere Fächer bezeichnen dürfen. Von denen, welche diese Frage bejahen wollen, wird insbesondere geltend gemacht, daß, was den Medizinern recht ist, den Juristen billig sei, und daß, was der Standesehre der Ärzte nicht schade, schließlich auch derjenigen der Anwälte nicht nachträglich sein könne [2]).

Für die Ärzte sind unter dem 21. VI. 1924 bestimmte Richtlinien aufgestellt, unter welchen Voraussetzungen die Bezeichnung Facharzt geführt werden darf:

---

[1]) Jedes Schild hat Reklamecharakter. Die Richtlinien verwechseln hier „Reklame" mit „Auswüchsen der Reklame".

[2]) Vgl. Berliner Lokalanzeiger vom 7. IV. 1929 (4. Beiblatt).

1. Der Facharzt muß eine genügende Ausbildung in seinem Sonderfach haben.
2. Als genügend ist eine Fachausbildung anzunehmen, wenn sie nach erlangter Approbation und nach Beendigung des praktischen Jahres bei den einzelnen in den Richtlinien aufgezählten Fächern[1]) mindestens 3 bzw. 4 bzw. 6 Jahre beträgt.
3. Die Ausbildung soll in der Regel in Assistentenstellen an Kliniken einer Universität oder Akademie für praktische Medizin, an von anerkannten Fachärzten geleiteten gesonderten Abteilungen größerer Krankenhäuser, an Heilstätten, an geeigneten Privatkliniken oder an Fachabteilungen von Lazaretten erworben sein.
4. Der Nachweis der Ausbildung ist durch Bescheinigungen der ausbildenden Direktoren und leitenden Ärzte über die Art und Dauer der Tätigkeit zu erbringen.

Die Anerkennung als Fachmann geschieht dann in der Weise, daß ein Prüfungsausschuß, der sich aus praktischen und Fachärzten zusammensetzt, darüber zu entscheiden hat, ob dem Antrage auf Anerkennung als Facharzt für das betreffende Sondergebiet stattzugeben ist.

Die vorgenannten auszugsweise wiedergegebenen Richtlinien zeigen, daß die Verhältnisse bei den Ärzten völlig anders liegen als bei den Rechtsanwälten. Es ist durchaus verständlich, daß die Anwaltskammern sich den Bestrebungen einzelner Anwälte gegenüber, die Einrichtung der Spezialanwälte einzuführen, ablehnend verhalten hat. Eine Gewähr wie bei den Ärzten dafür, daß der betreffende Anwalt durch jahrelange Beschäftigung mit dem betreffenden Sondergebiet in Wirklichkeit Spezialkenntnisse erlangt hat, wird sich hier um vieles schwerer erbringen lassen als bei den Ärzten, und es würde deshalb die Gefahr bestehen, daß Anwälte nicht sowohl wegen ihrer Kenntnisse zu „Spezialanwälten" würden, als etwa durch gute Beziehungen zur Presse oder infolge der Geschicklichkeit, Reklame zu machen. Andererseits ist es nicht von der Hand zu weisen, daß unter Umständen dem Publikum damit gedient sein kann, wenn Anwälten, die sich auf Spezialgebieten über das übliche Maß hinausgehende Kenntnisse erworben haben, auch das Recht zugestanden wird, hierauf öffentlich hinzuweisen. Es dürften jedoch hierfür nur in sich abgeschlossene, der üblichen Tätigkeit des Anwalts ferner liegende und daher einer besonderen Beschäftigung mit der Materie bedürfende Rechtsgebiete in Betracht kommen, wie z. B See- und Binnenschiffahrtsrecht, internationales Privatrecht, Staats- und Verwaltungsrecht, Steuerrecht, gewerblicher Rechtsschutz usw.

2. Hebammen.

Zu den Berufen, bei denen die freie Reklamebetätigung beschränkt ist, gehört auch der Beruf der Hebammen. Im Bundesratsbeschluß v. 6. XI. 1917 betr. die Grundsätze für die Regelung des Hebammenwesens ist bestimmt, daß den Hebammen jede standesunwürdige Anpreisung verboten sei. In dem auf Grund dieser Grundsätze in Preußen erlassenen Gesetz über das Hebammenwesen v. 20. VII. 1922 ist im § 10 der Ausführungsbestimmungen zu diesem Gesetz vom gleichen Tage den Hebammen streng untersagt, durch wiederholte öffentliche Anzeigen, Veröffentlichung von Danksagungen, durch Anerbietung von Rat und Hilfe in diskreten Fällen oder durch ähnliche Bekanntmachungen standesunwürdige Reklame zu treiben.

3. Berufsgeheimnis.

Bei einer Anzahl der vorgenannten Berufe ergibt sich die Beschränkung in der freien Reklamebetätigung auch daraus, daß die diesen Berufen angehörigen Mitglieder

[1]) Vgl. Opitz, Rechte und Pflichten der Ärzte und Zahnärzte 1926, S. 29.

zur Wahrung des Berufsgeheimnisses verpflichtet und aus diesem Grunde nicht berechtigt sind, gewisse ihnen bekannt gewordene Tatsachen in Reklamekundgebungen mitzuteilen.

Nach § 300 StGB. werden Rechtsanwälte, Advokaten, Notare, Verteidiger in Strafsachen, Ärzte, Wundärzte, Hebammen, Apotheker sowie die Gehilfen dieser Personen bestraft, wenn sie unbefugt Privatgeheimnisse offenbaren, die ihnen kraft ihres Amtes, Standes oder Gewerbes anvertraut sind. Diese Bestimmung ist, soweit das Gebiet der Reklame in Betracht kommt, insbesondere deshalb von Bedeutung, weil nach ihr auch die in den genannten Berufen tätigen Gehilfen Subjekte des Vergehens sein können. Auch die Gehilfen dieser Berufe unterliegen daher der in dieser Bestimmung enthaltenen Beschränkung in der Reklamebetätigung.

Der Entwurf zum Strafgesetzbuch von 1925 sieht eine bedeutende Erweiterung dieser Bestimmung vor. Danach soll bestraft werden, wer ohne besondere Befugnis ein Privatgeheimnis offenbart, das ihm bei berufsmäßiger Ausübung der Heilkunde, der Krankenpflege, der Geburtshilfe oder des Apothekergewerbes oder bei berufsmäßiger Beratung, Vertretung oder Verteidigung in Rechtsangelegenheiten kraft seines Berufes anvertraut oder zugänglich geworden ist. Danach würden somit unter diese Bestimmung auch Patentanwälte, Konkursverwalter, Zwangsverwalter, Dentisten, Kurpfuscher, Prozeßagenten, Winkelkonsulenten usw. fallen. Auch den Angehörigen dieser Berufe sowie deren festangestellten Gehilfen wäre es somit in Zukunft verwehrt, in Reklamekundgebungen Berufsgeheimnisse zu offenbaren. Diese Bestimmung würde erheblich dazu beitragen, die Ehre der einzelnen Personen zu schützen. Sie würde ein wirksames Mittel sein, zu verhindern, daß z. B. ein Kurpfuscher zu Reklamezwecken über Behandlungen, die er an einzelnen Personen vorgenommen hat, öffentlich Mitteilung macht. Eine derartige Handlung könnte nach geltendem Recht nur unter gewissen Voraussetzungen als Beleidigung verfolgbar sein.

4. Börsenbesucher.

Es gibt sodann weiter Berufe, bei denen die freie Reklamebetätigung zwar nicht allgemein, jedoch in bestimmten Beziehungen eingeschränkt ist. Hierher gehören z. B. die Bankiers, Makler usw. in ihrer Eigenschaft als Börsenbesucher. Börsenbesucher ist, wer nach der Börsenordnung zum Börsenbesuche zugelassen ist[1]). Das Börsengesetz vom 22. VI. 1896 in der Fassung v. 8./27. V. 1908 bestimmt in § 10, daß das Ehrengericht Börsenbesucher zur Verantwortung zieht, welche im Zusammenhang mit ihrer Tätigkeit an der Börse sich eine mit der Ehre oder dem Anspruch auf kaufmännisches Vertrauen nicht zu vereinbarende Handlung haben zuschulden kommen lassen. Zu derartigen Handlungen sind auch gewisse Reklamekundgebungen zu rechnen. In der Begründung zu § 10 ist als Beispiel ehrengerichtlich strafbarer Handlungen auch die Reklame genannt. Als unter § 10 fallend wird angesehen, „Anreizungen zu Börsenspekulationen, welche außerhalb des Geschäftsbetriebes des Angereizten liegen, falls sie in einer des ehrbaren Kaufmannes unwürdigen Weise erfolgen, gleichviel ob die Anreizung durch den Anreizenden persönlich oder durch Agenten, Briefe, Anzeigen, Reklame in öffentlichen Blättern usw. erfolgen."

[1]) Vgl. Stenglein, Kommentar zu den strafrechtlichen Nebengesetzen, 5. Aufl., Bd. 2, 1. Lfg., S. 19.

5. Stellenvermittler.

Einschränkungen in der freien Reklamebetätigung sind nach bestimmter Richtung hin auch den Stellenvermittlern auferlegt. Nach § 3 III des Stellenvermittlergesetzes v. 2. VI. 1910 darf, wer das Gewerbe eines Stellenvermittlers betreibt, diese Tätigkeit nicht zu Anpreisungen für andere eigne oder fremde Gewerbebetriebe benutzen. Ein Verstoß gegen diese Bestimmungen wird nach § 12 Ziff. 3 des Gesetzes mit Geldstrafe bis zu 600 Mk. oder mit Haft bestraft. Diese Bestimmung, welche für das Gebiet der Reklame eine große Rolle spielt, verliert jedoch mit Ablauf des Jahres 1930 seine Bedeutung. Nach § 55 des Gesetzes über Arbeitsvermittlung und Arbeitslosenversicherung v. 6. VII. 1927 ist die gewerbsmäßige Stellenvermittlung v. 1. I. 1931 ab verboten. Mit diesem Zeitpunkt erlischt die Erlaubnis zum Gewerbebetrieb eines Stellenvermittlers. Diejenigen Stellenvermittler, die ihr Gewerbe seit mindestens 2. VI. 1910 ausübten, werden entschädigt.

6. Auswanderungsunternehmen.

Eine Einschränkung der Reklametätigkeit insofern, als für sie eine räumliche Beschränkung besteht, enthält das Reichsgesetz über das Auswanderungswesen v. 9. VI. 1897. Nach § 8 dieses Gesetzes hat sich der Unternehmer außerhalb des Gemeindebezirks seiner gewerblichen Niederlassung und des Gewerbebezirks seiner etwaigen Zweigniederlassung bei Ausübung seines gesamten Geschäftsbetriebs, soweit es sich dabei nicht lediglich um die Erteilung von Auskunft auf Anfrage oder um die Veröffentlichung der Beförderungsangelegenheiten und Beförderungsbedingungen handelt, ausschließlich der Vermittlung seiner zugelassenen Agenten zu bedienen. Er darf somit an diesen Orten keine andere Werbetätigkeit ausüben, als Agenten zu unterhalten und somit auch keine andere Reklame machen als eine solche, die in der Unterhaltung von Agenten liegt.

II. Beschränkungen für bestimmte Arten von Reklamekundgebungen.

Nachdem im ersten Unterabschnitt des vorliegenden Teiles die allgemeinen öffentlichrechtlichen Gesetzesbestimmungen behandelt worden sind, die die Kundgebungen der Reklame für alle Reklamearten beschränken, sollen nunmehr im vorliegenden zweiten Unterabschnitt diejenigen gesetzlichen Bestimmungen näher dargestellt werden, die sich nur auf einzelne Arten von Reklamekundgebungen beziehen. Es wird sich bei diesen Betrachtungen einmal darum handeln, die Auswirkungen der betrachteten allgemeinen straf- oder verwaltungsrechtlichen Gesetzesbestimmungen auf besondere Arten der Reklamekundgebungen darzulegen. Ferner sind aber hier die Spezialgesetze zu erläutern, die nur einzelne Arten der Reklamekundgebung beschränken oder regeln.

In den folgenden Ausführungen soll die Betrachtung in der Weise vorgenommen werden, daß die einzelnen Arten der Reklamekundgebungen mit den speziell für sie erlassenen Gesetzen oder verwaltungsrechtlichen Vorschriften betrachtet werden.

Auch bei diesen Betrachtungen ist der des öfteren bereits betonte Grundsatz, daß jede Art der Reklamebetätigung erlaubt ist, soweit ihr nicht im Gesetz ausdrücklich Beschränkungen auferlegt sind, an die Spitze der Ausführungen zu setzen.

Da das moderne Wirtschaftsleben mit seinem scharfen Konkurrenzkampf unendlich viele Arten der Reklamekundgebungen hervorgebracht hat, können bei den folgenden Betrachtungen die einzelnen Arten der Reklamekundgebungen nur nach großen Gesichtspunkten durchgegangen und daraufhin geprüft werden, wieweit ihnen durch das Gesetz Beschränkungen auferlegt sind.

Die einzelnen Arten der Reklamekundgebung sollen im folgenden nach drei Gesichtspunkten eingeteilt werden. Zunächst soll die mündliche Reklame behandelt werden, daran soll sich die Betrachtung der schriftlichen Reklame anschließen, um schließlich in einer Übersicht die Reklame durch Veranstaltungen und Sensation zu betrachten. Es ist jedoch hervorzuheben, daß manches hier oder dort Untergebrachte mit gleichem Recht auch an anderer Stelle eingeordnet werden könnte. So ließe sich z. B. die Rauchreklame eines Flugzeuges, die hier bei der schriftlichen Reklame[1]) behandelt wird, auch unter die Reklameveranstaltungen eingliedern.

A. Mündliche Reklamekundgebungen.

Erfolgt die Werbung derart, daß die Reklameidee durch eine auf die Sinne wirkende Tätigkeit eines Werbenden auf den zu werbenden Kunden unmittelbar[2]) übertragen wird, so spricht man von „mündlicher Reklame". Meistens wird hier das gesprochene Wort Träger der Reklameidee sein. Aber auch wenn der Werbende durch Zeichen und Gebärden den Gesichtssinn des Kunden fesselt und so den Werbegedanken vermittelt, handelt es sich um „mündliche" Reklame. Zu der „mündlichen Reklame" gehört also auch die einladende Handbewegung des Türstehers eines Kabaretts oder Tanzkaffees, nicht aber die Tätigkeit eines Zettelverteilers. Die Handbewegung des Türstehers überträgt die Aufforderung, einzutreten und die Leistung des Unternehmers in Empfang zu nehmen, unmittelbar auf den Straßenpassanten, während die Handbewegung des Zettelverteilers keine Idee vermittelt. Dies tut erst der auf diese Weise verteilte Zettel.

Die Darstellung der mündlichen Reklame wird in vierfacher Einteilung erfolgen. Zunächst wird die Werbung durch Ausrufer, darauf der Hausier- und Straßenhandel, sodann[3]) die Werbung durch Reisende behandelt werden, um schließlich[4]) die Vorschriften über die mündliche Reklame im Handel mit Druckschriften, Schriften und Bildwerken zusammengefaßt zu betrachten.

1. Öffentlicher Ausruf.

Gewerbliche Leistungen wurden von jeher mit Vorliebe durch öffentlichen Ausruf auf Straßen und Plätzen und sonstigen verkehrsreichen Orten angepriesen. Neben den Einschränkungen der allgemeinen Bestimmungen der Strafgesetze und der polizeilichen Ermächtigungsgesetze kommen für diese Art der Reklamekundgebungen an Sondervorschriften vor allem Polizeiverordnungen in Frage.

---

[1]) Siehe unten S. 200.

[2]) Da sich die Rundfunkreklame nur mit Hilfe der vielen Apparate und Vorrichtungen — also nicht unmittelbar — an das Publikum wendet, dürfte sie als Veranstaltung anzusehen und und deshalb unten unter Veranstaltungen (siehe S. 215) zu behandeln sein.

[3]) Siehe unten S. 138 ff. [4]) Siehe unten S. 144 ff.

Für Berlin bestimmt § 68 der Berliner Straßenordnung v. 15. I., 1929, daß das sog. Anreißen sowie die Beschäftigung von Anreißern verboten ist. „Anreißer" im Sinne dieser Bestimmung[1]) sind Personen, die durch Worte oder durch ihr sonstiges Benehmen das auf der Straße verkehrende Publikum zum Besuch zu veranlassen suchen.

Ferner verbietet § 68 der genannten Verordnung die Verursachung von Lärm[2]) und Geräusch, das Spielenlassen von Lautsprechern, Grammophonen oder ähnlichen Apparaten zum Zwecke der geschäftlichen Ankündigung oder des Anbietens gewerblicher Leistungen. Ausnahmen bedürfen der polizeilichen Erlaubnis. Hiernach ist ganz allgemein jedes laute Ausrufen, das unter den Begriff Lärm und Geräusch fällt, verboten, soweit es nicht im Einzelfall durch polizeiliche Genehmigung erlaubt wird. Die nach § 68 BStO. erforderliche Erlaubnis wird nach der Bekanntmachung des Berliner Polizeipräsidenten zur BStO. nur erteilt, wenn Störungen des Verkehrs und Belästigungen der Anwohner nicht zu erwarten sind.

Eine allgemeine Erlaubnis zum Ausrufen enthält nur Abs. 4 des § 68, wonach das Ausrufen der Namen, nicht aber auch der Inhaltsangaben von Zeitungen usw. gestattet ist. Es ist also verboten, wogegen häufig verstoßen wird, die dick gedruckten Überschriften auszurufen.

§ 68 BStO. ist als rechtsgültig anzusehen, da er sich im Rahmen der oben betrachteten gesetzlichen Delegationen der §§ 366 Ziff. 10 StGB., 10 II 17 ALR. und 6b PVG. hält.

Da § 68 BStO. nur den Zwecken der Verkehrspolizei auf öffentlichen Straßen usw. dient, ist nach ihm eine Reklamekundgebung durch Verursachung von Geräuschen in Geschäftsräumen nicht verboten. Nach § 77 III BStO. ist aber verboten, in Verkaufsstellen Musik zu machen oder in anderer Art lautes Geräusch zu verursachen, falls hierdurch nach Lage der Örtlichkeit eine Störung der Ruhe und Ordnung auf der Straße zu erwarten ist. Ausnahmen von dieser Vorschrift bedürfen der polizeilichen Erlaubnis, die das örtlich zuständige Polizeiamt erteilt.

Die Vorschrift des § 68 BStO. findet sich ähnlich in den meisten geltenden ortspolizeilichen Straßenordnungen. Das Kammergericht[3]) hat in der Entscheidung vom 21. X. 1908 die Rechtsgültigkeit von Polizeiverordnungen, die das Ausrufen verbieten, als Maßnahmen der Verkehrspolizei anerkannt. Es heißt dort:

„Das Ausrufen von Verkaufsgegenständen auf den öffentlichen Straßen usw. konnte der Polizeibehörde geeignet erscheinen, in besonderem Maße die Aufmerksamkeit der Passanten zu erregen, deren Stehenbleiben zu veranlassen und Verkehrsstörungen herbeizuführen. Durch das Verbot soll daher die öffentliche Ruhe, d. h. ein Verhalten, welches den die öffentliche Sicherheit und Ordnung betreffenden Rechtsnormen entspricht, gewährleistet werden."

Hiernach ist im allgemeinen zulässig, das Ausrufen und Anreißen durch Polizeiverordnungen zu verbieten. Jedoch enthält § 69 RGO. eine Sonderbestimmung für das Ausrufen im Marktverkehr. Nach dieser reichsgesetzlichen Vorschrift kann wegen des in der Gewerbeordnung niedergelegten Grundsatzes der Marktfreiheit das Ausrufen auf

---

[1]) Anreißertum hat hier also eine andere Bedeutung als oben S. XVIII.

[2]) Das Ausklingeln von Milch im Verkauf von der Straße aus ist gestattet.

[3]) In DJZ. 08, 198.

Märkten nur durch polizeiliche Marktordnungen verboten werden. Andere polizeiliche Ausrufsverbote haben auf Märkten keine Gültigkeit. Zuwiderhandlungen gegen derartige Marktordnungen sind nach § 149 Ziff. 6 RGO. mit Geldstrafe bis 30 RM., im Unvermögensfalle mit Haft bis zu 8 Tagen strafbar.

2. Straßen- und Hausierhandel.

Auch der Straßen- und Hausierhandel ist eine auf mündlicher Reklame beruhende Werbung. Seine Eigentümlichkeit besteht darin, daß der Händler, der die Ware mit sich führt, außerhalb eines Geschäftslokales oder einer gewerblichen Niederlassung an den Kunden herantritt und ihn zum Kaufe auffordert.

Diese Art der Kundenwerbung ist durch Vorschriften der Gewerbeordnung und durch verkehrspolizeiliche[1]) Beschränkungen stark eingeengt.

a) Durch die Vorschriften der RGO., die den Straßen- und Hausierhandel beschränken, wird der in § 1 RGO. enthaltene Grundsatz der Gewerbefreiheit nicht unerheblich durchbrochen. Diese Durchbrechung des Grundsatzes erscheint aber gerechtfertigt, weil gerade hier die Gefahr besonders groß ist, daß durch unzuverlässige Elemente die Allgemeinheit geschädigt wird. Wer sein Gewerbe von einem festen Platze aus betreibt, muß sich Räumlichkeiten, Waren und Maschinen beschaffen. Er bietet seinem Kunden durch seine Bodenständigkeit eine gewisse Möglichkeit des Rückgriffs bei ungenügender und mangelhafter Leistung. Der Straßenhändler und Hausierer[2]) dagegen kann sich etwaigen Rückgriffen leichter entziehen, da sein Name und Wohnsitz vielfach unbekannt sind. Ferner strömen vielfach wegen der geringen Betriebsunkosten gerade die wirtschaftlich weniger fundierten Kreise diesem Gewerbezweige zu. Im Interesse der Allgemeinheit schafft daher die RGO. die Möglichkeit, die Zuverlässigkeit des Straßenhändlers und des Hausierers zu prüfen, bevor er seinen Gewerbebetrieb beginnt.

Nach der Einteilung der RGO. ist zu scheiden zwischen dem sog. „Gewerbebetrieb im Umherziehen", auch Wandergewerbe genannt, und dem ambulanten Gewerbetriebe.

α) Der Gewerbetrieb im Umherziehen ist in den §§ 55—64 RGO. behandelt.

αα) Nach § 55 RGO. ist — soweit das Gebiet der Reklamekundgebung in Frage kommt — unter einem Gewerbetrieb im Umherziehen ein solcher zu verstehen, der von einer Person außerhalb des Gemeindebezirkes ihres Wohnortes ohne Begründung einer gewerblichen Niederlassung und ohne vorgängige Bestellung vorgenommen wird.

Allerdings ist nicht jeder Gewerbetrieb, der so vorgenommen wird, ein Gewerbebetrieb im Umherziehen. Sondern ein solcher liegt — soweit es hier interessiert — nur vor, wenn

---

[1]) Über diese siehe unten auf S. 137.

[2]) Zu beachten ist, daß zwischen einem Hausierer und dem unten auf S. 138ff. eingehender zu betrachtenden Reisenden ein begrifflicher Unterschied nicht besteht. Ein Reisender, der die abzusetzende Ware mit sich trägt, ist zugleich Hausierer. Der Reisende, der nur nach Mustern oder Katalogen Bestellungen auf Waren nachsucht, ist kein Hausierer. Die Bestimmungen über das Wandergewerbe und das ambulante Gewerbe aus der Reichsgewerbeordnung finden aber zum größten Teile auch auf Reisende Anwendung. Aus diesem Grunde wird in dem vorliegenden, den Straßen- und Hausierhandel betreffenden Abschnitt manches über den „Reisenden" zu sagen sein, was unter anderen Gesichtspunkten in dem dem Reisenden gewidmeten Kapitel ebenfalls zu erläutern ist.

1. Waren persönlich feilgeboten[1]),
2. Warenbestellungen aufgesucht,
3. Waren bei anderen Personen als bei Kaufleuten oder an anderen Orten als in offenen Verkaufsstellen zum Wiederverkauf angekauft,
4. gewerbliche Leistungen angeboten werden.

ααα) Um die Voraussetzungen eines Gewerbetriebes im Umherziehen zu erfüllen, muß der Gewerbetreibende also außerhalb des Gemeindebezirks[2]) seines Wohnorts tätig werden. Wer also seinen Handel usw. auf seinen Wohnort beschränkt, treibt nie ein Wandergewerbe.

βββ) Der Gewerbetreibende darf keine gewerbliche Niederlassung am Ort seiner Tätigkeit haben. Eine „gewerbliche Niederlassung" gilt im Sinne der RGO. als nicht vorhanden, wenn der Gewerbetreibende im Inland ein zu dauerndem Gebrauch eingerichtetes, beständig oder doch in regelmäßiger Wiederkehr von ihm benutztes Lokal für den Betrieb seines Gewerbes nicht besitzt[3]). Ein derartiges Lokal gilt dann auch als vorhanden, wenn der Gewerbetreibende einen Teil seiner Privatwohnung regelmäßig und in der Absicht, von hier aus das Gewerbe ständig zu betreiben, zu Geschäftszwecken benutzt. Ein besonderes von der Wohnung abgetrenntes Geschäftslokal ist nicht erforderlich. Wer am Orte seiner geschäftlichen Niederlassung ein Gewerbe treibt, tut dies nie „im Umherziehen", mag er auch wo anders wohnen. Auch derjenige treibt ein stehendes und kein Wandergewerbe, der eine gewerbliche Niederlassung hat und am Ort derselben, wenn auch außerhalb des Geschäftslokals seine Waren „feilbietet"[4]) oder „Leistungen anbietet". Wer eine gewerbliche Niederlassung hat, gleichwohl aber etwa im ganzen Reich selbst oder durch Reisende seine Waren von Haus zu Haus oder an öffentlichen Orten „feilbietet", unterliegt den Beschränkungen des Wandergewerbes. Ein Teppichhändler z. B., der in Berlin ein Geschäftslokal unterhält, darf außerhalb Berlins nur dann selbst oder durch ortsfremde Reisende Teppiche von Haus zu Haus oder an öffentlichen Orten zum Kauf „feilbieten", wenn der Feilbietende, sei es der Prinzipal selbst oder seine Reisenden, zum Wandergewerbe befugt sind. Alle Reisenden, die ihre Waren außerhalb ihres[5]) Wohnortes oder ihrer[5]) gewerblichen Niederlassung an Interessenten direkt ohne vorgängige Bestellung absetzen wollen, unterliegen ebenso wie der Prinzipal, der selbst reist, den unten näher zu betrachtenden Beschränkungen der RGO.

---

[1]) Jedoch gilt nach § 59 RGO. als Wandergewerbe nicht das Feilbieten
1. der selbstgewonnenen Roherzeugnisse der Land- und Forstwirtschaft sowie des Gartenbaues, der Jagd und Fischerei,
2. von selbst angefertigten Waren des Marktverkehrs im Umkreis von 15 km vom Wohnort des Herstellers,
3. gewisser Waren von Wasserfahrzeugen aus,
4. von gewissen Waren an Festtagen, bei Truppenzusammenziehungen und anderen außergewöhnlichen Gelegenheiten.

[2]) Mitunter auch außerhalb der dem Wohnort durch Verwaltungsanordnung gleichgestellten nächsten Umgebung desselben.

[3]) § 42 II RGO.

[4]) Was im Sinne der RGO „Waren feilbieten" und „gewerbliche Leistungen anbieten" heißt, ist auf der nächsten Seite näher untersucht.

[5]) Nicht der Wohnort oder die gewerbliche Niederlassung des Prinzipals sind maßgebend (vgl. unten S. 140).

Der Begriff des Wandergewerbes ist also viel weiter, als man gewöhnlich annimmt. Die Vorschriften über das Wandergewerbe sind für jeden Kaufmann auf das genaueste zu beobachten, der eine Reklamekundgebung in der Weise ausüben will, daß er persönlich oder durch seine Reisenden an Kunden außerhalb seiner Niederlassung in einer der noch näher zu betrachtenden Arten herangeht, statt auf den Kunden in seiner Handelsniederlassung zu warten. Es wäre durchaus verfehlt, anzunehmen, die Vorschriften über das Wandergewerbe beträfen nur Hausierer, die ihren Warenbestand etwa auf dem Rücken mit sich tragen. Sie können nach dem weiten Umfange, den 55 RGO. dem Begriff des Wandergewerbes gibt, auch für große Unternehmungen in Betracht kommen.

γγγ) Nur die vorstehend[1]) zu 1. bis 4. aufgezählten Verrichtungen sind Wandergewerbe.

1. Ein Wandergewerbe liegt vor, wenn Waren feilgeboten werden.

Waren sind bewegliche Sachen, die den Gegenstand des Handelsverkehrs bilden. Feilbieten heißt: bereitgehaltene Sachen zum Kauf anbieten. Dazu gehört neben dem bloßen Bereithalten der Einrichtung, daß der Gewerbetreibende auf irgendeine Weise für den Ankauf seiner Ware mündliche Reklame macht und dadurch, wenn auch nur durch konkludente Handlungen, zur Inanspruchnahme der bereitgestellten Leistung auffordert. Ein lediglich passives Verhalten würde nur ein „Feilhalten"[2]), aber nicht ein „Feilbieten" darstellen[3]).

Die angebotene Ware muß also — um als feilgeboten zu gelten — bei der Reklamekundgebung tatsächlich vorhanden und dazu bestimmt sein, bei Zustandekommen des Kaufvertrages in Besitz und Eigentum des Käufers überzugehen.

Es liegt also ein Feilbieten nicht vor, wenn jemand ein Muster vorzeigt und einen Kaufvertrag auf Leistung einer dem Muster entsprechenden Ware abzuschließen sucht. Eine solche Tätigkeit bezeichnet der Gesetzgeber als „Aufsuchen von Warenbestellungen".

2. Das Aufsuchen von Warenbestellungen ist ebenfalls eine Kundgebung der Reklame, die ein Wandergewerbe bildet. Es ist die Tätigkeit, die jemand entfaltet, um Kaufverträge auf Lieferungen von Waren, die der Aufsuchende nicht tatsächlich mit sich führt, zu tätigen. Hierunter fällt z. B. die Tätigkeit der Reisenden[4]) oder Agenten[4]), die nach Mustern oder Proben Geschäfte zu tätigen suchen.

Die Bemühungen müssen unmittelbar auf einen Vertragsabschluß gerichtet sein. Wenn die Tätigkeit sich nur darauf erstreckt, daß nur nachgefragt wird, ob z. B. Kaufgegenstände vorgeführt werden dürfen, liegt kein Aufsuchen einer Bestellung vor.

Dagegen liegt eine unmittelbare Bemühung auf Vertragsabschluß und damit ein Aufsuchen von Bestellungen bereits vor, wenn der Gewerbetreibende in der Zeitung ankündigt, daß er auswärts in einem näher bezeichneten Lokale zu einer bestimmten Zeit Bestellungen entgegennehmen werde[5]).

3. Der Ankauf[6]) von Waren zum Wiederverkauf ist ferner eine Kundgebung der mündlichen Reklame, die einen Gegenstand eines Wandergewerbes bildet.

---

[1]) Vgl. S. 130. [2]) Vgl. S. 106. [3]) KG. in DJZ. 1910, 1413.

[4]) Natürlich nur soweit sie außerhalb ihres Wohnortes oder ihrer gewerblichen Niederlassung tätig werden.

[5]) KG. in Goltd. Arch. 10, 113; a. A. OLG. Dresden in Goltd. Arch. 1, 307.

[6]) Daß sich die Reklame auch auf den Einkauf beziehen kann, ist oben in der Einleitung auf S. XVIII dargelegt worden.

Wer Waren, d. h. Gegenstände des Handelsverkehrs ankauft, um sie wieder zu verkaufen, treibt ein Wandergewerbe, wenn er diesen Ankauf außerhalb des Gemeindebezirkes seines Wohnortes oder seiner gewerblichen Niederlassung vornimmt. Ein Ankauf zum eigenen Verzehr stellt also ebensowenig ein Wandergewerbe dar wie der Ankauf zur Verarbeitung. Zur „Verarbeitung" ist aber eine tatsächliche Einwirkung in die Substanz der angekauften Sache notwendig; eine bloße Reinigung oder Ausbesserung der angekauften Sache fällt also nicht darunter[1]). Deshalb treibt der Trödler, der alte Sachen außerhalb seines Wohnortes einkauft, ebenso ein Wandergewerbe[2]) wie der Lumpensammler. Ob der Ankauf gegen Bezahlung von Bargeld oder gegen Tausch vorgenommen wird, ist gleichgültig.

Der Ankauf von Waren stellt aber nur dann ein Wandergewerbe dar, wenn er nicht bei Kaufleuten oder in offenen Verkaufsstellen vorgenommen wird.

Der Begriff des Kaufmanns ist im Sinne des HGB. oben[3]) näher dargestellt. Der oben dargestellte Begriff deckt sich aber nicht mit dem Begriff des Kaufmanns im Sinne der hier zu betrachtenden Vorschriften der RGO. Im Rahmen der vorliegenden Ausführungen kann hier nur so viel gesagt werden, daß als Kaufmann im Sinne der RGO. derjenige anzusehen ist, der irgendein Handelsgewerbe selbständig betreibt[4]). Als Kaufleute im Sinne dieser Vorschriften sind auch diejenigen Personen anzusehen, die die anzukaufenden Waren produzieren, wobei im Gegensatz zu § 2 HGB. der Umfang der Produktion gleichgültig ist.

Offene Verkaufsstellen sind nach Landmann[5]) „ständige, dem Publikum in der Regel zugängliche, dem regelmäßigen Verkauf der Waren seitens der Handeltreibenden dienende Stellen, insbesondere Kaufläden, aber auch Verkaufstische oder Bänke und andere kleinere Einrichtungen". Der Begriff der Verkaufsstellen ist nach der Rechtsprechung[6]) weit zu fassen; Buden, Bazare, Auslagen, Fenster, Flachkästen auf Feldstühlen, Hausflure usw. gehören hierher.

Wer also nur an solchen Stellen Waren ankauft, treibt kein Wandergewerbe.

4. Die letzte Kundgebung einer mündlichen Reklame im Wandergewerbe bildet schließlich das Anbieten gewerblicher Leistungen.

„Anbieten" hat dieselbe Bedeutung wie das oben betrachtete „Feilbieten". Es ist also diejenige Kundgebung einer mündlichen Reklame, durch die der Gewerbetreibende auf irgendeine Weise — wenn auch nur durch konkludente Handlung — zur Inanspruchnahme seiner gewerblichen Leistungen auffordert. Wesentlich ist, daß die Leistung dem zu werbenden Kunden unmittelbar dargebracht wird.

Gewerbliche Leistungen sind die Verrichtungen handwerksmäßiger Art, die zur Ausbesserung, Be- und Verarbeitung oder Anfertigung von beweglichen Sachen aufgewendet werden. Beispiele sind die Leistungen von Scherenschleifern, Glasern, Kittern, Schnellphotographen usw. Nicht fällt aber unter den Begriff „gewerbliche Leistungen" die Tätigkeit eines Maklers oder Agenten, die in der Vermittlung oder dem Nachweis der Gelegenheit zum Abschluß von Kaufverträgen besteht.

---

[1]) Bl. für Rechtspflege in Oldenburg 52, 82.

[2]) a. A. OLG. Darmstadt in Goltd. Arch. 15, 125; Hess. Respr. 6, 13.

[3]) S. 9. [4]) So von Landmann S. 596. [5]) a. a. O.

[6]) KG. in DJZ. 1896, S. 283.

$\beta\beta$) Die Reklamekundgebungen durch das Wandergewerbe sind mehreren Einschränkungen unterworfen, die darin liegen, daß zum Betriebe des Wandergewerbes ein Wandergewerbeschein[1]) notwendig ist und daß einzelne Geschäfte im Wandergewerbe nicht getätigt werden dürfen.

$\alpha\alpha\alpha$) Jeder Wandergewerbetreibende bedarf eines Wandergewerbescheins, der teils versagt werden muß[2]), teils versagt werden darf[3]), und der in den Fällen, in denen er versagt werden mußte oder durfte, auch zurückgenommen werden kann[4]). Der Kaufmann, der für seine Waren dadurch eine mündliche Reklame betätigen will, daß er z. B. Detailreisende aussendet, ist durch diese Bestimmungen in der Auswahl der hierfür in Betracht kommenden Personen beschränkt.

Der Wandergewerbeschein, der die Personalbeschreibung des Inhabers und die nähere Bezeichnung des Geschäftsbetriebes enthält, wird für die Dauer eines Kalenderjahres erteilt und berechtigt den Inhaber, das bezeichnete Gewerbe nach Entrichtung der darauf ruhenden Landessteuern im Gebiete des ganzen Reiches zu betreiben[5]). Der Inhaber des Wandergewerbescheins ist verpflichtet, diesen während der Ausübung des Gewerbebetriebs bei sich zu führen, auf Erfordern vorzuzeigen und, sofern er hierzu nicht imstande ist, auf Geheiß den Betrieb bis zur Herbeischaffung des Wandergewerbescheins einzustellen[6]). Auf Erfordern hat er auch die von ihm geführten Waren vorzulegen.

Die durch Erteilung des Scheins gewährte Erlaubnis ist höchst persönlicher Natur. Der Wandergewerbeschein darf daher einem anderen nicht zur Benutzung überlassen werden. Ein Geschäft, das seine Reklame durch Detailreisende betätigt, kann also nicht etwa einen ausscheidenden Reisenden veranlassen, seinen Wandergewerbeschein an den Nachfolger zu übertragen. Dieser bedarf vielmehr eines neuen Scheines.

Wird der Wandergewerbeschein versagt oder zurückgenommen, so ist dies dem Beteiligten unter Angabe der Gründe mittels schriftlichen Bescheides zu eröffnen[7]). Gegen

---

[1]) Vgl. über die Reisenden unten S. 140.

[2]) Die Personen, denen der Wandergewerbeschein versagt werden muß, sind nach § 57 RGO., soweit es das Gebiet der Reklame interessiert:

1. Ansteckend Kranke und in abschreckender Weise Kranke und Entstellte,
2. Personen unter Polizeiaufsicht,
3. wegen gewisser Straftaten (Eigentums-, Sittlichkeits- usw. Vergehen) Bestrafte,
4. Trinker, Bettler, Landstreicher, Arbeitsscheue.

Der Wandergewerbeschein muß ferner versagt werden und ist nur ausnahmsweise aus besonders dringenden Gründen zu erteilen (§ 57a RGO.):

1. Personen unter 25 Jahren; für etwa ausnahmsweise an Minderjährige erteilte Gewerbescheine vgl. § 60b RGO.,
2. Blinden, Tauben, Stummen, Geistesschwachen,
3. Ausländern (§ 56d RGO.).

[3]) Der Wandergewerbeschein darf versagt werden (§ 57b RGO.):

1. Personen ohne festen Wohnsitz im Inlande,
2. wegen gewisser Straftaten Bestraften,
3. Personen mit nicht genügend versorgten Kindern.

[4]) § 58 RGO. [5]) § 59 RGO.

[6]) § 60 RGO. [7]) § 63 RGO.

den Bescheid ist Rekurs zulässig. Über die Erteilung[1]) und Zurücknahme[2]) des Wandergewerbescheins beschließt die für den Wohnort oder den Aufenthaltsort des Nachsuchenden zuständige höhere Verwaltungsbehörde[3]).

βββ) Im Wandergewerbe dürfen Geschäfte in bestimmter Art und für bestimmte Waren nicht vorgenommen werden.

Verbotene[4]) Geschäfte sind im Wandergewerbe (§ 56 RGO.):

1. Der Verkauf auf Abzahlung, falls für den Gewerbetreibenden ein Rücktrittsrecht vorbehalten ist,
2. Ausübung der Heilkunde, soweit der Ausübende für dieselbe nicht approbiert ist,
3. Darlehnsgeschäfte auf Rückkaufsgeschäfte,
4. das Feilbieten von Waren im Wege der Versteigerung
5. und im Wege des Absatzes durch Glücksspiel oder Ausspielung.

Im Umherziehen dürfen[5]) nicht „feilgeboten" werden (§ 56 RGO.):

1. Spiritus und geistige Getränke[6]); hier ist auch ein Aufsuchen von Bestellungen für Spiritus und Branntwein bei Personen, in deren Gewerbebetriebe dieselben keine Verwendung finden, verboten (§ 56a Ziff. 2 RGO.).
   Die Weinreisenden aber werden durch diese Vorschriften nicht getroffen, wenn sie nach Muster oder ohne Muster Bestellungen auf Wein usw. nachsuchen,
2. gebrauchte Kleider, Wäsche, Bettbestandteile, Wolle, Leinen, Baumwolle usw.,
3. Gold- und Silberwaren sowie Taschenuhren[7]),
4. Edelmetalle, d. h. Gold, Silber, Platin und Platinmetalle und Legierungen solcher, Perlen, Edelsteine usw. (§ 2 Gesetz v. 11. VI. 1923 und v. 29. VI. 1926),
5. Spielkarten,
6. Wertpapiere[8]) und Lotterielose, hierfür dürfen auch keine Bestellungen aufgesucht werden,
7. explosive Stoffe und Feuerwerkskörper, leicht entzündliche Öle wie Petroleum,
8. Stoß-, Hieb[9])- und Schußwaffen (vgl. § 7 des Gesetzes v. 12. IV. 1928),

---

[1]) Das Verfahren der Erteilung ist für Preußen geregelt in den §§ 117—119 ZG. Danach werden Anträge auf Erteilung von Wandergewerbescheinen beim Bezirksausschuß gestellt. Bei Zurückweisung des Antrags findet innerhalb 2 Wochen der Antrag auf mündliche Verhandlung im Verwaltungsstreitverfahren statt, über den der Bezirksausschuß durch Endurteil entscheidet. Hiergegen ist innerhalb 2 Wochen das Rechtsmittel der Revision an das OVG. gegeben.

Für Berlin ist nach § 161 II ZG. der Antrag auf Erteilung an den Polizeipräsidenten zu richten. Gegen den versagenden Beschluß desselben findet innerhalb 2 Wochen die Klage im Verwaltungsstreitverfahren statt. Danach gibt es wieder die Revision an das OVG.

[2]) Über die Zurücknahme entscheidet in Preußen auf Klage der Ortspolizeibehörde der Bezirksausschuß (§ 5 VO. vom 31. XII. 1883). Gegen das Urteil findet binnen 2 Wochen die Berufung an das OVG. statt. (§ 83 I LVG.)

[3]) § 61 RGO.

[4]) Von dem Verbot der unter 1. und 4. genannten Formen darf die Ortspolizei in gewissen Fällen Ausnahmen gestatten.

[5]) Aber ein Aufsuchen von Bestellungen für diese Waren ist nicht verboten (KGJ. 15, 323).

[6]) Worunter auch das sog. „Jungbier" (KGJ. 10, 174) und „alkoholarmes" Bier (KGJ. 9, 168) fallen.

[7]) Auch Antiquitäten (Goltd. Arch. 5, 617).

[8]) Wohl aber Pfandscheine (Goltd. Arch. 1, 86).

[9]) Auch stehende Messer (Goltd. Arch. 4, 131).

9. Gift und Arzneien[1]), Geheimmittel[2]) sowie Bruchbänder,
10. Bäume, Sträucher, Futtermittel[3]) und die meisten Sämereien,
11. Schmucksachen — gleichviel ob echt oder unecht (RGSt. 37, 145) — Bijouterien[4]) und Brillen (§ 56 II RGO. Ziff. 1—11),
12. gewisse Schriften, Druckschriften und Bildwerke[5]).

Öffentliche Ankündigungen des Gewerbebetriebes dürfen nach § 56c RGO. nur unter dem Namen des Gewerbetreibenden mit Hinzufügung seines Wohnortes erfolgen.

β) Im ambulanten Gewerbebetrieb betätigt der Gewerbetreibende seine Reklamekundgebung dadurch, daß er seine Waren und gewerblichen Leistungen — im Gegensatz zum Wandergewerbe — innerhalb des Gemeindebezirks seines Wohnortes oder seiner geschäftlichen Niederlassung an öffentlichen Orten oder ohne Bestellung von Haus zu Haus anbietet[6]).

Die Vorschriften der RGO. über den ambulanten Gewerbebetrieb beschränken den Kaufmann mannigfach in der von ihm durch persönliche Kundenwerbung betriebenen Reklamekundgebung. Wegen der Ortsansässigkeit des ambulanten Gewerbetreibenden erscheint die Gefahr, daß er den Kunden durch Betrug und schlechte Ware schädigen werde, grundsätzlich nicht so groß, wie beim Wandergewerbetreibenden. Andererseits wird an großen Orten auch der ambulante Gewerbetreibende dem Publikum vielfach ebenso unbekannt sein wie der Wandergewerbetreibende. Diesem Gesichtspunkt trägt der Gesetzgeber Rechnung, indem er neben allgemeinen Verboten die Möglichkeit gewährt, daß örtliche Verhältnisse Berücksichtigung finden.

Allgemein ist im ambulanten Gewerbebetriebe das Feilbieten etwa derselben Waren wie beim Wandergewerbe verboten. Die Landesregierungen können jedoch, soweit ein Bedürfnis obwaltet, Ausnahmen von dem Verbot des Feilbietens gestatten.

Die RGO. selbst gibt eine Erleichterung nur für den Verkauf von Bier und Wein in Fässern und Flaschen. Weiter kann im Falle besonderen Bedürfnisses, also z. B. bei Volksfesten usw. das Feilbieten geistiger Getränke von der Ortspolizeibehörde zeitweilig gestattet werden.

Zur Ermöglichung eines weiteren Schutzes[7]) aus örtlichen Bedürfnissen kann die höhere Verwaltungsbehörde[8]) nach Anhörung der Gemeindebehörde für den ambulanten Vertrieb von Waren, deren Feilbieten nicht sowieso verboten ist, durch Polizeiverord-

---

[1]) Zu den Arzneien gehören nicht nur die in der oben (vgl. S. 114) behandelten VO. vom 22. X. 1901 bezeichneten Arzneimittel, sondern alle Mittel, denen im Handel die Eigenschaft einer Heilwirkung beigelegt wird (OVG. 27, 315). Ihr Verkauf im Wandergewerbe ist auch dann verboten, wenn das Arzneimittel als Vorbeugungs- oder Genußmittel feilgeboten wird (Goltd. Arch. 5, 470).

[2]) Geheimmittel sind zur Verhütung oder Heilung von Leiden empfohlene Mittel, deren Natur und Bestandteile nicht bekanntgegeben werden (KGJ. 20 C 49). Rein äußerlich anwendbare Apparate (sog. Voltakreuze usw.) fallen nicht darunter (KGJ. 23 C 56); vgl. oben S. 117.

[3]) Auch Ölkuchen (OVG. 31, 306).

[4]) Auch Gebrauchsgegenstände, z. B. Uhrketten (Goltd. Arch. 4, 128).

[5]) Hierüber vergleiche Näheres unten auf S. 144f.

[6]) § 42a RGO.

[7]) Das Feilbieten von Gegenständen durch Kinder unter vierzehn Jahren an öffentlichen Orten oder von Haus zu Haus ist auch im ambulanten Gewerbebetrieb stets verboten, kann jedoch an vier Wochen im Jahre, wo es ortsüblich ist, gestattet werden.

[8]) In Preußen der Regierungspräsident, in Berlin der Polizeipräsident.

nungen nach § 42b RGO. für folgende Reklamekundgebungen im Gebiete des ambulanten Gewerbebetriebes einen Erlaubniszwang[1]) anordnen:

1. Für das Feilbieten der Waren[2]) überhaupt.
2. Für das Aufsuchen von Warenbestellungen bei Personen, in deren Gewerbebetrieb Waren der angebotenen Art keine Verwendung finden.
3. Für das Ankaufen[3]) von Waren zum Wiederverkauf bei anderen Personen als bei Kaufleuten oder solchen Personen, welche die Waren produzieren[4]) oder an anderen Orten als in offenen Verkaufsstellen.
4. Für das Anbieten gewisser gewerblicher Leistungen[5]).

Der das Aufsuchen von Warenbestellungen etwa von der Verwaltungsbehörde durch eine Polizeiverordnung angeordnete Erlaubniszwang ist für das Gebiet der Reklame von besonderer Bedeutung, da hierdurch in die auch von großen Betrieben vielfach gewählte Reklamebetätigung durch Entsendung von Stadtreisenden und auswärtigen Vertretern stark eingegriffen wird. Die Reisenden und Agenten betreiben nämlich, solange sie die Grenzen des Gemeindebezirks ihres Wohnortes nicht überschreiten, niemals ein Wandergewerbe. Suchen sie innerhalb ihres Wohnortes Bestellungen bei Personen auf, die mit den angebotenen Waren Handel treiben (Engrosreisende), so kann ihre Tätigkeit keinerlei Beschränkungen unterworfen werden. Bieten sie dagegen innerhalb ihres Wohnortes die Waren, für die sie Reklame machen, dem Verbraucher zum Kauf an, liegen die Voraussetzungen des § 42 RGO. vor. In diesem Falle kann durch Polizeiverordnung angeordnet werden, daß die Ausübung des Gewerbes von vorheriger polizeilicher Erlaubnis abhängig ist.

Ist der Erlaubniszwang durch Polizeiverordnung angeordnet, so finden auf die Erteilung, Versagung und Zurücknahme der Erlaubnis die Vorschriften des Wandergewerbes betreffend die Erteilung[6]) und Rücknahme[7]) des Wandergewerbescheines mit einigen Änderungen entsprechende Anwendung.

---

[1]) Für Erzeugnisse der Urproduktion (der Jagd, des Gartenbaues, der Landwirtschaft) und des Handwerks, ferner für den Verkehr mit Druckschriften von Haus zu Haus (vgl. unten S. 144ff.) für die durch die Bundesratsverordnung vom 27. XI. 1896 (vgl. unten S. 141) privilegierten Engrosreisenden mit wertvollen Sachen (§ 44 II) darf eine Erlaubnispflicht nicht eingeführt werden. Wegen der genannten Erzeugnisse der Urproduktion und des Handwerks kann jedoch abschreckend Kranken, Straffälligen, Trinkern, Arbeitsscheuen und Landstreichern (§ 57 Ziff. 1—4 RGO.) der ambulante Gewerbebetrieb untersagt, zur Nachtzeit und für Minderjährige gemäß §§ 60b II, 60c II RGO. beschränkt und Kindern unter vierzehn Jahren verboten werden.

[2]) Über die Begriffe „Feilbieten" und „Waren" vgl. die Ausführungen S. 131. [3]) S. XVIII.

[4]) Hierzu gehören nicht die Personen, welche die Kleider, die der Altkleiderhändler einkauft, verbraucht haben. a. A. OLG. Darmstadt in Goltd. Arch. 15, 125; Hess. Respr. 6, 16.

[5]) Über den Begriff der „gewerblichen Leistung" vgl. das oben S. 132 zu § 55 RGO. Ausgeführte. Es kommen danach nur Leistungen handwerklicher Art in Frage. Die in § 37 RGO. genannten Fahrgewerbe und die auf Vertragsvermittlung gerichteten Tätigkeiten der Agenten, Makler und sonstigen Vermittler gehören nicht hierher.

[6]) In Preußen ist der Kreis-(Stadt-)Ausschuß für die Genehmigungserteilung zuständig (§ 1 VO. vom 31. XII. 1883). Wird die Erlaubnis versagt, so steht dem Antragsteller binnen zwei Wochen der Antrag auf mündliche Verhandlung vor dem Kreis-(Stadt)-Ausschuß zu. Gegen das Urteil desselben hat der Antragsteller die Berufung an den Bezirksausschuß, der endgültig entscheidet. In Städten mit über 10000 Einwohnern, die zu einem Landkreis gehören, entscheidet statt des Kreisausschusses der Magistrat in erster Instanz.

[7]) Über die Zurücknahme der Erlaubnis entscheidet der Kreisausschuß, in Stadtkreisen und kreiszugehörigen Städten mit über 10000 Einwohnern der Bezirksausschuß auf Klage der Ortspolizeibehörde. Gegen dieses Urteil findet Berufung an das Oberverwaltungsgericht statt.

b) Neben den Vorschriften der RGO. über das Wandergewerbe und den ambulanten Gewerbebetrieb unterliegt die Reklamekundgebung durch den Straßen- und Hausierhandel auch verkehrspolizeilichen Beschränkungen.

Soweit die Reklamebetätigung durch das Wandergewerbe und den ambulanten Gewerbetrieb die Leichtigkeit des Verkehrs auf öffentlichen Straßen und Plätzen behindert, kann nach § 360 Ziff. 10 StGB., § 10 II 17 ALR. und § 6 PVG. von der Ortspolizei eingeschritten werden, gleichviel ob der Straßenhändler usw. die gewerbepolizeilichen Vorschriften erfüllt hat oder nicht.

Als Beispiel für eine derartige ortspolizeiliche Regelung diene wieder die Berliner Straßenordnung v. 15. I. 1929, deren dritter Abschnitt mit der Überschrift Straßenhandel[1]) lautet:

§ 69. Beschränkungen des Straßenhandels.

Straßenhandel im Sinne dieser Verordnung ist das Anbieten, Feilhalten oder der Verkauf von Gegenständen jeder Art auf öffentlichen Straßen.

Die Ausübung des Straßenhandels ist verboten:

a) in den Verkehrsstraßen erster Ordnung, den Einbahnstraßen und auf den durch besondere Polizeiverordnung benannten Straßen,
b) auf dem bahneigenen Gelände der Reichsbahn, soweit es als Straße benutzt wird,
c) vor öffentlichen Schulen jeder Art innerhalb einer Entfernung von 100 m von den Schuleingängen gerechnet,
d) an den Zu- und Abgängen der Bahnhöfe der Eisenbahn und der Hoch- und Untergrundbahn, auf Brücken, in Durchgängen und Bahnunterführungen sowie in einer Entfernung von 20 m von diesen Anlagen,
e) an den Haltestellen der Straßenbahn und Omnibusse sowie an den öffentlichen Dampfer- und Motorbootanlegestellen in einer Entfernung von mindestens 10 m,
f) an allen Straßenecken bis zu einer Entfernung von 10 m von der Baufluchtlinie,
g) an den für Zettelanschläge behördlich bestimmten Einrichtungen in einer Entfernung von mindestens 2 m.

Die vorstehenden Bestimmungen des Abs. 2 finden auch auf das gewerbsmäßige Photographieren und Filmen von Personen auf der Straße Anwendung.

Die Bestimmungen des Abs. 2 zu a), d) und e) finden keine Anwendung auf den Handel mit Tageszeitungen, Extrablättern, periodischen Druckschriften und Schnittblumen, soweit er nicht auf der Fahrbahn ausgeübt wird. Behältnisse und sonstige Verkaufsvorrichtungen dürfen an den vorgenannten Orten jedoch nur für den Handel mit Schnittblumen benutzt werden und auch nur dann, wenn sie von einem Händler allein gehandhabt werden können.

§ 70. Straßenhandel in der Nähe von Märkten.

Innerhalb einer Entfernung von 200 m von Wochenmärkten, Privatmärkten und Markthallen darf der Straßenhandel nur mit polizeilicher Erlaubnis[2]) ausgeübt werden.

§ 71. Straßenhandel mit Eintrittskarten.

Der Straßenhandel mit Eintrittskarten zu Konzerten, Tanzdarbietungen, Theatern, Zirkussen, Varietés und Lichtspielvorstellungen, Box- und Ringkämpfen und ähnlichen Veranstaltungen ist untersagt.

---

[1]) Auf den Straßenhandel mit Milch zur Haushaltsversorgung finden die Bestimmungen der §§ 69, 70 und 73 keine Anwendung.

[2]) In der Bekanntmachung des Berliner Polizeipräsidenten zur Berliner Straßenordnung ist zu § 70 bestimmt, daß die Erlaubnis vom zuständigen Polizeirevier erteilt wird. Bei der Erteilung der Erlaubnis ist zu prüfen, ob trotz der Marktveranstaltungen ein Bedürfnis für den Straßenhandel anzuerkennen ist oder ob Verkehrsschwierigkeiten zu erwarten sind.

Das Verbot bezieht sich auch auf den Handel mit Eintrittskarten in den Vorräumen, Zugängen und Vorplätzen der Bahnhöfe, Theater, Lichtspieltheater, Zirkusse, Konzerträume sowie aller Orte, in denen Veranstaltungen der im Abs. 1 bezeichneten Art stattfinden.

§ 72. Straßenhandel mit Tieren.

Der Straßenhandel mit lebenden Tieren ist verboten.

§ 73. Sonstige Bestimmungen über Straßenhandel.

Soweit die Ausübung des Straßenhandels durch die vorstehenden Bestimmungen oder andere Vorschriften nicht beschränkt ist, hat sich der Straßenhandel den Bedürfnissen der Ordnung, Sicherheit und Leichtigkeit des öffentlichen Verkehrs unterzuordnen.

Die Verwendung von Fahrzeugen und Behältnissen ist nur soweit gestattet, als Verkehrshindernisse und Verkehrsstörungen hierdurch nicht hervorgerufen werden. Nehmen Straßenhändler beim Handel auf der Straße Aufstellung, so müssen sie voneinander einen Abstand von mindestens 2 m halten. Benutzen sie Fahrzeuge oder Behältnisse, die ein einzelner Händler nicht allein handhaben kann, so muß der Abstand mindestens 3 m betragen.

Die Benutzung von Einzäunungen, Mauern, Baustoffkästen und sonstigen Straßenaufbauten zu Zwecken des Straßenhandels ist verboten.

In der Zeit vom 11.—26. XII. einschließlich können die Bestimmungen der §§ 69 und 70 ganz oder teilweise außer Kraft gesetzt werden.

3. Reisende.

Die wirksamste mündliche Kundenwerbung dürfte der Vertrieb gewerblicher Leistungen und Waren durch Reisende sein. Der Reisende wirkt auf das Publikum in besonders wirksamer Weise ein. Er erweckt oder bestärkt Bedürfnisse, die ohne seinen Antrieb vielleicht nie, vielleicht erst später, vielleicht bei einem Konkurrenten befriedigt werden würden. Der Reisende kann Aufklärungen geben, Bedenken zerstreuen, Erfindungen vorführen und so die Reklameidee aufs nachhaltigste an das Publikum heranbringen. Der Wert des Reisenden als Reklamemittel ist derart groß, daß in manchen Gewerbezweigen eine Aufrechterhaltung des Absatzes ohne Hilfe von Reisenden beinahe undenkbar geworden ist. Für das Gebiet der Reklame ist es daher von besonderer Bedeutung, zu prüfen, welche Einschränkungen diesem Mittel der Reklamekundgebung gesetzt sind.

Für die Betrachtungen der Reisenden ergeben sich folgende Unterschiede:

1. Geht der Geschäftsinhaber selbst aus seinem Geschäftslokal heraus, um Kunden in ihrer Wohnung oder in ihrer gewerblichen Niederlassung zu werben, so liegt der Fall des reisenden Prinzipals vor.

Der Geschäftsinhaber kann sich aber auch anderer Personen bedienen, die für seinen Betrieb reisen. Er kann hiermit einen anderen selbständigen Gewerbetreibenden betrauen, dessen Gewerbe darin besteht, für fremde Handelsgewerbe ständig Geschäfte zu vermitteln oder im Namen des Geschäftsherrn abzuschließen[1]). Dies ist der reisende Agent[2]).

Schließlich kann der Prinzipal Handlungsgehilfen, d. h. Personen, die in des Prinzipals Gewerbebetrieb zur Leistung kaufmännischer Dienste gegen Entgelt dauernd angestellt sind[3]), als Reisende verwenden. Dies sind die Handlungsreisenden[4]).

---

[1]) § 84 HGB. [2]) § 87 HGB.
[3]) § 59 HGB. [4]) § 55 HGB.

2. Eine andere Einteilungsart ergibt sich aus dem Unterschiede der Orte, an denen sich die Niederlassung des Geschäftsinhabers befindet und an denen der Reisende tätig wird. Sind beide Orte verschieden, so handelt es sich um Fernreisende. Sind es die gleichen, so heißt der Reisende Stadtreisende. Ob der Prinzipal selber reist, ob er einen Angestellten oder einen selbständigen Gewerbetreibenden auf die Reise schickt, ist für diese Einteilungsart belanglos.

3. Schließlich wird ein Einteilungsgesichtspunkt aus der volkswirtschaftlichen Stellung des Reisenden im Distributionsprozeß der gewerblichen Güter gewonnen. Soll der Reisende seine Güter direkt an den Verbraucher absetzen, so spricht man von einem Detailreisenden. Tritt der Reisende an Gewerbetreibende heran, die die Güter für ihre Gewerbebetriebe gebrauchen, sei es, daß sie die Güter verarbeiten und die Fertigfabrikate dann weiter absetzen, sei es, daß sie die Güter als Wiederveräußerer in fertiger Gestalt entgegennehmen, um einen Händlergewinn durch die Weiterveräußerung zu erzielen, so spricht man von Engrosreisenden.

4. Je nachdem, ob der Reisende Waren einkaufen oder den Warenabsatz durch Verkauf fördern soll, spricht man von Einkaufs-[1]) und Verkaufsreisenden.

Diese Einteilungsarten werden vom Gesetzgeber in den das Reisendenwesen ordnenden Vorschriften des öffentlichen Rechts beachtet. Sie werden deshalb auch bei der folgenden Darstellung der Einschränkungen, die die Reklame durch Reisende im öffentlichen Recht erfährt, verwandt werden.

Grundsätzlich unterliegt die Tätigkeit der Reisenden, dies folgt aus dem im Art. 151 III RV. und im § 1 RGO. niedergelegten Grundsatze der Gewerbefreiheit, keinen Einschränkungen. Soweit der Reisende jedoch eine der im § 55 RGO. bezeichneten Reklametätigkeit ausübt, d. h. außerhalb seines Wohnortes Waren feilbietet, Bestellungen auf Waren aufsucht, gewerbliche Leistungen usw. anbietet, ist er im Sinne des Gesetzes Wandergewerbetreibender. Er unterliegt dann allen bei der Betrachtung des Wandergewerbes[2]) aufgeführten Beschränkungen desselben[3]), soweit nicht die weiter unten behandelte Vorrechtsstellung für ihn Platz greift. Ein Reisender, der keine der im § 55 RGO. aufgeführten Handlungen vornimmt, ist also von gewerbepolizeilichen Beschränkungen frei. Ein Beispiel hierfür ist der Grundstücksmakler, wenn er seinem Gewerbe von Haus zu Haus nachgeht. Das Angebot, Verträge zu vermitteln oder die Gelegenheit zu Vertragsabschlüssen nachzuweisen, ist an sich kein[4]) Angebot einer gewerblichen Leistung, Grundstücke sind auch keine Waren (§ 55 Ziff. 1 und 2 RGO.). Das gleiche gilt von dem Versicherungsagenten[5]) und dem Reisenden, der Bestellungen auf Inserate nachsucht u. a. m.

Der Reisende, der am Orte seines Wohnsitzes oder seiner gewerblichen Niederlassung tätig wird, ist ebenfalls grundsätzlich von Einschränkungen frei, soweit nicht die Vorschriften über den ambulanten Gewerbebetrieb[6]) ihm Beschränkungen auferlegen.

---

[1]) Daß sich die Reklame auch auf den Einkauf von Waren beziehen kann, ist in der Einleitung S. XVIII dargelegt worden.

[2]) Siehe oben S. 129.

[3]) Der Reisende also, der eines der in §§ 55 ff. RGO. bezeichneten Gewerbe betreibt, braucht einen Wandergewerbeschein (vgl. oben S. 133).

[4]) § 55 Ziff. 3 RGO. (vgl. oben S. 132).

[5]) v. Landmann, § 55 RGO. Ziff. 11. [6]) Siehe oben S. 135.

Den Vorschriften über den ambulanten Gewerbebetrieb wird meist der Stadtreisende, denen über das Wandergewerbe der Fernreisende unterliegen. Jedoch decken sich die Unterscheidungsmerkmale nicht genau. Für die Unterscheidung zwischen Wandergewerbe und ambulantem Gewerbebetrieb ist es erheblich, daß die Tätigkeit des Reisenden außerhalb seines Wohnsitzes stattfindet. Die Unterscheidung zwischen Stadtreisenden und Fernreisenden beruht aber auf dem Unterschiede zwischen dem gewerblichen Wohnsitz des Prinzipals und dem Tätigkeitsgebiet des Reisenden.

Das Gesetz gibt hinsichtlich der Einschränkungen, die das Wandergewerbe und den ambulanten Gewerbebetrieb betreffen, für manche Arten von Reisenden eine Reihe von Ausnahmen, welche für die Entsendung von Engrosreisenden, in einigen wenigen Fällen auch von Detailreisenden, eine Erleichterung bedeuten. Diese Ausnahmevorschriften sind in den §§ 44 und 44a RGO. enthalten.

Der Inhalt dieser Erleichterungen besteht, soweit das Gebiet der Reklame in Frage kommt, darin, daß der Reisende nur einer Legitimationskarte, nicht aber eines Wandergewerbescheins bedarf. Soweit die Gewerbetreibenden durch die in den Zollvereins- oder Handelsverträgen vorgesehene Gewerbelegitimationskarte bereits legitimiert sind, bedürfen die Reisenden sogar nicht einmal der Legitimationskarte, sondern es genügt die Gewerbelegitimationskarte.

Die Legitimationskarte wird nur auf Antrag des Geschäftsinhabers ausgestellt[1]) und enthält die notwendigen Angaben sowohl über die Person des Reisenden als auch über den Inhaber und die Firma des Gewerbebetriebes, für den der Reisende tätig werden soll.

Der Unterschied der Legitimationskarte gegenüber dem Wandergewerbeschein besteht in folgendem:

1. Antragsberechtigt ist der Geschäftsinhaber und nicht der Reisende selbst, wie es beim Wandergewerbeschein der Fall ist.
2. Die Gründe für die Versagung der Legitimationskarte sind weniger zahlreich[2]) als für die Versagung beim Wandergewerbeschein.
3. Inhaber der Legitimationskarte unterliegen nicht der Wandergewerbesteuer.

Die erwähnten Gewerbelegitimationskarten werden unter denselben Voraussetzungen erteilt wie die Legitimationskarten und haben für den innerdeutschen Verkehr die gleiche Bedeutung wie diese. Der Unterschied zwischen Legitimationskarte und Gewerbelegitimationskarte besteht darin, daß auf Grund von Handelsverträgen mit fremden Staaten die Gewerbelegitimationskarte vielfach auch zum Reisen im Auslande berechtigt.

Die Vorteile, die damit verbunden sind, daß an Stelle des Wandergewerbescheins die Legitimationskarte für den Reisenden genügt, werden aber nicht in allen Fällen, sondern nur in folgenden drei Ausnahmen — soweit sie das Gebiet der Reklame betreffen — gewährt:

[1]) Für das Verfahren der Erteilung der Legitimationskarte gilt dasselbe wie bei dem Wandergewerbeschein: vgl. darüber die Ausführungen oben auf S. 133.

[2]) Die Versagung ist nur zulässig bei:
a) abschreckender Krankheit oder Entstellung der Reisenden,
b) Bestehen der Polizeiaufsicht über ihn,
c) Verurteilung des Reisenden wegen gewisser Straftaten,
d) Arbeitsscheuen, Bettlern, Trinkern und Landstreichern (§§ 57 Ziff. 1—4, 57b Ziff. 2 RGO.).

a) Die Legitimationskarte genügt für die Reisenden oder Agenten, die Bestellungen auf Waren für den Gewerbebetrieb nachsuchen, ohne daß eine Aufforderung hierzu vorangegangen ist. Das Nachsuchen der Bestellungen darf aber nur entweder bei Kaufleuten in deren Geschäftsräumen[1]) oder bei Personen, in deren Geschäftsbetrieb Waren der angebotenen Art Verwendung finden, geschehen. Handelt es sich um den Vertrieb von Schrift- und Bildwerken[2]), so genügt die Legitimationskarte auch dann, wenn die Bestellungen unaufgefordert bei den Verbrauchern direkt nachgesucht werden. Das gleiche ist der Fall, soweit die Reichsregierung[3]) dies für bestimmte Waren oder Gegenden oder Gruppen von Gewerbetreibenden ausnahmsweise gestattet hat.

α) Was „Bestellungen auf Waren nachsuchen" heißt, ist bereits oben[4]) erläutert worden. Es steht im Gegensatz zum Feilbieten von Waren. Die feilgebotene Ware wird körperlich dem zu gewinnenden Kunden vorgewiesen und ihm beim Zustandekommen des Kaufvertrages alsbald ausgehändigt. Die Ware, auf die eine Bestellung nachgesucht werden soll, wird nur als Muster oder Probe vorgewiesen. Erst nach Abschluß des Kaufvertrages wird die Ware dann später vom Unternehmer geliefert. Die Lieferung erfolgt also nicht aus den Beständen, die der Reisende mit sich führt.

β) Das Gesetz gewährt somit das Privileg — statt des Wandergewerbescheins nur die Legitimationskarte zu erfordern — grundsätzlich nur dem Engrosreisenden, der Waren an Wiederverkäufer absetzen will. Nur ausnahmsweise hat das Gesetz dem Detailreisenden, der unmittelbar mit dem Konsumenten in Fühlung tritt, dasselbe Privileg verliehen. Dies ist der Fall, soweit ein Handel mit Schriften und Bildwerken[5]) vorliegt oder die Reichsregierung[6]) es besonders bestimmt. Bisher sind derartige Bestimmungen nur durch die Bekanntmachung des Bundesrats v. 27. XI. 1896, 13. III. 1928 sowie 25. III. 1897 getroffen worden[7]). Nach ihnen sind hauptsächlich Reisende für Traubenweine — nicht auch Obst- oder Kunstweine — sowie für Erzeugnisse der Wäschefabrikation derart bevorzugt.

---

[1]) Also nicht in den Privatwohnungen.

[2]) S. 144ff. [3]) Art. 179 RV. [4]) S. 131.

[5]) Der Handel mit Schriftwerken usw. wird unten auf S. 144ff. zusammengefaßt behandelt.

[6]) Früher der Bundesrat.

[7]) Diese Bestimmungen lauten:

a) vom 27. XI. 1896 und 13. III. 1928:

„Weinhändler sind befugt, auf Grund der nach § 44a erteilten Legitimationskarte auch außerhalb des Gemeindebezirks ihrer gewerblichen Niederlassung, sofern diese im Inlande liegt, persönlich oder durch in ihrem Dienst stehende Reisende ohne vorgängige ausdrückliche Aufforderung Bestellungen auf Wein (Traubenwein, einschließlich Schaumwein) bei andern Personen zu suchen als bei Kaufleuten oder solchen Personen, in deren Geschäftsbetrieb Waren der angebotenen Art Verwendung finden, sowie bei Kaufleuten an andern Orten als in deren Geschäftsräumen. Das gleiche gilt für den Handel mit Erzeugnissen der Leinen- und Wäschefabrikation und mit Nähmaschinen."

b) vom 25. III. 1897:

„Den Fabrikanten überwebter Holzrouleaus ist gemäß § 44 III GewO. die Erlaubnis zu erteilen, auch außerhalb des Gemeindebezirks ihrer gewerblichen Niederlassung, sofern diese im Inlande liegt, persönlich oder durch in ihrem Dienste stehende Reisende ohne vorgängige ausdrückliche Aufforderung Bestellungen auf überwebte Holzrouleaus, bei andern Personen zu suchen als bei Kaufleuten oder solchen Personen, in deren Geschäftsbetrieb Waren der angebotenen Art Verwendung finden, sowie bei Kaufleuten an anderen Orten als in deren Geschäftsräumen."

Der Begriff „Wäschefabrikation" ist nicht zu weit zu fassen. Er deckt nur das, was im Sprachgebrauch als Wäsche allgemein bezeichnet wird, nicht aber alle im Haushalt und zur Bekleidung verwendbaren Gewebe, die waschbar sind. So hat z. B. das Kammergericht[1]) seidene Unterröcke nicht als Erzeugnisse der Wäschefabrikation angesehen. Es heißt in der Entscheidung: „Dem Sprachgebrauch entsprechend kann zu den Erzeugnissen der Wäschefabrikation nur die eigentliche Wäsche gezählt werden, also insbesondere die Leibwäsche einschließlich der Taschentücher, Handtücher und Badewäsche, die Tisch- und Bettwäsche. Nicht aber gehören dazu noch andere zur Bekleidung von Menschen dienende Gegenstände deshalb, weil sie gewaschen werden können. Ein seidener Unterrock, der nach Sprachgebrauch und Zweckbestimmung nicht zur Wäsche zu zählen ist, wird auch dadurch nicht zum Erzeugnis der Wäschefabrikation, daß, wie festgestellt, auch Wäschefabrikanten derartige seidene Unterröcke herstellen, um ihren Kunden entgegenzukommen." Die heute üblichen seidenen Kombinations oder Schlüpfer dürften als Erzeugnisse der Wäschefabrikation anzusehen sein.

Abgesehen von diesen Ausnahmen bedarf der Detailreisende eines Wandergewerbescheins und nicht einer Legitimationskarte. Selbstverständlich — dies sei in diesem Zusammenhange nochmals betont — ist keiner dieser beiden Ausweise erforderlich, wenn weder die Voraussetzungen des § 55 noch die des § 44 RGO. vorliegen. Der häufigste hierhergehörende Fall ist, daß der Reisende den Verbraucher nach vorgängiger ausdrücklicher Aufforderung aufsucht. Nach § 55 RGO. ist nämlich nur wandergewerbescheinpflichtig, wer „ohne vorgängige Bestellung", nach § 44 III RGO. nur legitimationsscheinpflichtig, wer „ohne vorgängige ausdrückliche Aufforderung" als Reisender Warenbestellungen nachsucht. Da vorgängige Bestellung und vorgängige Aufforderung dasselbe bedeuten, darf jeder Reisende ohne weiteres einen Kunden besuchen, der den Reisenden mündlich oder schriftlich oder stillschweigend darum gebeten hat. Hierbei ist es gleichgültig, ob der Reisende die „Aufforderung" selbst provoziert hat oder ob die Aufforderung persönlich oder allgemein gefaßt ist. So hat das Kammergericht[2]) entschieden[3]): „Ein Handlungsreisender hatte vor dem Besuch jemanden zu den Kunden geschickt und von ihnen ein Formular unterschreiben lassen, inhaltsdessen die Kunden die Firma ersuchten, jedesmal, wenn ihr Inhaber oder ihr Reisender dorthin komme, sie, wie bisher, mit Mustern zu besuchen." Der Reisende ist freigesprochen worden. „Denn es ging dem Aufsuchen der Bestellungen eine ausdrückliche Aufforderung voran. Die generelle Fassung des Schriftstückes nimmt ihm nicht die Eigenschaft der Aufforderung. Auch der Umstand, daß dieselbe provoziert ist, ist unerheblich, da das Gesetz dies nicht verbietet. Allerdings muß die Aufforderung von dem Aufsuchen der Bestellung zeitlich getrennt sein." Eine solche zeitlich vorgängige Aufforderung liegt aber nur dann vor, wenn der Reisende aufgefordert wird, bevor er die Wohnung oder die Geschäftsräume des Kunden betritt. So das Kammergericht[4]): „Ein Handlungsreisender hatte einen Kunden seiner Firma aufgesucht, von demselben seine ausdrückliche Aufforderung zur Warenbestellung erbeten und, nachdem er dieselbe erhalten, sofort Warenbestellungen nachgesucht." Er wurde deshalb verurteilt. Denn „die vorgängige Aufforderung"

---

[1]) Zu DJZ. 14, 633; vgl. auch KGJ. 38 C 20.
[2]) Vgl. die Entscheidungen in Goltd. Arch. 1, 74, 293; 14, 104; 45, 375; 48, 198, 312.
[3]) DJZ. 1898, S. 411. [4]) DJZ. 1898, S. 230.

setzt „... nach dem Wortsinn und dem Zweck des Gesetzes, die Bevölkerung vor unangemeldeten, lästigen Geschäftsanerbietungen der Reisenden zu bewahren, voraus, daß der Reisende, bevor er die Wohnung des Bestellers betritt, zum Erscheinen von letzterem aufgefordert worden ist."

b) Die Legitimationskarte genügt statt des Wandergewerbescheines ferner für die Reisenden oder Agenten, die außerhalb des Gemeindebezirkes bei Kaufleuten oder anderen Personen, welche die Ware produzieren, oder in offenen Verkaufsstellen Waren aufkaufen[1]).

Nach dieser Vorschrift bedürfen also die Einkaufsreisenden nicht eines Wandergewerbescheines, sondern nur einer Legitimationskarte.

Die Begriffe „Kaufmann", „Personen, die Waren produzieren" sowie „offene Verkaufsstellen" sind oben[2]), soweit es die vorliegenden Ausführungen interessiert, dargelegt worden. Hier ist nur hinzuzufügen, daß der Einkaufsreisende die eingekauften Waren nur behufs deren Beförderung nach dem Bestimmungsort mit sich führen darf. Will oder soll er die eingekauften Waren im Umherziehen wieder verkaufen, so bedarf er eines Wandergewerbescheines[3]).

c) Das dargestellte Reisendenprivileg wird ferner Unternehmern eines stehenden Gewerbes gewährt, wenn der Reisende oder Agent Waren feilbietet, bei denen die Reichsregierung[4]) dies ausdrücklich bestimmt hat. Die Reichsregierung kann solche Bestimmungen nur für Waren treffen, welche im Verhältnis zu ihrem Umfang einen hohen Wert haben und übungsgemäß an die Wiederverkäufer im Stück[5]) abgesetzt werden. Diese im Handel außerordentlich wichtige Ausnahme von dem Grundsatze, daß der Engrosverkaufsreisende nur des Reisendenprivilegs teilhaftig werden kann, wenn er Bestellungen nach Muster oder Probe nachsucht, ist im Interesse des Schmucksachen-, Bijouterien- und Juwelenhandels gegeben. In diesem Gewerbezweige ist es wegen der dem einzelnen Stück anhaftenden Eigentümlichkeiten üblich, daß der Engrosreisende die bestellte Ware gleich an den Detaillisten ausliefert. Diese Gegenstände haben in jedem Stück häufig so viel individuelle Eigentümlichkeiten, daß Stücke, die annähernd material- und wertgleich sind, nicht anzufertigen wären. Würde der Detaillist derartige Waren nach Muster bestellen, so würde er Gefahr laufen, Stücke zu erhalten, die trotz großer Ähnlichkeit mit dem Muster minderwertiger sind als dieses. Eine derartige Abweichung wäre auch für den Detaillisten oft nicht mehr feststellbar.

---

[1]) Daß die Reklame sich auch auf den Einkauf beziehen kann, ist in der Einleitung S. XVIII dargelegt worden.

[2]) S. 132. [3]) ObLG. bei Reger 37, 330. [4]) Früher Bundesrat 179 RV.

[5]) Eine solche Bestimmung ist erfolgt durch die Bekanntmachung vom 27. XI. 1896, 13. VIII. 1928, welche lautet:
„Gold- und Silberwarenfabrikanten und Großhändler sind befugt auf Grund der nach § 44a erteilten Legitimationskarte auch außerhalb des Gemeindebezirks ihrer gewerblichen Niederlassung, sofern diese im Inlande liegt, persönlich oder durch in ihrem Dienst stehende Reisende Gold- und Silberwaren an Personen, die damit Handel treiben, feilzubieten und zu diesem Zwecke mit sich zu führen, vorausgesetzt, daß die Waren, welche sie feilbieten, übungsgemäß an die Wiederverkäufer im Stück abgesetzt werden. Dasselbe gilt von Taschenuhren-, Bijouterie- und Schildpattwarenfabrikanten und Großhändlern sowie von Gewerbetreibenden, welche mit Edelsteinen, Perlen, Kameen und Korallen Großhandel treiben." Daher fallen silberne Löffel, Gabeln, Trinkbecher usw. nicht unter diese Bestimmung, weil sie nicht stückweise abgesetzt werden.

4. Handel mit Druckschriften usw.

Eine besondere gesetzliche Regelung hat schließlich die mündliche Reklame im Handel mit Druckschriften, Schriften anderer Art und Bildwerken gefunden. Bild und Schrift sind das hervorragendste Mittel der Ideenübertragung im sozialen Dasein der Menschen. Der Gesetzgeber hat den Gewerbebetrieben, die sich mit der Verbreitung von Bild und Schrift befassen, besondere Beschränkungen in ihren Reklamekundgebungen auferlegt.

Die Sonderbeschränkungen[1]) der Reklame für den Handel mit Bildwerken und Schriften liegen auf gewerbepolizeilichem und strafrechtlichem Gebiet. Die allgemeinen Bestimmungen des Strafgesetzbuches[2]) und seiner Nebengesetze[3]), die die Reklame von Schriften und Bildwerken betreffen, sind schon im allgemeinen Teile dieses Hauptteiles besprochen. Hier bedarf es nur noch der zusammenhängenden Betrachtung der gewerbepolizeilichen Beschränkungen der mündlichen Reklame im Handel mit Schriften und Bildwerken.

Die Betrachtung dieser Vorschriften wird in der Weise vorgenommen werden, daß zunächst die allgemeinen Bestimmungen über die mündliche Reklame mit Druckschriften usw. dargestellt werden, woran sich die Betrachtung des Wandergewerbes und des ambulanten Gewerbebetriebes mit Druckschriften anschließt, um schließlich die Sonderstellung des Reisenden mit Druckschriften usw. zu behandeln.

a) Eine allgemeine Bestimmung, die alle Arten des Druckschriftenhandels an öffentlichen Orten betrifft, ist in § 43 RGO. enthalten. Die Vorschriften des § 43 RGO. sind sehr umfassender Natur. Sie schränken nicht nur den fliegenden Handel mit Schriften und Bildwerken ein, sondern betreffen auch das gewerbsmäßige unentgeltliche Verteilen und Anheften von Schriften, worunter auch die Verteilung von Reklamezetteln und Plakaten fällt[4]).

Im § 43 RGO. ist bestimmt, soweit durch ihn das Gebiet der Reklame betroffen wird, daß, wer gewerbsmäßig Druckschriften oder andere Schriften oder Bildwerke auf öffentlichen Wegen, Straßen, Plätzen oder an anderen öffentlichen Orten ausrufen, verkaufen, verteilen, anheften oder anschlagen will, dazu einer Erlaubnis der Ortspolizeibehörde bedarf und den über diese Erlaubnis auszustellenden, auf seinen Namen lautenden Legitimationsschein bei sich zu führen hat.

§ 43 RGO. betrifft also nur das gewerbsmäßige[5]) Ausrufen usw. von Druckschriften. Ob eine Tätigkeit gewerbsmäßig ist, entscheidet sich nicht nach Äußerlichem, Sichtbarem, Greifbarem. Auch eine einmalige Handlung kann im Sinne des Gesetzes

---

[1]) Im Gebiete der Verkehrspolizei dagegen ist die mündliche Reklame für Druckschriften usw. durch Ausrufer besonders privilegiert. Vgl. § 68 IV Berliner Straßenordnung und die Ausführungen oben auf S. 128.

[2]) §§ 184, 184a, 185 StGB. oben auf S. 30ff.

[3]) Z. B. das Schund- und Schmutzgesetz (vgl. S. 35).

[4]) Soweit § 43 RGO. diese Art der Reklame betrifft, legt er der schriftlichen Reklame, die an sich erst später (von S. 151) behandelt wird, Beschränkungen auf. Trotzdem werden, um überflüssige Wiederholungen und Weitläufigkeiten zu vermeiden, im folgenden diese Vorschriften kurz mitbehandelt werden.

[5]) Auch die nicht gewerbsmäßige öffentliche Verbreitung von Druckschriften kann aber durch die Ortspolizeibehörde den unten auf S. 146 aufgeführten Personen (§§ 57 Ziff. 1, 2, 4, 57a, 57b Ziff. 1 und 2 RGO.) versagt werden: § 5 RPG.

„gewerbsmäßig" sein. Das Merkmal der Gewerbsmäßigkeit wird aus seelischen Vorgängen des Handelnden gezogen: „gewerbsmäßig ist eine Handlung dann, wenn sie in dem Willen vorgenommen wird, eine fortgesetzte, auf Erwerb gerichtete Tätigkeit auszuüben[1])." Diese Gewerbsmäßigkeit muß bei demjenigen vorliegen, der ausruft, verkauft, verteilt, anheftet, anschlägt. Ob derjenige, in dessen Namen oder für dessen Rechnung das Ausrufen usw. vorgenommen wird, gewerbsmäßig handelt, ist unerheblich. Der Auftraggeber bedarf nie des in § 43 vorgeschriebenen Legitimationsscheins. Nur der Ausrufer, Verteiler usw., der gewerbsmäßig handelt, bedarf des Legitimationsscheins.

Die Vorschrift des § 43 RGO. behandelt das Ausrufen usw. von Druckschriften, andern Schriften und Bildwerken. Hier ist grundsätzlich gleichgültig, auf welchem Wege die Schrift oder das Bildwerk hergestellt ist. Presseerzeugnisse und mechanische Schriftreproduktion werden ebenso wie handschriftliche Urkunden und Gemälde behandelt. Bildwerke sind ferner nicht nur die zweidimensionalen Abbildungen, sondern auch die dreidimensionalen Darstellungen, die Plastiken. Die italienischen „Figürihändler" bedürfen also eines Legitimationsscheins nach § 43 RGO.

Öffentliche Orte sind all die Orte, an denen das Publikum verkehrt. Hierher gehören also auch Wirtschaften, Theaterzugänge, Hausflure unverschlossener Häuser usw.

Unter § 43 RGO. fällt jede Art des Vertriebes von Schriften und Bildwerken. Der Gesetzgeber führt unter anderem das Verkaufen[2]) an. Der Verkauf umfaßt einmal den Realverkauf, d. h. die Art des Kaufes, bei dem Geschäftsabschluß und Übergabe der Kaufsache zusammenfallen. Zu einem solchen Realverkauf gehört, daß der fliegende Händler, Agent, Vertreter usw. die Kaufwaren mit sich führt, sie, wie sich der Gesetzgeber an anderer Stelle[3]) ausdrückt, „feilbietet". Weiter fällt unter den Begriff „Verkaufen", was der Gesetzgeber an den angeführten Stellen „Aufsuchen von Bestellungen auf Waren" nennt. Hier handelt es sich um Abschluß von Kaufverträgen, bei denen die Kaufsache erst später geliefert werden soll. Der Händler, Agent, Vertreter des Buch- und Zeitschriften-, des Bilder- usw. Handels wird in diesem Falle Muster oder Proben, vielleicht auch nur Aufstellungen und Kataloge, bei sich führen, um aus ihnen den zu werbenden Kunden eine Vorstellung von der Kaufsache zu geben.

Ausrufen liegt vor, wenn der fliegende Händler öffentlich für Schriften dadurch Reklame macht, daß er die Aufmerksamkeit des Publikums durch Stimmaufwand zu erregen sucht.

Verteilen bedeutet die Art des Indenverkehrbringens, die unentgeltlich geschieht. Gewerbsmäßiges unentgeltliches Verteilen von Schriften liegt in allen den Fällen vor, in denen die Verteilung für einen Dritten vorgenommen wird, der seinerseits die Tätigkeit des Verteilers entlohnt, ohne daß das Publikum Gegenleistungen für die empfangenen Schriften entrichtet. Als Beispiele seien angeführt: Der Verteiler von Reklamezetteln für einen Mittagstisch usw., die Einführung einer neuen Zeitung durch

---

[1]) RGSt. 45, 427; Landmann RGO. 8. Aufl., Bd. I, S. 59.

[2]) Diese Art des Vertriebes soll hier zuerst näher behandelt werden, da sie die weitaus wichtigste ist.

[3]) Z. B. §§ 42b, 55 usw. RGO.

Verteilen von Freiexemplaren an öffentlichen Orten. Werden die Reklamezettel des Mittagstisches, die Freiexemplare der Zeitung usw. von Haus zu Haus ausgetragen oder etwa in die Wohnungsbriefkästen geworfen, so liegt ein Verteilen an öffentlichen Orten nicht vor. In diesen Fällen ist ein Legitimationsschein nach § 43 RGO. nicht erforderlich. Verteilen ist auch der Abwurf von Drucksachen aus Flugzeugen und Fahrzeugen usw. In diesen Fällen liegen die Voraussetzungen des § 43 RGO. immer vor, wenn der Verteiler gewerbsmäßig handelt.

Anheften und Anschlagen von Schriften und Bildwerken bedeutet das Befestigen derselben an einer Tafel, Säule oder an einem sonstigen festen Ständer.

Der für das gewerbsmäßige Ausrufen usw. von Schriften usw. erforderliche Legitimationsschein[1]) muß versagt[2]) werden:

1. den in abschreckender Weise Erkrankten oder Entstellten;
2. den unter Polizeiaufsicht Stehenden;
3. Arbeitsscheuen, Bettlern, Landstreichern, Trinkern.

Er soll in der Regel versagt werden:

1. Personen unter 25 Jahren;
2. Blinden, Tauben, Stummen, Geistesschwachen.

Er darf versagt werden:

1. Personen ohne festen Wohnsitz im Inlande;
2. Personen, die wegen gewisser Straftaten bestraft sind.

Zu beachten ist, daß eine Zurücknahme der gemäß § 43 RGO. erteilten Erlaubnis nicht vorgesehen ist. Die Zeit, für welche die Erlaubnis erteilt wird, bestimmt die Polizeibehörde nach ihrem Ermessen[3]). Innerhalb der Zeit, für die der Schein erteilt wird, ist daher die Zurücknahme der Erlaubnis bzw. des Legitimationsscheins unzulässig[4]).

Streitig ist die Frage, ob für den Handel mit Druckschriften usw. auf öffentlichen Wegen, Straßen, Plätzen im Wandergewerbe neben dem Wandergewerbeschein und dem noch näher[5]) zu betrachtenden Druckschriftenverzeichnis gemäß §§ 55, 56 RGO. auch der Legitimationsschein gemäß § 43 RGO. erforderlich sei. Diese Frage wird in den meisten Kommentaren und von einigen Gerichten bejaht, von anderen verneint. Für Preußen wird anzunehmen[6]) sein, daß neben dem Wandergewerbeschein ein Legitimationsschein nach § 43 RGO. nicht erforderlich ist. Das OVG.[7]) hat im Anschluß an ein Urteil des Kammergerichts v. 19. IX. 1927 diese Ansicht mit ausführlicher Be-

---

[1]) Nicht Legitimationskarte, wie bei den Reisenden, vgl. oben S. 140.

[2]) Gegen Verfügungen der Ortspolizei in Preußen, durch welche die Erlaubnis zum gewerbsmäßigen öffentlichen Verbreiten von Druckschriften gemäß § 43 RGO. versagt wird, findet innerhalb zwei Wochen die Klage bei dem Kreisausschuß, in Stadtkreisen und Landkreis zugehörigen Städten mit mehr als 10000 Einwohnern die Klage beim Bezirksausschuß statt. § 116 ZG. Gegen das Endurteil des Bezirksausschusses gibt es die Revision an das OVG.; gegen die Entscheidungen des Kreisausschusses die Berufung an den Bezirksausschuß und gegen dessen Urteil die Revision an das OVG. §§ 82, 93 LVG.

[3]) Eine Zurücknahme des Wandergewerbescheines, der Erlaubnis für das ambulante Gewerbe und der Legitimationskarte für den Reisenden ist vom Gesetz vorgesehen (§§ 58, 42b II, 44a IV RGO.).

[4]) Vgl. Landmann § 43 RGO., Anm. 7. [5]) Siehe S. 149.

[6]) Vgl. MiBl. 1928, Sp. 578. [7]) MiBl. 1928 Sp. 579.

gründung gutgeheißen. Zur Begründung hat das OVG. ausgeführt: „... Wandergewerbeschein und Legitimationsschein ‚sollen' denselben Zweck erfüllen, nämlich den einer Bestätigung, daß aus den persönlichen Verhältnissen des Antragstellers, wie sie für die Entscheidung über Erteilung des Wandergewerbescheins in Frage kommen, Bedenken gegen die Ausübung des ambulanten Betriebes nicht obwalten. Ist also der Wandergewerbeschein erteilt, so ist Zweck und Absicht des Gesetzes erfüllt, die erforderliche Prüfung der Verhältnisse des Wandergewerbetreibenden hat stattgefunden, eine wiederholte Prüfung auf Grund derselben, in einzelnen Punkten sogar milderen Anforderungen des § 43 der RGO. wäre ohne Sinn."

b) Für das Wandergewerbe[1]) mit Druckschriften usw. gelten nach § 56 III, IV RGO. neben den allgemeinen Vorschriften über das Wandergewerbe noch Ausnahmebestimmungen, die Einschränkungen dieser Art der mündlichen Reklame im Schriftenhandel enthalten.

α) Nach § 56 III, IV RGO. sind nämlich Schriften und Bildwerke vom Vertriebe im Wandergewerbe ausgeschlossen[2]):

1. die in sittlicher oder religiöser Beziehung Ärgernis zu geben geeignet sind;
2. die mittels Zusicherung von Prämien oder Gewinnen vertrieben werden;
3. in Lieferungen erscheinende Zeitschriften, die nicht den Gesamtpreis auf jeder einzelnen Lieferung an einer in die Augen fallenden Stelle bestimmt bezeichnen;
4. die nach dem Schund- und Schmutzgesetz §§ 1 und 6 in die Liste[3]) der Schund- und Schmutzschriften aufgenommenen Schriften.

In sittlicher Beziehung Ärgernis gebend ist eine Schrift, die irgendein moralisches Gefühl verletzt. Es handelt sich hierbei nicht um die rein geschlechtliche Sittlichkeit[4]). So kann eine Schrift mit grob unwahren Behauptungen das moralische Gefühl für die Pflicht zur Wahrhaftigkeit kränken und deshalb vom Wandergewerbe ausgeschlossen sein, während andererseits eine sachliche Darlegung über Geschlechtsverhältnisse und Schwangerschaft nicht geeignet zu sein braucht, ein sittliches Ärgernis zu geben[5]). Ein sittliches Ärgernis wird auch nach der Rechtsprechung des OVG.[6]) nicht durch etwa noch so gröbliche Verletzung herrschender Anschauungen auf politischem Gebiete gegeben. „Es mag dies in politischer Beziehung unerwünscht sein, aber ein Ärgernis in politischer Beziehung kommt als ein Ärgernis in sittlicher Beziehung im Sinne des § 56 Nr. 12 (früher Nr. 10) der Reichsgewerbeordnung nicht in Betracht. Denn wenn auch das Wort „sittlich" im Sinne dieser Vorschrift nicht bloß in dem beschränkten Sinne von „unkeusch, unzüchtig" zu verstehen ist, — — —, so lassen die Vorverhandlungen zur Feststellung des § 56 Nr. 12 doch darüber keinen Zweifel, daß unter dem sittlichen Ärgernis ein solches in lediglich politischer Beziehung nicht hat verstanden werden sollen."

---

[1]) Über den Begriff desselben vgl. oben S. 129.

[2]) D. h.: Diese Schriften dürfen weder im Wandergewerbe feilgeboten werden, noch dürfen auf sie im Wandergewerbe Bestellungen aufgesucht werden.

[3]) Wegen der näheren Bedeutung dieser letztgenannten Bestimmung aus dem Schund- und Schmutzgesetz vgl. das oben S. 35 Ausgeführte.

[4]) KG. in Reger 23, S. 395; OVG. 15, S. 356.

[5]) Landmann, Bd. I, 8. Aufl., S. 711. [6]) OVG. 36, 375.

Ein religiöses Ärgernis wird nicht schon dann vorliegen, wenn der Inhalt der Druckschrift usw. mit den in weiten Kreisen geltenden religiösen Anschauungen im Widerspruch steht. Erst die verletzende Schärfe der vorgetragenen antireligiösen Meinung macht die Schrift ärgerniserregend. Im allgemeinen wird bei der Beurteilung der Frage, ob eine Schrift ein Ärgernis der genannten Art zu geben geeignet ist, nicht von dem Gefühlsleben moralisch oder religiös empfindlicher Personen (also z. B. nicht der Geistlichkeit) auszugehen sein, sondern von einem durchschnittlichen Empfinden weiterer Volkskreise, und zwar besonders auch der Personen, an die der Wandergewerbetreibende seine Schriften abzusetzen beabsichtigt.

Weiter dürfen Wandergewerbetreibende Schriften usw. mittels Zusicherung von Prämien oder Gewinnen nicht absetzen. Gleichgültig ist dabei, ob für die Prämien und Gewinne besondere Leistungen vom Abnehmer zu erfüllen sind oder nicht.

Unter dieses Verbot fällt auch nach der Rechtsprechung vieler Gerichte[1]) die im Zeitschriftengewerbe vielfach übliche Abonnentenversicherung. Nach Landmann[2]) hat die Rechtsprechung, „soweit eine beaufsichtigte Abonnentenversicherung vorliegt, soweit also der Verleger nicht auf eignen Namen und auf eigene Gewähr versichert, sondern die Versicherung seiner Abonnenten bei einer nach dem Gesetz über die privaten Versicherungsunternehmungen v. 12. V. 1901 (RGBl. 139) beaufsichtigten Versicherungsgesellschaft vermittelt, wobei die Abonnenten unmittelbare Rechte an diese erwerben, zu Bedenken Anlaß gegeben.“ Die Gründe, aus denen diese Art der Abonnentenversicherung zulässig erscheint, gibt der Runderlaß[3]) des preußischen Ministers des Innern v. 14. VII. 1927 zutreffend wie folgt an: „Bei dem Erlaß des § 56 Abs. 3 Ziff. 12 RGO. waren Abonnentenversicherungen noch nicht vorhanden. Infolgedessen konnte der Gesetzgeber noch keine nähere Regelung treffen. Bei der Auslegung der zur Zeit geltenden Bestimmung ist von der ratio legis auszugehen. Diese bezweckt den Schutz des Publikums vor Übervorteilungen, wie sie bei Zusicherung von Gewinnen usw., die nicht sofort erfüllt werden, häufig vorzukommen pflegen. Bei einer der ... genannten Abonnentenversicherungen erscheint indessen eine Übervorteilung des Publikums ausgeschlossen. Es entspricht daher nicht dem Zwecke des § 56 Abs. 3 Ziff. 12 RGO., wenn man das Verbot der Werbung im Wandergewerbe auch auf derartige Versicherungen ausdehnen wollte. Ein rechtlicher Grund, den Abonnentenversicherungen der ... genannten Art Schwierigkeiten zu bereiten, besteht nicht, im Gegenteil, da auf diese Weise der Versicherungsgedanke Bevölkerungskreisen nahegebracht wird, die andernfalls den wirtschaftlichen Vorteilen einer Versicherung kein Verständnis entgegenbringen würden, verdienen derartige Unternehmungen die Förderung der Behörden.“

Angesichts der abweichenden Gesetzesauslegung seitens der Gerichte ist eine Abänderung des § 56 Ziff. 12 RGO. geplant. Die preußischen Verwaltungsbehörden sind inzwischen angewiesen, gegen die erwähnte Art der Abonnentenversicherung nicht einzuschreiten.

Schriften und Bildwerke, die den oben erläuterten Gesetzesbestimmungen zuwiderlaufen, sind vom Vertriebe im Wandergewerbe ausgeschlossen. Hiernach dürfen diese

---

[1]) Vgl. zuletzt KG., Goltd. Arch. Bd. 69, S. 416ff.
[2]) § 56, Anm. 14, S. 711. [3]) MiBl. S. 723.

Schriften weder feilgeboten werden, noch dürfen Bestellungen auf sie aufgesucht werden[1]). Gleichgültig ist dabei, ob dies von Haus zu Haus oder an öffentlichen Orten geschehen soll.

β) Soweit die Schriften usw. nicht gegen die genannten Vorschriften des § 56 Ziff. 12 RGO. verstoßen, ist für ihren Vertrieb im Wandergewerbe, wenn er durch Feilbieten — nicht durch Aufsuchen von Bestellungen — geschieht, ein Verzeichnis der Schriften usw. von dem Wandergewerbetreibenden der zuständigen Verwaltungsbehörde[2]) seines Wohnortes zur Genehmigung vorzulegen. Diese darf nur verweigert werden, wenn die aufgeführten Schriften gegen die eben erörterten Bestimmungen verstoßen. Der Gewerbetreibende, der die Schriften usw. feilbieten will, darf nur die aufgeführten Schriften mit sich führen. Er muß das Verzeichnis beim Gewerbebetrieb bei sich tragen und es auf Erfordern dem zuständigen Beamten vorzeigen. Da das Gesetz nichts über die Zurücknahme der Genehmigung des Schriftenverzeichnisses sagt, ist diese ausgeschlossen. Die Genehmigung kann jedoch auf Zeit erteilt werden.

Der Vertrieb von Schriften usw. im Wandergewerbe, die nicht den oben erläuterten Gesetzesbestimmungen zuwiderlaufen, unterliegt, wenn er durch Aufsuchen von Bestellungen auf diese Schriften geschieht, lediglich den allgemeinen Bestimmungen über das Wandergewerbe. Hiernach ist in diesem Fall lediglich ein Wandergewerbeschein erforderlich, der Einreichung eines Schriftenverzeichnisses bedarf es nicht.

γ) Wer den dargestellten Vorschriften zuwider Druckschriften usw. im Wandergewerbe vertreibt, wird bestraft[3]). Eine strafbare Fahrlässigkeit des Kolporteurs[4]) liegt aber nicht schon dann vor, wenn der Kolporteur es unterläßt, die zu vertreibenden Schriften auf ihren etwa strafbaren Inhalt zu prüfen. Eine solche Prüfung wird dann nicht[5]) erforderlich sein, wenn der Kolporteur mit Rücksicht auf die Persönlichkeit und geschäftliche Qualität seines Lieferanten, besonders bei periodischen Druckschriften mit Rücksicht auf deren allgemeine Haltung und Tendenz, keinerlei Grund zu der Annahme hat, daß die fraglichen Druckschriften gegen § 56 Ziff. 12 RGO verstoßen. Nur wenn der Kolporteur nach den Umständen einen strafbaren Inhalt der Schrift befürchten muß, besteht für ihn eine Prüfungspflicht. In diesem Falle ist die unterlassene Prüfung der Schrift eine die Bestrafung rechtfertigende Fahrlässigkeit.

c) Im ambulanten Gewerbebetrieb ist — wie oben[6]) dargetan — das Feilbieten von Waren, deren Feilbietung im Wandergewerbe verboten ist, ebenfalls unzulässig. Daher dürfen die Druckschriften, Schriften und Bildwerke,

---

[1]) Vgl. über die Begriffe des Feilbietens und des Aufsuchens von Bestellungen die Ausführungen oben auf S. 131.

[2]) Die Zuständigkeit bestimmt sich in Preußen nach § 3 der Verordnung vom 31. XII. 1883. Hiernach beschließt der Bezirksausschuß, in Berlin der Polizeipräsident, über Anträge auf Genehmigung des vorgesehenen Druckschriftenverzeichnisses. Gegen den versagenden Beschluß des Bezirksausschusses findet der Antrag auf mündliche Verhandlung im Verwaltungsstreitverfahren, gegen den versagenden Beschluß des Polizeipräsidenten die Klage bei dem Bezirksausschuß innerhalb zweier Wochen statt. Gegen die Endurteile des Bezirksausschusses ist nur das Rechtsmittel der Revision zulässig.

Näheres über das Verfahren vgl. in Ziff. 74, 75 der Anweisung vom 1. V. 1904.

[3]) § 149 Ziff. 2; 148 Ziff. 7a RGO.

[4]) Das ist der Wandergewerbetreibende.

[5]) RGSt. 39, 318. [6]) Siehe S. 135.

1. die in sittlicher oder religiöser Beziehung Ärgernis zu geben geeignet sind,
2. die vermittels Zusicherung von Prämien und Gewinnen vertrieben werden,
3. Zeitschriften, die in Lieferungen erscheinen und die nicht den Gesamtpreis auf jeder einzelnen Lieferung an einer in die Augen fallenden Stelle bestimmt bezeichnen,
4. die Schriften, die nach dem Schund- und Schmutzgesetz[1]) in die Liste der Schund- und Schmutzschriften aufgenommen sind,

auch am Wohnorte oder dem Orte der gewerblichen Niederlassung des Gewerbetreibenden nicht von Haus zu Haus oder auf öffentlichen Straßen usw. feilgeboten werden.

Das Aufsuchen von Bestellungen auf derartige Schriften ist jedoch im ambulanten Gewerbebetrieb — im Gegensatz zum Vertriebe im Wandergewerbe[2]) — nur[3]) für die in die Liste der Schund- und Schmutzschriften aufgenommenen Schriften verboten. Hier ist es also erlaubt, für alle sonstigen Schriften, soweit sie nicht gegen Vorschriften des StGB. verstoßen, Bestellungen aufzusuchen.

Das Feilbieten[4]) von Schriften usw. und das Aufsuchen von Bestellungen auf sie kann nicht, wie es beim ambulanten Vertrieb anderer[5]) Warenarten möglich ist, gemäß § 42b I RGO. von einer polizeilichen Erlaubnis abhängig gemacht werden (§ 42b III RGO.). Auch kann — wiederum im Gegensatz zum Feilbieten[6]) im Wandergewerbe — für den Vertrieb der Schriften usw. im ambulanten Gewerbebetrieb die Vorlegung eines Schriftenverzeichnisses zur Genehmigung nicht verlangt werden.

Ein Gewerbetreibender oder Reisender, der für Druckschriften, Schriften und Bildwerke dadurch Reklame macht, daß er am Orte seines Wohnsitzes oder seiner gewerblichen Niederlassung von Haus zu Haus Bestellungen auf sie aufsucht[7]), unterliegt also keiner besonderen gewerbepolizeilichen Beschränkung. Zu beachten ist für die mündliche Reklame für Druckschriften usw. im ambulanten Gewerbebetrieb nur, daß ein Feilbieten von bestimmten, den oben näher bezeichneten Schriften von Haus zu Haus — worunter aber die Ansichtssendungen, welche Sortimentsbuchhandlungen verschicken, nicht fallen — unzulässig ist. Der ambulante Gewerbebetrieb für Druckschriften kann aber im Einzelfall, abgesehen von den vorliegend behandelten gewerbepolizeilichen Vorschriften, gegen allgemeine Vorschriften des StGB. und gegen allgemeine polizeiliche Vorschriften[8]) verstoßen.

Soweit das ambulante Schriftengewerbe sich aber auf öffentlichen Wegen, Straßen, Plätzen usw. abspielt, unterliegt es der oben[9]) näher bezeichneten, in § 43 RGO. festgesetzten Erlaubnispflicht mit dem Erfordernis des Legitimationsscheins.

d) Die mündliche Reklame durch Reisende im Schriftenhandel unterliegt gegenüber den Reisenden sonstiger Branchen[10]) zwei Besonderheiten.

---

[1]) Wegen der näheren Bedeutung dieser letztgenannten Bestimmung aus dem Schund- und Schmutzgesetz vgl. das oben auf S. 35 Ausgeführte.

[2]) Siehe S. 149.

[3]) § 42a RGO. spricht nur vom Feilbieten, § 56 III RGO. aber vom Feilbieten und Nachsuchen von Bestellungen.

[4]) Soweit es nach obigen Ausführungen überhaupt zulässig ist.

[5]) Siehe oben S. 135. [6]) Siehe oben S. 149.

[7]) Eine Ausnahme hiervon gilt nur für die in die Schund- und Schmutzliste aufgenommenen Schriften.

[8]) Z. B. § 10 II 17 ALR. S. 79 ff. [9]) Oben S. 144 [10]) Oben S. 138 ff.

Einmal sind die Reisenden im Schriftenhandel privilegiert. Sie genießen als Fernreisende kraft ausdrücklicher Bestimmung des § 44 III RGO. für das Aufsuchen von Bestellungen auf ihre Waren stets das Reisendenprivileg, das darin besteht, daß sie nur einer Gewerbelegitimationskarte und nicht eines Wandergewerbescheins bedürfen, gleichgültig ob sie Engros- oder Detailreisende sind.

Zwar ist ferner für sie das Aufsuchen von Bestellungen auf Schriften,

1. die in sittlicher oder religiöser Beziehung Ärgernis zu geben geeignet sind,
2. die mittels Zusicherung von Prämien oder Gewinnen vertrieben werden,
3. die als Zeitschriften ohne aufgedruckten Gesamtpreis gehandelt werden,
4. die auf der Liste nach dem Schund- und Schmutzgesetz stehen,

ebenso wie für Wandergewerbetreibende verboten[1]). Zur Einholung der Genehmigung eines Schriftenverzeichnisses und dessen Mitführung sind sie dagegen nicht verpflichtet.

B. Schriftliche Reklame.

Unter schriftlicher Reklame, die nunmehr zu behandeln ist, werden alle die einzelnen Arten der Reklamekundgebungen zusammengefaßt, die derart erfolgen, daß die Reklameidee im Raume gegenständlich verkörpert wird. In Anlehnung an den in der strafrechtlichen Literatur entwickelten Urkundenbegriff werden demnach hier alle diejenigen von Menschenhand gefertigten, sinnlich wahrnehmbaren Sachen als schriftliche Reklamekundgebungen zu bezeichnen sein, die eine außerhalb ihrer selbst liegende Werbeidee auf andere zu übertragen geeignet und bestimmt sind.

Zu diesen Reklameurkunden gehören an erster Stelle diejenigen, die als Druckschriften im Sinne des Preßgesetzes anzusehen sind. Das Reichsgesetz über die Presse v. 7. V. 1874 (RPG.) hat den Druckschriften als den bedeutungsvollsten Mitteln der Ideenübertragung in der Gesellschaft eine besondere Stellung im öffentlichen Recht angewiesen. Die Verbreitung von Gedanken und Vorstellungen soll nach ihm vor obrigkeitlichen Eingriffen soweit wie möglich geschützt werden.

In dem Obrigkeits- und Polizeistaat vergangener Jahrhunderte hatte der Gedanke der Bürgerfreiheit keinen Platz. Die Staatskunst bestand vielmehr darin, wie Goethe in seinem „Egmont" den Alba sagen läßt: Die Bürger „einzuengen, daß man sie wie Kinder halten, wie Kinder zu ihrem Besten leiten kann". Auch Gewerbe und Handel wie das Recht der Meinungsäußerung waren durch obrigkeitliche Willkür beschränkt und beschränkbar. Die neuzeitlichen Freiheitsideen, die demgegenüber den Schutz der Bürgerfreiheit als obersten Grundsatz und Voraussetzung einer gedeihlichen Entwicklung des Gemeinwesens erkannten, fanden in Deutschland zum großen Teile gesetzgeberischen Ausdruck in den zur Zeit der Reichsgründung erlassenen Freiheitsgesetzen: Der Reichsgewerbeordnung von 1869 mit dem Grundsatz der Gewerbefreiheit, dem Freizügigkeitsgesetz von 1867 u. a. m.

Unter diesen Freiheitsgesetzen wieder ragt besonders das hier zu behandelnde Reichspreßgesetz (RPG.) hervor, welches in seinem § 1 den Grundsatz der sog. Preßfreiheit statuiert.

---

[1]) §§ 44 IV, 6 III RGO.

Nach ihm unterliegen die Erzeugnisse der Buchdruckerpresse und gewisse Druckschriften nur denjenigen Beschränkungen, welche durch das RPG. selbst vorgeschrieben oder zugelassen sind. Die freie Meinungsäußerung durch die Presse darf durch polizeiliche oder obrigkeitliche Maßnahmen, die nicht in dem RPG. vorgesehen sind, nicht beschränkt werden. Auch die Äußerungen der schriftlichen Reklame genießen, soweit sie als Druckschriften im Sinne des RPG. anzusehen sind, alle im RPG. niedergelegten Freiheitsgarantien. Bei Beurteilung der Frage, inwieweit einer schriftlichen Reklame Beschränkungen auferlegt werden können, ist daher von vornherein zu scheiden, ob eine schriftliche Reklamekundgebung als Druckschrift nur den Beschränkungen unterliegt, die im RPG. zugelassen sind, oder ob sie, weil sie nicht als solche Druckschrift im Sinne des RPG. zu gelten hat, durch polizeiliche oder sonstige obrigkeitliche Maßnahmen beschränkbar ist.

Danach rechtfertigt sich die Einteilung der vorliegenden Betrachtung der schriftlichen Reklame in zwei Unterabschnitte, in denen in einem ersten Unterabschnitt die schriftliche Reklame durch Druckschriften im Sinne des RPG. und im zweiten Unterabschnitt die schriftliche Reklame durch sonstige Urkunden auf ihre öffentlichrechtlichen Beschränkungen zu untersuchen ist.

1. Druckschriften im Sinne des RPG.

Es soll also zunächst die schriftliche Reklame durch Druckschriften im Sinne des RPG. behandelt werden.

a) Was eine solche Druckschrift ist, ergibt sich aus § 2 RPG.[1]). Danach fallen unter den Begriff der Druckschriften (im weiteren Sinne), auf die das Gesetz Anwendung findet:

1. die Druckschriften im engeren Sinne, d. h. die Erzeugnisse der Buchdruckerpresse;
2. alle anderen Vervielfältigungen von Schriften, bildlichen Darstellungen, Musikalien mit Text oder Erläuterungen, diese letzteren jedoch nur soweit sie auf mechanischem oder chemischen Wege bewirkt sind.

Hiernach fallen nur diejenigen Schriften sowie bildlichen Darstellungen und Musikalien mit Text oder Erläuterungen unter das RPG., die durch die Buchdruckerpresse oder auf andere mechanische oder chemische Art vervielfältigt werden. Das RPG. findet also keine Anwendung auf Reklamekundgebungen, die mit der Hand — oder mit der Schreibmaschine — geschrieben oder mit der Hand gemalt werden. Wohl aber sind Reklamekundgebungen als Presseerzeugnisse anzusehen, die durch Hektographie, Lithographie, Photographie, Lichtpausen usw. vervielfältigt wurden.

Jedoch fallen nur diejenigen Druckschriften usw. unter das RPG., die zur Verbreitung bestimmt sind. Für die nicht der Presse entstammenden Vervielfältigungen von Schriften bestimmt dies der Gesetzgeber ausdrücklich. Bezüglich der Erzeugnisse

[1]) § 2 RPG. lautet: „Das gegenwärtige Gesetz findet Anwendung auf alle Erzeugnisse der Buchdruckerpresse sowie auf alle anderen, durch mechanische oder chemische Mittel bewirkten, zur Verbreitung bestimmten Vervielfältigungen von Schriften und bildlichen Darstellungen mit oder ohne Schrift und von Musikalien mit Text oder Erläuterungen.

Was im folgenden von ‚Druckschriften' verordnet ist, gilt für alle vorstehend bezeichneten Erzeugnisse."

der Buchdruckerpresse müßte demnach zunächst angenommen werden, daß der Gesetzgeber sie dem RPG. auch dann unterwerfe, wenn sie nicht zur Verbreitung bestimmt sind. Gleichwohl ist[1]) auch für sie — um dem Sinn des RPG. gerecht zu werden — als Voraussetzung zu fordern, daß sie nur dann dem RPG. unterliegen, wenn sie zur Verbreitung bestimmt sind.

Was unter „Verbreitung" zu verstehen ist, ist im folgenden noch ausführlicher zu behandeln. Hier genügt es, darauf hinzuweisen, daß die Bestimmung zur Verbreitung bei den Reklameschriften stets gegeben sein wird; denn das Wesen der Reklame besteht darin, eine Werbeidee zu verbreiten.

Hiernach liegt eine dem RPG. unterliegende Schrift nur vor — das Gesetz drückt dies allerdings nicht expressis verbis aus, dies ist aber aus seinem Zwecke ohne weiteres zu folgern —, wenn sie eine Idee zu verbreiten oder zum wenigsten eine Vorstellung zu erwecken geeignet ist.

Daher sind — soweit es hier interessiert — Schriften im Sinne des RPG. alle Reklamezettel, gedruckten Plakate, Lichtbilder, Reklamezeitschriften, Inserate, Vordrucke von Rechnungen und Briefköpfe usw. Auch Bildwerke sind, wie das Gesetz ausdrücklich besagt, Druckschriften im Sinne des RPG. Deshalb ist es für die Anwendbarkeit des RPG. gleichgültig, ob die Reklamedrucksache sich des Wortes oder der bildlichen Darstellung zur Kundenwerbung bedient. Zu den bildlichen Darstellungen gehören weiter auch plastische Bildwerke. Soweit solche auf mechanischem Wege vervielfältigt werden, sind sie Druckschriften im Sinne des RPG.

Die vervielfältigte Gedankenverkörperung kann auch auf andere Sinne der Mitmenschen zu wirken bestimmt sein als auf den Gesichtssinn, so z. B. auf den Tastsinn: Blindenschrift, oder auf das Gehör: die Grammophonplatte. Auch in dieser Form, also durch Blindenschrift oder Grammophonplatten, veranstaltete Reklamekundgebungen unterliegen daher den Bestimmungen des Preßgesetzes. Daß Grammophonplatten dem RPG. unterliegen, ist nicht unstreitig. Nach Meinung vieler[2]) soll dies deshalb nicht der Fall sein, weil sich bei der Grammophonplatte das Verbreiten und das Vervielfältigen inhaltlich nicht decken; vervielfältigt werde die mit unmittelbar unverständlichen Linien bedeckte Platte, verbreitet jedoch würden die erst mit Hilfe von Werkzeugen und Einrichtungen hervorgerufenen Schallwellen. Diese Anschauung wird aber in der Rechtsprechung und in dem überwiegenden Teil des Schrifttums[3]) mit Recht abgelehnt. Das Reichsgericht[4]) begründet die Gegenmeinung folgendermaßen:

„Unter ‚Schriften' wird man mit den erwähnten Entscheidungen die Festlegung von Gedankenäußerungen in der Form irgendwelcher Zeichen zu verstehen haben, welche dazu bestimmt und geeignet sind, sie dem menschlichen Verständnis zu vermitteln, sie sinnlich wahrnehmbar zu machen und demgemäß aus sich heraus wiederzugeben. Welcher Art diese Zeichen sind, ob Buchstaben, Noten, Bilder, Zahlen, Chiffren, stenographische oder telegraphische Gestaltungen usw. ist begrifflich ebenso bedeutungslos wie der Umstand, ob die Wahrnehmbarkeit und damit das Verständnis des von ihnen dargestellten Gedankeninhalts durch das Gesicht, das Gefühl, wie bei der Blindenschrift durch den Tastsinn, oder durch das Gehör vermittelt wird und ob dies ohne weiteres oder nur durch Einschaltung eines mechanischen Hilfsmittels irgendwelcher Art möglich ist.

---

[1]) Vgl. RGSt. 20, 64.

[2]) Vgl. Hatschek, Lehrbuch des deutschen und preußischen Verwaltungsrechts, § 28 II 4.

[3]) Vgl. Häntzschel, Reichspreßgesetz 1927, S. 28.

[4]) RGSt. 47, 224—225.

Diamantschrift bleibt Schrift, selbst wenn sie nur mittels Vergrößerungsglases gelesen werden kann ... Liegt sonach das Wesen einer ‚Schrift' darin, daß der in den dargestellten Zeichen verkörperte Gedankeninhalt auf dem Wege sinnlicher Wahrnehmung dem Verständnis zugänglich ist, so treffen alle Merkmale bei den hier fraglichen Grammophonplatten zu. Der Umstand, daß die Grammophonplatten nur durch Einfügung in das dazu dienliche Instrument und dessen Ingangsetzung zu Gehör gebracht werden können, ändert nichts an der Tatsache, daß ihr auf diese Weise sinnlich wahrnehmbar und verständlich werdender Gedankeninhalt auf den Platten und in den dort dargestellten Zeichen festgelegt ist. Schon im Hinblick auf ihre Auswechselbarkeit bilden sie nicht einen unselbständigen Bestandteil einer bestimmten Maschine, mögen beide auch nur in ihrer Verbindung die Wiedergabe ermöglichen. Wie eine für jedes menschliche Auge unlesbare Diamantschrift zur Erkennbarmachung ihres Inhaltes eines Vergrößerungsglases bedarf, so die Grammophonplatte des durch seinen Mechanismus die gleiche Wirkung hervorbringenden Instruments. Die Natur beider als einer Verkörperung von Gedanken durch Zeichen, welche deren Wiedergabe für die sinnliche Wahrnehmung ermöglichen, wird hierdurch in keiner Weise berührt. Gerade hierauf aber kommt es für ihre begriffliche Wertung als Schriften allein an, nicht darauf, ob sie ohne Hilfsmittel lesbar oder sonst verständlich sind."

Alles, was hier allgemein über Druckschriftenreklame zu sagen sein wird, gilt somit auch für eine Reklame durch Verbreitung vermittels Grammophonplatten.

Desgleichen gehört zu den Druckschriften im Sinne des RPG. der zur Vorführung vor dem Publikum bestimmte Film[1]). Da die Reklame durch den Film seit neuer Zeit eine große Rolle spielt, ist diese Feststellung für die vorliegenden Erörterungen wichtig. Die Filmreklame ist jedoch nicht nur den Vorschriften des Preßgesetzes, sondern in erster Linie den Vorschriften des Lichtspielgesetzes unterworfen, die unten[2]) näher betrachtet werden.

Nicht dem RPG. unterstehen die Reklamekundgebungen durch Rundfunk. Die Rundfunkdarbietungen sind keine Gedankenverkörperungen[3]) im Sinne des RPG. Die Rundfunkreklame wird, trotzdem sie nur als eine Abart der mündlichen Reklame anzusprechen ist, in dem letzten[4]) Teil des vorliegenden Abschnittes behandelt werden.

b) Die Reklamedruckschriften genießen, wie alle übrigen Druckschriften, soweit sie nach den obigen Ausführungen dem RPG. unterliegen, die im § 1 RPG. garantierte Preßfreiheit. Dies hat eine zweifache Bedeutung.

α) Die Preßfreiheit bindet zunächst den Gesetzgeber. Nach Art. 7 Ziff. 6 RV. hat das Reich die Gesetzgebung über das Pressewesen. Das RPG. ist ein Reichsgesetz und hat das Pressewesen erschöpfend geregelt. Demnach haben die Länder kein Recht, von sich aus auf diesem Gebiet Sondergesetze zu erlassen, soweit nicht das RPG. dieses Recht den Ländern besonders erteilt. Aus diesen Gründen ist die Preßfreiheit ein Schutz gegen den Landesgesetzgeber. Im Gebiete der Reklamekundgebungen wird dem Landesgesetzgeber ausnahmsweise durch § 30 II RPG. ein großes Gebiet zur eigenen Regelung überlassen. Nach dieser Vorschrift des RPG. wird nämlich der Landesgesetzgebung das Recht eingeräumt, einzelne Vorschriften über das Plakatwesen zu erlassen[5]). Diese Materie wird später[6]) behandelt werden.

Den Reichsgesetzgeber dagegen bindet das RPG. nicht. Das Preßgesetz kann durch nachfolgende Reichsgesetze wie jedes andere Reichsgesetz beliebig aufgehoben und

---

[1]) So auch v. Brauchitsch, Bd. II, 21. Aufl., S. 317.
[2]) Siehe S. 189 ff. [3]) Vgl. Häntzschel, RPG. S. 26.
[4]) Vgl. unten S. 215 f.
[5]) Art. 12 RV. [6]) S. 171 ff.

abgeändert werden. Dem steht der Grundsatz des Art. 118 RV.[1]), nach dem jeder Deutsche das Recht der freien Meinungsäußerung durch Wort und Schrift im Rahmen der allgemeinen Gesetze hat, nicht entgegen. Nach herrschender Ansicht sind nämlich alle Gesetze „allgemeine" Gesetze, so daß mit anderen Worten die Bezeichnung „allgemein" vor „Gesetzen" im Art. 118 RV. bedeutungslos ist. Ein späteres Reichsgesetz kann also die 1874 eingeführte Preßfreiheit beschränken. In der Tat gibt es bereits eine ganze Reihe solcher neuen Reichsgesetze, die das RPG. auf Teilgebieten abändern, ohne jedoch im allgemeinen den im § 1 RPG. niedergelegten Grundsatz der Preßfreiheit anzutasten. Die Preßfreiheit wird aber auch dadurch eingeschränkt, daß die aus früheren Reichsgesetzen entstammenden Einschränkungen der Preßfreiheit fortbestehen, soweit diese Gesetze Spezialgebiete regeln. Hier gilt der Grundsatz, daß das spätere allgemeine Gesetz ein früheres Spezialgesetz nicht zerstört. Solche Gesetze, die die Preßfreiheit im Gebiete der Reklame einengen, sind:

a) Allgemeine Vorschriften des Strafrechts, z. B. §§ 184 ff., 263, 286, 360 Ziff. 11 StGB.,
b) §§ 1—3 Reichsgesetz über das Postwesen des Deutschen Reiches vom 28. X. 1871,
c) die Vorschriften der RGO.[2]) über den Handel mit Schriften usw.,
d) das Lichtspielgesetz v. 12. V. 1920 (LSpG.),
e) §§ 45, 46, 88, 89, 90, 94 Börsengesetz[3]) v. 27. V. 1908,
f) § 9 Rennwett- und Lotteriegesetz[4]) v. 8. IV. 1922,
g) §§ 3, 13 Reichsgesetz gegen den unlauteren Wettbewerb[5]) (UWG.),
h) die Vorschriften des Reichsgesetzes[6]) zur Bewahrung der Jugend vor Schund- und Schmutzschriften v. 18. XII. 1926,
i) die Vorschriften des Reichsgesetzes[7]) zur Bekämpfung der Geschlechtskrankheiten v. 18. II. 1927.

Soweit diese Gesetze nicht an anderer Stelle ihre Behandlung finden, werden sie im Anschluß an die Darstellung der aus dem RPG. herrührenden Beschränkungen der Reklamefreiheit weiter unten[8]) erörtert werden.

Auch auf steuergesetzlichem Gebiete trifft der Satz, daß die Preßfreiheit nur durch Reichsgesetze, aber nicht durch Landesgesetze beschränkt werden kann, zu. Nach § 30 IV RPG.[9]) soll nämlich verhindert werden, daß durch Landessteuergesetze die Preßfreiheit indirekt beschränkt werde. Somit sind Landessteuergesetze, die Reklameschriften im Sinne des RPG. treffen, unzulässig. Dagegen sind Reichssteuergesetze zulässig, die Presseerzeugnisse, also auch Reklameschriften, besonders besteuern. Solche Reichsgesetze sind auch erlassen worden. So hatten §§ 25, 26 des Reichsumsatzsteuergesetzes v.

---

[1]) Die freie Meinungsäußerung wird in Art. 118 I RV. also nur im Rahmen der Gesetze, mithin auch der Landesgesetze gewährleistet. Art. 118 gibt somit geringere Garantien der Preßfreiheit als § 1 RPG. im Zusammenhange mit Art. 7 und 12 RV. sie verleihen.

[2]) Siehe oben S. 144 ff. [3]) Siehe oben S. 55 ff. [4]) Siehe oben S. 70.

[5]) Siehe unten S. 238 ff. [6]) Siehe oben S. 35 f.

[7]) Siehe oben S. 33. [8]) Vgl. von S. 189 ab.

[9]) § 30 IV RPG. lautet: „Vorbehaltlich der auf den Landesgesetzen beruhenden allgemeinen Gewerbesteuer findet eine besondere Besteuerung der Presse und der einzelnen Presseerzeugnisse (Zeitungs- und Kalenderstempel, Abgaben von Inseraten usw.) nicht statt."

24. XII. 1919 eine besondere Reklamesteuer eingeführt, die die Übernahme von Anzeigen in Zeitungen und Zeitschriften, auf Anschlagsäulen, Tafeln, Reklamewagen usw. einer erhöhten Umsatzsteuer unterwarf. Diese Reklamesteuer ist jedoch inzwischen durch das Umsatzsteuergesetz v. 8. V. 1926 wieder beseitigt worden.

β) Die Preßfreiheit bildet nicht nur einen Schutz gegen den Gesetzgeber, sondern auch gegen Maßnahmen der Verwaltung.

Alle Verwaltungsmaßnahmen, die mit den Grundsätzen des RPG. im Widerspruch stehen, sind, soweit nicht ausnahmsweise ein Reichsgesetz der Verwaltung eine Sonderermächtigung gibt, unzulässig, gleichviel welcher Rechtsnatur der Verwaltungsakt im einzelnen sein mag. Unzulässig sind daher insbesondere alle behördlichen Verfügungen, Verordnungen, Anordnungen, die eine die Preßfreiheit genießende Reklame präventiv beschränken. Für Preußen äußert sich dies praktisch darin, daß jede polizeiliche Präventivmaßnahme, die auf Grund des § 10 II 17 ALR. erfolgt, unzulässig ist. Daher können polizeiliche Maßnahmen eine Reklamekundgebung, die die Preßfreiheit genießt, nur insoweit unterbinden, als die Polizei durch Gesetze hierzu besonders ermächtigt ist.

Ein Beispiel dafür enthält eine Entscheidung des PrOVG.[1]). In dem dort entschiedenen Falle verkaufte ein Schaubudenbesitzer, um Sensationsreklame für sein Unternehmen zu machen, Postkarten mit der photographischen Abbildung dreier Raubmörder. „Derartige Photographien gehören nach der Rechtsprechung des Gerichtshofs zu den Vervielfältigungen im Sinne des § 2 des Preßgesetzes, auf welche dieses Gesetz Anwendung findet. Daraus folgt, daß ein präventives polizeiliches Einschreiten auf Grund des § 10 Tit. 17 T. II ALR. gegen den Verkauf der Photographien unzulässig ist, so anstößig der Vertrieb der Postkarten mit den Photographien auch an sich erscheint."

Desgleichen hat das PrOVG. polizeiliche Verfügungen aufgehoben, in denen Geschäftsleuten die Verbreitung von irreführenden Anzeigen in Zeitungen und auf Geschäftspapieren untersagt wurde.

Einen besonders bedeutsamen Schutz der Preßfreiheit gegen Verwaltungsmaßnahmen bieten die Vorschriften der §§ 23ff. RPG. Nach diesen dürfen die Druckschriften im Sinne des RPG., also auch Reklamedruckschriften, nicht aus sicherheits- (präventiv-) polizeilichen Gründen zur Abwehr einer dem Publikum drohenden Gefahr[2]) beschlagnahmt werden. Bei Druckschriften, die die Preßfreiheit genießen, ist eine Beschlagnahme ohne[3]) richterliche Anordnung nur zulässig, nachdem eine strafbare Handlung begangen ist. Sie kann also nur durch Strafverfolgungsbehörden, d. h. die Staatsanwaltschaft oder die Polizei als ihrem Hilfsorgan — aber niemals aus anderen polizeilichen Gründen — erfolgen. Eine Beschlagnahme durch die Strafverfolgungsbehörde findet aber nur dann statt, wenn bestimmte, im Gesetz genau bezeichnete strafbare Handlungen durch die Druckschriften begangen worden sind. Von den bezeichneten Straftaten kommen für das Gebiet der Reklame als Grund einer staatsanwaltschaftlichen Beschlagnahme nur die Unterlassung der in den §§ 6 und 7 RPG. vorgeschriebenen, noch näher[4]) zu

---

[1]) Bd. 52, S. 289.

[2]) § 10 II 17 ALR.

[3]) Die Beschlagnahme durch richterliche Anordnung ist durch die Preßfreiheit nicht beschränkt.

[4]) Siehe S. 160.

betrachtenden Angaben von Namen und Wohnort des Druckers, Herausgebers, Verlegers, verantwortlichen Redakteurs und ein nach § 184 StGB. verbotener unzüchtiger Inhalt in Betracht. Bei sonstigen strafbaren Handlungen, die durch eine Reklameschrift, die die Preßfreiheit genießt, begangen wird, ist eine Beschlagnahme nur durch richterliche Anordnung zulässig[1]).

Wird aus den erwähnten Gründen eine Druckschrift von der Staatsanwaltschaft beschlagnahmt, so hat das zuständige Gericht über Bestätigung[2]) oder Aufhebung zu entscheiden. Die Entscheidung muß von der Staatsanwaltschaft binnen 24 Stunden nach Anordnung der Beschlagnahme beantragt und vom Gericht binnen weiteren 24 Stunden erlassen werden. Hat die Polizei beschlagnahmt, so muß sie spätestens binnen 12 Stunden die Vorgänge an die Staatsanwaltschaft senden, die entweder die Wiederaufhebung der Beschlagnahme sofort anordnet oder binnen weiteren 12 Stunden die gerichtliche Bestätigung der Beschlagnahme nachsucht. Die Anordnung der staatsanwaltlichen oder polizeilichen Beschlagnahme verliert 5 Tage nach ihrer Anordnung ihre Wirkung. In diesem Falle hat die Freigabe zu erfolgen, wenn nicht inzwischen der beschlagnehmenden Behörde der bestätigende Gerichtsbeschluß zugegangen ist.

Inwieweit durch polizeiliche Maßnahmen eine Reklamekundgebung durch Plakate beschränkt werden kann, ist unten[3]) näher darzustellen.

Dieser auch den Reklamedrucksachen verliehene Schutz der Preßfreiheit vor Maßnahmen der Verwaltung wird aber in dreifacher Hinsicht durchbrochen.

Einmal werden Druckschriften — und damit auch die Reklamedrucksachen — nur insoweit durch die Preßfreiheit geschützt, als sie bestimmungsgemäß verbreitet werden. Ferner werden die Druckschriften nur in ihrer Eigenschaft als Verkörperung menschlicher Gedanken und Vorstellungen geschützt. Und schließlich findet die Preßfreiheit ihre Beschränkungen im Staatsnotwehrrecht.

αα) Den Begriff der Verbreitung erläutert § 3 RPG.[4]). Nach ihm besteht das Verbreiten einer Druckschrift nicht nur in ihrer körperlichen Weitergabe in einem oder mehreren Exemplaren, sondern auch in der Zugänglichmachung ihres Inhalts durch öffentliches Anschlagen, Ausstellen oder Auslegen.

Das Anschlagen usw. muß öffentlich, d. h. an dem Publikum zugänglichen Orten, erfolgen, zu denen auch z. B. die Wartezimmer von Rechtsanwälten usw. gehören. Eine öffentliche Aufstellung von Druckschriften liegt auch bei Aufstellung von Bücher-, Bilder- oder Musikautomaten vor, falls diese an dem Publikum zugänglichen Orten stehen. Hierbei ist es gleichgültig, ob Schrift, Bild, Wort oder Ton erst nach Einwurf[5]) eines Geldstückes und durch Anwendung[6]) mechanischer Hilfsmittel (ziehen, drehen usw.) sicht- oder hörbar werden.

---

[1]) § 23 RPG.

[2]) Die vom Gericht bestätigte Beschlagnahme ist wieder aufzuheben, wenn nicht binnen zwei Wochen nach der Bestätigung die Strafverfolgung in der Hauptsache eingeleitet ist.

[3]) Siehe unten S. 175 ff.; vgl. dazu Häntzschel, Preßgesetz S. 16.

[4]) § 3 RPG. lautet: „Als Verbreitung einer Druckschrift im Sinne dieses Gesetzes gilt auch das Anschlagen, Ausstellen oder Auslegen derselben an Orten, wo sie der Kenntnisnahme durch das Publikum zugänglich ist."

[5]) OVG. 10, 295.

[6]) RGSt. 47, 404.

Anschlagen ist Anheften einer Drucksache an Mauern, Säulen, Tafeln, Wagen usw. Der Anschlag kann nur an festen Gegenständen erfolgen, doch können diese selbst beweglich sein, z. B. fahrbar.

Ausstellen oder Auslegen ist jede Handlung, die dem Publikum die Möglichkeit gibt, von dem Inhalt der Druckschrift ohne Vermittlung Dritter selbst Kenntnis zu nehmen; z. B. Auslegen in Schaufenstern, Läden oder öffentlichen Lokalen, auch das Umhertragenlassen.

Keine Verbreitung des Inhalts einer Druckschrift ist dagegen das Vorlesen ihres Inhalts. Keine Verbreitung, besonders kein Ausstellen einer Grammophonplatte ist das Abspielen derselben vor einer Menschenmenge; denn die Platte bleibt an ihrem Ort. Verbreitet wird nur der in ihr verkörperte Gedankeninhalt wie beim Verlesen eines Zettels[1]).

Bestritten ist, ob die Vorführung eines Films oder Lichtbildes durch Projektion des Bildes auf die Leinwand eine Verbreitung durch „Ausstellen" ist. Das PrOVG. hat dies[2]) in dem oben[3]) geschilderten Fall der Sensationsreklame verneint. Es heißt dort: „Endlich ist dem Kläger noch verboten worden, Abbildungen der Raubmörder B. in kinematographischen Apparaten usw. vorzuführen. Wäre eine solche Vorführung als ein Ausstellen im Sinne des § 3 des Preßgesetzes zu betrachten, so würden auch hierfür die Bestimmungen des Preßgesetzes gelten und würde danach ein präventives polizeiliches Einschreiten gleichfalls für unzulässig erachtet werden müssen. Aber eine kinematographische Vorführung geht über ein bloßes Ausstellen von Bildern im Sinne des § 3 des Preßgesetzes — als einer Form der Verbreitung von Druckschriften und was diesen gleichsteht — hinaus und ist eine zu den Lustbarkeiten gehörige Schaustellung. — — — Denn § 3 des Preßgesetzes betrifft ein Zugänglichmachen der Bilder mittels des Ausstellens — — —, während durch den kinematographischen Apparat ein neues, bisher nicht vorhandenes Bild eines bewegten Vorganges erzeugt und vorgeführt wird. Daher kommen hier die Vorschriften des Preßgesetzes nicht in Betracht."

Das Reichsgericht[4]) dagegen bestraft den Vorführer eines unzüchtigen Films nach § 184 Ziff. 1 wegen „Verbreitung unzüchtiger Abbildungen" und führt aus: „Wer eine Photographie als Lichtbild vorführt, schafft damit nicht eine neue Abbildung, die ausgestellt oder angeschlagen werden könnte, sondern er läßt die bereits vorhandenen Abbildungen auf das Auge wirken und macht sie dadurch mittelbar dem Gesichtssinn zugänglich." Das Reichsgericht unterstellt also wohl als selbstverständlich, ohne es weiter zu begründen, daß die Vorführung des Films ein Verbreiten desselben ist.

ββ) Ferner erstreckt sich die Preßfreiheit nicht auf diejenigen Maßnahmen der Verwaltung, die die Druckschrift nicht als Gedankenträgerin treffen[5]). Daher sind Polizeiverordnungen oder Polizeiverfügungen, die die Verbreitung von Reklamedrucksachen verbieten, die an sich das Privileg der Preßfreiheit genießen, dann als endgültig anzusehen, wenn sie nur aus sicherheits- oder verkehrspolizeilichen Gründen erlassen sind. Solche den Verkehr mit Druckschriften aus verkehrspolizeilichen Gründen verbietende

---

[1]) So RGSt. 47, 226. [2]) Bd. 52 S. 289.
[3]) Siehe S. 156. [4]) In RGSt. 47, 409.
[5]) Hieraus ergibt sich die Gültigkeit der sog. Verunstaltungsgesetze, welche die Plakate betreffen (S. 182 ff.).

Bestimmungen enthalten in rechtsgültiger[1]) Weise z. B. die Vorschriften der §§ 60b, 67, 75, 81, 82 der Berliner Straßenordnung.

Hier wird in den §§ 67, 75, 81, 82 aus verkehrs- und sicherheitspolizeilichen Gründen das Verteilen und Umherwerfen von Reklamezetteln, schließlich der Abwurf aus Fenstern, Fahrzeugen, Flugzeugen ohne polizeiliche Erlaubnis[2]) verboten[3]). Der Abwurf aus Flugzeugen ist noch besonders durch die Berliner Polizeiverordnung v. 10. XII. 1928[4]) untersagt.

§ 60b BStO. macht die Reklamekundgebung, die in von der Straße aus sichtbaren Film- oder Wechselbildvorführungen besteht, von einer Genehmigung der Polizei abhängig.

γγ) Schließlich findet der den Druckschriften im Sinne des RPG. und daher auch Reklamedrucksachen verliehene Schutz der Preßfreiheit vor Verwaltungsmaßnahmen in außergewöhnlichen Fällen im Staatsnotwehrrecht seine Grenzen. Da aber durch Reklamedrucksachen[5]) selten eine Sachlage hervorgerufen werden dürfte, die das Vorliegen eines Staatsnotwehrrechts rechtfertigen könnte, sei diese Sachlage nur erwähnt.

Das Staatsnotwehrrecht, das auch die Preßfreiheit beseitigen kann, hat seine gesetzliche Grundlage im Art. 48 RV. Nach ihm ist der Reichspräsident befugt, bei erheblichen Störungen oder Gefährdungen der öffentlichen Sicherheit und Ordnung im Deutschen Reich die nötigen Maßnahmen zu treffen und dabei auch zu diesem Zwecke erforderlichenfalls die Garantien der freien Meinungsäußerung vorübergehend außer Kraft zu setzen. Ist eine Gefahr im Verzuge, steht dieses Recht auch den Landesregierungen zu.

Neben diesem verfassungsmäßig geregelten Fall der Staatsnotwehr hat das Reichsgericht[6]) in allerdings bestrittener Weise auch anderen staatlichen Organen als den Landesregierungen ein Notwehrrecht gegenüber staatsfeindlichen Preßerzeugnissen und Unternehmungen zuerkannt. Zur Rechtfertigung von Maßnahmen eines preußischen Oberpräsidenten, die gegen das Preßgesetz verstießen, führt das Reichsgericht hier aus: „Unter den Voraussetzungen der Notwehr waren im vorliegenden Fall die in Frage kommenden staatlichen Organe nicht mehr an die besonderen Vorschriften des Preßgesetzes gebunden. Denn die Presse muß sich, sofern sie als Werkzeug für einen gegenwärtigen rechtswidrigen Angriff dient, die zu dessen Abwehr erforderliche Verteidigung gefallen lassen. Ist Notwehr, wie nicht zu bezweifeln, gegenüber Angriffen auf Rechtsgüter des Staates überhaupt zulässig, so fehlt es an einem Grunde, den Staat gegen-

---

[1]) Das KG. hat in DJZ. 1926 1786 eine derartige Polizeiverordnung als rechtsgültig anerkannt, indem es ausführt:

„Das in einer VO. enthaltene Verbot, in gewissen Straßen Geschäftsempfehlungen zu verteilen, hat seine Rechtsgrundlage in § 6b PVG."

[2]) Zur Erteilung der Erlaubnis für das Verteilen von Reklamezetteln ist nach der Bekanntmachung des Berliner Polizeipräsidenten zu § 67 BStO. das Polizeirevier, in dessen Bezirk das Verteilen stattfindet, zuständig.

[3]) Die Vorschrift hat im übrigen für den Wahlkampf nur beschränkte Bedeutung.

[4]) Amtsblatt S. 325.

[5]) Im Gegensatz zu den Propagandadrucksachen, bei denen eine solche Sachlage häufiger vorkommen wird.

[6]) In Gruchot n. F. 7, 90.

über solchen Angriffen, falls sie durch die Presse verübt werden, auf die Maßnahmen zu beschränken, die das Preßgesetz vorsieht. Es muß dann vielmehr wieder der Grundsatz des Preßgesetzes zur Geltung kommen, daß die Presse den allgemeinen Gesetzen unterliegt."

c) Alle Reklamedrucksachen, die Drucksachen im Sinne des RPG. sind, wie gedruckte Reklamezettel, Anzeigen in Zeitschriften, gedruckte Wandanzeigen (gedruckte Plakate), Reklamezeitschriften, Grammophonplatten, Filme, Reklamebilder usw. unterliegen, soweit sie nicht nach den oben[1]) angeführten Gesetzen anderen Bestimmungen unterworfen sind, nur den im Preßgesetz enthaltenen Vorschriften. Das ist der Inhalt der sog. Preßfreiheit.

Die Vorschriften des RPG., welche die diesem Gesetze unterliegenden Reklamekundgebungen betreffen, sind entweder preßpolizeilicher oder preßstrafrechtlicher Natur oder beziehen sich auf Plakate.

α) Die preßpolizeilichen Beschränkungen der Reklamekundgebungen sind in den §§ 6ff. RPG.[2]) enthalten.

Die Reklamekundgebungen sind nach diesen Gesetzesbestimmungen in drei Klassen einzuteilen. Die erste Gruppe ist von allen Beschränkungen befreit, die beiden übrigen unterliegen einer fortschreitenden Beschränkung.

αα) Ganz frei von jeglichen Einschränkungen nach dem RPG. bleiben die in § 6 II RPG. bezeichneten Druckschriften. Die diesen Druckschriften gewährte Freiheit besteht vor allem darin, daß sie die bei den übrigen Druckschriften vorgeschriebene Angabe des Druckers oder Verlegers nicht zu enthalten brauchen.

Von den im § 6 II RPG. aufgeführten Druckschriften interessieren für das Gebiet der Reklame nur die lediglich zu Zwecken des Gewerbes und Verkehrs dienenden Druckschriften. Solche Druckschriften sind Formulare, Preislisten, Geschäftskarten u. dgl. Hierher gehören auch die im Geschäftsleben zur Verbreitung des Firmennamens und der Bezeichnung des Geschäfts dienenden Kataloge, Rechnungsformulare und Briefköpfe, ferner überhaupt alle der Reklame dienenden Druckschriften.

ααα) Es seien zunächst die den Zwecken des Gewerbes dienenden Reklamedrucksachen näher betrachtet.

---

[1]) Vgl. S. 155.

[2]) § 6 RPG. lautet: „Auf jeder im Geltungsbereich dieses Gesetzes erscheinenden Druckschrift muß der Name und Wohnort des Druckers und, wenn sie für den Buchhandel oder sonst zur Verbreitung bestimmt ist, der Name und Wohnort des Verlegers oder — beim Selbstvertriebe der Druckschrift — des Verfassers oder Herausgebers genannt sein. An Stelle des Namens des Druckers oder Verlegers genügt die Angabe der in das Handelsregister eingetragenen Firma.

Ausgenommen von dieser Vorschrift sind die nur zu den Zwecken des Gewerbes und Verkehrs, des häuslichen und geselligen Lebens dienenden Druckschriften als: Formulare, Preiszettel, Visitenkarten u. dgl., sowie Stimmzettel für öffentliche Wahlen, sofern sie nichts weiter als Zweck, Zeit oder Ort der Wahl und die Bezeichnung der zu wählenden Personen enthalten."

§ 7 RPG. lautet: „Zeitungen und Zeitschriften, welche in monatlichen oder kürzeren, wenn auch unregelmäßigen Fristen erscheinen (periodische Druckschriften im Sinne des Gesetzes), müssen außerdem auf jeder Nummer, jedem Stück oder Hefte den Namen und Wohnort des verantwortlichen Redakteurs enthalten.

Die Benennung mehrerer Personen als verantwortliche Redakteure ist nur dann zulässig, wenn aus Form und Inhalt der Benennung mit Bestimmtheit zu ersehen ist, für welchen Teil der Druckschrift jede der benannten Personen die Redaktion besorgt."

Die Reklamedruckschrift muß sich, um die Voraussetzungen des § 6 II RPG. zu erfüllen, auf einen das Gewerbe betreffenden Inhalt beschränken. Werden in die Druckschrift andere Mitteilungen, z. B. politischer, belletristischer oder anderer Art, aufgenommen, so hört sie auf, nur den Zwecken des Gewerbes nach § 6 II RPG. zu dienen. Unerheblich ist es dabei, ob die Mitteilungen, die nicht das Gewerbe betreffen, auch zum Zwecke der Reklame in die Schrift aufgenommen sind. Ein solcher Grund könnte darin liegen, etwa durch eine ansprechende Erzählung das Interesse des Lesers zu erwecken und dadurch zu erreichen, daß er zugleich auf das Gewerbe hingewiesen wird, was vielleicht unterblieben wäre, wenn die Reklame sich nur auf die Wiedergabe der geschäftlichen Ankündigung beschränkt hätte. Subjektiv — vom Standpunkt des Gewerbetreibenden aus — soll eine solche Reklame nur der Förderung seines Gewerbes dienen. Objektiv — d. h. vom Standpunkt des Publikums aus — enthält aber eine derartige Druckschrift auch andere Mitteilungen als solche, die das Gewerbe des Reklametreibenden betreffen. Von diesem objektiven Standpunkt aus ist zu beurteilen, ob die Druckschrift „gewerblichen Zwecken" dient oder nicht.

In diesem Sinne führt das Reichsgericht aus[1]):

„Vorliegenden Falles ist festgestellt, daß zwar der von der Angeklagten E. verfolgte Endzweck, die Förderung ihres Gewerbes, nicht die Darbietung politischer Unterhaltung oder Belehrung war, daß sie aber zur Erreichung dieses Zweckes Druckschriften erscheinen ließ, welche sich nicht auf Geschäftsanzeigen beschränkten, sondern, und zwar um die Aufmerksamkeit der Empfänger zu erregen, daneben Mitteilungen politischer Tagesneuigkeiten enthielten. Es kann hierbei von dem von der Revision betonten Umstande ganz abgesehen werden, daß danach sogar subjektiv von einer ausschließlich auf Verbreitung ihrer Geschäftsreklamen gerichteten Absicht nicht gesprochen werden kann. Daß die Darbietung politischen Unterhaltungsstoffes nur das Mittel zur Erreichung der an letzter Stelle bezielten Förderung der Geschäftsinteressen sein sollte, schließt nicht aus, daß dieses Mittel von der Angeklagten gewollt, ihre Absicht darauf gerichtet war, dem Empfänger der Blätter jenen Unterhaltungsstoff zu bieten. In alle Wege stellen sich die Druckschriften ihrer äußeren Erscheinung nach nicht als solche dar, welche den Zwecken des Gewerbes zu dienen bestimmt waren und deshalb unter die Ausnahme des Abs. 2 von § 6 a. a. O. fielen."

Ähnlich entscheidet das OVG.[2]) mit folgender Begründung:

„Daher wird der Rahmen der „Nachrichten für den gewerblichen Verkehr" überschritten, wenn mit einer Ankündigung geschäftlicher Art völlig andersgeartete politische Hinweise verbunden werden und hierdurch dem Plakate der rein geschäftliche Charakter genommen wird. Demgemäß hat das Kammergericht ausgesprochen, es handle sich nicht um eine Nachricht für den gewerblichen Verkehr, einmal bei Ausstellung eines Plakats, auf welchem das Wappen des ehemaligen Königreichs Hannover, getragen von Soldaten in hannoverscher Uniform, mit der Unterschrift ‚Jung höl fest' angebracht war und auf welchem ‚echter alter hannoverscher Kümmel', empfohlen wurde (DJZ. Jahrg. III S. 62), und ferner in einem Falle, als in Schankwirtschaften Plakate ausgehängt worden waren, wonach daselbst boykottfreies Bier verzapft wurde (Jahrb. Bd. 31 C 36). In dem letzteren Falle führte das Kammergericht aus, durch die Plakate solle auf die Brauereien ein Druck ausgeübt und ihnen ein Schaden angedroht werden, wenn sie dem Verbande der Brauereiarbeiter Widerstand entgegensetzten. Wenn die Plakate auch nebenbei gewerblichen Zwecken der Wirte dienten, so sei das nicht entscheidend."

Werden dagegen in einer Reklameschrift nicht nur die eigenen geschäftlichen Verhältnisse erörtert, sondern auch Konkurrenzunternehmen erwähnt, um ihnen z. B. Kunden abspenstig zu machen, so hört die Reklameschrift dadurch nicht auf, gewerblichen Zwecken zu dienen. Derartige Reklamedruckschriften genießen also die Freiheit des § 6 II RPG.

[1]) So in RGSt. 14, 283; vgl. auch ähnlich RGSt. 20, 65.

[2]) In OVG. Bd. 54 S. 243.

So heißt es in einer Entscheidung des Kammergerichts[1]):

„Ob die Zettel lediglich den Charakter von Formularen hatten, ist belanglos, da in § 6 II Formulare, Preislisten, Visitenkarten nur beispielsweise genannt sind. Die übrigen Darlegungen sind deshalb rechtsirrtümlich, weil sie Zweck und Motiv verwechseln. Entscheidend ist, ob die Druckschrift, soweit dies aus Form und Inhalt erkennbar ist, ausschließlich den Zwecken des Gewerbes dient oder ob sie daneben noch andere Zwecke verfolgt. Die etwaige sonstige Bedeutung der Druckschriften kommt ebensowenig in Betracht wie die etwaigen sozialpolitischen oder sonstigen Motive ... oder der Umstand, daß die Druckschrift nicht ‚harmloser Natur' ist. Im vorliegenden Falle ist der Zweck der Druckschrift aus ihrer Form und ihrem Inhalt deutlich zu erkennen. Sie will durch Namhaftmachung eines Geschäfts und Hervorhebung der Tatsache, daß dieses mit der Zentrale für Milchverwertung in Verbindung getreten ist, diesem die Kundschaft abspenstig machen, diese Kundschaft den mit der Zentrale nicht in Verbindung stehenden Milchhandlungen zuführen und dadurch den Geschäftsbetrieb der letzteren heben. Die Druckschrift dient somit ausschließlich dem Zweck des Gewerbes, welches die Mitglieder der durch den Angeklagten vertretenen Vereinigung Berliner Milchhändler betreiben. Die Druckschrift fällt daher unter die Ausnahmebestimmung des § 6 II und unterliegt nicht den Vorschriften des § 6 I."

$\beta\beta\beta$) Dem Zwecke des **Verkehrs** im Sinne des § 6 II RPG. dienen solche Druckschriften, die den Güterverkehr, den Straßenverkehr und Personenverkehr erleichtern oder ermöglichen. Von den Reklameschriften fallen hierunter die schon als dem Gewerbe dienend bezeichneten Briefköpfe, Rechnungsformulare usw., die mit der Anschrift des Absenders versehen sind. Auch Postkarten können hierher gehören. Verwendet z. B. ein Unternehmer Postkarten, die als Aufdruck eine Abbildung seiner Fabrikanlagen enthalten, so dienen diese dem Zwecke des Verkehrs im Sinne des § 6 II RPG. Enthält aber eine solche Postkarte ein nicht dem Verkehre selbst dienendes Beiwerk, wie Darstellungen religiöser, politischer, sozialer oder sittlicher Art, so genießt sie die Freiheit des § 6 II RPG. nicht, sondern sie unterliegt den weiter unten zu betrachtenden Beschränkungen des § 6 I RPG.[2]).

Schwierig und lediglich nach den Verhältnissen des Einzelfalls ist zu entscheiden, ob die sog. Ansichtspostkarten, die keinen weiteren Inhalt als eine bildliche Darstellung einer Gegend, einer Persönlichkeit oder eines Ereignisses enthalten, lediglich dem Verkehre im Sinne des § 6 II RPG. dienen. Derartige Ansichtspostkarten, die frei verkauft werden, sind oft auch Reklamekundgebungen. Man denke z. B. an die vielfach üblichen Postkarten mit den Ansichten von Filmgrößen. Es ist selbstverständlich, daß eine Postkarte mit z. B. der Abbildung von Emil Jannings oder Harry Liedtke für die Abgebildeten eine große Reklamewirkung hat.

Die Begründung der Ansicht, daß derartige Postkarten das Privileg des § 6 II RPG. deshalb genössen, weil sie nur den Zweck der Unterhaltung verfolgten und damit dem Zweck des geselligen Lebens dienten, hat das Reichsgericht[3]) mit folgender Begründung als irrig bezeichnet:

„Es erscheint rechtsirrtümlich, wenn der Unterhaltungszweck, dessen im § 6 II des Preßgesetzes mit ausdrücklichen Worten keine Erwähnung geschehen ist, mit den dort hervorgehobenen Zwecken des geselligen Lebens auf eine Linie gestellt und derartig identifiziert wird, daß der Unterhaltungszweck ohne weiteres auch als Zweck des geselligen Lebens angesehen wird.
Wäre die in dieser Hinsicht von dem ersten Richter vertretene Rechtsauffassung richtig, so würden unter die Ausnahmevorschrift des § 6 II Druckschriften, beispielsweise die gesamte Romanliteratur fallen, bezüglich deren der Gesetzgeber nicht angenommen haben kann, daß sie von der Ordnungsvorschrift des § 6, 1 ausgenommen sein sollen."

---

[1]) In Goltd. Arch. Bd. 51, 60. [2]) So KG. in DJZ. 1909, 382. [3]) RGSt. 36, 12ff.

„Diese . . . beruht auf dem Gedanken, daß gewisse einfache Druckschriften, wie deren im Gesetz selbst eine Anzahl beispielsweise sich aufgeführt findet, bei welchen mit Rücksicht auf ihren Inhalt und ihre äußere Gestalt die Gefahr eines Mißbrauchs der gesetzlich garantierten Preßfreiheit ausgeschlossen erscheint oder doch sehr fernliegt, von der Verpflichtung zur Angabe des Druckers und Verlegers befreit sein sollen, sofern sie ausschließlich einem der im § 6 II bezeichneten Zwecke zu dienen bestimmt sind.

Von Druckschriften, welche der Unterhaltung gewidmet sind, läßt sich dies nicht ohne weiteres sagen und ebensowenig von Postkarten mit darauf befindlichen bildlichen Darstellungen und Abbildungen, da diese erfahrungsgemäß die Gefahr eines Mißbrauchs der Preßfreiheit zu unsittlichen, unerlaubten und strafbaren Zwecken nahelegen."

Ob eine solche Ansichtspostkarte die Freiheit des § 6 II RPG. genießt oder nicht, ist von der Beurteilung der Frage abhängig, welchen Zwecken die Ansichtspostkarte zu dienen bestimmt ist. Hierfür führt das Reichsgericht[1]) folgendes aus:

„Bei Beurteilung der Frage, welchen Zwecken eine sog. Ansichtspostkarte zu dienen bestimmt ist, kommt es nicht darauf an, welche Motive und Zwecke denjenigen leiten, der eine solche Postkarte erwirbt und sie mit anderen austauscht. Entscheidend ist vielmehr der bei der Herstellung der Druckschrift verfolgte Zweck, und auch dieser darf nicht nach den subjektiven Erwägungen und Vorstellungen der mit dem Druck und der Herausgabe der Druckschrift befaßten Personen beurteilt, sondern muß nach objektiven äußeren, aus der Druckschrift selbst hervorgehenden Kriterien ihrer äußeren Erscheinung und Gestalt wie ihrem Inhalt bemessen werden, und der hieraus erkennbare Zweck muß außerdem ausschließlich einer derjenigen sein, von welchen im § 6 II des Preßgesetzes die Rede ist."

„Aus Ansichtspostkarten, welche außer einer bildlichen Darstellung keinen weiteren Inhalt haben, wird aber in der Regel, abgesehen vielleicht von besonderen Ausnahmefällen, nicht ohne weiteres erkennbar werden, welchen Zwecken sie von vornherein bei ihrer Herstellung und ihrem Vertrieb zu dienen bestimmt sind, dieser Zweck kann und wird in den meisten Fällen sehr verschiedenartig und vielseitig gestaltet sein und es wird sich deshalb bei den weitaus meisten Postkarten nicht mit Sicherheit von Anfang an objektiv bestimmen lassen, daß sie gerade einem der Zwecke, und zwar ausschließlich dienen sollen, welche § 6 II des Preßgesetzes besonders hervorhebt."

Nach dieser Stellungnahme der Rechtsprechung werden die bei der Herstellung und Verbreitung von solchen Ansichtspostkarten beteiligten Drucker, Verleger usw. gut tun, die nunmehr zu betrachtenden Beschränkungen des § 6 I RPG. einzuhalten.

$\beta\beta$) Alle nicht zum vorstehenden unter $\alpha\alpha$ erwähnten Reklamedruckschriften unterliegen, soweit sie nicht periodische Druckschriften sind, den preßpolizeilichen Vorschriften des § 6 I RPG. Nach diesen müssen auf der Druckschrift der Name und Wohnort des Druckers und, wenn die Druckschrift für den Buchhandel oder sonst zur Verbreitung bestimmt ist, auch der Name und Wohnort des Verlegers oder — beim Selbstvertriebe der Druckschrift — des Verfassers genannt sein[2]). Die Fassung des Gesetzes ist bezüglich der Worte „oder sonst zur Verbreitung bestimmt" nicht sehr genau. Wie bereits[3]) dargelegt ist, gehört zum Begriff der Druckschrift im Sinne des RPG. die Bestimmung, verbreitet zu werden. Eine nicht zur Verbreitung bestimmte Druckschrift ist keine solche im Sinne des RPG. Daraus folgt, daß alle nichtperiodischen Reklameschriften, soweit

---

[1]) a. a. O.

[2]) Die Unterlassung dieser Angabe hat Geldstrafen oder Haftstrafen zur Folge. Wissentlich falsche Angaben über Namen und Wohnort des Druckers oder Verlegers — evtl. Herausgebers oder Verfassers — werden mit Geldstrafen bis zu 10000 RM. oder Haft oder Gefängnis bis zu sechs Monaten bestraft (§ 18 RPG.).

[3]) Siehe oben S. 157.

sie überhaupt dem RPG. unterliegen und nicht das Privileg des § 6 II RPG. genießen, Drucker sowie eventuell Verleger oder Verfasser mit Namen und Wohnort oder mit der Firma angeben müssen.

$\gamma\gamma$) Weiteren preßpolizeilichen Einschränkungen unterliegen die in § 7 RPG.[1]) genannten periodischen Druckschriften.

Diese kommen als Kundgebung schriftlicher Reklame in zweifacher Hinsicht in Betracht.

1. Eines der verbreitetsten und geläufigsten Mittel schriftlicher Reklame ist das Inserat oder die Annonce. Inserat oder Annonce liegt vor, wenn in einer Druckschrift, vorzugsweise in einer periodisch erscheinenden Zeitschrift oder Zeitung eine Anzeige vom Verleger der Schrift aufgenommen wird, die auf das Reklameobjekt aufmerksam machen und dadurch Kunden werben soll. Dem Inserenten, d. h. demjenigen, in dessen Auftrag die Anzeige in die Druckschrift gelangt, liegt keine Verpflichtung ob, sich um die Befolgung der preßpolizeilichen Vorschriften des RPG. zu kümmern. Das Recht, durch Annoncen in Druckschriften irgendwelcher Art Reklame zu machen — das hier allein interessiert —, unterliegt also keinerlei preßpolizeilichen Beschränkungen. Der Inserent hat sich nur im Rahmen der allgemeinen Vorschriften oder der für ihn als Gewerbetreibenden geltenden Sondergesetze zu halten. Hiernach würde er verantwortlich sein, wenn er z. B. durch die in seinem Auftrage aufgenommenen Annoncen gegen die Bestimmungen des Wettbewerbsrechts oder gegen allgemeine öffentlich-rechtliche Vorschriften verstößt, so z. B. wenn er eine Anzeige unsittlichen, beleidigenden oder ähnlichen Inhalts veröffentlicht. In diesen Fällen würden allgemein verbotene Handlungen in Frage kommen, die auch dann verboten sind und bleiben, wenn sie durch die Presse begangen werden. Irgendwelche preßpolizeilichen Vorschriften hat der Inserent — dies sei nochmals betont — nicht zu beachten. Sie zu beachten ist vielmehr allein Aufgabe der Personen, die die Schrift drucken, verlegen oder herausgeben.

2. Anders ist es, wenn der Gewerbetreibende selbst eine Reklamezeitschrift[2]) herausgibt. Diese Art der Kundenwerbung ist vielfach in Gebrauch. So gibt beispielsweise der Preußische Beamtenverein zu Hannover ein periodisch erscheinendes Mitteilungsblatt heraus, das er „Neue Zeitschrift für Lebensversicherung" nennt und an Personen, die er auf diese Weise zu Mitgliedern werben will, kostenlos versendet. Ähnliches geschieht in anderen Gewerbezweigen, so sei als Beispiel die Blaubandmargarinezeitschrift angeführt. Wer Reklame dieser Art treibt, wird die preßpolizeilichen Vorschriften des Preßgesetzes genau zu beachten haben.

Derartige Reklamedruckschriften müssen, wenn sie ihrem Gesamtcharakter[3]) nach periodisch in mindestens monatlichen oder kürzeren — auch unregelmäßigen — Fristen erscheinen, außer dem Namen und Wohnort des Druckers und Verlegers auf jeder Nummer

---

[1]) Über den Wortlaut des § 7 RPG. vgl. S. 160.

[2]) Werden solche „Reklamezeitschriften" auch mitunter „Reklamezeitungen" genannt, so ist eine derartige Bezeichnung doch nicht richtig; denn das Kriterium, ob eine Zeitung oder Zeitschrift vorliegt, ist darin zu erblicken, ob die Druckschrift ein fortlaufendes Bild der Zeit — wenn auch nur auf Sondergebieten — gibt, was bei den zu Reklamezwecken erscheinenden Blättern wohl nie vorliegen wird.

[3]) Dies liegt nicht vor, wenn von vornherein die Druckschrift als inhaltlich begrenztes — zwar in Lieferung erscheinendes — Ganzes anzusehen ist.

jedem Stück, jedem Heft den Namen[1]) und Wohnort[2]) des „verantwortlichen Redakteurs" enthalten[3]). An welcher Stelle diese Angaben erfolgen, ist unerheblich, sie müssen nur mühelos erkennbar sein.

Die Vorschrift, daß der verantwortliche Redakteur genannt werden muß, hat einmal den Zweck, die Verfolgung strafbarer, durch die Presse begangener Handlungen zu erleichtern. Der verantwortliche Redakteur hat nämlich für den Inhalt der Druckschriften nach § 21 RPG. in erster Linie strafrechtlich einzustehen, wie noch[4]) behandelt werden wird. Ferner soll auf diese Weise der Begehung strafbarer Handlungen durch die Presse entgegengearbeitet und diese zu einem den Gesetzen entsprechenden Verhalten erzogen werden.

Aus diesen Gründen stellt das Gesetz an den verantwortlichen Redakteur gewisse Mindestanforderungen. Nur wer verfügungsfähig, d. h. voll geschäftsfähig, ferner, nur wer im Besitz der bürgerlichen Ehrenrechte ist und im Deutschen Reich seinen Wohnsitz oder gewöhnlichen Aufenthaltsort hat, kann verantwortlicher Redakteur sein[5]).

Verantwortlicher Redakteur ist, wer derart von dem Berechtigten[6]) mit der Leitung des Blattes betraut ist, daß er über den Inhalt desselben allein nach eigener Entschließung zu bestimmen hat[7]). Es ist demnach nicht angängig, den Namen einer mit der Leitung des Blattes tatsächlich nicht betrauten Person als „verantwortlichen Redakteur" aufzuführen, etwa um den wirklichen Leiter des Blattes vor strafrechtlicher Verfolgung zu schützen (sog. „Sitzredakteure"). Verantwortlich bleibt der Leiter des Blattes, und sein Name muß genannt werden.

Der Herausgeber der Reklamezeitschrift muß ferner von jeder Nummer, sobald die Verbreitung der Schrift beginnt, unentgeltlich ein Exemplar an die Ortspolizeibehörde des Ausgabeortes gegen Quittung abliefern[8]). Hierzu ist er jedoch nur verpflichtet, falls die Druckschrift nicht ausschließlich den Zwecken seines Gewerbes dient. Eine Reklamezeitschrift oder Zeitung, die unterhaltendes, politisches, religiöses Beiwerk enthält, unterliegt also der Ablieferungspflicht. Enthält die Zeitschrift oder Zeitung lediglich Reklame für den Herausgeber oder Verleger derselben, so ist das Pflichtexemplar nicht abzuliefern.

Werden in einer periodischen Druckschrift, die der Reklame von gewerblichen Leistungen des Herausgebers dient, auch Anzeigen dritter Personen aufgenommen, so ist

---

[1]) D. h. den bürgerlichen Namen, kein Pseudonym RGSt. 27, 246. Vorname nicht nötig.

[2]) D. h. seine häusliche Niederlassung derart, daß er sofort ermittelt werden kann (RGSt. 28, 399; 39, 105).

[3]) Die Unterlassung dieser Angaben hat Geldstrafen oder Haftstrafen zur Folge (§ 19 RPG.). Wer wissentlich falsche Angaben über Namen und Wohnort des Druckers, Verlegers, Herausgebers oder verantwortlichen Redakteurs einer Druckschrift macht oder wer als Verleger einer periodischen Druckschrift die Benennung einer falschen Person als Redakteur wissentlich geschehen läßt, wird mit Geldstrafen bis zu 10000 RM. oder mit Haft oder mit Gefängnis bis zu sechs Monaten bestraft (§ 18 RPG.).

[4]) Siehe S. 169. [5]) § 8 RPG.

[6]) Regelmäßig der Verleger oder Unternehmer (RGSt. 36, 215). Mitunter auch der Chefredakteur zur Bestellung von Vertretern.

[7]) Nur die redigierende Tätigkeit entscheidet über die Stellung als verantwortlicher Redakteur, so daß ein besonderer Beruf als verantwortlicher Redakteur nicht erforderlich ist, auch der Verleger oder Drucker können es also sein, wenn sie zu der Tätigkeit bestellt sind.

[8]) § 9 RPG.

der verantwortliche Redakteur verpflichtet, ihm mitgeteilte amtliche Bekanntmachungen öffentlicher Behörden auf deren Verlangen gegen übliches Entgelt in einer der beiden nächsten Nummern des Blattes aufzunehmen[1]).

Schließlich unterliegen auch die hier erörterten Reklamezeitschriften dem im § 11 RPG. aufgestellten Berichtigungszwang[2]).

β) Die preßstrafrechtlichen Beschränkungen der Reklamekundgebungen sind in den §§ 20ff. RPG. enthalten.

Diese Vorschriften beschränken die mit Hilfe der Presse kundgegebene schriftliche Reklame dadurch, daß sie die bei der Herstellung der Presseerzeugnisse beteiligten Personen strafrechtlich verantwortlich machen.

αα) Die Vorschriften der §§ 20, 21 RPG. setzen zur Bestrafung der an der Herstellung des Preßerzeugnisses beteiligten Personen voraus, daß ein sog. Preßvergehen vorliegt. Das Preßvergehen ist nicht etwa ein besonderes strafrechtliches Delikt mit einem Sondertatbestand, wie die erwähnten Preßpolizeivorschriften. Es ist vielmehr nur eine einzelne Begehungsform von Tatbeständen, die in anderweitigen Strafrechtsvorschriften normiert sind.

Der Begriff des Preßvergehens ist in Wissenschaft und Praxis sehr umstritten. Es liegt nicht im Rahmen der vorliegenden Ausführungen, diesen schwierigen Begriff zu klären. Hier reicht es aus, festzustellen, daß die Annahme des Vorliegens eines Preßvergehens zwei Voraussetzungen hat:

1. Die nach den sonstigen Vorschriften des Strafrechts strafbare Handlung muß vollständig durch die Verbreitung der Druckschrift begangen sein, d. h. die verbreitete Druckschrift muß sämtliche Tatbestandsmerkmale der strafbaren Handlung erkennbar durch ihren Inhalt verkörpern.
2. Die Straftat muß in der Einwirkung, die von dem Inhalt der Druckschrift ausgeht, liegen, d. h. die Tat muß vermöge der geistigen Wirkungskraft des Inhalts der Druckschrift begangen sein.

Dieser Begriff des Preßvergehens ergibt für die durch die Reklamekundgebungen begehbaren strafbaren Tatbestände, daß manche von ihnen überhaupt nicht den Tatbestand eines Preßvergehens bilden können, daß dies dagegen bei anderen sehr wohl möglich ist.

1. Zu den Reklamekundgebungen, die nicht als Preßvergehen begehbar sind, gehören: die strafbaren Verletzungen[3]) des Urheberrechts[4]), die Vergehen[5]) gegen §§ 14ff.

---

[1]) § 10 RPG.

[2]) § 11 RPG. lautet: „Der verantwortliche Redakteur einer periodischen Druckschrift ist verpflichtet, eine Berichtigung der in letzterer mitgeteilten Tatsachen auf Verlangen einer beteiligten öffentlichen Behörde oder Privatperson ohne Einschaltungen oder Weglassungen aufzunehmen, sofern die Berichtigung von dem Einsender unterzeichnet ist, keinen strafbaren Inhalt hat und sich auf tatsächliche Angaben beschränkt.

Der Abdruck muß in der nach Empfang der Einsendung nächstfolgenden, für den Druck nicht bereits abgeschlossenen Nummer, und zwar in demselben Teile der Druckschrift und mit derselben Schrift wie der Abdruck des zu berichtigenden Artikels geschehen.

Die Aufnahme erfolgt kostenfrei, soweit nicht die Entgegnung den Raum der zu berichtigenden Mitteilung überschreitet; für die über dieses Maß hinausgehenden Zeilen sind die üblichen Einrückungsgebühren zu entrichten."

[3]) Siehe S. 296. [4]) RGSt. 20, 181, 420; 48, 330; RG. in Goltd. Arch. 38, 436.

[5]) Siehe S. 270ff.

Warenzeichengesetz[1]) sowie die als Übertretung strafbare[2]) Nachahmung von Papiergeld (§ 360 Ziff. 6 StGB.). Hier ist die geistige Wirkungskraft des Inhalts der Druckschrift nicht das Begehungsmittel der Straftat; hier wird vielmehr die strafbare Handlung dadurch begangen, daß ein an sich nicht strafbarer Inhalt durch einen Nichtberechtigten verbreitet wird. Ferner kann das Vergehen[3]) der staatlich nicht genehmigten Ausspielung[4]) (§ 286 StGB.) nicht als Preßdelikt begangen werden, da hier die Verbreitung einen Anfang der Straftat darstellt, neben ihr aber noch andere Handlungen des Täters oder Teilnehmers notwendig sind.

2. Dagegen sind folgende Reklamekundgebungen als Preßvergehen begehbar:

a) Alle Reklamekundgebungen, die deshalb strafbar sind, weil sie eine inhaltlich verbotene Ankündigung oder Anpreisung enthalten, sind stets Preßvergehen, wenn die verbotene Ankündigung oder Anpreisung durch die Presse erfolgt; denn die durch die Presse erfolgende Reklamekundgebung ist[5]) schon die strafbare Ankündigung oder Anpreisung. Deshalb bildet die nach § 184 Ziff. 3 StGB.[6]) strafbare Reklame für Gegenstände, die zu unzüchtigem Gebrauch bestimmt sind, oder die Reklame von Schriften[7]) mit dem Vermerk, daß über die Schriften ein Verfahren auf Aufnahme in die Schund- und Schmutzliste anhängig sei oder gewesen sei (§ 4 Schund- und Schmutzgesetz), sowie die durch eine Reklame erfolgende Ankündigung gewisser Heilmittel[8]), die durch Polizeiverordnung verboten ist, stets den Tatbestand eines Preßvergehens, wenn die Reklamekundgebung durch die Presse erfolgt.

b) Die nach § 184 Ziff. 1 StGB. strafbare Reklame durch Verbreitung[9]) unzüchtiger Schriften bildet dann den Tatbestand eines Preßvergehens, wenn die Unzüchtigkeit sich aus dem Inhalt ohne weiteres ergibt[10]). Dagegen wird ein Preßvergehen durch die unter § 184 Ziff. 1 StGB. strafbare Reklame nicht begangen, wenn die Unzüchtigkeit aus dem an sich harmlosen Inhalt der Reklamekundgebung ohne Hinzukommen besonderer Umstände nicht zu entnehmen ist, z. B. wenn der Inhalt der Reklamekundgebung nur für besonders Eingeweihte einen unzüchtigen Inhalt hat.

c) Ebenso ist die Frage zu beurteilen, ob eine Reklamekundgebung beleidigenden[11]) Inhalts, die durch die Presse geschieht, den Tatbestand eines Preßvergehens bilden kann. Die beleidigende Reklamekundgebung ist dann als Preßvergehen strafbar, wenn die Beleidigung aus dem Inhalt der Reklamekundgebung in der Druckschrift selbst objektiv erkennbar ist.

d) Ebenso liegt es bei den durch die Presse begangenen, gegen die §§ 45, 46, 88, 90, 94 BörsGes.[12]) verstoßenden Reklamekundgebungen. Diese bilden dann den Tatbestand eines Preßvergehens, wenn die Reklamekundgebung in dem Preßerzeugnis die Tatbestände der genannten Gesetzesvorschriften derart enthält,

---

1) RGSt. 40, 270; ObLGSt. 8, 262. 2) Siehe S. 88.
3) RGSt. 35, 44; RG. in Goltd. Arch. 50, 128; vgl. aber auch RGSt. 25, 256.
4) Siehe S. 57 ff. 5) So RGSt. 40, 358.
6) Siehe oben S. 31 ff. 7) Siehe oben S. 35 ff.
8) Siehe oben S. 114 ff. 9) Siehe oben S. 30 ff.
10) RG. in Goltd. Arch. 56, 322. 11) Siehe oben S. 36 ff.
12) Siehe oben S. 55 ff., vgl. RGSt. 49, 358.

daß die Strafbarkeit ihres Inhalts aus dem Inhalt der Reklamekundgebung objektiv erkennbar hervorgeht.

e) Alle Reklamekundgebungen, die eine besondere Eigenschaft des Adressaten der Reklamekundgebung erfordern, z. B. Jugendlichkeit, bilden dann den Tatbestand eines Preßvergehens, wenn sie durch die Presse erfolgen und der Inhalt der Reklamekundgebung objektiv erkennbar enthält, daß er sich auch an Leser, die diese besondere Eigenschaft besitzen, wendet. Hiernach ist zu beurteilen, inwieweit die im Wege der Presse erfolgende, an Jugendliche unter 16 Jahren gerichtete Reklamekundgebung für unzüchtig oder das Schamgefühl gröblich verletzende Schriften (§§ 184 Nr. 2[1]), 184a[2]) StGB.) ein Preßvergehen darstellt.

f) Alle Reklamekundgebungen, die strafbar sind, wenn eine besondere Absicht oder ein besonderes Wissen des Täters vorliegt, sind, falls sie durch die Presse erfolgen, dann ein Preßvergehen, wenn der in dem Preßerzeugnis zum Ausdruck kommende Inhalt der Reklamekundgebung das Vorliegen der besonderen Absicht oder des besonderen Wissens objektiv erkennbar enthält. Dies dürfte nicht allzu häufig der Fall sein.

Hiernach ist zu beurteilen, ob ein durch eine Reklamekundgebung mit Hilfe der Presse begangener Betrug (§ 263 StGB.)[3]), eine durch sie begangene betrügerische Kursbeeinflussung[4]) (§ 88 I und II BörsGes.), ein wissentlich falscher Aktienprospekt[5]) (§ 313 Ziff. 2 HGB.), gewisse durch sie begangene Verstöße gegen das UWG. (§ 4), eine durch sie begangene Verleumdung[6]) oder Kreditgefährdung (§§ 187, 189 StGB.; § 15 UWG.) usw. ein Preßvergehen darstellen.

g) Auch die nach § 56 Ziff. 12 RGO. verbotene[7]) Reklamekundgebung im sog. fliegenden Buchhandel für Druckschriften, die einen religiös oder sittlich anstößigen Inhalt haben oder mittels Zusicherung von Prämien oder Gewinnen erfolgen, können den Tatbestand eines Preßdeliktes bilden. Dies ist der Fall, wenn aus dem Inhalt der Druckschrift die Bestimmung zu dieser Art der Verbreitung hervorgeht.

h) Daß schließlich der nach § 360 Ziff. 11 StGB. strafbare grobe Unfug durch die Presse begangen werden kann, ist oben[8]) erörtert worden. Dies ist dann der Fall, wenn der Inhalt der Druckschrift den äußeren Tatbestand der öffentlichen Ordnung unmittelbar verletzt.

$\beta\beta$) Soweit nach diesen Ausführungen eine Reklamekundgebung ein Preßvergehen enthält, bestimmt sich die strafrechtliche Verantwortlichkeit für dieses Preßdelikt nach den allgemeinen Grundsätzen, soweit nicht das RPG. und einzelne Sondervorschriften in anderen Gesetzen besondere Ausnahmen enthalten.

$\alpha\alpha\alpha$) Da sich die Verantwortlichkeit nach den allgemeinen Grundsätzen, die natürlich im Rahmen des vorliegenden Buches nicht dargestellt werden können, richtet, bestimmt sich nach ihnen die Abgrenzung von Vorbereitungshandlung, Versuch und Vollendung des durch die strafbare Reklamekundgebung begangenen Preßvergehens. Hiernach ist das Preßvergehen, wenn die Verbreitung der es enthaltenden strafbaren Reklamekundgebung bestraft wird — so bei der nach § 184 Ziff. 1 StGB. strafbaren unzüchtigen

---

1) Vgl. oben S. 35. 2) Vgl. oben S. 35. 3) Siehe oben S. 48ff.
4) Siehe oben S. 56. 5) Siehe oben S. 54. 6) Siehe oben S. 46ff.
7) Siehe oben S. 147ff. 8) Siehe oben S. 86.

Reklame —, bereits mit der ersten Verbreitungshandlung vollendet. Ist aber die Vollendung der Strafbarkeit einer mißbräuchlichen Reklamekundgebung erst mit der Kenntnisnahme durch Dritte vollendet — so bei einer Reklamekundgebung beleidigenden Inhalts —, dann ist das mit ihr begangene Preßvergehen auch erst mit dessen Kenntnisnahme vollendet.

Ebenso richtet sich für das Preßdelikt die Frage der Mittäterschaft und Teilnahme nach den allgemeinen Grundsätzen des Strafrechts. Hierüber kann hier nur so viel gesagt werden, daß im allgemeinen bei Preßvergehen eine Mittäterschaft nur anzunehmen ist zwischen dem Einsender oder Verfasser der strafbaren Reklamekundgebung und dem Redakteur oder Herausgeber, der die Reklamekundgebung in Kenntnis ihres Inhalts zur Veröffentlichung bestimmt, oder der als verantwortlicher Redakteur ihre Veröffentlichung geschehen läßt. Dagegen werden nach den allgemeinen Grundsätzen die Drucker, Setzer, Korrektoren, Kolporteure, Verbreiter und Verlagsangestellten wegen der ihnen obliegenden nur rein technischen Tätigkeit kaum als Mittäter oder Gehilfen in Frage kommen.

Von den allgemeinen Grundsätzen des Strafrechts werden für die Preßvergehen sehr einschneidende Ausnahmen durch das RPG. und einzelne Sondergesetze geschaffen.

Das RPG. stellt für die strafrechtliche Verantwortlichkeit vier von den allgemeinen Grundsätzen abweichende Bestimmungen auf.

a) § 22 RPG. schafft für die Preßvergehen die kurze sechsmonatige Verjährung.

b) §§ 23 ff. RPG. stellen für die Beschlagnahme von Preßerzeugnissen Sonderregeln auf, die oben[1]) bereits erörtert sind.

c) § 20 II RPG. unterwirft die strafrechtliche Verantwortlichkeit des verantwortlichen Redakteurs einer sehr einschneidenden Sonderregelung. Nach dieser Gesetzesvorschrift ist der verantwortliche Redakteur[2]) einer periodischen Zeitschrift wegen der durch die periodische Zeitschrift begangenen Preßvergehen als Täter zu bestrafen, wenn nicht durch besondere Umstände die Annahme seiner Täterschaft ausgeschlossen wird.

§ 20 II RPG. stellt also für die strafrechtliche Verantwortlichkeit des verantwortlichen Redakteurs einer periodischen Zeitschrift eine Vermutung auf, begründet aber damit nicht etwa erst die strafrechtliche Verantwortlichkeit. Die in § 20 II RPG. aufgestellte Vermutung[3]) geht dahin, daß der verantwortliche Redakteur die fraglichen Veröffentlichungen auf ihre Strafbarkeit geprüft und in Kenntnis ihrer Strafbarkeit hat erscheinen lassen. Jedoch wird dem verantwortlichen Redakteur hierdurch nicht etwa eine Entlastungsbeweispflicht auferlegt, sondern der Strafrichter hat — wie überall — auch hier die Pflicht, die Wahrheit zu ergründen. Die Vermutung hat aber die Wirkung, daß der Richter die Täterschaft des verantwortlichen Redakteurs so lange annehmen muß, als er nicht die volle Überzeugung erlangt hat, daß in dem seiner Beurteilung unterliegenden Einzelfall die Annahme der Täterschaft durch besondere Umstände ausgeschlossen ist. Solche besonderen Umstände sind alle im konkreten Falle vorliegenden Verhältnisse, auf Grund deren der Richter die Überzeugung erlangt, daß der verantwortliche Redakteur die Veröffentlichung nicht in Kenntnis ihres strafrechtlichen Inhalts oder nicht im Verständnis desselben oder nicht vorsätzlich oder nicht mit Täter-

[1]) S. 156. [2]) Über ihn vgl. oben S. 165. [3]) RGSt. 27, 338; 31, 213.

vorsatz[1]) vorgenommen hat. Nicht erforderlich ist, daß die Umstände außergewöhnlich oder vom verantwortlichen Redakteur nicht verschuldet sind.

In der Praxis sind z. B. als solche strafausschließenden Umstände nicht angesehen worden: die Benennung oder Bestrafung eines anderen Mittäters[2]); Vorbehalte des Redakteurs, wie z. B. Fragezeichen[3]) oder die Bemerkung, daß die Verantwortung abgelehnt werde[4]).

Dagegen hat die Praxis strafausschließende Umstände angenommen: wenn die Veröffentlichung geschah ohne Wissen[5]) des Redakteurs, wenn sie zwar mit seinem Wissen, aber ohne Kenntnis des Inhalts (z. B. nachträgliche Textänderung) oder gegen seinen Willen[6]) geschah usw.

d) § 21 RPG. hat für die verantwortlichen Redakteure, Verleger, Drucker und Verbreiter noch eine besondere, nur dem Preßgewerbe eigentümliche und eigenartig geregelte strafrechtliche Verantwortlichkeit für Fahrlässigkeit aufgestellt, falls durch eine Druckschrift im Sinne des RPG. ein Preßvergehen, bei dessen Herstellung und Verbreitung sie mitwirkten, begangen ist.

Nach der herrschenden[7]) Ansicht wird in § 21 RPG. die Nichtbeachtung der mit dem Preßgewerbe verbundenen besonderen Pflichten bestraft. Es werden diejenigen bestraft, die es fahrlässigerweise verursacht oder nicht gehindert haben, daß eine Druckschrift strafbaren Inhalts hergestellt oder verbreitet wird. Was als fahrlässige Verletzung der besonderen Pflichten des Preßgewerbes anzusehen ist, kann nur nach den Umständen des Einzelfalls entschieden werden. Es „ist die Art und Organisation des Betriebes, die Art, der Bildungsgrad und die Tätigkeit des Täters, die Art der Druckschrift, die Persönlichkeit des Einsenders, Verfassers sowie die Tendenz der Druckschrift" zu berücksichtigen[8]). Bezüglich des Vorliegens der Fahrlässigkeit des Täters — also auch evtl. des verantwortlichen Redakteurs einer periodischen Zeitschrift — besteht im Rahmen des § 21 keinerlei Vermutung.

§ 21 RPG. ist aber nur eine Hilfsvorschrift. Er setzt voraus, daß durch die Druckschrift, deren Herstellung durch ihn unter Strafe gestellt wird, ein Preßvergehen begangen ist. Nur wenn also eine strafbare Reklamekundgebung nach den obigen Ausführungen den Tatbestand eines Preßvergehens erfüllt, kann sie auch eine Bestrafung des Druckers, Setzers, Verlegers usw. nach § 21 RPG. nach sich ziehen. Ferner aber setzt § 21 RPG. voraus, daß die nach ihm zu bestrafenden Täter nicht schon nach den allgemeinen Grundsätzen (§ 20 RPG.) als Täter oder Teilnehmer eines Preßvergehens zu bestrafen sind.

Wegen fahrlässiger Pflichtverletzung sind nach § 21 RPG. zu bestrafen — hier ist die Reihenfolge der Aufzählung wichtig —:

1. der verantwortliche Redakteur (bei periodischen Druckschriften),
2. der Verleger,

---

[1]) Hat der verantwortliche Redakteur die Veröffentlichung mit Eventualdolus, d. h. auch auf die Gefahr hin, daß die Veröffentlichung ihm im wesentlichen bekannte Straftatbestandsmerkmale enthalte, vorgenommen, so ist er strafbar (RGSt. 39, 87).

[2]) RGSt. 24, 270. [3]) RG. in Goltd. Arch. 41, 269.

[4]) RG. in Recht 10, Nr. 1388. [5]) RGSt. 35, 315.

[6]) Vgl. RG. in Goltd. Arch. 60, 306; RGSt. 26, 45; 27, 338; 35, 315.

[7]) RGSt. 26, 45; 29, 143; 38, 379. [8]) Nach Häntzschel, S. 181.

3. der Drucker,
4. der gewerbsmäßige oder öffentliche Vertreiber.

§ 21 II RPG. schafft schließlich noch einen ganz eigenartigen Strafbefreiungsgrund[1]) für die nach § 21 I RPG. wegen der fahrlässigen Berufspflichtverletzung in Anspruch genommenen Personen. Nach dieser Gesetzesvorschrift kann sich nämlich jeder strafrechtlich Verfolgte durch einen bis zur Verkündung des Urteils erster Instanz geführten Nachweis des Vormannes von Strafe befreien. Ein Nachweis des Vormannes liegt dann vor, wenn der Verfolgte entweder den Verfasser oder Einsender der Veröffentlichung oder einen der ihm nach der im vorigen Absatz aufgestellten Reihenfolge vorangehenden Beteiligten dem Richter derart benennt, daß dieser über die Persönlichkeit und die Art des Beteiligten eine hinreichende Kenntnis erlangt. Dem Nachweisenden liegt aber keineswegs eine Beweispflicht ob, er braucht seine Angaben über Person und Beteiligung des Vormannes nur glaubhaft darzustellen[2]). Es brauchen also bei dem Nachweis nicht derartige Beweismittel angegeben zu werden, die den Vormann überführen.

$\beta\beta\beta$) Neben dem RPG. enthalten noch folgende Gesetzesbestimmungen Sonderregeln über das Preßstrafrecht.

a) § 6 EGGVG. Wo vor Inkrafttreten[3]) des Gerichtsverfassungsgesetzes die Schwurgerichte für Preßstrafsachen zuständig waren, bleiben sie es auch nach dessen Inkrafttreten.
b) § 7 II StPO. hebt den sog. „fliegenden Gerichtsstand" der Presse auf. Preßvergehen werden nach ihm nur bei demjenigen örtlichen Gericht verfolgt, in dessen Bezirk die Druckschrift erschienen ist. Eine Ausnahme hiervon bilden nur die durch Beleidigung begangenen Preßvergehen. Diese können, wenn sie im Privatklagewege verfolgt werden, von dem Gericht des Wohnsitzes oder gewöhnlichen Aufenthaltsortes des Beleidigten abgeurteilt werden, sofern die Druckschrift im Bezirk des Gerichts verbreitet wurde.
c) Nach § 53 III StPO. haben die Redakteure, Verleger und Drucker im Strafverfahren ein gewisses Zeugnisverweigerungsrecht betreffs der Angaben über die Person des Verfassers oder Einsenders von Veröffentlichungen.

γ) Die **Plakate** unterliegen besonderen gesetzlichen Regelungen.

$\alpha\alpha$) Eine Sonderbestimmung über die Plakate enthält § 30 II RPG.

Nach ihm wird das Recht der Landesgesetzgebung, Vorschriften über das öffentliche Anschlagen, Anheften, Ausstellen, sowie die öffentliche, unentgeltliche Verteilung von Bekanntmachungen, Plakaten und Aufrufen zu erlassen, durch das RPG. nicht berührt.

Von Thoma[4]) wird die Ansicht vertreten, daß § 30 II RPG. durch § 118 RV. aufgehoben sei, da die landesrechtlichen Vorschriften über Plakate und Flugschriften keine allgemeinen Gesetze nach § 118 RV. seien. Die Rechtsprechung und die überwiegende Anzahl der Schriftsteller[5]) hat sich auf den entgegengesetzten Standpunkt

---

[1]) Es erfolgt also Freispruch, nicht Einstellung des Verfahrens (RGSt. 39, 408).
[2]) RGSt. 21, 394. [3]) 1. X. 1879.
[4]) Verwaltungsrechtliche Abhandlungen, herausgegeben von Triepel, 1925, S. 183ff.
[5]) Vgl. Anschütz, Art. 118 RV., Anm. 2 und die dort angeführten Entscheidungen.

gestellt. Demnach sind die auf Grund des § 30 II RPG. zugelassenen Landesgesetze in Kraft geblieben.

Durch den Vorbehalt des § 30 II RPG. wird die grundsätzliche Geltung des RPG. nicht ausgeschlossen. Soweit die Länder von ihrem Recht, in der vorbezeichneten Materie Gesetze zu erlassen, keinen Gebrauch gemacht haben oder machen, gilt auch für die Plakate usw., soweit sie Druckschriften im Sinne des RPG. sind, das RPG. in vollem Umfange. Der Vorbehalt ist auch nur für besondere Landesgesetze in der Materie geschaffen. Fehlt es an solchen, so finden nicht etwa die allgemeinen landesgesetzlichen Regeln, sondern das RPG. Anwendung[1]).

Der Vorbehalt, der hier der Landesgesetzgebung gemacht wird, betrifft nur einzelne Arten von Druckschriften und nur einzelne Verbreitungsarten dieser Druckschriften. Die landesrechtlichen Vorschriften dürfen diesen ihnen gesteckten Rahmen nicht überschreiten. Sie dürfen also insonderheit niemals Bestimmungen schaffen, die sich auf den Inhalt der bezeichneten Druckschriften beziehen. Der Inhalt der Plakate usw. ist restlos durch die Preßfreiheit des RPG. geschützt. Ferner darf das Landesrecht sich nur auf das Anschlagen, Anheften, Auslegen, Ausstellen und unentgeltliche Verteilen beziehen. Auf andere die Druckschriften betreffende Handlungen dürfen sich die landesrechtlichen Vorschriften nicht erstrecken[2]).

Der Vorbehalt, der hier im RPG. dem Landesrecht gemacht wird, erstreckt sich auch nur so weit, als nicht ein anderes Reichsgesetz eingreift. So kann z. B. die Landesgesetzgebung nicht vorschreiben, daß der nach § 43 RGO. erforderliche[3]) Legitimationsschein nicht notwendig sei oder daß die Ladeninhaber den § 15a[4]) RGO. nicht zu beachten hätten.

§ 30 II RPG. bezieht sich nur auf diejenigen Plakate usw., die Druckschriften im Sinne des RPG. sind. Dafür, daß die Landesgesetzgebung Plakate usw., die keine Druckschriften im Sinne des RPG. sind, selbständig regeln darf, bedurfte es keines Vorbehaltes im RPG. Hier ist das Landesrecht ohne weiteres zur selbständigen Regelung befugt.

ααα) Die einzelnen Arten der Druckschriften, auf die sich § 30 II RPG. bezieht, sind Plakate, Bekanntmachungen und Aufrufe.

αααα) Ein Plakat im Sinne des § 30 II RPG. ist jede Druckschrift — also jede durch mechanische oder chemische Hilfsmittel vervielfältigte Schrift[5]) —, die zur Verbreitung durch öffentliches Anschlagen, Ausstellen, Anheften oder Auslegen bestimmt ist. Ferner gehört hierher aber auch jede Druckschrift, die, ohne zu einer solchen Verbreitungsart bestimmt zu sein, tatsächlich zu einer solchen verwendet wird[6]). So können z. B. also Zeitungen und Zeitschriften, die an sich keine Plakate sind[7]), Plakate sein[8]), wenn die verwendeten Stücke dieser Zeitungen plakatmäßig verbreitet werden. Der Inhalt des Plakats ist unerheblich[9]). Auch die äußere Form der Druckschrift ist unerheblich. Plakate sind nicht nur solche Druckschriften, die nur aus Glas, Papier, Pappe, Emaille, Blech usw. bestehen. Auch Ladenschilder, wenn sie durch mechanische oder chemische

[1]) RGSt. 16, 409.

[2]) Deshalb war die BayrVO. vom 12. XII. 1925 zum Teil ungültig, da sie auch das entgeltliche Verteilen von Aufrufen beschränkte. Dieser Mangel ist durch VO. vom 28. X. 1926 behoben worden.

[3]) S. 144. [4]) S. 16. [5]) S. 152. [6]) KG. in DJZ. Jahrg. 6, 238; 15, 1469.

[7]) ObLG. in Bayr. Verw. Bl. 1926, 412. [8]) KGJ. 5, 286. [9]) OVG. 5, 413.

Vervielfältigung hervorgebracht sind, können als Plakate angesehen werden[1]). Für Inhaberschilder an Läden ist aber zu beachten, daß ihre Anbringung nach § 15a RGO. reichsrechtlich vorgeschrieben ist, so daß bei ihnen kein Raum für eine landesrechtliche Regelung gegeben ist[2]).

Da der Plakatbegriff des RPG. stets eine Druckschrift, d. h. eine auf mechanischem oder chemischem Wege hervorgebrachte Vervielfältigung, voraussetzt, ist der Plakatbegriff im Sinne des RPG. enger als es dem gewöhnlichen Sprachgebrauch entspricht. Der gemeine Verkehr versteht unter Plakaten alle Gedankenverkörperungen durch Bild- oder Schriftzeichen, die durch Anschlagen, Ausstellen, Auslegen oder Anheften verbreitet werden sollen, unabhängig davon, ob es sich um Druckschriften oder andere Schriften handelt. In diesem weiteren Sinne kann man demnach von geschriebenen, gemalten, gestickten Plakaten reden. Auch die Lichtreklamen, die in elektrischem Lichte durch an Gerüsten angebrachte Glühbirnen Schrift- oder Bildzeichen erscheinen lassen, ferner Lichtbilder, die durch Bestrahlung von Hauswänden und Straßenpflaster sichtbar gemacht werden, und Transparente gehören diesem weiteren Plakatbegriff an. Die Plakate, die nicht Druckschriften sind, genießen die Preßfreiheit nicht. Die Darstellung dieser Plakate im Sinne des allgemeinen Sprachgebrauchs gehört an sich nicht hierher. Des Zusammenhanges wegen werden sie in der Hauptsache aber hier gleich mitbehandelt. Auf sie wird auch noch weiter unten[3]) hinzuweisen sein.

ββββ) B e k a n n t m a c h u n g e n sind Druckschriften, die dem Publikum Tatsachen mitteilen sollen. A u f r u f e sind Druckschriften, die eine Aufforderung zum Handeln enthalten. In beiden Formen sind Reklamekundgebungen möglich und häufig. Ob Reklamezettel auch unter den Begriff des Aufrufes und der Bekanntmachung nach § 30 II RPG. fallen können, ist in der Literatur nicht unstreitig. So hält Häntzschel[4]) diese Vorschrift überhaupt nur auf solche Druckschriften für anwendbar, die sich auf die Erörterung politischer, sozialer, religiöser, kultureller und allgemeiner Tagesfragen beschränken. Bei rein gewerblichen Anzeigen wäre nach dieser Ansicht § 30 II RPG. nie anwendbar. Aus Wortlaut und Sinn des Gesetzes ist eine derartige Einschränkung nicht zu entnehmen, ebensowenig aus den von Häntzschel angezogenen Entscheidungen[5]), die zu dem Problem nicht direkt Stellung nehmen.

βββ) Dem Landesrecht ist es überlassen, das Anschlagen, Anheften, Auslegen, Ausstellen und unentgeltliche Verteilen selbständig zu regeln.

αααα) A n s c h l a g e n u n d A n h e f t e n. Beide Worte sind gleichbedeutend und bezeichnen das Anbringen der Druckschrift an festen Gegenständen, wie Wänden, Tafeln, Säulen u. dgl.

ββββ) A u s l e g e n ist das Sichtbarmachen der Druckschrift durch Niederlegen an einem Orte, der den Augen des Publikums zugänglich ist. Wird an einem derartigen Platze eine Druckschrift in Form einer Tafel oder eines festen Schildes aufgestellt, so spricht man von Ausstellen. Zum Ausstellen oder Auslegen von Reklameplakaten benutzt man Schaufenster, Eingangstüren, Hauswände, Anschlagsäulen, Geschäftswagen und auch Menschen[6]).

---

1) So Sächs. OVG. bei Reger 31, 76. 2) PrOVG. in Goltd. Arch. 60, 127.
3) S. 199. 4) a. a. O. S. 250.
5) DJZ. Bd. 3, S. 251; RGSt. 35, 56; OVG. Bd. 23, S. 274, Bd. 61, S. 153.
6) Sandwichmen, vgl. unten S. 214f.

γγγγ) Eine Druckschrift unentgeltlich verteilen heißt im Sinne von § 30 II RPG. sie öffentlich einer unbestimmten Mehrheit von Personen derart durch Hingabe von Exemplaren der Druckschriften zugänglich machen, daß die Empfänger kein Entgelt dafür zahlen. Wo die Verteilung stattfindet, und ob der Verteiler[1]) für die Verteilung Geld erhält, ist unbeachtlich. Es liegt kein Verteilen vor, wenn jemand die Druckschriften in die Hausbriefkästen wirft, wohl aber ist ein Verteilen gegeben, wenn die Druckschriften an allgemein zugänglichen Orten niedergelegt werden.

§ 30 II RPG. gibt der Landesgesetzgebung das Recht, über das öffentliche Anschlagen, Anheften, Ausstellen sowie die öffentliche, unentgeltliche Verteilung von Bekanntmachungen, Plakaten und Aufrufen Gesetze zu erlassen.

In Preußen bestehen derartige Vorschriften nicht mehr. Hier galten bis vor drei Jahren noch die §§ 9, 10 und 41 des Gesetzes über die Presse v. 12. V. 1851. Durch das preußische Gesetz v. 28. XI. 1925 sind diese Gesetzesbestimmungen aufgehoben, so daß gegenwärtig Plakate, Aufrufe und Bekanntmachungen, die Druckschriften sind, in Preußen nur den allgemeinen Bestimmungen des Preßgesetzes unterliegen.

Es ist schon früher erwähnt worden, daß das Preßgesetz und die Preßfreiheit die preußische Polizei nicht hindern, auf Grund des § 6b PVG. aus verkehrspolizeilichen Gesichtspunkten der Verbreitung von Druckschriften Hindernisse zu bereiten. Bei rigoroser Handhabung der verkehrspolizeilichen Befugnisse könnte die Polizei so einen Zustand schaffen, der praktisch demjenigen gleichkommt, der unter der Herrschaft der §§ 9, 10, 41 des Gesetzes v. 12. V. 1851 bestand. Dies würde dem Sinne des Gesetzes v. 28. XI. 1925 nicht entsprechen, denn der Gesetzgeber hat durch dieses Gesetz zum Ausdruck bringen wollen, daß die alten Bindungen des Plakatwesens nunmehr beseitigt werden sollen. Um die dem Gesetzessinn entsprechende Handhabung der Polizeigewalt auf dem Gebiete des Plakatwesens zu gewährleisten, ist der Runderlaß des Ministers des Innern betreffend das Anschlagen usw. von Bekanntmachungen, Plakaten und Aufrufen v. 17. I. 1928[2]) ergangen, welcher lautet:

„Nachdem die §§ 9, 10 und 41 des Gesetzes über die Presse vom 12. V. 1851 (GS. S. 273) durch das Gesetz zur Änderung des Gesetzes über die Presse vom 28. XI. 1925 (GS. S. 169) aufgehoben sind, haben solche Polizeiverordnungen, die sich auf diese Paragraphen stützen, als aufgehoben zu gelten. Das Anschlagen, Anheften, Ausstellen sowie die öffentliche unentgeltliche Verteilung von Bekanntmachungen, Plakaten und Ausrufen kann also nicht mehr allgemein verboten oder von einer Genehmigung abhängig gemacht werden.

Auf Grund des § 6b des Gesetzes über die Polizeiverwaltung vom 11. III. 1850 (GS. S. 265) bzw. der VO. über die Polizeiverwaltung in den neuerworbenen Landesteilen vom 20. IX. 1867 (GS. S. 1529) können die Polizeibehörden das Anschlagen usw. von Plakaten aus verkehrspolizeilichen Gesichtspunkten verbieten, ebenso wie sie sonstige, die Ordnungsmäßigkeit und Leichtigkeit des Verkehrs beeinträchtigende Anlagen zu verhindern befugt sind; auf diese Bestimmungen gegründete Verordnungen oder Maßnahmen müssen aber durch tatsächliche und wesentliche Bedürfnisse des Verkehrs erfordert sein. Insbesondere ist immer im Auge zu behalten, daß der Gesetzgeber die Einschränkungen, denen das Plakatwesen nach dem preußischen Presserecht unterworfen war, endgültig hat beseitigen wollen. Dieser Absicht darf nicht durch Maßnahmen, die an sich unter anderen Gesichtspunkten getroffen sind, praktisch entgegengewirkt werden. Jede kleinliche Maßnahme hat also, wie überhaupt, so auch hier, unter allen Umständen zu unterbleiben."

---

[1]) Der gewerbsmäßige Verteiler muß nach § 43 RGO. einen Legitimationsschein besitzen, siehe S. 144. [2]) MBliV. 53.

In Bayern besteht ebensowenig wie in Preußen ein Landesgesetz, das von dem Vorbehalt des § 30 II RPG. Gebrauch machend, materiellrechtliche Bestimmungen über die Plakatierungsfreiheit erlassen hat. Dagegen hat das bayrische Innenministerium eine der preußischen ortspolizeilichen Straßenordnung entsprechende oberpolizeiliche Vorschrift über die öffentliche Verbreitung von Plakaten, Flugblättern und Flugschriften vom 12. XII. 1925[1]) erlassen.

In dem die Reklameplakate und Flugschriften betreffenden Teile dieser Vorschrift wird auf Grund des § 366 Ziff. 10 StGB.[2]) und Art. II Ziff. 6 BayrPStGB. bestimmt, daß diese Plakate, Flugblätter usw. an und auf öffentlichen Wegen usw. angeschlagen, ausgestellt und verbreitet werden dürfen, wenn sie in geschäftsüblicher Form wirtschaftliche und Vergnügungsanzeigen enthalten, und daß sie zuvor der zuständigen Polizeibehörde zur Kenntnisnahme vorzulegen sind. Zuwiderhandlungen sind mit Geldstrafe bis zu 150 RM. oder Haft bis zu 14 Tagen bedroht.

An der preßrechtlichen und sonstigen reichsrechtlichen Zulässigkeit dieser Bestimmung bestehen, soweit sie Reklameschriften betreffen, keine Zweifel. Insbesondere verstoßen diese Vorschriften nicht gegen das Zensurverbot des Art. 118 II RV. Sie stellen keine Zensur dar, da die Verbreitung der Plakate usw. ohne polizeiliche Genehmigung zulässig bleibt[3]).

Nach dem noch geltenden Art. XIII des bayrischen AGStGB. können die der Vorschrift v. 12. XII. 1925 zuwider verbreiteten Plakate usw. polizeilich beschlagnahmt werden.

ββ) Neben diesen im § 30 II RPG. ausdrücklich zugelassenen landesrechtlichen Regelungen unterliegen die Plakate den allgemeinen polizeirechtlichen Bestimmungen. Diese dürfen aber die Plakate, soweit sie Druckschriften im Sinne des RPG. sind, niemals als Gedankenträger, d. h. in ihrem gedanklichen Inhalt, treffen. Wohl aber kann die Polizei auch für Plakate, die Druckschriften im Sinne des RPG. sind, Bestimmungen aus verkehrs-, sicherheits- oder wohlfahrtspolizeilichen Gründen insoweit treffen, als sie nicht dadurch den gedanklichen Inhalt der Plakate berührt.

ααα) Polizeiliche Bestimmungen sicherheits- oder verkehrspolizeilichen Charakters über Reklameplakate sind in zahlreichen Ortspolizeiverordnungen enthalten. Diese sind, wenn sie sich auch auf Plakate, die Druckschriften im Sinne des RPG. sind, beziehen, insoweit gültig, als sie den gedanklichen Inhalt der Reklame nicht berühren.

1. Derartige polizeiliche Anordnungen können in Preußen auf den betrachteten allgemeinen polizeilichen Gesetzesdelegationen beruhen.

2. Eine polizeiliche Bestimmung dieser Art ist ferner im § 18 der im Jahre 1926 vom Reich mit den Ländern vereinbarten Musterverordnung für die Regelung des Straßenverkehrs enthalten, auf Grund deren die meisten Länder ihre Straßenverkehrsordnungen erlassen haben. § 18 III dieser VO. bestimmt, daß das Anbringen von Tafeln, die zu Verwechslungen mit den von der Polizeibehörde angebrachten Verkehrs- und Warnungstafeln Veranlassung geben könnten, verboten sind.

In Preußen pflegen die von den Oberpräsidenten oder Ortspolizeibehörden nach diesem Muster erlassenen Verkehrsordnungen gemäß dem Runderlaß des Innenministers v. 30. VII. 1928[4]) folgende Fassung zu haben:

---

[1]) Dazu Änderung v. 28. X. 1926. [2]) S. 83 f.

[3]) Vgl. v. Jan, DJZ. 1926, Sp. 584. [4]) MBliV. 891.

„Tafeln, die nach Form und Farbe zu Verwechslungen mit den von der Polizeibehörde oder auf ihre Veranlassung angebrachten Verkehrszeichen (Verbots- und Verkehrsbeschränkungsschildern, Ortstafeln und Wegweisern) Anlaß geben können, dürfen auf öffentlichen Wegen nicht angebracht werden. Ebenso ist es verboten, Reklametafeln irgendwelcher Art innerhalb eines Umkreises von 100 m auf freier Strecke, von 10 m innerhalb bebauter Ortschaften von den genannten Verkehrszeichen oder von den Warnungstafeln zur Kennzeichnung gefährlicher Stellen für den Kraftfahrzeugverkehr aufzustellen."

Ähnlich bestimmt § 4 II BStrO.:

„Die Aufstellung oder Anbringung der Verkehrszeichen erfolgt lediglich auf Grund polizeilicher Anordnung. Die Anbringung von Reklame an den Schildern ist verboten. Tafeln, die nach Form und Farbe zu Verwechslungen mit den von der Polizeibehörde oder auf ihre Veranlassung angebrachten Verkehrszeichen (vgl. Abs. 1) Anlaß geben können, dürfen auf und an öffentlichen Wegen nicht angebracht werden. Ebenso ist es verboten, Reklametafeln irgendwelcher Art innerhalb eines Umkreises von 100 m auf freier Strecke, von 10 m innerhalb bebauter Ortschaften von den genannten Verkehrszeichen aufzustellen."

Dieses Verbot trifft in gleicher Weise den Grundstückseigentümer, der die Aufstellung verbotener Tafeln auf seinem Grundstück duldet, wie den Reklameunternehmer, der die Tafeln auf fremdem Grund und Boden aufstellt[1]).

3. Die preußischen sicherheits- und verkehrspolizeilichen Ortspolizeiverordnungen, die den Straßenverkehr regeln, pflegen stets auch das Plakat- und Flugschriftenwesen betreffende Vorschriften zu enthalten. Solche Bestimmungen sind in den §§ 59—64 BStrO. enthalten. Diese Bestimmungen machen zwischen Plakaten und Ankündigungsmitteln, die Druckschriften im Sinne des RPG. sind, und solchen, die es nicht sind, keinen Unterschied.

a) § 59. Erlaubnispflicht.

Das Anbringen von Geschäftsschildern, Reklameschildern, Abbildungen, Schaukästen, Lampen, Transparenten, von Lichtreklamen jeder Art und allen sonstigen Ankündigungsmitteln unterliegt, wenn die Ankündigung von der Straße aus sichtbar ist, der polizeilichen Erlaubnis, soweit nicht die nachfolgenden Bestimmungen etwas anderes vorschreiben. Das gleiche gilt für das Hissen von Fahnen und Flaggen aller Art, soweit der Luftraum über der Fahrbahn hierfür benutzt wird, für die Beflaggung oder sonstige Ausschmückung von Lichtmasten und anderen Straßeneinrichtungen sowie von Bäumen, die in der Straße stehen, ferner für das Überspannen der Straßen mit Girlanden, Fahnen u. dgl.

Die polizeiliche Erlaubnis ist auch erforderlich, wenn vorhandene Ankündigungsmittel mit einer Leuchtvorrichtung versehen werden oder wenn sie an anderer Stelle oder in anderer Weise angebracht oder wenn sie sonstwie verändert werden sollen.

Das Anbringen von Reklame auf der Straßenoberfläche in Gestalt von Mosaikpflaster, aufgemalten oder aufgestrahlten Bildern oder Buchstaben, in Form von Transparenten oder in anderer Art, ist verboten.

Eine wichtige Ergänzung zu dieser Vorschrift der BStrO. bildet die Bekanntmachung des Berliner Polizeipräsidenten v. 15. I. 1929, welche in ihrem Zusatz zu § 59 die Fragen der gesamten Straßenreklame an Häusern, Zäunen, Mauern und Vorgartenbefriedigungen in Berlin eingehend regelt. Wenn diese Bestimmungen auch viel mehr als die Regelung der gedruckten Plakate im Sinne des RPG. enthalten, so seien sie doch des Zusammenhanges wegen hier vollständig gebracht.

Diese Zusatzbestimmungen lauten:

I. Alle Anträge auf Erteilung der polizeilichen Erlaubnis zur Anbringung oder Veränderung von Ankündigungsmitteln sind bei den städtischen Baupolizeiämtern einzureichen.

[1]) Volkmann, Straßenverkehrsordnung Anm. 16, 17 zu § 18.

Soweit die Baupolizei auf Grund des Ortsgesetzes vom 23. X. 1923 zum Schutze der Stadt Berlin gegen Verunstaltung und des § 1f der Bauordnung vom 3. XI. 1925 zuständig ist, enthält die Entscheidung der Städt. Baupolizei zugleich die des Polizeiamts. Kommt eine baupolizeiliche Genehmigung nicht in Betracht, so wird der Antrag von der Baupolizei an das staatliche Polizeiamt weitergeleitet, das auf Grund der Straßenordnung alsdann unmittelbar den Antragsteller bescheidet.

Bei Anträgen zur Beflaggung oder sonstigen Ausschmückung von Lichtmasten und anderen Straßeneinrichtungen sowie von Bäumen, die in der Straße stehen, ferner zum Überspannen der Straßen mit Girlanden, Fahnen u. dgl. hat der Antragsteller, falls hierbei städtisches Eigentum benutzt werden soll, vor Erteilung der Erlaubnis die Zustimmung der Stadt Berlin beizubringen.

II. Alle Anträge sind schriftlich zu stellen. Als Unterlage für die polizeiliche Genehmigung ist im Antrag anzugeben:

1. Die Größe des Ankündigungsmittels nach jeder Richtung (Länge, Breite, Höhe).
2. Der Stoff, aus dem das Ankündigungsmittel besteht.
3. Der Anbringungsort und die Lage, in der das Ankündigungsmittel angebracht wird (hierbei ist zu vermerken, ob durch das Ankündigungsmittel etwa Straßen- und Hausnummernschilder, Wasserstockmarken, Droschkenhalteplatzschilder usw. verdeckt werden).
4. Die Auf- und Inschriften, die das Ankündigungsmittel tragen soll.
5. Die Art der Befestigung des Ankündigungsmittels (es ist ferner eine Bescheinigung eines Sachverständigen beizufügen, in der dieser für sichere und dauerhafte Herstellung und Anbringung des Ankündigungsmittels die Gewähr übernimmt).
6. Der Abstand, den das Ankündigungsmittel von der Straßenoberfläche hat.
7. Der Abstand des am weitesten vorspringenden Teiles des Ankündigungsmittels von der Fahrbahn.

Bei allen Ankündigungsmitteln, die mehr als 10 cm über die Befestigungsfläche vorspringen — ausgenommen Fahnen — sind Ansichts- und Schnittzeichnungen in doppelter Ausfertigung mit einzureichen, aus denen die Form der Ankündigungsmittel, ihr Vorsprung und ihre Lage deutlich erkennbar sind.

Jede Erlaubnis wird unbeschadet der Rechte Dritter erteilt. Eines Nachweises, daß der Hauseigentümer mit der Anbringung des Ankündigungsmittels einverstanden ist, bedarf es nicht.

III. Eine Erlaubnis wird grundsätzlich nicht erteilt:

1. Für das Anbringen von Reklame an Straßenmasten und Laternenpfählen, es sei denn, daß es sich um Ankündigungsmittel von Apotheken, öffentlichen Anstalten oder sonstigen Einrichtungen von öffentlichem Interesse handelt. Vgl. hierzu das Verbot des § 4 II der Straßenordnung.
2. Für Ankündigungsmittel, durch die Fenster oder öffentliche Einrichtungen, wie Straßennamen und Hausnummernschilder, Wasserstockmarken, Droschkenhalteplatzschilder, Schilder mit Anordnungen betr. den Verkehr, ganz oder teilweise verdeckt werden.
3. Für Scheinwerferlicht, Blinklicht und Lichtreklame, die geeignet sind, Blendungen oder Sichtstörungen hervorzurufen oder die Signale der Verkehrsregelung und Eisenbahnen in ihrer Wirkung zu beeinträchtigen.
4. Für die Anbringung von Ankündigungsmitteln an Eingängen und Durchfahrten, sofern dadurch die nach der Bauordnung vom 3. XI. 1925 erforderliche Breite der Eingänge und Durchfahrten beschränkt oder die Leichtigkeit des Verkehrs an diesen Orten wesentlich beeinträchtigt wird.

IV. Die Erlaubnis zum Überspannen der Straßen mit Girlanden u. dgl. wird grundsätzlich nicht erteilt:

1. In Straßen mit Straßenbahnen oder reichem Fahrverkehr.
2. Bei Verwendung eines Materials, das bei Lösung seiner Befestigung das Publikum gefährden könnte.
3. Bei Anbringung in einer Höhe, die zur Beschränkung der Übersicht führen würde. Ein Abstand von 10 m von der Straßenoberfläche ist als Mindestmaß anzusehen.

V. Der Vorsprung der Ankündigungsmittel über die Baufluchtlinie darf bei Straßen bis zu 12 m Breite höchstens 75 cm betragen, bei breiteren Straßen ist ein weiteres Ausladen mit je 10 cm für je 1 m Straßenbreite bis höchstens 1,15 m zulässig. Für Ankündigungsmittel, die an Erkern, Balkons und ähnlichen Vorbauten angebracht werden, vermindert sich das zulässige Vorspringen des Ankündigungsmittels um das Maß der Ausladung des Vorbaues über die Baufluchtlinie.

An Stellen, über denen sich Fensteröffnungen befinden, dürfen nur solche Ankündigungsmittel angebracht werden, die nicht weiter vorragen als die zwischen der unmittelbar darüberliegenden Fensteröffnung und dem Erdboden befindlichen Gesimse und sonst vorragenden Bauteile.

Ist eine andersartige Anbringung weiter vorragender Ankündigungsmittel mit Rücksicht auf die Baulichkeit nicht möglich, so kann

1. Bei Ankündigungsmitteln, die sich auf die betreffende Örtlichkeit beziehen, ein von der glatten Hauswand ab zu bemessender Vorsprung von 30 cm zugelassen werden.
2. Bei Lampen, die zur Beleuchtung von Waren in Schaufenstern dienen und frei beweglich aufgehängt sind, ist ein Vorsprung des am weitesten vorragenden Teiles des festen Auslegers bis zu 30 cm über die Vorderkante der Fenstersohlbänke und kleineren Vorsprüngen des Hauses, falls aber solche nicht vorhanden sind, bis 50 cm vor der Hauswand zulässig. Fensterteile oder Glaswände, die nicht zum Öffnen eingerichtet sind, werden nicht als Fensteröffnungen im Sinne der vorstehenden Bestimmungen angesehen. Dagegen werden die Öffnungen der Loggien wie Fensteröffnungen behandelt.

VI. Bis zu einer Höhe von 9,5 m über der Gehbahn gelten folgende weitere Beschränkungen: Eine Genehmigung wird nicht erteilt:

1. Für rotes, gelbes und grünes Blinklicht.
2. Für Reklamelicht in der signalroten Färbung der Feuermelderlampen (im übrigen wird rotes Licht jeder Färbung, einschließlich rotem Neonlicht, in Höhen unter 9,5 m nur zugelassen, wenn die leuchtende Fläche parallel zur Baufluchtlinie verläuft: ausgenommen sind hiervon lediglich auf einem umfangreichen, helleuchtenden Hintergrund befindliche rote Inschriften und kleine rote Transparentteile).
3. Für Ankündigungsmittel, die nicht mindestens 60 cm von der Fahrbahn zurückbleiben.
4. Für Sammelreklamen.
5. Für das Anbringen von Scheinwerfern an Straßenmasten und Laternenpfählen zum Anleuchten von Gebäuden.
6. Für alle sonstigen umfangreichen Ankündigungsmittel, die sich nicht auf das Grundstück beziehen, an dem sie angebracht sind. Unter besonderen Umständen können für Bauzäune, Zäune an unbebauten Grundstücken und freie Mauern Ausnahmen zugelassen werden. Vorbedingung aller Ausnahmen muß jedoch bleiben, daß Verkehrsstörungen durch die Reklame nicht verursacht werden, und daß die Flächen, die zur Reklame verwendet werden sollen, nur mit Bemalung oder flach anliegenden, festen Schildern versehen werden.
7. Die vorstehenden Grundsätze gelten auch dann, wenn vor der Baufluchtlinie Vorgärten liegen.

VII. Für Ankündigungsmittel, die in geringerer Höhe als 3 m über der Gehbahn angebracht werden, gelten, unbeschadet der Grundsätze zu III. und IV., die nachstehenden besonderen Bestimmungen:

1. Es werden nur flach anliegende Ankündigungsmittel (Schilder, Transparente, Schaukästen) zugelassen, die nicht mehr als 15 cm Tiefe haben.
2. Ist die Gehbahn mehr als 7 m breit, so können ausnahmsweise flach anliegende Ankündigungsmittel bis zu 25 cm Tiefe zugelassen werden, ist die Gehbahn weniger als 3 m breit, so darf das Ankündigungsmittel höchstens eine Tiefe von 5 cm besitzen.
3. Für Stellen, die zwischen Haussockeln, Gesimsen und anderen Vorbauten zurückliegen, können Ausnahmen zugelassen werden.
4. Die Ecken und Kanten der Ankündigungsmittel müssen abgerundet sein, die Türen von Schaukästen müssen so eingerichtet sein, daß sie beim Öffnen nicht in die Straße vorragen.

5. Für Lampen, die zur Außenbeleuchtung von Waren in Schaufenstern dienen, und für Barbierbecken wird eine Mindestentfernung von nur 2,20 m von der Straßenoberfläche zugelassen.
6. Die gleichen Grundsätze gelten für das Anbringen von Ankündigungsmitteln an den Vorgarteneinfriedigungen.
7. Inwieweit im Rahmen der obigen Richtlinien das Errichten von Ankündigungsmitteln auf dem Vorgartenlande selbst gestattet werden kann, richtet sich nach der Art des Ankündigungsmittels und den besonderen örtlichen Verhältnissen.

VIII. Die Erlaubnis zu Film- und Wechselbildvorführungen in Schaufenstern wird nur erteilt, wenn die Gehbahn vor dem Schaufenster eine Mindestbreite von 7 m hat, Verkehrsbehinderungen durch die Reklame nicht zu erwarten sind und die Bildfläche einen ihrer größten Abmessung entsprechenden Abstand von der Schaufensterscheibe hat. Außerdem ist bei Filmreklame Bedingung, daß es sich nur um kurze Filme von höchstens zwei Minuten Spieldauer handelt. Die Filme müssen zensiert und zur Vorführung vor Jugendlichen zugelassen sein.

IX. Ankündigungsmittel aus Leinwand, Segeltuch, Schirting, Wachstuch und ähnlichen Stoffen werden nur vorübergehend als Notbehelf genehmigt, nachdem der Nachweis erbracht ist, daß ein triftiger Anlaß vorliegt, der die Verwendung von Ankündigungsmitteln aus Metall, Holz, Glas oder anderen festen Massen ausschließt. Die Größe darf nicht über den Zweck des Notbehelfs hinausgehen. Die Erlaubnis wird nur für eine kurze, den vorübergehenden Anlässen entsprechende Frist erteilt. Im übrigen gelten die für Ankündigungsmittel allgemein bestehenden Beschränkungen.

Hiernach bedürfen Ankündigungsmittel — also auch gedruckte Reklamezettel oder Plakate — grundsätzlich nur der polizeilichen Erlaubnis, wenn sie von der Straße aus sichtbar sind.

Dieser Vorschrift unterliegen nur die neu anzubringenden Reklamemittel. Solche, die bereits vorhanden und geduldet sind, brauchen nicht nachträglich genehmigt zu werden. Eine nachträgliche Genehmigung bereits angebrachter Reklamemittel ist vielmehr nur dann notwendig, wenn das Ankündigungsmittel mit einer Leuchtvorrichtung versehen wird, an anderer Stelle oder in anderer Weise angebracht oder sonstwie verändert werden soll.

Die Gültigkeit einer Regelung, wie sie im § 59 BStrO. enthalten ist, ist bereits mehrmals von den obersten Gerichten Preußens anerkannt worden. So heißt es in der Entscheidung des OVG.[1]):

„Der Sinn dieser Bestimmung ist der, daß das Aushängen und Ausstellen von Gegenständen nach der Straße sowie das Anbringen von Schaukästen, Schildern und andern Ankündigungsmitteln, die von der Straße aus sichtbar sind, nur zugelassen werden soll, wenn die Polizei es nach ihrem Ermessen genehmigt hat. Eine derartige Vorschrift ist nach § 6b des Gesetzes über die Polizeiverwaltung vom 11. III. 1850 rechtlich zulässig. Die Ausübung des Ermessens im einzelnen Falle unterliegt der Prüfung des Verwaltungsrichters nur insofern, als stets erkennbar bleiben muß, daß die Polizeibehörde sich bei Versagung der Genehmigung von objektiven polizeilichen Interessen, hier also namentlich von den Interessen des öffentlichen Verkehrs, in deren Wahrnehmung jene Vorschrift ihre rechtliche Grundlage findet, hat leiten lassen."

Desgleichen erklärt das Kammergericht[2]) eine Polizeiverordnung für gültig, die allgemein vorschreibt, daß Schaukästen, Aushängeschilder und andere Ankündigungsmittel des Gewerbebetriebs, der Kunst und Industrie, sobald sie von der Straße aus sichtbar sind und an straßenwärts liegenden Gebäuden, Türen, Fenstern, Umzäunungen angebracht sind, polizeilich erlaubt sein müssen.

---

[1]) OVG. 42, S. 426. [2]) In KGJ. 31 C 18.

Das Kammergericht führt hierzu aus:

„Es kann dadurch nicht nur Verkehrsstörung, sondern auch nahe Gefahr für das Publikum eintreten, indem Leiter von Fuhrwerken nicht genügend auf die Fahrbahn achten, Zusammenstöße herbeiführen und Fußgänger überfahren, und indem letztere im Anschauen der aufsehenerregenden Anschauungsmittel bei Straßenübergängen in die Fuhrwerke hineinlaufen oder aber beim Weitergehen auf der Straße andere Personen anrennen und zu Schaden bringen. Es besteht daher in allen Fällen eine naheliegende, auf Tatsachen beruhende Wahrscheinlichkeit einer Schädigung der von der Polizei zu schützenden Interessen, also eine dem Publikum und einzelnen Mitgliedern desselben bevorstehende Gefahr."

b) § 60. Ausnahmen der Genehmigungspflicht.

Der polizeilichen Erlaubnis bedarf es nicht für:

a) Schilder und Aufschriften, die an Häusern, Mauern, Zäunen und Vorgarteneinfriedigungen flach anliegen, nicht mehr als 10 cm vor die flache Wand vorspringen, keine Leucht- oder Bewegungsvorrichtungen besitzen und ihrem Inhalt nach auf das Grundstück, an dem sie angebracht sind, Bezug haben.
b) Ankündigungsmittel, die von der Straße aus sichtbar, im Innern eines Hauses, in Schaufenstern oder Schaukästen angebracht sind, ausgenommen Vorführungen durch Personen, Film- und Wechselbildvorführungen, Scheinwerferlicht und Blinklicht.

Über die Zulässigkeit des § 60 BStrO., der Ausnahmen von der durch § 59 BStrO. eingeführten Genehmigungspflicht enthält, kann kein Zweifel bestehen, da er ja selber die Bürgerfreiheit in keiner Weise beeinträchtigt, vielmehr von den Beschränkungen der Reklamefreiheit, wie sie in § 59 BStrO. enthalten sind, Ausnahmen macht.

c) § 61. Zettelanschläge.

Zettelanschläge jeder Art dürfen nur:

a) an den für Zettelanschläge behördlich bestimmten Einrichtungen (Anschlagsäulen u. dgl.)
b) hinter verschlossen gehaltenen Schau- und Hausfenstern,
c) an den Grundstücken, auf die sich die Ankündigung bezieht,
d) bei Geschäfts- oder Wohnungsverlegungen an dem zu beziehenden und auf dem zu verlassenden Grundstück während einer Frist von drei Monaten vor und nach der Verlegung und
e) beim Vermieten von Räumen an dem in Frage kommenden Grundstück

angebracht werden.

Werden gedruckte und andere Plakate an den in § 61 BStrO. benannten Orten angebracht, also an Anschlag-(Litfaß-)Säulen, hinter verschlossenen Schau- und Hausfenstern usw., so ist das Anbringen ebenfalls ohne Einholung einer Genehmigung zulässig.

§ 61 enthält eine Einschränkung der Plakatierfreiheit insofern, als er in Ziff. a Zettelanschläge an die behördlich bestimmten Anschlagsäulen verweist. Nach der Rechtsprechung des preußischen OVG. ist eine Polizeiverordnung mit einer derartigen Bestimmung rechtsgültig[1]). Es führt hierzu aus[2]):

„Zu solchen Normen gehört die von der Polizeidirektion zu H. am 29. XI. 1886 über das Anschlagwesen erlassene Polizeiverordnung, die den Grundstücksbesitzern und Mietern nur solche Anzeigen auf ihren Grundstücken oder Mietsräumen auszuhändigen oder anzuschlagen gestattet, welche lediglich ihr eignes Interesse betreffen, im übrigen aber alle öffentlichen Anzeigen an die dazu bestimmten Tafeln, Säulen und sonstigen Vorrichtungen verweist, mithin die Benutzung der Grundstücke zu allen das eigene Interesse des Besitzers oder Mieters nicht betreffenden Anzeigen verbietet . . ., weil durch die Regelung des Anschlagwesens die Ordnung, Sicherheit und

---

[1]) OVG. in DJZ. 1924, Sp. 145. [2]) OVG. 39, 411/412.

Leichtigkeit des Verkehrs auf öffentlichen Straßen, Wegen und Plätzen bezweckt werde. Dem war lediglich beizutreten; denn die tägliche Erfahrung lehrt, daß der öffentliche Verkehr gehemmt wird, wenn das die Straßen benutzende Publikum durch Anzeigen irgendwelcher Art zum Stehenbleiben, Lesen und Anschauen veranlaßt wird . . . Die Rechtsbeständigkeit der Verordnung vom 29. XI. 1886 war hiernach nicht zu bezweifeln."

d) § 62. Einrichtungen für Anschläge.

Das Aufstellen oder Anbringen von Einrichtungen für Anschläge unterliegt der polizeilichen Erlaubnis.

Das Anbringen der Zettelanschläge an diesen Vorrichtungen oder die Beseitigung der Zettel ist nur denjenigen gestattet, die hierzu von dem Nutzungsberechtigten der Einrichtung bestellt sind.

An den Einrichtungen für Anschläge ist die Verwendung von Zetteln in derjenigen roten Farbe, die für Bekanntmachungen der Behörden üblich ist, ausschließlich den Behörden vorbehalten und sonst verboten.

e) § 63. Schutz der Anschlagstellen und Anschläge.

Das Beschädigen, Verunstalten und Verunreinigen der öffentlichen Anschlagstellen sowie das unbefugte Beschädigen, Abreißen und Abnehmen der an ihnen angebrachten Anschläge ist verboten.

f) § 64. Besondere Anordnungen.

Auch soweit eine polizeiliche Erlaubnis nicht vorgeschrieben ist, kann das Anbringen von Ankündigungsmitteln und Anschlägen, die die Ordnung und Sicherheit oder die Leichtigkeit des Verkehrs gefährden können, durch besondere Anordnungen untersagt werden.

Die Versagung der Erlaubnis zur Anbringung von Reklamezetteln, Plakaten, Schildern usw. ist eine ortspolizeiliche Verfügung, gegen welche es die oben[1]) dargestellten Rechtsmittel gibt.

Die Erlaubnis darf im Einzelfalle nur aus gesetzlich anerkannten polizeilichen Motiven versagt werden. Dies ist nicht der Fall, wenn die Polizei die Erteilung der Erlaubnis davon abhängig macht, daß die in einer örtlichen Gebührenordnung vorgeschriebenen Zahlungen zuvor geleistet werden, oder daß die Fähigkeit des Antragstellers, sie zu leisten, vorher festgestellt wird. Es liegt der Gemeinde ob, derartige Gebühren beizutreiben, und nicht der Polizei. In diesem Sinne führt das OVG.[2]) aus:

„Die Polizeibehörde darf ihre Stellungnahme zu der Belassung von Reklameschildern nicht davon abhängig machen, ob der Beteiligte sich zur Zahlung der für die Anbringung der Schilder nach der örtlichen Gebührenordnung zu entrichtenden Gebühren für fähig und bereit erklären würde. Darin würde ein Mißbrauch der im Namen und im Auftrage des Staates geübten Polizeigewalt zugunsten finanzieller Interessen der Stadtgemeinde liegen. Die Erwägungen und Entscheidungen der Polizeibehörde über die Zulassung oder Beseitigung von Reklameschildern, ebenso wie von Bauten und baulichen Änderungen haben völlig unabhängig und unbeeinflußt von der Frage zu erfolgen, ob im Anschluß an sie von der Stadtgemeinde auf Grund einer von ihr beschlossenen Gebührenordnung die dort vorgesehenen Gebühren zu erheben sein werden."

βββ) Eine schwerwiegende Einschränkung wohlfahrtspolizeilichen Charakters hat die Plakatreklame durch die preußischen Verunstaltungsgesetze von 1902 und 1907 erfahren. In der Zeit vor dem Erlaß dieser Gesetze fehlte es der Polizei in Preußen an genügenden Möglichkeiten, Reklameschilder, die das Landschafts- oder Städtebild empfindlich störten, zu beseitigen. Im Geltungsbreich des ALR. waren zwar einige Möglichkeiten auf Grund der §§ 66, 71 I 8 ALR. vorhanden, baulichen Verunstaltungen

[1]) S. 76. [2]) PrVBl. 47, S. 324.

vorzubeugen[1]). Aber auch sie versagten im allgemeinen häßlichen Reklametafeln gegenüber. Außerhalb der Städte war die Landschaft überhaupt schutzlos. Jeder Grundstückseigentümer konnte das Auge des Reisenden ungehindert durch marktschreierische oder häßliche Reklametafeln verletzen.

Die Versuche örtlicher Polizeibehörden, gegen verunstaltende Reklamezeichen einzuschreiten, mußten scheitern. Nach § 10 II 17 ALR. ist, wie ausgeführt[2]), die Polizei nur zur Abwehr der dem Publikum drohenden Gefahren befugt. Ein durch verunstaltende Reklame hervorgerufenes Unbehagen ist jedoch keine „Gefährdung" des Publikums[3]). Daher hätte eine die Anbringung von Reklameschildern oder anderen gleichartigen Geschäftsanzeigen zum Schutze landschaftlicher Schönheit verbietende Polizeiverordnung oder -Verfügung ihre Stütze in § 10 II 17 ALR. ebensowenig wie in § 6b und i PVG. finden können. In diesem Sinne hatten sich das Kammergericht und das OVG. immer wieder ausgesprochen und ausgeführt, daß der Schutz ästhetischer Interessen wie der Schönheit des Landschafts- oder Städtebildes nicht zu den der polizeilichen Regelung unterstellten Gegenständen gehörten und unter den Gesichtspunkten der Fürsorge für einen geordneten, gesicherten und leichten Verkehr[4]) nicht polizeilich geschützt werden könnten. Die Polizei, führten die Gerichte weiter aus, mache es sich hier zur Aufgabe, die öffentliche Wohlfahrt zu fördern. Dies wäre aber nur zulässig, wenn Spezialgesetze nach dieser Richtung den Wirkungskreis der Polizei erweitert hätten[5]).

αααα) Das Gesetz gegen die Verunstaltung landschaftlich hervorragender Gegenden v. 2. VI. 1902 besteht nur aus einem Paragraphen, welcher lautet:

„Die Landespolizeibehörden sind befugt, zur Verhinderung der Verunstaltung landschaftlich hervorragender Gegenden solche Reklameschilder und sonstige Aufschriften und Abbildungen, welche das Landschaftsbild verunzieren, außerhalb der geschlossenen Ortschaften durch Polizeiverordnung auf Grund des Gesetzes über die allgemeine Landesverwaltung vom 30. VII. 1883 (GS. S. 195) zu verbieten, und zwar auch für einzelne Kreise oder Teile derselben."

Zur Ausführung des Gesetzes ist die Ausführungsanweisung[6]) des Ministers des Innern v. 16. VI. 1902 ergangen.

Das Gesetz ermächtigt die Landespolizeibehörden zum Einschreiten gegen gewisse Reklameschilder usw. Landespolizeibehörden sind die Regierungspräsidenten. Demgemäß hebt auch der Erlaß des Innenministers hervor, daß nur der Erlaß einer Polizeiverordnung durch den Regierungspräsidenten[7]) ein polizeiliches Vorgehen nach dem Gesetz von 1902 ermögliche. Auch polizeiliche Verfügungen zur Beseitigung verbotener Schilder dürfen nur von den Regierungspräsidenten selber oder von den Ortspolizeibehörden[8]) in seinem Auftrage erlassen werden.

Nur „landschaftlich hervorragende Gegenden" werden vom Gesetz geschützt. Das Kammergericht[9]) führt dazu aus:

---

[1]) Siehe S. 83. [2]) Siehe S. 80.
[3]) S. 80. [4]) § 6b PVG.; S. 81.
[5]) Vgl. z. B. OVG. 39, 419. [6]) MiBl. 132.
[7]) Dieser bedarf nach § 139 LVG. der Zustimmung des Bezirksausschusses.
[8]) Auch in diesem Falle handelt es sich materiell um eine landespolizeiliche Verfügung, gegen die gemäß § 130 ZVG. als Rechtsmittel die Beschwerde an den Oberpräsidenten mit anschließender Schlußklage beim OVG. gegeben ist (OVG. 64, 466).
[9]) KGJ. 43, 447.

„Der Begriff ist im Sinne des gewöhnlichen Lebens aufzufassen; es gehören hierher nur Gegenden von ‚wirklich hervorragender landschaftlicher Schönheit‘, wie die AusfAnw. zutreffend sagt, also solche, welche sich etwa durch den Wechsel von Berg und Tal, durch Seen oder Flüsse mit malerischen Ufern oder in anderer Weise vor den anderen deutschen Gegenden auszeichnen, über diese ‚hervorragen‘ . . . Gegenden, welche den Durchschnittscharakter[1]) des Norddeutschen Flachlandes tragen, wie z. B. der größte Teil der Mark, sollten in keinem Falle geschützt werden dürfen.“

Wird der Aufsteller eines Reklameschildes wegen Verstoßes gegen eine auf Grund des Gesetzes von 1902 erlassene Polizeiverordnung angeklagt, so hat das Gericht zu prüfen, ob die in Frage stehende Gegend tatsächlich landschaftlich hervorragend ist, und wird, wo dies nicht der Fall ist, die Gültigkeit der Verordnung nicht anerkennen dürfen[2]).

Verboten ist in den geschützten Gegenden Reklameschilder, sonstige Aufschriften und Abbildungen aufzustellen, welche das Landschaftsbild verunzieren. Das OVG.[3]) führt zu dem Begriff „verunzieren“ folgendes aus:

„Zur Annahme der Verunzierung wird nicht schon eine Beeinträchtigung des ästhetischen Empfindens des Beschauers genügen, vielmehr ist hierzu zu verlangen, daß bei ihm eine als Unlustgefühl empfundene Störung des durch die Betrachtung der Landschaft verursachten Naturgenusses bewirkt wird, indem sich ihm der Gegensatz zwischen der Landschaft und dem Reklameschild aufdrängt, ohne daß gerade ein positiv häßlicher Zustand geschaffen zu sein braucht.“

Es unterliegt der Nachprüfung des Verwaltungsstrafrichters, ob eine Verunzierung vorliegt.

„Die Eigentümer[4]) der Reklameschilder usw. sind nach dem zitierten Ministerialerlaß von der Orts- oder Kreispolizeibehörde unter Zustimmung des Regierungspräsidenten zur Beseitigung binnen gesetzter Frist aufzufordern, widrigenfalls ein Strafverfahren vor dem ordentlichen Gericht eingeleitet wird. Nach vergeblichem Fristablauf ist das ordentliche Strafverfahren wegen Übertretung einer Polizeiverordnung bei der Staatsanwaltschaft zu beantragen. Polizeiliche Strafverfügungen[5]) sind nicht zulässig. Nach rechtskräftigem Strafurteil ist Beseitigung der Reklameschilder durch Polizeiverfügungen unter Androhung gesetzlicher Zwangsmittel[6]) zu verlangen. Auch kann sich die Polizei an den Grundstückseigentümer halten, wenn dieser einem Dritten vertragsmäßig das Recht eingeräumt hat, das Grundstück zur Aufstellung von Reklameschildern zu benutzen, wobei es gleichgültig ist, ob der Eigentümer die Gestattung vor oder nach Inkrafttreten der Polizeiverordnung erteilte[7]).“

ββββ) Das Gesetz gegen die Verunstaltung von Ortschaften und landschaftlich hervorragenden Gegenden v. 15. V. 1907 dehnt den in dem Gesetz von 1902 der Landschaft gewährten ästhetischen Schutz weiter aus und erstreckt ihn auch auf das Städtebild. Zu dem Gesetz ist eine Ausführungsanweisung v. 4. VIII. 1907 ergangen.

1. Eine Beschränkung von Reklamekundgebungen ist in § 3 des Gesetzes enthalten, welcher lautet:

---

[1]) Ebensowenig fällt ein flaches Wiesen- und Ackerland ohne weiteres unter dieses Gesetz (OVG. 64, 46).

[2]) KGJ. 43, 447. [3]) OVG. 69, 322.

[4]) Die folgenden Ausführungen sind Crisolli, „Verunstaltung“ im Handwörterbuch der Rechtswissenschaften (Stier-Somlo-Elster, Bd. VI, S. 564) entnommen.

[5]) S. 77. [6]) S. 74f. [7]) Vgl. OVG. 64, 476.

„Durch Ortsstatut kann vorgeschrieben werden, daß die Anbringung von Reklameschildern, Schaukästen, Aufschriften und Abbildungen der Genehmigung der Baupolizeibehörde bedarf. Die Genehmigung ist unter den gleichen Voraussetzungen zu versagen, unter denen nach den §§ 1 und 2 die Genehmigung zu Bauausführungen zu versagen ist."

In § 3 dehnt der Gesetzgeber den in dem Gesetz von 1902 der Landschaft gewährten Schutz auf die Ortschaften aus. Dies geschieht dadurch, daß die Kommunen ein Ortsgesetz (Ortsstatut) erlassen, das die Anbringung — der die Erneuerung gleichsteht — von Reklameschildern, Schaukästen, Aufschriften[1]) und Abbildungen von der Genehmigung der Baupolizeibehörden abhängig macht.

Zu den im § 3 aufgeführten Abbildungen gehören alle Plakatbilder und Lichtreklamen, soweit letztere nicht aus Wortzeichen in fester oder Wanderschrift bestehen und deshalb als „Aufschrift" im Sinne des § 3 anzusprechen sind. Auch Lichtbilder, die durch Projektionen auf Hauswände erzeugt werden, gehören unter die Abbildungen im Sinne des § 3. So führt das OVG.[2]) aus:

„Die Frage ist dahin zu stellen, ob die Lichtbilderreklame Plakate im Sinne der das Plakatwesen betreffenden Polizeiverordnung sind. Dies ist zu bejahen, da in letzterer der Ausdruck nicht in anderer Bedeutung gebraucht sein kann, als diejenige ist, die dem Wort allgemein beigelegt wird. Plakate sind Schriftstücke oder Abbildungen, die zum Zwecke der Kenntnisnahme durch das Publikum öffentlich angeschlagen, angeheftet oder sonst ausgestellt werden. Darunter fallen auch die Schriftzeichen oder Bilder, welche bei der Lichtbildreklame mittels eines Projektionsapparats auf eine ausgespannte Leinwand geworfen und dem Publikum dadurch sichtbar gemacht werden, daß die Projektionsfläche auf dem Dache eines Hauses, also weithin erkennbar, angebracht wird."

Auch die im Gesetz genannten Schaukästen sind wichtige Reklamemittel, die hier des Zusammenhanges wegen gleich mitzubehandeln sind, wenngleich sie im eigentlichen Sinne keine „schriftliche Reklame" darstellen.

Die Ortsgesetze müssen nach den für die Kommunen geltenden Vorschriften ordnungsgemäß erlassen und verkündet werden. Landesrechtliche, für alle Teile Preußens gleiche Vorschriften über die Art der Verkündung bestehen nicht. Maßgebend sind die am Orte geltenden Vorschriften über die Bekanntmachung von Ortsgesetzen für die Form der Bekanntmachung. Zum ordnungsmäßigen Erlaß des Ortsstatuts gehört jedoch in allen Fällen seine Genehmigung[3]) durch die Aufsichtsbehörde.

Die Zulassung der Reklamekundgebung kann durch das Ortsstatut von der Genehmigung der Baupolizeibehörde abhängig gemacht werden. Dies sind in Preußen gewöhnlich kommunale Behörden, die an Orten mit einer getrennten staatlichen Polizeiverwaltung, also in den größeren Städten, von den Behörden der Sicherheitspolizei getrennt sind. Wo in örtlichen Polizeiverordnungen aus verkehrspolizeilichen Gründen

---

[1]) Über § 15a RGO. vgl. S. 16. [2]) DJZ. 1911, Sp. 878.

[3]) Diese erteilt:

1. Für Landgemeinden der Kreisausschuß (§ 6 öLGO.),
2. für Städte der Bezirksausschuß (§ 46 III ZG., 11 öStO.).
3. für Berlin der Oberpräsident (§ 43 LVG.).

Nach § 121 LVG. steht den Landgemeinden gegen die Verweigerung der Genehmigung der Ortsstatuten durch den Kreisausschuß die Beschwerde an den Bezirksausschuß, den Städten an den Provinzialrat, der Stadt Berlin an den Minister des Innern zu, die endgültig entscheiden. Wird die Genehmigung rechtskräftig verweigert, so ist ein gültiges Ortsstatut nicht zustande gekommen.

die Anbringung von Reklameschildern usw. ebenfalls von polizeilicher Genehmigung abhängig gemacht ist[1]), kann also die Anbringung von Schildern usw. nur mit Genehmigung beider Stellen geschehen. Die BStrO. bringt aus diesem Grunde diese doppelte Behördenkompetenz in § 84 besonders zum Ausdruck, indem sie bestimmt, daß von ihren Bestimmungen das Ortsstatut zum Schutze der Stadt Berlin gegen Verunstaltungen[2]) nicht berührt werde. Um für den Bürger die Unbequemlichkeit einer mehrfachen Nachsuchung der polizeilichen Genehmigung zu beseitigen, genügt es aber gewöhnlich, so z. B. in Berlin, wenn der Antrag schriftlich an die Baupolizeibehörde gestellt wird, die dann von sich aus mit der staatlichen Polizeiverwaltung in Fühlung tritt. Die Entscheidung wird dem Antragsteller dann von einer der beiden Behörden mitgeteilt[3]).

Ist durch Ortsstatut die Genehmigungspflicht für die Schilder usw. eingeführt, so ist die Genehmigung unter den Voraussetzungen der §§ 1 und 2 des Gesetzes von 1907 zu versagen. Dies ist der Fall, wenn das Reklameschild usw.

1. Straßen oder Plätze der Ortschaft oder das Ortsbild gröblich verunstalten würde;
2. die Eigenart des Orts- oder Straßenbildes in Straßen von geschichtlicher oder künstlerischer Bedeutung, die im Ortsstatut bezeichnet sind, beeinträchtigen würde;
3. die Eigenart oder den Eindruck von einzelnen Bauwerken von geschichtlicher oder künstlerischer Bedeutung beeinträchtigen würde.

Danach kann die Reklame verboten werden, wenn sie die Ortschaften oder das Ortsbild g r ö b l i c h verunstalten würde. Gröbliche Verunstaltung ist mehr als Verunzierung[4]) im Gesetz von 1902. Sie „würde[5]) nach ständiger Rechtsprechung des OVG. nur dann vorliegen, wenn die Reklame positiv häßlich oder in einer Weise wirkte, die jedes für ästhetisches Gefühl offene Auge verletzen müßte".

Die Reklame kann einmal durch ihre äußere Gestaltung, zum anderen aber auch durch den gedanklichen Inhalt[6]) gröblich verunstaltend wirken. Das hat das OVG.[7]) wie folgt begründet:

„Der vom Kläger im Beschwerdeverfahren erhobene Einwand, daß der Text der Reklame mit der hier allein in Betracht kommenden ästhetischen Seite der Angelegenheit nichts zu tun habe, ist unzutreffend. Es ist nicht möglich, beim Anblick derartig großer, aufdringlich ins Auge fallenden Aufschriften das äußere Ansehen von dem gedanklichen Inhalte zu trennen. Wenn der Gesetzgeber in § 3 des Gesetzes vom 15. VII. 1907 gestattet, daß Reklameschildern, Aufschriften usw. die Genehmigung versagt wird, sofern durch sie Straßen oder Plätze der Ortschaft oder das Ortsbild gröblich verunstaltet werden würde, so kann nicht angenommen werden, daß er dabei nur ihre äußere Gestaltung, Färbung, Linienführung u. dgl. hat treffen, die Möglichkeit einer Verunstaltung durch ihren Inhalt aber außer Betracht lassen wollen ... Bei seinem Erlaß ist der Gesetzgeber aber ausdrücklich von der Voraussetzung ausgegangen, daß Reklamen nicht nur durch ihre Ausführung, sondern auch durch ihren Inhalt verunstaltend wirken könnten."

---

1) Wie z. B. in § 59 BStrO. (siehe oben S. 176).

2) Ortsgesetz der Stadt Berlin vom 23. X. 1923 (GemBl. S. 316). Siehe S. 187.

3) Weiß, die BStrO., Anm. 2 zu § 59.

4) S. 183. 5) OVG. 79, S. 385.

6) Reklamekundgebungen, die als Druckschrift im Sinne des RPG. die Preßfreiheit genießen, kann aber nicht wegen gröblich verunstaltenden gedanklichen Inhalts, sondern nur wegen einer solchen äußeren Gestaltung die Genehmigung versagt werden.

7) OVG. 69, S. 406.

In den unter 2 und 3 genannten Fällen genügt schon, daß die Reklame das Orts- und Straßenbild beeinträchtigt. Eine gröbliche Verunstaltung ist nicht erforderlich, nicht einmal die Verunzierung. Der Verwaltungsrichter hat in diesen Fällen selber zu prüfen, wenn eine Polizeiverfügung angefochten wird, ob den Straßen, Plätzen, Bauwerken eine geschichtliche oder künstlerische Bedeutung beizumessen ist. Hierbei sind keine übertriebenen Anforderungen zu stellen. Das OVG.[1]) führt vielmehr aus:

„Zwar fehlt es den Straßen an Gebäuden von besonderem, höherem künstlerischen und architektonischen Werte. Aber darauf kommt es entscheidend nicht an. Die Straße macht den Gesamteindruck einer vornehmen, ruhigen Wohnstraße, gehoben noch in dieser Wirkung durch ihre Lage am Stadtparke, der durch ein weiteres Ortsstatut gegen Verunstaltung geschützt ist. Die Außenwände der nach der Straße von der J. Straße nach Osten zu gelegenen Häuser, zu denen auch das bemalte Haus als Eckhaus beider Straßen gehört, sind offensichtlich nach einheitlichen Gesichtspunkten geschaffen, die auf Ruhe, Geschlossenheit und Gleichartigkeit ohne Einseitigkeit und Einförmigkeit hindeuten. Die Bemalung bedurfte somit, weil sie den Bestimmungen des Ortsstatuts untersteht, der baupolizeilichen Genehmigung."

Die künstlerische Bedeutung einer Straße kann auch in gärtnerischen Anlagen bestehen. So sagt das OVG.[2]):

„Das Gericht hat hierbei anerkannt, daß es dem Sinne des Gesetzes entspricht, wenn nicht nur eine baukünstlerische, sondern auch eine gartenkünstlerische Bedeutung der Straßen und Plätze in Betracht gezogen wird . . . Als Voraussetzung für eine gartenbaukünstlerische Bedeutung ergibt sich aus dem Inhalt dieses Begriffes von selbst, daß der in Frage kommende Geländeteil eine über den Rahmen des Alltäglichen hinausgehende gartenbaumäßige Ausgestaltung oder Verwertung gefunden haben muß . . ."

Die Verweigerung der Genehmigung einer das Städtebild störenden Reklame bleibt auch zulässig, wenn die Polizei dem um Genehmigung Nachsuchenden gegenüber nicht stets folgerichtig verfährt und gelegentlich störende Reklameeinrichtungen zugelassen hat. So heißt es in einer Entscheidung des OVG.[3]):

„Die Museumsinsel ist vom architektonischen Standpunkt aus eine der hervorragendsten Stellen von Berlin. Sie verträgt keinen Fremdkörper. Als solcher, und damit als Beeinträchtigung der Eigenart dieses Straßenbildes, muß jede Reklame erscheinen, die darauf abgestellt ist, aufzufallen und an dieser Stelle auch bei Verwendung von nicht grellen, schreienden oder nur auffallenden Farben und Formen die stille, vornehme, klassische Eigenart dieses Straßenbildes beeinträchtigen würde. Dabei kann zugegeben werden, daß vom Standpunkt des Verunstaltungsgesetzes die Litfaßsäulen — besonders wenn sie mit Reklameaufschriften versehen sind — als auch die Haltestellensäulen als solche in dieses Bild nicht hineinpassen und sowohl die weißen wie die beleuchteten Flächen der Haltestellensäulen als Beeinträchtigung dieses Straßenbildes zu bezeichnen sein möchten. Aber weder die Litfaßsäule noch die Haltestellensäulen stehen zur Enscheidung . . ."

Um dem Bürger das Verständnis dafür zu erleichtern, welche Art der Reklameschriften usw. er verwenden darf, sollen sich nach der AV. v. 4. VIII. 1907 die Ortsstatute, die auf Grund des Gesetzes ergehen, nicht darauf beschränken, die Genehmigungspflicht einzuführen. In das Ortsstatut sollen vielmehr die Voraussetzungen, unter denen die Genehmigung zu versagen ist, ausdrücklich aufgenommen werden; dabei darf die Anbringung von Reklameschildern nicht etwa überhaupt verboten werden; denn die Polizei hat im Auge zu behalten, daß die Reklame heute von den gewerblichen Kreisen nicht wohl entbehrt werden kann, daß vielmehr der Gesetzgeber nur ihren Ausschreitungen entgegentreten will. Das Ortsstatut wird somit das Verbot auf Schilder,

---

[1]) OVG. Bd. 77, S. 462. [2]) Bd. 79, S. 384. [3]) DJZ. 1928, Sp. 741.

Schaukästen usw. von bestimmter Art und Größe und von bestimmter Stellung zu beschränken und ferner auf die Bedürfnisse des betreffenden Ortsteiles und des gewerblichen Lebens Rücksicht zu nehmen haben.

Die von den Kommunen auf Grund der Verunstaltungsgesetze erlassenen Ortsstatuten pflegen diese ministeriellen Vorschriften zu beachten, obwohl die Innehaltung derselben nicht Gültigkeitsvoraussetzung des Ortsstatuts ist.

Um ein Beispiel eines auf Grund des Gesetzes von 1907 ergangenen Ortsstatuts zu geben, sei hier der die Plakat- usw. Reklame betreffende § 3 des Ortsgesetzes der Stadt Berlin gegen Verunstaltung[1]) wiedergegeben. Dieser lautet:

„Die Anbringung von Reklameschildern, Schaukästen, Aufschriften und Abbildungen bedarf der Genehmigung der Baupolizei. Sie ist zu versagen, wenn durch die Anbringung Straßen oder Plätze oder das Ortsbild gröblich verunstaltet werden würden.

a) Eine baupolizeiliche Genehmigung ist jedoch nicht erforderlich für die in den Anlagen 1—20 zu §§ 1 und 2 nicht aufgeführten Ortsteile, sofern:
   1. In der Gebäudeflucht liegende Schilder und Aufschriften nicht mehr als 2 qm Fläche,
   2. in den Verkehrsraum ragende Schilder nicht mehr als 0,5 qm Fläche aufweisen oder ihre Ausladung nicht mehr als 1 m von der Gebäudeflucht beträgt,
   3. die Verwendung solcher Farben oder Formen unterbleibt, die in ihrer Umgebung eine störende Wirkung ausüben[2]),
   4. eine verunstaltende Häufung vermieden wird[2]).

Nach dem Erlaß dieses Ortsgesetzes angebrachte, nach vorstehendem nicht genehmigungspflichtige Reklamevorrichtungen sind auf Anordnung der Baupolizei zu entfernen, wenn sie Straßen oder Plätze oder das Ortsbild gröblich verunstalten.

b) Für die in den Anlagen 1—20 zu § 3b aufgeführten Ortsgebiete, Straßen oder Plätze ist die Genehmigung schon dann zu versagen, wenn die Eigenart des Orts-, Straßen- oder Platzbildes beeinträchtigt werden würde. Das gleiche gilt in Ansehung der in den Anlagen 1—20 zu § 2 aufgeführten Bauwerke und deren Umgebung, falls ihre Eigenart oder der Eindruck, den sie hervorrufen, beeinträchtigt werden würde.

Wegen der Nebenstraßen gelten sinngemäß die einschlägigen Bestimmungen aus § 1.

c) An die Ausführung von Reklamevorrichtungen nach vorstehend 3b werden in der Hauptsache folgende Anforderungen gestellt:
   1. Die Reklamevorrichtungen müssen sich der Architektur des Bauwerkes und seinem Maßstab anpassen und dürfen Gesimse und andere architektonische Gliederungen und Schmuckstücke nicht verdecken oder überschneiden.
   Es kann gefordert werden, daß die Buchstaben der Reklameschilder usw. unmittelbar auf die Fassadenfläche gesetzt werden. Die unkünstlerische Verwendung greller Farben und verunstaltende Häufungen sind unzulässig.
   2. Reklamevorrichtungen sollen in der Regel nur für solche Unternehmen, die sich auf dem betreffenden Grundstück befinden und auch nur innerhalb der durch die äußere Architektur des Bauwerkes gekennzeichneten Erdgeschoßhöhe angebracht werden. In Höhe der oberen Stockwerke sind sie in Ansehung der Ortsgebiete, Straßen und Plätze sowie der Bauwerke und deren Umgebung, die in den Anlagen 1—20 zu § 3c II bekannt sind, nicht gestattet; im übrigen sind sie in Höhe der oberen Stockwerke nicht grundsätzlich ausgeschlossen, wenn sich das zugehörige Unternehmen in gleicher Höhe befindet.
   3. Das Aufstellen oder Anbringen von Reklamevorrichtungen in Vorgärten und an deren Einfriedigungen ist verboten. Ausgenommen sind bis zu 600 qcm große Namen- oder Berufsschilder der Hausbewohner, soweit verunstaltende Häufung vermieden wird.

---

[1]) Vom 23. X. 1923 (GemBl. S. 316).

[2]) Diese Bestimmung ist vom OVG. Bd. 79, S. 369 für ungültig erklärt worden. Das Statut ist aber nicht abgeändert worden.

4. Die Bemalung[1]) und Beschriftung von fensterlosen Mauern oder sonstigen zusammenhängenden Flächen von Bauwerken, auch von Zäunen, ist dem Grunde nach zulässig, wenn Rücksicht auf den Maßstab und auf eine künstlerische Formen- oder Farbengebung geübt wird. Auch hier sind verunstaltende Häufungen nicht zulässig. Die Verwendung derartiger Flächen für Plakate ist verboten.
5. Lichtreklamen[1]) sind nur in maßvoller Weise gestattet; die hierzu erforderlichen Vorrichtungen dürfen bei Tage nicht störend wirken.
6. Die vorbezeichneten Vorschriften zu 1—5 gelten sinngemäß auch für Reklamevorrichtungen, welche frei stehen oder an Brücken und Überführungen angebracht werden.
7. An Streckenreklamen längs der Bahnlinien und Wasserstraßen kann die Baupolizei besondere Anforderungen hinsichtlich Größe, Form und Farbe stellen.
8. Auf Mietschilder in einer Größe bis zu 4 qm sowie auf vorübergehende, d. h. für eine nicht längere Dauer als 2 Wochen anzubringende Reklamevorrichtungen, soweit diese nicht durch andere ersetzt werden, finden die vorstehenden Bestimmungen keine Anwendung, wenn eine verunstaltende Häufung unterbleibt.
9. Namen- oder Berufsschilder mit einem Hinweis auf den erfolgten Umzug eines Hausbewohners gelten für die Dauer von 3 Monaten als vorübergehende Ankündigung.
10. Die Bestimmung über die verkehrs- und straßenbaupolizeilichen Genehmigungen bleiben unberührt."

2. § 3 des Gesetzes von 1907 findet, wie der Gesetzeswortlaut[2]) besagt, nur auf Reklameeinrichtungen, wie Schilder, Aufschriften usw., Anwendung, die an oder bei Gebäuden angebracht sind. Ist die Reklameeinrichtung ein selbständiges Bauwerk, so kommt nicht § 3, sondern es kommen die §§ 1 und 2 des Gesetzes zur Anwendung[3]). Diese lauten:

§ 1.

Die baupolizeiliche Genehmigung zur Ausführung von Bauten und baulichen Änderungen ist zu versagen, wenn dadurch Straßen oder Plätze der Ortschaft oder das Ortsbild gröblich verunstaltet werden würden.

§ 2.

Durch Ortsstatut kann für bestimmte Straßen und Plätze von geschichtlicher oder künstlerischer Bedeutung vorgeschrieben werden, daß die baupolizeiliche Genehmigung zur Ausführung von Bauten und baulichen Änderungen zu versagen ist, wenn dadurch die Eigenart des Orts- oder Straßenbildes beeinträchtigt werden würde. Ferner kann durch Ortsstatut vorgeschrieben werden, daß die baupolizeiliche Genehmigung zur Ausführung baulicher Änderungen an einzelnen Bauwerken von geschichtlicher oder künstlerischer Bedeutung und zur Ausführung von Bauten und baulichen Änderungen in der Umgebung solcher Bauwerke zu versagen ist, wenn ihre Eigenart oder der Eindruck, den sie hervorrufen, durch die Bauausführung beeinträchtigt werden würde.

Wenn die Bauausführung nach dem Bauentwurfe dem Gepräge der Umgebung der Baustelle im wesentlichen entsprechen würde und die Kosten der trotzdem auf Grund des Ortsstatuts geforderten Änderungen in keinem angemessenen Verhältnisse zu den dem Bauherrn zur Last

---

[1]) Diese Vorschrift bezieht sich nur auf Reklamekundgebungen, die keine Druckschriften des RPG. sind, sie soll des Zusammenhangs wegen aber sofort mit behandelt werden.

[2]) S. 184.

[3]) Weitere Einschränkungen der Reklamefreiheit als die genannten enthält das Gesetz von 1907 nicht. Besonders gehört nicht hierher der § 4 des Gesetzes, welcher lautet:

„Durch Ortsstatut können für die Bebauung bestimmter Flächen, wie Landhausviertel, Badeorte, Prachtstraßen, besondere, über das sonst baupolizeilich zulässige Maß hinausgehende Anforderungen gestellt werden."

Wie das Oberverwaltungsgericht in Bd. 64, S. 546 entschieden hat, gibt diese Vorschrift nicht den Gemeinden das Recht, Ortsgesetze zu erlassen, um die Anbringung von Reklameschildern aus dem Gesichtspunkt des § 4 zu verbieten.

fallenden Kosten der Bauausführung stehen würde, so ist von der Anwendung des Ortsstatuts abzusehen.

Wird demnach ein Gebäude mit einem Aufbau, etwa einem Lichtreklamegerüst, versehen, so liegt eine neue bauliche Anlage vor, die genehmigungspflichtig ist. Die Genehmigung kann von der Baupolizeibehörde im Falle des § 1 versagt werden, wenn gröbliche Verunstaltung des Ortsbildes, im Falle des § 2, wenn eine Beeinträchtigung des Orts- oder Straßenbildes zu befürchten ist. So heißt es in der Entscheidung des OVG.[1]):

„Zu Unrecht bestreitet die Berufungsklägerin, daß die hier fragliche Reklamevorrichtung zu den genehmigungspflichtigen Bauausführungen im Sinne des § 1 der Breslauer Baupolizeiverordnung vom 19. V. 1908 gehöre. Ausweislich der eingereichten Akten und der im Bauschein angezogenen Zeichnung handelt es sich um ein eisernes Gerüst von rund 10 m Breite und 4,50 m Höhe, welches auf dem flachen Dach des vier Vollgeschosse enthaltenden Eckhauses an der Neuen Schweidnitzer Straße und dem Tauentzienplatze längs dieses Platzes errichtet und mit den unten erwähnten Reklamezeichen versehen ist. Stiel und Streben des Gerüstes sind mit der Balkenlage des Daches verankert. Würde wegen dieser die Standfestigkeit sichernden Verbindung das Gerüst als Teil des Hauses angesprochen, so wäre die Errichtung nach § 1 Ziff. 2 der Bauordnung als Herstellung einer Eisenkonstruktion genehmigungspflichtig; lehnt man diese Auffassung — was richtig erscheint — ab, weil das Reklamegerüst dem Haus wesensfremd ist und letzteres nur die notwendige Unbeweglichkeit des Gerüstes vermittelt, so ist es als neue bauliche Anlage nach § 1 Ziff. 1 konsenspflichtig. Daß es als solche auch zu den Bauten im Sinne des § 1 des Gesetzes vom 15. VII. 1907 gehört, durch welche Straßen oder Plätze gröblich verunstaltet werden können, ist in der Rechtsprechung des Oberverwaltungsgerichts längst anerkannt.“

d) Nach der Betrachtung der Beschränkungen der Preßerzeugnisse durch das RPG. ist nunmehr zu untersuchen, welchen gesetzlichen Beschränkungen die Preßerzeugnisse durch andere Reichsgesetze unterworfen sind.

Diese Beschränkungen sind — soweit es das Gebiet der Reklame interessiert — in den oben aufgezählten Gesetzen enthalten. Von diesen sind hier nur das Postgesetz und das Lichtspielgesetz darzustellen, da die übrigen oben[2]) aufgezählten Gesetze an anderer Stelle behandelt sind.

α) Durch die Bestimmungen des Reichsgesetzes über das Postwesen des Deutschen Reiches v. 28. X. 1871 wird die Freiheit, Preßerzeugnisse nach Belieben zu verbreiten, stark eingeschränkt.

Nach ihnen müssen nämlich alle verschlossenen Briefe und politischen Zeitungen, welche öfter als einmal wöchentlich erscheinen, durch die Post befördert werden, falls die Beförderung entgeltlich geschieht. Diesem Postmonopol des Reiches entspricht die Pflicht der Post, Postsendungen aller Art zur Beförderung entgegenzunehmen und für alle Beteiligten einheitliche Preise zu berechnen.

Diese Vorschrift, die Druckschriften ebenso wie andere Schriften betrifft, zwingt die Reklametreibenden, ihre verschlossenen Reklamedruckschriften mit gewissen örtlichen Ausnahmen nur durch die Post besorgen zu lassen.

β) Eine viel einschneidendere Beschränkung hat die Preßfreiheit durch das Lichtspielgesetz v. 12. V. 1920 (LSpG.) erfahren[3]).

Unter dieses Gesetz fallen die öffentlichen Vorführungen von Bildstreifen (Filmen). Bildstreifen sind „schmale fortlaufende Streifen aus Zelluloid oder aus einer anderen

---

[1]) PrVBl. 38, S. 147. [2]) Siehe S. 155.

[3]) Über die verkehrs- und sicherheitspolizeilichen Beschränkungen von Filmreklamen, die auf öffentlichen Straßen vorgeführt werden, vgl. S. 179 und S. 180.

durchsichtigen, biegsamen Masse, so etwa dem Zellit oder Boroid, auf denen sich die zahlreichen photographischen Reihenbilder befinden, deren Projektion in rascher Vorführung uns ein Handlungsbild vortäuscht[1])". „Bildstreifen" im Sinne des Gesetzes ist sowohl der Negativfilm, d. h. das Erzeugnis der photographischen Aufnahme durch den kinematographischen Aufnahmeapparat, wie auch der Positivfilm, d. h. der zum Zwecke der Vorführung aus dem Negativ hergestellte Abzug.

Ein Handlungsbild liegt stets vor, wenn rasch aufeinanderfolgende Photographien projektiert werden. Ob eine Veränderung der Außenwelt durch Lebewesen vorgetäuscht wird oder nur ein gleichbleibender Zustand, wie z. B. bei Aufnahmen von leblosen Gegenständen, ist unerheblich. Gleichgültig ist es auch, in welcher Weise und an welchem Orte die Vorführung erfolgt. Auch bewegliche Lichtbilderautomaten unterliegen den Vorschriften des LSpG.[2]). Kein Bildstreifen im Sinne des Gesetzes liegt dagegen vor, wenn keine Handlung vorgetäuscht wird. Hiernach unterliegen die als Reklamekundgebung „Diapositive" genannten stehenden Lichtbilder[3]) nicht dem LSpG. Stehende Lichtbilder sind solche, die auf Glasplatten oder sonstigen unbiegsamen durchsichtigen Platten gemalt oder photographiert sind und die feststehend projektiert werden. Die Reklamekundgebungen, die in Theatern, Kinos, Variétés usw. durch stehende Lichtbilder erfolgen, fallen daher niemals unter das LSpG.

Für das Gebiet der Reklame spielt der Film eine erhebliche, noch ständig im Wachsen begriffene Rolle. Das Tempo der Zeit bringt es mit sich, daß das Publikum vielfach Reklamekundgebungen übersieht oder ihnen wenig Beachtung schenkt. Dies wird vermieden, wenn die Reklamekundgebung zu einer Zeit und an einem Orte erfolgt, wo das Publikum für Reklamekundgebungen empfänglich ist. Das ist im Theater der Fall. Hier konzentriert sich die Aufmerksamkeit des Publikums auf das, was es zu sehen bekommt. Aus diesem Grunde ist der Werbefilm, der vor allem in Kinotheatern als Teil des Programms gezeigt zu werden pflegt, ein besonders beliebtes und geeignetes Mittel für eine Reklamekundgebung. Die reklametreibende Kaufmannschaft bedient sich dieses Werbemittels, indem sie mit den Reklamezwecken zugleich die Möglichkeiten des Films benutzt, das Publikum zu unterhalten und zu amüsieren. Hierzu werden alle möglichen Spielhandlungen vorgeführt, die in irgendeiner Form zu dem Objekt führen, für das Reklame gemacht werden soll. So wird z. B. in dem Werbefilm der Ova-Zigarettenfabrik in Hunderten von Metern ein Kriminalfall dargestellt, der den Diebstahl des Rezeptes der Ova-Zigaretten behandelt, um damit für diese Zigaretten Reklame zu machen. Man bedient sich weiter für Werbezwecke der besonders eindrucksvollen Trickfilme, das sind Filme, die auf Zeichnungen beruhen. Oder man verbindet die Reklame in äußerlich möglichst unauffälliger Weise mit sog. Kulturfilmen, so z. B. wenn eine Nordpolfahrt vorgeführt und dabei in irgendeiner Weise im Titel auf eine bestimmte Schiffahrtsgesellschaft hingewiesen wird, mit der man die gezeigten schönen Landschaften erreichen kann. Diese Art der Reklame ist besonders beliebt, weil bei ihr auch die Möglichkeit besteht, daß der Film von der Bildstelle des Zentralinstituts für Er-

---

[1]) So Hellwig, Lichtspielgesetz, S. 58.

[2]) So Luppe, Automatenrecht in Stier-Somlo-Elster I, 499.

[3]) Sie sind aber, soweit sie auf mechanischem oder chemischem Wege vervielfältigt sind, auch Druckschriften im Sinne des RPG. (siehe S. 153).

ziehung und Unterricht als volksbildend anerkannt[1]) wird und aus diesem Grunde steuerliche Vorteile genießt.

αα) Die wichtigste Bestimmung des LSpG., welche sich auf alle Filme bezieht und denen somit auch Werbefilme jeglicher Art unterliegen, ist die Einführung der Zensur.

Filme sind, wie oben[2]) ausgeführt, Druckschriften im Sinne des RPG. Sie würden daher an sich Preßfreiheit genießen. Das LSpG. verbietet jedoch prinzipiell die öffentliche Vorführung von Bildstreifen. Erlaubt ist die Vorführung nur dann, wenn die Filme im einzelnen Falle zur Vorführung freigegeben werden. Das LSpG. schafft hier also den Grundsätzen der Preßfreiheit zuwider die Möglichkeit, den gedanklichen Inhalt der Filme einer behördlichen Präventivprüfung zu unterziehen.

Nach § 1 LSpG. dürfen Filme — also auch Werbefilme — nur vorgeführt oder zum Zwecke der öffentlichen Vorführung in den Verkehr gebracht werden, wenn sie von den amtlichen Prüfungsstellen zugelassen sind. Eine Ausnahme von dieser Bestimmung gilt nur für die Vorführung rein wissenschaftlicher oder künstlerischen Zwecken dienender Filme in öffentlichen oder als öffentlich anerkannten Bildungs- und Forschungsanstalten.

Die Zulässigkeit dieser das Prinzip der Preßfreiheit durchbrechenden Einführung einer Vorzensur ergibt sich aus Art. 118 II RV., der zwar grundsätzlich jede Zensur für Preßerzeugnisse verbietet, jedoch für Lichtspiele die Zensur ausdrücklich gestattet.

Zu den öffentlichen Vorführungen rechnet § 1 LSpG. die Vorführung von Filmen in Theatern, Varietés, Klubs, Vereinen und anderen geschlossenen Gesellschaften. Für das Erfordernis der Vorzensur ist es gleichgültig, ob die Vorführung gewerbsmäßig oder nicht gewerbsmäßig, entgeltlich oder unentgeltlich erfolgen soll. Gleichgültig ist es ferner, ob die Bildstreifen ein höheres Interesse der Kunst und Wissenschaft verfolgen. Daher sind alle Werbefilme, d. h. die Filme, durch deren Inhalt für irgendein Unternehmen Reklame gemacht wird, prüfungspflichtig. Auch die Filmvorführungen in den Cafés usw., die unentgeltlich gezeigt werden und durch die eine Reklame erfolgt, fallen ebenfalls unter die Vorzensur.

Die Zulassung erfolgt auf einen schriftlich zu stellenden Antrag, der die Firma des Herstellers des Films und nähere Angaben über die Eigentümlichkeiten desselben (Titel, Länge, Aktzahl usw.) enthalten muß. Antragsberechtigt ist für inländische Filme der Hersteller, für ausländische der ausschließlich über den Film in Deutschland Verfügungsberechtigte.

Die Zulassung ist nur zu versagen, wenn durch die Prüfung festgestellt wird:

1. daß die Vorführung des Films die öffentliche Sicherheit oder Ordnung gefährdet. Die Begriffe „öffentliche Sicherheit und Ordnung" haben hier die gleiche Bedeutung wie in § 10 II 17 ALR.[3]). Hiernach sind Filme, deren Inhalt erkennbar eine strafbare Handlung darstellen würde, stets zu verbieten. Zu verbieten sind z. B. Filme, die öffentliche Beleidigungen enthalten, wobei es gleichgültig ist, ob die beleidigte Person einen Strafantrag gestellt hat. Ebenso wären Filme zu verbieten, die einen strafbaren Eingriff in ein Urheberrecht darstellen würden. Anders dagegen sind Filme, in denen eine strafbare Handlung vorgeführt wird — sog. Kriminalfilme —,

---

[1]) Sog. Lampeschein. [2]) S. 154. [3]) S. 79.

nur dann zu verbieten, wenn ihre Handlung im Einzelfall nach der Art der Handlung und nach der Art und Weise der Darstellung gegen die öffentliche Ordnung im Sinne von § 10 II 17 ALR. verstößt[1]). Hiernach sind stets Bildstreifen zu verbieten, wenn die Darstellung des Verbrechens als Selbstzweck erscheint, wenn der Film nichts weiter als eine versteckte Verherrlichung des Verbrechens beabsichtigt.

2. Wenn das religiöse Empfinden verletzt wird. Hiernach ist das religiöse Empfinden aller Religionsgesellschaften, die in Deutschland in erheblichem Maße vertreten sind, zu berücksichtigen. Dazu gehört z. B. auch das Judentum, wohl aber nicht der Islam oder der Buddhismus. Es muß sich um eine Verletzung des normalen religiösen Gefühls handeln, so daß z. B. die Vorführung jüdischer Zeremonien in dem Film „Das alte Gesetz" erlaubt erscheint.

3. Wenn die Vorführung verrohend oder entsittlichend wirken würde. Zu den verrohenden Filmen gehören Bildstreifen, die die Darstellung von Unglücksfällen, Tierquälereien, Selbstmorden enthalten. Auch die Darstellung von Boxkämpfen ist als verrohend wirkend angesehen worden, wenn sie die Vorführung aller oft recht unschönen Einzelheiten enthält[2]). Der Tatbestand der „entsittlichenden Wirkung" ist sehr weit. Hierunter fallen alle in geschlechtlicher Beziehung anstößigen Filme, ferner aber auch alle Filme, die in starkem Maße demoralisierend wirken können.

4. Wenn das deutsche Ansehen oder die Beziehungen Deutschlands zu auswärtigen Staaten gefährdet erscheinen. Hier wird zunächst das deutsche Ansehen geschützt; d. h. die Zensur hat das berechtigte Nationalitätsgefühl zu berücksichtigen. Wenn das deutsche Ansehen nur dann gefährdet ist, wenn der Film im Ausland vorgeführt wird, so kann er unter der Bedingung zugelassen werden, daß er nicht ins Ausland gebracht wird. Ein Film gefährdet die Beziehungen Deutschlands zu auswärtigen Staaten dann, wenn er auswärtigen Staaten unerwünscht ist und die auswärtigen Beziehungen Deutschlands zu stören geeignet ist, wobei es gleichgültig ist, ob die Darstellung sich lediglich an wahre Tatsachen hält.

Andere Versagungsgründe als die aufgezählten gibt es nicht. So ist also eine Versagung wegen Verfolgung einer politischen, sozialen, religiösen oder ethischen Weltanschauungstendenz als solche niemals gerechtfertigt. Auch darf die Filmprüfstelle[3]) die Zulassung nicht aus Gründen, die außerhalb des Inhalts des Filmes liegen, versagen. So kann z. B. die Filmprüfstelle niemals Filme verbieten, weil sie durch starkes Flimmern die Augen des Beschauers schädigen.

Geben nur Teile eines Films zur Versagung der Zulassung Anlaß, so ist er zuzulassen, wenn die beanstandeten Teile aus den zur Vorführung gelangenden Positiven ausgeschnitten und der Prüfungsstelle übergeben werden. Die Zulassung ist aber hier noch an die Voraussetzung geknüpft, daß der Prüfungsstelle Sicherheit dafür gegeben wird, daß die beanstandeten Teile nicht verbreitet werden[4]).

Der Prüfung unterliegen die Bildstreifen in ihrem gesamten Inhalt, d. h. sämtliche Bilder und der gesamte verbindende Text mit den Vorbemerkungen und dem

---

[1]) OVG. Entscheidungen in Hellwig, Verwaltungsgesetze 13 f., 51 ff., 102.

[2]) Vgl. OVG. III B 135/11. Diese Entscheidung dürfte nicht mehr zutreffen, nachdem öffentliche Boxkämpfe allgemein zugelassen sind.

[3]) Wohl aber kann hier evtl. die Polizei aus allgemeinen Polizeigründen (S. 78 ff.) eingreifen.

[4]) § 1 III LSpG.

Schluß. Dagegen unterliegen die Filmmanuskripte selber einer Zensur nicht. Wohl aber gehören zu dem verbindenden Text etwa hinzugefügte mündliche Erläuterungen, wenn sie mehr als eine nebensächliche Begleiterscheinung der Lichtspielvorführung sind.

Zum Schutz der Jugend gegenüber Lichtspielvorführungen sind noch besondere Regelungen ergangen, die aber nur zum Teil reichsrechtlich sind (§ 3 LSpG.).

Reichsrechtlich ist nur bestimmt, daß Kinder unter 6 Jahren überhaupt zu Lichtspielvorführungen nicht zugelassen werden dürfen und daß Filme, die Jugendlichen von 6—18 Jahren vorgeführt werden sollen, einer besonderen Jugendzensur unterliegen.

Daß Kinder unter 6 Jahren zur Vorführung von Bildstreifen nicht zugelassen werden dürfen, ist Reichsrecht. Daraus folgt, daß jede landesrechtliche Erlaubnis ungültig ist[1]). Hiernach dürfte auch Kindern unter 6 Jahren z. B. der Zutritt zu Cafés, in denen zu Reklamezwecken Kinovorführungen stattfinden, wie man es in Berlin z. B. seit einiger Zeit sehen kann, nicht gestattet sein. Allerdings wird die Nichtinnehaltung strafrechtlich nicht geahndet, da es an einer Strafbestimmung fehlt. Wohl aber kann die Polizei dagegen mit Polizeizwang[2]) einschreiten und durch Polizeiverordnung Exekutivstrafen[3]) androhen.

Die Jugendzensur bewirkt, daß nur diejenigen Filme zur Vorführung vor Jugendlichen zugelassen werden, die ausdrücklich von der Filmprüfungsstelle als solche zugelassen sind. Deshalb haben die Cafés usw., die zur Unterhaltung ihrer Gäste Filme vorführen, streng darauf zu achten, daß sie entweder nur besonders erlaubte Filme vorführen oder Jugendlichen den Zutritt versagen.

Die Jugendzensur gilt für alle Jugendlichen, gleichgültig welchen Standes oder Berufes sie sind. Ihr Schutz bezieht sich z. B. auch auf noch nicht achtzehnjährige Soldaten oder Mütter. Es bedarf keiner Erörterung, daß Jugendlichen gegenüber auch die Vorführung[4]) sämtlicher Filme verboten ist, die Erwachsenen nicht gezeigt werden dürfen. Daneben ist die Erlaubnis zur Vorführung von Filmen vor Jugendlichen zu versagen, wenn die Filme eine schädliche Einwirkung auf die sittliche, geistige oder gesundheitliche Entwicklung der Jugendlichen oder eine Überreizung ihrer Phantasie besorgen lassen.

Neben diesen reichsrechtlichen Vorschriften kann das Landesrecht weitere Bestimmungen erlassen, soweit[5]) diese der gesundheitlichen oder sittlichen Entwicklung der Jugendlichen dienen. Diese landesrechtlichen Bestimmungen können außer von den Organen der Polizei auch durch die Gemeinden getroffen werden, selbst wenn sie zum Erlaß von Polizeimaßnahmen nicht[6]) befugt sind. In diesem Fall tritt der eigenartige Zustand ein, daß die Gemeinden Bestimmungen treffen können, für deren Zuwiderhandlungen eine Bestrafung ausgeschlossen ist. Besteht in den Gemeinden ein Jugendamt, so sind Gemeindebestimmungen nur insoweit zulässig, als sie von diesem beantragt sind.

[1]) So z. B. eine Polizeiverordnung in Bremen vom 5. XI. 1914.

[2]) S. 74 ff. [3]) S. 74.

[4]) Sobald ein Film erst dadurch zugelassen wurde, daß aus ihm bestimmte Stellen ausgeschnitten wurden, darf er zur Vorführung gegenüber Jugendlichen überhaupt nicht zugelassen werden.

[5]) Diese Beschränkung ist nicht als eingehalten anzusehen, wenn eine landesgesetzliche Bestimmung die Vornahme von Erläuterungen zu den Vorführungen, eine Nachprüfung durch die Schulbehörde, ein Verbot der Vorführung von Filmdramen usw. verlangt.

[6]) So in Preußen.

Als gültige landesrechtliche Bestimmungen, die also auch bei den Vorführungen in den genannten Cafés beachtet werden müssen, sind angesehen worden: Beschränkung der Zulassung von Jugendlichen auf bestimmte Wochentage, Beschränkung auf gewisse Abendstunden, Zulassung von Jugendlichen nur in Begleitung Erwachsener, Beschränkungen der Dauer, Rauchverbot usw.

Die Zulassung eines Bildstreifens kann widerrufen werden[1]), wenn die gesetzlichen Versagungsgründe erst nachträglich in die Erscheinung treten. Der Widerruf erfolgt nur auf Antrag einer Landeszentralbehörde. Über einen solchen Antrag entscheidet in erster und letzter Instanz die Oberprüfstelle in Berlin.

In § 4 LSpG. ist somit zur Ergänzung des die Vorzensur einführenden § 1 noch eine Nachzensur eingeführt. Nicht geregelt hat das LSpG. die Frage, ob die Ortspolizei einen die öffentliche Sicherheit und Ordnung störenden Film bis zur Entscheidung der Oberprüfstelle nach § 4 LSpG. verbieten darf. Das preußische OVG.[2]) hat dies mit folgenden Einschränkungen bejaht:

„Dabei steht der Ortspolizei . . . kein völlig selbständiges, von der Zuständigkeit der Widerrufsbehörde losgelöstes und daneben hergehendes Verbietungsrecht zu. Sie hat nur die Aufgabe, bis zum Spruch der Widerrufsbehörde für die Wahrung der öffentlichen Sicherheit und Ordnung zu sorgen, und darf daher nur für diese Zeit der Vorführung des Bildstreifens entgegentreten, und zwar dergestalt, daß die ortspolizeiliche Anordnung bei erfolgreicher Durchführung des Widerrufsverfahrens durch den Spruch der Widerrufsbehörde ersetzt wird, im andern Falle mit der den Widerruf ablehnenden Entscheidung der Oberprüfungsstelle ihre Geltung verliert. Die Zuständigkeit der Ortspolizei wird mithin durch diejenige der Prüfungsbehörde gebunden, und das erheischt dem Betroffenen gegenüber, daß die Polizei den lediglich einstweiligen Charakter ihrer Anordnung auch in dieser selbst zum Ausdruck bringen muß, will sie nicht die ihr allein zur Verfügung stehende Rechtsgrundlage verlassen und in die Zuständigkeit der Prüfungsbehörden eingreifen."

Zuständig für die Prüfung von Filmen sind die Prüfungsstellen, deren es bisher zwei (in Berlin und München) gibt. Die Zulassung des Films gilt für das ganze Reichsgebiet (§ 8 LSpG.).

Über die Besetzung der Prüfungsstellen treffen die §§ 9 und 10[3]) LSpG. Bestimmungen. Bei Prüfung von Bildstreifen, die zur Vorführung in Jugendvorstellungen

---

[1]) § 4 LSpG. [2]) 77, 434.

[3]) § 9 LSpG. lautet: „Die Prüfungsstellen setzen sich aus beamteten Vorsitzenden und Beisitzern zusammen. Von den Beisitzern ist je ein Viertel den Kreisen des Lichtspielgewerbes und der auf den Gebieten der Kunst und Literatur bewanderten Personen, die Hälfte den auf den Gebieten der Volkswohlfahrt, der Volksbildung oder der Jugendwohlfahrt besonders erfahrenen Personen zu entnehmen. Mit Ausnahme der Vertreter des Lichtspielgewerbes dürfen Beisitzer an diesem Gewerbe nicht geschäftlich oder beruflich beteiligt sein.

Die Mitglieder der Prüfungsstellen werden vom Reichsminister des Innern ernannt. Die Beamten sollen Persönlichkeiten von pädagogischer und künstlerischer Bildung sein. Bei der Auswahl der Beamten und Beisitzer sind auch Frauen heranzuziehen. Bei der Auswahl der Beisitzer aus den Kreisen des Lichtspielgewerbes sind die Angestellten und Arbeiter dieses Gewerbes ausreichend zu berücksichtigen. Die Beisitzer werden auf die Dauer von drei Jahren auf Grund von Vorschlagslisten der beteiligten Verbände ausgewählt."

§ 10 LSpG. lautet: „Die Beisitzer sind von dem Vorsitzenden für die Dauer ihrer Tätigkeit durch Handschlag darauf zu verpflichten, daß sie nach bestem Wissen und Gewissen ohne Ansehen der Person ihr Urteil abgeben wollen.

Sie erhalten Anwesenheitsgelder und Ersatz der Reisekosten."

bestimmt sind, sind auch Jugendliche im Alter von 18—20 Jahren nach Bestimmung der Ausschüsse für Jugendwohlfahrt zu hören[1]).

Gegen den Bescheid, der die Zulassung eines Films ganz oder teilweise verweigert, steht dem Antragsteller innerhalb zwei Wochen nach Zustellung desselben die Beschwerde an die Oberprüfstelle in Berlin zu. Ferner können der Vorsitzende oder zwei Mitglieder der Prüfungsstelle, die an der Entscheidung beteiligt sind, gegen diese in der Sitzung Beschwerde einlegen, über die die Oberprüfungsstelle zu entscheiden hat[2]).

Über die Zulassung des Films durch die Prüfungsstellen oder die Oberprüfungsstelle erhält[3]) der Antragsteller eine Zulassungskarte, für die ebenso wie für das Prüfungsverfahren eine Gebühr zu zahlen ist.

Verstöße gegen die hier wiedergegebenen Bestimmungen des LSpG. werden, wenn sie vorsätzlich begangen werden, mit Gefängnis bis zu zwei Jahren oder Geldstrafe bis zu 100000 RM. bestraft[4]). Bei Fahrlässigkeit ist Geldstrafe bis zu 10000 RM. angedroht. Neben der Strafe kann auf Einziehung des Bildstreifens erkannt werden, wobei es gleichgültig ist, ob der Bildstreifen dem Verurteilten gehört oder nicht. Ist die Verurteilung einer bestimmten Person nicht ausführbar, so kann auf Einziehung des Bildstreifens selbständig erkannt werden.

Lücken des LSpG. sind — das folgt aus der Eigenschaft des Films als Druckschrift — aus dem RPG. zu ergänzen. Denn das LSpG. durchbricht das RPG. nur insoweit, als in ihm dem RPG. widersprechende Vorschriften enthalten sind. Verstößt also der Inhalt eines zugelassenen Films gegen die Gesetze, so darf die Polizei gegen seine Vorführung nicht einschreiten. Die Zulassung des Films schützt den Verbreiter desselben zwar nicht vor strafrechtlicher Verfolgung, sie schützt ihn aber vor polizeilichen Präventivmaßnahmen gegen zugelassene Filme. Die Polizei kann nur bei der Landesregierung die Beantragung eines Widerrufsverfahrens anregen oder die Beschlagnahme nach §§ 23ff. Preßgesetz bei der Staatsanwaltschaft beantragen[5]). Schwebt wegen des zugelassenen Films ein Widerrufsverfahren, so kann[6]) die Polizei durch Maßnahmen einstweiligen Charakters die weitere Vorführung des Films verhindern.

Die Präventivmaßnahmen gegen die Vorführung zugelassener Filme sind aber insoweit zulässig, als sie nicht gegen die Preßfreiheit verstoßen. Der den Filmvorführungen verliehene Schutz unterliegt somit nach den obigen[7]) Ausführungen[8]) zwei Beschränkungen. Die Polizei kann gegen die Vorführung zugelassener Filme aus Staatsnotwehrgründen einschreiten. Dies ist bereits oben[9]) näher dargestellt worden. Ferner werden die Filme vor Präventivmaßnahmen der Verwaltung nur insoweit geschützt, als diese den Inhalt der Filme treffen. Daher kann die Polizei gegen die Vorführung zugelassener Filme aus sicherheits-, verkehrs-, bau- und gesundheitspolizeilichen Rücksichten einschreiten. So kann die Polizei die Vorführung eines Reklamefilms verbieten, wenn er durch ungeheures Flimmern die Augen der Beschauer schädigt. Ferner kann sie z. B. den erwähnten Filmvorführungen in den Cafés aus feuergefährlichen Gründen widersprechen oder sie von einer Genehmigung abhängig machen. Schließlich

[1]) § 11 II LSpG. [2]) § 12 LSpG. [3]) §§ 14, 16 LSpG. [4]) § 18 LSpG.
[5]) Vgl. Brauchitsch, Bd. II, 21. Aufl., S. 311. [6]) S. 79. [7]) S. 157.
[8]) Die Befugnis der Polizei gegen Druckschriften, die bestimmungsgemäß nicht verbreitet werden sollen (vgl. oben S. 157), einzuschreiten, kommt für zugelassene Filme nicht in Betracht.
[9]) S. 159.

kann sie z. B. Filmvorführungen, die von der Straße aus sichtbar sind, aus verkehrspolizeilichen Gründen verbieten oder von einer Genehmigung abhängig machen. Gerade diese Vorführungen werden fast ausschließlich Reklamekundgebungen darstellen. Als Beispiel hierfür sei an die Filmvorführungen auf dem Dönhoffplatz in Berlin erinnert. In Berlin ist durch § 60b der BStrO. die Vorführung von Filmen, die von der Straße aus sichtbar sind, von einer polizeilichen Genehmigung abhängig[1]).

ββ) Soweit das Gebiet der Reklame in Frage kommt, erschöpft sich das LSpG. nicht in den eben behandelten Vorschriften, welche die Reklame durch Filme betreffen. Das LSpG. enthält auch besondere Vorschriften, welche die Reklame für Bildstreifen behandeln.

Die Reklame für Bildstreifen, also die Reklame, die vorzugsweise von Herstellern und Vorführern von Filmen zwecks Anreizung zum Besuche der Lichtspieltheater unternommen wird, ist in den §§ 5 II, 19 LSpG. geregelt[2]).

Hiernach ist die Reklame für die Filmvorführungen einer besonderen Vorzensur, die sich auf ihren Inhalt bezieht, unterworfen. Jede schriftliche Reklame — aber nur diese — muß genehmigt sein. Hiernach ist es gleichgültig, wie die schriftliche Reklame hergestellt wurde, ob sie mit Schriftzeichen oder Bildern ausgestattet ist, ob sie mit der Hand oder Maschine geschrieben, ob sie gemalt, photographiert, gedruckt oder sonst vervielfältigt wurde. Genehmigungspflichtig ist aber nur die Reklame für Filmvorführungen, die an oder in[3]) den Geschäftsräumen oder an öffentlichen Anschlagsäulen oder schließlich durch Zettelverteilung erfolgt. Unter „Geschäftsräumen" im Sinne dieser Vorschriften dürften nur die Geschäftsräume der Beteiligten, der Lichtspielhäuser, Filmhersteller oder -verleiher zu verstehen[4]) sein. Öffentliche Anschlagsäulen sind Anschlagstellen, die dem Publikum frei zugänglich sind, so vor allem die sog. Litfaßsäulen in Berlin, die Bahnhöfe und die Wagen der öffentlichen Verkehrsanstalten usw. Unter Verteilung von Druckschriften ist nur die unentgeltliche Verteilung zu verstehen. Nur soweit hiernach eine Zensur vorgeschrieben ist, ist eine solche zu erfordern. Einer Vorzensur unterliegen also nicht die Zeitungsanzeigen für Filmvorführungen, nicht die Anschläge in Cafés, Warenhäusern usw. und nicht die Programme oder Textbücher, wenn sie nicht unentgeltlich verteilt werden. Auch die Reklame durch Ausrufer ist nicht genehmigungspflichtig.

Die Genehmigung wird von der Filmprüfstelle oder von der Ortspolizei erteilt. Diese doppelte Zuständigkeit ist geschaffen worden, um den Eigentümlichkeiten des Lichtspielgewerbes gerecht zu werden. Ein großer Teil der für die Werbung zum Theaterbesuch bestimmten Reklamegegenstände wird von den Herstellern des Films den Theaterunternehmern zugleich mit dem Film geliefert. Diese Reklamegegenstände bestehen in Lichtbildern, die Szenen aus den Filmstücken darstellen, gedruckten Plakaten, Programmen usw. Der Hersteller wird ein Interesse daran haben, diese Reklamegegenstände zugleich

---

[1]) S. 180.

[2]) § 5 II lautet: „Die zur Vorführung von Bildstreifen gehörige Reklame an Geschäftsräumen und öffentlichen Anschlagsäulen und die Reklame durch Verteilung von Druckschriften bedarf, soweit sie nicht bereits von der Prüfungsstelle genehmigt worden ist, der Genehmigung der Ortspolizeibehörde. Sie darf nur unter den Voraussetzungen des § 1 II und § 3 II versagt werden."

[3]) So Goldbaum, Theaterrecht, S. 50; ebenso wohl Hellwig, a. a. O. S. 140.

[4]) Sehr bestritten.

mit dem Film prüfen zu lassen. Die Ausführungsverordnung zum LSpG. stellt es daher dem Hersteller frei, die Reklame in doppelter Ausfertigung dem Antrag auf Prüfung des Bildstreifens beizufügen. Die Reklamedruckschriften können aber auch auf Antrag der Hersteller unabhängig von Bildstreifen von der Prüfstelle der Prüfung unterzogen werden.

Neben diesen Reklamedruckschriften pflegen die Theaterunternehmer aber auch Druckschriften oder gemalte Plakate, die sie selber herstellen oder herstellen lassen, Lichtreklame und anderes mehr zur Kundenwerbung zu verwenden. Die Filmprüfungsstellen mit der Prüfung dieser für alle Lichtspieltheater verschiedenen und oft wechselnden Reklameeinrichtungen zu befassen, wäre untunlich. Hier wird nur die ortspolizeiliche Genehmigung in Frage kommen.

Die Genehmigung darf nur aus denselben Gründen verweigert werden, aus denen der Bildstreifen selber verboten werden kann, also bei Gefährdung der öffentlichen Ordnung oder Sicherheit, Verletzung des religiösen Empfindens, verrohender oder entsittlichender Wirkung oder Störung des auswärtigen Ansehens oder der auswärtigen Beziehungen Deutschlands[1]). Ferner kann die Genehmigung versagt werden, wenn durch die Reklame eine schädliche Einwirkung auf die sittliche, geistige oder gesundheitliche Entwicklung oder eine Überreizung der Phantasie jugendlicher Personen zu befürchten ist[2]).

Versagt die Filmprüfungsstelle einem Reklamemittel für einen Film die Genehmigung, so ist dagegen die Beschwerde an die Oberprüfungsstelle gegeben. Die Versagung der Genehmigung einer Filmreklame durch die Ortspolizeibehörde ist eine polizeiliche Verfügung, gegen die in Preußen mit dem Rechtsmittel der §§ 127ff. LVG.[3]) angegangen werden kann.

Wer eine nicht genehmigte Reklame verwendet, d. h. durch Anschlag, Ausstellen, Anheften oder Verteilen verbreiten läßt, wird, wenn er vorsätzlich handelt, mit Geldstrafe bis zu 10000 RM., bei Fahrlässigkeit bis zu 3000 RM bestraft[4]).

Nach § 43 RGO. bedarf, wie oben[5]) gezeigt, wer gewerbsmäßig Druckschriften usw. auf öffentlichen Straßen usw. ausrufen, verkaufen, anschlagen usw. will, der polizeilichen Genehmigung. Diese Bestimmung findet aber auf Lichtspielunternehmer und ihre Angestellten wegen der Bestimmung der §§ 5 II, 19 LSpG. für die Reklame für die Filmvorführungen keine Anwendung. Ihr unterliegt nur, wer sich aus dem Verteilen usw. der Reklameschriften usw. ein eigenes Gewerbe macht.

Neben dieser Zensur, die den gedanklichen Inhalt von Reklamemitteln für Filmvorführungen betrifft, kann die Polizei gegen diese Reklamemittel auch aus verkehrspolizeilichen Gesichtspunkten einschreiten[6]). Daher unterliegen die Reklameschriften zunächst den erwähnten[7]) allgemeinen verkehrspolizeilichen Vorschriften über die Reklame mit Schriften. Daneben sind aber folgende Polizeiverordnungen erlassen: Die Reklameplakate dürfen nur an bestimmten Anschlagstellen angebracht werden[8]). Die Plakate müssen eine bestimmte Größe haben[9]). Die Reklame darf nur zugelassene Filme anpreisen[10]).

---

[1]) § 1 II LSpG. [2]) § 3 II LSpG. [3]) Vgl. oben S. 76. [4]) § 19 LSpG.
[5]) S. 144ff. [6]) Bestritten. [7]) Siehe S. 176ff. [8]) Siehe z. B. § 61 BStrO. S. 180.
[9]) So Berlin 11. VI. 1916. Die Gültigkeit ist zweifelhaft (vgl. OVG. 42, 425).
[10]) So Berlin 20. V. 1908; Dresden 8. V. 1909; Oldenburg 5. VII. 1910. Über die Gültigkeit dieser Verordnungen ist die Rechtsprechung nicht einheitlich. Es gibt sehr widersprechende Urteile (vgl. Schwarze-Appelius-Wulffen, Reichspreßgesetz, 5. Aufl., S. 208; OVG. 52, 289).

2. Schriftliche Reklamekundgebungen, die keine Druckschriften im Sinne des RPG sind.

Nachdem die durch die Preßfreiheit geschützten Reklamekundgebungen betrachtet sind, werden nunmehr diejenigen Reklamekundgebungen behandelt, die die Preßfreiheit nicht genießen.

a) Unter diesen stehen an erster Stelle Briefe und Telegramme.

Allerdings ist nach dem in der Einleitung[1]) zugrunde gelegten Begriff der Reklame nicht schon der einzelne Brief oder das einzelne Telegramm, das zur Kundenwerbung an einen einzelnen Empfänger gerichtet wird, eine Reklamekundgebung. Reklamekundgebungen sind nach den Ausführungen in der Einleitung nur solche Kundgebungen, die von dem Reklametreibenden an eine unbestimmte Anzahl von Personen zum Zwecke der Kundenwerbung gerichtet sind. Aber auch in diesem Sinne kann der Brief oder das Telegramm an einen bestimmten Empfänger eine Reklamekundgebung darstellen. Der Gewerbetreibende wird ein solches Schriftstück oft versenden, um es nicht nur dem Adressaten, sondern auch den Personen des Haushalts und der Bekanntschaft des Adressaten zuzuführen. Solche Briefe oder Telegramme sind dann trotz ihrer individuellen Anschriften der Absicht des Versenders nach doch eine an eine unbestimmte Anzahl von Personen gerichtete Kundgebung.

Das gleiche gilt von den im Geschäftsleben häufigen Briefen und Telegrammen, die nur äußerlich individuell gehalten sind. Sie sollen dem zu werbenden Kunden gerade dadurch ansprechen, daß sie an ihn persönlich gerichtet zu sein scheinen. Die Anfertigung vieler Einzelschreiben und Telegramme stößt aber auf große technische Schwierigkeiten und verursacht besonders hohe Unkosten. Daher ist es eine im Geschäftsleben sehr verbreitete Praxis, Werbebriefe gleichlautend in größerer Menge herzustellen und ihnen nur äußerlich durch Einrücken der Anschriften den Anschein zu verleihen, als sei der Brief für den Empfänger besonders hergestellt worden. Wird die Vervielfältigung auf mechanischem[2]) oder chemischem[2]) Wege hergestellt, so unterliegt der Werbebrief dem RPG. Ist er dagegen mit der Schreibmaschine hergestellt, so ist er dem RPG. nicht unterworfen.

Enthalten solche Werbebriefe unwahre und zur Irreführung geeignete Angaben über geschäftliche Verhältnisse und sind sie geeignet, den Anschein eines besonders günstigen Angebots hervorzurufen[3]), so liegt der Tatbestand des § 3, evtl. der des § 4 UWG. vor[4]). Die §§ 3, 4 UWG. setzen öffentliche Bekanntmachung und solche Mitteilungen voraus, die für einen größeren Kreis von Personen bestimmt sind. Zu den Mitteilungen dieser Art gehören nach allgemeiner Rechtsauffassung auch verschlossene Briefe, die in gleicher Wortfassung an mehrere beliebige Personen gehen. Ebenso gehören zu diesen Mitteilungen anscheinend individuell gehaltene Vertragsanträge oder Einladungen zur Abgabe von Offerten, falls sie an eine unbestimmte Anzahl von Personen abgegeben werden.

Dasselbe gilt für Reklamekundgebungen in Form von Telegrammen, die gleichlautend an eine unbestimmte Anzahl von Personen gesandt werden.

Irgendwelchen speziellen Beschränkungen sind die Reklamekundgebungen durch Werbebrief und Werbetelegramm im geschäftlichen Leben nicht unterworfen. Außer den oben betrachteten allgemeinen strafrechtlichen Bestimmungen[5]) des StGB., des

---

[1]) S. XVI. [2]) S. 152. [3]) Vgl. S. 239ff.
[4]) GRUR. 1916, S. 71; MuW. 1915, S. 231. [5]) S. 29ff.

Postgesetzes[1]), des UWG. und evtl. des RPG.[2]) bestehen also für die Reklamekundgebungen keinerlei Schranken. Der Gewerbetreibende hat nur darauf zu achten, daß durch den Inhalt seiner Werbebriefe und -telegramme keine strafbaren Handlungen, z. B. Beleidigungen (§ 185 ff. StGB.), Betrug (§ 263 StGB.) usw. begangen werden.

b) Neben dem Werbebrief und -telegramm ist das nichtgedruckte Plakat die wichtigste schriftliche Reklamekundgebung, die nicht dem RPG. unterliegt. Der Begriff desselben ist oben[3]) dargelegt. Hierher gehören alle nichtgedruckten sowie nicht mechanisch oder chemisch vervielfältigten Schriften, die durch Bild, Schrift oder andere Zeichen eine Werbeidee verkörpern und zur Verbreitung durch Anheften, Anschlagen, Auslegen oder Ausstellen bestimmt sind. Ferner sind dazu zu rechnen gemalte und geschriebene Anschlagzettel, Tafeln, Schilder, Transparente, Lichtreklame, auch die neuerdings üblichen Luftschriften (an Drähten in der Luft aufgehängte Gegenstände in Buchstabenform), Spiegelschriften u. a. m.

Die Beschränkungen dieser Reklame sind vorwiegend polizeilicher Natur. Da die schriftliche Meinungsäußerung durch Druckschriften nur dadurch von den übrigen schriftlichen Meinungsäußerungen rechtliche Besonderheiten aufweist, daß die Druckschriften von behördlichen Einschränkungen freier gestellt sind als die übrigen Schriften, ist ohne weiteres ersichtlich, daß das, was oben von den Beschränkungen des gedruckten Plakats gesagt ist, auch auf das nichtgedruckte Plakat Anwendung findet. Alles, was also oben über die Beschränkungen des Druckplakats durch Sondergesetze und Polizeiverordnungen verkehrs- und sicherheitspolizeilicher Natur gesagt ist, gilt uneingeschränkt auch für die nichtgedruckten Plakate. Darüber hinaus kann aber die Polizei auch, um Gefährdungen der öffentlichen Ruhe und Sicherheit zu beseitigen, gegen die Verbreitung gemalter usw. Plakate einschreiten, die durch ihren Inhalt polizeiwidrig sind.

Der Unterschied in der öffentlich-rechtlichen Stellung gedruckter und nichtgedruckter Plakate wird besonders deutlich in der mitgeteilten[4]) Entscheidung des OVG.[5]) behandelt. Dem Schaubudenbesitzer, der Abbildungen von der Hinrichtung dreier Raubmörder verbreitete, konnte dies, soweit es sich um Druckschriften handelte, nicht untersagt werden[6]). Anders durfte die Polizei bei derselben Veranlassung hinsichtlich der gemalten Plakate des Schaubudenbesitzers verfahren, die die gleiche Szene im Bilde darstellten. Das OVG. führt hierzu aus:

„Das von diesen verübte Verbrechen, welches die Bevölkerung in ihren tiefsten Tiefen erregt hatte, diente also als Mittel der Reklame. Die Empörung hierüber konnte sich so steigern, daß Störungen der Ruhe und Ordnung und namentlich auch Ausschreitungen gegen den Besitzer der ‚Wunderhalle' wo das Plakat aufgestellt war, zu befürchten waren. Wie in der Rechtsprechung anerkannt ist, daß die Polizei zum Schutze der öffentlichen Sittlichkeit und des öffentlichen Anstandes sowie gegen öffentliche Störungen der religiösen Empfindungen und des berechtigten Vaterlandsgefühls einschreiten darf, ... so darf sie auch einer das sittliche Gefühl des Abscheus vor einem begangenen Verbrechen schwer verletzenden öffentlichen Schaustellung entgegentreten ... Hervorzuheben ist, daß das Plakat, welches nicht wieder ausgehängt werden soll, gemalt ist, wie der Augenschein ergibt, und nicht zu den durch mechanische oder chemische Mittel hergestellten Vervielfältigungen gehört, die unter die Bestimmungen des Preßgesetzes fallen."

Eine andere Entscheidung[7]), die den rechtlichen Unterschied zwischen Plakatreklame durch Druck- und andere Schriften verdeutlicht, betrifft folgenden Tatbestand: Ein

---

[1]) Siehe S. 188. [2]) S. 160 ff. [3]) S. 172. [4]) S. 158.
[5]) OVG. 52, S. 286. [6]) S. 158. [7]) OVG. 61, 326.

Mann namens R., der das Gewerbe eines Heilkundigen[1]) betrieb, hatte sich auf seinen Geschäftsschildern „G. Harold Morrée, in Amerika approbierter Arzt für Frauen- und Kinderkrankheiten" genannt. Die Polizei verbot ihm, den angenommenen Namen und die Bezeichnung als Arzt auf den Geschäftsschildern zu führen. Das OVG. entschied, daß die Verfügung nach § 10 II 17 ALR. rechtsgültig sei. Wären die Geschäftsschilder Druckschriften im Sinne des Preßgesetzes gewesen, so wäre die polizeiliche Verfügung unzulässig gewesen, da eine Druckschrift wegen ihres Inhaltes nie von der Polizei verboten werden kann.

c) Eine besondere Art der schriftlichen Reklame ist die neuerdings modern gewordene Rauchreklame durch Flugzeuge. Diese wird dadurch ausgeführt, daß ein Flugzeug bei klarem Himmel und möglichst windstiller Luft in solchen Kurven dahinfährt, daß seine Fahrbahn die Form von Buchstaben hat. Auf der Kurvenfahrt wird eine Rauchwolke abgeblasen, die den Weg, den das Flugzeug zurücklegt, für den Beschauer vom Erdboden sichtbar werden läßt. Auf diese Art kann das Flugzeug Worte, die deutlich lesbar sind, mit Rauchschrift an den Himmel schreiben. In Deutschland ist dieses Reklamemittel besonders für das Waschmittel „Persil" bekanntgeworden.

Es kann nicht zweifelhaft sein, daß es sich hier um „schriftliche Reklame" im Sinne der vorliegenden Ausführungen handelt, da die in der Luft schwebenden Rauchbuchstaben das Reklameobjekt derart angeben, daß es durch den Beschauer sinnlich wahrgenommen wird.

Eine Beschränkung dieser Reklameart enthält § 11 I Luftverkehrsgesetz (LVG.), welcher lautet:

„Unternehmen, die gewerbsmäßig Personen oder Sachen durch Luftfahrzeuge befördern (Luftfahrtunternehmen), und öffentliche Veranstaltungen im Dienste des Wettbewerbs oder der Schaulust, woran Luftschiffe, Flugzeuge oder Ballone beteiligt sind (Luftfahrtveranstaltungen), bedürfen der Genehmigung."

Hiernach ist zwar das Unternehmen, das Rauchreklamefahrten veranstalten will, wie der erste Halbsatz des § 11 I LVG. zeigt, nicht genehmigungspflichtig, da eine Genehmigungspflicht nur für Unternehmen, die der Person- oder Sachbeförderung gewidmet sind, erforderlich ist. Wohl aber unterliegt der einzelne Reklameflug des Himmelschreibers der nach dem zweiten Halbsatze des § 11 I LVG. notwendigen Genehmigungspflicht für „Luftveranstaltungen", da im zweiten Halbsatz von § 11 I LVG. öffentliche Flugveranstaltungen im Dienste des Wettbewerbs oder der Schaulust einer Genehmigung bedürfen.

Der Flug des Himmelschreibers ist, wie nicht näher begründet zu werden braucht, eine „öffentliche Veranstaltung". Fraglich kann nur sein, ob er dem Wettbewerb oder der Schaulust oder beiden zugleich dient. Der Flug des Himmelschreibers soll dem geschäftlichen Wettbewerbe der Firma dienen, die den Auftrag zu der Veranstaltung gegeben hat. Trotzdem dient der einzelne Reklameflug selber nicht dem Wettbewerbe im Sinne des § 11 I LVG., denn nach dem Willen des Gesetzgebers ist ein Wettbewerbszweck der Luftfahrtveranstaltung nur dort anzunehmen, wo die bei der Veranstaltung mitwirkenden Luftfahrzeuge untereinander wetteifern wollen und sollen[2]).

Wohl aber ist der Flug des Himmelschreibers eine öffentliche Veranstaltung im Dienste der „Schaulust". Eine Luftfahrt dient dann der Schaulust im Sinne von § 11 I

[1]) S. 116. [2]) Vgl. Busse, Luftrecht 1928, S. 58.

LVG., wenn sie zu dem Zwecke unternommen wird, durch aufsehenerregendes Verhalten des Fahrzeuges die Aufmerksamkeit des Publikums zu erwecken. Dies ist nicht nur der Fall bei den Geschicklichkeitsvorführungen der Kunstflieger, sondern trifft auch auf den Flug des Rauchschreibers zu.

Die hiernach für den Himmelschreiber nach § 11 I LVG. erforderliche Genehmigung muß nach § 11 II LVG. versagt werden,

1. wenn kein Bedürfnis besteht,
2. wenn Tatsachen dafür vorliegen, daß die öffentliche Sicherheit und Ordnung gefährdet wird.

1. Der Begriff des Bedürfnismangels ist im Gesetz nirgends festgelegt. Dafür, ob für eine Veranstaltung oder ein Unternehmen ein Bedürfnis besteht oder nicht, ist das Bedürfnis des großen Publikums maßgebend, das die Veranstaltung sehen oder das Unternehmen nutzen möchte. Eine Reklameveranstaltung soll das allgemeine Interesse auf das Reklameobjekt lenken und in dem Publikum das Bedürfnis nach diesem erwecken. Durch sich selber will die Reklameveranstaltung menschliche Bedürfnisse nie befriedigen. Die Bedürfnisprüfung, die das Gesetz vorschreibt, ergibt also, daß dem Reklameflug des Himmelschreibers wegen Fehlens eines Bedürfnisses bei dem Publikum stets die Genehmigung versagt werden kann.

2. Die Genehmigung für den Reklameflug muß ferner versagt werden, wenn durch ihn eine Gefährdung der öffentlichen Sicherheit und Ordnung hervorgerufen wird. Der Reklameflug des Himmelschreibers könnte z. B. eine Gefährdung der öffentlichen Sicherheit und Ordnung darstellen, wenn an dem fraglichen Tage schon andere Luftveranstaltungen an dem gleichen Ort und zur gleichen Zeit in so großer Zahl genehmigt wären, daß durch weitere Häufung der Veranstaltungen die Gefahr von Zusammenstößen und Unfällen entsteht.

Der Reklameflug des Himmelschreibers pflegt innerhalb eines Luftpolizeibezirks stattzufinden. Die Genehmigung wird daher nach § 11 II Ziff. 1 LVG. und den Ausführungsverordnungen in Preußen vom Oberpräsidenten erteilt[1]).

Den Reklameflügen können weitere Beschränkungen aus den betrachteten allgemeinen verkehrs- und sicherheitspolizeilichen Gründen durch Polizeiverordnungen oder Polizeiverfügungen auferlegt werden.

Mohr[2]) hat angeregt, bei Zunahme der Rauchreklame auf die Gesetze gegen Verunstaltung landschaftlich hervorragender Gegenden zurückzugreifen, um das Überhandnehmen der Himmelschreiber zu verhüten. Diese Meinung, die auch von Busse[3]) geteilt wird, dürfte irrig sein. Denn, wie oben[4]) ausgeführt, schützen die Verunstaltungsgesetze die ihrem Geltungsbereich unterworfenen Gegenden nur vor Entstellungen durch Dauereinrichtungen. Das Gesetz von 1902 spricht von „Reklameschildern, sonstigen Aufschriften und Abbildungen", das Gesetz von 1907 in den §§ 1 und 2 von Bauten und baulichen Änderungen und im § 3 von Reklameschildern, Schaukästen, Aufschriften und Abbildungen. Die Verunstaltungsgesetze haben also mit den sich schnell verflüchtigenden Rauchzeichen des Himmelschreibers nichts zu tun, da bei ihnen, abgesehen von allem anderen, von einer gröblichen Verunstaltung[5]), die das

---

[1]) Vgl. Busse, a. a. O. § 28, S. 87. [2]) DJZ. 1927, 1270. [3]) a. a. O. S. 19.
[4]) S. 182 ff. [5]) Eine solche ist nach dem Gesetz von 1907 (vgl. S. 185) erforderlich.

ästhetische Gefühl jedes dafür empfänglichen Auges verletzt, oder gar von Verunzierungen[1]), die bei dem Beschauer eine als Unlust empfundene Störung des Naturgenusses erregen, wohl kaum gesprochen werden kann.

C. Reklame durch Veranstaltungen.

Die dritte Art von Reklamekundgebungen, die in dem vorliegenden Teile des den öffentlich-rechtlichen Beschränkungen der einzelnen Reklamekundgebungen gewidmeten Abschnittes zu behandeln ist, betrifft die Reklame durch Veranstaltungen.

Unter Veranstaltung in diesem Sinne ist einmal jedes Mittel zu verstehen, durch welches für das Objekt der Reklame in anderer Weise als durch „mündliche" oder „schriftliche" Kundgebungen hingewiesen wird. Veranstaltung in diesem Sinne ist aber weiter auch jedes nicht mündliche oder schriftliche Unternehmen, das der Reklametreibende ins Werk setzt, um irgendwie, sei es mündlich oder schriftlich oder in anderer Weise, für das Objekt Reklame zu machen.

1. Ausstellung der Ware.

Diejenige Kundgebung, welche vor allem dazu geeignet ist, für die Ware anders als durch die Sprache oder die Schrift Reklame zu machen, d. h. auf das Publikum in Richtung auf die Ware eine Einwirkung auszuüben, ist die Zurschaustellung der Ware[2]). Dadurch, daß dem Publikum die Ware sichtbar gemacht wird, sieht es, welche Waren bei dem betreffenden Gewerbetreibenden erhältlich sind. Die Zurschaustellung der Ware trägt daher in erheblichem Maße dazu bei, daß das Publikum im Bedarfsfalle die ihm durch die Sichtbarmachung bereits bekanntgewordene Ware wählt und damit Kunde des Gewerbetreibenden wird.

Das Zurschaustellen von Waren kann in verschiedener Weise geschehen. Die am meisten in Betracht kommende Art der Ausstellung der Ware ist die Benutzung des Ladens und des Schaufensters zu diesem Zwecke. Daneben kommen hierfür vor allem Märkte, Messen und Ausstellungen (diese in engerem Sinne) in Frage.

a) Die Ausstellung der Waren im Laden und im Schaufenster ist nicht nur die gebräuchlichste, sondern auch die wirkungsvollste Reklameveranstaltung, durch die Waren zur Schau gestellt werden. Jeder Ladeninhaber sucht durch die mehr oder minder geschmackvolle und wirkungsvolle Anordnung der Ware im Laden und Schaufenster Käufer für seine Waren anzulocken.

Die Laden- sowie die Schaufensterreklame unterliegen an sich keiner öffentlich-rechtlichen Beschränkung. Der Gewerbetreibende muß sich grundsätzlich im Rahmen der allgemeinen gesetzlichen Bestimmungen halten. So darf er z. B. bei diesen Zurschaustellungen nicht in beleidigender Weise[3]) oder für unzüchtige Gegenstände[4]) Reklame treiben.

α) Auf die Schaufensterreklame finden die allgemeinen verkehrs- und sicherheitspolizeilichen Vorschriften Anwendung. Nach der BStrO. bedarf die Schau-

---

[1]) Eine solche verlangt das Gesetz von 1902 (vgl. S. 183).

[2]) Die Vorschriften über Preisschilder, Preisverzeichnisse und das Ausstellen verkaufter Ware, welche im II. Abschnitt der Verordnung über Handelsbeschränkungen vom 13. VII. 1923 (RGBl. I, 706) mit Ergänzungen und Änderungen durch die VO. vom 15. VIII. 1923 (RGBl. I, 766) und vom 6. X. 1924 (RGBl. I, 711) enthalten waren, sind durch VO. vom 19. VII. 1926 (RGBl. I, 413) aufgehoben. [3]) S. 36 ff. [4]) S. 31 ff.

fensterreklame keiner Genehmigung[1]). Ausgenommen hiervon sind, worauf bereits hingewiesen wurde, nur Schaufensterreklamen, die durch Vorführungen durch Personen, Film- oder Wechselbilder, Scheinwerferlicht oder Blinklicht vorgenommen werden. Diese bedürfen einer polizeilichen Genehmigung, deren Voraussetzungen in der Bekanntmachung des Berliner Polizeipräsidenten zu § 59 BStrO. unter VIII enthalten und oben[2]) abgedruckt ist.

Auf die Schaufensterreklame findet auch die in § 3 I BStrO. enthaltene allgemeine Bestimmung Anwendung, welche lautet:

„Den polizeilichen Weisungen, die zur Wahrung der Ordnung, Ruhe, Sicherheit und Leichtigkeit des Verkehrs oder zum Schutze der auf der Straße verkehrenden Personen und ihres Eigentums ergehen, ist Folge zu leisten, auch wenn sie nur durch Zeichen gegeben werden."

Nach dieser Bestimmung ist die Polizei befugt, Schaufensterreklamen, die geeignet sind, Aufsehen zu erregen und das Publikum zum Stehenbleiben zu veranlassen, zur Wahrung der Ruhe, Ordnung, Sicherheit und Leichtigkeit des Verkehrs zu verbieten, auch wenn die etwa nach § 60b BStrO. vorgeschriebene Genehmigung erteilt ist. Erforderlichenfalls kann sogar der einzelne Polizeibeamte derartige Schaufensterreklamen verbieten. Wird dem Verbot keine Folge geleistet, so macht sich der Verletzer nach den Bestimmungen der BStrO. strafbar. So hat z. B. das Kammergericht[3]) entschieden:

„Modevorführungen im Schaufenster können von den polizeilichen Aufsichtsbeamten untersagt werden, wenn die Ansammlung Schaulustiger auf den Straßen den Verkehr behindert. Die Nichtbefolgung einer solchen Anordnung fällt unter die die Nichtbefolgung von Verkehrsanordnungen unter Strafe stellenden Polizeiverordnungen."

Ob durch eine Schaufensterreklame grober Unfug begangen werden kann, ist bereits oben[4]) näher untersucht worden.

β) Auch die Zurschaustellung der Waren innerhalb des Geschäftsraumes kann der Polizei Veranlassung geben, aus verkehrs- und sicherheitspolizeilichen Gründen gegen diese Veranstaltung einzuschreiten, wenn sie einen polizeiwidrigen Zustand darstellt, d. h. wenn die öffentliche Ruhe, Sicherheit und Ordnung[4]) gefährdet ist.

Reklameveranstaltungen innerhalb der Geschäftsräume, die eine besonders starke Wirkung ausüben, die insbesondere mit Wahrscheinlichkeit einen gewaltigen Zustrom von Menschen erwarten lassen, können von polizeilicher Genehmigung abhängig gemacht werden. So kann z. B. für die Ausstellungen in großen Warenhäusern, die zu Weihnachten oder zu Ostern für Kinder veranstaltet zu werden pflegen, eine Genehmigungspflicht bestimmt werden. Hierher gehört auch die Vorschrift des unten[5]) zitierten § 77 BStrO., welche in Abs. 3 auch eine im Laden durch Musik- usw. Aufführungen veranstaltete Reklame treffen kann.

γ) Das Ausstellen der Waren kann auch außerhalb des Geschäftsraumes erfolgen, und zwar vor oder an den Fenstern, Schaufenstern, Türen, Hauswänden, Mauern, Zäunen, Vorgärtenbefriedigungen oder in Automaten.

Auch diese Reklameveranstaltungen unterliegen den allgemeinen gesetzlichen Bestimmungen.

---

[1]) § 60b, vgl. oben S. 180. [2]) S. 179.
[3]) DJZ. 1927, 1044. [4]) S. 79f. [5]) S. 217.

Daneben sind hierfür in den Polizeiverordnungen der Städte meist besondere verkehrs- und sicherheitspolizeiliche Vorschriften enthalten, da diese Arten der Veranstaltung leicht zu einer Behinderung des Verkehrs führen können. So enthält z. B. für Berlin § 65 BStrO. folgende Bestimmungen:

„Das Ausstellen und Aushängen von Waren, Warenautomaten und ähnlichen Gegenständen oder Einrichtungen vor oder an den Fenstern, Schaufenstern, Türen, Hauswänden oder Zäunen bedarf, wenn dabei die Baufluchtlinie überschritten wird, der polizeilichen Erlaubnis.
Das Ausstellen oder Aushängen darf, sofern es erlaubt worden ist, nur in der Weise erfolgen, daß weder die Straße oder die Straßenluft verunreinigt wird, noch Fußgänger sich beschmutzen können.
In Vorgärten kann die Entfernung ausgestellter oder ausgehängter Gegenstände angeordnet werden, wenn verkehrspolizeiliche Gründe es erfordern."

Zu § 65 BStrO. sind in der Bekanntmachung des Berliner Polizeipräsidenten v. 15. I. 1929 folgende ergänzende Bestimmungen ergangen:

„Zuständig für die Erteilung der Erlaubnis sind die Polizeireviere. Die Erlaubnis wird für Verkehrsstraßen erster Ordnung grundsätzlich nicht erteilt.
Für das Ausstellen von Waren wird die Erlaubnis nur erteilt, wenn die Gehbahn mindestens etwa 4 m breit ist, Verkehrsstörungen nicht zu erwarten sind und das Geschäftslokal so dunkel und versteckt liegt, daß ein Zurschaustellen von Waren u. dgl. auf andere Weise nicht erreichbar ist. Von der zuletzt genannten Bedingung kann bei natürlichen Blumen, Topfpflanzen und Kränzen abgesehen werden. Das gleiche gilt für frisches Obst und Gemüse.
Die Erlaubnis wird nur für eine Fläche bis zu 1,50 m Länge und 1 m Tiefe erteilt.
Nahrungsmittel müssen so hoch ausgestellt oder angebracht werden, daß sie nicht durch Hunde verunreinigt werden können. Außer der Erlaubnis des Polizeireviers ist auch die Erlaubnis der Städt. Straßenbaupolizei erforderlich."

Hiernach ist für das Aufstellen von Waren usw. eine doppelte Erlaubnis notwendig. Einmal ist eine solche der Verkehrspolizei (Polizeireviere) und zweitens eine solche der Baupolizei erforderlich. Diese beruht auf dem oben[1]) betrachteten § 3 des Berliner Ortsstatuts, welches auf Grund des § 3 des Verunstaltungsgesetzes[2]) von 1907 ergangen ist.

Die Polizei kann auch eine solche Veranstaltung trotz erteilter Genehmigung nachträglich verbieten, falls sich die Veranstaltung später als polizeiwidrig erweist.

Sowohl die Verweigerung der nachgesuchten Erlaubnis als auch ein etwaiges späteres Verbot einer zunächst erlaubten Veranstaltung sind in Preußen Polizeiverfügungen, die den oben[3]) dargestellten Rechtsbehelfen unterliegen.

Einer besonderen Betrachtung bedürfen die Automaten. Auch die Automaten sind als Reklameveranstaltungen anzusehen, die dazu bestimmt sind, die Ware zur Schau zu stellen[4]).

Die in § 65 BStrO. erwähnten Warenautomaten sind Apparate, die so eingerichtet sind, daß sie gegen Einwurf eines Geldstückes Waren in flüssiger oder fester Form abgeben (Verkaufsautomaten). Es gibt auch Leistungsautomaten, die bei Einwurf des Geldstücks irgendeine Arbeit verrichten, z. B. das Körpergewicht angeben, Musik ertönen lassen, Lichtbilder aufnehmen, Bildstreifen vorführen usw.

[1]) S. 187. [2]) S. 184. [3]) S. 76f.

[4]) Soweit die Waren nicht sichtbar sind, handelt es sich beim Automaten evtl. um eine unten zu 2. zu behandelnde Veranstaltung.

Die Warenautomaten sind offene Verkaufsstellen, die Leistungsautomaten gewerbliche Betriebe. Daher unterliegen die Automaten sämtlichen[1]) allgemeinen[2]) gewerberechtlichen Bestimmungen, z. B. über Ladenschluß[3]), Polizeistunde, Sonntagsruhe[3]) usw. Die Automaten, die in Gastwirtschaften stehen, unterliegen denselben Bestimmungen wie diese, falls durch die Automaten Gegenstände feilgeboten werden, die dort nach der Verkehrssitte zum sofortigen Verbrauch verabfolgt werden. Hiernach unterliegen die Verkaufsautomaten in Gastwirtschaften nicht den allgemeinen Bestimmungen über Ladenschluß und Sonntagsruhe.

b) Eine weitere Reklamekundgebung durch Zurschaustellung der Ware ist die Ausstellung auf Märkten, Messen und Ausstellungen. Diese Veranstaltungen unterscheiden sich von den Auslagen in den Schaufenstern und im Laden dadurch, daß im Schaufenster und Laden ständig ausgestellt wird, während Märkte und Messen nur periodisch, Ausstellungen nur von Fall zu Fall, zur Erfüllung bestimmter aktueller Aufgaben veranstaltet werden. Der Unterschied zwischen Märkten und Messen einerseits und Ausstellungen andererseits besteht in der Hauptsache darin, daß bei Märkten und Messen der rein geschäftliche Charakter, Ein- und Verkauf von Waren, überwiegt, während — wenigstens ursprünglich — bei Ausstellungen mehr lehrhafte und produktionsfördernde Ziele verfolgt werden. Messen und Ausstellungen wiederum unterscheiden sich dadurch, daß zur Messe Waren der gleichen Stücke in größeren Mengen zusammengeführt zu werden pflegen, daß sie in der Hauptsache von Geschäftsleuten besucht werden und daß teilweise direkter Absatz erstrebt wird. Auf Ausstellungen dürften dagegen in der Hauptsache nicht verkäufliche Gegenstände (in meist nur einem Exemplar jeder Serie, in Typen, Modellen usw.) zur Schau gestellt werden. Ausstellungen pflegen sachlich einen meist weiteren Rahmen zu haben als Messen und rechnen mit dem Besuche des großen Publikums, also auch der Verbraucher[4]). Die Entwicklung hat es jedoch mit sich gebracht, daß die Unterschiede zwischen Messen und Ausstellungen fließend geworden sind und daß sich durch das erneute Aufblühen des Meßwesens und der mit den Messen verbundenen Veranstaltungen manche Unterschiede stark verwischt haben, so daß zwischen der modernen Mustermesse und gewissen Arten von Ausstellungen kaum noch ein wesentlicher Gegensatz vorhanden ist[4]).

α) Märkte dienen dazu, in gewissen Zeitabständen an fest bestimmten Plätzen dem Publikum Waren zur Schau zu stellen und eine regelmäßige Verbindung zwischen Käufer und Verkäufer zum Ausgleich von Angebot und Nachfrage zu schaffen. Die einzelnen Erscheinungsformen der Märkte sind

---

[1]) Z. B. §§ 41 a, 139c—f RGO. (Ziff. 125 PrAusfAnw. zur RGO.)

[2]) Wenn Automaten geistige Getränke verabfolgen, ist für ihren Betrieb eine Schankkonzession erforderlich; soweit die Automaten Druckschriften verabfolgen, findet § 14 RGO. (polizeiliche Anmeldung) Anwendung. Die beweglichen Lichtbilderautomaten unterliegen den Vorschriften über Filmvorführungen.

[3]) Die Bahnhofsautomaten unterliegen den Bestimmungen über Sonntagsruhe und Ladenschluß nicht, soweit sie unmittelbar, wie Fahrkartenautomaten, dem Verkehr dienen oder im Interesse des reisenden Publikums als dringend notwendig erscheinen, was dadurch zum Ausdruck kommt, daß die Automaten innerhalb der Sperre stehen. Außerhalb der Sperre jedoch unterliegen die Warenautomaten nach der neueren Rechtsprechung den allgemeinen Bestimmungen.

[4]) Vgl. Morgenroth in Handwörterbuch der Staatswissenschaften 1923, S. 49.

αα) Wochenmärkte,

ββ) Jahrmärkte,

γγ) Spezialmärkte.

Der Marktverkehr ist nur auf behördlich festgesetzten Märkten zulässig. Das Feilbieten von Waren außerhalb des Marktplatzes und außerhalb der Marktzeit ist Wandergewerbe oder ambulanter Gewerbebetrieb und unterliegt daher den oben geschilderten Beschränkungen dieser Gewerbebetriebsarten[1]. Das Marktwesen ist durch die RGO.[2] geregelt. Märkte im Sinne der RGO. sind nur solche, bei denen Zahl, Zeit und Dauer von der zuständigen Verwaltungsbehörde festgesetzt sind. Diese darf ferner im Rahmen der Vorschriften der RGO. im Einverständnis mit den Gemeindebehörden nach örtlichen Bedürfnissen Marktordnungen erlassen, in denen besonders auch für das Feilbieten von gleichartigen Gegenständen der Platz und für das Feilbieten im Umhertragen mit oder ohne Ausruf die Tageszeit und die Gattung der Ware bestimmt werden.

Die RGO. gewährt den Märkten grundsätzlich gewisse Privilegien[3]. Diese bestehen vor allem darin, daß der Besuch der Jahr- und Wochenmärkte sowie der Kauf und der Verkauf auf denselben einem jeden mit gleichen Befugnissen freisteht. Die Marktfreiheit darf nur zugunsten von örtlichen Handwerkern, die nach örtlichem Brauch das alleinige Recht haben, ihre Waren auf den Wochenmärkten ihres Bezirkes anzubieten, und ferner zuungunsten von Ausländern als Erwiderung gleichen Ausschlusses Deutscher vom ausländischen Marktverkehr eingeschränkt werden[4]. Ein weiteres Privileg besteht darin, daß zum Feilbieten von Waren auf Märkten ein Wandergewerbeschein nicht erforderlich ist. Gegen die indirekte Unterbindung der Marktfreiheit durch Belastung des Marktverkehrs mit übermäßigen Abgaben sowie gegen die unterschiedliche Behandlung Einheimischer und Fremder schützt die RGO.[5] durch die Bestimmung, daß der Marktverkehr in keinem Falle mit anderen als solchen Abgaben belastet werden darf, welche eine Vergütung für den überlassenen Raum und den Gebrauch von Buden und Gerätschaften bilden. Ein Unterschied zwischen Einheimischen und Fremden bezüglich der Zahlung der Abgaben darf nicht stattfinden. Zwecks weiterer Sicherung der Marktfreiheit bestimmt die RGO.[6], daß Beschränkungen des Verkehrs mit den zu Märkten gebrachten, aber unverkauft gebliebenen Gegenständen, die in älteren Marktordnungen enthalten waren, aufgehoben sind. Der Einzelverkauf solcher Gegenstände außer der Marktzeit ist jedoch nur unter denselben Bedingungen zulässig, unter welchen er statthaft sein würde, wenn die Gegenstände nicht auf den Markt gebracht wären. Gegebenenfalls ist daher Wandergewerbeschein, Gewerbekonzession usw. erforderlich.

αα) Eine Beschränkung der Marktfreiheit besteht für Wochenmärkte insofern, als Marktfreiheit nur diejenigen Gegenstände genießen, die Wochenmarktartikel sind. Die Wochenmärkte sind in der Hauptsache dazu bestimmt, der Lebensmittelversorgung zu dienen. Nach der RGO.[7] sind Wochenmarktartikel:

1. Rohe Naturerzeugnisse mit Ausnahme des größeren Viehs,

---

[1] S. 129ff.; S. 135ff. [2] §§ 64—71 RGO.

[3] Die Vorschriften über den Marktverkehr mit Gegenständen des täglichen Bedarfs, die in der Verordnung über die Handelsbeschränkungen vom 13. VII. 1923 (RGBl. I, 706) mit der VO. vom 11. VIII. 1923 (RGBl. I, 777) enthalten waren, sind durch VO. vom 19. VII. 1926 (RGBl. I, 413) aufgehoben.

[4] § 64 RGO. [5] § 68 RGO. [6] § 71 RGO. [7] § 66 RGO.

2. Fabrikate, deren Erzeugung mit der Land- und Forstwirtschaft, dem Garten- und Obstbau oder der Fischerei in unmittelbarer Verbindung steht oder zu den Nebenbeschäftigungen der Landleute der Gegend gehört oder durch Tagelöhnerarbeit bewirkt wird, mit Ausschluß der geistigen Getränke,
3. frische Lebensmittel aller Art.

Die zuständige Verwaltungsbehörde[1]) kann noch weitere Gegenstände nach örtlichem Bedürfnis zum Wochenmarktsverkehr zulassen.

$\beta\beta$) Jahrmärkte werden im Gegensatz zu Wochenmärkten in größeren Zeitabständen veranstaltet. Auf ihnen dürfen außer den genannten Wochenmarktsartikeln Verzehrungsgegenstände und Fabrikate[2]) aller Art[3]) feilgehalten werden. Zum Verkauf von geistigen Getränken zum Genusse auf der Stelle bedarf es jedoch der Genehmigung der Ortspolizeibehörde[4]).

$\gamma\gamma$) Spezialmärkte sind solche, die zu besonderen Gelegenheiten (Weihnachtsmarkt) oder für bestimmte Gattungen von Gegenständen (Wolle, Papier, Garn usw.) veranstaltet werden.

Diese nehmen insofern eine Ausnahmestellung ein, als für sie die bestehenden Anordnungen, die den Verkehr auf Spezialmärkten regeln, in Kraft bleiben. Die RGO. bestimmt lediglich, daß Erweiterungen dieses Marktverkehrs von der zuständigen Behörde mit Zustimmung der Gemeindebehörde angeordnet werden können[5]).

Für derartige Spezialmärkte bestehen eine Reihe von Sondergesetzen des Reichs und der Länder. So z. B. das Reichsgesetz über den Verkehr mit Vieh und Fleisch[6]), das Viehseuchengesetz usw. Nach herrschender Meinung bleiben nicht nur die zur Zeit des Inkrafttretens der RGO. bestehenden Anordnungen aufrechterhalten, sondern es ist auch der Neuerlaß derartiger Bestimmungen zulässig[7]).

β) Messen sind Märkte für den Großhandel, die in regelmäßigen Zeitabschnitten in bestimmten Städten wiederholt werden. In Deutschland sind Messestädte vor allem Leipzig, Frankfurt a. M., Breslau, Köln, Königsberg i. Pr. usw.

Auf Messen finden die Vorschriften der RGO. über den Marktverkehr Anwendung. Die Trägerin der Messe darf mit Genehmigung der Landesregierung Beiträge für die im Interesse der Beteiligten geleistete Werbe- und Verwaltungstätigkeit fordern[8]). Die Dauer der Messen wird durch die Messordnungen geregelt. Änderungen bedürfen der Zustimmung der vertragschließenden Staaten[9]). Sie erfolgen in Preußen mit Genehmigung des Königs (jetzt des Staatsministeriums), der das Messrecht verlieh[10]).

Im Jahre 1920 war in Anregung gebracht worden, zur einheitlichen Leitung und Regelung der Messen in ganz Deutschland ein Reichsmesseamt einzurichten. Die Gründung dieses Amtes ist jedoch unterblieben. Eine Art Kontrolle über die Messen übt das „Ausstellungs- und Messeamt der deutschen Industrie" aus. Diese Körperschaft hat folgende Aufgaben übernommen: Förderung von aussichtsvollen Ausstellungen und

---

[1]) In Preußen der Bezirksausschuß. [2]) Aber nicht gewerbliche Leistungen.
[3]) Auch Trödlerwaren und Antiquitäten gehören dazu. [4]) § 67 RGO.
[5]) § 70 RGO. [6]) In der Fassung vom 10. VIII. 1925.
[7]) Vgl. v. Landmann, Anm. 2 zu § 70 RGO. [8]) § 68 II RGO.
[9]) Vgl. Bitter, Handwörterbuch der Preuß. Verwaltung 1928, 136.
[10]) § 5 II 8 ALR. bestimmt: Das Mess- und Jahrmarktsrecht zu erteilen gebührt allein dem Landesherrn.

Messen, Bekämpfung der Mißstände im Ausstellungs- und Messewesen sowie Erteilung von Auskünften, Ratschlägen und Gutachten[1]).

γ) Ausstellungen waren ursprünglich dazu bestimmt, ideellen und lehrhaften Zwecken zu dienen. Die ältesten Ausstellungen sind Kunstausstellungen gewesen. Seit Mitte des 18. Jahrhunderts griff das Ausstellungswesen auf das Gebiet des Gewerbes über, und zwar zunächst auf das des Kunstgewerbes sowie des Maschinenwesens, später auf fast alle anderen Arten gewerblicher, wirtschaftlicher und kultureller Betätigung. Damit traten zu den ursprünglichen Zwecken der Ausstellung sehr bald geschäftliche Zwecke, insbesondere solche der Reklamebetätigung. In stärkerem Maße machte sich die Entfaltung der Gewerbeausstellungen zu einem Mittel der Massenreklame seit Mitte des 19. Jahrhunderts geltend. Heute stellt die Ausstellung die hauptsächlichste Veranstaltung für Massenreklamebetätigung dar[2]).

Der Veranstaltung von Ausstellungen sind an und für sich keine gesetzlichen Schranken gesetzt. Es besteht jedoch die Tendenz, Mißständen im Ausstellungswesen nach Möglichkeit entgegenzutreten, insbesondere Schwindelausstellungen zu bekämpfen. Da es sich bei Ausstellungen um großzügige Veranstaltungen zu handeln pflegt, sind die Veranstalter meist davon abhängig, daß ihnen behördliche Förderung zuteil wird. Diese Förderung kann darin liegen, daß dem Veranstalter das Recht erteilt wird, auf der Ausstellung eine Lotterie zu veranstalten, den Prämiierten aus Anlaß der Ausstellung Staatsmedaillen zu verleihen, weiter darin, daß durch die Eisenbahnverwaltungen Frachtermäßigungen bewilligt werden oder daß prominente Staatsbeamte den Komitees, Ehrenkomitees oder Preisrichterkollegien beitreten.

Der Beseitigung von Mißständen und der Bekämpfung von Schwindelausstellungen dienen die Anweisungen des Erlasses vom 5. IV. 1904[3]), welcher folgenden Inhalt hat:

I. Die behördliche Förderung von gewerblichen Ausstellungen ist von der Gemeinnützigkeit, Wirtschaftlichkeit, Reellität des Unternehmens sowie von einer angemessenen Regelung des Prämiierungswesens abhängig zu machen. Als behördliche Förderung ist in erster Linie anzusehen:
   1. Die Genehmigung zur Veranstaltung von Lotterien.
   2. Die Bewilligung von Staatsmedaillen oder die Inaussichtstellung der Gewährung von Staatsmedaillen aus Anlaß der Ausstellung.
   3. Die Bewilligung von Frachtermäßigungen durch die Eisenbahnverwaltungen.
   4. Der Beitritt unmittelbarer oder mittelbarer Staatsbeamten zu den Komitees, Ehrenkomitees oder Preisrichterkollegien.

   Die Beurteilung, ob die Ausstellung gemeinnützig, wirtschaftlich und reell und ob das Prämiierungswesen angemessen geregelt sei, bleibt den Behörden für den Einzelfall überlassen. Die Entschließung über den Beitritt unmittelbarer oder mittelbarer Staatsbeamten zu den Komitees, Ehrenkomitees oder Preisrichterkollegien muß ihrem pflichtmäßigen Ermessen anheimgestellt werden. In den übrigen Fällen der Förderung haben sich die beteiligten Behörden zur Vermeidung verschiedenartiger Beurteilung miteinander ins Einvernehmen zu setzen und bei abweichender Auffassung über den Charakter einer Ausstellung sowie bei Anträgen an die Ministerialinstanzen durch Vermittlung der zuständigen Oberpräsidenten die Entscheidung herbeizuführen.

II. Die Regierungspräsidenten sind anzuweisen, auf die sog. Schwindelausstellungen ihr besonderes Augenmerk zu richten und, sobald sie Kenntnis davon erlangen, daß in ihrem Bezirk eine solche Veranstaltung geplant werde, das Sachverhältnis aufzuklären und alsdann, möglichst noch ehe die Ausstellung stattfindet, die festgestellten Tatsachen durch öffentliche Bekanntmachung zur allgemeinen Kenntnis zu bringen. Dabei wird es sich unter Umständen

[1]) Vgl. Pantlen, Handwörterbuch der Staatswissenschaften, S. 489.

[2]) Vgl. Morgenroth, a. a. O. S. 49. [3]) HMBl. 98.

empfehlen, auch die Namen der Veranstalter sowie der im Komitee, Ehrenkomitee oder Preisgericht sitzenden und der prämiierten Personen zu veröffentlichen.

Da die Schwindelausstellungen zumeist gewerbsmäßigen Unternehmern ihre Entstehung verdanken, so ordnen wir an, daß alle Feststellungen über solche Veranstaltungen den Polizeipräsidenten in Berlin zur Kenntnis mitzuteilen sind. Dieser wird danach geeignetenfalls die weitere Verbreitung der Bekanntmachung herbeiführen und durch die Unterlagen in den Stand gesetzt werden, in zweifelhaften Fällen den Regierungspräsidenten über seine Erfahrungen Auskunft zu geben.

Als der Unreellität verdächtig sind namentlich solche gewerblichen und industriellen Ausstellungen zu überwachen,

a) deren Veranstaltung gleichzeitig und an demselben Orte mit größeren, allgemeiner bekannten, die staatliche Förderung genießenden Ausstellungen stattfindet,
b) bei denen Auszeichnungen ohne Gewähr für eine sachgemäße Prüfung der Leistungen in sichere Aussicht gestellt werden,
c) bei denen die Komitees, Ehrenkomitees oder Preisgerichte aus unbekannten, dem Wohnorte nach nicht bezeichneten, oft gewerbsmäßig die Veranstaltung von Ausstellungen betreibenden Personen gebildet werden.

III. Sodann weisen wir darauf hin, daß die öffentliche Reklame mit dem Besitze von Auszeichnungen, die von den Veranstaltern schwindelhafter Ausstellungen gegen Entgelt verliehen sind, ohne daß ein ernsthafter Wettbewerb vor der Öffentlichkeit vorausgegangen ist, den Tatbestand einer strafbaren Handlung, insbesondere den des unlauteren Wettbewerbs bilden kann. Wenn es auch zweifelhaft sein mag, ob solche Reklame als wissentlich unwahre und zur Irreführung geeignete Angaben tatsächlicher Art über den „Besitz von Auszeichnungen" im Sinne des § 4 UWG. angesehen werden können, so wird man doch in vielen Fällen darin den Versuch einer strafbaren Täuschung des Publikums über die „Beschaffenheit von Waren . . . oder gewerblichen Leistungen" im Sinne der angeführten Strafbestimmung erblicken können. Unter Umständen wird sogar Betrug oder Betrugsversuch vorliegen. Es sind deshalb die Polizeibehörden entsprechend meinem, des Ministers für Handel und Gewerbe, an die Regierungspräsidenten gerichteten Erlasse vom 15. IX. 1900 wiederholt anzuweisen, eintretendenfalls auch, wo es sich nur um Antragsdelikte handelt, von Amts wegen Ermittlungen anzustellen, bei Antragsdelikten tunlichst auf die Stellung eines Strafantrages hinzuwirken und in allen geeigneten Fällen die Erhebung der öffentlichen Klage bei der Staatsanwaltschaft zu befürworten.

IV. Zur Vermeidung von Mißverständnissen ist schließlich hervorzuheben, daß keineswegs jede Ausstellung, welche nicht zu den Schwindelausstellungen zu rechnen ist, auf behördliche Förderung Anspruch hat. Vielmehr wird in zahlreichen Fällen eine zurückhaltende Stellungnahme der Behörden gegenüber Ausstellungsunternehmern geboten sein.

Als Ergänzung hierzu dient der an die Ober-Regierungspräsidenten und den Polizeipräsidenten von Berlin gerichtete Erlaß des Ministers für Handel und Gewerbe vom 8. II. 1928 betr. staatliche Unterstützung von Ausstellungen, der folgenden Wortlaut hat:

„Zur Abwehr der seit einiger Zeit in außerordentlichem Umfange sich häufenden, wirtschaftlich nicht zu rechtfertigenden, finanziell nicht tragbaren und politisch unerwünschten Anträgen auf staatliche geldliche Unterstützung von Ausstellungen und ähnlichen Unternehmungen hat das Staatsministerium folgenden Beschluß gefaßt:

1. Ausstellungen sollen eine finanzielle Beihilfe des Preußischen Staates nicht mehr erhalten. Ausgenommen hiervon sind reine Kunstausstellungen und kleinere Fachausstellungen bezirklichen Charakters (Zuchtviehausstellungen, Handwerks- und Lehrlingsausstellungen), deren Unterstützung nach wie vor dem Ermessen des zuständigen Herrn Staatsministers überlassen ist.
2. Von dem Grundsatz, Ausstellungen nicht mehr zu unterstützen, darf nur auf ausdrücklichen Beschluß des Staatsministeriums abgewichen werden.
3. . . . .

4. Ausstellungen, deren Veranstalter und Leiter nicht von Anfang an die staatlichen Stellen über ihre Absichten, insbesondere über ihre Absicht staatliche Mittel in Anspruch zu nehmen, in Kenntnis gesetzt haben, kommen für eine finanzielle Beihilfe überhaupt nicht in Betracht."

Für die Frage, ob eine angemessene Regelung des Prämiierungswesens vorliegt, die mit zu den Voraussetzungen gehört, daß der Ausstellung eine behördliche Förderung zuteil wird, ist der Erlaß v. 22. XI. 1919[1]) maßgeblich. Danach ist das Prämiierungswesen auf gewerblichen Ausstellungen nur dann als angemessen geregelt anzuerkennen, wenn dabei folgende Grundsätze beachtet sind:

1. In den Ausstellungsbestimmungen ist bekanntzugeben, ob Preise verteilt werden und aus wieviel zuständigen Stellen das Preisgericht besteht. Die Preise dürfen in höchstens drei Graden erteilt werden:
   a) goldene,
   b) silberne,
   c) bronzene
   Preismünzen. Die höheren Grade dürfen nur verliehen werden, wenn auch die niedrigeren verteilt werden.
2. Bei Ausstellungen von überragender Bedeutung, d. h. solchen Ausstellungen, deren bedeckte Hallen mindestens 50000 qm groß sind oder deren Kosten nicht weniger als zwei Millionen Mark betragen, können Auszeichnungen in sechs Graden verliehen werden:
   a) Großer Preis,
   b) Ehrenurkunde,
   c) Goldene Preismünze,
   d) Silberne Preismünze,
   e) Bronzene Preismünze,
   f) Erwähnung.
   Für die „Erwähnung" darf keine Preismünze ausgegeben werden.
3. Die Zahl der Preise darf nicht mehr als die Hälfte der am Wettbewerb beteiligten Aussteller betragen. Von den höheren Graden dürfen nicht mehr als von den niedrigeren verteilt werden. Bei Ausstellungen von überragender Bedeutung darf die Zahl der Preise auf 60% der am Wettbewerb beteiligten Aussteller erhöht werden.
4. Falls die Ausstellungsleitung die goldenen und silbernen Preismünzen nicht in Edelmetall verteilt, muß sie hierauf schon in ihren Bekanntmachungen hinweisen.
5. Wer eine Ausstellung als gewerbsmäßiger Unternehmer veranstaltet oder leitet, hat vor der Berufung eines Preisgerichts den Rat der Handels- oder Handwerkskammer oder eines angesehenen Fachverbandes nachzusuchen.
6. Bei Ausstellungen, die sich in mehrere Klassen gliedern, muß das Preisgericht aus mindestens zwei zuständigen Stellen bestehen.
7. Gewerbsmäßige Ausstellungsunternehmer dürfen im Preisgericht nicht vertreten sein.
8. Die Entscheidung des Preisgerichts ist unabänderlich, eine nachträgliche Preisverteilung darf nicht stattfinden.
9. Für die Kosten des Preisgerichts ist in den Haushaltsplan der Ausstellung ein angemessener Betrag einzustellen.
   Diese Bestimmungen gelten auch für kunstgewerbliche Ausstellungen.

Eine Schwindelausstellung kann, wie in dem oben zitierten Erlaß v. 5. IV. 1904 hervorgehoben ist, den Tatbestand des Betruges erfüllen. In diesem Sinne hat das Reichsgericht[2]) auf Grund der Feststellung entschieden, daß die von den Angeklagten ins Werk gesetzte Ausstellung nicht eine wahre, auf Förderung des Handels, des Gewerbes und der Industrie abzielende Ausstellung, sondern eine Schwindelausstellung gewesen sei, die nur zur Ausbeutung der ausstellenden Kaufleute inszeniert sei. Das Reichsgericht führt dazu aus: „Die Aussteller sind in den Irrtum versetzt, ihre Ausstellungsobjekte

[1]) HMBl. 331. [2]) Abgedruckt in Anzeigenbeilage zum HMBl. 1905, 170.

würden der Öffentlichkeit ausgesetzt sein, sie würden durch Sachverständige behufs Prämiierung begutachtet, die ihnen dann zugestellten Prämien seien das Ergebnis der Begutachtung durch Sachverständige und würden ihnen geschäftlich förderlich sein. Hierin sind die Aussteller getäuscht worden. Die erlangten Auszeichnungen können sie nicht verwerten, da sie nach anerkannter Rechtsprechung auf Grund des UWG. im Klagewege zur Enthaltung des Gebrauchs derselben z. B. in Form öffentlicher Bekanntmachung auf Briefbogen, Geschäfts- und Reklamekarten angehalten werden können. Damit sind die Aussteller um die Geldbeträge, welche sie gezahlt haben, geschädigt. Der Angeklagte hätte Anspruch auf den erzielten Gewinn nur dann, wenn er das, was er den Ausstellern versprach und in Aussicht stellte, auch leistete, der Leistung der Aussteller in Geld eine Gegenleistung gegenüberstellte."

Ist die Ausstellung ein hervorragendes Mittel, Reklame für Waren und Leistungen zu machen, so schließt dieser Vorteil der Publizität auf der anderen Seite die große Gefahr in sich, daß schöpferische Leistungen, welche zur Schau gestellt werden, nachgeahmt werden. Diese Gefahr besteht vor allem, wenn es sich um Erfindungen, Muster, Modelle oder Warenzeichen handelt, für die der Berechtigte den gesetzlichen Schutz nicht besitzt, sei es, weil er ihn wegen der Kürze der Zeit noch nicht erlangen konnte, sei es, weil er ihn überhaupt nicht nachgesucht hat. Für solche ungeschützten Geistesprodukte würde insbesondere auf internationalen Ausstellungen eine Art Rechtlosigkeit bestehen, sie würden einem Freibeutertum ausgesetzt sein, das für das Gelingen der Ausstellungen von größter Gefahr wäre[1]). Um hiergegen Abhilfe zu schaffen, gab es für die beteiligten Völker mangels einer gesetzgebenden Zentralinstanz nur einen Weg. Es mußte ein internationales Übereinkommen der beteiligten Staaten hergestellt werden, durch das diese sich verpflichteten, den Übelstand jeder für sich gleichmäßig abzustellen. Nachdem das Deutsche Reich mit dem 1. V. 1903 der Internationalen Union zum Schutze des gewerblichen Eigentums beigetreten war, ergab sich zufolge des Art. 2 der Internationalen Übereinkunft v. 20. III. 1883 in der Fassung der Brüsseler Zusatzakte für Deutschland die Notwendigkeit, eine entsprechende gesetzliche Regelung zu schaffen. Hierauf gründet sich das Gesetz v. 18. III. 1904, welches folgenden Wortlaut hat:

„Erfindungen, Gebrauchsmustern, Mustern und Modellen, die auf einer inländischen oder ausländischen Ausstellung zur Schau gestellt werden, sowie Warenzeichen, die auf einer daselbst zur Schau gestellten Ware angebracht sind, wird ein zeitweiliger Schutz in Gemäßheit der nachfolgenden Bestimmungen gewährt.

1. Durch eine Bekanntmachung des Reichskanzlers im RGBl. wird im einzelnen Falle die Ausstellung bestimmt, auf die zeitweiliger Schutz Anwendung findet.
2. Der zeitweilige Schutz hat die Wirkung, daß die Schaustellung oder eine anderweitige spätere Veröffentlichung der Erfindung, des Musters oder des Warenzeichens der Erlangung des gesetzlichen Patent-, Muster- oder Zeichenschutzes nicht entgegenstehen, sofern die Anmeldung zur Erlangung dieses Schutzes von dem Aussteller oder dessen Rechtsnachfolger binnen einer Frist von sechs Monaten nach der Eröffnung der Ausstellung bewirkt wird. Die Anmeldung geht anderen Anmeldungen vor, die nach dem Tage des Beginnens der Schaustellung eingereicht worden sind."

2. Sonstige Veranstaltungen.

Reklameveranstaltungen, die nicht mündlich oder schriftlich und nicht durch Zurschaustellung der Ware erfolgen, interessieren hier insoweit,

[1]) Vgl. Solle, Grundlage und rechtliche Tragweite des Gesetzes betr. den Schutz von Erfindungen, Mustern und Warenzeichen auf Ausstellungen.

als gesetzliche Bestimmungen vorhanden sind, welche diese Art Kundgebungen regeln oder einschränken.

a) Hierher gehört der Ausschank von Getränken zu Reklamezwecken. Ein Gewerbetreibender, der in seinem Gewerbebetriebe entgeltlich, gratis oder zu besonders billigen Preisen Getränke zu Reklamezwecken ausschenken will, bedarf hierzu der im § 33 RGO. vorgeschriebenen Schankkonzession. Diese Reklameveranstaltung ist nicht selten. Kaffeeröstereien z. B. pflegen durch Ausschenken von Freikaffee, Feinkosthandlungen durch Anbieten von Bouillon usw. für ihre Waren Kunden zu werben.

§ 33 RGO. lautet:

„Wer Gastwirtschaft, Schankwirtschaft oder Kleinhandel mit Branntwein oder Spiritus betreiben will, bedarf dazu der Erlaubnis.
Die Erlaubnis darf nur erteilt werden, wenn ein Bedürfnis nachgewiesen ist.
Im übrigen ist die Erlaubnis nur dann zu versagen:

1. Wenn Tatsachen die Annahme rechtfertigen, daß der Antragsteller die für den Gewerbebetrieb erforderliche Zuverlässigkeit nicht besitzt, insbesondere dem Trunk ergeben ist oder das Gewerbe zur Förderung der Schlemmerei, der Völlerei, des Verbotenen Spiels, der Hehlerei, unlauterer Handelsgeschäfte oder der Unsittlichkeit oder zur Ausbeutung Unerfahrener, Leichtsinniger oder Willensschwacher, zur sittlichen oder gesundheitsschädlichen Schädigung Jugendlicher oder zum Vertriebe gesundheitsschädlicher, verfälschter oder verdorbener Nahrungs- oder Genußmittel mißbrauchen werde.
2. Wenn die zum Betriebe des Gewerbes bestimmten Räumlichkeiten wegen ihrer Beschaffenheit oder Lage den polizeilichen Anforderungen nicht genügen.
3. Wenn die Verwendung der Räume für den Betrieb dem öffentlichen Interesse widerspricht. Vor Erteilung der Erlaubnis ist die Ortspolizei und die Gemeindebehörde gutachtlich zu hören."

Unter Schankwirtschaft ist in dieser Vorschrift das gewerbsmäßige Ausschenken von Getränken aller Art zu verstehen. Ob die Getränke alkoholhaltig sind oder nicht, ist unerheblich. In Frage kommen somit Kaffee, Tee, Bier, Wein, Limonade, Brühe usw.

Unerheblich ist, ob der Ausschank der Getränke das Hauptgewerbe bildet oder nur als Nebengewerbe betrieben wird. Deshalb wurde der Erfrischungsraum eines Warenhauses von der Rechtsprechung als Schankwirtschaft angesehen[1]).

Sogar das unentgeltliche Ausschenken kann als Schankwirtschaft angesehen werden, wenn es zu dem Zwecke geschieht, für das Unternehmen des Ausschenkenden einen größeren Gewinn zu erzielen. Daß auch das Ausschenken von Freigetränken zu Reklamezwecken als „gewerbsmäßige" Schankwirtschaft angesehen wird, hat die Rechtsprechung des öfteren anerkannt. Als Beispiel einer solchen Entscheidung diene das Urteil des Kammergerichts[2]), in welchem ausgeführt wird:

„Ein Kaufmann hatte an diejenigen Personen, welche in seinem Laden Einkäufe machten, unentgeltlich Kaffee zum Genuß auf der Stelle verabfolgt, ohne hierzu die Konzession zu besitzen und ohne diesen Geschäftsbetrieb bei der Ortsbehörde angemeldet zu haben. Der gedachte Ausschank war besonders im Winter und an Markttagen ein starker gewesen und waren an einzelnen Tagen dreißig bis achtzig Tassen ausgeschenkt. Er ist deshalb wegen Gewerbepolizei- und Gewerbesteuerkontravention verurteilt worden. Der Begriff der Gewerbsmäßigkeit des vom Angeklagten betriebenen Ausschanks ist nicht verkannt. Denn der Betrieb eines Gewerbes besteht in der fortgesetzten Erwerbstätigkeit durch gleichartige auf Gewinn abzielende Handlungen. Ob der erstrebte Vermögensvorteil wirklich erreicht worden ist, ist unerheblich. Aber auch dies ist vom Vorderrichter festgestellt. Zum Begriffe des Gewerbebetriebes wird auch nicht erfordert, daß der

---

1) So OLG. Dresden, Goltd. Arch. 8, 404. 2) DJZ. 1897, 450.

erstrebte Vermögensvorteil ein unmittelbarer sei, auch ein mittelbarer Gewinn genügt hierzu und ein solcher mittebarer indirekter Gewinn kann darin gefunden werden, daß die Verabreichung von Getränken erfolgte, um Kunden für das außerdem von dem Verabreichenden betriebene Geschäft anzulocken, also im geschäftlichen Interesse geschah. Dies ist aber vom Vorderrichter unanfechtbar festgestellt."

Jedoch ist das Ausschänken der Getränke nur dann als „gewerbsmäßige Schankwirtschaft" anzusehen, wenn es fortgesetzt entfaltet wird oder wenn es mit dem Willen geschieht, es fortzusetzen. Ein einzelnes Ausschenken von Getränken kann erst dann als Beginn der „Schankwirtschaft" angesehen werden, wenn es von dem Entschlusse begleitet ist, es dauernd zu wiederholen. Daß dieser Wille dem Publikum gegenüber zum Ausdruck gekommen ist, ist nicht erforderlich. Es genügt, wenn dies aus den allgemeinen Umständen hervorgeht. Hiernach ist die Veranstaltung eines einzelnen Modentees noch nicht als Schankwirtschaft anzusehen. Wohl aber ist dies der Fall, falls der Modentee mit der Absicht veranstaltet wird, ihn wöchentlich zu wiederholen.

Die Schankerlaubnis[1]) erteilt in Preußen in kreisangehörigen Städten der Kreisausschuß, in kreisfreien Städten der Magistrat. Gegen die Versagung der Erlaubnis steht dem Antragsteller innerhalb zwei Wochen der Antrag auf mündliche Verhandlung im Verwaltungsstreitverfahren zu.

b) Zu den hier in Betracht kommenden Veranstaltungen gehört ferner die öffentliche und gewerbsmäßige Veranstaltung von Singspielen, Gesangs- und deklamatorischen Vorträgen, Schaustellungen von Personen oder theatralische Vorstellungen, bei denen kein höheres Interesse der Kunst und Wissenschaft obwaltet. In diesem Falle ist gemäß § 33a RGO. eine Konzession erforderlich, sofern die Veranstaltung innerhalb der Räume des Gewerbetreibenden vorgenommen wird. Die Versagung der Erlaubnis ist an ähnliche Voraussetzungen geknüpft wie bei der eben betrachteten Schankerlaubnis.

Da die Voraussetzungen des § 33a RGO. bei Reklameveranstaltungen selten vorliegen werden, sei hier nur eine allgemeine Darstellung gegeben.

„Gewerbsmäßig" bedeutet im Sinne des § 33 RGO. dasselbe wie oben[2]) bei der Schankkonzession. Daher sei auf die obigen Ausführungen verwiesen.

„Öffentlich" bedeutet, daß die Teilnahme der Veranstaltung einem individuell nicht bestimmten Personenkreise offensteht. Diese Voraussetzung wird bei Reklameveranstaltungen stets gegeben sein, da sich die Reklame ihrem Wesen nach an das Publikum wendet.

Nur die aufgezählten Veranstaltungen unterliegen der Konzessionspflicht. Zu ihnen gehören z. B. Instrumentalmusik- oder Grammophonplattenaufführungen ebensowenig wie ein Preiskegeln oder eine Filmvorstellung[3]). Gegen derartige Veranstaltungen kann die Polizei aber bei Polizeiwidrigkeiten[4]) evtl. auf Grund der allgemein erteilten Delegationen, in Preußen z.B. des § 10 II 17 ALR.[5]), einschreiten.

---

[1]) Wer das Schankgewerbe vorsätzlich oder fahrlässig ohne die erforderliche Erlaubnis unternimmt oder fortsetzt oder von den in der Genehmigung festgesetzten Bedingungen abweicht, wird nach § 147 Ziff. 1 RGO. bestraft.

[2]) S. 212.

[3]) Diese unterliegt nur den oben (S. 189 ff.) dargestellten, aber keinen gewerbepolizeilichen Beschränkungen.

[4]) Soweit die Vorführungen aber der Preßfreiheit unterliegen, kann die Polizei wegen eines polizeiwidrigen Inhalts nicht einschreiten.

[5]) S. 78 ff.

Nur die Veranstaltungen in den Räumen unterliegen der Konzessionspflicht, soweit sie außerhalb derselben vorgenommen werden, besteht eine solche nach § 33a RGO. nicht. So ist also eine Konzession nach § 33a RGO. nicht erforderlich, wenn ein Gewerbetreibender einen Riesen als Portier vor seine Türe stellt. Wohl aber ist unter Umständen die Konzession wegen Schaustellung einer Person erforderlich, wenn er den Riesen als Kellner anstellt[1]).

Schließlich darf kein höheres Interesse der Kunst oder Wissenschaft obwalten. Ob ein solches vorliegt, ist nach dem Gesamteindruck der Veranstaltung zu entscheiden. Bei Veranstaltungen, die Reklamezwecken dienen, wird das Vorliegen dieses Interesses regelmäßig zu verneinen sein.

c) Reklamekundgebungen an Häusern, Mauern, Zäunen und Vorgartenbefriedigungen durch Plakate, Lichtreklamen, Flaggen, Girlanden usw. unterliegen neben den allgemeinen gesetzlichen Bestimmungen meist einer eingehenden verkehrs- und sicherheitspolizeilichen Regelung. Diese ist für Berlin im § 59 BStrO. und der zu ihr ergangenen Bekanntmachung des Berliner Polizeipräsidenten v. 15. I. 1929 enthalten. Diese Bestimmungen sind des Zusammenhanges wegen oben[2]) bei der Betrachtung des gedruckten Plakates mit abgedruckt, so daß an dieser Stelle eine Verweisung auf die dortigen Anführungen genügt. Hier sei nur hinzugefügt, daß die Polizei auf Grund des § 3 I BStrO.[3]) oder der allgemeinen Grundlagen des Polizeirechts[4]) befugt ist, auch eine genehmigte Reklame an Häusern, Mauern usw., die sich späterhin als polizeiwidrig erweist, zu verbieten.

d) Als weitere Veranstaltung kommt das Umhertragen und Umherfahren von Ankündigungsmitteln in Betracht. Diese Veranstaltungen unterliegen den allgemeinen gesetzlichen Bestimmungen[5]) und insbesondere den verkehrs- und sicherheitspolizeilichen Vorschriften.

In dieser Beziehung gilt für Berlin § 66 BStrO., welcher lautet:

„Das Umhertragen und Umherfahren von Ankündigungsmitteln, die Veranstaltungen von Reklamen durch kostümierte Personen, Korsofahrten u. dgl. ist auf den Verkehrsstraßen erster Ordnung verboten. Für die übrigen Straßen bedarf es einer polizeilichen Erlaubnis.
Auf Geschäftsfahrzeuge, die Lieferfahrten ausführen und nur mit Ankündigungsmitteln für das eigene Geschäft versehen sind, sowie auf das Mitführen von Plakaten usw. in Demonstrationszügen finden die Bestimmungen des Abs. 1 keine Anwendung.
An Fahrzeugen ist das Aufstecken von Fahnen ohne polizeiliche Erlaubnis verboten, wenn ihr Flächeninhalt mehr als 0,5 qm beträgt."

---

1) So KG. in Goltd. Arch. 13, 226.

2) S. 176 ff. 3) S. 203. 4) S. 78 ff.

5) Vgl. insbesondere für Berlin das Gesetz über die Befriedung der Gebäude des Reichstags und der Landtage vom 8. V. 1920 (RGBl. 908) mit VO. vom 17. V. 1920 (RGBl. 973). Nach diesen sind Umzüge in Berlin im Bannkreis verboten. Der Bannkreis umfaßt folgende Straßenzüge Berlins: Die Friedrichstraße von der Hedemannstraße bis zur Karlstraße, die Karlstraße bis zur Spree, das Friedrich-Karl-Ufer und das sich daran anschließende nördliche Spreeufer bis zur Paulstraße, die Lutherbrücke, den Spreeweg, den großen Stern, die Hofjägerallee, die Friedrich-Wilhelm-Straße, den Lützowplatz, das Lützowufer vom Lützowplatz an bis zum Schöneberger Ufer, das Schöneberger Ufer, anschließend das Tempelhofer Ufer bis zur Großbeerenstraße, die Großbeerenstraße vom Tempelhofer Ufer bis zur Königgrätzer Straße, die Königgrätzer Straße von der Großbeerenstraße bis zur Hedemannstraße, die Hedemannstraße. Die benannten Straßenzüge gehören zu dem befriedeten Raume und fallen daher unter diese Verordnung.

Zu § 66 BStrO. ist in der Bekanntmachung des Berliner Polizeipräsidenten vom 15. I. 1929 folgende Ergänzungsbestimmung ergangen:

„Die Erlaubnis zum Umhertragen und Umherfahren von Ankündigungsmitteln sowie für das Aufstecken von Fahnen an Fahrzeugen erteilt das Polizeiamt, in dessen Bezirk die Reklame stattfinden soll. Ist eine Reklame in mehreren Polizeiamtsbezirken oder im gesamten Polizeibezirk Berlin beabsichtigt, so ist der Antrag bei dem Polizeiamt einzureichen, in dessen Bezirk der Antragsteller seine gewerbliche Niederlassung oder seinen Wohnsitz hat.
Dem Antrag auf Erteilung der Erlaubnis ist eine Skizze des Reklamegegenstandes mit Bild, Maßen, Farben usw. beizufügen. Die Verwendung beleuchteter Reklameflächen wird nur gestattet, wenn von vornherein jegliche übermäßigen Licht- oder Blendwirkungen auf den übrigen Verkehr ausgeschlossen sind. Für Filmbandreklame wird eine Erlaubnis nicht erteilt."

Nach diesen Bestimmungen ist in Berlin das Umhertragen oder Umherfahren in und auf den Verkehrsstraßen erster Ordnung gänzlich verboten. Diese Verkehrsstraßen erster Ordnung sind in der Anlage A der Ausführungsverordnung der BStrO. aufgezählt. Für die übrigen Straßen bedarf es einer polizeilichen Erlaubnis. Die Versagung der Erlaubnis ist eine Polizeiverfügung, die den allgemeinen Rechtsbehelfen[1]) unterliegt.

Das Umhertragen von Ankündigungsmitteln findet gewöhnlich durch Verwendung von Sandwichmen statt. Hierunter sind Leute in origineller und auffallender Tracht zu verstehen, die schriftliche Reklamekundgebungen mit sich tragen. Des vermehrten Aufsehens wegen pflegen Geschäftsleute mehrere Sandwichmen in gleicher Tracht auszusenden, die im Gänsemarsch auf belebten Straßen einherziehen.

Zum Umherfahren von Ankündigungsmitteln bedient sich der Gewerbetreibende vielfach der Automobile und der Pferdefuhrwerke. Die Genehmigungspflicht tritt hier nur ein, wenn die Geschäftsfahrzeuge usw. lediglich zu Reklamezwecken umherfahren. Handelt es sich dagegen um einen Lieferwagen, der nur mit Ankündigungsmitteln für das eigene Geschäft der Reklametreibenden versehen ist, so ist die Erlaubnis für die Ausführung von Lieferfahrten nicht erforderlich, obwohl der Wagen auch Reklamezwecken dient.

e) Auch mit Hilfe von Flugzeugen werden besondere Veranstaltungen zu Zwecken der Reklame unternommen. Soweit die Flugzeuge durch Rauchzeichen, d. h. durch Anschreiben von Worten an den Himmel oder durch Zettelabwurf der Reklame dienen, bilden sie ein Werkzeug für eine schriftliche Reklame[2]). Will ein Geschäftsmann auf andere Weise durch Flugzeuge Reklame machen, so wird dies meist als Luftfahrtveranstaltung im Sinne des § 11 LVG.[3]) anzusehen sein und daher der Genehmigung bedürfen.

Verschiedentlich ist versucht worden, Flugzeuge zu Zwecken der Lichtreklame zu verwenden. Ein Runderlaß des Ministers für Handel und Gewerbe und des Ministers des Innern v. 30. V. 1925[4]) bestimmt, daß die Oberpräsidenten bei Erteilung der Genehmigung für derartige Veranstaltungen darauf zu achten haben, daß die Sichtbarkeit der Erkennungslichter des Flugzeuges durch die Lichtreklame nicht beeinträchtigt werden darf.

f) Eine Reklameveranstaltung besonderer Art bildet weiter die Rundfunkreklame.

Die Rundfunkreklame ist weder mündliche noch schriftliche Reklame[5]) in dem diesen Ausführungen zugrunde gelegten Sinne. Die durch Rundfunk verbreitete Reklame-

---

[1]) S. 75 ff. [2]) S. 200 ff.

[3]) Vgl. oben S. 200. [4]) MiBl. 1925, S. 663.

[5]) Wenn auch die Rundfunkvorführung nach den Ausführungen weiter unten (siehe S. 284, 291) als „Schriftwerk im Sinne LitUG." angesehen wird.

idee wird nicht räumlich verkörpert und perpetuiert und ist daher nicht schriftliche Reklame. Die mechanische Vervielfältigung von gesprochenen Worten mit Hilfe von übertragenen Schallwellen verrauscht mit dem gesprochenen Wort[1]). Auch als mündliche Reklame im Sinne des vorstehenden Ausführungen ist die Funkreklame nicht anzusehen, weil die dem Munde der Ansagers entstammenden Worte nicht unmittelbar auf das Ohr des Teilnehmers wirken. Die Verständigung tritt erst mit Hilfe elektrischer Wellen und Apparate ein. Dieser Weg, den die Reklameworte des Ansagers bis zum Ohr des Funkteilnehmers nehmen, rechtfertigt es, die Funkreklame nicht als mündliche, sondern als Reklame durch Veranstaltung anzusprechen.

Die Rundfunkreklame unterliegt außer den allgemeinen gesetzlichen Bestimmungen einer doppelten Beschränkung:

α) Zunächst ist die Veranstaltung einer Funkreklame insofern beschränkt, als nach der VO. v. 8. III. 1924 die sog. Funkhoheit des Deutschen Reiches besteht. Hiernach ist dem einzelnen Gewerbetreibenden untersagt, eine Sendestation zu errichten, durch die er seine Reklamekundgebungen in die Welt sendet. Das Reich allein ist — bis auf die genehmigten Funkvereine[2]) — berechtigt, Sendestationen zu errichten und zu unterhalten. Das Reich hat einzelnen Aktiengesellschaften eine umfassende „Genehmigung" erteilt, auf Grund derer die Gesellschaften „die Veranstaltung und drahtlose Verbreitung von Vorträgen, Nachrichten, Darbietungen künstlerischen, belehrenden, unterhaltenden sowie sonst weitere Kreise der Bevölkerung interessierenden Inhalts" unternehmen[3]). An diese Gesellschaften muß sich der Reklametreibende wegen der Vornahme von Reklamesendungen für seinen Gewerbebetrieb wenden.

β) Ferner unterliegen die Reklameveranstaltungen mit Hilfe des Rundfunks insofern verkehrspolizeilichen Beschränkungen, als viele örtliche Polizeiverordnungen das Spielenlassen von Lautsprechern auf der Straße, auf Balkonen, offenen Grundstücken, in nach der Straße zu gelegenen Räumen verbieten, um durch die Geräuschentwicklung eine Gefährdung der Ordnung und Ruhe auf der Straße zu verhüten.

So schreibt für Berlin § 68 II BStrO. vor:

„Verboten ist ferner auch die Verursachung von Lärm oder Geräusch, das Spielenlassen von Lautsprechern, Grammophonen oder ähnlichen Apparaten zum Zwecke der geschäftlichen Ankündigung oder des Anbietens gewerblicher Leistungen. Ausnahmen bedürfen der polizeilichen Erlaubnis."

Zu § 68 II BStrO. enthält die Bekanntmachung des Berliner Polizeipräsidenten folgende nähere Bestimmung:

„Die Erlaubnis zum Spielenlassen von Lautsprechern oder ähnlichen Apparaten zum Zwecke der geschäftlichen Ankündigung wird nur erteilt, wenn Störungen des Verkehrs oder Belästigungen der Anwohner nicht zu erwarten sind."

[1]) Die besondere Eigenart der Rundfunkreklame läßt es aus reklametechnischen Gründen geboten erscheinen, daß der Reklametreibende bei Vornahme der Rundfunkreklame besondere Wege einschlägt. Die Rundfunkreklame wendet sich, wie alle Rundfunksendungen, an das Ohr des Menschen, deshalb erscheint es durchaus richtig, wenn Seelemeyer in „Die Fachpresse" 1926, 135 fordert, daß die Rundfunkreklame sich in Zukunft bemühen möge, nicht nur „gesprochene Inserate" in die Welt zu senden.

[2]) Diese dürfen aber keine Reklamesendungen vornehmen. Vgl. C I 3a der Verfügung des Reichspostministers vom 14. V. 1924 (ABl. S. 249ff.).

[3]) So Denker, „Funkrecht" im Handwörterbuch der Rechtswissenschaft (Stier-Somlo-Elster) II, 552.

g) Reklameveranstaltungen mit Hilfe von musikalischen oder anderen mit Geräusch verbundenen Darbietungen unterliegen außer den allgemeinen Bestimmungen, unter denen insbesondere auf die Vorschrift des § 360 Ziff. 11 StGB.[1]) verwiesen wird, auch verkehrspolizeilichen Beschränkungen.

Als Beispiele seien der angeführte § 68 BStrO., der nicht nur die Radiolautsprecher, sondern auch sonstige musikalische Darbietungen betrifft, und § 77 BStrO. genannt. § 77 BStrO. lautet:

„Das Musizieren auf der Straße ist verboten.
Es ist ferner verboten, in Gärten, Vorgärten und auf anderen offenen Grundstücken, in offenen Hallen, Veranden, auf Balkonen usw. Musik zu machen, laut zu singen oder in anderer Art lautes Geräusch zu verursachen, falls hierdurch nach Lage der Örtlichkeit eine Störung der Ruhe und Ordnung auf der Straße zu erwarten ist.
Das gleiche gilt für geschlossene Räume an der Straße, insbesondere Wohnungen, Gastwirtschaften und Verkaufsstellen.
Ausnahmen von den Bestimmungen der Abs. 1—3 bedürfen der polizeilichen Erlaubnis."

h) Als Reklameveranstaltungen kommen schließlich besondere Sensationen in Betracht. Diese unterliegen keinen besonderen Bestimmungen, sondern nur den allgemeinen gesetzlichen Schranken. Sensationsreklamen können z. B. eine nach § 360 Ziff. 11 StGB. strafbaren groben Unfug darstellen. Dies ist oben[2]) näher behandelt.

Zweiter Abschnitt.

Privatrechtliche Beschränkungen.

Solange noch nicht Gewerbefreiheit herrschte, spielte die Reklame nur eine untergeordnete Rolle. Die Konkurrenz war unterbunden. Der Gewerbetreibende brauchte das Publikum nicht besonders zu beeinflussen, im Bedarfsfalle bei ihm zu kaufen. Das Publikum war mehr oder weniger darauf angewiesen, wenn es Waren brauchte, die der betreffende Gewerbetreibende führte, den Bedarf bei ihm zu decken. Diese Verhältnisse änderten sich mit der Einführung der Gewerbefreiheit, die dem Handel völlig neue Bahnen wies. Der freie Wettbewerb, die ungeahnte Entwicklung des Verkehrs, die Beteiligung des Auslandes am inländischen Markte hat in allen Geschäftszweigen eine außerordentliche Konkurrenz geschaffen. Der Kaufmann kann sich heute nicht mehr damit begnügen, Waren zum Verkauf bereit zu halten und zu warten, bis die Kunden kommen, er muß die größten Anstrengungen machen, um seinen Waren Beachtung zu verschaffen und um zu erreichen, daß sie vor anderen den Vorzug erhalten. Dazu dient das Mittel der Reklame, ohne die heute der Handel nicht mehr denkbar ist.

Da der Konkurrent sich aber gleichfalls der Reklame bedient und der Erfolg bei dem ist, der die bessere Reklame macht, so entsteht notgedrungen ein Wettstreit, bei dem der eine den anderen zu übertrumpfen sucht.

Darin, daß das Publikum durch die Reklame nach bestimmter Richtung hin beeinflußt wird, liegt der große Wert der Reklame. Darin liegt aber zugleich die Gefahr, welche die Reklamekundgebung mit sich bringt, wenn nämlich, um den gewünschten Eindruck hervorzurufen, Mittel angewandt werden, die mißbräuchlich sind. Hier hat der Gesetzgeber einzugreifen und diejenigen, welche durch unzulässige Reklamekundgebungen betroffen werden, zu schützen.

---

[1]) S. 85. [2]) S. 86.

Unsere Untersuchungen haben sich also nach den drei Richtungen hin zu erstrecken, wann die Reklamebetätigung mißbräuchlich ist, wen der Gesetzgeber schützt und wie er ihn schützt.

Da freier Wettbewerb herrscht, ist an sich jede Form für ein Reklamevorhaben und jede Kundgebung der Reklame zulässig. Unzulässig wird sie, wie oben im ersten Abschnitt gezeigt, wenn die aus öffentlichen Interessen gegebenen Vorschriften nicht beachtet werden. Unzulässig wird sie aber auch dann, wenn sie schutzwürdige private Interessen verletzt. Private Interessen bilden den Gegenstand der Rechtsregeln, die sich mit den Lebensverhältnissen der einzelnen und ihren wechselseitigen Beziehungen befassen[1]). Sie stehen also im Gegensatz zu den im ersten Abschnitt[2]) behandelten öffentlichen Interessen, welche der Staat als Träger der staatlichen Hoheitsrechte zur Aufrechterhaltung des Rechtslebens verfolgt.

Private Interessen sind aber für das hier interessierende Gebiet der Reklame nicht nur die Interessen des einzelnen, dem die Möglichkeit gegeben werden muß, sich gegen unzulässige Reklamekundgebungen zu wehren, sondern auch die der Allgemeinheit. Bei der ständigen Ausdehnung des geschäftlichen Verkehrs und der sich daraus ergebenden Unsicherheiten und Verwickelungen hat auch das Publikum, wie das Reichsgericht[3]) ausführt, ein schutzwürdiges Interesse an der Reinhaltung des öffentlichen Verkehrs.

Dieser leitende Grundgedanke, daß durch die Reklame die Reinlichkeit des geschäftlichen Verkehrs nicht beeinträchtigt werden darf, hat sich aus der Ausdehnung entwickelt, welche der geschäftliche Verkehr genommen hat. Da die Gesetzgebung mit dieser Entwicklung nicht Schritt gehalten hat, ist von der Rechtsprechung mit Hilfe der Auslegung nachgeholfen worden. Die gesetzlichen Bestimmungen, insbesondere § 12 BGB., der vom Namensschutz handelt, haben durch die Rechtsprechung eine derart weitgehende, vom Gesetzgeber sicherlich nicht geahnte Auslegung erfahren, daß es auf diese Weise ermöglicht wurde, denjenigen Schutz, den die Verhältnisse, wie sie heute liegen, erfordern, zu schaffen.

Das Grundprinzip, das die Rechtsprechung über unzulässige Reklame wie ein roter Faden durchzieht, ist, daß durch die Reklame der Wettbewerb nicht beschmutzt werden darf. Schutzbedürftigkeit wird gegen jede Reklamebetätigung anerkannt, die verwerfliche Mittel anwendet, die mit List, Unwahrheit, Prahlerei oder sonstigen unanständigen Mitteln Erfolge zu erzielen sucht. Hier greift der gesetzliche Schutz ein, indem er nicht nur verbietet, sondern gegebenenfalls auch Schadensersatz und empfindliche Strafen androht.

Die gesetzlichen Quellen für den Schutz gegen unzulässige Reklame sind das BGB., das UWG., das HGB., sowie die Spezialgesetze, welche den Schutz des geistigen Eigentums sowie den gewerblichen Rechtsschutz betreffen, wie Urheberrecht, Markenschutzgesetz und Patentgesetz.

I. Schutz gegen unzulässige Reklame auf Grund des § 12 des Bürgerlichen Gesetzbuches.

Wenn von Bestimmungen des BGB. die Rede ist, die Schutz gegen unzulässige Reklame gewähren, so ist dies nicht so zu verstehen, daß etwa das BGB. Vorschriften enthielte, die sich gegen unzulässige Reklame richten. Es handelt sich vielmehr um solche Vor-

[1]) Vgl. Siméon-David, Recht und Rechtsgang 1921, S. 11.
[2]) Siehe S. 28. [3]) So RGZ. 108, 272.

schriften des BGB., die ohne speziell gegen unzulässige Reklame gerichtet zu sein, den Schutz gegen diese mit umfassen. Wenn das BGB. den Namen gegen unbefugte Benutzung durch andere schützt, so geschieht das nicht, weil dem Namen Reklamewirkung innewohnt und dieser Reklamewirkung Schutz verliehen werden soll, sondern weil der Name ein Persönlichkeitsrecht ist und daher wie jedes andere Recht zu schützen ist. Da der Name, wie oben[1]) dargetan, das gegebene Mittel zur Kennzeichnung des Reklameobjekts ist und das BGB. den Namen gegen unbefugten Gebrauch schützt, ergibt sich, daß dieser vom BGB. gewährte Schutz auch Anwendung findet, wenn der Name des Berechtigten zu Reklamezwecken von einem Dritten mißbraucht wird. Insofern gewährt also auch das BGB. Schutz gegen unzulässige Reklame.

A. Auslegung des § 12 BGB. durch die Rechtsprechung.

Der den Schutz des Namens betreffende § 12 BGB. lautet:

„Wird das Recht zum Gebrauch eines Namens dem Berechtigten von einem anderen bestritten oder wird das Interesse des Berechtigten dadurch verletzt, daß ein anderer unbefugt den gleichen Namen gebraucht, so kann der Berechtigte von dem anderen Beseitigung der Beeinträchtigung verlangen. Sind weitere Beeinträchtigungen zu besorgen, so kann er auf Unterlassung klagen."

Diese Bestimmung hat ihrem Wortlaut nach an sich nur ein eng begrenztes Anwendungsgebiet. Ihr ist aber von der Rechtsprechung eine derart weitgehende, wohl vom Gesetzgeber nicht vorausgesehene Auslegung zuteil geworden, daß sie heute als die hauptsächlichste Grundlage für den gesamten Schutz privater Interessen gegen unzulässige Reklame angesehen werden kann.

Die weite Ausdehnung, welche die Rechtsprechung dem Anwendungsgebiet des § 12 BGB. hat zuteil werden lassen, zeigt sich, soweit es sich um den hier allein interessierenden Schutz gegen Reklamekundgebungen handelt, in den nachstehend aufgeführten Auslegungen der Rechtsprechung.

1. Allgemeines.

§ 12 steht in dem Abschnitt des BGB., der von natürlichen Personen handelt. Die Ausdehnung des Schutzes des Namensrechts auf juristische Personen durch eine besondere Bestimmung war mit der Begründung abgelehnt worden, daß Wissenschaft und Praxis von selber finden würden, ob § 12 BGB. auch für juristische Personen Anwendung zu finden habe. Die Frage ist in der höchstrichterlichen Rechtsprechung[2]) in bejahendem Sinne entschieden worden. Hiernach kann heute als feststehend angesehen werden, daß der Namensschutz des § 12 sich auf alle Arten von Namen bezieht, seien die Träger physische oder juristische Personen[3]) oder sonstige Personenvereinigungen[4]).

Auch das Pseudonym genießt nach der Rechtsprechung den Schutz des § 12 BGB.[5]), obwohl die Gesetzgebungskommission[6]) eine solche Anwendung des § 12 ausgeschlossen wissen wollte. Die Rechtsprechung hat auch hier den praktischen Bedürfnissen Rechnung

---

[1]) S. 3 ff. [2]) So z. B. RGZ. 74, 114; 78, 102; 100, 186; 101, 214.

[3]) Eingetragene Vereine, Aktiengesellschaften, Gesellschaften m. b. H., Genossenschaften usw.

[4]) Offene Handelsgesellschaften, nichtrechtsfähige Vereine usw.; für OHG. vgl. RGZ. 114. 90; für nichtrechtsfähige Vereine 78, 102.

[5]) Vgl. RGZ. 101, 226 ff. [6]) Vgl. Protokolle I, S. 45.

getragen. Sie war zu dieser Gesetzesauslegung befugt, da die Absicht der Gesetzgebungskommission im Gesetze nicht zum Ausdruck gelangt ist.

Auch Vornamen genießen, wenn sie eine besondere Kennzeichnungskraft haben, den Schutz des § 12 BGB. So ist die Filmschauspielerin Ossi Oswalda mit Erfolg gegen die Ossi-Film-G. m. b. H. vorgegangen. Nach dem Urteil des Kammergerichts waren die Voraussetzungen des § 12 BGB. gegeben, weil die Ossi-Film-Gesellschaft sich eines so hervorragenden Bestandteils des anerkannten Decknamens der Klägerin bediene, daß ihre Bezeichnung einem Mißbrauch des Decknamens gleichkomme[1]).

§ 12 BGB. schützt den Gebrauch des Namens. Die Rechtsprechung hat den Schutz des § 12 auch weit über den Begriff des Namens hinausgehend auf Phantasienamen und Namensbestandteile ausgedehnt. So hat das Reichsgericht[2]) in einer Entscheidung aus dem Jahre 1927 einer Konkurrenzfirma verboten, für Speiseeis mit Schokoladenüberzug die Phantasiebezeichnung „Eskimo" zu verwenden, die bereits für eine andere Firma warenzeichenrechtlich geschützt war. Es führt dabei aus:

„Der Namensschutz des § 12 gilt für alle Arten von Worten — seien es Personennamen, seien es Phantasieworte —, die der Firmeninhaber befugterweise zur Bildung seiner Firma verwendet hat. Auch schlagwortartige Abkürzungen genießen den Schutz des § 12 BGB., wenn das Schlagwort (Name oder Phantasiebezeichnung) einen wesentlichen Teil des Gesamtnamens bzw. der Gesamtfirmenbezeichnung darstellt und als Abkürzung dieser Gesamtbezeichnung die Anerkennung eines nicht ganz unerheblichen Teiles der in Frage kommenden Verkehrskreise gefunden hat."

Ebenso hat das Reichsgericht[3]) Namensschutz nach § 12 BGB. dem Worte „Salamander" als Bestandteil der Firma Salamander-Schuhgesellschaft m. b. H. zugebilligt und auf Löschung des Warenzeichens Salamander, das sich eine Firma für Schmirgelerzeugnisse hatte eintragen lassen, erkannt.

Nach diesen Entscheidungen dürfte auch die Telegrammadresse den Schutz des § 12 genießen, wenn sie den Namen oder einen schlagwortartig benutzten Teil von ihm in irgendeiner Form derart wiedergibt, daß er als Name erkannt werden kann.

2. Das Interesse des Berechtigten.

Nach § 12 muß ein anderer den Namen unbefugt gebrauchen und dadurch das Interesse des Berechtigten verletzen.

Unbefugt ist der Gebrauch, wenn dem Mißbrauchenden ein Recht zur Führung nicht zusteht. Es ist daher niemand berechtigt, einen fremden Namen ohne Einwilligung des Berechtigten zu Reklamezwecken zu benutzen. Soweit das Interesse des Berechtigten in Frage kommt, dessen Verletzung Voraussetzung für die Anwendung des § 12 ist, hat hier die Rechtsprechung auch den Begriff Interesse in weitgehendstem Sinne ausgelegt. Danach begreift Interesse im Sinne des § 12 nicht nur ein familien- oder vermögensrechtliches, sondern jedes überhaupt des Rechtsschutzes würdige Interesse, also auch ein ideales und selbst ein Affektionsinteresse[4]).

---

[1]) JW. 1921, 348. [2]) RGZ. 117, 215.

[3]) RGZ. 115, 408

[4]) So RGZ. 74, 309 betr. den Fall Zeppelin, der mit der Klage auf Löschung des Warenzeichens „Graf Zeppelin", das sich ein Zigarrenhändler ohne seine Einwilligung hatte eintragen lassen, durchgedrungen ist.

§ 12 hat eine über seinen Wortlaut weit hinausgehende Bedeutung dadurch gewonnen, daß die Rechtsprechung als unbefugten Gebrauch des Namens im Sinne des § 12 auch ansieht, wenn er im geschäftlichen Verkehr Verwechslungen herbeizuführen geeignet ist[1]). § 12 gewährt nach seinem Wortlaut nur Schutz, wenn das Interesse des Berechtigten verletzt wird, d. h. desjenigen, der befugterweise den Namen führt, den ein anderer mißbraucht. Wenn die Rechtsprechung diesen Schutz darüber hinaus auch der Allgemeinheit in dem Sinne gewährt, daß der Berechtigte auf Grund des § 12 auch dann vorgehen kann, wenn durch den unbefugten Gebrauch irgendwie beim Publikum Verwechslungen herbeigeführt werden können, so ist dies wohl nur aus dem Gesichtspunkt heraus verständlich, nach welchem das Interesse des Publikums an der Reinhaltung des geschäftlichen Verkehrs als schutzwürdig anerkannt wird.

3. Begriff des gleichen Namens.

Nach § 12 BGB. besteht die Verletzung darin, daß ein anderer den gleichen Namen, den der Berechtigte führt, unbefugt gebraucht.

Auch der Begriff des „gleichen Namens" ist entsprechend der Tendenz der Reinhaltung des geschäftlichen Verkehrs in der Rechtsprechung in weitgehendstem Maße ausgelegt worden. Der Name ist, wie im ersten Teil gezeigt[2]), dazu bestimmt, zu individualisieren. Er ist das Mittel, durch welches sein Träger von anderen unterschieden werden soll. Es ist daher angenommen worden, daß eine Verletzung des Namensrechts in jedem Falle vorliegt, wenn ein anderer unbefugt den Namen des Berechtigten in einer Form gebraucht, die eine Verwechslung ermöglicht.

Aus diesem Gesichtspunkt heraus ist es für die Anwendung des § 12 gleichgültig, ob der Name in Schreibart oder Wortklang verändert wird, ob er Zusätze erhält oder ein Teil weggelassen wird. Es entscheidet lediglich, ob ein anderer den Namen des Berechtigten in einer Form in die Erscheinung treten läßt, die im Verkehr eine Verwechslungsgefahr in sich birgt.

Bei dieser Auslegung findet § 12 auf alle die Fälle Anwendung, in denen früher, als das Anwendungsgebiet des § 12 noch nicht die jetzige Entwicklung genommen hatte, gegen Führung von verwechslungsfähigen Namen der Schutz des § 16 UWG. zugebilligt worden war[3]). Als Beispiele hierfür seien angeführt die Klage der Firma „Johann Maria Farina gegenüber dem Jülichsplatz" gegen die Firma „Johann Maria Farina Georgsplatz 9"; die Klage der „Friedrich Krupp A.-G." gegen die „Jacob Krupp G. m. b. H."; die Klage der Firma „M. Kempinski & Comp." gegen die Firma „Edmund Kempinski & Co." In allen diesen Fällen, in denen die Rechtsprechung die Verwechslungsfähigkeit auf Grund des § 16 UWG. anerkannt hat, würde heute die gleiche Entscheidung auf Grund des § 12 BGB. zu erfolgen haben.

Ein weiteres Beispiel dafür, daß jetzt § 12 BGB. zur Anwendung käme, wo früher nur der Schutz des § 16 UWG. zu Gebote stand, ist der Fall „Hageda". Hier wurde unbefugt ein Teil des Namens mit verändertem Wortklang benutzt. Die Handelsgesellschaft Deutscher Apotheker, welche an der Spitze ihres Namens schlagwortartig das Wort „Hageda" führt, klagte gegen eine Firma H. G., welche Packmaterialien vertrieb und das

[1]) So RGZ. 117, 215. [2]) S. 3.

[3]) Über die Unterschiede zwischen § 12 BGB. und § 16 UWG. vgl. S. 232 ff.

aus den Buchstaben H. G. P. gebildete Wort „Hagepa" schlagwortartig an die Spitze ihrer Firma setzte. Diese wurde auf Grund des § 16 UWG. verurteilt, das Wort „Hagepa" aus der Firma zu löschen, weil die Ähnlichkeit der beiden Worte im Verkehr eine Verwechslungsgefahr böte[1]). Die Klage wäre jetzt auch nach § 12 BGB. begründet gewesen.

Bei dieser dem Erfordernis der Sicherheit und Lauterkeit des Verkehrs Rechnung tragenden Auslegung des § 12 erscheint es auch unbedenklich, daß Zusätze wie „System .....", „Ersatz .....", „Ware nach ....." unter den Schutz des § 12 fallen. Durch derartige Zusätze kann, wie das Reichsgericht[2]) in einer das Warenzeichenrecht betreffenden Entscheidung ausführt, die Gefahr der Verwechslung nicht nur nicht ausgeschlossen, sondern vielfach sogar noch erhöht werden.

Darüber hinaus hat die Rechtsprechung den Schutz aus § 12 auch dann gewährt, wenn zwar nicht der Name oder ein Namensteil, wohl aber eine Bezeichnung gebraucht wurde, der eine in Wirklichkeit nicht bestehende Beziehung zu einer anderen Person[3]) enthielt, so daß eine Verwechslungsmöglichkeit hervorgerufen wurde. So ist es als unzulässig angesehen worden, ein Theater „Stadttheater" oder eine Apotheke „Stadtapotheke" zu nennen, wenn zwischen der Stadt und dem Theater bzw. der Apotheke keinerlei Beziehungen bestehen. Da nach der Verkehrsanschauung, wie das Reichsgericht[4]) ausführt, bei dieser Art der Bezeichnung auf eine Verbindung zwischen der Stadt und dem Unternehmen geschlossen werde, habe die Stadt ein Interesse daran, daß eine derartige Verwechslung vermieden werde. Dieses Interesse sei, gleichgültig, ob es auf dem Gebiete des Vermögensrechts liege oder idealer Natur sei, des Rechtsschutzes in gleicher Weise würdig und bedürftig, wie der Name selber, dessen Schutz das Gesetz ausdrücklich gewährleiste.

Aus dem gleichen Gesichtspunkt ist der Schutz des § 12 auch für bildliche Bezeichnungen zugebilligt worden. So hat das Reichsgericht[5]) in der unbefugten Benutzung eines Stadtwappens für geschäftliche Anzeigen eine Verletzung des Namensrechts erblickt.

Zusammenfassend ist danach festzustellen, daß die Rechtsprechung den Schutz des § 12 BGB. in allen Fällen gewährt, in welchen der Einzelne als Berechtigter bezüglich seines Namens oder Namensbestandteils sowie die Gesamtheit im Interesse der Sicherheit des Verkehrs davor zu schützen sind, daß durch einen unbefugten Gebrauch durch einen Dritten eine Verwechslung mit der Person des Berechtigten ermöglicht wird.

B. Befugnis zur Namensführung.

Der Berechtigte ist derjenige, der den Namen befugt führt. In welcher Weise der Name, den der einzelne zu führen berechtigt ist, erworben wird, ist oben im ersten Teil[6]) gezeigt. Eine Befugnis zur Benutzung des Namens kann aber auch durch Vertrag begründet werden. Der Name als solcher ist zwar nicht übertragbar, der Namensberechtigte kann daher die Führung seines Namens nicht einem anderen übertragen, wohl aber kann er den Gebrauch des Namens einem anderen durch Vertrag gestatten. Die rechtliche Bedeutung einer derartigen Vereinbarung ist, daß er dem anderen gegenüber auf das Recht verzichtet, den Gebrauch des Namens zu verbieten[7]).

[1]) MuW. XXVII, 26. [2]) MuW. 23, 166.
[3]) physischen oder juristischen. [4]) JW. 1921, 522; MuW. 20, 183; JW. 1927, 117.
[5]) JW. 1924, 1711; MuW. 24, 43. [6]) S. 3 f. [7]) JW. 1911, 26, Nr. 2.

Voraussetzung für den Namensschutz aus § 12 ist jedoch, daß der Name als solcher seinen Zweck erfüllt, daß er also tatsächlich ein Mittel ist, seinen Träger erkennbar zu machen, ihn von anderen zu unterscheiden. Ob dies der Fall ist, wird je nach den Umständen zu beurteilen sein. Der Name Otto Müller besitzt an und für sich keine Unterscheidungskraft, wohl aber kann ein Geschäft unter der Firma „Otto Müller" besonders bekanntgeworden sein und Unterscheidungskraft gewonnen haben. In diesem Falle wird ihr der Schutz aus § 12 zustehen. Der Vorname Gerhart besitzt ebensowenig Unterscheidungskraft wie der Familienname Hauptmann. In der Zusammensetzung „Gerhart Hauptmann" werden beide jedoch zu der Kennzeichnung des bekannten Dichters, so daß hier der Schutz aus § 12 BGB. gegeben wäre.

C. Phantasiebezeichnung und Beschaffenheitsangabe.

Eine Unterscheidungskraft kommt für den Namen dann nicht in Frage und der Schutz aus § 12 ist demzufolge zu versagen, wenn es sich um Namen handelt, die nach der Verkehrsauffassung die Bedeutung als Namen verloren haben und zu Phantasiebezeichnungen oder Beschaffenheitsangaben geworden sind. So hat das Kammergericht[1]) angenommen, daß die Zigarettenbezeichnung „Montebello" lediglich eine italienisch klingende Phantasiebezeichnung sei und die Beziehung zu dem Namen der Familie de Montebello wenigstens in Deutschland verloren habe. Ebenso ist entschieden worden[2]), daß „Liberty" die Beziehung zum Namen des Begründers des Geschäfts verloren habe und in Deutschland zur Beschaffenheitsangabe für leichte und weichglänzende Gewebestoffe geworden sei.

D. Verlust des Schutzes.

Nach der Rechtsprechung wird der Schutz des § 12 auch dann versagt, wenn der Berechtigte aus unlauteren Gründen die Geltendmachung seiner Rechte verzögert oder auf seine Ansprüche verzichtet[3]). Diese Ansicht der Rechtsprechung ist für das Gebiet der Reklame von besonderer Bedeutung. Wenn der Berechtigte es jahrelang mitangesehen hat, daß mit seinem Namen unbefugt Reklame gemacht wurde, daß der andere, um den unbefugt benutzten Namen bekannt zu machen, evtl. große Mühen und sehr erhebliche Kosten aufgewandt hat, so kann der Berechtigte nicht später plötzlich damit kommen, daß der Gebrauch des Namens unbefugt und daher zu unterlassen sei. In diesem Falle ist entweder ein Verzicht des Berechtigten auf den Schutz aus § 12 zu erblicken oder es muß angenommen werden, daß die Verfolgung nur aus unlauteren Gründen geschieht; Unlauterkeit hat aber keinen Anspruch darauf, vom Gesetz geschützt zu werden. Diese Versagung des Schutzes greift jedoch nur dann Platz, wenn nicht zwingende Vorschriften des Namensrechts verletzt werden. Weder kann, wie im ersten Teil dargetan[4]), ein bürgerlicher Name durch langdauernden Gebrauch erworben, noch kann ein Firmenrecht etwa durch Ersitzung erlangt werden[5]).

E. Das Recht auf den eigenen Namen.

Bei der vorgeschilderten weitgehenden Auslegung des § 12 BGB. entsteht die Frage, wie sich diese Rechtsprechung mit den das Firmenrecht betreffenden Bestimmungen des

[1]) MuW. 24, 341. [2]) RGZ. 69, 311. [3]) MuW. XXVII, 26.
[4]) S. 5. [5]) RGZ. 25, 1 ff.

HGB. auseinandersetzt. § 12 BGB. verbietet die Begründung einer Firma, die zu Verwechslungen mit dem Namen oder der Firma eines anderen führen kann. Die Vorschrift des § 12 gilt unabhängig davon, ob die Beteiligten am gleichen Orte oder in der gleichen Gemeinde ihren Wohnsitz haben. Nach § 18 HGB. kann aber, wie im ersten Teil ausgeführt, z. B. ein Einzelkaufmann eine Firma nur in der Weise gründen, daß er als Firma seinen Familiennamen mit mindestens einem ausgeschriebenen Vornamen führt. Nach § 30 HGB. besteht lediglich die Beschränkung, daß die neu zu gründende Firma sich deutlich von einer am gleichen Ort oder in der gleichen Gemeinde bestehenden einzutragenden Firma unterscheiden muß. Jedem Deutschen steht als Ausfluß der Gewerbefreiheit das Recht zu, in der nach dem Gesetz zulässigen Form eine Firma zu begründen. Wie nun, wenn eine nach dem HGB. vorschriftsmäßig begründete Firma zu Verwechslungen mit Namen oder Firmen führt, die nach § 12 BGB. ohne Rücksicht auf örtliche Beziehungen oder handelsregisterliche Eintragungen geschützt werden? Z. B. es kann also vorliegen, daß der Einzelkaufmann Otto Müller, der nach dem Grundsatze der Gewerbefreiheit das Recht hat, unter seinem Namen eine Firma zu begründen und nach § 18 HGB. die Pflicht hat, die zu begründende Firma „Otto Müller" zu nennen, durch die Führung dieser ihm zustehenden Firma gegen die Vorschrift des § 12 BGB. verstößt, weil z. B. an einem anderen Orte oder am gleichen Orte eine im Handelsregister nicht eingetragene Firma gleichen oder ähnlichen Namens besteht, die etwa infolge langen Gebrauchs bekannt geworden ist. Hier wäre die Firmierung „Otto Müller" nach § 12 BGB. unzulässig, weil sie zu Verwechslungen Anlaß geben könnte. Welches Recht ist stärker, das Firmenrecht des HGB. oder das Namensrecht in der von der Rechtsprechung entwickelten Auslegung des BGB.?

Mit dieser Frage ist jedoch das Problem noch nicht erschöpft. Auch für den bürgerlichen Namen kann sich die gleiche Fragestellung ergeben. Darf z. B. jemand, der Gerhart Hauptmann heißt, ein geistiges Produkt unter seinem Namen veröffentlichen, obwohl eine Verwechslung mit dem bekannten Dichter hervorgerufen werden kann? Muß er, um die Gefahr einer Verwechslung auszuschließen, unter einem Pseudonym in die Öffentlichkeit treten oder seinem Namen einen unterscheidenden Zusatz beifügen? Gibt es ein Recht auf den eigenen Namen?

Soweit das Firmenrecht in Frage kommt, vertritt das Reichsgericht einen Standpunkt, der als Kompromiß anzusprechen ist. Es ergibt sich dies aus Entscheidungen[1]), wie z. B. im Falle Malzmann[2]), Arnheim[3]), Wagner[4]), Stollwerck[5]).

Im Falle Malzmann war einer der Mitinhaber der im Jahre 1875 gegründeten Zigarettenfirma J. Malzmann namens Adolf Malzmann im Jahre 1921 kurz vor deren Umwandlung in eine A.-G. ausgeschieden und hatte mit zwei anderen Kaufleuten die Firma „Tabak- und Zigarettenfabrik Lamata A. Malzmann & Co. G. m. b. H." gegründet. Die A.-G. verlangte von der G. m. b. H. wegen Verwechslungsgefahr die Beseitigung des Namens Malzmann aus der Firma. Das Reichsgericht hat dem Antrage stattgegeben.

Im Falle Arnheim standen sich die im Jahre 1833 gegründete Geldschrankfabrik S. J. Arnheim, Berlin und die A.-G. Hermann Arnheim, Berlin gegenüber. Hermann

[1]) Die folgende Zusammenstellung der Entscheidungen ist Becher, Wettbewerbsrecht, S. 298 entnommen. [2]) RGZ. Bd. 110, S. 234.
[3]) RGZ. Bd. 111, S. 67. [4]) MuW. 26, S. 42. [5]) RGZ. Bd. 116, S. 209.

Arnheim hatte seit 1870 eine Kunstschlosserei betrieben, die bis 1918 über den Rahmen eines handwerksmäßigen Betriebes nicht hinausgegangen war. 1918 gründete er mit einem anderen Kaufmann eine OHG. zur Herstellung von Geldschränken, Tresoranlagen usw. Hermann Arnheim hatte zunächst als Firma „Hermann Arnheim, Kunstschlosserei und Geldschrankfabrik gegründet 1870" und sich selbst als ihren Alleininhaber ins Handelsregister eintragen lassen. Anfang 1919 wurde sodann der Eintritt des Gesellschafters unter Beibehaltung der bisherigen Firma angemeldet und die Firma darauf in die A.-G. Hermann Arnheim umgewandelt. Die Firma S. J. Arnheim verlangte Löschung der Firma A.-G. Hermann Arnheim, das Reichsgericht hat dem Antrage der Firma S. J. Arnheim stattgegeben.

Im Falle Wagner hat die im Jahre 1907 gegründete OHG. „Holsteinische Pflanzenbutterfabrik Wagner & Co." in Elmshorn gegen die im Jahre 1919 gegründete und im Jahre 1924 zur G. m. b. H. umgewandelte Firma Hans Wagner & Co. G. m. b. H. auf Beseitigung des Namens Wagner aus der Firma geklagt. Das Reichsgericht hat der Klage stattgegeben.

Im Falle Stollwerck hat die Schokoladenfabrik Stollwerck gegen den Sohn eines der Mitbegründer namens Paul H. Stollwerck geklagt. Dieser war früher bei der Firma Gebrüder Stollwerck tätig gewesen und hatte nach seinem im Jahre 1925 erfolgten Ausscheiden die Einzelfirma Paul H. Stollwerck begründet. Die Firma Gebrüder Stollwerck verlangte Löschung der Firma. Das Reichsgericht hat die Klage mit der Maßgabe abgewiesen, daß der Beklagte stets nur die volle Firma Paul H. Stollwerck unter Hervorhebung der Vornamen Paul H. durch größere Darstellung der Buchstaben gebrauchen dürfe.

Das Ergebnis aus den Gründen des Reichsgerichts in den obigen vier Entscheidungen ist etwa folgendes.

Der oberste Grundsatz ist Reinhaltung des geschäftlichen Verkehrs. Wo die Gefahr einer Verwechslung droht, muß jede Möglichkeit erschöpft werden, sie zu beseitigen. Läßt es daher das Firmenrecht offen, eine Personal- oder eine Sachfirma zu wählen, wie es insbesondere bei der A.-G. und der G. m. b. H. der Fall ist, so ist, wenn die Personalfirma zu Verwechslungen führen kann, im Interesse der Lauterkeit des Verkehrs eine Sachfirma zu wählen. Insofern ist also das Namensrecht stärker als das Firmenrecht. Anders, wenn das Firmenrecht keine Wahl läßt, wie z. B. beim Einzelkaufmann. Da Gewerbefreiheit herrscht, kann nicht verboten werden, eine Einzelfirma zu gründen. Der Einzelkaufmann ist daher gesetzlich gezwungen, seinen Namen zu verwenden, auch wenn diese Verwendung Verwechslungen zur Folge haben kann. Er muß allerdings alles mögliche tun, um Verwechslungen zu vermeiden. Er muß, wie in der Entscheidung Stollwerck zum Ausdruck gelangt, seinen Vornamen mit großen deutlichen Buchstaben hervorheben. Er muß, wie in dem Falle der Firma Carl Stiller, wo der eine Mitinhaber namens Carl Stiller ausgeschieden war und eine neue Firma Carl Stiller gegründet hatte, als unterscheidenden Zusatz das Wort junior führen, und zwar ausgeschrieben und mit großen deutlichen Lettern, damit es nicht übersehen werden kann. Droht dennoch die Gefahr der Verwechslung mit einer älteren Firma, so ist es deren Sache, die nötigen Maßnahmen zu ergreifen, um sich vor Schaden, der ihr durch Verwechslung mit der jüngeren Firma erwachsen kann, zu schützen. So hat eine bekannte Berliner Schuhfirma zum Schutze gegen einen den gleichen Namen führenden jüngeren Konkurrenten sich damit zu helfen gesucht, daß sie ihrer Firma das Gründungsjahr beigefügt und in allen ihren

Veröffentlichungen, Plakaten, Briefbogen, Rechnungen usw. in markanter Weise immer wieder darauf hingewiesen hat, daß sie in Berlin keine Zweiggeschäfte unterhalte.

Zu dem gleichen Ergebnis wird man bezüglich des bürgerlichen Namens gelangen müssen. Handelt es sich um einen Namen, zu dessen Führung keine gesetzliche Verpflichtung besteht, wie z. B. beim Pseudonym, so wird der Berechtigte den Schutz aus § 12 für sich in Anspruch nehmen können. Auch bei der Erteilung einer Genehmigung zu einer Namensänderung wird darauf Rücksicht zu nehmen sein, ob fremde Interessen verletzt oder mit der Namensänderung unlautere Zwecke verfolgt werden sollen. So bestimmt § 5 der Pr. Verordnung betr. Änderung von Familiennamen v. 3. XI. 1919[1]), daß das Amtsgericht, soweit die Namensänderung offensichtlich unlauteren Zwecken dient, den Antrag zurückweisen kann und weiter im § 6, daß der Justizminister, soweit es zur Verhütung der Beeinträchtigung der Rechte Dritter erforderlich erscheint, die Veröffentlichung des Antrages auf Namensänderung unter Bestimmung einer Frist zur Geltendmachung von Einwendungen anordnen kann.

Dagegen kann niemand gezwungen werden, weil etwa sein bürgerlicher Name zu Verwechslungen mit dem bürgerlichen Namen oder dem Pseudonym eines anderen führen kann, sich eines Pseudonyms zu bedienen. Den ihm zukommenden Namen zu führen kann niemand verhindert werden. Insoweit besteht ein Recht auf den bürgerlichen Namen.

F. Ansprüche.

Den Schutz aus § 12 BGB. genießen Inländer und Ausländer unabhängig davon, ob sie in Deutschland einen Wohnsitz haben oder nicht. Eine Ausnahme besteht nur dann, wenn der Reichskanzler mit Zustimmung der Reichsregierung[2]) gemäß Art. 31 EGBGB. ein Vergeltungsrecht gegen einen bestimmten ausländischen Staat angeordnet hat. So hat das Reichsgericht[3]) in dem oben[4]) erwähnten Falle Eskimo der Nordamerikanischen Firma den Schutz aus § 12 BGB. zugebilligt. Dies geschah, obwohl es sich um eine im Ausland ansässige Firma handelte, die ihre Waren im Inland bisher nicht vertrieben hatte, dies aber zu tun beabsichtigte. Das Reichsgericht geht bei dieser Entscheidung davon aus, daß der Namensschutz nicht auf die Gegend beschränkt sei, in der sich der Betrieb zuerst entfaltet habe, vielmehr auf die Möglichkeit künftiger Ausdehnung Rücksicht genommen werden müsse. Die Anwendung des Namensschutzes auf Ausländer, auch wenn sie im Inland weder Wohnsitz noch Niederlassung haben, würde sich übrigens für die Angehörigen der Staaten, welche dem Pariser Unionsvertrag v. 20. III. 1883[5]) angehören[6]), auch aus diesem Vertrage ergeben. In Art. 1 dieses Vertrages ist bestimmt, daß der Schutz des gewerblichen Eigentums außer Erfindungspatenten, Gebrauchsmustern usw. auch den Handelsnamen zum Gegenstand habe. In Art. 2 heißt es dort, daß der Schutz nicht

---

[1]) GS. 1919, 177. [2]) Art. 179 RV. [3]) RGZ. 117, 215. [4]) S. 220.

[5]) Revidiert in Brüssel am 14. XII. 1900, in Washington am 2. VI. 1911 und im Haag am 6. XI. 1925 (RGBl. 1928, II, S. 175).

[6]) Den Unionsvertrag haben folgende Länder geschlossen: Australien, Belgien, Brasilien, Bulgarien, Dänemark, Danzig, Deutsches Reich, Dominikanische Republik, Esthland, Finnland, Frankreich, Griechenland, Großbritanien, Irland, Italien, Japan, Kanada, Kuba, Lettland, Luxemburg, Marokko, Mexiko, Niederlande, Norwegen, Österreich, Polen, Portugal, Rumänien, Schweden, Schweiz, Serbien, Spanien, Tschechoslowakei, Tunis, Türkei, Ungarn, Vereinigte Staaten von Amerika.

von der Bedingung abhängig gemacht werden dürfe, daß der Verbandsangehörige einen Wohnsitz oder eine Niederlassung in dem Lande habe, wo der Schutz begehrt werde. Bezüglich des Handelsnamens ist sodann im Art. 8 bestimmt, daß er in allen Verbandsländern ohne Verpflichtung zur Hinterlegung oder zur Eintragung geschützt werde. Liegt daher überhaupt ein Handelsname vor, was nach dem Gesetz des Heimatsstaats zu beurteilen ist[1]), so ist dieser nach dem Gesetz des Staates, wo der Schutz begehrt wird, zu schützen. Demzufolge hat auch das Reichsgericht in der Eskimoentscheidung dem von der amerikanischen Gesellschaft schlagwortartig gebrauchten Worte Eskimo in Gemäßheit des Art. 8 des Unionsvertrages den Schutz aus § 12 BGB. zugebilligt, weil auch in Deutschland derartige Schlagworte den Schutz des § 12 genießen.

1. Beseitigung und Unterlassung.

§ 12 BGB. gibt dem Berechtigten einmal das Recht, Beseitigung der Beeinträchtigung zu verlangen, sodann kann er auf Unterlassung klagen, wenn weitere Beeinträchtigungen zu besorgen sind.

Da es sich bei Verletzung des Namensrechts gleichzeitig auch um eine Besitzstörung handelt, indem der Berechtigte in dem ruhigen Besitz seines Namens gestört wird, sowie um die Verletzung eines vom Gesetz anerkannten Rechtsgutes, indem das absolute Recht am Namen beeinträchtigt wird, kommen für den Schutz des Berechtigten auch die Bestimmungen der §§ 862[2]), 1004[3]) BGB. in analoger Weise zur Anwendung. Diese beiden Gesetzesbestimmungen gewähren die gleichen Rechte wie der § 12 BGB., nämlich Beseitigung der Beeinträchtigung und Klage auf Unterlassung, wenn weitere Beeinträchtigung zu besorgen ist.

Ein Verschulden desjenigen, der das Namensrecht verletzt, ist zur Geltendmachung der Ansprüche des § 12 BGB. nicht erforderlich, es genügt, daß objektiv ein rechtswidriger Eingriff vorliegt[4]).

Die Beseitigung der Beeinträchtigung besteht darin, daß der Verletzer alles zu tun hat, um den Zustand herzustellen, der die Fortdauer des rechtswidrigen Zustandes ausschließt. Dazu gehört, daß der Verletzer, wenn er z. B. einen ihm nicht zukommenden, aber im Standesamtsregister eingetragenen bürgerlichen Namen geführt hat, die Löschung bzw. Berichtigung dieses Namens im Standesamtsregister betreibt. Dazu gehört, wenn der Verletzer eine ihm nicht zukommende Firma oder Firmenbezeichnung geführt hat, Beseitigung auf Ladenschildern, allen öffentlichen und anderen Ankündigungen und, wenn die zu unrecht geführte Firma oder Bezeichnung ins Handelsregister eingetragen war, die Löschung im Handelsregister. So hat das Reichsgericht in den oben[5]) angeführten Entscheidungen Arnheim, Wagner usw. auf Löschung dieser Namen im Handelsregister erkannt.

Die Klage auf Unterlassung setzt nach dem Gesetz Wiederholungsgefahr voraus. Die Rechtsprechung nimmt mit Recht an, daß Wiederholungsgefahr im allgemeinen immer vorliegt, wenn die Willensrichtung des Verletzers bereits einmal dazu geführt hat, in das fremde Recht einzugreifen, es sei denn, daß sichere Garantien gegeben seien, die eine Wiederholungsgefahr ausschließen. Nach dem Reichsgericht[6]) liegt die Wieder-

[1]) RGZ. 60, 217. [2]) Besitzstörung durch verbotene Eigenmacht.
[3]) Beeinträchtigung des Eigentums und der sonstigen absoluten Rechte.
[4]) Recht 1907, 1059. [5]) S. 224 ff. [6]) RGZ. 98, 269.

holungsgefahr stets vor, solange ein Zustand besteht, der keine Sicherheiten gegen weitere Rechtsverletzungen bietet. Der Unterlassungsanspruch soll gerade dazu führen, das Fortbestehen eines solchen Zustandes zu beseitigen. Im allgemeinen genügt daher bereits eine einzige Verletzung, um den Anspruch auf Unterlassung zu begründen. Der Anspruch wird immer zu geben sein, wenn noch irgendeine Wiederholungsgefahr denkbar ist. Nur bei dieser Auslegung wird die Unterlassungsklage den praktischen Bedürfnissen gerecht. In diesem Sinne ist daher entschieden worden[1]), daß selbst durch den Umstand, daß der Beklagte sein Geschäft verkauft hat, die Wiederholungsgefahr nicht beseitigt sei, da die Möglichkeit bestehe, daß er ein neues Geschäft gründe und dann wieder ähnliche Kundgebungen vornehme. Eine Wiederholungsgefahr wird jedoch dann als nicht vorliegend anzunehmen sein, wenn die Verletzung in Unkenntnis vorgenommen ist und der Verletzer, sobald er von der Tatsache, daß er das Recht eines anderen verletzte, Kenntnis erlangt hat, auf Grund der gewonnenen besseren Einsicht künftige Unterlassung versprochen und die dieses Versprechen verwirklichenden Anordnungen getroffen hat[2]).

2. Schadensersatz.

Das Namensrecht des BGB. ist ein Persönlichkeitsrecht. Es ist also ein Recht, dessen Verletzung nach § 823 BGB. Schadensersatzverpflichtungen nach sich zieht. Nach § 823 ist zum Ersatz des entstehenden Schadens verpflichtet, wer vorsätzlich oder fahrlässig das Recht eines anderen widerrechtlich verletzt. Die widerrechtliche Verletzung ist hier jeder unbefugte Gebrauch eines Namens oder einer mit dem Namen verbundenen oder mit ihm in Zusammenhang stehenden Bezeichnung, der geeignet ist, eine Verwechslung hervorzurufen.

Die unbefugte Benutzung eines Namens oder einer Namensbezeichnung kann auch den Tatbestand des § 824 BGB. erfüllen, wonach sich schadensersatzpflichtig macht, wer der Wahrheit zuwider eine Tatsache behauptet oder verbreitet, die geeignet ist, den Kredit eines anderen zu gefährden oder sonstige Nachteile für dessen Erwerb oder Fortkommen herbeizuführen, sofern er die Unwahrheit kannte oder kennen mußte. Hierfür sei folgendes Beispiel angeführt: Ein Verlag nannte sich seit altersher Kompaß-Verlag und gab unter dem Titel Kompaß ein Jahrbuch heraus, ohne jedoch eine handelsrechtliche Firma unter dieser Bezeichnung zu führen. Eine Jahrzehnte später gegründete Bankfirma bediente sich des Namens Kompaß für ihre Telegrammadresse und als Titel ihrer Druckschriften. Obwohl dem Verlage ein ausschließliches subjektives Recht an der Bezeichnung Kompaß nicht zustand, hat das Reichsgericht[3]) die Kennzeichnungskraft des Wortes Kompaß für das Unternehmen des Verlages vorausgesetzt, in der Benutzung des Wortes durch die Bank bei Vorliegen der sonstigen Voraussetzungen eine Verletzung des § 824 BGB. erblickt, indem es die Benutzung des Wortes „Kompaß" als die Aufstellung der tatsächlichen Behauptung ansieht, es beständen geschäftliche Beziehungen zwischen der Bank und dem Verlage.

Der Anspruch auf Schadensersatz setzt im Gegensatz zu den Ansprüchen auf Beseitigung der Beeinträchtigung sowie auf Unterlassung Vorsatz oder Fahrlässigkeit, also Verschulden des Verletzers voraus. Um schadensersatzpflichtig zu sein, muß der

---

[1]) MuW. 12, 300; OLGR. 30, 268.
[2]) Vgl. Rosenthal, Reichsgesetz gegen UW., S. 52 ff., und die dort zitierten Entscheidungen.
[3]) GRUR. 1911, 238.

Verletzer also schuldhaft handeln. Fahrlässig handelt nach § 276 BGB., wer die im Verkehr erforderliche Sorgfalt außer acht läßt.

Der Schadenersatzanspruch besteht prinzipiell nach § 249 BGB. in Naturalrestitution, d. h. es ist der Zustand herzustellen, der bestehen würde, wenn der zum Ersatz verpflichtende Umstand nicht eingetreten wäre. Ist die Herstellung dieses Zustandes nicht möglich oder mit unverhältnismäßigen Kosten verknüpft, so tritt an ihre Stelle gemäß § 251 BGB. Entschädigung in Geld. Der Geldanspruch setzt sich zusammen aus der Beschädigung selbst, den notwendigen Aufwendungen und dem entgangenen Gewinn (§ 252 BGB.). Als Vermögensschaden gilt auch bereits die Beeinträchtigung einer Erwerbsaussicht. So erklärt das Reichsgericht[1]), daß schon in der bloßen Beeinträchtigung der auf Kundschaftsgewinnung gerichteten Tätigkeit eine Vermögensbeschädigung zu erblicken sei. Als notwendige Aufwendungen kommen z. B. bei täuschender Reklame die Kosten der vom Kläger vorgenommenen Gegenmaßregeln, auch die etwa aufgewendeten Kosten einer erforderlichen Ermittlung oder Begutachtung sowie evtl. eines zwecksdienlich angestrengten Vorprozesses in Frage[2]). Als entgangener Gewinn gilt der Gewinn, der nach dem gewöhnlichen Lauf der Dinge mit Wahrscheinlichkeit erwartet werden konnte.

Aus der Verpflichtung des Verletzers, den entgangenen Gewinn zu ersetzen, folgt weiter, daß er dasjenige, was er durch seine rechtswidrige Handlung erlangt hat, dem Berechtigten herauszugeben hat. Dieser Anspruch ist einmal aus dem Gesichtspunkt der ungerechtfertigten Bereicherung (§ 812 BGB.) zugebilligt worden, sodann aber auch aus dem der unechten Geschäftsführung gemäß §§ 687 II, 681, 666 BGB.[3]). Diese zuletzt genannten Gesetzesvorschriften bieten dem Berechtigten den Vorteil, daß sein Anspruch nicht wie bei der ungerechtfertigten Bereicherung auf die noch vorhandene Bereicherung beschränkt ist[4]).

Darüber, ob ein vom Beklagten zu ersetzender Vermögensschaden entstanden ist, und wie hoch evtl. der Schaden oder das zu ersetzende Interesse zu beziffern sei, entscheidet nach § 287 ZPO. das Gericht unter Würdigung aller Umstände nach freier Überzeugung. Der Richter hat somit einmal zu prüfen, ob ein Schaden zu ersetzen ist, d. h. ob eine Verletzung des Rechts des Klägers durch den Beklagten vorliegt und dem Kläger dadurch ein Schaden entstanden ist, sodann, wie hoch sich dieser Schaden beläuft. Beide Fragen bilden in der Praxis die größten Schwierigkeiten. Der Kläger, der an und für sich beweispflichtig ist, wird in den seltensten Fällen bei rechtswidriger Benutzung seines Namens oder Namenszusatzes in der Lage sein, den Beweis dafür zu erbringen, daß er durch die Verletzung einen Schaden erlitten hat. Die höchstrichterliche Rechtsprechung[5]) hat hier geholfen. Danach hat das Gericht, falls sich bei verständiger Würdigung der praktischen Erfahrungen des Lebens aus der Natur der Dinge ergibt, daß irgendein Schaden entstanden sein muß, nach freier richterlicher Würdigung einen angemessen erscheinenden

[1]) RGZ. 75, 63. [2]) RGZ. 91, 232.

[3]) Vgl. Rosenthal, S. 96/97 und die dort zitierten Entscheidungen.

[4]) Nach Rosenthal, S. 90, folgt die Verpflichtung zur Herausgabe des Erlangten bereits aus §§ 249ff. BGB. als Teil des Schadenersatzes, so auch Reichsgericht in MuW. 16, S. 277: Ist ein bestimmtes Tun aus unerlaubter Handlung entflossen und stellt es in seiner Fortsetzung eine solche dar, so entspricht es dem § 249 BGB., daß der Handelnde nicht die Früchte einer verbotswidrigen Handlung genießt.

[5]) MuW. 16, 241, sowie JW. 1904, 156.

Betrag zuzusprechen oder dem Kläger den Schätzungseid aufzuerlegen. Ebenso ist für die ziffernmäßige Höhe des Schadens, die der Kläger in den seltensten Fällen wird beweisen können, dahin entschieden worden, daß das Gericht, wenn es bei Prüfung der Umstände auch nur im allgemeinen zu der Überzeugung gelangt, daß ein Schaden entstanden sei, nicht wegen mangelnder Substantiierung des geforderten Betrages den ganzen Anspruch abweisen dürfe, sondern die Höhe des Schadens nach freiem Ermessen festsetzen oder von der Befugnis, den Schaden eidlich schätzen zu lassen, Gebrauch machen müsse[1]). Denselben Standpunkt vertritt das Reichsgericht[2]), wenn es ausführt, der Richter habe unabhängig von einer Darlegungspflicht des angeblich Geschädigten oder einer diesen treffenden Beweispflicht sich ein Urteil darüber zu bilden, ob ein Gewinn gemäß § 252 BGB. entgangen sei. Das Reichsgericht ist der Ansicht, es werde nicht gefordert, daß der Eintritt des Gewinns als unbedingt sicher und zweifellos gelten müsse; eine nicht bloß entfernte Möglichkeit, wie sie sich bei verständiger objektiver Würdigung der Sachlage ergebe, genüge, um die Erwartung eines Gewinnes zu rechtfertigen. Aus diesem Gesichtspunkt ist auch entschieden worden, daß das Gericht Umstände zur Beurteilung heranziehen kann, die von den Parteien nicht vorgebracht sind[3]), und daß die Klage nur abzuweisen ist, wenn alle erheblichen Umstände geprüft sind[4]).

Erst durch diese Rechtsprechung ist es ermöglicht worden, daß die Ansprüche auf Schadensersatz bei vorsätzlicher oder fahrlässiger Verletzung des Namensrechts nicht lediglich auf dem Papier stehen, sondern praktisch durchgeführt werden können.

Ein weiteres Hilfsmittel zur Feststellung der Höhe des entgangenen Gewinns ist der dem Verletzten zustehende Anspruch auf Auskunftserteilung und Rechnungslegung. Diese Ansprüche gestattet das Reichsgericht[5]) als Schadensersatzanspruch aus § 249 BGB. mit folgender Ausicht: „Ist der Beklagte wegen seines Tuns aus unerlaubter Handlung zum Schadensersatz verpflichtet, dann hat er nach § 249 BGB. den Zustand herzustellen, der bestehen würde, wenn der zum Ersatz verpflichtende Umstand nicht eingetreten wäre. Der im wesentlichen gleiche Zustand wird dadurch herbeigeführt werden können, daß der Kläger den Anspruch auf Auskunftserteilung und Rechenschaftsablage gegen den Beklagten hat. Er wird dadurch in die gleiche Lage versetzt, in der er sich ohne die Handlungsweise des Beklagten befunden hätte."

Wird der Anspruch auf Herausgabe des Erlangten auf ungerechtfertigte Bereicherung gestützt, so hat das Reichsgericht[6]) auch hier auf Grund des § 260 BGB. den Anspruch auf Rechnungslegung anerkannt. Es führt dazu aus: „Ist ein Inbegriff von Gegenständen im Sinne des § 260 BGB. (Mehrheit von Sachen, Rechten oder Forderungen) gegeben, so ist das Verlangen auf Vorlegen eines Verzeichnisses über die Anzahl der vertriebenen Stücke des Musters berechtigt. Denn das Verzeichnis gibt zugleich Auskunft über den Bestand des Gewinnes des Beklagten und vermittelt dessen Herausgabe[7])".

---

[1]) JW. 1904, 156; MuW. 18, 16. [2]) MuW. 10, 64; RGZ. 68, 165.

[3]) JW. 1909, 141. [4]) MuW. 9, 390; 10, 63.

[5]) RGZ. 89, 103; 103, 77. [6]) RGZ. 90, 140.

[7]) Nach Rosenthal, S. 96f., ergibt sich der Anspruch auf Herausgabe des Erlangten auch aus dem Gesichtspunkt der unechten Geschäftsführung sowie aus dem Grundsatz von Treu und Glauben im Verkehr, wonach derjenige, der Gewinne einheimst, die er einem anderen entzogen hat, diesen anderen über die Höhe des gewissermaßen veruntreuten Betrages nicht geflissentlich im unklaren lassen und ihm damit die Verfolgung des gesetzlich gewährten Schadensersatzanspruches erschweren oder sogar vereiteln darf.

Schließlich ist zu prüfen, ob § 12 BGB. einen Anspruch auf Veröffentlichung gibt, wenn der Verletzer des Namensrecht zur Beeinträchtigungsbeseitigung, Unterlassung oder Schadensersatz verurteilt worden ist. Das Reichsgericht[1]) hat die Frage für den Fall bejaht, daß die Voraussetzungen für die Geltendmachung eines Schadensersatzanspruchs gegeben seien, und zwar mit folgender Begründung:

„Der Antrag auf Veröffentlichung ist gerechtfertigt, wenn der Beklagte fahrlässig gehandelt hat, also der Tatbestand des § 824 BGB. vorliegt. Denn dann ist der Beklagte zum Schadensersatz verpflichtet. Er würde also gemäß § 249 BGB. den Zustand wieder herzustellen haben, der ohne die Mitteilung bestehen würde. Dazu ist es zweckdienlich und geboten, daß demselben Kreise, in dem die unrichtige Mitteilung verbreitet ist, auch das ihre Wiederholung verbietende Urteil bekanntgegeben wird. Hiernach ist also die Veröffentlichung eines Urteils oder einer einstweiligen Verfügung ganz allgemein, unabhängig von § 23 UWG., auf Kosten des Verletzers möglich, und zwar braucht die Veröffentlichung sich nicht, wie im § 23 UWG., auf die Urteilsformel zu beschränken, kann vielmehr das ganze Urteil oder Teile desselben umfassen, wenn der Wiederherstellungszweck dies erfordert."

II. Schutz gegen unzulässige Reklame auf Grund des UWG.

Das Gesetz gegen den unlauteren Wettbewerb (UWG.) bezweckt, wie sein Name besagt, die Bekämpfung der Unlauterkeit im Wettbewerb. Es ist mit Recht darauf hingewiesen worden, daß das Gesetz viel mehr umfaßt, als lediglich die Bekämpfung unlauteren Wettbewerbs. Wenn das Gesetz, wie oben gezeigt[2]), gewerbepolizeiliche Vorschriften enthält, welche der Aufrechterhaltung der öffentlichen Ordnung dienen, oder wenn, wie z. B. im § 16 des Gesetzes ein Schutz unabhängig von jedem Verschulden desjenigen, gegen den er sich richtet, gewährt wird, so kann hier von Unlauterkeit kaum die Rede sein. Weisbart[3]) hält es daher für der Sachlage entsprechend, das Gesetz als ein solches gegen den unzulässigen Wettbewerb zu bezeichnen. Nach Becher[4]) ist diese Bezeichnung unzutreffend, weil durch sie die Bestimmungen, die sich tatsächlich gegen unlauteren Wettbewerb wenden und teilweise schwere Strafen androhen, nicht getroffen würden. Der Ausdruck Unzulässigkeit würde für diese Bestimmungen somit eine Beschönigung darstellen. Dieses Bedenken erscheint unbegründet. Es ist nicht einzusehen, warum im Titel eines Gesetzes Tatbestände, die der Gesetzgeber besonders verpönt und evtl. mit Strafe belegt, ausdrücklich hervorzuheben sind. Auch das Wort unzulässig bietet keine Handhabe dafür, daß etwas beschönigt werden soll.

Das UWG. ist geschaffen, um einen allgemeinen Schutz gegen Auswüchse im Wettbewerb zu geben. Danach ist das UWG. für das Gebiet der Reklame von ganz besonderer Bedeutung. Die Reklame ist, wie dargelegt, dasjenige Mittel, durch welches der Kaufmann sich im Wettbewerb gegen seine Mitbewerber durchzusetzen sucht. In dem Bestreben, diesen Erfolg zu erreichen, kann er leicht in die Gefahr kommen, über das Ziel hinauszuschießen und Mittel anzuwenden, die mißbräuchlich sind. Hiergegen wendet

---

[1]) Vgl. Rosenthal, UWG., Note 2 zu § 23 und die dort angezogene Entscheidung des Reichsgerichts.

[2]) S. 88.

[3]) Die Ordnung des kaufmännischen Wettbewerbs in der Festgabe der Industrie- und Handelskammer zu Berlin, 1902 bis 1927.

[4]) Vgl. Becher, Wettbewerbsrecht 1928, S. 5.

sich das Gesetz. Sofern überhaupt davon die Rede sein kann, daß es ein Gesetz gibt, welches speziell die Reklame behandelt, so ist es das UWG. Es enthält die einzelnen Tatbestände, in denen der Gesetzgeber eine Verletzung schutzbedürftiger Interessen anderer Personen durch unzulässigen Wettbewerb erblickt.

Für das Gebiet der Reklame kommen von diesen Tatbeständen insbesondere die der §§ 1, 3, 4, 5, 14, 15 und 16 in Betracht. Dies sind diejenigen Tatbestände, welche entweder, wie die §§ 3 und 4 eine unzulässige Reklamekundgebung behandeln oder, wie die übrigen, eine solche mit umfassen.

Es empfiehlt sich für unsere Darstellung, den § 16, der, wie sich aus den obigen Ausführungen ergibt, inhaltlich mit dem Namensrecht des § 12 BGB. in engem Zusammenhang steht, vorwegzunehmen und den § 1, der eine Art Generalklausel enthält und insbesondere die Fälle unlauteren Wettbewerbs umfaßt, die nicht unter die einzelnen Tatbestände fallen, zum Schlusse zu behandeln.

A. Der Schutz des § 16 UWG.

§ 16 UWG. gewährt Schutz dagegen, daß sich jemand des Namens oder der Bezeichnung, die einem anderen zukommt, unbefugterweise bedient und dadurch Verwechslungen mit diesem ermöglicht. Der Tatbestand des § 16 beschränkt sich nicht darauf, daß diese unbefugte Verwendung durch Reklame geschieht, sie dürfte aber in noch höherem Maße wie beim Namensrecht für die Reklame eine Rolle spielen, weil hier lediglich Wettbewerbshandlungen in Frage kommen. Die Reklame wird daher durch den Tatbestand des § 16 nicht nur mit umfaßt, sondern sie dürfte sein Hauptanwendungsgebiet sein.

§ 16 UWG lautet:

„Wer im geschäftlichen Verkehr einen Namen, eine Firma oder die besondere Bezeichnung eines Erwerbsgeschäfts, eines gewerblichen Unternehmens oder einer Druckschrift in einer Weise benutzt, welche geeignet ist, Verwechslungen mit dem Namen, der Firma oder der besonderen Bezeichnung hervorzurufen, deren sich ein anderer befugterweise bedient, kann von diesem auf Unterlassung der Benutzung in Anspruch genommen werden.
Der Benutzende ist dem Verletzten zum Ersatze des Schadens verpflichtet, wenn er wußte oder wissen mußte, daß die mißbräuchliche Art der Benutzung geeignet war, Verwechslungen hervorzurufen.
Der besonderen Bezeichnung eines Erwerbsgeschäfts stehen solche Geschäftsabzeichen und sonstige zur Unterscheidung des Geschäfts von anderen Geschäften bestimmte Einrichtungen gleich, welche innerhalb beteiligter Verkehrskreise als Kennzeichen des Erwerbsgeschäfts gelten.
Auf den Schutz von Warenzeichen und Ausstattungen (§§ 1, 15 des Gesetzes zum Schutze der Warenbezeichnungen v. 12. V. 1894, RGBl. S. 441) finden diese Vorschriften keine Anwendung.
Die Vorschriften des § 13 Abs. 3 finden entsprechende Anwendung."

1. § 16 UWG. im Verhältnis zu § 12 BGB.

Die Praxis ist, wie oben[1]) gezeigt, dahin gelangt, im wesentlichen die Objekte, welchen Schutz vor Verwechslungen gewährt werden soll und welche im § 16 einzeln aufgeführt sind, als im Namensrecht enthalten anzusehen und ihnen Schutz auf Grund des § 12 BGB. zu gewähren. Wenn, wie in der Entscheidung[2]) Kompaß, diese Bezeichnung als Ausfluß des Namensrechts geschützt wird, obwohl sie weder Bestandteil der Firma

---

1) S. 219 ff. (221). 2) S. 228.

noch auch sonst etwa zeichenrechtlich für den Träger geschützt war, wenn weiter die unbefugte Benutzung eines Wappens als Verletzung des Namensrechts angesehen worden ist[1]), so dürfte das Anwendungsgebiet des § 16 erheblich eingeschränkt sein, zumal § 12 BGB. weitergehenden Schutz gewährt, als § 16 UWG. Einmal ist nämlich Voraussetzung für die Anwendung des § 16, daß die Benutzung im geschäftlichen Verkehr erfolgt, während § 12 gegen jede unbefugte Benutzung schützt. Sodann verjähren die Ansprüche des § 16 gemäß § 21 UWG. in sechs Monaten seit Kenntnis des Verletzten von der Verletzung, während es eine Verjährung im Namensrecht nicht gibt[2]). Weiter hat nach § 28 UWG. einen Anspruch auf Schutz aus § 16 nur derjenige, der im Inland eine Hauptniederlassung besitzt[3]), während § 12 BGB. auf In- und Ausländer gleichmäßig Anwendung findet[4]).

Gleichwohl ist § 16 UWG. keinesfalls bedeutungslos geworden. Einmal findet nach § 16 IV die Vorschrift des § 13 III UWG. Anwendung, wonach der Unterlassungsanspruch auch gegen den Inhaber eines Geschäfts begründet ist, falls in einem geschäftlichen Betriebe Handlungen, die gegen § 16 verstoßen, von einem Angestellten oder Beauftragten vorgenommen werden. Die Verantwortung des Inhabers für Angestellte und Beauftragte geht daher um vieles weiter als nach dem BGB. Hier kann sich der in Anspruch genommene Inhaber, falls überhaupt die Voraussetzungen für die Klage auf Unterlassung gegeben sind, von einer Verantwortung damit befreien, daß er bei Auswahl der bestellten Person, welche die Verletzung beging, die im Verkehr erforderliche Sorgfalt beobachtet habe. Sodann schützt § 16 die besondere Bezeichnung eines Erwerbsgeschäfts, eines gewerblichen Unternehmens oder einer Druckschrift nach Abs. 1[5]) auch dann, wenn sie sich nicht als Kennzeichen des Erwerbsgeschäfts durchgesetzt hat, während die Rechtsprechung derartigen Bezeichnungen den Schutz aus § 12 BGB. nur gewährt, wenn sie schlagwortartigen Charakter angenommen und in den maßgebenden Verkehrskreisen Kennzeichnungskraft für eine bestimmte Person oder einen bestimmten Betrieb erlangt haben.

In der Praxis empfiehlt es sich daher, auch weiterhin Klagen, die Namenrechtsverletzungen im Sinne der Rechtsprechung im geschäftlichen Verkehr zum Gegenstande haben, vorsorglich auch auf § 16 UWG. zu stützen. Hierbei sind jedoch dann die Bestimmungen der § 24 und 27 I UWG. zu beachten, welche die örtliche und sachliche Zuständigkeit betreffen[6]).

---

[1]) S. 222.

[2]) Daß der längere Zeit währende Gebrauch einer Bezeichnung ohne Widerspruch des Berechtigten als Verzicht evtl. gedeutet werden kann, ist oben, S. 223, ausgeführt.

[3]) Wer im Inlande keine Hauptniederlassung besitzt, genießt jedoch auch dann den Schutz des Gesetzes, wenn in dem Staat, in dem sich seine Hauptniederlassung befindet, nach einer im RGBl. enthaltenen Bekanntmachung deutsche Gewerbetreibende einen entsprechenden Schutz genießen. [4]) Vgl. Fall Eskimo, S. 220. [5]) Also im Gegensatze zu Abs. 3.

[6]) § 24 bestimmt: „Für die Klagen auf Grund dieses Gesetzes ist ausschließlich zuständig das Gericht, in dessen Bezirke der Beklagte seine gewerbliche Niederlassung oder in Ermangelung einer solchen seinen Wohnsitz hat. Für Personen, die im Inlande weder eine gewerbliche Niederlassung noch einen Wohnsitz haben, ist ausschließlich zuständig das Gericht des inländischen Aufenthaltsorts, oder wenn solcher nicht bekannt ist, das Gericht, in dessen Bezirke die Handlung begangen ist."

§ 27 Abs. 1 bestimmt: „Bürgerliche Rechtsstreitigkeiten, in welchen durch die Klage ein Anspruch auf Grund dieses Gesetzes geltend gemacht wird, gehören, sofern in erster Instanz die Landgerichte zuständig sind, vor die Kammern für Handelssachen."

2. Subjekt des Schutzes.

Derjenige, der sich des Namens usw. im Sinne des § 16 befugterweise bedient, ist gleichbedeutend mit dem, der im § 12 BGB. als der Berechtigte bezeichnet wird. Soweit es sich um Namen, Firma oder Firmenbestandteil handelt, ist danach zur Führung derjenige befugt, dem der Namen usw. zukommt. Im übrigen entscheidet, wie die obendargestellten[1]) Fälle Hageda, Eskimo, Arnheim, Wagner usw. zeigen, die Priorität.

3. Ansprüche.

Die Inanspruchnahme auf Unterlassung aus § 16 UWG. setzt lediglich voraus, daß die Benutzung unbefugt erfolgt. Irgendein Verschulden ist daher ebensowenig wie beim Namensrecht erforderlich. Es genügt, daß die Verletzung objektiv unzulässig ist.

Der Anspruch auf Schadensersatz setzt dagegen ebenso wie nach den Bürgerlichen Gesetzbuch ein Verschulden voraus. Er setzt also voraus, daß der Verletzende wußte oder wissen mußte, daß die mißbräuchliche Art der Benutzung geeignet war, Verwechselungen hervorzurufen.

§ 16 schützt nicht nur den Wettbewerber. Ein wettbewerbliches Verhältnis ist nicht erforderlich. Es genügt, wenn im Verkehr die Annahme von Beziehungen zwischen der älteren und der jüngeren Firma begründet sein könnte[2]).

§ 16 will nicht nur denjenigen schützen, dessen Namens- oder Bezeichnungsrecht durch unbefugten Gebrauch verletzt wird, sondern auch das Publikum, und zwar mit Rücksicht auf dessen als schutzwürdig anerkanntes Interesse an der Reinhaltung des öffentlichen Verkehrs. Das Reichsgericht[3]) hat deshalb im Falle Eskimo Schutz aus § 16 gewährt, weil eine Verwechslungsmöglichkeit im Sinne dieser Bestimmung vorliege, wenn innerhalb nicht ganz unerheblicher Verkehrskreise in Deutschland Beziehungen zwischen dem die Priorität besitzenden Namensträger und den späteren Benutzern des gleichen Namens angenommen sein könnten.

4. Objekte des Schutzes.

Die einzelnen Objekte des Schutzes auf Grund des § 16 sind:

a) Name und Firma. Hier gilt alles das, was oben im ersten Teil über Name und Firma ausgeführt ist.

b) Die besondere Bezeichnung eines Erwerbsgeschäfts und eines gewerblichen Unternehmens. Die besondere Hinzufügung der Bezeichnung „gewerblichen Unternehmens" hat die Bedeutung, daß auch die einzelnen besonderen Abteilungen eines Erwerbsgeschäfts (Zweigniederlassungen usw.) den Schutz genießen.

Soweit die besonderen Bezeichnungen als Zusätze in die Firma aufgenommen sind, genießen sie Schutz als Bestandteil der Firma. Hier handelt es sich dagegen insbesondere um wörtliche oder bildliche Kennzeichnungen, sog. Etablissementsnamen, die dazu bestimmt sind, das Geschäft von anderen zu unterscheiden. Fehlt den Bezeichnungen eine derartige Kennzeichnungskraft, sind sie vielmehr lediglich etwa als Beschaffenheitsangaben zu werten, so entfällt der Anspruch auf Schutz.

---

[1]) Siehe S. 220, 224 ff. [2]) Vgl. Fall Hageda in MuW. XXVII, 26; siehe S. 221.
[3]) RGZ. 117, 215; siehe S. 220.

Ob im Einzelfalle eine schutzfähige besondere Bezeichnung oder lediglich eine Beschaffenheitsangabe vorliegt, ist Tatfrage für deren Entscheidung die Verkehrsanschauung maßgebend ist. Das Vorliegen einer schutzfähigen besonderen Bezeichnung wird zu verneinen sein, wenn es sich um eine solche handelt, die für die Kennzeichnung des Unternehmens notwendig ist, oder die sich von selbst ergibt, oder die lediglich eine Beschreibung des Geschäfts, der Waren oder der Leistungen enthält. Demzufolge sind Bezeichnungen wie Kurhaus, Stehbierhalle, Patentbüro[1]), Hospiz, Sparkasse[2]) als reine Beschaffenheitsangaben angesehen worden. Als schutzfähige Etablissementsnamen dagegen „Wach- und Schließgesellschaft", „Jungborn", „Normalzeit"[3]). Die Verbindung eines Ortsnamens mit einer Gattungsbezeichnung z. B. „Gnadauer Brezeln" wird im allgemeinen nicht als ausreichend angesehen, eine besondere Bezeichnung im Sinne des § 16 zu sein.

Als Geschäftsbezeichnung im Sinne des § 16 kann auch die Telegrammadresse in Betracht kommen, sofern sie aus einem Phantasiewort besteht, während sie, wie oben[4]) gezeigt, Namensschutz genießt, wenn durch sie auf den Namen hingewiesen wird.

c) Die besondere Bezeichnung einer Druckschrift. Die Bezeichnung einer Druckschrift ist ihr Titel. Auch der Titel wird nur geschützt, wenn ihm die Bedeutung einer besonderen Bezeichnung zukommt, d. h. wenn er geeignet ist, die Druckschrift von anderen zu unterscheiden. Für Bezeichnungen wie z. B. „Drogistenzeitung", „Chemikerzeitung", „Illustrierte Zeitung"[5]) ist danach der Schutz abgelehnt worden; bejaht dagegen für „Manufakturist"[6]), „Der Schneidermeister", „Echo"[7]).

Geschützt wird der Titel dagegen, daß ein anderer ihn unbefugt für eine andere Druckschrift benutzt und dadurch die Möglichkeit einer Verwechslung mit der Druckschrift, der er ursprünglich als Bezeichnung dient, herbeiführt. Dieser Schutz ist somit ein anderer als der des literarischen Urheberrechts, der dagegen schützt, daß Titel und Werk selbst während der Schutzfrist von unbefugter Seite vervielfältigt und gewerbsmäßig verbreitet werden. Während dieser Schutz 30 Jahre nach dem Tode des Urhebers erlischt, ist der Titelschutz des § 16 UWG. an eine Frist nicht gebunden.

Unter Druckschrift sind nicht nur diejenigen des Preßgesetzes sowie diejenigen, welche durch das literarische Urheberrechtsgesetz geschützt werden, zu verstehen. Druckschrift im Sinne des § 16 UWG. ist vielmehr jede durch irgendwelche Mittel bewirkte Art geformten Gedankenausdrucks[8]). Hierher gehören also auch musikalische Werke, Photographien, Filme. Die Voraussetzungen des Schutzes sind daher auch gegeben, wenn z. B. der Titel eines Films geeignet ist, Verwechslungen mit einer Druckschrift hervorzurufen, da beide als Schriftwerke im Sinne des § 16 anzusehen sind[9]). So hat das Reichsgericht[10]) dem Verfasser des Werks „Das Liebesleben in der Natur" Schutz aus § 16 UWG. gegen einen mit dem Titel „Liebesleben in der Natur" oder „Vom Liebesleben in der Natur" erschienenen Film gewährt. Es führte dabei aus, daß diejenigen, denen der Film nicht bekannt sei, wenn sie die Ankündigung der Aufführung lesen, leicht in die irrige Meinung

---

[1]) RGZ. 60, 81. [2]) RGZ. 91, 212.
[3]) Vgl. Rosenthal, Anm. 97 zu § 16. [4]) S. 220.
[5]) RGZ. 101, 109. [6]) JW. 1900, 75.
[7]) RGZ. 101, 108. [8]) MuW. 8, 129.
[9]) Darüber, daß Filme Schriftwerke im Sinne des lit. Urheberrechts sind, vgl. Goldbaum, Urheberrechtsgesetz 1922, S. 6.
[10]) RGZ. 112, 117.

versetzt werden könnten, daß es sich bei dem Film um die Bearbeitung des Werkes des Klägers handle.

Den Schutz genießt hier derjenige, dem die Priorität zukommt, d. h. derjenige, der den Titel zuerst in Gebrauch genommen hat[1]).

d) Der Schutz von Geschäftsabzeichen und sonstiger zur Unterscheidung des Geschäfts von anderen Geschäften bestimmten Einrichtungen. Es handelt sich hier um eine bestimmte Kundgebung der Reklame durch Verwendung von charakteristischen Abzeichen oder Einrichtungen, die auf den Zusammenhang mit dem betreffenden Geschäft hinweisen. Auch dieser Art von Reklamekundgebung verleiht das Gesetz aus dem Gesichtspunkt Schutz, daß die mißbräuchliche Verwendung derartiger Abzeichen oder Einrichtungen Verwechslungen hervorzurufen geeignet sind. In der Begründung zu dieser Bestimmung heißt es wie folgt:

„Neuerdings hat sich neben der Verwendung von Phantasienamen und Schlagworten zur Bezeichnung von Erwerbsgeschäften auch die Gewohnheit bemerkbar gemacht, die Unterscheidung von anderen Geschäften durch die besondere Art der äußeren Anordnung der Gestalt oder Ausstattung von Geschäftseinrichtungen hervorzuheben, z. B. durch die Ausstattung der Geschäftswagen oder sonstiger Wirtschaftsgegenstände, die Wahl eindrucksvoller Kleidung für die Bediensteten des Geschäftes, durch Anbringung von Emblemen, Bildern und sonstigem Aufputz an den Geschäftshäusern oder durch die Ausstattung der Schaufenster, Warenkataloge und Zirkulare. Die Erfahrung zeigt, daß derartige Veranstaltungen einen eigentümlichen und unterscheidenden Charakter gewinnen können und, nachdem sie im Publikum Ansehen und Anerkennung gefunden haben, von anderen Gewerbetreibenden mißbräuchlich zu dem Zwecke verwendet werden, um Verwechslungen hervorzurufen. Derartige Geschäftsabzeichen sollen deshalb, sofern sie innerhalb der beteiligten Verkehrskreise als Kennzeichen eines Erwerbsgeschäfts gelten, den gleichen Schutz finden, wie die Bezeichnungen, auf welche gegenwärtig die Vorschrift des § 8 (jetzt § 16) Anwendung findet."

Für diesen Schutz genügt nicht die Priorität der Ingebrauchnahme. Geschäftliche Abzeichen und Einrichtungen werden vielmehr nur dann geschützt, wenn sie sich innerhalb bestimmter Verkehrskreise als besondere Kennzeichnung eines bestimmten Betriebes durchgesetzt haben, so daß sie als Kennzeichen dieses Betriebes „gelten".

Als derartige schutzfähige Abzeichen oder Einrichtungen kommen daher diejenigen nicht in Betracht, denen überhaupt eine Kennzeichnungskraft mangelt. Das ist der Fall bei Gewerkszeichen z. B. Messingbecken für Barbiere oder Handschuh für Handschuhgeschäfte. Dasselbe ist weiter der Fall bei solchen Einrichtungen, die von einer größeren Anzahl von Gewerbegenossen gleichmäßig angewandt werden, z. B. in Berlin Stuhl mit weißer Schürze vor Schlächterläden zwecks Hinweises darauf, daß frisch geschlachtet sei.

Darüber, ob sich die einzelnen Abzeichen und Einrichtungen innerhalb bestimmter Verkehrskreise als Kennzeichnung eines Geschäfts durchgesetzt haben und somit schutzfähig sind, entscheidet die Auffassung des Publikums.

B. Der Schutz auf Grund der §§ 3 und 4 UWG.

Die §§ 3 und 4 UWG. sind die einzigen privatrechtlichen Bestimmungen, welche sich direkt mit der Reklame befassen, d. h. der mißbräuchlichen Reklame, bei der die Einwirkung auf das Publikum durch unerlaubte Mittel erfolgt, gegen die der Gesetzgeber daher Schutz zu gewähren hat.

[1]) JW. 1900, 76.

§ 3 UWG. lautet:

„Wer in öffentlichen Bekanntmachungen oder in Mitteilungen, die für einen größeren Kreis von Personen bestimmt sind, über geschäftliche Verhältnisse, insbesondere über die Beschaffenheit, den Ursprung, die Herstellungsart oder die Preisbemessung von Waren oder gewerblichen Leistungen, über die Art des Bezugs oder die Bezugsquelle von Waren, über den Besitz von Auszeichnungen, über den Anlaß oder den Zweck des Verkaufs oder über die Menge der Vorräte unrichtige Angaben macht, die geeignet sind, den Anschein eines besonders günstigen Angebots hervorzurufen, kann auf Unterlassung der unrichtigen Angaben in Anspruch genommen werden."

Im § 4 UWG. ist der objektive Tatbestand der gleiche, wie im § 3. In subjektiver Beziehung hat § 4 UWG. jedoch weiter zur Voraussetzung, daß der Anschein des besonders günstigen Angebots beabsichtigt sein muß, daß die Angaben wissentlich unwahr sein müssen und daß der Täter wissen muß, daß sie zur Irreführung geeignet sind.

§ 3 UWG. gibt den Konkurrenten[1]) und den Interessenverbänden[1]) den Anspruch auf Unterlassung sowie gemäß § 13 II Anspruch auf Schadensersatz.

Zur Klage auf Unterlassung ist ebenso wie im § 16 UWG. der Nachweis eines Verschuldens des Verletzers nicht erforderlich. Es genügt zur Verurteilung, daß die Angaben objektiv unrichtig und geeignet sind, den Anschein eines besonders günstigen Angebots hervorzurufen. Die Geltendmachung eines Schadensersatzanspruches setzt nach § 13 II UWG. voraus, daß der Verletzer die Unrichtigkeit der Angaben kannte oder kennen mußte. Zugunsten der Redakteure, Verleger, Drucker oder Verbreiter von periodischen Druckschriften ist hier bestimmt, daß der Anspruch auf Schadensersatz nur geltend gemacht werden kann, wenn sie die Unrichtigkeit der Angaben tatsächlich gekannt haben.

§ 4 UWG. droht Gefängnisstrafe bis zu einem Jahr und Geldstrafe oder eine dieser beiden Strafen an.

Den in den §§ 3 und 4 UWG. aufgezählten Angaben von geschäftlichen Verhältnissen werden durch § 5 II UWG. bildliche Darstellungen und sonstige Veranstaltungen gleichgestellt, die darauf berechnet und geeignet sind, Angaben über geschäftliche Verhältnisse zu ersetzen. § 5 II UWG. bedeutet also eine Erweiterung in der Aufzählung der Angaben von geschäftlichen Verhältnissen der §§ 3 und 4 UWG. In subjektiver Beziehung verlangt aber § 5 II UWG. über die Voraussetzungen des § 3 UWG. hinausgehend, daß die bildlichen Angaben und Veranstaltungen nicht nur geeignet, sondern auch darauf berechnet sind, wörtliche Angaben zu ersetzen.

Die Voraussetzungen der §§ 3 und 4 UWG. enthalten sämtliche Begriffsmerkmale, die für eine Reklamekundgebung erforderlich sind. Es muß sich um eine Kundgebung handeln[2]). Die Kundgebung muß an das Publikum gerichtet sein[3]). Sie muß sich auf das Reklameobjekt beziehen[4]). Sie muß bezwecken, auf das Publikum in Richtung auf das Reklameobjekt einzuwirken[5]). Die §§ 3 und 4 UWG. handeln somit speziell von Reklame.

Das Interesse der Gewerbegenossen im Wettbewerb sowie das Interesse des Publikums an der Reinhaltung des Verkehrs[6]) erfordern, daß die Reklame lauter ist. Sie ist mißbräuchlich, wenn, wie oben gezeigt, die Einwirkung mit Hilfe von Namen oder Be-

---

[1]) S. 252. [2]) „Bekanntmachungen oder Mitteilungen."

[3]) „öffentlich oder für einen größeren Kreis von Personen bestimmt."

[4]) „Ware oder gewerbliche Leistung."

[5]) „Anschein eines besonders günstigen Angebots." [6]) MuW. XIV, 49.

zeichnungen erfolgt, die einem anderen zustehen und dadurch Verwechslungen mit diesem hervorgerufen werden können. Sie ist nach § 3 unzulässig, wenn sie mit Hilfe von Angaben geschieht, die der Wahrheit nicht entsprechen und sie ist nach § 4 strafbar, wenn die unrichtigen Angaben gemacht werden, um zu täuschen.

Das Anwendungsgebiet der §§ 3 und 4 beschränkt sich auf unrichtige Angaben über geschäftliche Verhältnisse. Nicht darunter fallen danach unrichtige Angaben, welche andere als geschäftliche, z. B. persönliche Verhältnisse betreffen. Auch solchen Angaben steht der Verletzte nicht wehrlos gegenüber. Sie können den Tatbestand des § 826 BGB. oder, wenn sie im geschäftlichen Verkehr zu Wettbewerbszwecken verwandt werden, den des § 1 UWG. erfüllen, wobei es dann nicht darauf anzukommen braucht, ob die Angaben der Wahrheit entsprechen oder nicht[1]).

Der Begriff geschäftliche Verhältnisse, der alles umfaßt, was im geschäftlichen Verkehr von Bedeutung sein kann, ist derart weitgehend, daß es einer Aufzählung von Tatbeständen, die als geschäftliche Verhältnisse anzusehen sind, im § 3 UWG. nicht bedurft hätte. Die Aufzählung des Gesetzes soll auch, wie sich aus dem Wort „insbesondere" ergibt, durchaus nicht erschöpfend sein. Die Praxis hat daher die Bestimmungen der §§ 3 und 4, obwohl sie nur vom Verkauf handeln, auch auf Kaufangebote ausgedehnt.

1. Tatbestandsmerkmale der §§ 3 und 4 UWG.

Die einzelnen Tatbestandsmerkmale der §§ 3 und 4 UWG. sind:

a) Es muß sich um Angaben handeln. Angaben sind Behauptungen tatsächlicher Art. Eine rein marktschreierische Reklame oder bloße Werturteile sind keine Angaben und fallen daher nicht unter § 3[2]). Rein marktschreierische[3]) Reklame liegt vor, wenn sich aus der Art der Kundgebung ergibt, daß es sich um Übertreibungen handelt, die nicht ernst aufzufassen sind und nicht ernst aufgefaßt werden sollen. Wenn z. B. für ein Schaustück damit Reklame gemacht wird, es sei zum totlachen, so wird niemand an die Ernstlichkeit glauben, da sonst die Reklame eine recht schlechte sein würde. Ebenso ist die mangelnde Ernstlichkeit für jedermann ersichtlich, wenn z. B. eine Firma in der Weihnachtszeit annonciert „Weihnachtsgeschenke müssen von der Firma usw. sein". Jedermann erkennt hier, daß das Wort „müssen" nur marktschreierisch gebraucht wird. Anders, wenn die mangelnde Ernstlichkeit nicht für jedermann erkennbar ist oder wenn es sich um Werturteile handelt, die auf ihre Richtigkeit nachgeprüft werden können[4]), dann liegen Angaben tatsächlichen Inhalts vor, die dem Schutz der §§ 3 und 4 unterliegen, d. h. unzulässig sind, wenn sich bei Nachprüfung ihre Unrichtigkeit ergibt. Als nachprüfbar und somit als Angaben tatsächlicher Art sind angesehen worden „größtes Geschäft am Platze", „Führendes Haus," „Billigste Bezugsquelle," „Prima Qualität," „Erstklassige Möbel," „Ia-Qualität"[5]). Dagegen hat das Kammergericht[6]) die Behauptung „in der Qualität

---

[1]) Vgl. Rosenthal, Anm. 47 zu § 3.

[2]) Das UWG. v. 1896 enthielt hinter dem Worte „Angaben" den Zusatz „tatsächlicher Art". Dieser Zusatz wurde von der Kommission gestrichen, weil diese beiden Worte überflüssig seien; eine rein marktschreierische Reklame, bloße Werturteile usw. würden auch beim Fehlen dieser Worte nicht unter § 3 fallen, weil § 3 Angaben verlange, der Begriff Angaben fordere schon an sich etwas Tatsächliches.

[3]) Siehe auch oben S. 49. [4]) JW. 1901, 658.

[5]) Vgl. Seelow in ZUW., April 1928. [6]) OLGR. 42, 254.

unerreichbar gut, im Preise unerreichbar" als eine allgemein anpreisende Redewendung angesehen, die über allgemein gehaltene marktschreierische Anpreisungen nicht hinausgehe.

b) Die Angaben müssen in öffentlichen Bekanntmachungen erfolgen oder in Mitteilungen, die für einen größeren Kreis von Personen bestimmt sind. Der Nachdruck liegt hier auf der mit den Mitteilungen verfolgten Absicht, daß ein größerer Kreis von Personen von ihnen Kenntnis erlangen soll. Ob ein größerer Kreis von ihnen tatsächlich Kenntnis nimmt, ist gleichgültig.

Für einen größeren Kreis von Personen sind die Mitteilungen stets dann bestimmt, wenn sie nicht von vornherein nur einem festbegrenzten engeren Kreis zugängig gemacht werden sollen[1]). Wenn daher eine Firma an ihren Kundenkreis persönlich adressierte Reklamebriefe, Ansichtskarten oder Telegramme sendet, so liegt hier zweifellos ein größerer Kreis von Personen im Sinne der §§ 3 und 4 vor. Anders liegen die Verhältnisse, wenn etwa ein Modellhaus einzelne seiner Kundinnen anläßlich des Eingangs neuer, nur für diese in Betracht kommender Modelle zum Besuche auffordert.

Ob ein größerer Personenkreis im Sinne der §§ 3 und 4 vorliegt, ist Tatfrage. Die Mitteilung kann einem begrenzten Personenkreis zugänglich gemacht werden und gleichwohl kann ein größerer Kreis von Personen im Sinne der §§ 3 und 4 in Frage kommen. Dies liegt vor, wenn die Mitteilung mit dem ausdrücklichen oder stillschweigenden Ersuchen um Weiterverbreitung erfolgt[2]). Als unbegrenzt ist der Personenkreis auch dann angesehen worden, wenn ein nur in einem Exemplar vorhandenes Schriftstück an einzelne Personen gesandt und von ihnen in der Absicht zurückverlangt wird, es zu dem gleichen Zwecke an andere Personen zu versenden[3]). Ebenso ist es angesehen worden, wenn die Mitteilung nur einem einzelnen Kunden gemacht wird, sofern dieser sie anderen Kunden mitteilen soll oder sofern die Absicht besteht, diese einem Kunden gemachte Mitteilung einem jeden beliebigen anderen Kunden zugänglich zu machen[4]).

Wie die Bekanntmachungen oder Mitteilungen erfolgen, ist gleichgültig. Sie können mündlich geschehen z. B. durch Ausruf im Rundfunk usw., schriftlich auf Plakaten, Etiketten, in Inseraten, Prospekten, Preislisten usw. oder bildlich z. B. durch Reklamefilm, Lichtreklame usw. Auch wo die Mitteilungen angebracht werden, spielt keine Rolle, sofern sie nur für das Publikum erkennbar sind. So ist der Korkbrand bei Schaumwein oder Weinbrand als Mitteilung im Sinne des § 3 angesehen worden, weil das Publikum dieser Anbringungsstelle eine besondere Bedeutung beilege[5]).

c) Die Angaben müssen unrichtig und geeignet sein, den Anschein eines besonders günstigen Angebots hervorzurufen. Darüber, ob eine Angabe unrichtig ist, entscheidet die Auffassung des Publikums, und zwar desjenigen Teils des Publikums, an den sich die Reklame wendet.

Die Frage, ob eine im Sinne des § 3 unrichtige Angabe vorliegt, läßt sich nicht allgemein beantworten. Es kommt vielmehr auf den einzelnen Fall an. Der Richter muß, wie das Reichsgericht[6]) ausführt, den Bildungsgrad und das Vorstellungsvermögen des Kreises, an den sich die Reklame richtet, berücksichtigen und sich vor Augen halten, daß die hinter den Bekanntmachungen liegenden geschäftlichen Verhältnisse dem Publikum regel-

---

[1]) RGSt. 40, 150. [2]) GRUR. 1912, 259; 1916, 190; MuW. 15, 94.
[3]) RGSt. 40, 131; JW. 1908, 370. [4]) MuW. XIV, 94.
[5]) MuW. XIV, 85ff. [6]) RGSt. 44, 145.

mäßig unbekannt sind, daß es daher auf den Inhalt der Ankündigung angewiesen ist. Wendet sich die Ankündigung an die Allgemeinheit, so kommt danach die Auffassung des unerfahrenen Publikums in Frage[1]). Wendet sie sich dagegen nur an Fachgenossen, z. B. in Fachblättern, welche im allgemeinen vom großen Publikum nicht gelesen werden, so wird die Auffassung der Fachgenossen maßgebend sein[2]). Innerhalb des Kreises, an den sich die Kundgebung wendet, entscheidet die Durchschnittsauffassung[3]).

Ebenso wie über die Unrichtigkeit entscheidet darüber, ob der Anschein eines besonders günstigen Angebots hervorgerufen wird, die Auffassung desjenigen Teils des Publikums, der als Käufer für die angepriesenen Waren in Betracht kommt[4]).

Der Schutz versagt, wenn die Angabe zwar unrichtig aber nicht geeignet ist, den nach § 3 erforderlichen Anschein zu erwecken. Dies kann einmal der Fall sein, wenn es sich um Bezeichnungen handelt, die zu Beschaffenheitsangaben geworden sind. Das gleiche kann vorliegen, wenn es sich zwar um Angaben tatsächlicher Art handelt, bei denen jedoch die Durchschnittsauffassung ohne weiteres erkennt, daß sie nicht ernstlich gemeint sind, sondern nur marktschreierischen Charakter tragen. In Kundgebungen wie „größter Lacherfolg", „Größter Schlager der Saison" liegt zwar die Behauptung einer Tatsache. Gleichwohl sind sie nicht geeignet, den Anschein eines besonders günstigen Angebots hervorzurufen, weil sie nur als marktschreierische Anpreisungen zu werten sind, bei denen die Nachprüfung der Richtigkeit nicht in Frage kommt. Über Angaben, die zu Beschaffenheitsbezeichnungen geworden und deshalb, auch wenn sie den Tatsachen nicht entsprechen, nicht geeignet sind, den Anschein eines besonders günstigen Angebots hervorzurufen, gilt das oben[5]) hierzu ausgeführte.

Ist die Angabe unrichtig und geeignet, den Anschein eines besonders günstigen Angebots hervorzurufen, so sind die Voraussetzungen der §§ 3 und 4 gegeben. Dabei kommt es aber nach der Rechtsprechung nicht nur darauf an, ob sie tatsächlich objektiv unrichtig sind, sie gelten vielmehr als unrichtig im Sinne der §§ 3 und 4 auch dann, wenn sie zwar richtig sind, aber dem Publikum in einer Form zugeführt werden, durch welche der Inhalt verschleiert wird. Die Rechtsprechung geht dabei von der richtigen Erkenntnis aus, daß das Publikum in der Hast des Verkehrs sich vielfach nicht die Zeit nimmt, Kundgebungen aufmerksam durchzulesen und daß deshalb an sich richtige Angaben z. B. durch Hervorhebung einzelner Worte beim flüchtigen Leser einen Eindruck hervorrufen können, der mit dem Inhalt nicht übereinstimmt und die Wirkung einer unrichtigen Angabe zur Folge hat. Das liegt z. B. vor, wenn in einer Kundgebung ein „Ausnahmeverkauf" angezeigt wird und die Worte „Aus" und „Verkauf" fett gedruckt sind, das Wort „nahme" dagegen in dünner und unauffälliger Schrift. Der flüchtige Leser achtet nur auf die fettgedruckten Schriftzeichen und nimmt an, daß es sich um einen Ausverkauf handle. Oder eine Kundgebung enthält einen Text, der darauf hinweist, daß die Waren bis zu 50% herabgesetzt seien. Die Worte des Textes sind in kleiner dünner Schrift gedruckt, so daß sie kaum in die Erscheinung treten, während die Worte „50% herabgesetzt" in auffälliger, fetter Schrift erscheinen. Hier gewinnt der flüchtige Leser den Eindruck, daß sämtliche Waren um 50% herabgesetzt seien. Hierher gehören auch die Fälle nichthandelsüblicher Preisauszeichnungen, wenn also z. B. im Druck oder in der Aufschrift die Angabe des Maßes oder des

---

1) MuW. 13, 491. 2) RGZ. 92, 382. 3) RGSt. 48, 40.
4) RGSt. 40, 438; 48, 40. 5) S. 25 f.

Gewichts der Ware gegenüber der Preisangabe in den Hintergrund gerückt und dadurch die Möglichkeit einer Irreführung herbeigeführt wird, indem der flüchtige Leser annimmt, die Preisangabe beziehe sich z. B. auf 1 Pfund, während sie sich tatsächlich auf ein minderes Gewicht bezieht.

Das Reichsgericht[1]) führt hierzu aus:

„Maßgebend ist für die Beurteilung, ob eine Angabe tatsächlicher Art im Sinne des Wettbewerbsgesetzes unrichtig sei, nicht der Eindruck, welchen der eine besondere Sorgfalt aufwendende aufmerksame Leser aller Lebenskreise von dem Inhalte einer Bekanntmachung oder Mitteilung empfängt, sondern der Eindruck, welcher auf Personen des besonderen Kreises, für den etwa die Bekanntmachung oder Mitteilung bestimmt ist, bei der in diesem Kreise üblichen Art des Lesens hervorrufen wird. Die Art, wie eine Bekanntmachung oder Mitteilung gelesen wird, und der Eindruck, welchen der Leser über ihren Sinn empfängt, hängen von den Umständen, insbesondere von den Gewohnheiten des in Betracht kommenden größeren oder kleineren Personenkreises und von der größeren oder geringeren Wichtigkeit des Gegenstandes ab, welcher angepriesen wird. Als Erfordernis darf nicht aufgestellt werden, daß nur der Eindruck, den der aufmerksame Leser erhält, zu beachten sei, und der flüchtige Leser darf nicht grundsätzlich von der Berücksichtigung ausgeschlossen werden. Jede Art des Lesens kann je nach den Umständen als eine geeignete Grundlage für Feststellung der Unrichtigkeit einer tatsächlichen Angabe dienen."

Derartige an sich richtige, aber unrichtig wirkende Kundgebungen fallen unter §§ 3 und 4 UWG. jedoch nur dann, wenn, wie in den angeführten Beispielen tatsächlich der Anschein eines besonders günstigen Angebots hervorgerufen wird. Wenn dagegen z. B. in einer wortreichen Annonce das Wort „Millionär" besonders fett gedruckt ist und dadurch die Aufmerksamkeit des Publikums für diese Annonce gewonnen werden soll, so sind die Voraussetzungen der §§ 3 und 4 nicht gegeben, wenn z. B. das Wort Millionär nur in dem Zusammenhang gebraucht wird, man brauche nicht Millionär zu sein, um sich gut anzuziehen. Hier wird durch das bloße Wort „Millionär" nicht der Anschein eines besonders günstigen Angebots erweckt.

Als unrichtig im Sinne der §§ 3 und 4 gelten weiter Kundgebungen, die in einer den Anschein eines besonders günstigen Angebots hervorrufenden Form in die Erscheinung treten, bei denen aber die Tatsachen, welche den Anschein hervorrufen, in Wirklichkeit nicht bestehen. Es handelt sich hier insbesondere um die sog. Lockannoncen und Lockartikel. Als eine derartige Lockannonce ist es z. B. anzusehen, wenn ein Heiratsvermittler den Text einer Heiratsannonce so wählt, daß der Leser annimmt, sie rühre von einem Selbstinteressenten her, oder ein Händler den Verkauf eines Klaviers in einer Form ankündigt, daß der Leser annimmt, es handle sich um einen Verkauf aus privater Hand und deshalb um ein besonders günstiges Angebot. Ebenso wenn Kaufgesuche derart abgefaßt werden, als ob es sich um Interessenten handle, die den Gegenstand für den eigenen Bedarf suchen, die Kundgebung in Wirklichkeit aber von einem Händler ausgeht. Als Lockartikel kommt in Betracht, wenn z. B. der Verkäufer sich weigert, einen im Schaufenster befindlichen, mit Preis ausgezeichneten Gegenstand zu diesem Preise abzugeben, oder wenn im Schaufenster einzelne Waren mit besonders niedrigen Preisen ausgezeichnet, die übrigen aber ohne Auszeichnung ausgestellt sind. Hier wird beim Publikum die unrichtige Annahme hervorgerufen, die ausgestellten Waren würden durchweg zu entsprechend niedrigen Preisen verkauft.

---

[1]) RGZ. 58, 129.

Eine besondere Bedeutung in diesem Zusammenhange nimmt die Reklame ein, welche durch Ankündigung von Zugaben erfolgt.

Der ehrbare Kaufmann hat das Bestreben, das Publikum zum Kauf seiner Ware wegen deren Güte und Preiswürdigkeit zu bestimmen. Durch die Ankündigung von Zugaben soll ein besonderer Anreiz zum Kauf dadurch geschaffen werden, daß der Käufer in irgendeiner Form außer der Ware ein Geschenk erhält. Derartige Zugaben werden in den verschiedensten Formen gewährt, so z. B. durch Gegenstände, die sich in den Packungen gewisser Waren befinden, oder durch Gutscheine derart, daß bei Vorlegung einer bestimmten Anzahl entweder ein Quantum der betreffenden Ware oder irgendwelche anderen Gegenstände gratis geliefert werden. Die Kaufmannschaft bringt diesem Zugabewesen schärfste Gegnerschaft entgegen. Sie ist der Ansicht, daß der reguläre Handel leiden müsse, wenn Gegenstände, die von anderen Kaufleuten nur im regelmäßigen Geschäftsbetrieb gegen Bezahlung abgegeben werden, auf diese Weise umsonst erworben werden könnten. So berichtet Pelka[1]) von dem Zugabekatalog einer chemischen Fabrik, in dem mehrere hundert Artikel beschrieben werden, die die Firma beim Bezuge ihrer Terpentin-Edelwachspaste in Dosen auf Gutscheine von Zahl 1 bis 1500 zugibt. Er führt zum Nachweise, daß diese Firma mit ihrer Zugabenkonkurrenz kaum eine Branche vergessen hat, stichprobenmäßig eine Reihe von Gegenständen an, die bei der entsprechenden Vorlegung von Gutscheinen gratis abgegeben werden. Danach gehören hierzu Scheren, Tischbestecke, Textilwaren, Uhren, Radioapparate, Klubsessel, Bettstellen, Schreibmaschinen, Eisschränke, Motorräder, Fahrräder, Klaviere usw. Ein weiteres Beispiel für Zugabereklame ist die vielfach im Zigarettenhandel bestehende Übung, jeder einzelnen Packung ein zu einer Serie gehöriges Bild als Zugabe beizugeben. So gibt eine Firma Wappenbilder in Serien zu, eine andere Abbildungen bekannter Filmgrößen usw. Hier hat sich geradezu eine Sammelwut entwickelt. Die Zigarettenhändler werden von ihrer Kundschaft wegen derartiger Bilder bestürmt und müssen ihren Geschäftsbetrieb danach einstellen, so daß die betreffenden Fabriken tausende von Bildern mehr liefern müssen, als Packungen, damit die Händler der Nachfrage Rechnung tragen können.

Der Anschein des besonders günstigen Angebots liegt bei dieser Art der Reklame darin, daß die Zugaben gratis versprochen werden. Diese Angabe trifft in Wirklichkeit nicht zu, wenn die Zugabe im Preise miteinkalkuliert wird. In diesem Falle bezahlt sie der Käufer tatsächlich im Warenpreis mit, sei es dadurch, daß der Warenpreis zu hoch oder die Ware minderwertig ist oder daß zwar gute Ware, aber im geringerem Quantum als von der ohne Zugabe arbeitenden Konkurrenz geliefert wird. Ist dies der Fall, so liegt eine unrichtige Angabe im Sinne der §§ 3 und 4 vor.

Zur Prüfung, ob eine Zugabenreklame zulässig ist oder nicht, ist daher in jedem einzelnen Falle die Feststellung erforderlich, ob die Zugabe im Preise mit einkalkuliert ist.

Der Erwägung, daß ein Kaufmann mit Rücksicht auf die große Konkurrenz auf jedem Gebiete genau kalkulieren müsse und keine Geschenke machen könne, wird von seiten der Firmen, die Zugaben gewähren, damit entgegengetreten, daß durch die Zugaben der Umsatz gesteigert würde, sodann, daß durch diese Wertreklame erhebliche Kosten für Wortreklame (Inserate usw.) gespart würden. Nach der Rechtsprechung des Reichsgerichts hat der Richter unter Berücksichtigung dieser Umstände festzustellen, ob der Käufer

[1]) In ZUW., März 1928.

tatsächlich für das gleiche Geld, das er für die gleiche Ware bei der Konkurrenz zahlen müßte, die Zugabe als Mehrwert erhält. Das Reichsgericht[1]) führt hierzu aus:

„Ausschlaggebend ist, ob der Verkäufer seine Ware mit Zugabe zu einem Preise verkauft, der sich innerhalb der Grenzen hält, in denen Waren gleicher Art und Güte von Geschäften ähnlichen Ranges am gleichen Platze zur selben Zeit verkauft zu werden pflegen. Diese Grenzen werden naturgemäß allgemein durch die Produktions-, Zwischenhandels-, Reklame- und andere Geschäftsunkosten der in Wettbewerb stehenden Verkäufer mitbestimmt werden. Ein Händler, der sich die Reklamekosten spart und statt des hierfür in die Preisbemessung einzusetzenden Betrages, ohne den üblichen Preis zu erhöhen, Gutscheine für Zugaben aushändigt oder die Hauptware zu einem um den Wert der Zugabe ermäßigten Preis abläßt, erweckt nicht nur den Anschein eines besonders günstigen Angebots, sondern er macht tatsächlich ein solches Angebot. Geht er aber in der Absicht, sich die Zugaben ganz oder zum Teil besonders bezahlen zu lassen, bewußt über den ortsüblichen Preis der Ware gleicher Art und Güte in dem vorher bezeichneten Sinne hinaus, so macht er durch den Ausdruck ‚Zugabe' oder das Versprechen, Werte statt Worte zu liefern, die wissentlich unwahre Angabe, er biete dem Publikum außer dem, was die Konkurrenz biete, noch einen Mehrwert für das gleiche Geld, und diese Angabe würde geeignet sein, das Publikum von dem Aufsuchen einer reelleren Kaufgelegenheit abzuhalten, also irrezuführen. In solchem Falle wird auch die Absicht, den Anschein eines besonders günstigen Angebots zu erwecken, unschwer festzustellen sein."

Den Wünschen der Handelswelt, gegen die Auswüchse im Zugabewesen einzuschreiten, hat in Preußen der Justizminister[2]) durch Erlaß v. 5. III. 1928 Rechnung getragen, der wie folgt lautet:

„Aus Handelskreisen wird darüber Klage geführt, daß sich bei dem Vertrieb von Waren, insbesondere im Lebensmittelhandel, in zunehmendem Maße Auswüchse des Zugabewesens bemerkbar machen, durch die das kaufende Publikum und der ehrbare Kaufmann geschädigt werden. Insbesondere handelt es sich dabei um die Fälle, in denen beim Publikum der Anschein erweckt wird, als werde durch die Zugabe die Hauptware nicht verteuert, während hauptsächlich mit Rücksicht auf die Zugabe ein den üblichen und angemessenen Preis der Ware übersteigender Kaufpreis gefordert wird. In solchen Fällen wird, soweit nicht die Merkmale des Betruges gegeben sind, regelmäßig ein Vergehen gegen § 4 des Wettbewerbsgesetzes vorliegen (vgl. RGSt. 61, S. 58 ff.). Die Strafverfolgungsbehörden werden ersucht, Auswüchsen dieser und ähnlicher Art ihr besonderes Augenmerk zuzuwenden und, soweit strafbare Handlungen in Frage kommen, rasch und tatkräftig einzuschreiten."

Praktisch wird zur Bekämpfung des Zugabeunwesens durch die oben zitierte Entscheidung des Reichsgerichts und den Erlaß des Preußischen Justizministers nicht viel erreicht, da der Nachweis, daß die Zugaben im Preise einkalkuliert sind, im einzelnen Falle schwer zu erbringen sein wird. Nach einer Entscheidung des Oberlandesgerichts Kiel v. 13. XI. 1928[3]) ist jedes Versprechen einer Gratiszugabe mit Eigenwert eine grobe Irreführung des Publikums. In dieser Entscheidung wird darauf hingewiesen, daß die angebliche Ersparnis an Aufwendungen für „Worte" nicht in Betracht käme, da ja auch für die Werte durch Worte Reklame gemacht werden müsse und daher die Angabe, die Zugaben würden gratis gewährt, in jedem Falle irreführend sei. Weiter hat das Landgericht Halle[3]) in einem Falle, wo Zugaben mit Eigenwert angekündigt wurden, obwohl es nicht hat feststellen können, daß der Wert der Zugabe im Preise miteinkalkuliert war, die Voraussetzungen zwar nicht des § 3, aber des § 1 UWG. für vorliegend erachtet, indem es annimmt, daß die Gewährung von Zugaben mit Eigenwert sowohl eine Schädigung

[1]) RGSt. 61, 58. [2]) PrJMBl. 28, 137.
[3]) Mitgeteilt von Pelka in ZUW., Januar 1929.

des Publikums als auch des Wettbewerbers darstelle und deshalb gegen die guten Sitten verstoße.

Diese Entscheidungen, die im Gegensatz zu dem oben wiedergegebenen Standpunkt des Reichsgerichts stehen, sind jedoch nur Einzelerscheinungen.

Um eine einheitliche Behandlung dieser Frage herbeizuführen, ist schon seit geraumer Zeit eine gesetzliche Regelung des Zugabewesens verlangt worden. Es ist hierbei insbesondere auch auf ausländische Gesetzgebungen hingewiesen worden. So ist z. B. in Dänemark bereits im Jahre 1924 ein Gesetz erlassen, nach dem im Detailhandel Zugaben verboten sind, falls sie nicht einen untergeordneten Wert haben, und wonach weiter verboten ist, Zugaben in der Reklame zu erwähnen. Dem Reichstage liegen mehrere Anträge für ein Zugabenverbot vor. Ein von der Hauptgemeinschaft des Deutschen Einzelhandels formulierter, dem Reichsjustizministerium eingereichter Antrag geht dahin, daß jede Ankündigung von Zugaben, anderen Leistungen und Vorteilen, sowie die Gewährung von Zugaben, die von der Höhe eines Einkaufs abhängig gemacht werden, verboten und unter Strafe gestellt werden sollen, es sei denn, daß die Zugaben eine dauerhafte und deutlich sichtbare Reklame-(Geschäfts-)Bezeichnung tragen. Ob diese Formulierung alle Auswüchse des Zugabewesens treffen würde, erscheint fraglich. Jedenfalls steht zu erwarten, daß sich der Reichstag mit diesen Fragen demnächst beschäftigen wird.

d) Die unrichtigen Angaben müssen geschäftliche Verhältnisse betreffen. Wie bereits oben erwähnt, umfaßt der Begriff „geschäftliche Verhältnisse" alles, was den geschäftlichen Verkehr irgendwie berührt.

Hierher gehören daher auch alle Angaben über Bedeutung und Umfang des Betriebes. Im ersten Teile dieses Buches[1]) ist dargetan worden, unter welchen Voraussetzungen sich ein Geschäft als Fabrik, Werk, Bank usw. bezeichnen und diese Bezeichnung als Bestandteil in die Firma aufnehmen darf. Erfüllt das Geschäft nicht die Voraussetzungen, die zu der entsprechenden Bezeichnung berechtigen, so ist sie als Firmenbestandteil nach § 18 II HGB. unzulässig, weil sie geeignet ist, eine Täuschung herbeizuführen. Werden derartige Bezeichnungen nicht als Firmenbestandteil benutzt, sondern etwa als Etablissementsnamen oder sonst im geschäftlichen Verkehr, und sind sie für den betreffenden Betrieb oder seine Inhaber nicht gerechtfertigt, so liegen unrichtige Angaben über geschäftliche Verhältnisse vor, gegen die bei Vorliegen der sonstigen Voraussetzungen der Schutz der §§ 3 und 4 UWG. gegeben ist. So ist es als unrichtige Angabe über geschäftliche Verhältnisse im Sinne des § 3 angesehen worden, wenn Firmen sich auf Briefbogen usw. als „Mitglied der Handelskammer" bezeichnen, obwohl sie nicht von den wahlberechtigten Firmen bei den Wahlen zur Handelskammer in das Kollegium gewählt worden sind. Die Bezeichnung „Größtes Möbelgeschäft" fällt nach einem Gutachten der Zentrale zur Bekämpfung des unlauteren Wettbewerbs[2]) unter § 3 UWG., wenn nicht folgende Voraussetzungen gegeben sind:

a) Die Fabrik muß über die größte Maschinenzahl verfügen, wobei es selbverständlich Voraussetzung ist, daß alle Maschinen im Gange sind. Auch die Größe der Maschinen ist von Bedeutung betr. ihrer Leistungsfähigkeit.

b) Die Firma muß weiter über die größte Zahl der beschäftigten Arbeiter am Platze verfügen, wobei Hilfsarbeiter mitzuzählen sind. Lehrlinge dürfen nicht einbegriffen werden.

---

[1]) S.. 23 ff. [2]) ZUW. Mai 1927.

c) Die Firma muß die Fertigstellung der größten Anzahl von Möbelstücken innerhalb eines bestimmten Zeitraumes nachweisen können.

Als gemäß § 3 unzulässige Reklame wegen unrichtiger Angaben über geschäftliche Verhältnisse ist weiter ein in der Straßenbahn angebrachtes Schild angesehen worden, welches die Überschrift „Internationaler Möbeltransport" und darunter die Abbildung eines neuzeitlichen Motor-Möbelwagenlastzuges zeigte, weil der Lastzug, den der Inhaber hatte, dem abgebildeten nicht entsprach, sondern lediglich aus einem früher für Pferdebespannung eingerichteten Möbelwagen und einem mit Segeltuch überspannten Lastkraftwagen bestand. Das Schild mußte auf gerichtliche Entscheidung beseitigt werden, weil die Überschrift nach der Entscheidung den Eindruck erwecke, als ob der Inhaber ein großes zwischenstaatliches Möbelbeförderungsunternehmen besitze und dieser Bedeutung entsprechend mit den neuesten Einrichtungen des neuzeitlichen Verkehrs eingerichtet sei. Das Publikum könne daher annehmen, es werde von diesem Geschäft günstiger bedient als von anderen Unternehmungen derselben Art.

Als unrichtige Angaben über geschäftliche Verhältnisse sind weiter angesehen worden:

a) Die Anzeige, der Ausverkauf sei von der Handelskammer oder von der Polizei genehmigt, da es keine Stelle gibt, die einen Ausverkauf genehmigen kann.

b) Die Angabe „Keiner kann billiger verkaufen als wir", wenn Gegenstand des Verkaufs Markenartikel sind.

c) Die Reklame „Dürkopp-Nähmaschinen gegen Dreimark-Wochenrate", wenn gegen drei Mark wöchentlich nur die gewöhnlichen Nähmaschinen abgegeben wurden, für hochwertige dagegen bedeutend höhere Wochenraten verlangt werden.

d) Unrichtige Angaben über das Alter eines Geschäfts[1]).

e) Die unwahre Behauptung des Patentschutzes oder eines sonstigen Schutzrechts. Behauptet z. B. jemand, daß ein Gegenstand patentamtlich geschützt sei, besteht aber tatsächlich nur ein Warenzeichenschutz, so liegt eine unrichtige Angabe über geschäftliche Verhältnisse vor[2]).

f) Die Vordatierung von Büchern, ein im Buchhandel weitverbreiteter Mißbrauch.

g) Die Ankündigung „Verkaufe zu Fabrikpreisen", wenn nicht sämtliche zum Verkauf gestellten Waren aus der Fabrik des Ankündigenden stammen, vielmehr ein erheblicher Teil, insbesondere auch Ramsch- und Partiewaren, von anderen Firmen bezogen und zusammen mit den Fabrikaten weiterverkauft wurden[3]).

Die im § 3 aufgeführten Arten geschäftlicher Verhältnisse betreffen:

α) Die Beschaffenheit von Waren oder gewerblichen Leistungen.

αα) Unter Beschaffenheit einer Ware ist jede körperliche oder unkörperliche Eigenschaft zu verstehen, welche für Bewertung der Ware irgendwie in Frage kommt. Als Beispiele hierfür seien angeführt[4]):

---

[1]) Nach Reichsgericht in MuW. 5, 51; 11, 261 darf die Zeit des Vorgängers mitberücksichtigt werden (auch wenn die Firmenbezeichnung gewechselt hat), sofern wirtschaftlich keine Unterbrechung vorliegt und der wesentliche Charakter des Unternehmens unverändert geblieben ist.

[2]) MuW. 16, 198.

[3]) Reichsgericht v. 26. VI. 1928. Abgedruckt in ZUW. September 1928.

[4]) Die Beispiele sind zum größten Teile aus den in der ZUW. mitgeteilten Fällen aus der Praxis entnommen.

ααα) Die Angabe, eine Ware sei aus Leinen. Ist die Ware ganz oder zum Teil aus einem anderen Stoffe, so liegt eine unrichtige Angabe über die Beschaffenheit vor. Deshalb hat das Reichsgericht[1]) in einem Falle die Voraussetzungen des § 3 als vorliegend erachtet, in welchem Kragen mit dem Aufdruck „Leinen garantiert vierfach" vertrieben wurden, die aus vier Stoffschichten bestanden, von denen die inneren — die Einlage — nicht aus Leinen hergestellt waren.

βββ) Der Ausdruck „Seide" ist nur für solche Waren für zulässig erachtet worden, die aus reiner Seide, d. h. aus den Kokons der Seidenraupe, bestehen. So hat auch die Handelskammer Chemnitz erklärt, die Bezeichnung „Seidene Strümpfe" sei nur für solche aus reiner Seide zulässig, da sonst eine Verschleierung der Beschaffenheit der Ware erfolge, die im Interesse des soliden Handels nicht gebilligt werden könne.

Auch der Ausdruck „Waschseide" darf nur gebraucht werden, wenn es sich um reine Seide handelt.

Kunstseide muß als solche bezeichnet werden. Der Ausdruck „K.-Seide" ist als irreführend angesehen worden, da der Sinn der Abkürzung nicht allgemein bekannt sei. Ebenso ist die Bezeichnung „Agfa-Travis-Seide" als irreführend erachtet worden, da nicht zu erkennen sei, daß es sich um Kunstseide handle. Die Bezeichnung „Seidengummimäntel" ist nach einer Entscheidung des Kammergerichts nur für solche zulässig, die aus reiner Seide bestehen und bei denen in die reine Seide der gummierte Stoff eingearbeitet ist.

γγγ) Die Ausdrücke „Fee" oder „Zobelfee" sind nur für echte Pelze zulässig. Imitationen müssen stets als solche bezeichnet werden, und zwar entweder durch den Zusatz „Imitation" oder als „Kanin", „Zickel" usw.[2]).

δδδ) Die Bezeichnung „Echter Persianer" ist nur für Pelze aus bucharischem Persianer oder sog. Südwesterfellen zulässig. Pelze aus Schiras bzw. rumänischen Fellen oder sog. Salzfellen dürfen nur die Bezeichnung „Halb-Persianer" führen[2]).

εεε) Die Bezeichnung „Macco" ist nur für ägyptische Baumwolle zulässig.

ζζζ) Die Bezeichnung „Eidechsleder" ist nur zulässig, wenn es sich um echtes Eidechsleder handelt.

ηηη) Das Wort „Doublé" darf nur zur Bezeichnung von solchen Metallwaren verwendet werden, bei welchen das Edelmetall durch Aufwalzen und Aufschweißen auf die unechte Metallunterlage mit dieser fest verbunden ist, nicht aber durch Galvanisieren im Elektroplattierungsverfahren[3]).

ββ) Unrichtige Angaben über die Beschaffenheit von gewerblichen Leistungen, die die Tatbestände der §§ 3 und 4 UWG erfüllen, liegen z. B. vor, wenn der Beruf als Arzt, Zahnarzt, Anwalt, Architekt, Apotheker usw. vorgetäuscht wird, obwohl die Voraussetzungen für die Ausübung derartiger Berufe nicht vorliegen.

Eine große Rolle spielen derartige unrichtige Angaben über gewerbliche Leistungen auf dem Gebiete der Zahnheilkunde. Die Bezeichnung als „Zahnarzt" oder als „Arzt für Zahnkrankheiten" darf in Deutschland nur derjenige führen, der in Deutschland die Approbation als Zahnarzt erlangt hat. Es ist deshalb auch einem praktischen Arzt, der

---

1) RGZ. 58, 282. 2) So Industrie- und Handelskammer Berlin.
3) Vgl. Seelow, UWG.

die Approbation als Zahnarzt nicht besaß, verboten worden, sich als Spezialarzt für Zahnkrankheiten zu bezeichnen[1]). Auch der Ausdruck „In Amerika approbierter Zahnarzt" ist für unzulässig erklärt worden, weil das deutsche Publikum hierunter einen Zahnarzt verstehe, der die Approbation in Amerika unter den gleichen Voraussetzungen erlangt habe, wie ein Zahnarzt in Deutschland. Die Approbation wird in Deutschland durch staatliche Prüfungen erlangt, während sie in Amerika von Privatanstalten erteilt wird. Beim deutschen Leser würde daher eine falsche Vorstellung über den Befähigungsnachweis hervorgerufen[2]).

Ebenso müssen Titel wie Doktor oder Professor, die im Auslande erworben sind, mit einem Zusatz versehen werden, der deutlich darauf hinweist, daß die Ernennung im Ausland erfolgt ist. Ist der Hinweis zwar vorhanden, jedoch gegenüber dem Druck des Titels in kleinem und schwachem Druck, so daß er von dem flüchtigen Leser leicht übersehen werden kann, so liegt eine irreführende Reklame im Sinne des § 3 vor[3]).

Auch die Bezeichnung „Anwalt" sind nur diejenigen zu führen berechtigt, welche die erforderlichen staatlichen Prüfungen z. B. als Staatsanwälte, Rechtsanwälte oder Patentanwälte gemacht haben. Es sind daher Bezeichnungen wie „Steueranwalt[4])", „Handelsanwalt[5])", „Volksanwalt[6])" für unzulässig erklärt worden. Ebenso hat das Kammergericht es für unzulässig erklärt, daß ein Rechtskonsulent sich in seinen Bekanntmachungen als Syndikus bezeichnet.

Der Inhaber eines Drogengeschäftes oder einer ähnlichen Handlung darf sich in Firmenschildern nicht Apotheker nennen, auch wenn er den Titel an und für sich zu führen berechtigt wäre, sofern die Bezeichnung in einer Weise erfolgt, durch welche überhaupt oder doch wenigstens bei dem mit den einschlägigen Verhältnissen und den betreffenden gesetzlichen Bestimmungen weniger vertrauten Teile des Publikums der Irrtum veranlaßt werden kann, das Geschäft sei „eine Apotheke"[7]).

β) U r s p r u n g. Unrichtige Angaben über Ursprung und Herkunft fallen unter die §§ 3 und 4, wenn durch die Bezeichnung auf den Ursprung oder die Herkunft von Waren hingewiesen wird. Dies liegt dagegen nicht vor, wie oben[8]) zum § 16 UWG. bereits ausgeführt, wenn durch die Angaben auf eine Beschaffenheit der Ware, eine bestimmte Geschmacksrichtung oder ähnliches hingewiesen werden soll (§ 5 I UWG.).

Darüber, ob in einer Angabe allein auf Herkunft oder Ursprung der Ware oder lediglich auf ihre Beschaffenheit, eine bestimmte Geschmacksrichtung usw., hingewiesen werden soll, entscheidet die Auffassung des Publikums. Danach kommt es darauf an, welchen Eindruck die Angabe bei dem Publikum hervorruft. Ist es zweifelhaft, ob eine Herkunftsbezeichnung zur Beschaffenheitsangabe geworden ist, so wird stets zugunsten derjenigen, die in der Bezeichnung eine Herkunftsangabe erblicken, im Sinne der Herkunftsbezeichnung zu entscheiden und Beschaffenheitsangabe nur dann anzunehmen sein, wenn im Publikum bzw. in den beteiligten Kreisen zweifelsfrei feststeht, daß die Angabe zu einer solchen geworden ist[9]). So hat auch das Reichspatentamt im Beschluß v. 17. X.

---

[1]) JW. 1908, 249. [2]) JW. 1907, 448; 1911, 377. [3]) MuW. XXV, 156.
[4]) MuW. XX, 56. [5]) MuW. XXVI, 222. [6]) MuW. XXII, 149.
[7]) So OVG. 4, 342. Nach dem OVG. (Pr.VerwaltgsBl. 2, 214) ist die Polizeibehörde auf Grund § 10 II 17 ALR. befugt, die Wegnahme eines Schildes, welches beim Publikum den Irrtum hervorruft, ein Drogengeschäft sei eine Apotheke, zu erzwingen (vgl. S. 80).
[8]) Vgl. S. 234 ff. [9]) MuW. XV, 167.

1908[1]) ausgeführt, daß die Umwandlung von der Herkunftsbezeichnung zur Beschaffenheitsangabe erst vollzogen sei, wenn nicht sowohl die Mehrheit die Bezeichnung seit langer Zeit im Sinne einer Beschaffenheitsangabe gebraucht habe, sondern auch die Minderheit, abgesehen von der rein historischen Erinnerung, das Bewußtsein verloren oder aufgegeben habe, daß es sich bei der betreffenden Bezeichnung ernsthaft um eine Herkunftsangabe handle.

Es ist z. B. angenommen worden[2]), daß die Bezeichnung „englische Mäntel" eine Herkunftsangabe und nicht nur eine Geschmacksrichtung bedeute. Nach der Auskunft der Industrie- und Handelskammer Berlin bestehen sogar in Fachkreisen Zweifel, ob unter „englische Mäntel" solche zu verstehen sind, die in England gearbeitet oder aus englischem Stoff gefertigt sind oder ob es nur bedeute, daß sie nach Art und Stoff den englischen gleichen. Das Landgericht I, Berlin, hat darauf entschieden, wenn selbst Fachkreise im Zweifel seien, so um so mehr das Publikum. Ein erheblicher Teil, der beim Lesen des Inserats „englische Mäntel" keine besonderen Überlegungen anzustellen pflege und der über keine Fachkenntnisse verfüge — und auf diesen Teil komme es zur Beurteilung an —, werde annehmen, daß es sich um Mäntel aus englischem Stoff handle. Da die angepriesenen Mäntel weder in England gearbeitet, noch aus englischem Stoff hergestellt waren, lag somit ein Verstoß gegen § 3 UWG. vor.

Als gegen § 4 verstoßend ist angesehen worden, daß ein Geschäft, welches die Firma „Appenzeller Handstickerei" führte, an ihre in Deutschland hergestellten Waren Etiketts mit dieser Aufschrift angebracht hat, weil in der Rechtsprechung anerkannt sei, daß im Einzelfalle auch durch den Gebrauch der im Handelsregister eingetragenen Firma gegen das UWG. verstoßen werden könne und durch die Anbringung der Etiketts an den in Deutschland hergestellten Waren unwahre Angaben über den Ursprung der Ware gemacht würden[3]).

Als Herkunftsangabe hat nach der Rechtsprechung auch die Bezeichnung „Molkereibutter" zu gelten. Es ist angenommen worden[4]), daß vom Publikum unter Molkereibutter ein deutsches Erzeugnis verstanden wird, da ausländische Butter, wie z. B. Sibirische oder Dänische Butter als solche bezeichnet zu werden pflege. Die Bezeichnung Molkereibutter für ausländische Molkereibutter verstoße daher gegen die §§ 3 u. 4 UWG.

Ebenso hat die Rechtsprechung bei der Bezeichnung „Emser Pastillen" angenommen, daß diese Angabe die Bedeutung als Herkunftsbezeichnung nicht zweifelsfrei verloren habe. Solche Pastillen dürfen daher nur als „Emser" bezeichnet werden, wenn sie tatsächlich aus Ems stammen[5]).

Dagegen ist in der Rechtsprechung angenommen worden, daß Bezeichnungen wie „englisches Pflaster", „Wiener Würstchen," „Schweizer-, Holländer-, Limburger-, Tilsiter-, Harzer- usw. Käse" zu reinen Beschaffenheitsangaben geworden sind.

Wird eine Bezeichnung gewählt, welche von der als Beschaffenheitsangabe üblichen abweicht, so kann sie zur Herkunftsangabe werden. So ist z. B. „Steinhäger", wie früher gezeigt, zur Beschaffenheitsangabe geworden. Wird er aber als „Echter Steinhäger" oder als „Original Steinhäger" angepriesen, so wird dadurch auf seine Herkunft hingewiesen, zumal, wie das Reichsgericht[6]) ausführt, der Gegensatz zwischen echt und

---

[1]) MuW. VIII, 104. [2]) Vgl. ZUW. September 1928. [3]) Recht 13, Nr. 588.
[4]) ZUW. April 1927. [5]) MuW. XII, 528. [6]) JW. 1925, 2456.

unecht, zwischen Original und nicht Original bei Fabrikaten gar kein anderer sein kann, als der Gegensatz der Herkunft.

γ) Herstellungsart. Hierunter fallen z. B. unrichtige Angaben darüber, ob die Ware ein Natur- oder ein Kunstprodukt ist. Wird „Pomril" als Apfelsaft bezeichnet, obwohl es nicht aus Äpfeln hergestellt wird, so ist dies eine unrichtige Angabe über die Herstellungsart. Weiter gehört hierher auch z. B. die falsche Angabe, daß eine Ware Handarbeit sei, während sie in Wirklichkeit Maschinenarbeit ist. Ebenso die Bezeichnung Luxusmöbel, wenn es sich um Stapelware handelt, oder Modellmäntel, wenn sie serienweise hergestellt sind.

δ) Preisbemessung. Hierunter fallen alle reklamehaften Angaben, welche wegen der Preisnormierung einen Anreiz zum Kauf hervorrufen sollen. Als unrichtige Angabe über die Preisbemessung ist es angesehen worden, wenn in den Schaufensterauslagen billigere Preise angezeigt, als tatsächlich beim Verkauf verlangt wurden[1]). Das gleiche liegt vor, wenn eine Preisermäßigung angekündigt wird, diese sich aber gegenüber einem besonders erhöhten Preise versteht[2]). Wenn angekündigt wird, „Verkauf zu Fabrikpreisen" oder „Zu Preisen der Fabrik", so darf nur zu demjenigen Preise verkauft werden, den der Fabrikant dem Händler und, wenn er im kleinen verkauft, dem einzelnen Privaten berechnet. In diesen Fabrikpreisen dürfen somit die durch die Warenverteilung und sonstigen Betriebsausgaben erforderlichen Aufwendungen nicht einkalkuliert werden. Das Publikum nimmt bei derartigen Ankündigungen, wie das Reichsgericht[3]) ausführt, an, daß es der Preis des im Großen abgebenden Fabrikanten sei, der ausnahmsweise auf den Einzelverkauf angewandt werde. In dem Auslösen dieser Vorstellung liege die Zugkraft der Reklame. Wer zu Fabrikpreisen kaufe, erwarte nicht, daß er auch die Handlungsunkosten für den Vertrieb der Waren bis zum Publikum durch den Kaufpreis mit zu bezahlen habe[4]). Maßgebend sei die Auffassung des bei der Kundgebung beteiligten Publikums. Es genüge, wenn auch nur ein Teil dieses Publikums diese Auffassung habe.

Ebenso dürfen beim Verkauf „Zum Selbstkostenpreis" zu den eigenen Gestehungskosten nur Fracht und Zollkosten usw. zugeschlagen werden, nicht aber anteilige Handlungsunkosten, ebenso bei der Ankündigung „Selbstkostenpreis + 10%"[5]).

ε) Art des Bezugs oder der Bezugsquelle. Hierher gehören z. B. Ankündigungen wie „direkt ab Fabrik", wodurch der Anschein erweckt wird, als ob eine eigene Fabrikation vorliege, oder „Aus einem übernommenen Fabriklager", die nur zulässig ist, wenn die Ware als einheitliche Masse übernommen ist. Weiter ist es eine Angabe über den Bezug, wenn angepriesen wird, daß ein Zwischenhandel nicht in Frage komme.

Als falsche Angabe über die Bezugsquelle ist es angesehen worden, wenn ein Klavierhändler, der selbst nicht Fabrikant ist, auf dem Instrument seinen Namen anbringt, ohne gleichzeitig die Herstellerfirma zu nennen. Nach der Erfahrung des täglichen Lebens, so führt das Oberlandesgericht Kiel[6]) aus, wird der größte Teil des Publikums, das für den Kauf von Klavieren in Frage kommt, bei der Firmenmarke, die ohne Zusatz in dem Klavier angebracht ist, nur an den Hersteller des Instruments denken. Durch die Anbringung des Namens des Klavierhändlers allein werde auch der Anschein eines besonders

---

[1]) JW. 1905, 507. [2]) MuW. 13, 560. [3]) ZUW. November 1927.
[4]) So auch Reichsgericht in MuW. 15, 83.
[5]) MuW. 15, 374. [6]) Vgl. Rosenthal, UWG. S. 236.

günstigen Angebots hervorgerufen, da beim Publikum die Meinung verbreitet sei, es kaufe beim Fabrikanten direkt besser und billiger als beim Zwischenhändler.

ζ) Besitz von Auszeichnungen. Auszeichnung ist jedes äußere Zeichen, durch welches in den Augen des Publikums eine Ware, ein Geschäft oder sein Inhaber besonders qualifiziert wird[1]). Hierzu gehört z. B der Titel Hoflieferant, die Verleihung von Diplomen oder Medaillen. Die Angaben sind unrichtig, wenn im Publikum irrige Vorstellungen über derartige Auszeichnungen erweckt werden. So ist es als irreführend angesehen worden, wenn ein Geschäft sich in Berlin ohne Zusatz über die Herkunft des Titels als Hoflieferant bezeichnet, obwohl ihm etwa der Titel lediglich von einem Duodezstaat verliehen worden war.

Unter Diplom versteht das Publikum solche, die vom Staat oder öffentlich-rechtlich anerkannten Persönlichkeiten verliehen sind. Wird daher in Ankündigungen auf Diplome Bezug genommen, die nicht diesen Ursprung haben, so liegt eine unrichtige Angabe vor[2]).

Die gleichen Gesichtspunkte gelten für Medaillen, die von Schwindelausstellungen[3]) verliehen sind. Derartige Medaillen dürfen nach § 5 II UWG. auch nicht in öffentlichen Bekanntmachungen und in Mitteilungen, die für einen größeren Kreis von Personen bestimmt sind, abgebildet werden.

Becher[4]) führt als Beispiel für eine unrichtige Angabe über den Besitz einer Auszeichnung den vom Wiener Handelsgericht[5]) entschiedenen Fall an, in welchem eine in Wien zur Modekönigin gewählte Filmschauspielerin gegen ein Fräulein B. und den Reklameberater C. Klage erhob, weil die B. auf einem Ball in Berlin als Modekönigin Österreichs aufgetreten sei. Das Gericht gab der Unterlassungsklage gemäß § 3 UWG. statt, nachdem es festgestellt hatte, daß die Klägerin neben ihrem Beruf als Filmschauspielerin sich auch als Vorführdame betätigte und nach dem Gutachten der Sachverständigen die Führung des Titels einer Modekönigin für die Geltung der Klägerin in der Modewarenbranche eine sich auch wirtschaftlich auswirkende Bedeutung habe.

η) Anlaß oder Zweck des Verkaufs. Hierher gehören unrichtige Angaben, wie z. B., daß der Verkauf „Erbschafts halber“, „Umstände halber“, „notgedrungen“ usw. stattfinde. Ebenso gehören hierher Kundgebungen, in welchen von Privaten Gegenstände als „noch wie neu“, „äußerst billig“, „noch nicht benutzt“ usw. angeboten werden, diese Verkäufe aber tatsächlich für Rechnung von Gewerbetreibenden erfolgen, welche die Gegenstände zu diesem Zwecke bei Privaten untergestellt haben. Ebenso fällt z. B. eine Kundgebung „leere Zimmer zu vermieten“ unter die §§ 3 und 4, wenn sie von einem Wohnungsvermittler herrühren, da durch die Anzeige der Anschein erweckt wird, als habe die leeren Zimmer eine Privatperson zu vermieten.

Das Hauptanwendungsgebiet für unrichtige Angaben über Anlaß und Zweck des Verkaufs bilden Ausverkäufe, die bereits oben[6]) im ersten Abschnitt behandelt worden sind.

ϑ) Menge der Vorräte. Die angekündigte Menge muß tatsächlich vorhanden sein. Es genügt nicht, daß die Ware jederzeit abgerufen werden kann. Dagegen wird es als genügend anzusehen sein, wenn die Ware an einer anderen Stelle, z. B. bei einem Spediteur oder bei dem Fabrikanten zur Verfügung des Ankündigenden lagert, wenn nur der Ankündigende die mitgeteilte Menge jederzeit zu liefern in der Lage ist. Eine unrichtige Angabe liegt vor, wenn die Menge zu klein angegeben wird, z. B. „Reste“, obwohl in

[1]) MuW. XXVII, 60. [2]) JW. 1914, 715. [3]) S. 208. [4]) Wettbewerbsrecht S. 116.
[5]) GRUR. 1928, S. 226. [6]) S. 88 ff.

Wirklichkeit ein normales Quantum vorhanden ist. Das gleiche liegt vor, wenn das Quantum zu groß angegeben wird, z. B. „um das Lager auf seinen normalen Bestand zurückzuführen", obwohl nur ein normales Quantum vorhanden ist. Auch hier ist auf die Ausführungen, welche die Ausverkäufe betreffen, zu verweisen[1]).

ι) Bildliche Darstellungen. Hierunter fällt alles, was zur Veranschaulichung dient, ohne Angabe zu sein. Es handelt sich bei den bildlichen Darstellungen vor allem um Zeichnungen; sie können aber auch durch Bildhauerei oder Architektur erfolgen. Auch Einritzen auf Phonographenplatten ist als bildliche Darstellung im Sinne des § 5 angesehen worden[2]). Die Voraussetzungen des § 5 II liegen vor, wenn die Darstellungen unrichtige Angaben zu ersetzen geeignet und bestimmt sind. Wird z. B. in Prospekten oder Preislisten ein Fabrikgebäude abgebildet, so muß angenommen werden, daß es sich um die Fabrik desjenigen handelt, der die Preislisten usw. benutzt, um seine Ware bekanntzumachen und abzusetzen. Derartige Abbildungen müssen der Wirklichkeit mindestens annähernd entsprechen und dürfen keine direkten Unwahrheiten enthalten. Werden in Prospekten Maschinen abgebildet, so muß der Leser annehmen, daß die Firma, welche die Prospekte versandt hat, derartige Maschinen baue und deshalb auf dem Gebiet der Herstellung solcher Maschinen Erfahrung besitze. Ist dies nicht der Fall, so sind die Voraussetzungen des § 5 II gegeben.

ϰ) Sonstige Veranstaltungen. Hierunter ist jede nach außen wirkende Kundgebung zu verstehen, die einen Gedanken in sinnfälliger Weise zum Ausdruck bringt[3]). Hierunter fallen z. B. Kundgebungen über Sonderveranstaltungen wie „weiße Woche", „Ultimo-Tage", „95-Pfg.-Tage", „Räumungsverkauf wegen Vergrößerung des Lagers", „Verkauf wegen Todesfalls" usw.[4]). Liegen die in der Kundgebung angegebenen Voraussetzungen nicht vor, so sind diese Veranstaltungen unrichtigen Angaben im Sinne der §§ 3 und 4 gleichzuachten. So wird die Kundgebung über Veranstaltung einer „weißen Woche" zu einer unrichtigen, wenn dieser weißen Woche etwa noch eine zweite folgt. Die Bezeichnung „Ultimo-Tage" ist nur für zulässig erachtet worden, wenn die Veranstaltung sich auf die letzten drei Tage im alten und den ersten Tag im neuen Monat erstreckt. „Propaganda-Tage" müssen im laufenden Geschäft etwas Besonderes bieten und dürfen nur von kurzer Dauer sein, da sonst der Ausdruck „Tage" irreführend ist. Ebenso ist die Bezeichnung „95-Pfg.-Tage" als irreführend angesehen worden, wenn es sich um eine Veranstaltung handelt, die sich über mehrere Wochen ausdehnte. Ein „Räumungsverkauf wegen Vergrößerung des Lagers" ist nur dann gerechtfertigt, wenn ein Umbau vorgenommen und während dieses Umbaues der reguläre Geschäftsbetrieb gefährdet wird, da sonst die Tatsache, daß das Lager vergrößert wird, einen beschleunigten Verkauf nicht rechtfertigen könnte. Ein solcher wäre vielmehr nur verständlich, wenn es sich um die Verkleinerung des Geschäfts handelt. Bei der Kundgebung „Verkauf wegen Todesfall" oder „Verkauf wegen Trauerfalls" nimmt das Durchschnittspublikum an, daß der Inhaber des Geschäfts gestorben ist und das Geschäft in der bisherigen Weise nicht fortgesetzt werden soll. Die Kundgebung ist daher unzulässig, wenn es sich um eine Person handelt, deren Tod auf die Weiterführung des Geschäfts in der bisherigen Weise ohne Einfluß ist.

1) S. 94. 2) RGSt. 38, 345. 3) So RGSt. 46, 428.

4) Diese Veranstaltungen sind bei den Ausführungen über Ausverkäufe oben S. 100 eingehend behandelt.

Auch die Herrichtung eines Schaufensters ist eine Veranstaltung im Sinne des § 5 II. Eine solche Veranstaltung ist es danach, wenn z. B. gleichzeitig mit der Kundgebung „Verkauf wegen Trauerfalls" das Schaufenster schwarz drapiert wird oder wenn z. B. ein Schaufenster, obwohl es sich um den Verkauf regulärer Waren handelt, so hergerichtet wird, als ob Gegenstand des Verkaufs Gelegenheits- oder Ramschverkäufe wären. Als Veranstaltung im Sinne des § 5 II ist angesehen worden, wenn in einem Schaufenster, um das Publikum zum Betreten des Ladens zu veranlassen, Waren ausgelegt wurden, die einem Dritten gehörten und unverkäuflich waren[1]).

Auch Füllanzeigen gehören hierher, d. h. solche Anzeigen, die aus anderen Zeitungen abgedruckt werden, ohne daß dies erkennbar gemacht wird. Der Anschein eines besonders günstigen Angebots ist hier darin zu erblicken, daß beim Publikum der Eindruck hervorgerufen wird, es handle sich um ein besonders gesuchtes Anzeigenblatt.

2. Schutz.

Der Schutz, den § 3 UWG. gibt, ist der Anspruch auf Unterlassung und gemäß § 13 II der Anspruch auf Schadensersatz, wenn der Urheber der Kundgebung die Unrichtigkeit der von ihm gemachten Angaben kannte oder kennen mußte.

Im übrigen wird bezüglich der Klage auf Unterlassung und der auf Schadensersatz auf die früheren Ausführungen bei Betrachtung des § 12 BGB. verwiesen[2]). In jedem Falle der Klage auf Unterlassung auf Grund des UWG. kann gemäß § 23 III UWG. auf Antrag der obsiegenden Partei ihr im Urteil die Befugnis zugesprochen werden, den verfügenden Teil des Urteils (Urteilsformel) innerhalb bestimmter Frist auf Kosten der unterliegenden Partei öffentlich bekanntzumachen.

Der Schutz nach § 3 wird gemäß § 13 III UWG. auch dann gegen den Inhaber des Betriebes gewährt, wenn die Kundgebungen, welche die unrichtige Angabe enthielten, von einem Angestellten oder Beauftragten vorgenommen sind, so daß in diesem Falle beide, Inhaber sowie Angestellter oder Beauftragter, verantwortlich sind.

Zur Klage auf Grund des § 3 ist gemäß § 13 I nur jeder Gewerbetreibende berechtigt, der Waren oder Leistungen gleicher oder verwandter Art herstellt oder in den geschäftlichen Verkehr bringt. Weiter sind zur Klageerhebung Verbände zur Förderung gewerblicher Interessen (z. B. Innungen, Zünfte, Detaillistenverbände, Zentrale zur Bekämpfung des unlauteren Wettbewerbs usw.) berechtigt, soweit sie als solche in bürgerlichen Rechtsstreitigkeiten klagen können. Für die Befugnis derartiger Verbände zur Klageerhebung ist es gleichgültig, ob sie zu dem Verletzer, gegen den sich die Klage richtet, im Wettbewerb stehen. Es genügt vielmehr, daß der Verband als solcher allgemein die Förderung gewerblicher Interessen bezweckt[3]).

Die Verletzungen des § 4 sind mit öffentlicher Strafe bedroht; daneben ist selbstverständlich, obwohl das Gesetz nicht ausdrücklich darauf hinweist, aus allgemeinen Gesichtspunkten die Klage auf Unterlassung gegeben[4]).

Die Verfolgung auf § 4 erfolgt von Amts wegen[5]). Ist die Kundgebung von einem Angestellten oder Beauftragten ausgegangen, so ist nach § 4 II der Inhaber oder Leiter

---

[1]) RGSt. 47, 161. [2]) S. 227. [3]) RGSt. 45, 355.

[4]) Vgl. Rosenthal, UWG. S. 67ff.

[5]) Vgl. § 3 des Gesetzes über den Beitritt des Reichs zu dem Madrider Abkommen v 21. III. 1925 (RGBl. II, S. 115).

des Betriebes neben dem Angestellten oder Beauftragten zu bestrafen, wenn die Handlung mit seinem Wissen geschah.

Die im § 4 angedrohte Strafe ist: Gefängnis bis zu einem Jahr und Geldstrafe[1]) oder eine dieser Strafen. Auch nach § 4 kann eine Veröffentlichung angeordnet werden, und zwar weitergehend als bei der Unterlassungsklage. Einmal ist hier kein Antrag erforderlich, das Gericht erkennt vielmehr nach freiem Ermessen über die Veröffentlichung, sodann ist sie nicht auf die Urteilsformel beschränkt, veröffentlicht wird vielmehr das ganze Urteil oder der vom Gericht zu bestimmende Teil desselben.

Nach § 26 UWG. kann neben einer nach Maßgabe des Gesetzes verhängten Strafe auf Verlangen des Verletzten auf eine an ihn zu erlegende Buße von unbegrenzter Höhe erkannt werden[2]).

Eine Bestrafung auf Grund des UWG. birgt weiter noch die große Gefahr in sich, daß dem Verurteilten auf Grund der noch in Geltung befindlichen Bekanntmachung zur Fernhaltung unzulässiger Personen vom Handel v. 13. VII. 1923[3]) der Handel untersagt werden kann. Tatsächlich wird den Polizeibehörden von den Verurteilungen auf Grund des UWG. jeweils Kenntnis und somit die Möglichkeit gegeben, im einzelnen Falle von den Vorschriften dieser Verordnung Gebrauch zu machen.

C. Der Schutz auf Grund der §§ 14 und 15 UWG.

1. § 14 UWG.

Während die §§ 3 und 4 UWG. Angaben betreffen, die geeignet sind, den Anschein eines besonders günstigen Angebots hervorzurufen, handelt § 14 UWG. von Angaben, die geeignet sind, den Betrieb des Geschäfts oder den Kredit eines anderen zu schädigen.

Das Anwendungsgebiet dieser Bestimmungen beschränkt sich nicht auf die Reklame, der Schutz wird hier vielmehr auch gewährt, wenn die Angaben nicht in öffentlichen Bekanntmachungen oder in Mitteilungen, die für einen größeren Teil des Publikums bestimmt sind, gemacht werden. Gleichwohl sind das Hauptanwendungsgebiet des § 14 diejenigen Angaben, die als Reklamekundgebungen erfolgen. Dies ergibt sich auch aus der Begründung zu § 14, in der es heißt: „Im Wesen der Reklame, auch soweit sie sich in den Grenzen des Erlaubten hält, ist das Bestreben begründet, das Ansehen der eigenen Leistung auf Kosten der Wertschätzung fremder Leistungen in den Augen des Publikums zu heben. Wie die belobende Beurteilung der eignen, so kann auch die abfällige Kritik fremder Waren grundsätzlich nicht verboten werden; vom Standpunkt der geschäftlichen Moral aus findet indessen das eine wie das andre seine Schranken in der Pflicht, unwahre Angaben, die das Publikum irreführen und den Mitbewerber widerrechtlich schädigen würden, zu vermeiden."

Daraus ergibt sich der prinzipielle Standpunkt des Gesetzgebers: Kritik an Waren und gewerblichen Leistungen des Mitbewerbers ist in der Reklame erlaubt, sie ist jedoch dann unzulässig, wenn die behaupteten Tatsachen unwahr und geeignet sind, den Mitbewerber zu schädigen.

---

[1]) Nach Verordnung über Vermögensstrafen und Bußen v. 6. II. 1924 (RGBl. S. 44) beträgt die Geldstrafe 3—10000 RM., bei Gewinnsucht bis 100000 RM.

[2]) S. 47. [3]) RGBl. I, 706; z. T. aufgehoben durch Verordnung vom 19. VII. 1926 RGBl. I, 413).

§ 14 lautet:

„Wer zu Zwecken des Wettbewerbs über das Erwerbsgeschäft eines anderen, über die Person eines Inhabers oder Leiters des Geschäfts, über die Waren oder gewerblichen Leistungen eines anderen Tatsachen behauptet oder verbreitet, die geeignet sind, den Betrieb des Geschäfts oder den Kredit des Inhabers zu schädigen, ist, sofern die Tatsachen nicht erweislich wahr sind, dem Verletzten zum Ersatze des entstandenen Schadens verpflichtet. Der Verletzte kann auch den Anspruch geltend machen, daß die Behauptung oder Verbreitung der Tatsachen unterbleibe.

Handelt es sich um vertrauliche Mitteilungen und hat der Mitteilende oder der Empfänger der Mitteilung an ihr ein berechtigtes Interesse, so ist der Anspruch auf Unterlassung nur zulässig, wenn die Tatsachen der Wahrheit zuwider behauptet oder verbreitet sind. Der Anspruch auf Schadensersatz kann nur geltend gemacht werden, wenn der Mitteilende die Unrichtigkeit der Tatsachen kannte oder kennen mußte.

Die Vorschrift des § 13 Abs. 3 findet entsprechende Anwendung."

Der Gesetzgeber sieht die Gefährdung des Betriebes oder des Kredites, sofern sie zu Zwecken des Wettbewerbs erfolgt — nur in diesem Falle findet § 14 Anwendung — als besonders schwerwiegend an, da er hier einen Anspruch auf Schadensersatz gibt, obwohl ein Verschulden auf seiten des Mitteilenden nicht vorzuliegen braucht. Weder ist zu dieser Schadensersatzverpflichtung erforderlich, daß der Mitteilende die Unwahrheit seiner Behauptungen gekannt habe oder habe kennen müssen, noch daß er die Möglichkeit einer Schädigung habe voraussehen müssen[1]). Hierdurch unterscheidet sich § 14 von § 824 BGB.[2]), der voraussetzt, daß der Mitteilende die Unrichtigkeit der Tatsache kannte oder kennen mußte und weiter, daß er sich des kreditgefährdenden Charakters seiner Äußerung bewußt war[3]).

Eine Handlung zu Zwecken des Wettbewerbs setzt nach der Rechtsprechung des Reichsgerichts[4]) voraus, daß der Mitteilende darauf ausgeht, zum Nutzen des eigenen oder eines fremden Geschäftsbetriebes den Betrieb des Verletzten — sofern dieser die gleichen wirtschaftlichen Ziele verfolgt oder die gleichen wirtschaftlichen Bedürfnisse anderer befriedigt — dergestalt zu beeinträchtigen, daß ihm durch Schmälerung des Absatzes, Entziehung von Kunden oder andere geeignete Mittel geschäftliche Vorteile entzogen und dem Mitteilenden oder dem von ihm begünstigten Dritten zugewendet werden sollen.

Weitere Voraussetzung des § 14 ist die Behauptung von Tatsachen[5]). Nicht unter § 14 fallen daher Werturteile oder Kritiken. Das Kriterium dafür, ob das eine oder das andere vorliegt, ist — wie oben[5]) ausgeführt — die Nachprüfbarkeit. Jede in die Form eines Werturteils oder einer Kritik gekleidete Behauptung, deren Richtigkeit nachgeprüft werden kann, ist somit eine Tatsache im Sinne des § 14. Für die Entscheidung der Frage, ob eine Nachprüfbarkeit besteht, ist die Auffassung desjenigen Teils des Publikums maßgebend, an den sich der Mitteilende mit seinen Behauptungen wendet[6]). Behauptungen

---

[1]) So Reichsgericht in MuW. 1, S. 31.

[2]) § 824 BGB. lautet: „Wer der Wahrheit zuwider eine Tatsache behauptet oder verbreitet, die geeignet ist, den Kredit eines anderen zu gefährden oder sonstige Nachteile für dessen Erwerb oder Fortkommen herbeizuführen, hat dem anderen den daraus entstehenden Schaden auch dann zu ersetzen, wenn er die Unwahrheit zwar nicht kennt, aber kennen muß.

Durch eine Mitteilung, deren Unwahrheit dem Mitteilenden unbekannt ist, wird dieser nicht zum Schadensersatz verpflichtet, wenn er oder der Empfänger der Mitteilung an ihr ein berechtigtes Interesse hat."

[3]) JW. 1917, 714. [4]) RGZ. 118, 136.

[5]) Vgl. S. 49. [6]) JW. 1902, 547; MuW. 21, 210.

wie „die Ware sei wertlos", jemand werde „von seinem Lieferanten überteuert", „der Kaufmann usw. sei ein Schwindler" sind als nachprüfbar und somit als Tatsache im Sinne des § 14 angesehen worden. Die Frage, ob Tatsache oder Werturteil vorliegt, ist bei Warnungen vor Patent-, Warenzeichen-, Gebrauchsmusterverletzungen von Bedeutung geworden. Durch derartige Warnungen kann, wenn sie unzutreffend sind, die freie kaufmännische Betätigung des Mitbewerbers gestört werden. Sind die Warnungen objektiv nachprüfbar, hat z. B. der Mitteilende überhaupt kein Patent, so sind die Voraussetzungen des Schutzes gegeben, und zwar nach § 14 UWG., wenn die Warnung zu Zwecken des Wettbewerbs erfolgt ist und nach § 824 BGB., wenn Verschulden vorliegt. Wird dagegen z. B. lediglich von dem Bestehen eines Streites Kenntnis gegeben oder handelt es sich um ein Urteil, daß die Handlungen des Verletzers in das Patent eingriffen, so fehlt es an den Voraussetzungen der §§ 14 UWG., 824 BGB.[1]).

Auf die Form, in welcher die Behauptung aufgestellt wird, kommt es nicht an. Die behauptete Tatsache kann auch verschleiert in die Erscheinung treten. Es genügt, daß sie als solche vom Publikum erkannt werden kann. So hatte z. B. ein Berliner Kaufmann, der mit einem Luxusartikel handelt, vor seinem Geschäft ein Schild angebracht, in welchem er mitteilte, er habe mit der Konkurrenzfirma usw. nichts zu tun. Er beziehe seine Ware aus London und Paris, die Konkurrenzfirma verkaufe ihre in Berlin hergestellten und andere Waren. Unzweifelhaft enthielt diese Aufschrift die im gegebenen Falle unwahre Behauptung, daß die Konkurrenzfirma keine ausländische Ware dieses Artikels führe, so daß die Voraussetzungen des § 14 gegeben waren.

Der Schutz aus § 14 richtet sich gegen Schädigung des Geschäftsbetriebes und Schädigung des Kredits des Inhabers. In dieser wird stets auch eine Schädigung des Betriebes zu erblicken sein. Als Schädigung ist bereits jede Erschwerung des Betriebes anzusehen. Nach der Rechtsprechung des Reichsgerichts[2]) genügt sogar schon die naheliegende Möglichkeit einer Schädigung.

Zur Klage befugt ist, auch wenn die behauptete Tatsache den Leiter des Geschäfts betrifft, lediglich der Inhaber des Geschäfts, auf den bzw. das sich die Mitteilung bezieht. § 14 gewährt prinzipaliter Anspruch auf Schadensersatz, weiter auch nach Abs. 1 Satz 2 den Anspruch auf Unterlassung.

Abs. 2 des § 14, der lediglich von vertraulichen Mitteilungen handelt, kommt für die vorliegenden die Reklame betreffenden Ausführungen nicht in Betracht.

2. § 15 UWG.

§ 15 ist eine Strafvorschrift. Sie handelt ebenso wie § 14 von Betriebsgefährdung und enthält denjenigen Tatbestand, bei welchem diese mit öffentlicher Strafe bedroht wird.

§ 15 lautet:

„Wer wider besseres Wissen über das Erwerbsgeschäft eines anderen, über die Person des Inhabers oder Leiters des Geschäfts, über die Waren oder gewerblichen Leistungen eines anderen Tatsachen der Wahrheit zuwider behauptet oder verbreitet, die geeignet sind, den Betrieb des Geschäfts zu schädigen, wird mit Gefängnis bis zu einem Jahre und mit Geldstrafe oder mit einer dieser Strafen bestraft.

Werden die in Abs. 1 bezeichneten Tatsachen in einem geschäftlichen Betriebe von einem Angestellten oder Beauftragten behauptet oder verbreitet, so ist der Inhaber des Betriebes neben dem Angestellten oder Beauftragten strafbar, wenn die Handlung mit seinem Wissen geschah."

---

[1]) RGZ. 88, 439; 94, 276. [2]) MuW. 10, 96.

Der Unterschied gegen § 14 besteht, abgesehen davon, daß § 15 eine Strafvorschrift ist, vor allem darin, daß die Behauptung nicht zu Zwecken des Wettbewerbs aufgestellt zu sein braucht. Es ist nicht einmal erforderlich, daß sie im geschäftlichen Verkehr geschehen ist. Als Mitteilender kann somit hier jeder Beliebige in Frage kommen, auch wenn zwischen ihm und dem verletzten Geschäftsinhaber irgendwelche wettbewerblichen Beziehungen nicht bestehen. § 15 bildet eine Ergänzung zu § 187 StGB.[1]), welcher die Kreditgefährdung behandelt. Dieser wurde aber nicht als ausreichend angesehen, weil er die Fälle nicht trifft, in denen zwar nicht der Kredit, wohl aber der Geschäftsbetrieb geschädigt, insbesondere der Absatz beeinträchtigt wird. In der Begründung sind hierzu als Beispiele für unwahre Behauptungen angeführt: „eine Fabrik sei durch Feuer zerstört", „die Herstellung oder der Vertrieb eines bestimmten Erzeugnisses habe eine Anklage oder Verurteilung wegen Patentverletzung hervorgerufen", „ein Färber benutze giftige Stoffe" usw.

Für das Gebiet der Reklame ist die Bestimmung des § 15 von großer Bedeutung. Nach ihm wird bestraft, wenn die Anschwärzung in einer Form der Reklamekundgebung erfolgt.

Bei Zuwiderhandlung gegen § 15 durch die Presse gelten die oben[2]) behandelten Bestimmungen des Pressegesetzes.

Die Strafen, welche im § 15 angedroht werden, sind dieselben wie im § 4 UWG.[3])

Das Vergehen aus § 15 ist ein Antragsdelikt. Antragsberechtigt ist nur der verletzte Geschäftsinhaber, nicht dagegen der Leiter des Geschäfts, auch wenn sich die Behauptung gegen ihn richtet. Den Verbänden steht hier kein Recht zu, Strafantrag zu stellen oder Klage zu erheben.

Die öffentliche Bekanntmachung des Urteils liegt hier nicht wie im § 4 UWG.[4]) im Belieben des Gerichts. Dem Verletzten ist vielmehr, wenn auf Strafe erkannt wird, in allen Fällen die Befugnis zuzusprechen, die Verurteilung innerhalb bestimmter Frist auf Kosten des Verurteilten öffentlich bekanntzumachen.

Ebenso wie nach § 4 ist auch hier außer der Strafverfolgung die Unterlassungsklage gegeben.

Der Anspruch auf Schadensersatz besteht, sofern in der Anschwärzung gleichzeitig die Tatbestandsmerkmale des § 14 erfüllt sind. Dies liegt vor allem dann vor, wenn die Mitteilung zum Zwecke des Wettbewerbs erfolgte. Ist dies nicht der Fall, so kommt Schadensersatz nur auf Grund des § 823 II BGB. in Frage, da § 15 UWG. ein Schutzgesetz im Sinne dieser Vorschrift ist. Evtl. können auch die Voraussetzungen der §§ 1 UWG., 824, 826 BGB. gegeben sein und die Schadensersatzpflicht sich aus diesen ergeben. Bei allen diesen Schadensersatzverpflichtungen ist jedoch im Gegensatz zu der sich aus § 14 UWG. ergebenden Schadensersatzverpflichtung ein Verschulden des Verletzers erforderlich.

D. Der Schutz auf Grund des § 1 UWG.

In der Bestimmung des § 1 UWG. gelangt die Absicht des Gesetzgebers am klarsten zum Ausdruck, die zur Schaffung des Gesetzes geführt hat und darin gipfelt, den geschäftlichen Verkehr von allen Unlauterkeiten rein zu halten und Schutz gegen alle Auswüchse im Wettbewerb zu geben.

---

[1]) S. 46. [2]) S. 166 ff. [3]) S. 253. [4]) S. 253.

§ 1 UWG. lautet:

„Wer im geschäftlichen Verkehr zu Zwecken des Wettbewerbs Handlungen vornimmt, die gegen die guten Sitten verstoßen, kann auf Unterlassung und Schadensersatz in Anspruch genommen werden."

Diese an die Spitze des Gesetzes gestellte Bestimmung umfaßt alle nur denkbaren Tatbestände unlauteren Verhaltens im Wettbewerb.

Da der Kaufmann, um sich gegenüber seinen Mitbewerbern durchzusetzen, sich vor allem der Reklame bedient, so kommen für Verstöße der im § 1 genannten Art in erheblichem Maße solche in Betracht, welche durch Reklamekundgebungen erfolgen. § 1 ist also auch eine wichtige Bestimmung für den Schutz gegen unlautere Reklame.

Die Bedeutung des § 1 liegt einmal darin, daß er bei Vorliegen seiner Voraussetzungen zu den Sondertatbeständen des gewerblichen Rechtsschutzes als weiteres Schutzmittel hinzutritt, sodann, daß er Fälle unlauteren Wettbewerbs betrifft, die von den Sondertatbeständen nicht erfaßt werden. Die Hinzunahme des § 1 UWG. bei Vorliegen einer der Sondertatbestände ist praktisch von großer Bedeutung. So geben, wie früher gezeigt, die Sondertatbestände des UWG. bis auf den des § 14 UWG. einen Anspruch auf Schadensersatz nur, wenn den Täter ein Verschulden trifft. § 1 dagegen gewährt Anspruch auf Schadensersatz unabhängig davon, ob ein Verschulden vorliegt oder nicht. Es genügt, daß der Täter sich mit den guten Sitten in Widerspruch gesetzt hat[1]). Weiter können gemäß § 13 I bei Vorliegen der Voraussetzungen des § 1 auch Verbände klagen, während ihnen dieses Recht z. B. bei der Verfolgung eines Anspruchs aus § 16 UWG. nicht zusteht.

Auch das BGB. gibt einen Schutz gegen sittenwidrige Handlungsweise. § 1 UWG. bildet eine für das Wettbewerbsrecht bestimmte Ergänzung zu § 826 BGB., wonach zum Ersatz des Schadens verpflichtet ist, wer in einer gegen die guten Sitten verstoßenden Weise einem anderen vorsätzlich Schaden zufügt. § 1 UWG. geht aber weit über den Tatbestand des § 826 BGB. hinaus, da dieser ein vorsätzliches Handeln, mithin ein Verschulden voraussetzt, das zur Anwendung des § 1 nicht erforderlich ist. Weiter ist im Gegensatz zu § 1 UWG. für die Anwendbarkeit des § 826 BGB. Voraussetzung, daß der Täter den Vorsatz hat, Schaden zuzufügen. Auch muß zur Anwendung des § 826 BGB. tatsächlich eine Vermögensbeschädigung eingetreten sein. Andererseits geht § 826 BGB. insoweit über § 1 UWG. hinaus, als die Ansprüche aus § 826 BGB. erst in drei Jahren, die Ansprüche aus § 1 UWG. dagegen gemäß § 21 UWG. bereits in sechs Monaten verjähren.

§ 1 UWG. schützt gegen Handlungen, die

1. den geschäftlichen Verkehr betreffen,
2. zu Zwecken des Wettbewerbs vorgenommen werden,
3. gegen die guten Sitten verstoßen.

1. Geschäftlicher Verkehr.

Dem Begriff „Geschäftlicher Verkehr" ist die weiteste Auslegung[2]) beizulegen[3]).

Es ist nicht erforderlich, daß die Handlung von jemandem ausgeht, der einen Geschäftsbetrieb im Sinne des HGB. oder der RGO. hat[4]). Es ist darunter vielmehr jede

[1]) RGZ. 111, 256; JW. 1926, 564.
[2]) Ähnlich wie dem Begriff „Geschäftliche Verhältnisse" in §§ 3, 4 UWG. Vgl. S. 244.
[3]) RGZ. 74, 169. [4]) RGZ. 55, 33.

irgendwie geartete geschäftliche Tätigkeit zu verstehen. Auch bei freien Berufen handelt es sich um einen geschäftlichen Verkehr im Sinne des § 1, so daß auch diese dem UWG. unterstehen[1]). Es ist daher auch zulässig, gegen die Mitglieder freier Berufe, auch wenn sie, wie oben[2]) im ersten Abschnitt dargetan, einem Disziplinargericht unterliegen, auf Grund der Bestimmungen des UWG. vorzugehen. Auch öffentliche Behörden[3]) und wohltätige oder gemeinnützige Unternehmungen können im geschäftlichen Verkehr handeln, wenn sie eine geschäftliche Tätigkeit ausüben[4]).

2. Zu Zwecken des Wettbewerbs.

Die Bedeutung des Begriffs „Zu Zwecken des Wettbewerbs" ist oben[5]) zu § 14 UWG. dargetan worden.

3. Gute Sitte.

Die Beantwortung der Frage, was „Gute Sitte" ist, und wann eine Handlung gegen die guten Sitten verstößt, begegnet großen Schwierigkeiten.

„Gute Sitte" ist ein Begriff, der in das Gebiet der Ethik gehört. Der Begriff „Gute Sitte" ist daher an sich wechselnden Anschauungen nicht unterworfen. Von dem an sich ewig gleichbleibenden Begriff „Gute Sitte" ist aber die Beurteilung der Frage zu scheiden, ob eine Handlung im Einzelfalle mit der guten Sitte im Einklange steht oder nicht. Dies ist aus ethischem Empfinden heraus zu beurteilen. Ob eine Handlung im Einzelfall der guten Sitte entspricht oder nicht, richtet sich nach den Anschauungen der Moral. Der Begriff „Gute Sitte" an sich ist daher ein absoluter Begriff. Was aber im Einzelfall gute Sitte ist, ändert sich je nach den Anschauungen der Moral. Diese sind nicht nur zeitlich Änderungen unterworfen (vgl. z. B. das früher in Geltung gewesene Verbot des Zinsennehmens), sondern sind auch bei den einzelnen Völkern und innerhalb eines Volkes bei den einzelnen Volksschichten verschieden. Wenn daher gemäß § 1 UWG. dem Richter die Entscheidung darüber obliegt, ob eine Handlung im Widerspruch mit der geltenden Moral stehe oder nicht, so wird ihm hier eine überaus weitgehende Kompetenz zugewiesen. Der Gesetzgeber hat kein Bedenken getragen, dem Richter diese Verantwortung aufzuerlegen, da, wie es in den Motiven zum BGB.[6]) heißt, bei der Gewissenhaftigkeit des deutschen Richterstandes unbedenklich darauf vertraut werden dürfe, daß die Vorschrift im großen und ganzen nur in dem Sinne angewendet werde, in dem sie gegeben sei.

Da nach § 1 UWG. nur Handlungen in Frage kommen, die den geschäftlichen Verkehr betreffen, sind somit für das, was gute Sitte ist, diejenigen Moralbegriffe maßgebend, die in der Sphäre, in der sich der geschäftliche Verkehr bewegt, vorherrschen. So hat das Reichsgericht, nachdem es zunächst als objektiven Maßstab dafür, ob eine Handlung der guten Sitte entspräche, das Volksbewußtsein, d. h. das Anstandsgefühl aller billig und gerecht Denkenden zugrunde gelegt hatte, ihn später näher dahin bestimmt, daß die Anschauung des in Frage kommenden Verkehrskreises entscheidend sei[7]), es sei denn, daß diese Anschauung sich als Unsitte darstelle.

---

[1]) MuW. 24, 227. [2]) S. 120ff. [3]) RGZ. 116, 28.
[4]) RGSt. 50, 118. [5]) S. 254.
[6]) Motive I, 211 zu § 138 BGB.: „Ein Rechtsgeschäft, das gegen die guten Sitten verstößt, ist nichtig."
[7]) JW. 1915, 247.

Es ist also als gegen die guten Sitten verstoßend jede Handlung anzusehen, die das Anstandsgefühl der billig und gerecht denkenden Angehörigen des in Frage kommenden Verkehrskreises verletzt. Innerhalb des Kreises dieser Personen entscheidet wiederum die Anschauung des Durchschnittsmenschen[1]). Zur Feststellung darüber, ob die Handlung danach mit den guten Sitten nicht im Einklang steht, hat der Richter die Gesamtheit der Einzelheiten in Betracht zu ziehen[2]). Er hat, wie das Reichsgericht ausführt, festzustellen, ob die Handlung nach ihrem aus der Zusammenfassung von Inhalt, Motiv und Zweck zu entnehmenden Gesamtcharakter gegen die guten Sitten verstößt. Ein Verschulden des Handelnden, d. h. sein Bewußtsein, die Handlung verstoße gegen die guten Sitten, ist nicht erforderlich. Andererseits kann aber die Prüfung von Zweck und Motiv dahin führen, eine Handlung, die sonst vielleicht als gegen die guten Sitten verstoßend angesehen würde, im besonderen Falle als zulässig erscheinen zu lassen. Dementsprechend führt das Reichsgericht[3]) aus, daß „neben der objektiven auch die subjektive Seite der Sache in Betracht gezogen werden" müsse. Es sei deshalb zu prüfen, ob der Handelnde mit Rücksicht auf die Lage, in der er sich befand, die Handlung als gegen das Rechts- und Anstandsgefühl aller billig und gerecht Denkenden verstoßend erkennen mußte und sie nicht vielmehr nach seiner Kenntnis der tatsächlichen Verhältnisse als gerechtfertigt ansehen durfte.

Diese Auffassung ist insbesondere von Bedeutung für die Beurteilung von Verstößen, welche durch Reklamekundgebungen zwecks Abwehr gegen unlautere Reklame erfolgen. Prinzipiell darf auch der in Abwehr Befindliche keine Reklame treiben, die gegen die guten Sitten verstößt, so, wenn er die Reklame des Gegners für sich ausnützt, sie etwa noch überbietet und sich aus dessen Reklamebetätigung Vorteile schafft[4]). Gleichwohl ist der Maßstab, ob eine Handlung gegen die guten Sitten verstößt, hier ein anderer als sonst. So führt das Reichsgericht[5]) aus, daß bei der Abwehr gegnerischen Wettbewerbs die Grenzen dessen, was als erlaubt und was als unerlaubt, als gegen die guten Sitten verstoßend anzusehen ist, anders und weiter zu ziehen sind, als bei Wettbewerbshandlungen, bei denen eine Abwehr und Verteidigung nicht in Frage kommt. Ebenso heißt es in einer weiteren Entscheidung des Reichsgerichts[6]), daß von sittlicher Verwerflichkeit einer Handlung dann nicht die Rede sein könne, wenn der Täter der Überzeugung ist, daß er in der Verfolgung seines erlaubten Interesses so, wie geschehen, handeln dürfe. Bekanntmachungen, etwa Warnungen und dgl., die in der kundgegebenen Form objektiv als unlauter anzusehen sein würden, können daher im einzelnen Falle unter Berücksichtigung des Zweckes und Motivs, z. B., daß es sich um Abwehr handelt, erlaubt sein. Der Richter hat somit für die Frage der Feststellung, ob ein Verstoß gegen die guten Sitten vorliegt, auch die subjektiven Momente, welche zu der Handlung geführt haben, zu berücksichtigen. Er darf die Handlung nur dann als gegen die guten Sitten verstoßend erklären, wenn sie nach der Verkehrsauffassung auch unter Berücksichtigung dieser Momente als solche angesehen wird.

Ob eine Handlung gegen die guten Sitten verstößt, ist danach je nach Lage des Falles zu entscheiden. Gerade auf dem Gebiet der Reklamekundgebungen, deren Anwendungsgebiete unerschöpflich sind, und deren Tendenz es ist, sich bemerkbar zu machen, durch-

---

1) JW. 1927, 264. 2) RGZ. 58, 223. 3) RGZ. 71, 112.
4) Gottschalk in ZUW. Januar 1928. 5) RGZ. 92, 111ff. 6) JW. 1915, 913ff.

zudringen, der Konkurrenz den Rang abzulaufen, das Publikum an sich zu reißen, wird der Richter insbesondere bezüglich der Frage, ob eine Reklamekundgebung im Einzelfall mit den guten Sitten in Einklang steht, dauernd vor neue Aufgaben gestellt werden.

Es ist demnach, wie auch Staudinger[1]) betont, wegen der besonderen Gestaltung jedes Einzelfalles vor einer blinden Befolgung der Präjudizien zu warnen. Trotzdem erscheint es erforderlich, gewisse Grundsätze, und zwar insbesondere unter Berücksichtigung der höchstrichterlichen Entscheidungen, festzustellen, welche für die Anwendung des § 1 in Frage kommen. Dem vorliegenden Thema entsprechend soll jedoch nur dasjenige Material in Betracht gezogen werden, welches für das Gebiet der Reklame von Interesse ist.

Danach können als Hauptgesichtspunkte dafür, ob eine Reklamekundgebung wegen Verletzung der guten Sitten gegen § 1 UWG. verstößt, festgestellt werden:

a) ob sie über die im redlichen Verkehr einzuhaltenden Grenzen hinausgehen,

b) ob sie sich in unredlicher Weise fremde Arbeitsergebnisse zunutze machen.

a) Als verwerfliche Mittel, die über die im redlichen Verkehr gezogenen Grenzen hinausgehen, sind z. B. angesehen worden:

α) Das Hineinziehen des Wettbewerbers in die Reklame, ohne daß hierzu ein ausreichender Grund vorliegt. Werden über den Mitbewerber oder sein Geschäft Behauptungen aufgestellt, die den Tatsachen nicht entsprechen, so finden, wie oben gezeigt, die §§ 14 bzw. 15 UWG. Anwendung. Es kann aber auch unzulässig sein, über den Mitbewerber wahre Tatsachen mitzuteilen. Dies liegt dann vor, wenn ein durch die Umstände begründeter Anlaß zu dieser Mitteilung nicht vorliegt, insbesondere, wenn für das Publikum ein Interesse an der Mitteilung nicht oder nicht mehr besteht[2]), die Mitteilung also lediglich erfolgt, um den Mitbewerber zu schädigen. Hierher können Mitteilungen über private Verhältnisse gehören, wie z. B. Religion, Nationalität, Interna aus dem Familien- oder Eheleben, lange Zeit zurückliegende Bestrafungen usw. Als sittenwidrig und daher als gegen § 1 verstoßend, ist die durch eine Konkurrenzfirma erfolgende Verbreitung eines verstümmelten Briefes erklärt worden, in welchem sich ein Kunde über das Geschäftsgebaren einer Firma beklagte. Ebenso ist als gegen § 1 UWG. verstoßend die Verbreitung der wahren Tatsache angesehen worden, daß der Mitbewerber lungenkrank sei. Hierher fallen auch Kundgebungen über den Mitbewerber, die in besonders gehässiger Form erfolgen, z. B. die in einer Konkurrenzreklame aufgestellte Behauptung, die Anführungen des Mitbewerbers seien „schmutzige Prahlerei"[3]) oder ein von einer Sparkasse verbreitetes Zirkular, in welchem vor den Banken mit folgendem Wortlaut gewarnt wurde[4]): „Die Banken kommen nur auf das Land, um Geld aufzusaugen. Der Bauer, der sein Geld nicht seinem Spar- und Darlehenskassenverein, sondern fremden Banken zur Aufbewahrung gibt, ist ein Verräter am eigenen Stande und begeht wirtschaftlichen Selbstmord." Weiter gehört hierher die Herabsetzung fremder Waren oder Leistungen unter gleichzeitiger Anpreisung der eigenen, sofern nicht die Sicherheit besteht, daß die Behauptungen bei späteren etwa auf Grund neuer Erfahrungen gesammelten Erkenntnissen aufrechtzuerhalten sein werden.

Es sei auf die hierfür besonders wichtige Bestimmung des § 25 UWG. hingewiesen, wonach einstweilige Verfügungen zur Sicherung der im Gesetze bezeichneten Ansprüche

---

[1]) Anm. I, 5 zu § 138 BGB. [2]) Vgl. MuW. 12, 416.
[3]) JW. 1908, 133. [4]) MuW. 23, 16.

auf Unterlassung erlassen werden können, auch wenn die sonst nach der ZPO. gemäß §§ 935[1]), 940[2]) hierfür erforderlichen Voraussetzungen nicht zutreffen. So ist z. B. durch einstweilige Verfügung ein Werbeplakat verboten worden, welches eine Verhöhnung und Lächerlichmachung des Geschäftsgegners darstellte[3]).

β) Die Entfesselung der Spielleidenschaft des Publikums. Handelt es sich um eine Lotterie, die, wie oben im ersten Abschnitt ausgeführt[4]), nach § 286 StGB. genehmigungspflichtig ist und ist die Genehmigung nicht erteilt, so sind stets die Voraussetzungen des § 1 UWG. gegeben. Die Veranstaltung, die mangels der Genehmigung strafbar ist, widerspricht in jedem Falle den guten Sitten. Begeht ein Kaufmann, um den Absatz zu vermehren und den Kundenkreis zu erweitern, strafbare Handlungen, so verstößt dies stets gegen die guten Sitten[5]).

Auch eine genehmigte Lotterie kann gegen die guten Sitten im Sinne des § 1 UWG. verstoßen, wenn zur Kundenwerbung die dem großen Publikum bekanntermaßen innewohnende Spielleidenschaft benutzt und das Publikum durch Entfesselung dieser Leidenschaft angelockt wird. Einer Entscheidung des Landgerichts I Berlin[6]) lag folgender Sachverhalt zugrunde: Eine Firma hatte zu Zwecken des Wettbewerbs unter dem Namen „Modeschau-Tombola" eine behördlich genehmigte Lotterie veranstaltet und die Ergebnisse in dem von ihr herausgegebenen Modemagazin veröffentlicht. Die Klägerin erblickte darin einen Verstoß gegen § 1 UWG. Ihrem Antrage ist mit folgender Begründung stattgegeben worden: „Ob die Lotterie genehmigt worden war, ist für die Frage, ob eine solche Veranstaltung gegen § 1 UWG. verstößt, ohne Bedeutung. Es fällt auch nicht ins Gewicht, ob nur diejenigen Personen teilnehmen durften, die sich im Besitze eines von der Beklagten ausgegebenen Ausweises befanden. Maßgebend ist die von der Beklagten nicht bestrittene Veröffentlichung der Ergebnisse der Lotterie in dem von ihr herausgegebenen Modemagazin. Dieses Magazin dient Reklamezwecken, also dem Zwecke, Kunden zu werben. Es ist deshalb ohne weiteres anzunehmen, daß die Veröffentlichung des Lotterieergebnisses ebenfalls dem Zwecke dienen soll, das Publikum oder einen bestimmten Teil desselben auf besondere Vergünstigungen hinzuweisen, deren sie bei einem Beitritt zu der Organisation der Beklagten teilhaftig werden, und sie dadurch anzulocken. Dieses Mittel der Kundenwerbung verstößt gegen § 1 UWG. Das Gericht erblickt in der Veranstaltung der Lotterie, die das Publikum durch Entfesselung der Spielleidenschaft anlocken soll, ein Geschäftsgebaren, das außerhalb der im redlichen Verkehr innezuhaltenen Grenzen des Angebots liegt." Diese Entscheidung dürfte allerdings nicht völlig überzeugen, da sie dem augenblicklichen Stande der Gesetzgebung nicht gerecht wird.

---

[1]) § 935 ZPO. lautet: „Einstweilige Verfügungen in Beziehung auf den Streitgegenstand sind zulässig, wenn zu besorgen ist, daß durch eine Veränderung des bestehenden Zustandes die Verwirklichung des Rechtes einer Partei vereitelt oder wesentlich erschwert werden könnte."

[2]) § 940 ZPO. lautet: „Einstweilige Verfügungen sind auch zum Zwecke der Regelung eines einstweiligen Zustandes in bezug auf ein streitiges Rechtsverhältnis zulässig, sofern diese Regelung insbesondere bei dauernden Rechtsverhältnissen zur Abwendung wesentlicher Nachteile oder zur Verhinderung drohender Gewalt oder aus anderen Gründen notwendig erscheint."

[3]) JW. 1927, 1604. [4]) S. 57 ff.

[5]) JW. 1925, 683. [6]) ZUW. Oktober 1928.

γ) Den Anstand verletzende Kundgebungsformen der Reklame. An und für sich ist, wie bereits betont, jede Kundgebungsform zulässig. Der Phantasie sind keine Schranken gesetzt. Einwirkungen auf die Neugier, das Eitelkeitsgefühl, Heiterkeitsbedürfnis usw. können ausgeübt werden, um Kunden anzulocken. Unerlaubt werden diese Mittel jedoch dann, wenn sie in einer Form in die Erscheinung treten, die über das Maß dessen hinausgeht, was nach Auffassung des Durchschnittspublikums als anständig gilt. Eine Reklame z. B. des Inhalts „Wer bei mir nicht kauft, ist ein Ochse" wird danach als unzulässig anzusehen sein. Ebenso ist in der Reklame: „Ein Schurke, der wagt zu sagen, Rad I. sei ein Schwindel" ein Verstoß gegen § 1 UWG. erblickt worden[1]).

b) Es ist an sich erlaubt, sich fremde Arbeitsergebnisse zunutze zu machen. Mit Recht weist Isay[2]) darauf hin, daß unsere ganze Kultur darauf beruht, daß sich der Jüngere die Gedanken, die Arbeit und das mit Mühe und Kosten errungene Arbeitsergebnis des Älteren aneignet, jeder menschliche Fortschritt sei nur in der Weise möglich, daß der Spätere auf dem Arbeitsergebnis des Früheren weiterbaut. Für den Wettbewerb muß jedoch dieser Satz die Einschränkung erfahren, daß die Benutzung fremder Arbeitsleistung insoweit unzulässig ist, als die wettbewerblichen Grundsätze dadurch verletzt werden[3]).

Als ein solcher Grundsatz kommt, wie oben[4]) zu § 16 UWG. gezeigt, die Gefahr der Verwechslungsmöglichkeit in Frage. Nach § 16 UWG. ist im geschäftlichen Verkehr jede Benutzung von Namen, Firma, besonderer Bezeichnung eines Erwerbsgeschäfts verboten, wenn sie geeignet ist, Verwechslungen mit Namen, Firma usw., deren sich ein anderer befugterweise bedient, hervorzurufen. Erfolgt diese Benutzung mit der Absicht, diese Verwechslung hervorzurufen, so verstößt diese Handlungsweise gegen die guten Sitten, so daß, wenn die Benutzung zu Zwecken des Wettbewerbs geschieht, die Voraussetzungen des § 1 gegeben sind.

Darüber hinaus wendet sich aber § 1 gegen alle im geschäftlichen Verkehr zu Zwecken des Wettbewerbs vorgenommenen Handlungen, die gegen die guten Sitten verstoßen. Hiernach kommt nicht nur die mißbräuchliche Benutzung von Namen, Firma usw. als Tatbestand in Betracht, sondern auch die Benutzung anderer Objekte, die zu Verwechslungen und deshalb auch zur Ausbeutung fremder Arbeitsleistungen führen kann, wenn

---

[1]) MuW. 24, 232. [2]) GRUR. 1928, 76.

[3]) Hillig, Ausnutzung fremder Arbeitsleistung in GRUR. 29, 247 gelangt zu folgenden Grundsätzen:

1. Die Benutzung fremder Arbeitsleistung ist an sich erlaubt.
2. Sie ist untersagt:
   a) soweit und solange der freien Benutzung die Bestimmungen der Sondergesetze entgegenstehen;
   b) wenn sich aus den Umständen des Einzelfalles ein Verhalten des Täters ergibt, das sich als ein Verstoß gegen die guten Sitten bzw. als unlauterer Wettbewerb darstellt.

Smoschewer, Zur Frage der sklavischen Nachahmung von technischen Schöpfungen in GRUR. 29, 381 gelangt zu folgender Formulierung: „Die Benutzung des Ergebnisses fremder Arbeit ist grundsätzlich nicht gestattet, es sei denn, daß sie durch überwiegende Interessen der Allgemeinheit gerechtfertigt wird. Dieser Grundsatz findet jedoch keine Anwendung, soweit die Benutzung fremder Arbeit durch das positive Gesetzesrecht ausdrücklich oder sinngemäß gestattet ist."

[4]) S. 232.

diese Benutzung gegen die guten Sitten verstößt. So führt das Reichsgericht[1]) in dem Prozeß „Käthe Kruse-Puppen" gegen die Firma B., welche Künstlerpuppen hergestellt hatte, die nach der Behauptung der Klägerin minderwertige, auf Täuschung berechnete Nachahmungen der ihrigen waren, aus:

„Nach dem Gesamteindruck besteht zwischen beiden Puppen eine solche Ähnlichkeit, daß der Durchschnittskäufer die Puppen der Beklagten B. für eine Spielart der Käthe-Kruse-Puppen halten wird. Die Käthe-Kruse-Puppen sind die älteren Erzeugnisse. Bei dieser Sachlage würde sich die Beklagte B. im geschäftlichen Verkehr zu Zwecken des Wettbewerbs die Gedanken, die Arbeit und das mit Mühen und Kosten errungene Arbeitsergebnis der Klägerin zunutze machen, welche die Puppen herstellt, obwohl sie mit den bekannten, künstlerischen Ruf genießenden Käthe-Kruse-Puppen verwechselt werden können. Dies widerspräche dem Anstandsgefühl der billig und gerecht Denkenden, den Forderungen des redlichen Verkehrs und verstieße also gegen die guten Sitten. Ob die Beklagte sich bewußt gewesen ist, daß ihr Gebaren im Verkehr zu Täuschungen führen könne, ist gleichgültig. Schon das, was aus dem unstreitigen Sachverhältnis in Verbindung mit den vorgelegten Puppen und Bildverzeichnissen erhellt, vollendet den Tatbestand unlauteren Wettbewerbs im Sinne der allgemeinen Vorschrift des § 1 UWG. Wenn das Berufungsgericht sagt, daß dieser rechtliche Gesichtspunkt ausscheide, so geht es davon aus, daß keine unzulässige Nachahmung der einzelnen Erzeugnisse der Klägerin vorliege und Kunstschutz für einen Typus nicht auf dem Umweg über das Wettbewerbsgesetz eingeführt werden könne. Doch hat es ungeprüft gelassen, ob nicht durch sittenwidrige Ausnutzung fremder Arbeitsergebnisse der Tatbestand des unlauteren Wettbewerbs (§ 1 UWG.) gegeben sei. Das ist der Fall."

Dieser Grundsatz, daß die Gedanken, die Arbeit und das mit Mühen und Kosten errungene Arbeitsergebnis von dem Mitbewerber nicht ausgenutzt werden dürfen, durchzieht die gesamte neuere Rechtsprechung des Reichsgerichts auf diesem Gebiete. In einer hierfür in Betracht kommenden Entscheidung hatte der Besitzer eines Lichtspieltheaters in der Weise Reklame gemacht, daß er auf die Rückseite von Fahrscheinen der Straßenbahn Vorzugskarten aufdrucken ließ, wofür er an die Straßenbahn eine bestimmte Summe zu zahlen hatte. Ein Mitbewerber machte darauf bekannt, daß er den Vorzeigern von Vorzugskarten nicht nur seines, sondern auch anderer Theater Ermäßigung gewähre. Das Reichsgericht[2]) hat gemäß § 1 UWG. verurteilt, weil der Beklagte aus den Reklameaufwendungen des Klägers für sich einen Nutzen herausgeholt habe, was gegen die guten Sitten verstoße. Der gleiche Grundsatz gelangt in der Schallplattenentscheidung des Reichsgericht[3]) zum Ausdruck. Die Klägerin, eine deutsche Grammophon-A.-G., stellte Platten für Sprechmaschinen zur Wiedergabe von Vorträgen her, deren Anfertigung mit erheblichen Kosten und großer geistiger und körperlicher Arbeit verknüpft war. Die Beklagten, die gleichfalls derartige Platten herstellten, benutzten ein Verfahren, durch welches unter Verwendung der Platten der Klägerin Platten nachgeahmt wurden, die denen der Klägerin an Güte gleichkamen, jedoch um mehr als die Hälfte billiger waren. Das Reichsgericht gab der Klage auf Grund des § 1 UWG. statt, indem es im wesentlichen ausführte:

„Obgleich nach dem Stande der jetzigen Gesetzgebung die Platten der Klägerin gegen Nachahmung durch ein Sondergesetz nicht geschützt sind, so kann doch in der Nachahmung ein Verstoß gegen die guten Sitten gefunden werden. Die besonderen Umstände des vorliegenden Falles lassen das Vorgehen der Beklagten als gegen die guten Sitten verstoßend erscheinen. Die Beklagten benutzen die fertige Arbeitsleistung der Klägerin, um dieser Konkurrenz zu machen.

---

[1]) RGZ. 111, 254. [2]) RGZ. 92, 111. [3]) RGZ. 73, 294.

Diese Arbeitsleistung ist, wie ihnen bekannt, das Ergebnis erheblicher Mühen und Kosten, die der Klägerin durch Beschäftigung eigener Arbeitsingenieure, wie durch Zahlung hoher Honorare und Tantiemen an die von ihr gedungenen Künstler entstehen. Diese Mühen und Kosten ersparen sie bei der Herstellung ihrer Platten durch die Ausnützung der Arbeitsleistung der Klägerin. Hierdurch können sie ihre Platten zu erheblich niedrigerem Preise in den Handel bringen, so daß die Klägerin nicht mit ihnen konkurrieren kann. Ein solches Vorgehen, das die Klägerin um die Früchte ihrer eigenen Arbeit bringt, und das als ein zu Erwerbszwecken erfolgtes Bekämpfen der Klägerin mit ihren eigenen Waffen zu bezeichnen ist, verstößt, mag es auch formell berechtigt sein, gegen die guten Sitten des anständigen Geschäftsverkehrs."

Der dargestellte Grundsatz hat auch neuerdings für den Rundfunk Bedeutung erhalten. Die Berliner Sendestelle hatte einen Kampf zwischen zwei Boxern schildern lassen. Ein Verleger nahm die Sendung auf und diktierte sie auf Schallplatten. Das Landgericht I Berlin[1]) gab der Unterlassungsklage der Sendestelle statt, indem es in dem Verhalten des Verlegers unter Bezugnahme auf die Schallplattenentscheidung des Reichsgerichts ein sittenwidriges Ausbeuten fremder Arbeit erblickte.

Einer besonderen Betrachtung bedarf es noch, in welchem Verhältnis § 1 UWG. zu den Sondergesetzen des gewerblichen, künstlerischen und geistigen Rechtsschutzes steht. Die Eintragung eines Warenzeichens in die beim Patentamt geführte Zeichenrolle gewährt z. B. gemäß § 12 WZG. das ausschließliche Recht zur Benutzung dieses Zeichens. Handelt es sich bei diesem Zeichen um ein solches, dessen sich bereits ein anderer in gleicher oder ähnlicher Form bedient hatte, ohne daß es für ihn geschützt war, so entsteht die Frage, welches Recht das stärkere ist, das UWG., welches verbietet, sich fremde Arbeitsergebnisse zunutze zu machen, oder das WZG., welches mit der Eintragung einen absoluten Schutz gewährt.

Die Rechtsprechung des Reichsgerichts hat die Entwicklung dahin genommen, daß das UWG. in Verbindung mit § 826 BGB. als das Recht höherer Ordnung anzusehen ist. Die Sondergesetze haben ihm zu weichen, wenn der Tatbestand des Sondergesetzes ein Recht gibt, das aus dem Gesichtspunkt des UWG. und des § 826 BGB. gegen die guten Sitten verstoßen würde. So führt das Reichsgericht[2]) in der Goldina-Entscheidung aus: „Das formale Zeichenrecht darf nur innerhalb der Grenzen ausgeübt werden, die das Recht höherer Ordnung gibt, insbesondere der Grenzen des lauteren Wettbwerbs und guter Sitten, in deren Dienst auch das formale Zeichenrecht steht, nicht zur Verübung unlauterer Handlungen und zu Verletzungen materiellen Rechts."

III. Schutz gegen unzulässige Reklame auf Grund des Handelsgesetzbuches.

Das HGB. enthält ebensowenig wie das BGB. eine Bestimmung, welche direkt von Reklame handelt. Da, wie im ersten Teil gezeigt[3]), die Firma zu den hauptsächlichsten Objekten gehört, für welche ein Reklamevorhaben in Betracht kommt, das HGB. aber das Firmenrecht regelt und Bestimmungen gegen mißbräuchliche Führung einer Firma enthält, so gewährt das HGB. damit zugleich Schutz gegen unzulässige Reklamekundgebungen.

---

[1]) Vgl. Smoschewer, Rundfunk und gewerblicher Rechtsschutz in GRUR. 1928, S. 317.
[2]) RGZ. 111, 97. [3]) S. 3.

Der hierfür in Betracht kommende § 37 HGB. lautet:

„Wer eine nach den Vorschriften dieses Abschnittes ihm nicht zustehende Firma gebraucht, ist von dem Registergerichte zur Unterlassung des Gebrauchs der Firma durch Ordnungsstrafen anzuhalten. Die Höhe der Strafen bestimmt sich nach § 14 Satz 2.
Wer in seinen Rechten dadurch verletzt wird, daß ein anderer eine Firma unbefugt gebraucht, kann von diesem die Unterlassung des Gebrauchs der Firma verlangen. Ein nach sonstigen Vorschriften begründeter Anspruch auf Schadenersatz bleibt unberührt."

Die Bestimmung des Abs. 2 hat, nachdem das Namensrecht des § 12 BGB. auch auf die Firma erstreckt worden ist, ihre Bedeutung um so mehr verloren, als der Schutz des Namensrechtes im BGB. um vieles weitergehend ist als der des § 37 II. Dieser setzt voraus, daß der Gebrauch der Firma nach den firmenrechtlichen Vorschriften des HGB.[1]) unbefugt ist. Der Schutz des § 37 II HGB. greift somit nach § 30 HGB. bei Verwechslungsmöglichkeit von Firmen nur Platz, wenn sie sich an demselben Ort oder in derselben Gemeinde befinden[2]). § 12 BGB. dagegen gewährt seinen Schutz unabhängig von örtlichen Beziehungen.

Die Bestimmung des § 37 I HGB. dagegen bildet eine wichtige Ergänzung zu den Schutzvorschriften des § 12 BGB. und § 16 UWG. Um gegen einen unbefugten Firmengebrauch vorzugehen, bedarf es nach § 37 I HGB. nämlich nicht der Erhebung einer Klage. Der Registerrichter hat vielmehr die Pflicht, durch Ordnungsstrafen zur Unterlassung eines unbefugten Firmengebrauchs anzuhalten. Er ist außerdem gemäß § 142 FGG. befugt, eine ungesetzlich eingetragene Firma zu löschen.

Der Wortlaut des § 37 I HGB. setzt voraus, daß es sich um den Gebrauch einer Firma handelt, welcher nach den Vorschriften des HGB. unbefugt ist. Das Kammergericht[3]) hat zufolge dieser Bestimmung an dem Grundsatz festgehalten, daß der Richter nur die Vorschriften des HGB. zugrunde zu legen und andere Bestimmungen, wie Namensrecht, unlauteres Wettbewerbsrecht, Warenzeichenrecht usw. nicht zu beachten habe. Ebenso führt Staub[4]) aus: „Es liegt außerhalb der Zuständigkeit des Registerrichters, auch in eine Prüfung in der Richtung einzutreten, ob etwa durch die Eintragung an sich wahrer Tatsachen und bestehender Rechtsverhältnisse die Rechtslage Dritter gefährdet werden kann." Dieser Standpunkt dürfte mit der Entwicklung, die der Namens- und gewerbliche Rechtsschutz genommen hat, in Widerspruch stehen. Nach dem Standpunkt des Kammergerichts ist es für den Registerrichter bereits eine genügende Unterscheidung, wenn von zwei sonst gleichlautenden Firmen die eine den Zusatz Aktiengesellschaft, die andere den Zusatz G. m. b. H. führt[5]). Den entgegengesetzten Standpunkt des Reichsgerichts zeigen z. B. die früher[6]) behandelten Fälle Hageda, Merx. Denselben entgegengesetzten Standpunkt nimmt das Reichsgericht in dem Urteil des Prozesses der Ostdeutschen Brennstoff-Vertrieb G. m. b. H. gegen die Ostdeutsche Betriebsstoff-Gesellschaft m. b. H. ein. Das Reichsgericht[7]) führt hier aus:

---

[1]) §§ 17—36 HGB.
[2]) Vgl. Staub-Koenige 1921, Anm. 18 zu § 37 HGB.
[3]) KGJ. 41, 114.
[4]) Staub-Koenige, Anm. 11, Anhang zu § 8 HGB.
[5]) OLGR. 42, 211.
[6]) S. 221.
[7]) RGZ. 100, 45.

„Nicht die einzelnen Bestandteile der Firma sind auf ihre Verwechslungsfähigkeit hin zu prüfen, sondern der Gesamteindruck, nicht nur auf das Wortbild und den Wortklang ist zu achten, sondern auch auf den Wortsinn, die Firma ist nicht nur für das Auge und das Gehör da, sondern auch für das Denken, namentlich bei Sachfirmen kommt es auf die Bedeutung der Bezeichnung wesentlich bei der Verwechslungsfähigkeit an. Deshalb müssen an Firmen, die denselben oder einen gleichartigen Gegenstand benennen und somit schon wegen dieser Eigenschaft des Gegenstandes leicht der Verwechslungsgefahr ausgesetzt sind, ganz besondere Anforderungen gestellt werden, um diese in dem Gegenstand an sich gelegene Verwechslungsgefahr wieder zu beseitigen und sich voneinander deutlich, wie es das Gesetz verlangt, zu unterscheiden."

Ein Bedenken dagegen, daß der Registerrichter — evtl. entgegen dem Wortlaut des § 37 — auch andere Bestimmungen, wie die des Namens-, unlauteren Wettbewerbs-, Warenzeichengesetzes usw. berücksichtige, dürften nicht bestehen. Die Bestimmung des § 37 I dient dem öffentlichen Interesse[1]). Das öffentliche Interesse erheischt, daß nicht Firmen zur Eintragung gelangen bzw. eingetragen bleiben, die nach der Verkehrsanschauung unzulässig sind und deren Geschick es ist, wie z. B. im Falle Merx, wo das Kammergericht die Löschung auf Grund des § 37 abgewiesen hatte, schließlich durch Urteil des Reichsgerichts gelöscht zu werden. Die Bestimmungen der §§ 30, 37 HGB. sind für die Entwicklung, die der geschäftliche Verkehr genommen hat, nicht mehr ausreichend. Weder genügt es für die heutigen Verhältnisse, daß sich nur Firmen, die sich an demselben Ort befinden, deutlich voneinander unterscheiden, noch kann dem Publikum zugemutet werden, Unterschiede zu beachten, die nicht auffällig und auch bei flüchtiger Beobachtung sofort erkennbar sind. Das Grundprinzip ist Reinhaltung des geschäftlichen Verkehrs. Reichen die Vorschriften der §§ 30, 37 HGB. infolge Veränderung der Verhältnisse nicht mehr dazu aus, dieses Prinzip zur Verwirklichung zu bringen, so müssen sie, wie oben zu § 1 UWG. gezeigt, den Gesetzen höherer Ordnung weichen.

Praktisch macht sich übrigens bereits eine Abkehr von dem wohl auch vom Kammergericht in der neuesten Zeit nicht mehr strikt durchgeführten Standpunkt bemerkbar. Dazu, daß den praktischen Bedürfnissen Rechnung getragen wird, werden, insbesondere soweit es sich um Neueintragungen handelt, auch vielfach die Handelskammern beitragen, deren Gutachten — wenigstens in Berlin — fast durchweg vor Eintragung einer Firma erfordert zu werden pflegt.

IV. Schutz gegen unzulässige Reklame auf Grund des Warenzeichengesetzes.

Das Warenzeichengesetz[2]) steht in engem Zusammenhang mit dem § 12 BGB., in der dieser Bestimmung durch die Rechtsprechung zuteil gewordenen, oben[3]) dargelegten Auslegung. Außerdem berührt sich das WZG. eng mit den Bestimmungen der §§ 16, 1 UWG.

Der Schutz des WZG. erstreckt sich einmal auf eingetragene Warenzeichen, sodann auf die Ausstattung der Waren.

---

[1]) Vgl. Staub-Koenige, Einleitung § 37 HGB.

[2]) Gesetz zum Schutze der Warenbezeichnungen v. 12. V. 1894 als Ersatz für das bis dahin in Geltung gewesene Gesetz betreffend den Markenschutz v. 30. XI. 1874, jetzt gültig in der Fassung v. 7. XII. 1923, mit Änderungen v. 21. III. 1925 und 26. III. 1926.

[3]) S. 219 ff.

A. Warenzeichen.

Warenzeichen, auch Marke genannt, kann jede Kennzeichnung einer Ware sein. Eine Ausnahme bilden nach § 4 WZG.[1]) lediglich solche Zeichen, die zur Kennzeichnung nicht geeignet sind, sowie solche, die einen anstößigen oder täuschenden Inhalt haben. Dafür, ob eine genügende Kennzeichnungskraft vorhanden ist, ob die Zeichen ärgerniserregende Darstellungen enthalten oder ob durch sie die Gefahr einer Täuschung hervorgerufen wird, ist die Anschauung der in Betracht kommenden Verkehrskreise maßgeblich. Ob die Voraussetzungen des § 4 vorliegen, ist also nach den jeweiligen wechselbaren Anschauungen zu entscheiden.

Nicht eintragungsfähig sind:

1. Freizeichen. Unter Freizeichen sind solche Bezeichnungen zu verstehen, welche sich bis zum Zeitpunkt der gewünschten Eintragung im freien Gebrauch aller oder gewisser Klassen von Gewerbetreibenden befunden haben und deshalb keine Kennzeichnungskraft besitzen. Als ein solches Freizeichen ist z. B. das Wort „Gentleman" angesehen worden. —

2. Zeichen, die ausschließlich aus Zahlen oder Buchstaben bestehen. Eintragungsfähig sind dagegen Worte, die aus Konsonanten und Vokalen zusammengesetzt sind, auch wenn sie keinen Sinn geben, z. B. „Pebeco", „Hapag". Auch Zahlen sind dann eintragungsfähig, wenn es sich nicht nur um Nennung der bloßen Zahl, sondern um eine durch die Zahl wiedergegebene verständliche und sinnvolle Abkürzung eines Wortes handelt. Es ist daher z. B. die Zahl „4711" als Zeichen eingetragen worden. Das Patentamt hat hier angenommen, daß das aus der Nennung der Zahlen sich ergebende Wort im Verkehr die Bedeutung des ausschließlichen Hinweises auf ein bestimmtes Geschäft gewonnen habe[2]).

3. Zeichen, deren Inhalt Angaben über Art, Zeit und Ort der Herstellung, über die Beschaffenheit, über die Bestimmung, über Preis-, Mengen- oder Gewichtsverhältnisse der Ware enthalten.

Derartigen Bezeichnungen ist der Schutz versagt, weil sie, wie es in den Motiven zum WZG. heißt, zu der Ware oder ihren Besonderheiten „in keiner durch den Begriff des Wortes gegebenen Bezeichnung stehen". Auch solche Bezeichnungen sind jedoch eintragungsfähig, wenn sie durch langen Gebrauch Kennzeichnungsart erlangt haben

---

[1]) § 4 WZG. lautet: „Die Eintragung in die Rolle ist zu versagen für Freizeichen, sowie für Warenzeichen,

1. welche ausschließlich in Zahlen, Buchstaben oder solchen Wörtern bestehen, die Angaben über Art, Zeit und Ort der Herstellung, über die Beschaffenheit, über die Bestimmung, über Preis, Mengen- oder Gewichtsverhältnisse der Ware enthalten;
2. welche Staatswappen oder sonstige staatliche Hoheitszeichen oder Wappen eines inländischen Ortes, eines inländischen Gemeinde- oder weiteren Kommunalverbandes enthalten;
3. welche Ärgernis erregende Darstellungen oder solche Angaben enthalten, die ersichtlich den tatsächlichen Verhältnissen nicht entsprechen und die Gefahr einer Täuschung begründen.

Die Vorschrift der Nr. 2 findet keine Anwendung, wenn der Anmelder befugt ist, das Wappen oder Hoheitszeichen in dem Warenzeichen zu führen.

Zeichen, welche gelöscht sind, dürfen für die Waren, für welche sie eingetragen waren, oder für gleichartige Waren zugunsten eines anderen als des letzten Inhabers erst nach Ablauf von zwei Jahren seit dem Tage der Löschung von neuem eingetragen werden."

[2]) Vgl. hierüber auch JW. 26, 2536.

und nach Anschauung der Verkehrskreise ausschließlich auf einen bestimmten Betrieb hinweisen. So sind z. B. Warenzeichen, wie „Elberfelder Farben", „Deutzer Motoren", zur Eintragung gelangt.

4. Ärgerniserregende oder täuschende Bezeichnungen. Hierunter fallen alle Bezeichnungen, welche aus öffentlich-rechtlichen oder aus privatrechtlichen Gründen gegen die guten Sitten verstoßen.

5. Staats- und Gemeindezeichen. Diese sind als Warenzeichen nur unzulässig, solange sie als Staats- und Gemeindezeichen geführt werden. Zulässig sind dagegen nicht mehr im Gebrauch befindliche Staats- und Gemeindezeichen, ebenso Familienwappen, Flaggen, ausländische Wappen sowie Wappen oder Hoheitszeichen, zu deren Führung der Anmelder befugt ist[1]).

Abgesehen von den vorstehend genannten, von der Eintragung ausgenommenen Zeichen sind der Eintragung von Warenzeichen keinerlei Schranken gesetzt. Danach können als Warenzeichen Bezeichnungen jeglicher Art verwandt werden. Auch Firmennamen, Firmenzusätze oder Geschäftsbezeichnungen können den Gegenstand eines Warenzeichens bilden. Ebenso kommen Bildzeichen sowie Zusammensetzungen aus Wort und Bild als Warenzeichen in Betracht. Ein Beispiel für eine solche Zusammensetzung aus Wort und Bild ist das bekannte Zeichen der deutschen Grammophon-A.-G., welches einen vor dem Schalltrichter einer Sprechmaschine sitzenden Hund darstellt und die Aufschrift „die Stimme seines Herrn" trägt. Nach Elster[2]) gehören hierher auch solche Zeichen, die nicht mit dem Gesichtssinn, sondern mit einem der anderen Sinne, z. B. dem Gehör wahrnehmbar sind, wenn sie ausreichende Kennzeichnungskraft besitzen und der Schutz nicht aus den im § 4 WZG. angegebenen Gründen zu versagen ist.

Durch das Gesetz zur Ausführung der revidierten Pariser Übereinkunft[3]) ist die Einrichtung besonderer Verbandszeichen eingeführt worden, die hauptsächlich dem Zwecke dienen, eine vom Verband gebotene Gewähr für Güte und sonstige Beschaffenheit der Ware nach außen hin durch das Zeichen kundzugeben. Dieses Gesetz bedeutet eine Durchbrechung des Prinzips, wonach das Zeichen mit dem Gewerbebetriebe eng verbunden ist. Nach dem WZG. kann sich eines Zeichens nur bedienen, wer einen Geschäftsbetrieb hat. Nach dem Gesetz v. 31. III. 1913 können dagegen rechtsfähige Verbände oder juristische Personen, die gewerbliche Zwecke verfolgen, auch wenn sie keinen auf Herstellung und Vertrieb von Waren gerichteten Geschäftsbetrieb besitzen, Warenzeichen anmelden, die in den Geschäftsbetrieben ihrer Mitglieder zur Kennzeichnung der Ware dienen sollen.

Das Warenzeichen ist ein Mittel, die Ware zu kennzeichnen, sie von anderen Waren zu unterscheiden. Das Warenzeichen bildet also als Bezeichnung eines Gegenstandes, wie im ersten Teile dargetan, ein Mittel, auf einen Gegenstand als Reklameobjekt hinzuweisen.

Die Benutzung eines Warenzeichens als Hinweis auf ein Geschäft oder eine Ware übt eine eigene Funktion aus und ist daher ein besonderer Faktor für die Reklamekund-

---

[1]) Vgl. Gesetz zur Ausführung der revidierten Pariser Übereinkunft v. 31. III. 1913 (RGBl. 236).

[2]) GRUR. 1928, 78.

[3]) Gesetz 31. III. 1913 (RGBl. 236) zur Ausführung der revidierten Pariser Übereinkunft v. 2. VI. 1911 zum Schutze des gewerblichen Eigentums.

gebung. Bei Betrachtung irgendeiner Marke, z. B. „Persil" oder „4711", ist festzustellen, daß die Marke an sich nichts besagt. „Persil" ist eine Wortbildung, unter der man sich die Beziehung zu einer bestimmten Ware ebensowenig vorstellen kann wie unter der Zahl „4711". Die Marke kann daher eine Reklamewirkung nur ausüben, wenn ihr eine Reklamebetätigung vorausgegangen ist, durch welche dem Publikum bekanntgeworden ist, um was für eine Ware es sich handelt, welche guten Qualitäten diese Ware besitzt oder was das Publikum etwa sonst an dieser Ware interessieren mag. Erst wenn diese Reklamebetätigung wirksam geworden ist, wenn das Publikum beim Lesen des Wortes „Persil" weiß, daß es ein Waschpulver mit den in der Reklame geschilderten Eigenschaften ist, wirkt die Marke als Reklame. Dann aber übt sie eine besondere Wirkung aus. Dann faßt diese eine Bezeichnung alles Wissenswerte über die Ware zusammen. Die Marke ersetzt alle Einzelheiten. Die Marke allein kennzeichnet die Ware mit allen ihren Eigenschaften.

Gewinnt somit die Marke erst Bedeutung durch die Reklame, so erwächst andererseits der Reklame ein bedeutungsvolles Hilfsmittel in der Marke. Die Reklame wäre in mancher Hinsicht in ihrer Wirkungsfähigkeit gehemmt, wenn bei jeder Reklamekundgebung stets alle Einzelheiten angegeben werden müßten, welche die Ware betreffen. Die Marke ist insofern ein Hilfsmittel zur Formulierung des Inhalts von Reklamekundgebungen. Man denke z. B. an die Reklame durch Himmelsschrift, die bereits dadurch, und wohl nur dadurch wirkt, daß das eine Wort, die Marke, in übergroßen Buchstaben am Himmel erscheint. Die Marke, ebenso wie die Ausstattung, haben aber weiter noch, worauf Behrmann[1]) mit Recht hinweist, die Bedeutung, daß sie dem einzelnen Händler die Verantwortung für die zu verkaufenden Waren abnimmt. „Der Verkäufer wird zum bloßen Buchhalter des Fabrikanten, er ist nicht mehr Vertrauensmann seiner Kunden, der Handel wird entpersonifiziert." Marke und Ausstattung geben Gewähr für gleichmäßige Güte und gleichmäßigen Preis, erübrigen die Auswahl und beschleunigen die Abfertigung. Das ist das Wesen der Marke, die entsprechend der Steigerung des geschäftlichen Verkehrs eine immer größere Bedeutung gewonnen hat. Obwohl sich ihre Entwicklung, wie das Beispiel Amerikas zeigt, in Deutschland noch im Anfangsstadium befindet, ist sie auch hier auf dem Wege, sich den Markt zu erobern. Einen Anhalt hierfür bietet z. B. der Entwurf zum Reichsmilchgesetz, der demnächst dem Reichstag vorgelegt werden wird. In diesem Gesetz ist der Vertrieb einer besonders qualifizierten Konsummilch, die einer Sonderkontrolle durch besondere Überwachungsstellen unterstellt ist, vorgesehen, die als „Markenmilch" bezeichnet wird. Die danach im Verkehr als Markenmilch erscheinende Milch bietet die Gewähr dafür, daß sie von gesunden Kühen stammt, sauber gewonnen, gereinigt, nach der Gewinnung entlüftet, gekühlt und so aufbewahrt wird, daß sie nicht einer Verunreinigung ausgesetzt ist, weiter, daß sie einen bestimmten Fettgehalt und nur einen gewissen Prozentsatz Keimgehalt besitzt. Hier wird somit die Reklametätigkeit, welche erforderlich wäre, um die Eigenschaften, welche die als Markenartikel verkaufte Ware besitzt, bekanntzumachen, durch das Gesetz ersetzt, welches, wie dargetan, die Eigenschaften aufzählt, welche die als Markenmilch zu verkaufende Ware haben muß, so daß das Publikum diese Eigenschaften aus dem einen Wort „Markenmilch" erkennt.

---

[1]) Reklame 1923, S. 73.

Der geschilderten Bedeutung der Marke, insbesondere auch Gewähr für die Gleichmäßigkeit des Preises zu bieten, hat die Rechtsprechung insofern Rechnung getragen, als sie das Preisschleudern mit Markenartikeln als gegen die guten Sitten verstoßend erklärt hat, wenn dem Schleuderer bekannt ist, daß der Hersteller ein Interesse an der Gleichmäßigkeit des Preises hat und durch ein lückenloses Reverssystem alles getan hat, um ein Unterbieten der festgesetzten Preise zu verhindern. Eine Firma hatte einen Markenartikel unter den von der Herstellerin vorgeschriebenen Preisen öffentlich angeboten und vertrieben. Nach einem Urteil des Kammergerichts v. 8. XII. 1926[1]) ist in Übereinstimmung mit der ständigen Rechtsprechung des Kammergerichts ein solches Unterbieten bei Markenartikeln dann unsittlich, wenn der Hersteller alles getan hat, um sich gegen ein solches Unterbieten zu schützen. In diesem Falle handle der Schleuderer entweder vertragswidrig, wenn er oder sein Rechtsvorgänger sich zur Einhaltung der Preise verpflichtet hatte, oder unter sittenwidriger Ausnutzung fremden Vertragsbruchs. Allerdings könne der Hersteller dann Schutz nicht beanspruchen, wenn er selbst ein solches Verhalten dulde oder begünstige. Wenn aber der Hersteller alles getan habe, um ein Preisunterbieten zu verhindern, einstweilige Verfügungen erwirkt, dringliche Warnungsbriefe geschrieben, auch gegen bedeutende Firmen Lieferungssperre verhängt habe, bis diese die Verpflichtung zur Einhaltung der Preise übernommen habe usw., so liege ein lückenloses Reverssystem vor, wobei dieser Ausdruck nicht wörtlich auszulegen sei, das Verhalten des Schleuderers verstoße daher gegen § 1 UWG., 826 BGB.

Die Marke kann ihre Bestimmung, eine Ware eindeutig zu kennzeichnen, nur erfüllen, wenn sie einzig und allein für die betreffende Ware gewählt wird. Macht etwa ein anderer mit derselben Marke oder Bezeichnung oder einer solchen, die geeignet ist, Verwechslungen herbeizuführen, Reklame, so würde die Marke bzw. Bezeichnung an Wert einbüßen bzw. den Wert verlieren. Daraus ergibt sich das Erfordernis, die Marke gegen Nachahmung zu schützen.

Der Schutz der Marke ist insbesondere in den §§ 12 und 14 des Gesetzes geregelt.

§ 12 lautet:

„Die Eintragung eines Warenzeichens hat die Wirkung, daß dem Eingetragenen ausschließlich das Recht zusteht, Waren der angemeldeten Art oder deren Verpackung oder Umhüllung mit dem Warenzeichen zu versehen, die so bezeichneten Waren in Verkehr zu bringen, sowie auf Ankündigungen, Preislisten, Geschäftsbriefen, Empfehlungen, Rechnungen oder dergleichen das Zeichen anzubringen.
In dem Falle der Löschung können für die Zeit, in welcher ein Rechtsgrund für die Löschung bereits vorgelegen hat, Rechte aus der Eintragung nicht mehr geltend gemacht werden."

§ 14 lautet:

„Wer wissentlich oder aus grober Fahrlässigkeit Waren oder deren Verpackung oder Umhüllung oder Ankündigungen, Preislisten, Geschäftsbriefe, Empfehlungen, Rechnungen oder dergleichen mit dem Namen oder der Firma eines anderen oder mit einem nach Maßgabe dieses Gesetzes geschützten Warenzeichen widerrechtlich versieht oder dergleichen widerrechtlich gekennzeichnete Waren in Verkehr bringt oder feilhält, ist dem Verletzten zur Entschädigung verpflichtet.
Hat er die Handlung wissentlich begangen, so wird er außerdem mit Geldstrafe von einhundertfünfzig bis fünftausend Mark oder mit Gefängnis bis zu sechs Monaten bestraft. Die Strafverfolgung tritt nur auf Antrag ein. Die Zurücknahme des Antrages ist zulässig."

---

[1]) MuW. 1926, 213.

Hiernach unterscheidet sich der Schutz nach dem WZG. wesentlich von dem, welchen das UWG., insbesondere § 16, gegen unbefugten Gebrauch eines Warenzeichens gibt. Während nach § 16 UWG. Voraussetzung des Schutzes die Verwechslungsmöglichkeit ist, § 16 also eine Benutzung der Bezeichnung voraussetzt, entsteht nach dem WZG. der Schutz bereits mit der Eintragung in die beim Patentamt geführte Zeichenrolle (§§ 1 und 2 des Gesetzes). Für den Schutz nach dem WZG. ist es daher gleichgültig, ob die Zeichen benutzt werden. Im Gegensatz zu dem Schutz nach § 16 UWG. werden nach WZG. auch Vorrats- und Defensivzeichen geschützt. Vorratszeichen sind solche, die der Kaufmann sich eintragen läßt, um sie später einmal im Bedarfsfalle zu benutzen, Defensivzeichen solche, die ohne Absicht einer späteren Benutzung lediglich dazu bestimmt sind, den Schutz des in Benutzung genommenen Warenzeichens zu verstärken, das benutzte Zeichen insbesondere vor Nachahmung durch ähnliche Zeichen zu schützen. Als derartige Defensivzeichen kommen auch solche in Betracht, welche dem Motivschutz dienen. Ein schutzfähiges Motiv ist z. B. die Phantasiefigur eines Doppeltieres, bei dem der Rumpf in der Mitte zusammengefügt ist, so daß zwei Köpfe und zwei Vorderbeine vorhanden sind. Hier wurde[1]) der Zeicheninhaber, der zwei Pferde oder zwei Löwen derart zusammengesetzt hatte, davor geschützt, daß ein anderer sich dieses Motivs in der Weise bediente, daß er statt Löwen Giraffen wählte. Als weiteres Motivzeichen ist auch z. B. ein nähender Schneider in der diesen Handwerkern eigenartigen Haltung auf einem Tisch sitzend anerkannt worden[2]).

Für das Gebiet der Reklame ist es von besonderer Bedeutung, inwieweit der Schutz solcher Zeichen wirkt. Hier handelt es sich um Bezeichnungen, welche weder dem Mitbewerber noch dem Publikum zugänglich gemacht werden. Diese Zeichen erscheinen also nicht in der Reklame. Gleichwohl genießen sie aber durch die Eintragung Schutz dagegen, daß der Mitbewerber sie in gleicher oder ähnlicher Form verwendet. Das Reichsgericht hat den Schutz dieser Zeichen nach zwei Richtungen eingeschränkt. Einmal ist dies dahin geschehen, daß derartige Zeichen nur insoweit eingetragen werden dürfen, als ein schutzwürdiges Interesse besteht und der freie Wettbewerb nicht in unzulässiger Weise unterbunden wird[3]). Das Reichsgericht versagt ferner den Vorrats- und Defensivzeichen dann den Schutz, wenn die Geltendmachung trotz mißbräuchlicher Verwendung des Warenzeichens durch einen Mitbewerber verzögert wird. In dieser Hinsicht vertritt hier das Reichsgericht denselben Standpunkt, der bereits oben[4]) beim Namensrecht dargelegt wurde. Hat der Warenzeicheninhaber es längere Zeit widerspruchslos mit angesehen, daß ein Mitbewerber sein Zeichenrecht verletzt hat, daß dieser etwa mit seinem Zeichenrecht große kostspielige Reklame getrieben und das Zeichen allgemein bekanntgemacht hat, dann kann der Zeicheninhaber nicht nachträglich plötzlich damit kommen, daß ihm an dem Zeichen ein Schutzrecht zustehe, daß er also allein berechtigt sei, dieses Zeichen zu führen. Es würde dies darauf hinauslaufen, daß der Zeicheninhaber, der etwa die von dem Mitbewerber dem Publikum bekanntgemachte Marke nunmehr selbst benutzt, sich fremde Arbeitsergebnisse zu eigen machen dürfte. Das verstößt, wie oben[5]) zu § 1 UWG. gezeigt, gegen die guten Sitten im Wettbewerb. So führt das Reichsgericht[6]) in der Vox-Grammofox-Entscheidung aus:

---

[1]) JW. 24, 187. [2]) MuW. 25, 202. [3]) RGZ. 97, 95.
[4]) S. 223. [5]) S. 262. [6]) RGZ. 114, 360.

„Die Klägerin hat nicht bestritten, daß sie von der Führung des Wortes Vox in der Firma der Beklagten und von der Eintragung des Warenzeichens Vox alsbald Kenntnis erlangt habe. Dann durfte sie aber, wenn sie sich auf Grund ihres seit einer Reihe von Jahren eingetragenen, jedoch nie gebrauchten Warenzeichens Grammofox gegen die Benutzung des Wortes Vox durch die Beklagte wenden wollte, nicht acht Monate lang warten und während dieser ganzen Zeit mit ihrem, dem Verkehr unbekannten Zeichen Grammofox im Verborgenen bleiben. Zum mindesten mußte sie, wenn die Erhebung der Klage nicht alsbald erfolgen konnte, in Änderung ihrer ursprünglichen Absicht zur Benutzung dieses Zeichens übergehen und ihm dadurch seinen rein defensiven Charakter nehmen. Denn, wenn die Klägerin längere Zeit mit ihrem Zeichen nicht hervortrat, konnte sich die Firmenbezeichnung und das Warenzeichen des Konkurrenten, der vom Vorhandensein eines älteren verwechslungsfähigen Zeichens der Gegenseite nichts wußte, im Verkehr eingebürgert und der Konkurrent konnte seinen Betrieb auf sein Warenzeichen eingestellt haben, so daß ihm aus dem langen Zuwarten des Inhabers des Defensivzeichens möglicherweise eine schwere Benachteiligung erwuchs. Unter diesem Gesichtspunkt betrachtet war das Verhalten der Klägerin mit den Grundsätzen des unlauteren Wettbewerbes und den guten Sitten nicht vereinbar (§ 1 UWG.)."

Der Schutz des § 12 WZG. wird demjenigen, für den das Warenzeichen zuerst eingetragen wurde, bei Verwechslungsmöglichkeit mit der Einschränkung zuteil, daß der Schutz sich nur auf die angemeldeten oder diesen gleichartigen Waren erstreckt.

Es entscheidet also, ebenso wie in § 16 UWG., die Priorität. Bei strikter Durchführung dieses Grundsatzes würde das Grundprinzip im Wettbewerb, Reinhaltung des geschäftlichen Verkehrs, erhebliche Einbuße erleiden können. Dies wäre der Fall, wenn z. B. jemand sich eine vom Mitbewerber benutzte und bekanntgemachte, aber nicht eingetragene Bezeichnung als Warenzeichen eintragen ließe und sich nunmehr auf das ihm durch WZG. gewährte formale Recht stützte. Dies könnte ferner der Fall sein, wenn jemand eine eingetragene Marke für eine andere Warengattung, als für die sie eingetragen ist, benutzen und dadurch Vorteile aus der Marke des Mitbewerbers zu ziehen versuchen würde.

Gegen solche formalen Ausnützungen des Warenzeichenrechts gewähren — wie oben[1]) dargetan — das Namensrecht und das UWG. als Gesetze höherer Ordnung Schutz. Ein Beispiel hierfür bildet die Underberg-Entscheidung des Reichsgerichts[2]). In diesem Falle vertrieb die Klägerin seit Jahren einen Kalender unter der Bezeichnung „Underberg-Kalender", die Beklagte ließ sich das Warenzeichen „Unterberg-Kalender" eintragen und vertrieb die Kalender unter dieser Bezeichnung. Das Reichsgericht führt hier folgendes aus: „Die formalen Vorschriften des Warenzeichenrechts dürfen nicht dazu ausgebeutet werden, daß ein Mitbewerber Bezeichnungen, die ein anderer für seine Waren bereits lange Zeit mit gutem Erfolge im Verkehr angewendet hat, sich dadurch aneignet, daß er sich dieselbe oder eine zum Verwechseln ähnliche Bezeichnung als Warenzeichen für seine gleichen oder gleichartigen Waren schützen läßt, in der Absicht, das in Betracht kommende Publikum über die Herkunft der Ware irrezuführen und so auf Kosten des Wettbewerbes gewerbliche Vorteile zu erlangen. Eine solche Eintragung verstößt nach Art ihrer Erlangung und dem mit ihr verfolgten Zweck gegen die guten Sitten."

In der Entscheidung, welche die Bezeichnung „Uralt" betrifft, führt das Reichsgericht[3]) dazu, daß es unerlaubt ist, ein Zeichen, das für eine bestimmte Ware bekanntgeworden ist, für eine andere Warengattung eintragen zu lassen und zu benutzen,

[1]) S. 264. [2]) MuW. 22, 151. [3]) MuW. 26, 334.

folgendes aus: „Nach dem Warenzeichenrecht war die Beklagte an und für sich nicht behindert, das für Weinbrand eingetragene Warenzeichen „Uralt" für Tabakwaren eintragen zu lassen, denn der Zeichenschutz gilt nur als Kennzeichnungsmittel gleicher oder gleichartiger Waren, hier aber stehen sich die völlig ungleichartigen Waren Tabak und Weinbrand, gegenüber. Trotzdem darf aber die Beklagte dieses ihr formelles Recht nicht ausnützen, wenn sie durch den Erwerb des Schutzes für das Wort „Uralt" und durch seine Verwendung im Verkehr die durch Aufwand von Mühen und Kosten erreichten Arbeitserfolge der Klägerin unbefugt für sich ausbeuten würde, womit gleichzeitig die Bedeutung des Wortes als Herkunftsangabe durch Schwächung seiner Zugkraft beeinträchtigt werden würde."

Der Schutz des Namens- sowie der des Wettbewerbsrechts geht danach weit über den Schutz des WZG. hinaus. Dagegen gibt § 14 WZG. bei Verletzung des Zeichenrechts die Möglichkeit der Bestrafung, während die den Schutz gewährenden Vorschriften des Namensrechts und der §§ 16, 1 UWG. Strafandrohungen nicht enthalten.

Für das Gebiet der Reklame ist das WZG. von besonderer Wichtigkeit, weil dieses Gesetz es ermöglicht, irgendeiner Idee für die Bezeichnung einer Ware unmittelbar mit der Eintragung als Warenzeichen einen wirksamen Schutz gegen Nachahmung zu bieten. Der Reklametreibende kann daher, gestützt auf diesen Schutz, mühevolle und kostspielige Reklamekundgebungen in die Wege leiten, um das Reklameobjekt bekanntzumachen. Er hat nicht zu befürchten, dadurch um die Früchte seiner Bemühungen gebracht zu werden, daß der Mitbewerber die gleiche oder ähnliche Bezeichnung gebraucht und dadurch die angestrebte Reklamewirkung des Zeichens beeinträchtigt.

Der vom WZG. gewährte Schutz hat zur Voraussetzung, daß das Warenzeichen in der beim Patentamt geführten Warenzeichenrolle eingetragen ist. Die Anmeldung hat schriftlich zu erfolgen. Jeder Anmeldung muß die Bezeichnung des Geschäftsbetriebes, in welchem das Zeichen verwendet werden soll, ein Verzeichnis der Waren, für welche es bestimmt ist, sowie eine deutliche Darstellung und, soweit erforderlich, eine Beschreibung des Zeichens beigefügt sein[1]).

Beim Patentamt sind besondere Warenzeichenabteilungen eingerichtet, in denen die Geschäfte nach Warenklassen verteilt sind. Die zu entrichtenden Gebühren sind je nach der Anzahl der Klassen, für die der Schutz gewährt wird, verschieden.

Beim Patentamt besteht das sog. Vorprüfungssystem. Die Erteilung ist zu versagen, wenn die oben[2]) dargestellten Voraussetzungen des § 4 WZG. vorliegen oder wenn Rechte Dritter verletzt werden.

Die Dauer des Schutzes beträgt zehn Jahre seit der Anmeldung des Zeichens. Durch Zahlung der Gebühr kann jedoch die Erneuerung beliebig oft nach Ablauf von je zehn Jahren erfolgen. Falls die Erneuerung unterbleibt, wird das Warenzeichen von Amts wegen gelöscht[3]). Das Zeichen wird weiter von Amts wegen gelöscht, wenn die Eintragung des Zeichens hätte versagt werden müssen[4]). Bevor eine Löschung von Amts wegen erfolgt, ist dem Zeicheninhaber Nachricht zu geben.

Ein Dritter kann durch Klage die Löschung eines Warenzeichens beantragen, wenn ihm die Priorität an dem Zeichen zukommt, wenn der Geschäftsbetrieb, zu dem das Zeichen gehört, nicht mehr fortgesetzt wird oder wenn das Warenzeichen den tatsäch-

[1]) § 2 WZG. [2]) S. 267 f. [3]) § 8 Nr. 1 WZG. [4]) § 8 Nr. 2 WZG.

lichen Verhältnissen nicht mehr entspricht[1]). Die Löschungsklage ist eine sog. Popularklage. Danach ist es nicht erforderlich, daß derjenige, der die Klage erhebt, ein Interesse nachweist. Die Klage hat lediglich zur Voraussetzung, daß ein schutzfähiges Interesse der Allgemeinheit an der Freigabe des Zeichens zugunsten des Verkehrs besteht[2]).

Außer den im Gesetz genannten Fällen kann ein Dritter auch auf Löschung klagen, wenn durch die Eintragung z. B. Vertragsrechte verletzt werden oder in Namens- und wettbewerbliche Rechte eingegriffen wird, sofern das Warenzeichenrecht diesen Rechten als Rechten höherer Ordnung zu weichen hat.

Dem Verletzten gewährt § 14 WZG. bei wissentlicher oder grob fahrlässiger Verletzung des Zeichenrechts Anspruch auf Schadensersatz. Daneben ist, auch wenn ein Verschulden des Verletzers nicht vorliegt, die Unterlassungsklage gegeben. Bei wissentlicher Verletzung ist außerdem Strafe angedroht. Neben der Strafe kann an Stelle von Schadensersatz Buße verlangt werden[3]). Bei Verurteilung im Strafverfahren ist bezüglich der im Besitze des Verurteilten befindlichen Gegenstände auf Beseitigung der widerrechtlichen Kennzeichnung oder, wenn die Beseitigung in anderer Weise nicht möglich ist, auf Vernichtung der damit versehenen Gegenstände zu erkennen. Dem Verletzten ist auch die Befugnis zuzusprechen, die Verurteilung auf Kosten des Verurteilten öffentlich bekanntzumachen.

B. Ausstattungsschutz.

Der weitere Schutz, den das WZG. gewährt, betrifft den im § 15 gereaelten Ausstattungsschutz.

§ 15 WZG. lautet:

„Wer zum Zweck der Täuschung in Handel und Verkehr Waren oder deren Verpackung oder Umhüllung oder Ankündigungen, Preislisten, Geschäftsbriefe, Empfehlungen, Rechnungen oder dergleichen mit einer Ausstattung, welche innerhalb beteiligter Verkehrskreise als Kennzeichen gleichartiger Waren eines anderen gilt, ohne dessen Genehmigung versieht, oder wer zu dem gleichen Zweck derartig gekennzeichnete Waren in Verkehr bringt oder feilhält, ist dem Verletzten zur Entschädigung verpflichtet und wird mit Geldstrafe von einhundert bis dreitausend Mark oder mit Gefängnis bis zu drei Monaten bestraft. Die Strafverfolgung tritt nur auf Antrag ein. Die Zurücknahme des Antrages ist zulässig."

Der Begriff „Ausstattung" bedeutet eine kennzeichnende Zutat zur Ware, im Gegensatz zur technisch-funktionellen Gestaltung[4]). Ausstattung einer Ware umfaßt deren Form, Aufmachung, Färbung, Verzierung usw. Ausstattungsschutz genießt nur eine Formgebung, die über das Notwendige oder Übliche hinausgeht, nicht dagegen eine solche, die sich im Rahmen des für den Gebrauchszweck notwendigen oder praktisch Angemessenen hält. Die Formgebung muß derart charakteristisch sein, daß das Publikum in der Ausstattung die Herkunft der Ware erkennt. Auch das Motiv kann als Ausstattung Schutz genießen. Das Reichsgericht[5]) hat z. B. der bekannten Bücherreihe

[1]) § 9 Ziff. 1—3 WZG.

[2]) Vgl. Rosenthal, a. a. O. S. 176, Note 68a zu § 1 UWG. sowie die dort zitierte Entscheidung des Kammergerichts.

[3]) § 18 WZG.

[4]) Vgl. Rosenthal, a. a. O. S. 190, und die dort zitierten Entscheidungen.

[5]) MuW. 20, 33.

des Inselverlages den Ausstattungsmotivschutz zuerkannt. Es hat mit der Feststellung, daß es nicht darauf ankomme, ob die einzelnen Bände dasselbe tapetenartige Überzugspapier aufwiesen, folgendes ausgeführt: „Eine absolute Gleichförmigkeit in den Mustern und Farben ist nicht erforderlich. Vielmehr genügt es, wenn die Ausstattung in ihrer Gesamtheit einen einheitlichen Charakter trägt, um die Kennzeichnung für die Herkunft aus einem bestimmten Betriebe zu bilden, der eben seine Ware mit einer Ausstattung dieser Art zu versehen pflegt."

Die Ausstattung muß innerhalb der beteiligten Verkehrskreise als Kennzeichen „gelten". Es ist bereits oben[1]) zu §§ 1 UWG., 826 BGB. dargetan, daß es nicht gestattet ist, sittenwidrig die Arbeitsergebnisse anderer auszunützen. Die Bestimmung des § 15 WZG., die an und für sich nicht ins WZG. gehört, da es sich hier nicht um eingetragene Warenzeichen handelt, ist rein wettbewerblicher Natur und ist als Sondertatbestand der Bestimmung des § 1 UWG. anzusehen. § 1 UWG. geht aber über den Tatbestand des § 15 WZG. hinaus, weil dieser voraussetzt, daß die Verletzung zu Zwecken der Täuschung erfolgt, während unter § 1 UWG. jede im geschäftlichen Verkehr zu Zwecken des Wettbewerbs vorgenommene Handlung fällt, die gegen die guten Sitten verstößt. Dagegen geht § 15 WZG. über § 1 UWG. insofern hinaus, als dieser nur zivilrechtlichen Schutz gewährt, während die Ausstattung nach § 15 WZG. auch strafrechtlich geschützt ist.

Für den Ausstattungsschutz nach dem WZG. kommt weiter in Betracht, daß hier ebenso wie beim Warenzeichen die Popularklage gegeben ist. Das Reichsgericht[2]) führt hierzu aus: „Wie beim Warenzeichen jedermann die Möglichkeit zur Herbeiführung der Löschung unrechtmäßiger Zeichen im öffentlichen Interesse erhalten hat, so hat auch bei der Ausstattung jeder Beliebige eine Handhabe zur Geltendmachung des Wegfalls des Schutzes. Der Popularkläger vertritt das Interesse der Allgemeinheit daran, daß ein Ausstattungsschutz nicht mehr als bestehend betrachtet, sondern das betreffende Wort (Bild, die Gestaltung der Ware oder deren Verpackung usw.) für den Verkehr frei wird. Des Nachweises eines eigenen schutzwürdigen Interesses des Popularklägers bedarf es nicht."

Die Ausstattung als Mittel, welches mit dazu bestimmt ist, das Reklameobjekt zu kennzeichnen, ist für die Reklamekundgebung von der größten Bedeutung. Der durch § 15 WZG. gewährte Ausstattungsschutz ist daher eine wichtige Bestimmung zum Schutze gegen unzulässige Reklame. Bei den vom Gesetz aufgeführten Beispielen dafür, welche Gegenstände nicht mit der einem anderen zukommenden Ausstattung versehen werden dürfen, nämlich Ankündigungen, Preislisten, Geschäftsbriefe, Empfehlungen usw., handelt es sich immer um Reklamekundgebungen, wenn sie an eine unbestimmte Zahl von Personen gerichtet sind.

Die Bestimmung des § 15 WZG. ist aber weiter auch insofern ein Schutz gegen unzulässige Reklame, als sie denjenigen trifft, der mißbräuchlich mit fremden Ausstattungen versehene Ware in den Verkehr bringt oder feilhält. Feilhalten ist, wie oben[3]) dargetan, eine Reklamekundgebung. Den Bestimmungen des § 15 WZG. unterliegt somit auch derjenige, der für Waren, die ein anderer mißbräuchlich mit einer dem Schutze

[1]) S. 262 ff. [2]) Mitgeteilt von Rosenthal, a. a. O. S. 193, Anm. 75b zu § 1 UWG.
[3]) S. 106.

des WZG. unterliegenden Ausstattung versehen hat, die Reklamebetätigung des Feilhaltens ausübt. In dem oben genannten Beispiel der Inselbücher würde daher nicht nur der Hersteller der den Ausstattungsschutz verletzenden Bücher verantwortlich sein, sondern jeder, der sie zu einer Reklamekundgebung der in § 15 gedachten Art benutzt, insbesondere sie feilhält.

V. Schutz gegen unzulässige Reklame auf Grund des Patentgesetzes[1]).

Das Patentgesetz[2]) gewährt in mehrfacher Hinsicht Schutz gegen unzulässige Reklame.

A. Patentverletzung.

Eine Patentverletzung ist durch Reklamekundgebungen in zweifacher Weise möglich.

1. Das Bedürfnis, die Reklamekundgebung abwechselnd und eigenartig zu gestalten, um dadurch beim Publikum besonders wirksam in Richtung auf das Reklameobjekt einzuwirken, bringt es mit sich, daß alle möglichen Verfahren ersonnen werden, die dazu dienen sollen, für Reklamekundgebungen verwandt zu werden. Insoweit ein zu einer Reklamekundgebung bestimmtes oder geeignetes Verfahren Patentschutz genießt, ist der Inhaber des Patentes davor geschützt, daß sein Verfahren von Mitbewerbern zu Reklamekundgebungen benutzt wird. Ist z. B. ein bestimmtes Verfahren einer beweglichen Lichtreklame patentiert, so darf dieses Verfahren von anderen Personen ohne Einwilligung des Patentinhabers für Reklamekundgebungen nicht benutzt werden. Das Patent hat die Wirkung, daß der Patentinhaber ausschließlich befugt ist, den Gegenstand der Erfindung gewerbsmäßig zu gebrauchen[3]).

2. Für das Gebiet der Reklame kommt weiter in Betracht, daß das Gesetz auch Schutz gewährt, wenn zwar das patentierte Verfahren vom Verletzer nicht selbst benutzt wird, wenn er jedoch die Absicht verfolgt, patentierte Gegenstände gegen Entgelt zu veräußern und für die Veräußerung Reklame durch Feilhalten betreibt. Nach dem Gesetz ist ausschließlich der Patentinhaber befugt, den Gegenstand der Erfindung gewerbsmäßig feilzuhalten. „Feilhalten" ist, wie oben[4]) dargetan, eine Reklamekundgebung. Das Feilhalten kann in der Weise erfolgen, daß die Ware dem Publikum zwecks Verkaufs zugänglich gemacht wird. Nach Isay[5]) ist es auch als Feilhalten anzusehen, wenn in Annoncen, Katalogen, Prospekten usw. auf die Ware hingewiesen wird. Diese Ansicht dürfte mit der Ansicht des Reichsgerichts[6]), die auch dem Sprachgebrauch gerecht werden dürfte, nicht in Einklang zu bringen sein. Nach der Ansicht des Reichsgerichts

---

[1]) PatGes. v. 7. IV. 1891 in der Fassung v. 7. III. 1923, geändert durch Gesetz v. 26. III. 1926.

[2]) Patente werden erteilt für neue Erfindungen, welche eine Verwertung gestatten. Als solche Erfindungen haben diejenigen zu gelten, die „ein technisches Handeln, d. h. die Lösung einer technischen Aufgabe durch Benutzung von Naturkräften zum Gegenstand haben, und zwar zu einem bestimmten Zwecke, d. h. zur Befriedigung eines menschlichen, eines gesellschaftlichen Bedürfnisses" (vgl. Isay, PatGes. 1926, S. 37).

[3]) § 4 PatGes. [4]) S. 106.

[5]) a. a. O. S. 222. [6]) RGSt. 14, 436.

ist unter Feilhalten nur das Zugänglichmachen der Waren zu verstehen. Nach Isays Ansicht ist es dagegen zum Feilhalten nicht erforderlich, daß die Ware bereits vorrätig vorhanden ist. Auch wenn sie erst hergestellt werden soll, liegt nach ihm ein Feilhalten vor, wenn für diese herzustellende Ware durch Annoncen usw. Reklame gemacht wird[1]).

Gegen die unbefugte Benutzung eines Patentes steht dem Berechtigten Anspruch auf Unterlassung zu. Der Verletzte hat weiter Anspruch auf Schadensersatz, wenn die mißbräuchliche Benutzung wissentlich oder aus grober Fahrlässigkeit erfolgt ist[2]). Die wissentliche Patentverletzung hat auch strafrechtliche Verantwortung zur Folge[3]).

Die Erteilung des Patentes erfolgt durch das Patentamt[4]). Die Anmeldung muß schriftlich geschehen und den Antrag auf Erteilung des Patentes enthalten. Die Anmeldung unterliegt der Vorprüfung. Ist die Erteilung des Patentes endgültig beschlossen, so erläßt das Patentamt darüber durch den Reichsanzeiger eine Bekanntmachung und fertigt demnächst für den Patentinhaber eine Urkunde aus[5]).

Die Dauer des Patentes beträgt 18 Jahre[6]). Der Lauf dieser Zeit beginnt mit dem auf die Anmeldung der Erfindung folgenden Tage.

Es ergibt sich die Frage, ob nach Ablauf dieser Zeit jeglicher Schutz erloschen ist oder ob auch hier der Gesichtspunkt des Wettbewerbsrechts Geltung hat, daß sich niemand mißbräuchlich fremde Arbeitsergebnisse zunutze machen darf.

Es wird anzunehmen sein, daß auch das Patentgesetz ebenso wie das WZG. dem UWG. als dem Rechte höherer Ordnung zu weichen hat. Nach Isay[7]) ist das Patentgesetz ganz allgemein nur ein Ausschnitt aus dem großen Gebiet des Wettbewerbsrechts, daher erscheint jede Regelung, welche für das Recht der gewerblichen Schöpfung gegeben wird, auf dem Hintergrunde des allgemeinen Wettbewerbsrechts. Es wird daher auch hier trotz Ablaufs der Schutzfrist § 1 UWG. Anwendung zu finden haben, wenn die Verwendung ohne eigene Leistung lediglich erfolgt, um sich fremde Arbeitsergebnisse zunutze zu machen. Diesen Standpunkt hat auch das Reichsgericht[8]) in einem Falle eingenommen, in dem es sich darum handelte, ob nach Ablauf der Schutzdauer eines Geschmacksmusters noch wettbewerblicher Schutz gegen Nachahmung in Frage kommen könne. Das Reichsgericht hat in dieser Entscheidung auch das Verhältnis von Patent- und Gebrauchsmuster zum Wettbewerbsrecht behandelt und ausgeführt: „Ist die Schutzdauer für jene beiden Rechte abgelaufen und damit der ihr innewohnende dargelegte Zweck zugunsten des Schöpfers erreicht, so ist im Interesse der Allgemeinheit geboten, daß nunmehr die freie Herstellung des bisher geschützten Gegenstandes jedermann offenstehen soll. Dadurch wird aber selbstverständlich nicht etwa ein unlauterer Wettbewerb zulässig, den der Nachbauer des bisher geschützten Gegenstandes gegenüber dem ersten Fabrikanten begeht durch die Art und Weise, wie er sein Recht ausübt. Das gilt nicht nur von der Art des Vertriebes des betreffenden Gegenstandes, sondern auch von dem Nachbauen, wobei eine genaue Wiedergabe, soweit der Gebrauchszweck sie nicht erfordert, unterlassen werden soll zur Vermeidung der Irreführung des Verkehrs und zum Schutze des Vorberechtigten gegen Ausbeutung."

---

1) So Isay, a. a. O. S. 222. 2) § 35 PatGes.
3) § 36 PatGes. 4) §§ 20ff. PatGes.
5) § 27 I PatGes. 6) § 7 PatGes.
7) a. a. O. S. 28. 8) JW. 1928, 1216.

B. Patentanmaßung.

Für das Gebiet der Reklame sind noch die Bestimmungen des § 40 PatGes. von Bedeutung, welche die Patentanmaßung betreffen.

§ 40 PatGes. lautet:

„Mit Geldstrafe bis zu eintausend Mark wird bestraft:

1. Wer Gegenstände oder deren Verpackung mit einer Bezeichnung versieht, welche geeignet ist, den Irrtum zu erregen, daß die Gegenstände durch ein Patent nach Maßgabe dieses Gesetzes geschützt seien.
2. Wer in öffentlichen Anzeigen auf Aushängeschildern, auf Empfehlungskarten oder ähnlichen Kundgebungen eine Bezeichnung anwendet, welche geeignet ist, den Irrtum zu erregen, daß die darin erwähnten Gegenstände durch ein Patent nach Maßgabe dieses Gesetzes geschützt seien."

Die Patentanmaßung wird, wie oben[1]) ausgeführt, auch durch die §§ 3 und 4 UWG. erfaßt. Die Strafbestimmung des PatGes. geht jedoch erheblich weiter als die Bestimmungen des UWG., da bei diesen Strafbarkeit nur eintritt, wenn die Voraussetzung des § 4 UWG. vorliegt. Nach dem UWG. ist daher die Patentanmaßung nur strafbar, wenn sie wissentlich unwahr ist und in der Absicht erfolgt, den Anschein eines besonders günstigen Angebots hervorzurufen. Nach § 40 PatGes. genügt dagegen zur Bestrafung der Vorsatz zur Tat.

In dem neuen Entwurf des Gesetzes von 1928 ist vorgesehen, den § 40 PatGes. zu streichen, weil das Gesetz gegen den unlauteren Wettbewerb ausreiche, gegen Patentanmaßungen vorzugehen. Alexander Katz[2]) hält den § 40 für überflüssig, weil die durch ihn getroffene Patentanmaßung stets unter § 4 UWG. falle. Dies dürfte jedoch nur für den Tatbestand der Nr. 2 zutreffen. Der Tatbestand der Nr. 1 wird durch § 4 UWG., der reklamehafte Kundgebungen voraussetzt, nicht getroffen. Hier würde vielmehr evtl. § 1 UWG. in Frage kommen, der aber keine Strafandrohung enthält.

Eine andere Frage ist es, ob es überhaupt erforderlich ist, bei Vorliegen des Tatbestandes der Nr. 1 Strafen anzudrohen. Wird das verneint, so ist allerdings § 40 PatGes. überflüssig, da in diesem Falle die Bestimmungen des UWG. zur Abwehr gegen Patentanmaßungen ausreichen.

VI. Schutz gegen unzulässige Reklame auf Grund der Musterschutzgesetze.

Muster sind Formungen von Flächen und Körpern, welche geeignet sind, in ihrer Eigenschaft als Formungen einen ästhetischen Eindruck zu machen oder die Gebrauchsfähigkeit eines Gegenstandes zu erhöhen[3]).

Es sind danach zwei Arten von Mustern zu unterscheiden:

1. Gebrauchsmuster[4]). Das sind solche Formgestaltungen, welche die Gebrauchsfähigkeit erhöhen. Als Gebrauchsmuster werden nach Maßgabe des Gesetzes Modelle

---

[1]) S. 245. [2]) JR. 1928, Heft 8. [3]) So Kohler, Musterrecht 1909, S. 44.

[4]) Gesetz betreffend den Schutz von Gebrauchsmustern v. 1. VI. 1891 in der Fassung der Bekanntmachung v. 7. XII. 1923, geändert durch Gesetz v. 21. III. 1925 und Gesetz v. 21. III. 1926.

von Arbeitsgerätschaften oder Gebrauchsgegenständen oder von Teilen derselben geschützt, insoweit sie dem Arbeits- oder Gebrauchszweck durch eine neue Gestaltung, Anordnung oder Vorrichtung dienen sollen[1]).

2. Geschmacksmuster[2]). Das sind Formgestaltungen, welche einen ästhetischen Eindruck hervorrufen, auf den Schönheitssinn zu wirken bestimmt sind. Als Muster oder Modelle werden nach Maßgabe des Gesetzes nur neue und eigentümliche Erzeugnisse angesehen[3]).

Bei beiden Arten von Mustern wird nicht der gedankliche Inhalt geschützt, sondern lediglich die Formgestaltung. So kann z. B. als Gebrauchsmuster die besondere Formung von Buchstaben oder Zahlen in Betracht kommen. Der Schutz bezieht sich aber dann nur auf die Form, nicht auf den Inhalt, der sich aus der Reihenfolge der Buchstaben ergibt. Eine auf eine Fläche geschriebene Reklame kann wegen der bestimmten Formgebung der Buchstaben als Muster von Bedeutung sein, nicht aber, soweit das Geschriebene einen besonderen Sinn hat und durch seinen Sinn eine Einwirkung ausüben soll[4]). Der Sinn würde nach dem später zu behandelnden LitUG. zu beurteilen sein. Ebenso erschöpft sich die Bedeutung des Geschmacksmusters in der Formgestaltung. Geschmacksmuster ist jeder ornamentale Schmuck, der im Gegensatz zum Bild nicht darauf abzielt, den Eindruck eines neuen Wesens hervorzurufen.

Sowohl für den Gebrauchsmuster- wie für den Geschmacksmusterschutz ist es erforderlich, daß die Formgestaltung neu und eigenartig ist. Es muß ein erfinderischer Überschuß über das Bekannte vorliegen, eine neue Idee, die der Formgestaltung zugrunde liegt. Es genügt z. B. nicht, daß die Formgebung eines Gebrauchsmusters ohne weiteres von jedem Techniker nach dem bisher Bekannten durch Abänderung oder Neugestaltung geschaffen werden kann[5]). Belanglose und unwesentliche Abweichungen von bereits bekannten Formungen, die keine Bereicherung des Standes der Technik darstellen und die den Gebrauchszweck nicht fördern, entbehren des gesetzlichen Schutzes[6]).

Beide Arten von Mustern spielen für das Gebiet der Reklame eine große Rolle, insoweit nämlich für Reklamekundgebungen neue Formen gestaltet werden. Auf derartige Formungen Mühe und Kosten zu verwenden, hat für den Reklametreibenden nur dann einen Wert, wenn er davor geschützt ist, daß sie von Mitbewerbern nachgeahmt werden und dadurch ihre Kennzeichnungskraft einbüßen. Gegenstand eines für eine Reklamekundgebung in Betracht kommenden Gebrauchsmusters kann z. B. eine technische Anordnung sein, welche sich bei der Kollektivreklame auf die Verschiebung von Reklameblättern bezieht oder welche eine bestimmte Art der Lichtverteilung betrifft, sofern dadurch besondere, den Zwecken der Reklame dienende Beleuchtungseindrücke entstehen. Als Geschmacksmuster können in der Reklame z. B. besonders geartete Verzierungen schriftlicher oder plastischer Reklamekundgebungen oder besondere Formungen für Marken usw. in Frage kommen.

Für das hier interessierende Gebiet der Reklame ist es von Wichtigkeit, daß die Reklamebetätigung von der Rechtsprechung als dem Gebrauchszwecke im Sinne des

---

[1]) § 1 des Gesetzes v. 1. VI. 1891.

[2]) Gesetz betreffend Urheberrecht an Mustern und Modellen v. 11. I. 1876, geändert durch Gesetz v. 21. X. 1922 und Verordnung v. 21. XII. 1923.

[3]) § 1 des Gesetzes v. 11. I. 1876.

[4]) Vgl. Kohler, a. a. O. S. 54.

[5]) Vgl. Isay, a. a. O. S. 565 ff.

[6]) RGZ. 107, 100.

Gebrauchsmustergesetzes dienend angesehen wird und daß daher ein zum Gebrauch als Reklamemittel geeigneter, neu gestalteter Gegenstand den Schutz als Gebrauchsmuster genießen kann. Der Entscheidung des Reichsgerichts, in welcher in diesem Sinne erkannt wurde, lag folgender Tatbestand zugrunde: Die Beklagte hatte sich einen ovalen Rahmen mit Seiten- und Oberflächenwellen, die durch Fräsung hergestellt wurden, als Gebrauchsmuster eintragen lassen. Die Klägerin hatte auf Löschung geklagt, weil in dem angemeldeten Muster im Vergleich zu dem bis dahin Bekannten kein den Gebrauchszweck fördernder Fortschritt zu erblicken sei. Ovale Rahmen, und zwar auch solche mit bogigen Konturen am äußeren Rand, die mittels Fräsers hergestellt wurden, seien vorbekannt gewesen. Der Rahmen der Beklagten unterscheide sich hiervon nur dadurch, daß er eine Verbindung von seitlichen mit Oberflächenwellen aufweise. Die Beklagte hatte dagegen eingewandt, daß der den Gebrauchszweck fördernde Fortschritt in der Verwendung der Rahmengestaltung als Reklamemittel liege. Die Rahmen, die auch zur Aufnahme von Plakaten dienten, seien nach den Grundsätzen der Reklamewirkung gearbeitet worden. Die Vorinstanzen hatten der Klage stattgegeben und den Schutz als Gebrauchsmuster mit folgender Begründung versagt: „Selbst wenn der Rahmen für Werbezwecke bei Einrahmung von Plakaten als Blickfänger wirke, würde das nur eine Folge der ästhetischen Wirkung auf das Auge sein, die gegebenenfalls dem Schutze des Geschmacksmusters, nicht aber dem des Gebrauchsmusters unterstellt werden könnte." Das Reichsgericht[1]) hat dagegen die Schutzfähigkeit der Rahmen als Gebrauchsmuster aus den von der Beklagten geltendgemachten Gründen angenommen und dazu folgendes ausgeführt:

„Ob dem Modell der Beklagten der gesetzliche Schutz eines Gebrauchsmusters zuteil werden kann, hängt nur davon ab, ob es neu ist, ob es Gebrauchszwecken dient und einen hinreichenden Fortschritt, eine Bereicherung des Standes der Technik darstellt ... Das Gebrauchsmuster muß dem Nützlichkeitsgedanken entsprechen. Die Bestimmung des Rahmens ist zunächst, den eingerahmten Gegenstand — Bild oder Text — räumlich nach außen abzuschließen und vor nachteiligen Einflüssen zu schützen. Das hiermit in Zusammenhang stehende Erfordernis der Dauerhaftigkeit und geeigneter Gestaltung des Rahmens ist zweifellos beherrscht vom Nützlichkeitsgedanken. Neben dieser rein sachlichen Beziehung zwischen Rahmen und Bild besteht aber noch gewissermaßen eine ideelle ... Diese muß sich keineswegs ausschließlich in der ästhetischen Wirkung erschöpfen. Auch kann der Nützlichkeitsgedanke zum Vorschein und sogar zum Vorherrschen gelangen. Reklame ist Nützlichkeitszweck. Sie braucht sich nicht bloß einer ästhetisch und gefällig wirkenden Geschmacksform zu bedienen. Die Gesetze der Reklame sind andere, selbständige. Sie bevorzugen das Auffallende, Merkwürdige, Eigenartige. Dies braucht mit dem ästhetisch Gefälligen nicht zusammenzufallen, kann ihm vielmehr nach Umständen geradezu widersprechen. Handelt es sich wirklich um einen zum Gebrauch als Reklamemittel geeigneten, neu gestalteten Gegenstand, so genoß er auch den Schutz des Gebrauchsmusters."

Das Gebrauchsmuster- und Geschmacksmustergesetz schützt vor **unerlaubter Nachbildung**. Gegenstand des Schutzes ist in beiden Fällen das Modell.

Das Gebrauchsmustergesetz[2]) gibt dem Berechtigten allgemein das ausschließliche Recht, gewerbsmäßig das Muster nachzubilden, die durch Nachbildung hervorgebrachten Gerätschaften und Gegenstände in Verkehr zu bringen, feilzuhalten oder zu gebrauchen. Danach ist das Modell für alle möglichen Zwecke geschützt. Auch die Benutzung eines wesentlichen Teiles ist Verletzung, selbst wenn im übrigen Abweichungen vorliegen. Da das Gesetz ebenso wie das PatGes.[3]) dem Berechtigten auch das ausschließliche

---

[1]) RGZ. 107, 100. [2]) § 4 des Gesetzes. [3]) Vgl. oben S. 276.

Recht gibt, das Muster feilzuhalten, ist ohne Einwilligung des Berechtigten die Reklamebetätigung des Feilhaltens auch dann verboten, wenn das Muster nicht von dem Feilhaltenden hergestellt ist.

Das Geschmacksmustergesetz zählt im einzelnen auf, was als verbotene und was als erlaubte Nachbildung anzusehen ist[1]). Als unerlaubte Nachbildung ist es danach auch anzusehen, wenn bei Hervorbringung der Nachbildung ein anderes Verfahren angewendet worden ist als beim Originalwerk, oder wenn die Nachbildung für einen anderen Gewerbszweig bestimmt ist als das Original. Unbefugte Nachbildung liegt weiter vor, wenn sie in anderen räumlichen Abmessungen oder Farben hergestellt wird als das Original, oder wenn sie sich vom Original nur durch solche Abänderungen unterscheidet, die nur bei Anwendung besonderer Aufmerksamkeit wahrgenommen werden können. Schließlich liegt auch verbotene Nachbildung vor, wenn sie nicht unmittelbar nach dem Originalwerk, sondern mittelbar nach einer Nachbildung desselben geschaffen ist[2]). Erlaubt ist dagegen — hier werden nur die Bestimmungen angeführt, welche für die Reklame von Bedeutung sind — die Nachbildung von Mustern, welche für Flächenerzeugnisse bestimmt sind, durch plastische Erzeugnisse und umgekehrt[3]). Der Gesetzgeber hat hier angenommen, daß die Umwandlung aus einer Fläche in eine Raumgestaltung und umgekehrt als eine selbständige Leistung anzusehen ist. Weiter ist die freie Benutzung einzelner Motive eines Musters oder Modells zur Herstellung eines neuen Musters oder Modells gestattet[4]).

Beim Gebrauchsmuster entsteht der Schutz, ähnlich wie beim Warenzeichen, mit der Eintragung des Modells in die beim Patentamt geführte Gebrauchsmusterrolle. Eine sachliche Prüfung der Berechtigung der Eintragung, d. h. eine Prüfung dahin, ob es sich tatsächlich um ein im Sinne des Gesetzes schutzfähiges Modell handelt, findet nicht statt. Das Patentamt prüft hier lediglich, ob die formellen Voraussetzungen für die Eintragung erfüllt sind. Es prüft, ob die Anmeldung z. B. die Angaben enthält, unter welcher Bezeichnung das Modell vertrieben werde und welche neue Gestaltung oder Vorrichtung dem Arbeits- oder Gebrauchszweck dienen soll. Erfüllt das Gebrauchsmuster nicht die materiellen Voraussetzungen für die Schutzfähigkeit, so ist die Klage auf Löschung zulässig. Diese Klage steht jedermann zu, ohne daß es des Nachweises eines Interesses bedarf (Popularklage).

Beim Geschmacksmuster genügt es zur Geltendmachung des Schutzes auf Grund des Gesetzes, daß der Urheber Muster oder Modell zur Eintragung in das beim Amtsgericht geführte Handelsregister angemeldet und ein Exemplar oder eine Abbildung des Musters oder Modells niedergelegt hat. Derjenige, der diese Voraussetzungen erfüllt hat, gilt bis zum Gegenbeweise als Urheber. Zur Klage ist jedermann befugt, ohne ein rechtliches Interesse nachweisen zu müssen.

Für die Frage, ob Formgestaltungen, die als Gebrauchsmuster eingetragen oder als Geschmacksmuster angemeldet sind, zur Reklamebetätigung ohne Einwilligung des Urhebers benutzt werden dürfen, ist im einzelnen Falle festzustellen, ob die Voraussetzungen des Gesetzes vorliegen und ob das betreffende Muster oder Modell tatsächlich

---

[1]) Es ist geplant, das Geschmacksmustergesetz, das in der Form teilweise nicht unerheblich von den anderen ihm nahestehenden Gesetzen, die neueren Datums sind, abweicht, den Bestimmungen dieser Gesetze anzupassen.

[2]) § 5 des Gesetzes. [3]) § 6 des Gesetzes. [4]) § 4 Geschmacksmustergesetz.

den gesetzlichen Schutz genießt. Es ist z. B. zu prüfen, ob das Muster oder Modell als neue Formgestaltung anzusprechen ist. Nach dem Gebrauchsmustergesetz[1]) gelten Modelle insoweit nicht als neu, als sie zur Zeit der auf Grund des Gesetzes erfolgten Anmeldung bereits in öffentlichen Druckschriften beschrieben oder im Inland offenkundig benutzt sind. Weiter kommt hier z. B. in Betracht, daß der Schutz des Gebrauchsmusters demjenigen gegenüber nicht eintritt, dessen Beschreibungen, Zeichnungen, Modelle, Gerätschaften oder Einrichtungen ohne seine Einwilligung benutzt worden sind[2]). Weiter kann auch in Frage kommen, daß die Schutzfrist abgelaufen ist[3]).

Je nachdem danach die Voraussetzungen der Gesetze für den Schutz erfüllt sind oder nicht, ist es zu beurteilen, ob die Benutzung eines fremden Gebrauchs- oder Geschmacksmusters auch ohne Einwilligung desjenigen, der es für sich in Anspruch nimmt, zulässig oder verboten ist.

Dieser musterrechtliche Standpunkt ist jedoch nicht allein entscheidend. Auch hier steht über dem Musterrecht das UWG. als das Recht höherer Ordnung. Selbst wenn der Schutz auf Grund des Gebrauchs- oder des Geschmacksmustergesetzes versagen würde, könnte gleichwohl die Nachbildung aus wettbewerbsrechtlichen Gesichtspunkten verboten sein. Die Nachbildung wäre gegebenenfalls nach § 1 UWG. unzulässig, wenn sie ohne eigene Leistung lediglich erfolgen würde, um sich fremde Arbeitsergebnisse zunutze zu machen.

Trotz dieser Anwendbarkeit des UWG. bei unbefugter Nachbildung von Gebrauchs- oder Geschmacksmustern werden diese Gesetze, worauf das Reichsgericht[4]) hinweist, nicht überflüssig, da die Anwendungsgebiete des UWG. und der Musterschutzgesetze sich nicht decken, sondern teilweise auseinanderfallen. Der Schutz wirkt, wenn es sich um ein schutzfähiges Erzeugnis handelt, nach dem Musterrecht bereits mit der Eintragung bzw. bei Geschmacksmustern sogar schon mit der Anmeldung. Die Voraussetzungen des § 1 UWG. liegen jedoch nur vor, d. h. der Schutz nach diesem Gesetz wird nur gewährt, wenn die Handlungsweise des Verletzenden gegen die guten Sitten verstößt, d. h. wenn sittenwidrig fremde Arbeitsergebnisse ausgenutzt werden. Eine erhebliche Abweichung besteht auch insofern, als das UWG. nur zivilrechtlichen Schutz gewährt, während die Musterschutzgesetze Strafe androhen. Nach dem GebrMustG. wird bestraft, wer wissentlich ein Gebrauchsmuster widerrechtlich in Benutzung nimmt[5]). Nach dem GeschmMustG. unterliegt sogar die fahrlässig-widerrechtliche Benutzung der Bestrafung[6]).

In zivilrechtlicher Beziehung gibt das GebrMustG. Anspruch auf Schadensersatz für wissentliche oder grobfahrlässige widerrechtliche Benutzung. Für den Fall eines Strafverfahrens kann der Verletzte auch Buße statt Schadensersatz fordern. Nach dem GeschmMustG. besteht der Anspruch auf Schadensersatz sowie als strafrechtliche Folge, Einziehung der Nachbildungen, Formen, Platten usw. Die Nachbildungen und Vor-

---

[1]) § 1 II des Gesetzes. [2]) § 4 III des Gesetzes.

[3]) Bei Gebrauchsmustern beträgt die Dauer des Schutzes 3 Jahre. Sie kann um weitere 3 Jahre verlängert werden (§ 8); bei Geschmacksmustern beträgt die Dauer 1—3 Jahre, die Ausdehnung kann bis zur Höchstdauer von 15 Jahren erfolgen (§ 8).

[4]) RGZ. 115, 180. [5]) § 10 des Gesetzes.

[6]) Vgl. § 14 des Gesetzes. Diese Anomalie dürfte in der bereits durch Entwurf von 1928 vorgesehenen Änderung des Gesetzes zu beseitigen sein.

richtungen werden nicht vernichtet, sondern ihrer gefährdenden Form entkleidet oder bis zum Ablauf der Schutzfrist amtlich aufbewahrt.

Sowohl beim Gebrauchs- wie beim Geschmacksmuster steht dem Verletzten aus den oben[1]) dargelegten Gesichtspunkten auch der Anspruch auf Unterlassung zu.

VII. Schutz gegen unzulässige Reklame auf Grund des literarischen Urheberrechtsgesetzes.

Das Gesetz betreffend das Urheberrecht an Werken der Literatur und der Tonkunst[2]) dürfte neben dem Namensrecht und dem UWG. das wichtigste der Gesetze sein, welche auf dem Gebiete der Reklame privatrechtlichen Schutz gegen unzulässige Reklamekundgebungen gewähren. Um Kunden zu werben, werden für das Reklameobjekt alle möglichen Bezeichnungen erfunden, werden für die Reklamekundgebungen alle möglichen Mittel ersonnen, die kraft ihres besonderen Gepräges wirken sollen und die an Wirkung verlieren würden, wenn der Mitbewerber befugt wäre, sich ihrer gleichfalls zu bedienen. Insoweit derartige Bezeichnungen oder Kundgebungsformen literarische Produkte sind, fallen sie in das Gebiet, welches durch das LitUG. seine Regelung gefunden hat. Für sie ist daher nach diesem Gesetze zu entscheiden, ob sie Schutz gegen Nachahmung genießen oder nicht. Das Gesetz gewährt auch Schutz, wenn der Urheber des literarischen Produktes nicht Mitbewerber ist und mit dem Produkt keine wirtschaftliche Nutzung beabsichtigt. Auch in diesem Falle ist es bei Vorliegen der Voraussetzungen des Gesetzes verboten, fremde literarische Produkte zu Reklamezwecken zu benutzen.

1. Objekte des Schutzes[3]).

Das Gesetz schützt die Urheber von

a) Schriftwerken und solchen Vorträgen oder Reden, welche dem Zwecke der Erbauung, der Belehrung oder der Unterhaltung dienen;

b) Werken der Tonkunst;

c) Abbildungen wissenschaftlicher oder technischer Art, welche nicht ihrem Hauptzwecke nach als Kunstwerke zu betrachten sind. Zu den Abbildungen gehören auch plastische Darstellungen;

d) choreographischen und pantomimischen Werken, wenn der Bühnenvorgang auf andere Weise als schriftlich festgelegt ist.

a) Gegenstand des Schutzes sind Schriftwerke sowie Vorträge und Reden.

α) Schriftwerke.

αα) Der Begriff „Werk" setzt einen in eine Form gebrachten Gedanken voraus. Es muß sich um ein Erzeugnis individueller Geistestätigkeit handeln, d. h. es muß etwas in Inhalt oder Form oder in Verbindung von Inhalt und Form von dem Bekannten Abweichendes, Neues geschaffen sein. Ein Produkt, das nur bereits Bekanntes wiedergibt, ist kein „Werk" im Sinne des LitUG.

Unter „Schrift" ist lediglich zu verstehen, daß das Werk geeignet ist, durch Schrift festgehalten oder anderen mitgeteilt zu werden. Es ist daher für den Begriff „Schrift-

---

[1]) S. 227. [2]) Gesetz v. 19. VI. 1901, mit Änderung durch Gesetz vom 12. VI. 1910.

[3]) § 1 LitUG.

werk" nicht erforderlich, daß das Werk die Schriftform bereits angenommen hat. Auch ein Gedankeninhalt, der nur mündlich mitgeteilt ist, so daß seine Niederschrift erfolgen könnte, ist Schriftwerk im Sinne des Gesetzes. Als Schriftwerk haben daher außer Handschriften auch Drucke, Stenographie, phonographische Platten, Bildzeichen, Blindenschrift, Bilderrätsel, Hörspiel im Rundfunk usw. zu gelten.

ββ) Reklamekundgebungen als Schriftwerke im Sinne des LitUG.

Für das Gebiet der Reklame ist es von Wichtigkeit, daß für den Begriff „Schriftwerk" hohe Anforderungen an das Vorhandensein individueller Geistestätigkeit nicht gestellt werden und daß Schriftwerkseigenschaft auch vorliegt, wenn die geistige Tätigkeit, welcher der sprachlich geformte Gedankenausdruck entsprang, nur gering ist[1]). Danach können Reklamekundgebungen, wie Reklameerzählungen, Reklamegedichte[2]), Bilderrätsel, Annoncen, Gebrauchsanweisungen, gewerbliche Prospekte, Kataloge, Preisverzeichnisse, Abbildungen usw., den literarischen Urheberschutz genießen, wenn sie irgendwie eine neue Formgestaltung, sei es in bezug auf die Darstellung, sei es in bezug auf die Anordnung oder auf die Auswahl und Verbindung der einzelnen Teile des Ganzen aufweisen[3]).

Nicht geschützt sind danach Warenverzeichnisse, Preisverzeichnisse usw., wenn sie lediglich den Warenbestand angeben. Hier handelt es sich nicht um eine selbständige geistige Arbeit. Sie können aber Schutz genießen, wenn z. B. die Waren in eigentümlicher Weise nach bestimmten Klassen geordnet werden oder wenn die Erzeugnisse etwa zugleich belehrende Ausführungen in individueller Form enthalten. Fehlt es an der individuellen Formgestaltung, erscheinen die Gedanken und Ideen nicht in Aufeinanderfolge und Verbindung, so liegt ein schutzfähiges Schriftwerk nicht vor. Die meisten in den Tageszeitungen erscheinenden geschäftlichen Reklameinserate werden danach keinen urheberrechtlichen Schutz genießen. Handelt es sich aber z. B. um Anpreisungen neuer Erfindungen, chemischer Zubereitungen usw., so werden sie als Schriftwerke geschützt sein, wenn sie durch Beschreibung der angepriesenen Gegenstände deren Vorteile und Vorzüge vor anderen Gegenständen auseinandersetzen und Mitteilungen über ihre Zusammensetzung und ihren Gebrauch machen.

Insoweit das LitUG. keinen Schutz gewährt, kann ein Schutz auf Grund des UWG. in Frage kommen. Wenn eine Anzeige in Form, Art der Anordnung, Schriftart, Umrahmung usw. etwas Eigenartiges aufweist und in den beteiligten Verkehrskreisen als die eines bestimmten Geschäftsbetriebes bekanntgeworden ist, die Nachahmung aber zu dem Zwecke und in einer Weise vorgenommen wird, daß dadurch die Leser getäuscht und Verwechslungen der beiden Betriebe herbeigeführt werden, so kann Schutz nach § 16 I UWG., evtl. auch auf Grund des WZG. wegen Verletzung des Ausstattungsrechts, in Frage kommen. In diesem Sinne hat das Reichsgericht[4]) bezüglich eines von einem Apotheker gebrachten Haarfärbekammes entschieden.

Auf die Länge des Schriftwerkes kommt es nicht an. Auch Sprüche oder Aphorismen können Schutz genießen. Witzen wird im allgemeinen kein Schutz zu gewähren sein,

---

[1]) RGZ. 121, 361 und die dort zitierten Entscheidungen.

[2]) Vgl. RGSt. 12, 360 betr. die Reklamegedichte der „Goldenen 110". Das Reichsgericht führt aus, daß diese Gedichte unzweifelhaft Schriftwerke in Sinne des § 1 LitUG. seien.

[3]) Vgl. Allfeld, Das Urheberrecht an Werken der Literatur und der Tonkunst 1928, S. 33.

[4]) JW. 1919, 1313.

weil sie nicht in einer Form wiedergegeben zu werden pflegen, die sie zu Schriftwerken im Sinne des Gesetzes macht. Daher können im allgemeinen Witze, die von anderer Seite herstammen, zu Reklamekundgebungen verwandt werden, ohne daß dadurch ein literarischer Urheberrechtsschutz verletzt wird. Ebenso wird der literarische Urheberrechtsschutz Zusammenziehungen getrennter Silben und Buchstaben zu versagen sein, weil es an der erforderlichen Formgestaltung fehlt. Worte wie „Hapag", „Gema" usw. sind daher urheberrechtlich nicht geschützt[1]). Ob schlagwortartig gebrauchte Geschäftsbezeichnungen wie „Sind's die Augen, geh zu Ruhnke", „Jeder einmal in Berlin, jeder einmal im Resi", „Ich hab's" (Urbin) urheberrechtlich geschützt sind, hängt davon ab, ob in derartigen Formulierungen die für ein Schriftwerk erforderliche Formgestaltung als vorliegend angesehen wird[2]). Reklameverse wie „Noch mal so lange hält der Schuh, gebrauchst Urbin zum Putzen du" dürften urheberrechtlichen Schutz genießen, da hier die erforderliche Formgestaltung vorliegt. Obwohl es für die Eigenschaft, Schriftwerk zu sein, weder auf die Länge des Erzeugnisses noch auf den geistigen Wert der Arbeit ankommt, hat das Reichsgericht[3]) der für eine Schriftenreihe gewählten Bezeichnung „Die Brücke zum Jenseits" urheberrechtlichen Schutz versagt, weil diese unstreitig vom Kläger geschaffene Bezeichnung keine geistige Schöpfung sei, welche die wesentlichen Erfordernisse eines Schriftwerks enthalten. Diese Entscheidung erscheint bedenklich, sie ist auch erheblich angegriffen worden[4]). Mit Recht hatten die Vorinstanzen ausgeführt, daß es sich bei dieser Bezeichnung nicht um eine bloß mechanische Aneinanderreihung einzelner Worte handle, sondern um eine wohldurchdachte bildliche Ausdrucksweise eines Gedankens, der nach Art eines Schlagwortes oder kurzen Spruches in eine Form gebracht sei, die dem Leser inhaltlich verständlich sei. Schriftwerkseigenschaft liegt auch vor, wenn die geistige Tätigkeit, welcher der sprachlich geformte Gedankenausdruck entsprang, nur gering ist. Auch Lotteriegewinnlisten, Ortsregister usw. sind als schutzfähig anerkannt worden[5]). Es ist daher als Ausdruck schöpferischer Geistestätigkeit anzusehen, wenn sie darin besteht, an sich bekannte Wortformen und Gedanken in eine prägnante, einprägsame, schlagwortartig wirkende Form zu bringen.

Das Reichsgericht läßt es in der Entscheidung „Die Brücke zum Jenseits" dahingestellt, ob der Kläger mit Erfolg auf Grund des UWG. hätte vorgehen können. Diese Möglichkeit hätte einmal auf Grund des § 16 UWG. bestanden, da die vom Beklagten für sein Einzelwerk gewählte Bezeichnung „Brücke zum Jenseits" geeignet war, Verwechslungen mit der vom Kläger als Serientitel für eine Bücherreihe verwandten Bezeichnung herbeizuführen. Es dürfte aber auch keinem Bedenken unterliegen, anzunehmen, daß sich die Verwendung der Bezeichnung durch den Beklagten als eine sittenwidrige Benutzung fremder Gedanken und Arbeitsergebnisse darstellt. Die Handlungsweise des Beklagten dürfte daher auch gegen §§ 1 UWG., 826 BGB. verstoßen.

---

[1]) Wegen des hier eingreifenden Schutzes auf Grund des UWG. vgl. oben S. 221.

[2]) Derartige Reklameschlagworte können, selbst wenn sie urheberrechtlich nicht geschützt sind, den Schutz des UWG. genießen. Die Bestimmungen des UWG. schützen dagegen, daß der Gewerbegenosse sich in sittenwidriger Weise fremde Arbeitsergebnisse zunutze macht. Vgl. Elster, GRUR. 1929, S. 450. Elster führt mit Recht aus, daß es hiernach unzulässig ist, wenn ein Kaufmann etwa mit der Bezeichnung „Sind's die Ohren, geh zu Müller" oder „Jeder einmal in Leipzig, jeder einmal im Kristallpalast" Reklame treibt.

[3]) GRUR. 29, 369. [4]) Elster, GRUR. 1929, S. 449.

[5]) RGZ. 121, 361 und die dort zitierten Entscheidungen.

γγ) Briefe sind Schriftwerke im Sinne des LitUG., wenn der Inhalt in eine Form gebracht ist, die einer schöpferischen Tätigkeit entspricht. Fehlt die formgebende Tätigkeit, durch die ein „zusammenhängendes Ganzes, eine gewisse eigentümliche Ordnung der Gedanken geschaffen ist"[1]), so sind sie urheberrechtlich nicht geschützt. Der Schutz des Gesetzes wird daher Briefen, die Tatsachen geschäftlicher Natur mitteilen oder sich über solche Tatsachen in völlig formloser Weise verbreiten, zu versagen sein. Derartige Briefe können daher auch zu Reklamekundgebungen verwandt werden. Der 25. Juristentag war für den Briefschutz eingetreten. Der erste Entwurf zum LitUG. enthielt auch eine Strafbestimmung gegen unbefugte Veröffentlichung von Briefen. Diese Bestimmung ist aber fallen gelassen. Ein Schutz gegen Veröffentlichung von Briefen, die nicht „Schriftwerke" im Sinne des Gesetzes sind, besteht daher nur insoweit, als etwa in der Veröffentlichung eine Beleidigung zu erblicken ist[2]).

δδ) Erhebliche Schwierigkeiten hat die Frage bereitet, ob der Titel eines Werkes den Schutz des LitUG. genießt. Diese Frage ist für die Reklame von Bedeutung, weil der Titel die Bezeichnung ist, durch den das Buch, der Film usw. gekennzeichnet und von anderen unterschieden werden[3]).

Nach der früher herrschenden Meinung war der Titel, auch wenn seiner Wahl ein origineller Gedanke zugrunde liegt, nicht geschützt. Zur Begründung hierfür ist auf § 9 LitUG. Bezug genommen worden, der den Titel neben dem Werke besonders erwähnt, der Titel sei daher nicht ein Teil des Werkes, sondern lediglich seine Bezeichnung. Gegen diese Auffassung hatte sich Goldbaum[4]) gewandt. Er hob hervor, daß die Erfindung des Titels ein Ausfluß derselben geistigen Tätigkeit sei, wie es beim Schriftwerk selbst der Fall wäre. Der Titel sei genau so ein Teil des Werkes wie etwa die Einleitung. Nehme man dem Werke den Titel, dann nehme man ihm ein Wesentliches, ein Teil der Äußerung schöpferischer Kraft sei geschwunden[5]). Einen vermittelnden Standpunkt hat Elster[6]) eingenommen, der das Richtige zu treffen scheint. „Danach kann ein Buch-, Film-, Zeitschrift- usw. Titel eine eigene geistige Schöpfung sein und somit für den Urheberschutz in Betracht kommen. Dagegen ist der Titel urheberrechtlich kein selbständiges Verkehrsgut, er ist zur Kennzeichnung des Werkes bestimmt und genießt Schutz nur mit anderen Teilen des Werkes." Hiernach ist der Titel als Teil des Werkes mit dem Werk zusammen geschützt, solange die Schutzfrist des Gesetzes läuft und wird zusammen mit dem Werke frei, wenn die Schutzfrist abgelaufen ist[7]).

Neben diesem Schutz besteht für den Titel, wie oben[8]) dargetan, der Schutz aus der Vorschrift des § 16 (evtl. § 1) UWG., wenn durch den Gebrauch die Gefahr der Verwechslung mit dem Titel, dessen sich ein anderer befugt bedient, hervorgerufen wird. Das LitUG. schützt dagegen, daß das Werk mit dem ihm vom Verfasser gegebenen Titel vervielfältigt und verbreitet wird, das Namensrecht sowie § 16 UWG. (evtl. § 1 UWG.) dagegen, daß der Titel für ein anderes Werk in einer Weise verwandt wird,

[1]) So Allfeld, a. a. O. S. 45.

[2]) Das StGB. schützt das Briefgeheimnis in § 299 nur insofern, als bestraft wird, wer einen verschlossenen Brief, der nicht zu seiner Kenntnisnahme bestimmt ist, vorsätzlich und unbefugterweise eröffnet.

[3]) Vgl. oben S. 18. [4]) Urheberrecht 1922, S. 122.

[5]) So auch Queck, „Der geistige Arbeiter" 1922, 28ff.; Wertheimer, JW. 22, 1184.

[6]) Urheber und Erfinder, Warenzeichen- und Wettbewerbsrecht 1928, S. 40.

[7]) Vgl. auch Rosenthal, Wettbewerbsgesetz 1928, 408. [8]) S. 235.

die geeignet ist, Verwechslungen hervorzurufen. Diesen Unterschied in den beiden Arten von Schutzrechten hebt das OLG. Dresden[1]) in der Struwelpeterentscheidung hervor, indem es ausführt:

„Da das von Dr. Hoffmann verfaßte Kinderbilderbuch unstreitig infolge Ablaufs der in § 29 LitUG. vorgesehenen Frist — und hinsichtlich der Bilder auch der in § 25 Kunstschutzgesetz vorgeschriebenen Zeit — jetzt gemeinfrei ist, sind es vom Gesichtspunkte des Urhebers aus auch der Titel und das auf dem Umschlag befindliche Titelbild. Allerdings wird unter Bezugnahme auf die Materialien und auf ältere Entscheidungen des Reichsgerichts der Titel eines Werkes überhaupt nicht als ein schutzberechtigter Teil des Werkes anerkannt, und zwar selbst dann nicht, wenn in dessen Wahl ein origineller Gedanke zu finden ist. Dieser Auffassung kann jedoch in dieser Allgemeinheit nicht beigetreten werden. Wo — wie hier — der Titel in so enge Verbindung mit dem einleitenden Teile des Werkes gebracht ist, möchte auch schon der bloße Titel als ein Teil aus dem Werke anerkannt werden, der für sich allein genommen schon eine individuelle Formgestaltung aufweist, darum als Teil des Schriftwerks zu gelten hat und an dessen Schutz teilnimmt. Soweit aber hiernach der Titel eines Schriftwerks eines eigenen urheberrechtlichen Schutzes fähig ist, kann dieser Schutz den Schutz des Werkes, für das er ja nur die Bezeichnung bildet, selbstverständlich nicht überdauern. Vom Standpunkt des Urheberrechts ist also jedermann befugt, das Buch in unveränderter oder veränderter Form nachzudrucken, und zwar als Ganzes oder in Auszügen. Auch aus § 16 UWG. steht dem Kläger nicht das Recht zu, der Beklagten die für die Nachdrucke angekündigten Titel schlechthin zu verbieten. Wird eine Druckschrift gemeinfrei, so ist, so gewiß der Schutz des § 16 UWG. für die Bezeichnung der Druckschrift auch nach Ablauf des Urheberschutzes bestehen bleibt, deren Nachdruck in vollem Umfange gestattet, also auch einschließlich des Titels. Verboten ist in diesem Falle durch § 16 UWG. nur die Benutzung des Titels für eine andere Druckschrift, sofern die Verwendung geeignet ist, eine Verwechslung mit dem Werke herbeizuführen, dem er ursprünglich zu eigen war."

Denselben Standpunkt nimmt das Reichsgericht[2]) in der Entscheidung „Brehms Tierleben" ein, indem es ausführt:

„§ 16 regelt bestimmte besondere Formen des Wettbewerbs. Auch gegen ein vollkommen loyales Tun kann sich seine Unterlassungsklage richten. Sie ist aufgebaut auf dem Gedanken, daß die hinter einem Unterscheidungszeichen stehende Erwerbstätigkeit Rechtsschutz genießen soll, dann nämlich, wenn eine Verwechslungsmöglichkeit mit dem Schutzobjekt besteht. Für diese Fälle ist das sog. Prioritätsprinzip aufgestellt. Erste Voraussetzung ist demgemäß, daß es sich um eine besondere Bezeichnung dreht. Darunter ist gemeinhin zu verstehen eine Bezeichnung, die dazu bestimmt und geeignet ist, das Bezeichnete von anderen Dingen zu unterscheiden. Begrifflich entfällt das, wenn es sich wie hier nicht um verschiedene Dinge handelt, sondern um ein und dieselbe Druckschrift, die nur in verschiedenen Auflagen erscheint."

εε) Es herrscht kein Streit darüber, daß das Filmmanuskript, das sog. drehreife Buch, den Schutz des LitUG. genießt, wenn es die Voraussetzungen des Gesetzes erfüllt, d. h. wenn es ein Erzeugnis individueller Geistestätigkeit ist. Sehr umstritten dagegen ist die Frage, ob der Film selber, d. h. die kinematographische Darstellung, als Schriftwerk anzusehen ist. Allfeld[3]) lehnt dies ab, da beim Schriftwerk die Formgebung durch das Mittel der Sprache erfolge, das kinematographische Werk bediene sich aber nicht der Sprache, sondern der bildlichen Darstellung. Dagegen dürfte jetzt als herrschende Ansicht anzusehen sein, daß beim Film, soweit er literarischen Inhalt hat, der Vorgang[4]) Schutz aus § 1 LitUG. genießt[5]). Diese Feststellung ist für solche

[1]) MuW. 1926, 56. [2]) MuW. 1925, 199. [3]) a. a. O. S. 31.

[4]) Die Handlung im Gegensatz zur photographischen Aufnahme, welcher nach § 15 a KunstUG. Schutz gewährt wird.

[5]) So Elster, a. a. O. S. 156; Goldbaum, a. a. O. S. 22; Queck, a. a. O. S. 28; Smoschewer, JR. 25, 953.

Reklamefilme von Bedeutung, welche durch die Anordnung des Bühnenvorganges oder die Verbindung der dargestellten Begebenheiten eine eigentümliche Schöpfung darstellen. Bei der Entwicklung, welche die Reklamefilmindustrie genommen hat, sind Filme, bei denen Handlungen vorgeführt werden, die eigentümliche Schöpfungen darstellen oder bei denen sich schöpferische Anordnungen von Bühnenvorgängen finden, überaus häufig. Eventuell können Reklamefilme auch, wie weiter unten darzulegen ist, zu den in Ziff. 3 behandelten Abbildungen gehören und aus diesem Grunde den Schutz des LitUG. genießen.

Die Anwendbarkeit des LitUG. auf Filme hat erhebliche praktische Bedeutung. Während der Urheber nach dem KunstUG. nur gegen die kinematographische Bearbeitung und gegen die öffentliche Vorführung geschützt ist, gewährt das LitUG. Schutz z. B. auch gegen die gewerbsmäßige Verbreitung der Kopien, gegen die Bearbeitung im allgemeinen (nicht nur gegen die veränderte bildliche Wiedergabe), gegen die Übersetzung der Filmtitel, der Texte, gegen die Wiedergabe in Form einer Erzählung usw.

β) Vorträge und Reden sind nach § 1 LitUG. insoweit geschützt, als sie dem Zwecke der Erbauung, Belehrung oder der Unterhaltung dienen. Voraussetzung für den Schutz ist auch hier, daß es sich um eine individuelle Geistesschöpfung handelt.

Für Reklamekundgebungen werden Vorträge und Reden kaum in Betracht kommen. Der Begriff „Schriftwerk" erstreckt sich jedoch, wie gezeigt, auf alle Erzeugnisse, welche in der Form des gesprochenen Wortes in die Erscheinung treten. Es gehören somit hierher auch Vorträge oder Reden, die nicht speziell den im Gesetz genannten Zwecken dienen[1]). Danach können auch Festreden oder geistvolle Bemerkungen aus Vorträgen oder Reden, die in eine eigentümliche Form gebracht sind, urheberrechtlichen Schutz genießen. Insoweit können Vorträge oder Reden auch für Reklamekundgebungen in Betracht kommen. Sie genießen gegebenenfalls Schutz nach § 1 LitUG. Nicht geschützt sind dagegen formlos hingeworfene, wenn auch noch so originelle und geistvolle Bemerkungen[1]). Es steht daher urheberrechtlich nichts im Wege, derartige Bemerkungen in Reklamekundgebungen zu verwenden.

b) Werke der Tonkunst können im Gebiet der Reklame z. B. als Reklamelieder oder Reklamecouplets eine Rolle spielen. Sie sind urheberrechtlich geschützt, sofern sie nach Form oder Inhalt etwas Neues bringen. Die schöpferische Tätigkeit des Urhebers äußert sich hier in der Erfindung eines bestimmten Tonsatzes.

c) Eine für Reklamekundgebungen erheblich wichtigere Rolle spielen die Abbildungen wissenschaftlicher oder technischer Art, welche nicht ihrem Hauptzwecke nach als Kunstwerke zu betrachten sind. Ebenso wie bei Schriftwerken ist Voraussetzung für den Schutz, daß die Abbildungen aus schöpferischer Geistestätigkeit hervorgegangen sind und gegenüber den bereits vorhandenen Erzeugnissen gleicher Art eigentümliche Züge aufweisen. Ebenso wie bei Schriftwerken liegt Schutzfähigkeit bereits vor, wenn die geistige Tätigkeit des Urhebers auch nur niederen Grades ist.

α) Weitere Voraussetzungen sind, daß die Abbildungen ihrem Hauptzwecke nach nicht als Kunstwerke zu betrachten sind. Sind sie ihrem Hauptzwecke nach als Kunstwerke aufzufassen, so fallen sie unter das KunstUG. Kunstwerke sind sie dann, wenn

[1]) So Allfeld, a. a. O. S. 51.

sie lediglich dazu bestimmt sind, auf das ästhetische Gefühl zu wirken[1]). Liegen die Voraussetzungen beider Gesetze vor, d. h. sind die Abbildungen zwar künstlerisch, ihrem Hauptzwecke nach aber nicht dazu bestimmt, als Kunstwerke zu wirken, so kommt nur das LitUG. zur Anwendung[2]).

β) Die Abbildungen müssen eine wissenschaftliche oder technische Idee zum Ausdruck bringen. Ihnen muß daher die Bestimmung innewohnen, zu belehren und zu unterrichten[3]).

Alle Abbildungen, welche die vorstehenden Voraussetzungen erfüllen, unterliegen dem Schutze des § 1 LitUG. Schutzfähig sind danach insbesondere auch, was hier allein interessiert, die zu Reklamezwecken dienenden Abbildungen, wenn die Voraussetzungen des Gesetzes gegeben sind. Als schutzfähig sind Zeichnungen einer Wohnungseinrichtung erklärt worden, welche das Publikum anregen sollen, mit Einsicht und Geschmack künstlerisch hergestellte Möbel und Geräte in den Wohnungen aufzustellen, den Sinn dafür zu bilden und zugleich eine Anleitung zu geben, wie eine solche Einrichtung zu gestalten ist[4]). In gleicher Weise sind als schutzfähig Tafeln mit Darstellung der Einrichtungsgegenstände eines physikalischen Lehr- und Vorbereitungszimmers erklärt worden, da sie trotz ihres Reklamezwecks — Empfehlung der abgebildeten Gegenstände zur Anschaffung — auch ein instruktives Hilfsmittel für die Einrichtung eines solchen Zimmers darböten[5]). Auch Abbildungen in Preislisten, Katalogen usw. können literarischen Urheberschutz genießen, wenn sie, obwohl sie nur zur Reklame, also dazu bestimmt sind, die zum Verkauf angebotenen Gegenstände zu kennzeichnen und auf die Kauflust des Publikums einzuwirken, darüber hinaus belehrend wirken[6]). Die Festhaltung des Gedankens im Bilde muß dazu dienen, als Belehrungsmittel auf Wissen und Ansichten des Beschauers erweiternd und unterstützend zu wirken[7]). Es muß ein aus eigener schaffender geistiger Tätigkeit des Urhebers hervorgegangener darstellerischer Gedanke zum Ausdruck gebracht sein[8]). Fehlt der belehrende Zweck, so entfällt der literarische Urheberschutz. Die große Mehrzahl der ausschließlich zu Reklamezwecken dienenden Abbildungen in Annoncen, Preisverzeichnissen, Warenkatalogen usw. dürfte daher des Schutzes des LitUG. nicht teilhaftig sein.

Zu den literarischen Urheberschutz genießenden Abbildungen können auch Reklamefilme gehören. Dies wird stets der Fall sein, wenn es sich um sog. Kulturfilme mit Reklameeinschlag handelt. Wird z. B. in einem derartigen Kulturfilm die Fabrikation von Teppichen gezeigt und wird dabei die Firma genannt, bei der die Fabrikation aufgenommen ist, so handelt es sich zweifellos um einen Film, der für die betreffende Firma Reklame macht. Gleichwohl ist er daneben dazu bestimmt, zu belehren und die Kenntnisse des Publikums zu bereichern, so daß ihm als Abbildung im Sinne des LitUG. der Schutz dieses Gesetzes zukommt. Auch bei anderen Reklamefilmen werden häufig die Voraussetzungen vorliegen, sie als Abbildungen im Sinne des LitUG. anzusprechen, wenn sie neben dem Zwecke der Reklame dazu bestimmt sind, belehrend zu wirken.

d) Choreographische und pantomimische Werke, d. h. solche Werke, welche Gedanken durch Gebärde und rhythmische Körperbewegung zum Ausdruck bringen,

---

[1]) Vgl. unten S. 297. [2]) RGZ. 43, 196. [3]) RGZ. 14, 54; RGSt. 15, 54.
[4]) Dambach, Gutachten II, 197. [5]) Daude, Gutachten, S. 84.
[6]) RGSt. 34, 431; 39, 229; 44, 106; Daude, Gutachten, S. 81.
[7]) RGSt. 39, 219. [8]) Recht 15, Nr. 962.

können auch für Reklamekundgebungen in Frage kommen. Sie sind ebenso wie Schriftwerke dann geschützt, wenn sie eine individuelle Formgestaltung aufweisen und wenn der Bühnenvorgang in irgendeiner Weise festgelegt ist. Diese Festlegung kann schriftlich niedergelegt sein, sie kann aber auch auf irgendeine andere Weise, z. B. durch Zeichnungen, erfolgt sein.

2. Subjekt des Schutzes.

Subjekt des Schutzes ist der Urheber. Urheber eines Werkes ist der Verfasser[1]). Verfasser ist derjenige, der durch seine geistige schöpferische Tätigkeit dem Werke die schutzfähige Form gegeben hat. Urheber ist daher nicht der Besteller, es sei denn, daß er allein die wesentliche geistige Tätigkeit entwickelt, durch die das Werk zustande kommt, während derjenige, der seine Bestellung zur Ausführung bringt, eine geistig schöpferische Tätigkeit nicht ausübt. Nach Goldbaum[2]) ist Urheber eines Films der Unternehmer. Aus §§ 3 und 4 LitUG.[3]) ist zu entnehmen, daß nicht nur die schöpferisch geistige Tätigkeit literarischer Art die Verfassereigenschaft begründet, sondern auch eine ihr für die Entstehung des Werkes gleich bedeutsame geistige Tätigkeit, die sich auf Herstellung des Werkes richtet, wenn ohne diese Tätigkeit das Werk nicht zur Existenz gelangt wäre (Urheberrecht des Unternehmers). Dieser Unternehmer kann eine natürliche oder eine juristische Person sein ..., denn die Unternehmertätigkeit, die im Ausnahmefalle das Urheberrecht begründen soll, kann auch von einer juristischen Person geleistet werden, und zwar durch deren Organe."

Da Urheber derjenige ist, der die geistig schöpferische Tätigkeit leistet, so hat auch z. B. der Verleger einer Zeitschrift oder einer Zeitung kein Urheberrecht an den Beiträgen seiner Mitarbeiter, auch wenn sie als Redakteure oder Hilfsarbeiter ständig angestellt oder allein für ihn tätig sind. Ebenso ist Urheber der nach dem LitUG. geschützten Abbildungen und Zeichnungen nicht der Unternehmer des Betriebes, wenn die Abbildungen oder Zeichnungen von seinen Angestellten herrühren. Unerheblich ist dabei, ob die Abbildungen oder Zeichnungen mit den Arbeitsmitteln des Unternehmers, in seinen Geschäftsräumen oder für die Zwecke des Gewerbebetriebs angefertigt werden. Soll daher das Urheberrecht auf den Geschäftsherrn übergehen, so bedarf es in allen Fällen eines Aktes der Übertragung. In derartigen Fällen wird jedoch ein stillschweigender Übertragungsakt meistens schon in der Ablieferung des Werkes an den Auftraggeber zu finden sein[4]). Kein Urheberrecht steht dagegen den Gehilfen zu, welche sich auf die Ausführung fremder Gedanken beschränken und eine eigene geistig schöpferische Tätig-

---

[1]) § 2 LitUG. [2]) a. a. O. S. 47.

[3]) § 3 LitUG. lautet: „Juristische Personen des öffentlichen Rechts, die als Herausgeber ein Werk veröffentlichen, dessen Verfasser nicht auf dem Titelblatt, in der Zueignung, in der Vorrede oder am Schluße genannt wird, werden, wenn nicht ein anderes vereinbart ist, als Urheber des Werkes angesehen."

§ 4 LitUG. lautet: „Besteht ein Werk aus den getrennten Beiträgen mehrerer (Sammelwerk), so wird für das Werk als Ganzes der Herausgeber als Urheber angesehen. Ist ein solcher nicht genannt, so gilt der Verleger als Herausgeber."

[4]) So Allfeld, a. a. O., S. 69; dagegen Kohler, der namentlich für das Verhältnis der Angestellten zum Geschäftsherrn die Möglichkeit einer Stellvertretung in der Autorschaft annimmt. Die Frage ist wichtig z. B. wegen der Dauer des Schutzes.

keit nicht entwickeln[1]). Ein solcher Gehilfe erwirbt weder ein eigenes Urheberrecht noch ein Miturheberrecht.

Insoweit daher z. B. der Werbeberater eine geistig schöpferische Tätigkeit ausübt, wird das Urheberrecht an Schriftwerken im Sinne des LitUG. ihm zustehen und erst durch Übertragungsakt — allerdings genügt es, daß dies stillschweigend geschieht — auf den Geschäftsinhaber übergehen.

Haben mehrere ein Schriftwerk gemeinsam in der Weise verfaßt, daß die Arbeiten sich nicht trennen lassen, so besteht unter ihnen eine Gemeinschaft nach Bruchteilen[2]). Lassen sich die Arbeiten dagegen trennen, so gilt, sofern nichts anderes vereinbart ist, trotz der Verbindung der Verfasser jedes dieser Werke als dessen Urheber[3]). Ist also z. B. ein Katalog aus Text und Abbildungen hergestellt und rühren Text und Abbildungen von verschiedenen Personen her, so genießt, sofern es sich überhaupt um schutzfähige Erzeugnisse handelt, jeder das Urheberrecht an demjenigen Teil, den er geschaffen hat.

Subjekt des Urheberrechts ist auch der Übersetzer und der Bearbeiter eines Werks[4]). Voraussetzung für den Schutz ist, daß es sich bei der Bearbeitung um eine geistig schöpferische Tätigkeit des Bearbeiters handelt, daß er dem Werke durch die Bearbeitung eine individuelle Form gibt. Das Schutzrecht des Übersetzers und Bearbeiters beschränkt sich auf das Ergebnis dieser formgebenden Tätigkeit. Der Bearbeitung eines Werkes ist die Übertragung von Werken auf mechanische Hörapparate durch persönlichen Vortrag oder durch Lochen, Stanzen, Anbringung von Stiften gleichgestellt[5]). Der Schutz ist davon abhängig, daß es sich um eine künstlerische Leistung handelt. Die Leistung ist hier aber nicht geistig schöpferisch, sondern nur reproduktiv.

3. Befugnisse des Urhebers[6]).

Der Urheber hat die ausschließliche Befugnis, das Werk zu vervielfältigen und gewerbsmäßig zu verbreiten[7]). Der Urheber ist weiter, solange nicht der wesentliche Inhalt des Werkes öffentlich mitgeteilt ist, ausschließlich zu einer solchen Mitteilung befugt. Daraus ergibt sich für das hier interessierende Thema, daß jede Reklamekundgebung mit Erzeugnissen oder für Erzeugnisse, die literarischen Urheberschutz genießen, dem Urheber vorbehalten ist. Dem Urheber ist es auch vorbehalten, solange der wesentliche Inhalt des Werkes noch nicht mitgeteilt ist, für sein Werk Reklame zu machen.

Die Befugnisse des Urhebers erfahren eine erhebliche Erweiterung dadurch, daß sie sich auch auf die Bearbeitungen des Werkes erstrecken[8]). Das Gesetz führt, ohne damit eine

---

[1]) RGZ. 108, 64. [2]) § 6 LitUG. [3]) § 5 LitUG. [4]) § 2 LitUG.

[5]) § 2 II LitUG. Mit Recht weist Goldbaum a. a. O. S. 50 darauf hin, daß durch diese Bestimmung ein tragender Gedanke des Gesetzes umgestoßen werde. Das Gesetz schützt sonst nur die schöpferische Tätigkeit, die etwas Neues bringt. Bei den hier genannten Vorrichtungen handelt es sich dagegen nur um Vervielfältigungen.

[6]) Die Bestimmungen des Gesetzes werden hier nur insoweit gebracht, als sie für das Gebiet der Reklame von Bedeutung sind.

[7]) Über die umstrittene Frage, ob die Rundfunksendung eine Vervielfältigung oder eine Verbreitung ist, vgl. Elster, GRUR. 1925, 182, der sich für Vervielfältigung entscheidet, ebenso Crisolli, GRUR. 26, 200. Anderer Ansicht ist Goldbaum, a. a. O. S. 138. Praktische Bedeutung dürfte die Entscheidung der Frage kaum haben, da das Gesetz in gleicher Weise vor Vervielfältigung wie vor Verbreitung schützt.

[8]) § 12 LitUG.

erschöpfende Aufzählung geben zu wollen, eine Reihe von Bearbeitungsarten auf. Für Reklamekundgebungen dürften von diesen in Betracht kommen, daß dem Urheber die Übersetzung in eine andere Sprache oder eine andere Mundart derselben Sprache, sowie die Übertragung des Werkes auf Vorrichtungen für Instrumente, die der mechanischen Wiedergabe für das Gehör dienen, vorbehalten ist. Für Reklamefilme kann weiter in Betracht kommen, daß eine lediglich dem Urheber zustehende Bearbeitungsart auch die Benutzung eines Schriftwerks zu einer bildlichen Darstellung ist, welche das Originalwerk seinem Inhalte nach im Wege der Kinematographie oder eines ihr ähnlichen Verfahrens wiedergibt.

Diese Rechte der Übersetzung sowie der Benutzung zum Zwecke der mechanischen Wiedergabe für das Gehör und zum Zwecke der kinematographischen Wiedergabe verbleiben dem Urheber, soweit nichts anderes vereinbart ist, auch im Falle der Übertragung des Urheberrechts[1]).

Diese Vorschrift sowie die weitere Bestimmung[2]), wonach im Falle der Übertragung des Urheberrechts der Erwerber mangels besonderer Vereinbarung nicht das Recht hat, an dem Werke selbst, an dessen Titel und an der Bezeichnung des Urhebers Zusätze, Kürzungen oder sonstige Änderungen vorzunehmen, weisen auf ein besonderes Recht hin, das dem Urheber aus der Tatsache der Urheberschaft zusteht. Obwohl der Urheber sein Urheberrecht übertragen hat, verbleiben ihm als Schöpfer des Werkes gewisse Rechte, die er geltend zu machen in der Lage ist. Einmal darf sein Werk, wenn nichts Abweichendes vereinbart ist, nur so gebracht werden, wie er es geschaffen hat. Sodann verbleibt ihm trotz Übertragung des Urheberrechts das Recht der Übersetzung und der sonstigen im Gesetz angegebenen Arten der Bearbeitung und Benutzung. Es handelt sich hier um ein über dem gesetzlichen Urheberrecht stehendes Persönlichkeitsrecht des Urhebers, das in der Rechtsprechung mehrfach anerkannt[3]) und in der 1928 in Rom revidierten Berner Übereinkunft als „droit moral" festgelegt worden ist[4]). Als Ausfluß dieses Persönlichkeitsrechts ist es z. B. angesehen worden, daß ein Werk, bezüglich dessen Übersetzungsfreiheit herrschte, nicht in verstümmelter Form wiedergegeben werden darf[5]).

Auch für Reklamekundgebungen können diese Bestimmungen eine Rolle spielen. Dies wird der Fall sein, wenn der Gegenstand der Kundgebung Schutz nach § 1 LitUG. genießt, das Urheberrecht aber z. B. übertragen ist.

Eine veränderte Wiedergabe im Sinne des LitUG. liegt nur vor, wenn die Identität des Schriftwerkes in der Hauptsache gewahrt bleibt. Geht die Veränderung so weit, daß die Wiedergabe mit dem literarischen Erzeugnis nicht mehr identisch ist, so kann von einer Vervielfältigung nicht die Rede sein[6]). Daher dürfte auch der in letzter Zeit vielfach diskutierten Anlockung des Publikums durch verfälscht zitierte Pressekritiken auf Grund des LitUG. nicht zu begegnen sein. Der Kritiker Pinthus[7]), der sich gegen diese Art der Schwindelreklame auflehnte, hat hierfür mehrere Beispiele angeführt. Der Kritiker hatte etwa geschrieben: „Eine großartige Aufführung hätte es werden können, wenn sie nicht

---

[1]) § 14 LitUG. [2]) § 9 LitUG. [3]) RGZ. 102, 141; 110, 397.

[4]) Elster, Urheber und Erfinder, Warenzeichen- und Wettbewerbsrecht 1928, S. 89, weist darauf hin, daß die Feststellung eines Urheberrechts als Persönlichkeitsrecht teilweise juristisches Neuland und noch keineswegs allgemein anerkannt sei.

[5]) RGZ. 102, 142. [6]) Allfeld, a. a. O. S. 216.

[7]) 8-Uhr-Abendblatt Nr. 270 vom 16. XI. 1928.

im ganzen und in jedem ihrer Teile völlig verfehlt gewesen wäre". Der Theaterdirektor bringt als angeblichen Auszug aus der Kritik folgendes Reklameinserat: „Eine großartige Aufführung ... (AB. im Z.-Blatt)"; oder in der Kritik stand: „Wiewohl das Stück ebenso indiskutabel ist wie die Vorstellung, lohnte lebhafter Beifall die Bemühungen der Schauspieler." Das Plakat des Theaterdirektors schreit: „... lebhafter Beifall lohnte die Bemühungen der Schauspieler"; oder der Theaterdirektor verfälscht, wenn festgestellt wird: „Die Darstellerin X. war fehl am Ort und vermochte hier nicht zu wirken, doch blieb ihr Chansonvortrag einzig dastehend", diese magere Ablehnung zu fettester Reklameanpreisung: „Die Darstellerin X. ... einzig dastehend." Bei derartigen Reklamekundgebungen fehlt es an jeder Identität mit dem Werke des Urhebers. Es kann daher auch nicht etwa von einer verbotenen Vervielfältigung im Sinne des LitUG. die Rede sein.

Einen Schutz gegen derartige Machenschaften, welche das Ansehen des Rezensenten schwer zu schädigen geeignet sind, dürfte dagegen das UWG. bieten. Bei der weiten Auslegung, welche, wie oben[1]) dargetan, dem Begriffe „geschäftliche Verhältnisse" beizulegen ist, sind die verfälschten Auszüge aus Rezensionen als unrichtige Angaben über geschäftliche Verhältnisse im Sinne der §§ 3 und 4 UWG. anzusehen. Daß der Anschein eines besonders günstigen Angebots hervorgerufen werden soll, bedarf keiner Erörterung. Der Rezensent kann daher gemäß § 4 UWG. Strafanzeige erstatten. Eines Strafantrages bedarf es nicht, da die Verletzung des § 4 UWG. Offizialdelikt ist. Eine derartige Anzeige könnte auch durch den Schutzverband Deutscher Schriftsteller e. V. oder durch den Verband Berliner Theaterkritiker, falls er juristische Person ist, erfolgen. Zur Geltendmachung von Ansprüchen auf Grund des § 3 UWG. würde allerdings der Rezensent selbst nicht legitimiert sein, da er nicht Mitbewerber ist[2]). Hier einzuschreiten wäre nur der Verband befugt, da bei Verbänden die Klagebefugnis nicht davon abhängig ist, daß die Mitglieder des Verbandes im Wettbewerb zu denjenigen stehen, gegen die sich der Anspruch richtet. Es genügt vielmehr, daß der Verband als solcher allgemein die Förderung gewerblicher Interessen bezweckt[3]).

Bearbeitungen von Schriftwerken, welche in einer der vom Gesetz genannten Arten erfolgen, sind ohne Genehmigung des Urhebers auch dann nicht zulässig, wenn durch die Bearbeitung eine eigentümliche Schöpfung hervorgebracht wird[4]).

Unbeschadet der ausschließlichen Befugnis des Urhebers ist im übrigen die freie Benutzung eines der im § 1 LitUG. genannten Erzeugnisse zulässig, wenn dadurch eine eigentümliche Schöpfung hervorgebracht wird[5]). Durch diese mit den Anschauungen der Schriftsteller und Künstler in Widerspruch stehende Bestimmung wird in weitestem Umfange der geistige Diebstahl, das Plagiat, ermöglicht.

Für das Gebiet der Reklame ist diese Bestimmung von großer Bedeutung. Danach ist z. B. die freie Benutzung von den dem literarischen Urheberschutz unterliegenden Annoncen, Katalogen, Preisverzeichnissen usw. zulässig, wenn das Vorbild nur zur Unterstützung der eigenen Arbeit verwandt, im übrigen aber eine individuelle neue Form geschaffen wird. Dabei kann sich die freie Benutzung auf die Sammlung und Ordnung des Materials, auf die Gestaltungsweise des Werkes[6]) oder auch auf die Gedanken und

[1]) S. 238, 244. [2]) § 13 I UWG. [3]) RGSt. 45, 355; siehe oben S. 252.
[4]) Müller-Meiningen, Urheber- und Verlagsrecht 1901, S. 55.
[5]) § 13 I LitUG. [6]) Vgl. RGZ. 85, 248.

Ideen beziehen. Diese müssen aber selbständig, sei es allein, sei es mit anderem Gedankeninhalt, verarbeitet und so einer individuellen Formgebung unterworfen werden[1]). Eine zulässige freie Benutzung liegt vor, wenn die Gedanken eines fremden Werkes nur zum Ausgangspunkt für eine auf ganz andere Zwecke abzielende Neuschöpfung dienen[2]). Diese Art der freien Benutzung kann für Reklamekundgebungen eine Rolle spielen, wenn z. B. die Gedanken eines fremden Werkes zum Ausgangspunkt für eine Reklameerzählung oder einen Reklamefilm genommen werden.

Eine eigentümliche Schöpfung liegt nicht vor, wenn das fremde Werk nur mit äußerlichen Unterschieden versehen wird, die sein Wesen nicht berühren. In diesem Sinne hat das Kammergericht[3]) in folgendem Falle entschieden: Die Klägerin verlangte Unterlassung der Nachbildung von Abbildungen aus ihrem Katalog „Der Industriehafen". Die Abbildungen waren so entstanden, daß die Klägerin von den von ihr ausgeführten Krananlagen durch eigene Photographien für ihre Reklamezwecke Lichtbildaufnahmen hat herstellen, in ihrem Betriebe durch Retusche an der Herausarbeitung des wesentlichen technischen Bildes hat arbeiten und sie so in ihre Reklamekataloge hat aufnehmen lassen. Das Kammergericht hat diese Abbildungen als technische im Sinne des § 1 LitUG. angesehen, die nicht ihrem Hauptzweck nach als Kunstwerke anzusprechen seien. Es führt dazu aus:

„Es ist rechtlich bedeutungslos, ob die technische Herstellung der das Urheberrecht begründenden Abbildungen auf photographischem Wege oder im Wege einer anderen Vervielfältigungsart erfolgt ist. Allerdings können nicht alle Abbildungen technischer Art in Katalogen als geschützt nach § 1 III LitUG. angesehen werden. Es gibt Tausende von Abbildungen von Industriekatalogen, die keinerlei urheberrechtlichen Schutz genießen, weil sie rein tatsächlicher Natur und weder bestimmt noch geeignet sind, über Mittel und Verfahren zur Herstellung von Produkten zu belehren. Die Abbildungen des Katalogs der Klägerin sollen aber die Herstellung und den Stand der Technik auf dem Gebiete der Kranverlade- und Transportanlagen im Hafenbetriebe veranschaulichen und den Interessenkreis über die neuesten Leistungen der Klägerin auf diesem Gebiete belehren. Sie sind auch zweifellos für diesen Zweck geeignet. Danach sind sie als technische Abbildungen urheberrechtlich geschützt ... Die Beklagte hat auszuführen versucht, daß es sich um eine freie Benutzung handle, die nach § 13 LitUG. zulässig sei. Aber die Beklagte hat sich darauf beschränkt, äußerliche Unterschiede hervorzuheben, die das Wesen der dargestellten technischen Gegenstände überhaupt nicht berühren. Von einer freien Benutzung kann also keine Rede sein, weil man bei dem Vergleich von Vorbild und Nachbildung in keinem Falle sagen kann: Das sind zwei verschiedene Krananlagen."

4. Ausnahmen.

Von dem Grundsatz, wonach das Vervielfältigungs- und Benutzungsrecht der nach § 1 LitUG. geschützten Erzeugnisse prinzipiell nur dem Urheber zusteht, hat das Gesetz eine Anzahl von Ausnahmen bestimmt, in denen der Nachdruck gestattet ist. Im Rahmen dieses Buches sollen nur die Ausnahmen Erwähnung finden, welche für Reklamekundgebungen in Frage kommen.

a) Zulässig ist der Abdruck von Entscheidungen[4]). Es ist daher aus urheberrechtlichen Gesichtspunkten nicht verboten, Urteile, die im Zivil- oder Strafverfahren er-

---

[1]) Allfeld, a. a. O. S. 175.

[2]) Vgl. Allfeld, a. a. O. S. 176; Kohler, Das lit. und artistische Kunstwerk und sein Autorschutz, S. 112; de Boor, Urheber- und Verlagsrecht, S. 103.

[3]) MuW. 1921, 152. [4]) § 16 LitUG.

gangen sind, zu Reklamezwecken zu veröffentlichen. Eine andere Frage ist es jedoch, ob eine derartige Veröffentlichung im gegebenen Falle nicht wettbewerblich als gegen die guten Sitten verstoßend angesehen werden kann[1]). Wassermann[2]) teilt folgenden Fall mit, bei dem eine auf Grund des UWG. ergangene Verurteilung zu Reklamezwecken verwandt worden ist. In einem vielgelesenen Blatte einer süddeutschen Großstadt war eine Annonce erschienen: „Kaufhaus X. auch in zweiter Instanz verurteilt." Es folgte dann der Tatbestand, in einer vom Inserenten gefärbten Weise wiedergegeben, der etwa darauf hinauslief, daß durch das Urteil die Versorgung der minderbemittelten Bevölkerung mit Gegenständen des täglichen Bedarfs gefährdet werde. Als Schluß folgten die Worte: „und an die Verbraucherschaft — speziell an die Münchener Hausfrau — richte ich die Frage: Werden auch Sie mich verurteilen? Kaufhaus X." Mit Recht sieht Wassermann in einer derartigen Verwendung eines gerichtlichen Urteils einen Verstoß gegen § 1 UWG.[3]).

b) Zulässig ist der Abdruck einzelner Artikel aus Zeitungen in anderen Zeitungen, soweit die Artikel nicht mit einem Vorbehalt der Rechte versehen sind. Der Abdruck ist jedoch nur so gestattet, daß der Sinn nicht entstellt wird. Bei dem Abdruck ist die Quelle deutlich anzugeben[4]). Eine Ausnahme besteht für Ausarbeitungen wissenschaftlichen, technischen oder unterhaltenden Inhalts. Bei diesen ist der Abdruck unzulässig, auch wenn ein Vorbehaltder Rechte fehlt.

Für Reklamekundgebungen ist es danach von Bedeutung, daß Reklameartikel aus Zeitungen, die nicht Ausarbeitungen wissenschaftlichen, technischen oder unterhaltenden Inhalts sind, und bei denen nicht vermerkt ist, daß der Nachdruck verboten sei, in anderen Zeitungen unter Quellenangabe nachgedruckt werden dürfen.

c) Für Reklamelieder oder Reklamecouplets kann es in Betracht kommen, daß die Vervielfältigung zulässig ist, wenn kleinere Teile einer Dichtung oder Gedichte von geringerem Umfange nach ihrem Erscheinen als Text zu einem neuen Werk der Tonkunst in Verbindung mit diesem wiedergegeben werden[5]).

d) Zulässig ist die Vervielfältigung, wenn einem Schriftwerk ausschließlich zur Erläuterung des Inhalts einzelne Abbildungen aus einem erschienenen Werke beigefügt werden. Danach ist z. B. die Vervielfältigung von Abbildungen eines Kataloges für zulässig angesehen worden, dessen Text zwar der Erläuterung durch Abbildungen nicht notwendig bedurfte, aber doch durch die Anschauung im Bilde vervollständigt wurde[6]) [7]).

5. Dauer des Schutzes.

Der Schutz des Gesetzes endet, wenn seit dem Tode des Urhebers 30 Jahre und außerdem seit der ersten Veröffentlichung 10 Jahre abgelaufen sind. Ist das Werk

[1]) Daneben kann in der Mitteilung eines Urteils auch eine Beleidigung liegen. Dies hat aber mit den hier in Frage kommenden Ausführungen nichts zu tun.

[2]) ZUW. Dezember 1928.

[3]) Wassermann beruft sich dabei insbesondere auf eine Entscheidung des OLG. Braunschweig, das auch den Mißbrauch nationaler Empfindungen im Wirtschaftskampfe als gegen die guten Sitten verstoßend erklärt habe.

[4]) § 18 I LitUG. [5]) § 20 I LitUG.

[6]) Sächs. Archiv 15, 121.

[7]) Die zu c) und d) genannten Vervielfältigungen sind nur zulässig, wenn an den wiedergegebenen Teilen keine Änderung vorgenommen wird (§ 24 LitUG.). Bei ihnen ist auch die Quelle deutlich anzugeben (§ 25 LitUG.).

anonym oder pseudonym erschienen oder steht das Urheberrecht einer juristischen Person zu, so endet der Schutz mit dem Ablauf von 30 Jahren seit der Veröffentlichung. Die Dauer des Rechtsschutzes für anonyme oder pseudonyme Werke kann dadurch verlängert werden, daß der Urheber seinen wahren Namen in die bei dem Stadtrat zu Leipzig geführte Eintragungsrolle anmeldet.

6. Rechtsverletzungen.

Die vorsätzliche oder fahrlässige Verletzung des Urheberrechts gibt dem Berechtigten einen Anspruch auf Schadensersatz[1]). Eine Verletzung liegt erst dann vor, wenn ein Gegenstand hergestellt ist, der es zuläßt und der dazu bestimmt ist, daß unbeteiligte Personen aus ihm den Inhalt des Werkes zu erkennen vermögen. Hierzu ist es, wenn ein Schriftwerk im Druckverfahren wiedergegeben werden soll, erforderlich, daß mindestens ein Druckabzug in der für den Leserkreis bestimmten Ausführungsform hergestellt wird. Die Vorbereitung eines Druckes ist keine Vervielfältigung. Das Reichsgericht hat es deshalb als zulässig angesehen, daß ein Verleger, dem urheberrechtliche Befugnisse nicht zustehen, für ein für die Zeit nach Ablauf der Schutzdauer geplantes Erscheinen eines Werkes bereits vier Monate vor Ende der Schutzfrist Reklame macht[2]). Bei der Frage, ob bei schuldloser Urheberrechtsverletzung ein Anspruch auf ungerechtfertigte Bereicherung gegeben ist, hat die Rechtsprechung des Reichsgerichts geschwankt. Heute dürfte als feststehend anzusehen sein, daß ein derartiger Anspruch besteht[3]).

Außer dem Anspruch auf Schadensersatz ist aus allgemeinen Gesichtspunkten gemäß § 1004 BGB. Klage auf Unterlassung gegeben[4]). Die Vorbereitung der Verletzung genügt, um die Klage gerechtfertigt erscheinen zu lassen[5]).

Neben diesen zivilrechtlichen Folgen zieht die Verletzung des Urheberrechts auch strafrechtliche Folgen nach sich[6]). Neben der Strafe kann an Stelle von Schadensersatz auf Buße erkannt werden[7]). Die widerrechtlich hergestellten oder verbreiteten Exemplare und die zur widerrechtlichen Vervielfältigung ausschließlich bestimmten Vorrichtungen unterliegen der Vernichtung[8]). Der Antrag, auf Vernichtung zu erkennen, kann sowohl im Zivil- wie im Strafverfahren gestellt werden. Der Berechtigte kann statt der Vernichtung verlangen, daß ihm das Recht zuerkannt wird, Exemplare und Vorrichtungen ganz oder teilweise gegen angemessene, höchstens dem Betrage der Herstellungskosten gleichkommende Vergütung zu übernehmen.

Eine Strafverfolgung tritt nur auf Antrag ein. Die Verfolgung geschieht im Wege der Privatklage[9]). Die öffentliche Klage wird nur erhoben, wenn dies im öffentlichen Interesse liegt. Um einen wirksameren Schutz gegen geistigen Diebstahl zu schaffen, hat der preußische Justizminister unter dem 7. IX. 1926 folgende allgemeine Verfügung[10]) erlassen:

---

[1]) §§ 36, 37 LitUG. [2]) RGZ. 107, 277.
[3]) JW. 1928, 2070. [4]) Vgl. oben S. 227.
[5]) Goldbaum, a. a. O. S. 231. [6]) §§ 38 ff. LitUG.
[7]) § 40 LitUG. [8]) § 42 LitUG.
[9]) § 372 StPO. bestimmt: „Im Wege der Privatklage können vom Verletzten verfolgt werden, ohne daß es einer vorgängigen Anrufung der Staatsanwaltschaft bedarf, alle Verletzungen des literarischen, künstlerischen und gewerblichen Urheberrechts, soweit sie als Vergehen strafbar sind."
[10]) JMBl. 26, 342.

„Im Hinblick auf die wirtschaftliche Notlage, in der sich unter den gegenwärtigen Zeitverhältnissen viele der von den Urheberrechtsverletzungen betroffenen geistigen Arbeiter befinden, ersuche ich die Staatsanwaltschaften, bei der Prüfung der Frage des öffentlichen Interesses nicht engherzig zu verfahren, sondern von Fall zu Fall sorgfältig zu prüfen, ob besondere Umstände die Annahme eines öffentlichen Interesses an der Erhebung der öffentlichen Klage rechtfertigen. Ein solches wird regelmäßig dann anzunehmen sein, wenn die Tat wegen der Zahl oder des Umfanges der Verletzungen, wegen der Hartnäckigkeit des Täters, die er etwa durch die Nichtbeachtung einer vorangegangenen ausdrücklichen Warnung an den Tag gelegt hat oder durch die verwerfliche Art der Begehung, z. B. dadurch, daß die Verletzung durch die Verwendung falscher Namen, Titel oder sonstiger Bezeichnungen verschleiert worden ist, sich als eine besonders schwere Verletzung des Urheberrechts darstellt."

VIII. Schutz gegen unzulässige Reklame auf Grund des Kunstschutzgesetzes.

Das Gesetz betreffend das Urheberrecht an Werken der bildenden Künste und Photographien[1]) ist eine notwendige Ergänzung zum LitUG. Dieses schließt in § 1 Ziff. 3 von dem Schutze ausdrücklich alle Abbildungen aus, welche als Kunstwerke zu betrachten sind. Derartige Abbildungen fallen somit, sofern die Voraussetzungen für einen Schutz überhaupt vorliegen, unter das KunstUG. Nach diesem Gesetz genießen alle Erzeugnisse Schutz, die als bildnerische Formgebung einer künstlerischen Idee anzusprechen sind. Aus der Tatsache, daß der Schutz auch auf das Kunstgewerbe ausgedehnt ist[2]), ergibt sich, daß es sich bei dem Begriff „Kunstwerk" im Sinne des Gesetzes keineswegs um ein Produkt hochstehender Kunstgattung zu handeln braucht. Im Sinne des Gesetzes ist Kunstwerk vielmehr jede bildnerische Schöpfung mit ästhetischem Gehalt, d. h. jede bildnerische Schöpfung, die dazu bestimmt ist, auf das Gefühl des Beschauers zu wirken, es anzuregen[3]).

Da das KunstUG. Formgebungen ästhetischen Inhalts schützt, steht es mit dem GeschmMustG.[4]) in engster Berührung. In der Literatur wird vielfach der Standpunkt vertreten, daß das GeschmMustG. im KunstUG. mitenthalten sei. Nach der Rechtsprechung des Reichsgerichts[5]) bestehen jedoch trotz der nahen Verwandtschaft beider Gesetze erkennbare Unterschiede. „Es entscheidet der größere oder geringere ästhetische Gehalt. Nicht jeder kleine Zierat, nicht jede geschmackvolle Anordnung erhebt das Produkt der Industrie in die Sphäre der Kunst. Formschöpfungen an einem Gebrauchsgegenstande, bei denen die Zweckmäßigkeit erkennbar in den Vordergrund tritt und nur nebenher ein stimmungsvolles Motiv mitspielt, mögen in das Musterregister eingetragen werden. Ein Werk der angewandten Kunst — im Sinne des Gesetzes ein Erzeugnis des Kunstgewerbes und damit zugleich ein Werk der bildenden Künste — liegt nur dann vor, wenn der zu der Zweckmäßigkeit der Form hinwirkende ästhetische Überschuß, gleichgültig, welches sein künstlerischer Wert ist, einen Grad erreicht, daß nach den im Leben herrschenden Anschauungen von Kunst gesprochen werden kann."

---

[1]) Gesetz vom 9. I. 1907 in der Fassung des Gesetzes vom 22. V. 1910.

[2]) § 2 KunstUG.

[3]) Vgl. Allfeld, Urheberrecht an Werken der bildenden Künste und der Photographie 1928, S. 32.

[4]) Vgl. oben S. 279. [5]) RGZ. 76, 344.

Darüber, ob ein Kunstwerk im Sinne des KunstUG. oder lediglich ein Geschmacksmuster vorliegt, ist danach die Verkehrsanschauung maßgebend[1]).

A. Reklamekundgebungen als Objekte des KunstUG.

Da es auf den Grad des künstlerischen Wertes nicht ankommt, um ein Erzeugnis als Kunstwerk im Sinne des Gesetzes erscheinen zu lassen, gewinnt das Gesetz eine besondere Bedeutung für das Gebiet der Reklame. Das Bestreben, sich durch Reklamekundgebungen Gehör zu verschaffen, hatte zu einer Entwicklung geführt, daß einer den anderen überbot, durch übergroße Schrift, auffällige Farbe der Beschriftung oder des Untergrundes, eigenartigen Aufbau des Textes zu wirken. Gegen derartige Reklamekundgebungen war das Publikum mit der Zeit abgestumpft, wenn sich nicht sogar ein Widerwille gegen solche aufdringlichen Reklamekundgebungen zeigte. Man suchte deshalb die Aufmerksamkeit auf andere Weise zu erwecken. Man brachte mehr oder weniger künstlerische Abbildungen, die auf Plakaten, Etiketten, Diplomen, in Inseraten, Preisverzeichnissen, Katalogen usw. erschienen. Daß diese Erzeugnisse dazu bestimmt sind, der Reklame zu dienen, tut ihrer Eigenschaft, Kunstwerk sein zu können, keinen Abbruch[2]). Alle diese Reklamekundgebungen genießen, wenn sie eine individuell künstlerische Leistung darstellen, die einer selbstschöpferischen formgebenden Tätigkeit entsprungen sind, den Schutz des Gesetzes[3]). Jede neue bildnerische Formgebung einer Reklameidee, die in bildlicher oder plastischer Darstellung erscheint und einen ästhetischen Gehalt hat, d. h. die dazu bestimmt ist, auf das Gefühl des Beschauers zu wirken, wird durch das KunstUG. geschützt.

Streitig ist, ob der Kunstschutz auch dem Gesamtbild von zusammengestellten Einzelgegenständen zu gewähren ist. Für die Reklame kommt hier insbesondere der Schutz von Schaufensterdekorationen in Betracht. Die herrschende Meinung lehnt die Schutzfähigkeit ab. Mit Recht wendet sich Elster[4]) jedoch hiergegen. Er führt aus, es heiße die Raumkunst, die geistig-künstlerische Gestaltung von ganzen Räumen und Bildkomplexen schutzlos gegen Wettbewerb machen, wenn man diese oft sehr hoch stehenden originalen künstlerischen Leistungen aus dem regelrechten Schutz herausnehmen wollte. Da Kunstschutz auch für Bauwerke gewährt werde, sobald sie künstlerische Zwecke verfolgen, sei nicht einzusehen, warum solches innere Bauen, auch wenn es aus einzelnen beweglichen und selbst dem Kunstschutz zugänglichen Gegenständen bestehe, schutzlos sein soll[5]). Es werden hier allerdings, soweit es sich um Schaufensterdekorationen handelt, an das Erfordernis originaler Formgebung besondere Ansprüche zu stellen

[1]) Es wird sich daher in jedem Falle empfehlen, ein Erzeugnis, das zwar ästhetischen Zwecken dient, bei dem aber die künstlerische Qualität nicht einwandfrei feststeht, als Geschmacksmuster anzumelden, um gegen Nachahmung geschützt zu sein. Praktisch ist es von erheblichem Unterschied, ob Geschmacksmuster- oder Kunstwerkschutz vorliegt. Das Geschmacksmuster genießt Schutz gegen Nachbildung nur, wenn es angemeldet ist. Der Kunstschutz steht dagegen dem Urheber ohne weiteres zu. Auch die Dauer des Schutzes ist in beiden Gesetzen verschieden.

[2]) MuW. 22, 160. [3]) Rosenthal, Wettbewerbsgesetz 1928, S. 215.

[4]) Urheber-, Erfinder-, Warenzeichen- und Wettbewerbsrecht 1928, S. 180.

[5]) Elster, a. a. O., gibt als Beispiele für derartige Gesamtbilder von zusammengesetzten Gegenständen an: Zimmereinrichtungen, Ausstattungen eines Theaterstücks, szenisches Bild, Regieleistung.

sein. Das Schaufenster ist im wesentlichen dazu bestimmt, für die im Geschäft erhältlichen Waren Reklame zu machen. Zu diesem Zwecke werden die Waren im Schaufenster ausgestellt. Nicht jede Art der Ausstellung, etwa eine besondere Ausbreitung von Stoffen oder eine besondere Art der Aufstellung der Waren, wird danach als neue Formgebung anzusehen sein. Der Schutz wird nur dann in Frage kommen können, wenn es sich tatsächlich um die Formgebung einer bisher nicht bekannt gewesenen Idee einer Schaufensterdekoration handelt.

Abgesehen von Kunstwerken schützt das Gesetz auch Photographien sowie solche Werke, welche durch ein der Photographie ähnliches Verfahren hergestellt werden. Als der Photographie ähnliche Verfahren kommen hauptsächlich solche in Betracht, bei denen die Vervielfältigungen durch maschinelle Einrichtungen bewirkt werden, wie z. B. Lichtdruck, Photogravüre, photographischer Stein- und Metalldruck, Anilindruck usw. Die Photographie genießt ebenso wie das Kunstwerk den Schutz des Gesetzes unabhängig davon, welchem Zwecke sie zu dienen bestimmt ist. Geschützt sind daher auch alle zu Reklamekundgebungen bestimmten Photographien. Dies ist insbesondere wichtig für Reklamefilme. Alle Filme, auch wenn sie nicht literarischen Urheberschutz genießen, sind als Photographien auf Grund des KunstUG. geschützt. Der Schutz bezieht sich hier auf die einzelnen Filmbilder. Der Film als solcher, d. h. das geformte Gedankenwerk im Film, unterliegt, wie oben[1]) dargetan, gegebenenfalls dem Schutze des LitUG.[2]).

Wird ein Werk der bildenden Künste mit einem Werke der Photographie verbunden, so gilt für jedes dieser Werke dessen Urheber auch nach der Verbindung als Urheber. Das gleiche gilt, wenn ein Werk der bildenden Künste oder ein Werk der Photographie mit einem Werke der Literatur oder der Tonkunst oder mit einem geschützten Muster verbunden wird.

Die enge Berührung des KunstUG. mit dem LitUG. hat zur Folge, daß es insbesondere bei Abbildungen im einzelnen Falle zweifelhaft sein kann, ob Photographieschutz vorliegt, der bereits mit Ablauf von 10 Jahren seit Erscheinen endet, oder ob es sich um eine Abbildung wissenschaftlicher oder technischer Art handelt und deshalb Schutz des LitUG. gegeben ist, der erst 30 Jahre nach dem Tode des Urhebers endet. So hatte in einem vom Reichsgericht[3]) entschiedenen Falle die Klägerin einen Katalog mit Abbildungen herausgegeben, welche auf photographische Aufnahmen zurückgingen, die für den Buchdruck in Klischees umgesetzt waren. Die beklagte Konkurrentin, die einen später erschienenen Katalog herausgab, hatte dem Katalog der Klägerin 5 Abbildungen entnommen und 4 davon in ihrem Kataloge wiedergegeben, die 5. Abbildung für ein Bahnhofsplakat benutzt. Das Kammergericht hatte Schutz nach § 1 Ziff. 3 LitUG. zugebilligt, weil die Klägerin durch Photographie von den von ihr ausgeführten Anlagen für ihre Reklamezwecke Lichtbilder habe anfertigen lassen, die sie in ihrem Betriebe durch Retusche habe bearbeiten und so in ihren Katalog habe aufnehmen lassen. Es handle sich daher um Abbildungen technischer Art im Sinne des § 1 Ziff. 3 LitUG., wobei es bedeutungslos sei, ob die technische Herstellung auf photographischem Wege oder in einer anderen Vervielfältigungsart erfolgt sei. Das Reichsgericht hat demgegenüber ausgeführt, es hätte festgestellt werden müssen, ob aus den Photographien im Wege schöpferischer Umarbeitung technische Abbildungen geworden seien, da die

---

[1]) S. 287. [2]) Vgl. Goldbaum, a. a. O. S. 25. [3]) RGZ. 105, 160.

Bearbeitung einer Photographie mit Retusche nicht ohne weiteres als Umarbeitung angesehen werden könne. Selbstverständliche Voraussetzung nach § 1 Ziff. 3 LitUG. sei, daß es sich um eine willkürliche Formgebung handle, die einer selbständigen schöpferischen Geistestätigkeit entspringe.

Das Reichsgericht hat es in dieser Entscheidung offen gelassen, ob, wenn danach die Schutzfrist abgelaufen war, weil es sich um Photographien handelte, gleichwohl ein Verstoß gegen § 1 UWG. vorgelegen haben könne. Diese Frage habe das Berufungsgericht unter Würdigung des gesamten Sachvorbringens der Parteien erst noch besonders zu prüfen. Prinzipiell wird hier anzunehmen sein, daß das UWG. als das Recht höherer Ordnung zu gelten hat und daß deshalb trotz Ablaufs der Schutzfrist für die Abbildungen als Photographien der Schutz nach § 1 UWG. gegeben war, wenn die Beklagte sich in einer gegen die guten Sitten verstoßenden Weise die Arbeitsleistung der Klägerin zunutze gemacht hat.

B. Subjekt des Schutzes.

Subjekt des Schutzes ist ebenso wie im LitUG. der Urheber. Sowohl bei Schriftwerken wie auch bei Photographien ist Urheber der Schöpfer. Urheber ist also z. B. der Reklamezeichner, wenn er nicht lediglich als Gehilfe die ihm gegebenen Weisungen zur Ausführung gebracht hat, sondern das Erzeugnis seiner individuellen Geistestätigkeit entsprungen ist. Der Auftraggeber, der Geschäftsherr usw., erlangen das Urheberrecht erst durch einen Übertragungsakt. Diese Übertragung kann allerdings stillschweigend erfolgen. Es wird hier auf die obigen[1]) Ausführungen zum LitUG. verwiesen. Für die Reklamekundgebung ist von Wichtigkeit, daß im Falle der Übertragung des Urheberrechts mangels anderer Vereinbarungen der Erwerber nicht das Recht hat, an dem Werke selbst, an dessen Bezeichnung oder an der Bezeichnung des Urhebers Änderungen vorzunehmen[2]). Derartige Änderungen sind daher nur zulässig, wenn dies vereinbart, d. h. wenn dem Erwerber das Änderungsrecht übertragen ist. Auch die Übertragung des Änderungsrechts kann stillschweigend erfolgen. Stillschweigende Erteilung der Änderungsbefugnis wird dann anzunehmen sein, wenn das Urheberrecht infolge eines zwischen dem Urheber und dem Schöpfer bestehenden Dienstverhältnisses stillschweigend übertragen wird[3]). Fehlt es an der ausdrücklichen oder stillschweigenden Erteilung der Änderungsbefugnis, so darf der Erwerber weder an dem Werke selbst noch an dessen Bezeichnung oder an der Bezeichnung des Urhebers eine Änderung vornehmen. Diese Bestimmung ist z. B. für Entwürfe künstlerischer Reklamebilder von praktischer Bedeutung.

Die Rechte des Urhebers stehen auch dem Nachbildner zu. Auch wer durch Nachbildung eines bereits vorhandenen Werkes ein anderes Werk der bildenden Künste oder der Photographie hervorbringt, hat die Befugnisse des Urhebers[4]). Für diesen Schutz ist es gleichgültig, ob die Nachbildung mit Zustimmung des Urhebers oder etwa unter Verletzung des Urheberrechts am Original erfolgt ist. Genießt jedoch der Urheber des Originals Schutz, so kann der Nachbildner seine Befugnisse nur mit dessen Einwilligung ausüben.

---

[1]) S. 290.

[2]) § 12 I KunstUG. „Zulässig sind jedoch Änderungen, für die der Berechtigte seine Einwilligung nach Treu und Glauben nicht versagen kann" (§ 12 II KunstUG.).

[3]) Allfeld, a. a. O. S. 83. [4]) § 15 II KunstUG.

C. Die Befugnisse des Urhebers

Die Befugnisse des Urhebers entsprechen im wesentlichen den Befugnissen, welche das LitUG. dem Urheber gibt. Danach hat der Urheber die ausschließliche Befugnis, das Werk zu vervielfältigen, gewerbsmäßig zu verbreiten und gewerbsmäßig mittels mechanischer oder optischer Einrichtungen vorzuführen[1]). Als Vervielfältigung gilt auch die Nachbildung; bei Bauwerken und Entwürfen für Bauwerke auch das Nachbauen. Durch die Novelle von 1910 ist durch Einführung des § 15a KunstUG. der Schutz gegen kinematographische Wiedergabe besonders geregelt.

§ 15a lautet:

„Ist ein im Wege der Kinematographie oder eines ihr ähnlichen Verfahrens hergestelltes Werk wegen der Anordnung des Bühnenvorgangs oder der Verbindung der dargestellten Begebenheiten als eine eigentümliche Schöpfung anzusehen, so erstreckt sich das Urheberrecht auch auf die bildliche Wiedergabe der dargestellten Handlung in geänderter Gestaltung. Der Urheber hat die ausschließliche Befugnis, das Werk öffentlich vorzuführen."

Mit Recht weist Goldbaum[2]) darauf hin, daß diese Bestimmung in das LitUG. gehört hätte. Der Schutz des § 15a betrifft nicht die einzelnen Bilder. Diese sind als Photographien geschützt. § 15a handelt vielmehr von der Anordnung des Bühnenvorgangs und der Verbindung der dargestellten Begebenheiten. Das sind Schöpfungen, die in das Bereich der Literatur, nicht aber in das der bildenden Künste gehören. Die Hervorhebung, der Schutz sei davon abhängig, daß es sich um eine eigentümliche Schöpfung handelt, dürfte nicht notwendig gewesen sein. Jedes Werk muß, um Schutz zu genießen, diese Voraussetzung erfüllen.

Die Befugnisse des Urhebers entstehen ebenso wie im LitUG. mit der Schöpfung des Werkes. Sie erstrecken sich auf alle Nachbildungen, insoweit noch eine Identität mit dem Werke besteht. Identität ist so lange anzunehmen, als die Grundlagen des Werkes, auf denen die formgebende individuelle Gestaltung der Idee beruht, in der Hauptsache gewahrt sind. Da das Gesetz ausdrücklich dem Urheber neben der Vervielfältigung auch die Nachbildung vorbehält, so sind auch künstlerische Reproduktionen ohne Erlaubnis des Urhebers unzulässig, selbst wenn sie einer individuellen Tätigkeit entsprungen sind.

Ähnlich wie beim LitUG.[3]) verbleiben dem Urheber eines Kunstwerks oder einer Photographie auch im Falle der Übertragung des Urheberrechts gewisse Rechte als Ausfluß seines Persönlichkeitsrechts. Danach hat der Erwerber mangels besonderer Vereinbarung nicht das Recht, bei der Ausübung seiner Befugnisse an dem Werke selbst, an dessen Bezeichnung oder an der Bezeichnung des Urhebers Änderungen vorzunehmen. Zulässig sind lediglich Änderungen, für die der Berechtigte seine Einwilligung nach Treu und Glauben nicht versagen kann[4]). Für die Reklame ist diese Bestimmung von Bedeutung. Überträgt z. B. der Urheber eines Gemäldes sein Urheberrecht an einen Erwerber, der es zu Reklamezwecken benutzen will, so darf die Benutzung mangels besonderer Vereinbarung nur in der Weise erfolgen, wie das Werk geschaffen ist. Der Erwerber ist auch nicht berechtigt, falls der Urheber das Werk nicht signiert hat, ohne

---

[1]) § 15 I Satz 1 KunstUG.: „Die ausschließliche Befugnis erstreckt sich nicht auf das Verleihen." Für das Gebiet der Reklame ist diese Bestimmung ohne Bedeutung.

[2]) a. a. O. S. 22; so auch Queck, Der geistige Arbeiter 1922, S. 28.

[3]) Vgl. oben S. 292. [4]) § 12 KunstUG.

seine Einwilligung den Namen oder den Namenszug des Urhebers an dem Werk anzubringen[1]).

Unbeschadet der ausdrücklichen Befugnisse des Urhebers ist jedoch die freie Benutzung eines Werkes zulässig, wenn dadurch eine eigentümliche Schöpfung hervorgebracht wird[2]). Das KunstUG. läßt ebenso wie das LitUG. das Plagiat zu. Es wird hier auf die Ausführungen zum LitUG. verwiesen[3]). Den Kunstschutz genießende, für Reklamekundgebungen bestimmte Erzeugnisse, z. B. Gemälde, Plakate, Photographien usw., können zum Vorbild genommen werden, wenn sie nur zur Unterstützung der eigenen Arbeit verwandt werden, im übrigen aber eine individuelle neue Form geschaffen wird. Von einer eigentümlichen Schöpfung wird dann nicht die Rede sein können, wenn das fremde Werk nur mit äußerlichen Unterschieden versehen wird, die sein Wesen nicht berühren. Maßgebend dafür, ob freie Benutzung vorliegt oder nicht, dürfte die Verkehrsanschauung sein. Auch die Nachbildung individueller Züge der Ausführung eines anderen Werkes kann unter Umständen freie Benutzung sein. So ist z. B. die Verwendung eines urheberrechtlich geschützten Phantasiebildnisses für ein Reklameplakat ohne Einwilligung des Urhebers unzulässig. Erschöpft sich jedoch das Gemälde nicht darin, das Bildnis wiederzugeben, so kann in der Benutzung des Bildnisses als Vorbild für ein Reklameplakat freie Benutzung liegen. Voraussetzung ist in jedem Falle, daß nach der Verkehrsanschauung eine eigentümliche Schöpfung hervorgebracht wird. Für Reklamefilme kommt hier in Betracht, daß Parodien, Travestien und Karikaturen als freie Benutzungen angesehen werden[4]).

D. Ausnahmen.

Ebenso wie das LitUG. läßt das KunstUG. eine Reihe von Ausnahmen zu, in denen die Vervielfältigung auch ohne Einwilligung des Urhebers bzw. prinzipiell ohne seine Einwilligung gestattet ist[5]).

1. Bildnisse.

Bei Bildnissen einer Person ist dem Besteller und seinem Rechtsnachfolger mangels anderer Vereinbarung gestattet, das Werk zu vervielfältigen. Ist das Bildnis ein Werk der bildenden Künste, so darf, solange der Urheber lebt, die Vervielfältigung nur im Wege der Photographie erfolgen[6]). Voraussetzung für die Anwendbarkeit dieser Bestimmung ist, daß der Zweck des Bildes die Darstellung der Person ist. Bilder, auf denen Personen nur nebenher dargestellt werden, deren Zweck im übrigen aber auf einen anderen Gegenstand gerichtet sind, fallen nicht hierunter. Zulässig ist lediglich die Vervielfältigung. Die Verbreitung ist dem Besteller nicht gestattet. Der Besteller eines Bildnisses oder einer Photographie, welches ein Bildnis darstellt, ist daher nicht berechtigt, das Werk ohne Einwilligung des Urhebers zu Reklamezwecken zu verbreiten.

---

[1]) § 13 KunstUG. [2]) § 16 KunstUG. [3]) Oben S. 293.

[4]) Vgl. Kohler, Lit. und art. Kunstwerk, S. 112, 113.

[5]) Es werden hier nur die Ausnahmen behandelt, welche für das Gebiet der Reklame von Interesse sind.

[6]) § 18 II KunstUG.

2. Werke an öffentlichen Straßen, Wegen und Plätzen.

Zulässig ist durch malende oder zeichnende Kunst oder Photographie die Vervielfältigung, Verbreitung und Vorführung von Werken, die sich bleibend an öffentlichen Wegen, Straßen oder Plätzen befinden. Bei Bauwerken erstreckt sich die Befugnis nur auf die äußere Ansicht[1]). Die Zulässigkeit der Wiedergabe ist nicht auf das Werk im ganzen beschränkt. Zulässig ist auch die Vervielfältigung einzelner Teile des Werkes, z. B. von einer Kirche die Vervielfältigung des Portals. Für Reklamekundgebungen ist dieses Recht von großer Tragweite. Danach ist es z. B. zulässig, zu einem Reklamebuch die Sehenswürdigkeiten einer Stadt abzubilden. Ebenso ist es z. B. zulässig, den Teil eines Denkmals, etwa den Kopf einer Frauenstatue, zu Reklamezwecken zu verwenden. Das so vervielfältigte Werk selbst genießt, sofern die Voraussetzungen vorliegen, den Schutz des Gesetzes. Ist z. B. die Vervielfältigung durch Photographie erfolgt, so ist die Photographie als solche geschützt.

Eine Einschränkung in der Zulässigkeit der Vervielfältigung besteht nur insofern, als an dem wiedergegebenen Werke nur solche Änderungen vorgenommen werden dürfen, welche das für die Vervielfältigung angewendete Verfahren mit sich bringen. Gestattet sind auch die Übertragungen des Werkes in eine andere Größe.

Die zu 1 und 2 genannten Ausnahmen betreffen Einschränkungen der ausschließlichen Vervielfältigungsbefugnis, welche sich der Urheber gefallen lassen muß. Sein Verbietungsrecht findet eine Grenze, soweit es sich um Vervielfältigung von Bildnissen oder um Vervielfältigung und Verbreitung von Werken handelt, die sich bleibend an öffentlichen Wegen, Straßen oder Plätzen befinden. Das Recht des Urhebers erfährt aber insoweit eine weitere Einschränkung, als er selbst in der ihm an sich zustehenden Befugnis zur Vervielfältigung gehindert wird. Diese Einschränkung ergibt sich aus dem sog. Recht am eigenen Bilde.

3. Recht am eigenen Bilde.

Das Recht am eigenen Bilde ist ebenso wie z. B. das Namensrecht ein Persönlichkeitsrecht. Es hat an und für sich mit dem Urheberrecht als solchem nichts zu tun, da der Schutz gegen unbefugte Veröffentlichung eines Bildnisses gegen jedermann besteht, mag diesem in bezug auf das Bildnis ein Urheberrecht zustehen oder nicht. Das Recht am eigenen Bilde hängt aber insofern mit dem Urheberrecht zusammen, als es auch denjenigen beschränkt, dem auf Grund seines Urheberrechts eine besondere Befugnis zur Verbreitung an und für sich zustände. Die Geltendmachung dieses Rechts wird auch vor allem gegenüber dem Urheber in Frage kommen, da anderen Personen gegenüber in der Regel schon das Recht des Urhebers eine Schranke gegen willkürliche Benutzung fremder Bildnisse auferlegen wird[2]). Für das Gebiet der Reklame ist die Regelung des Rechts am eigenen Bilde von der größten Bedeutung. Nach ihr bestimmt sich, inwieweit es zulässig ist, das Bildnis oder die Photographie einer Person zu Reklamezwecken zu benutzen. Nach ihr ist zu entscheiden, ob es z. B. zulässig ist, auf Zigarettenpackungen das Bildnis eines berühmten Staatsmannes oder Schauspielers anzubringen oder ob Zeitungen zu Zwecken der Reklame für ihr Unternehmen Abbildungen solcher Personen bringen dürfen. Aus der Regelung des Rechts am eigenen Bilde ergibt sich, ob es z. B.

---

[1]) § 20 KunstUG. [2]) Vgl. Allfeld, a. a. O. S. 131.

zulässig ist, in Reklamekundgebungen Personen als Karikaturen abzubilden oder in Reklamefilmen öffentlich zur Schau zu bringen.

Das Bildnis der einzelnen Person ist prinzipiell geschützt. Bildnisse dürfen nur mit Einwilligung des Abgebildeten verbreitet oder öffentlich zur Schau gestellt werden[1]). Dieses Recht am eigenen Bilde dauert über den Tod hinaus. Nach dem Tode des Abgebildeten bedarf es bis zum Ablauf von 10 Jahren zur Verbreitung der Einwilligung der Angehörigen des Abgebildeten[2]).

Unter Bildnissen sind solche zu verstehen, die den Zweck haben, eine Person in ihrer wirklichen dem Leben entsprechenden Erscheinung darzustellen. Das Reichsgericht[3]) hat daher den Schutz aus § 22 KunstUG. einem Schauspieler versagt, der bei einer Filmaufnahme mitgewirkt hatte und Widerspruch dagegen erhob, daß Abbildungen von Filmbildern, auf denen die von ihm dargestellte Person erschien, zu Reklamezwecken auf Postkarten verbreitet wurden. Das Reichsgericht hat die Klage abgewiesen, weil „es bei einer Filmaufnahme nicht darauf ankomme, den Schauspieler in seiner dem Leben entsprechenden äußeren Erscheinung abzubilden. Dieser habe vielmehr, wie es auch ein anderer Künstler statt seiner hätte tun können, seine Person zur Abbildung hergegeben, um einer im Werke des Dichters handelnd gedachten Person körperliche Gestalt zu verleihen."

Besteht dagegen die Absicht, die Person in ihrer wirklichen, dem Leben entsprechenden Erscheinung darzustellen, so ist es gleichgültig, in welcher Form die Abbildung erfolgt. Der Entstehungsgrund der Bestimmung des § 22 KunstUG. war die öffentliche Empörung über die heimliche photographische Aufnahme des auf dem Totenbette liegenden Fürsten Bismarck, wegen deren Schutz der menschlichen Erscheinung gefordert wurde. Die Bestimmung des § 22 KunstUG. soll dazu dienen, das Andenken einer toten Persönlichkeit vor Entweihung, die lebende vor Bloßstellung und Kränkung durch unbefugte öffentliche Zurschaustellung ihres Bildes zu bewahren[4]). Danach sind auch Filmaufnahmen, Karikaturen, lebende Bilder als Bildnisse im Sinne des Gesetzes anzusehen. In dieser Beziehung wird insbesondere auf die Entscheidung des Kammergerichts[4]) in Sachen Wilhelm II. gegen Piscator hingewiesen. Hier hat das Gericht das Vorliegen eines Bildnisses in Sinne des § 22 KunstUG. angenommen, weil dem Kläger durch die Wiedergabe seiner äußeren Erscheinung, durch das Milieu, in welches seine Figur hineingestellt ist und schließlich durch die ihm in den Mund gelegten Worte eine ganz bestimmte Charakterisierung gegeben werde, so daß die Illusion erweckt werde, man habe die dargestellte Person vor sich.

Die Einwilligung zur Vervielfältigung des Bildnisses kann ausdrücklich erteilt werden, sie kann sich auch aus den Umständen ergeben. Nach gesetzlicher Vermutung gilt die Einwilligung im Zweifel als erteilt, wenn der Abgebildete dafür, daß er sich abbilden ließ, eine Entlohnung erhielt[5]). Daher können z. B. mit dem Bildnis eines bezahlten Modells oder mit der Photographie eines Schauspielers, wenn er für die Aufnahme Zahlung erhalten hat, im Zweifel Reklamekundgebungen erfolgen, ohne daß der Abgebildete dagegen Widerspruch zu erheben berechtigt ist.

---

[1]) § 22 Satz 1 KunstUG.

[2]) Angehörige im Sinne des KunstUG. sind der überlebende Ehegatte und die Kinder des Abgebildeten und wenn weder ein Ehegatte noch Kinder vorhanden sind, die Eltern des Abgebildeten (§ 22 Satz 3 KunstUG.).

[3]) RGZ. 103, 320. [4]) Vgl. JW. 1928, 364. [5]) § 22 Satz 2 KunstUG.

4. Einschränkungen des Rechts am eigenen Bilde.

Das Verbot der Verbreitung von Bildnissen ohne Einwilligung des Abgebildeten enthält eine Reihe von Einschränkungen.

α) Für das Gebiet der Reklame kommt zunächst in Betracht, daß Bildnisse aus dem Bereich der Zeitgeschichte auch ohne Einwilligung des Abgebildeten verbreitet und zur Schau gestellt werden dürfen[1]).

Die Frage, was unter einem Bildnis aus dem Bereich der Zeitgeschichte zu verstehen sei, hat zu mannigfachen Erörterungen Anlaß gegeben (z. B. Fall Domela, Neumann in Konnersreuth). Mit Recht führt Goldbaum[2]) aus, daß die Grenze dieses Bereichs in der jetzigen Epoche ungeheurer Publizität viel weiter zu ziehen sei, als zur Zeit des Inkrafttretens des Gesetzes. Auch Männer, die im Wirtschaftsleben eine Rolle spielen, sind als Personen der Zeitgeschichte angesehen worden. Das Kammergericht[3]) hat dazu folgendes ausgeführt: „Es kommt nicht darauf an, ob der Abgebildete in dem Leben der Gegenwart mit seiner Person mehr oder weniger bemerkbar an die Öffentlichkeit getreten ist, so daß weite Kreise seine persönliche Erscheinung bereits kennen. Es genügt vielmehr, wenn bei aller sorgfältigster Zurückhaltung der Person die Leistungen auf irgendeinem Gebiete der Wissenschaft oder Kunst, des Handels oder der Industrie so erheblich sind, daß weitere Kreise sich mit der Person beschäftigen, überhaupt, daß der Mensch im Leben des eigenen oder eines fremden Volkes eine gewisse bemerkenswerte Stellung einnimmt."

β) Als fernere[4]) Ausnahme kann für das Gebiet der Reklame in Betracht kommen, daß Bilder, auf denen die Personen nur als Beiwerk neben einer Landschaft oder sonstigen Örtlichkeit erscheinen, ebenso ohne Einwilligung des Abgebildeten verbreitet und zur Schau gestellt werden dürfen, wie Bilder von Versammlungen, Aufzügen und ähnlichen Vorgängen, an denen die dargestellten Personen teilgenommen haben.

γ) Die Bestimmungen, nach denen die Verbreitung von Bildnissen zulässig ist, erleiden insofern eine erhebliche Beschränkung, als die Befugnis sich nicht auf eine Verbreitung und Zurschaustellung erstreckt, durch die ein berechtigtes Interesse des Abgebildeten oder, falls dieser verstorben ist, seiner Angehörigen verletzt wird[5]).

Ein derartiges berechtigtes Interesse ist in der bereits oben[6]) behandelten Entscheidung im Prozesse des Grafen Zeppelin gegen eine Tabakfirma angenommen worden, die das Bild des Grafen für die Umhüllung ihrer Tabakwaren benutzte. Nach dieser Entscheidung umfaßt der Begriff des berechtigten Interesses nicht nur das Familien- oder vermögensrechtliche, sondern jedes überhaupt des Rechtsschutzes würdige Interesse, also auch ein ideales und selbst ein Affektionsinteresse.

Aus dem Gesichtspunkt des berechtigten Interesses hat Wilhelm II. gegen Piscator obgesiegt, indem das Gericht feststellte, daß die ihm im Theaterstück in den Mund gelegten Worte eine Fälschung der wahren Begebenheiten darstellten. Der gleiche Gesichtspunkt des berechtigten Interesses war maßgebend dafür, daß Frau Neumann in Konnersreuth Schutz dagegen gewährt wurde, daß mit ihren Bildern Reklame getrieben wurde, „weil

---

[1]) § 23 Ziff. 1 KunstUG. [2]) JW. 1928, 376. [3]) JW. 1925, 378.
[4]) § 23 I Ziff. 2 und 3 KunstUG. [5]) § 23 II KunstUG.
[6]) S. 220.

die lediglich religiöse Einstellung bei der Frage nach dem berechtigten Interesse weitgehendst zu berücksichtigen sei[1])." Aus dem Gesichtspunkte des berechtigten Interesses ist auch einer prominenten Persönlichkeit Schutz gegen Verbreitung seines während des Bades aufgenommenen Bildes gewährt worden.

E. Dauer des Schutzes.

Die Dauer des Schutzes ist für Kunstwerke und Photographien verschieden.

Der Kunstwerkschutz endet, wenn seit dem Tode des Urhebers 30 Jahre abgelaufen sind[2]). Der Schutz des Urheberrechts an einem Werke der Photographie endet dagegen bereits mit dem Ablauf von 10 Jahren seit dem Erscheinen des Werkes[3]).

Steht das Urheberrecht an einem Werke mehreren gemeinschaftlich zu, so wird der Beginn des Ablaufs der Schutzfrist vom Tode des Letztlebenden an gerechnet[4]).

Die Schutzfrist beginnt mit dem Ablauf des Kalenderjahres, in welchem der Urheber verstorben ist bzw. die Photographie erschienen ist.

F. Ansprüche.

Die Ansprüche, welche dem Urheber gegen den Verletzer seines Rechtes auf Grund des KunstUG. zustehen, sind die gleichen wie die des LitUG. Es stehen ihm danach zu: Anspruch auf Schadensersatz, auf Unterlassung, Strafantrag, Buße statt Schadensersatz, Anspruch auf Vernichtung der zur widerrechtlichen Vervielfältigung oder Vorführung ausschließlich bestimmten Vorrichtungen, Anspruch auf Übernahme gegen angemessene Vergütung.

IX. Schutz gegen unzulässige Reklamekundgebungen durch Einwirkung auf Eigentum und Besitz.

Das dauernd wachsende Bedürfnis, sich durch Reklame bemerkbar zu machen und das Fortschreiten der Technik auf allen Gebieten bringen es mit sich, daß immer neue Mittel ersonnen werden, die Aufmerksamkeit des Publikums zu erwecken. Auf Gesichts-, Gehör- und Geruchsinn wird in der mannigfaltigsten Weise eingewirkt, um Wirkungen zu erzielen. Die Hauptverkehrsstraßen und Plätze einer großen Stadt mit moderner Reklame wirken heute wie ein Jahrmarktsrummel, die Häuser besät mit Lichtreklamen, die in den verschiedensten Formen teils ruhend, teils in Bewegung erscheinen und in den verschiedensten Farben schillern, aus den Läden schallt das Grammophon oder der Lautsprecher des Radio, das Parfümeriegeschäft entsendet den Duft seiner Waren usw.

Es entsteht hier die Frage, inwieweit derartige, auf die Außenwelt hinzielende Einwirkungen gesetzlichen Einschränkungen unterliegen können. Soweit das Publikum in

---

[1]) JW. 1928, 376.

[2]) § 25 KunstUG.: „Die besonderen Bestimmungen für den Fall, daß das Urheberrecht einer jur. Person zusteht oder daß das Werk erst nach dem Tode des Urhebers erscheint, können im Rahmen dieses Buches außer Betracht bleiben."

[3]) § 26 KunstUG. [4]) § 27 KunstUG.

unzulässiger Weise von diesen Einwirkungen betroffen wird, hat, wie bereits im ersten Abschnitt dargetan ist, die Polizei als Organ für die Aufrechterhaltung der öffentlichen Ruhe, Ordnung und Sicherheit gegen Auswüchse einzuschreiten. Hier handelt es sich lediglich darum, ob bzw. welchen gesetzlichen Schutz die Anlieger genießen oder Personen, welche sich im Umkreise derartiger Einwirkungen, sei es aus beruflichen Gründen oder weil sie dort wohnen, aufhalten.

Ausscheiden aus diesen Betrachtungen muß aber der Fall, daß der Betroffene und derjenige, von dem die Einwirkung ausgeht, im Verhältnis von Mieter und Vermieter stehen. Hier kommt der zwischen den beiden Parteien bestehende Mietsvertrag in Frage, worüber im dritten Teil[1]) zu handeln ist. Vorliegend kommt lediglich der Schutz gegen unzulässige Reklameeinwirkungen in Frage, der gegeben ist, sofern zwischen dem Betroffenen und demjenigen, von dem die Einwirkung ausgeht, ein Vertragsverhältnis nicht besteht.

A. Einwirkung auf Eigentum.

Als Betroffener kommt vor allen Dingen der Eigentümer derjenigen Sache, auf welche die Einwirkung erfolgt, in Betracht. Dieser Schutz des Eigentümers einer Sache, dessen Eigentum angegriffen wird, ist im BGB. in dem Abschnitt geregelt, welcher vom Inhalt des Eigentums handelt. Nach § 903 BGB. kann der Eigentümer einer Sache andere von jeder Einwirkung ausschließen. Soweit Grundstücke in Frage kommen, ist sodann im § 905 BGB. weiter bestimmt, daß sich das Recht des Eigentümers auf den Raum über der Erdoberfläche und auf den Erdkörper unter der Erdoberfläche erstreckt. Der Eigentümer kann jedoch nach § 905 BGB. Einwirkungen nicht verbieten, die in solcher Höhe oder Tiefe vorgenommen werden, daß er an der Ausschließung kein Interesse hat.

Die früher streitige Frage, welche auch für Reklamebetätigung mit Hilfe von Flugzeugen eine Rolle spielt (Abwerfen von Reklamezetteln aus Flugzeugen, Rauchreklame usw.), ob der Eigentümer sich ein Überfliegen seines Hauses, sei es gelegentlich, sei es im regelmäßigen Luftfahrzeugverkehr, gefallen lassen müsse, ist durch das Luftverkehrsgesetz v. 1. VIII. 1922 zu ungunsten des Eigentümers dahin geregelt, daß die Benutzung des Luftraumes für Luftfahrzeuge, die in Gemäßheit der Bestimmungen des Gesetzes zugelassen sind, frei ist.

Die Frage, inwieweit der Eigentümer eine Anlage dulden müsse, die in den Luftraum seines Grundstücks hineinragt, ist in jüngster Zeit stark ventiliert worden, als nämlich verschiedene Städte versuchten, darunter auch die Stadt Berlin, sich aus den Straßenschildern und Reklameanlagen, die auf die ihr gehörigen Straßen hinausragten, eine Einnahmequelle — Anerkennungsgebühr benannt — zu verschaffen. Eine Berliner Firma in der Leipziger Straße hatte mit polizeilicher Genehmigung in einer Höhe von etwa 10 m über der Straße einen Lichtreklamekasten angebracht, der in einer Breite von etwa 1,20 m auf den Bürgersteig der Straße hinausragte. Die Stadt Berlin hatte als Eigentümerin der Straße entweder Beseitigung oder Leistung einer jährlich zu zahlenden Gebühr gefordert, indem sie ihr Interesse im Sinne des § 905 BGB. damit begründet hatte, daß sie den Luftraum durch Vermieten ausnützen wolle. Das Reichsgericht[2]) hat diesen

[1]) Siehe S. 328 ff. [2]) RGZ. 123, 181; JW. 29, 1241; R. 29, 764.

Grund als nicht stichhaltig angesehen, da das Ausschließungsinteresse gegenüber der Einwirkung im Sinne des § 905 BGB. nur durch eine Beziehung zur Benutzung des Grundstücks begründet werden könne. Solche Einwirkungen seien gestattet, an deren Ausschließung der Eigentümer wegen ihrer Entfernung von der Oberfläche kein Interesse habe, nicht aber genüge ein Interesse, welches der Eigentümer lediglich dahin begründe, daß er für die Gestattung der Einwirkung eine Gebühr ausbedingen könne. Das Reichsgericht hat jedoch das Interesse der Stadt Berlin an dem Verbieten der Anlage gemäß § 905 BGB. aus anderen Gründen bejaht. Die Reklameanlage sei von erheblicher Größe, es käme nicht lediglich auf die augenblicklichen Verhältnisse an, sondern auch die Möglichkeit künftiger Änderung sei in Betracht zu ziehen. Es sei durchaus nicht fernliegend, daß die Stadt Berlin später einmal innerhalb des Straßenraumes noch im Bereich der angrenzenden Häuser selbst oder durch andere Personen irgendwelche Anlagen machen möchte, denen die Reklameanlage hinderlich sein könnte. Die Entfernung der Anlage von der Grundoberfläche sei auch keineswegs so groß, daß sie aus diesem Grunde von der Stadt Berlin zu gestatten wäre. Wenn die Stadt Berlin in diesem Prozeß gleichwohl unterlegen ist, so geschah dies im wesentlichen aus dem Gesichtspunkt, „daß die Straße kraft ihrer öffentlichen Widmung den aus dem geschäftlichen Verkehr der Anlieger erwachsenden Bedürfnissen zu dienen habe, solange das mit ihren sonstigen Zwecken vereinbar sei. Die von der Klägerin ausgeübte Lichtreklame entspreche ihrer Art und ihrem Umfange nach der neuzeitlichen Entwicklung des geschäftlichen Verkehrs, wie er sich in der Öffentlichkeit auf der Straße abspiele, sie stehe mit den sonstigen Zwecken der Straße nicht in Widerstreit, sei dem Verkehr nicht hinderlich, deswegen führe auch, abgesehen von den gesetzlichen Bestimmungen des ALR., wonach der Straßenanlieger bestimmte Einrichtungen im Luftraum über der Straße halten dürfe (§ 80 I 8 ALR.)[1]), die Zweckwidmung der Straße dazu, dem Anlieger solche Befugnisse zuzugestehen. Der Straßeneigentümer müsse die sich aus der Ausübung solcher Befugnis ergebende Beschränkung seines Privateigentums als Ausfluß des Gemeingebrauchs dulden"[2]).

Eine weitere Einschränkung des Grundsatzes des § 903 BGB., wonach der Eigentümer andere von jeder Einwirkung ausschließen kann, enthält § 906, welcher bestimmt:

„Der Eigentümer eines Grundstücks kann die Zuführung von Gasen, Dämpfen, Gerüchen, Rauch, Ruß, Wärme, Geräusch, Erschütterungen und ähnliche von einem anderen Grundstück ausgehende Einwirkungen insoweit nicht verbieten, als die Einwirkung die Benutzung seines Grundstücks nicht oder nur unwesentlich beeinträchtigt oder durch eine Benutzung des anderen Grundstücks herbeigeführt wird, die nach den örtlichen Verhältnissen bei Grundstücken dieser Lage ungewöhnlich ist. Die Zuführung durch eine besondere Leitung ist unzulässig."

Voraussetzung ist danach, daß die Belästigungen von einem Grundstück ausgehen. Handelt es sich etwa um einen Straßenhändler, der auf der Straße Reklame macht und dabei durch Geräusche, Erschütterungen oder dgl. eine Einwirkung auf ein Grundstück ausübt, so würde dem betroffenen Eigentümer hier der Schutz des § 903 BGB. zustehen, auch wenn die Benutzung seines Grundstücks nur unwesentlich beeinträchtigt werden würde.

Wo das Grundstück liegt, von dem die Einwirkung ausgeht, ist gleichgültig. Es wird zu berücksichtigen sein, daß die Technik es ermöglicht, etwa durch Scheinwerfer usw.

---

[1]) S. 83.

[2]) Vgl. hierüber auch Stammler, Das Recht des Gebrauchs öffentlicher Straßen, Gruchot, 1928, S. 129ff.

auf ganze Stadtteile Einwirkungen auszuüben. § 906 BGB. wird daher insoweit anzuwenden sein, als der Bereich der Einwirkungsmöglichkeit liegt. Diese Frage ist von besonderer Wichtigkeit für die Bestimmung des § 907 BGB., wonach der Eigentümer eines Grundstücks bei Herstellung von Anlagen auf dem Nachbargrundstück, die mit Sicherheit eine unzulässige Einwirkung auf sein Grundstück zur Folge haben werden, unter Umständen nicht abzuwarten braucht, bis die Einwirkung erfolgt, sondern schon vorher das Recht hat, die Anlage zu verbieten. Auch hier ist der Begriff „Nachbargrundstück" im weiteren Sinne ausgelegt worden. So hat das Reichsgericht[1]) diesen Begriff auch für anwendbar erklärt, wenn zwischen den beiden Grundstücken, von dem die Einwirkungen ausgehen sollen und welches von den Einwirkungen betroffen werden würde, eine Straße liegt. Es wird weitergehend aber auch hier unter Nachbargrundstück jedes Grundstück zu verstehen sein, von dem die Einwirkung auf das Grundstück, welches betroffen werden würde, ausgehen soll.

Für das Gebiet der Reklame ist also festzustellen, daß jeder Eigentümer, dessen Grundstück durch eine von einem Grundstück ausgehende Reklameeinwirkung betroffen wird, gegen den Belästiger dann vorgehen kann, wenn die Benutzung seines Grundstücks durch ihn oder durch seine Mieter, denen er vertragsgemäß ordnungsmäßige Benutzbarkeit zu gewährleisten hat, wesentlich beeinträchtigt wird oder wenn die Einwirkung über den Rahmen einer nach den örtlichen Verhältnissen gewöhnlichen Benutzung hinausgeht. Für die Frage, was als ortsüblich anzusehen ist, kommt nicht die Anschauung der Polizeibehörde in Verordnungen usw., sondern die Anschauung der Bevölkerung in Betracht[2]). In größeren Städten, in denen etwa besondere Geschäftszentren vorhanden sind, wird für die Frage, ob Einwirkungen als gewöhnlich anzusehen und zu dulden sind, auch die Lage des Grundstücks eine erhebliche Rolle spielen. Es ist selbstverständlich, daß z. B. in Berlin für die Friedrich- oder Leipziger Straße ein anderer Maßstab anzulegen ist, als etwa für die Villenkolonie Grunewald.

B. Einwirkung auf Besitz.

Die Rechte aus § 903 BGB. stehen, da sie den Inhalt des Eigentums betreffen, nur dem Eigentümer der betroffenen Sache zu. Demzufolge ist der einzelne Mieter eines Grundstücks, der etwa durch die Reklameeinwirkungen belästigt wird, nicht befugt, auf Grund dieser Bestimmung Rechte geltend zu machen, da ihm ein dingliches Recht an den Mieträumen nicht zusteht[3]). Gleichwohl kann auch der Mieter eines Grundstücks gegen den Störer vorgehen, und zwar, da er als Mieter Besitz an den Mieträumen hat, aus dem Gesichtspunkte der Besitzstörung. Ob Einwirkungen, die von einem anderen Grundstück ausgehen, überhaupt eine Besitzstörung sein können, ist streitig, jedoch in der Rechtsprechung, insbesondere vom Kammergericht[4]), bejaht worden. Das Kammergericht führt hierzu aus: „Nach § 858 BGB. ist verbotene Eigenmacht jede Handlung, durch die der Besitzer ohne seinen Willen in der Ausübung der tatsächlichen Gewalt beeinträchtigt wird, sofern die Handlung nicht ausnahmsweise gesetzlich gestattet ist. Daß die tatsächliche Gewalt im Sinne des § 854 BGB. auch durch Zuführung eines dauernden

---

1) JW. 1910, S. 150. 2) JW. 1905, 231.
3) RGZ. 54, 235. 4) OLG. 9, 295.

lärmenden Geräusches, welches dem Besitzer den Aufenthalt auf dem Grundstück unmöglich macht oder mit Rücksicht auf die ihm drohende Gesundheitsschädigung erschwert, erheblich beeinträchtigt werden kann, bedarf keiner weiteren Begründung. Eine Besitzstörung muß aber als ausgeschlossen gelten, sofern die störende Handlung ausnahmsweise gesetzlich gestattet ist. Eine solche Ausnahme ist aus § 906 auch für den entsprechenden Fall einer Besitzstörung zu entnehmen. Soweit nach dieser Bestimmung der Eigentümer Geräusche dulden muß, hat sie auch der Besitzer zu dulden; solche Geräusche bewirken also keine Besitzstörung."

Hieraus folgt, daß auch jeder, der an einem Grundstück oder Grundstücksteil Besitz hat, gegen störende Reklame vorgehen kann, sofern und soweit der Eigentümer gemäß §§ 903 ff. vorzugehen berechtigt wäre. Ob und inwieweit Mieter und Pächter an den Miets- bzw. Pachtgegenständen Besitz haben, ob insbesondere auch jemand, der etwa nur eine Giebelwand zu Reklamezwecken gemietet hat, Besitz an dieser Wand hat, wird in den Ausführungen im dritten Teil[1]) untersucht werden. Soweit der Mieter einer Giebelwand an ihr Besitz hat, würde er, wenn die Benutzung durch von einem Grundstück ausgehende Reklameeinwirkungen in nicht ortsüblicher Weise beeinträchtigt wird, auf Grund seines Besitzrechtes zur Klage legitimiert sein.

Das dem Mieter aus dem Besitze zustehende Recht, unzulässige Einwirkungen, die von Grundstücken ausgehen, zu verbieten, dürfte auch für die Entscheidung eines zwischen Rundfunkhörern und dem Besitzer einer Lichtreklamevorrichtung anhängig gewordenen Prozesses, der unlängst in der Presse besprochen wurde, in Frage kommen. Das von leuchtenden Röhren gebildete Reklameschild einer Badeanstalt erzeugte mit dem Aufflammen der Lichtbuchstaben bei Einbruch der Dunkelheit zur Hauptsendezeit des Rundfunks elektrische Wellen, die sich in den Radiogeräten der Nachbarschaft als ein fortgesetztes Sausen auswirkten und den Rundfunkempfang unmöglich machten. Obwohl die Technik Vorrichtungen geschaffen hat, durch die solche Störungen billig beseitigt werden können, weigerte sich der Besitzer der Badeanstalt, Abhilfe zu schaffen, weil für ihn eine rechtliche Verpflichtung nicht bestehe. Es kann keinem Bedenken unterliegen, daß ein Mieter, der seinen Radioapparat infolge von Einwirkungen nicht benutzen kann, im ruhigen Besitz seiner Wohnung gestört wird. Er kann daher gemäß § 859 BGB. wegen Besitzstörung gegen den Inhaber der Badeanstalt vorgehen, und es würde lediglich zu prüfen sein, ob die von der Badeanstalt ausgehende Einwirkung eine solche ist, welche auch der Eigentümer sich gefallen lassen müßte. Das dürfte aber zu verneinen sein. Es erscheint nämlich durchaus nicht ortsüblich, daß Eigentümer Einwirkungen dulden müssen, die nur deshalb belästigend wirken, weil die technischen Möglichkeiten zur Beseitigung der Belästigung nicht zur Anwendung gebracht werden. Die Rundfunkhörer würden aber auch berechtigt gewesen sein, sich an ihren Vermieter zu halten, da dieser ihnen gegenüber für den ungestörten Besitz der Mieträume haftet.

C. Rechtsansprüche.

Die Rechte, welche dem Eigentümer nach § 903 BGB. zustehen, ergeben sich aus § 1004 BGB. Danach kann der Eigentümer von dem Störer die Beseitigung der Be-

[1]) S. 339.

einträchtigung verlangen[1]) und wenn weitere Beeinträchtigungen zu besorgen sind, auf Unterlassung klagen. Trifft den Verletzer ein Verschulden, mußte oder konnte er voraussehen, daß die Einwirkung nach § 903 BGB. unter Berücksichtigung des § 906 BGB. eine unzulässige sein werde, so kann auch ein Anspruch auf Schadensersatz gemäß § 823 BGB. in Frage kommen, sofern ein tatsächlich entstandener Vermögensschaden dargelegt werden kann.

Die gleichen Ansprüche, nämlich auf Beseitigung bzw. bei Wiederholungsgefahr auf Unterlassung, hat auch gemäß § 862 BGB. der Besitzer. Auch der Besitzer hat, da der Besitz ein Recht im Sinne des § 823 BGB. ist, gegebenenfalls einen Anspruch auf Schadensersatz gemäß § 823 BGB.

---

[1]) Die besondere Bestimmung des § 26 RGO., die den Anspruch auf Beseitigung im besonderen Falle ausschließt (vgl. RGZ. 50, 225), kommt für das Gebiet der Reklame nicht in Betracht.

Dritter Teil.

Die rechtliche Natur der Reklamekundgebungen und der Reklamevertrag.

In dem ersten und zweiten Teile dieses Buches sind die gesetzlichen Bestimmungen behandelt, welche für Reklamekundgebungen in Betracht kommen. Dort ist gezeigt worden, welche Vorschriften für die Wahl des Objekts der Reklame gegeben und welche öffentlich-rechtlichen und privatrechtlichen Beschränkungen den Reklamekundgebungen gesetzt sind.

Der vorliegende dritte Teil handelt von den privatrechtlichen Beziehungen, welche aus Reklamekundgebungen erwachsen und welche den Gegenstand eines Reklamevertrages bilden. Die Ausführungen dieses Teiles haben sich also nach zwei Richtungen zu bewegen. Einmal ist die rechtliche Natur der Reklamekundgebungen zu untersuchen, d. h. es ist zu prüfen, ob bzw. welche Rechte sich für das Publikum aus den an dieses gerichteten Reklamekundgebungen ergeben. Sodann ist der Reklamevertrag zu behandeln, d. h. es sind die Rechte und Pflichten zu erörtern, welche entstehen, wenn die Kundgebung einer Reklame den Gegenstand vertraglicher Vereinbarung bildet.

Erster Abschnitt.

Die rechtliche Natur der Reklamekundgebungen.

I. Begriff der „Offerte an das Publikum".

Reklamekundgebungen können, wie im zweiten Teile dargetan worden ist, auf die mannigfaltigste Weise erfolgen. Sie können mündlich oder schriftlich geschehen, sie können auch als Veranstaltungen ins Werk gesetzt werden. Bei jeder dieser Erscheinungsformen können die Reklamekundgebungen die verschiedenartigste Gestaltung erfahren. Je nach dem Inhalt, welchen der Reklametreibende der Kundgebung gibt, wird zu beurteilen sein, ob für das Publikum, an welches sie gerichtet ist, Rechte aus ihr erwachsen oder nicht.

Besteht die Kundgebung lediglich in der Nennung des Reklameobjekts, beschränkt sie sich also darauf, wie es z. B. beim Ladenschild der Fall ist, auf die Firma oder auf den Gegenstand des Geschäfts hinzuweisen, so kann von irgendwelchen rechtlichen

Beziehungen, welche für den Reklametreibenden und das Publikum durch die Kundgebung entstehen könnten, nicht die Rede sein. Hier handelt es sich vielmehr bloß um eine öffentliche Mitteilung, welche im Verhältnis zwischen dem Mitteilenden und dem Publikum rechtlich bedeutungslos ist. Anders ist dagegen der Fall zu beurteilen, wenn in der Kundgebung bestimmte Waren oder Leistungen angeboten werden. Hier entsteht die Frage, ob in der Kundgebung lediglich eine Einladung an das Publikum liegt, Offerten zu machen, oder ob die Kundgebung bereits eine Offerte enthält, die lediglich der Annahme bedarf. Die Entscheidung dieser Frage ist praktisch von erheblichster Bedeutung. Liegt nur eine Einladung vor, Offerten zu machen, so hat es der Reklametreibende in der Hand, ob er die ihm vom Publikum zu machenden Offerten annehmen oder ablehnen will. Handelt es sich aber bei der Kundgebung um eine Offerte des Reklametreibenden, die lediglich der Annahme bedarf, so ist der Reklametreibende an diese gebunden. Für den Fall der Annahme der Offerte entsteht ein Vertrag, der Annehmende hat Anspruch auf Erfüllung evtl. auf Schadensersatz, falls der Reklametreibende nicht erfüllt.

Da die Reklamekundgebung an das Publikum gerichtet ist, bedarf es zunächst der Prüfung, ob eine Offerte überhaupt wirksam an eine unbestimmte Anzahl von Personen gerichtet werden kann. Diese Frage ist in der Literatur überaus bestritten. Gegen die Zulässigkeit einer an das Publikum gerichteten Offerte ist insbesondere eingewandt worden, daß eine Offerte im Rechtssinne nur vorliegen könne, wenn sie sich an eine bestimmte Person richte, an die sich der Offerent als seinen Vertragsgegner wende. Gegen diese früher herrschende Meinung hat sich zuerst Biermann[1]), der auch als erster die Bezeichnung „Offerte an das Publikum" formulierte, gewandt. Heute kann als herrschende Meinung angesehen werden, daß die Offerte an eine sich erst durch die Annahmehandlung bestimmende Person gerichtet sein kann, daß es also eine „Offerte an das Publikum" gibt[2]). Die Offerte wird als so lange laufend zu gelten haben, als sie nicht ausdrücklich oder durch konkludente Handlung zurückgezogen ist. Hat bis zur Annahme eine Zurückziehung nicht stattgefunden, so ist mit der Annahme ein Vertrag zustande gekommen.

II. Aufforderung zu Offerten und Offerten.

Als Kriterium dafür, ob im einzelnen Falle eine Offerte oder nur eine Aufforderung zur Offerte vorliegt, hat zu gelten, ob die Reklamekundgebung in einer Form erscheint, die auf die Bestimmung hinweist, unmittelbar angenommen zu werden und zum Vertragsschlusse zu führen. Dazu wird z. B. bei Kaufgeschäften Bestimmtheit der Sache und Bestimmtheit des Preises erforderlich sein.

Für die Entscheidung darüber, ob die Reklamekundgebung darauf hinweist, unmittelbar angenommen zu werden, also Offerte ist, oder ob sie nur zur Offerte einladen soll, ist die Verkehrsanschauung maßgebend. Der Ansicht Zimmermanns[3]), wonach die Entscheidung dieser Frage stets und allein nach dem Willen des Antragenden zu

---

[1]) In Iherings J. 1893, S. 292ff.

[2]) Vgl. Staudinger 1925, Anm. 2 zu § 614 BGB.; Zimmermann, Die Offerte an das Publikum, S. 3, und die dort zitierten Schriftsteller.

[3]) A. a. O. S. 50.

treffen sei, dürfte nicht beizutreten sein. Es kommt nicht allein darauf an, welchen Willen der Antragende hat, sondern wie er ihn zum Ausdruck bringt. Erscheint die Reklamekundgebung in einer Form, in der die Verkehrsanschauung eine Offerte erblickt, so liegt eine für den Reklametreibenden bindende Offerte vor. Er kann sich dann nicht dahinter verstecken, daß er tatsächlich nicht den Willen gehabt habe, eine Offerte abzugeben. Geheime Wünsche und Absichten sind im Rechtsleben unbeachtlich.

A. Aufforderung zur Offerte.

Da über die Rechtsnatur der Reklamekundgebung die Verkehrsanschauung entscheidet, ist es Tatfrage, ob im einzelnen Falle eine Offerte oder eine Aufforderung zur Offerte vorliegt.

1. Persönliche Dienste.

Nach der Verkehrsanschauung ist das Vorliegen von Offerten in der Regel zu verneinen, wenn es sich um Ankündigungen handelt, bei denen die Persönlichkeit des einen Vertragsteiles für den anderen in Betracht kommt. Ist die Reklamekundgebung darauf gerichtet, daß jemand die Leistung persönlicher Dienste sucht oder daß jemand persönliche Dienste anbietet, so wird in einer solchen Ankündigung, auch wenn sie im übrigen völlig bestimmt ist, keine Offerte zu erblicken sein. Hier spielt das persönliche Moment eine große Rolle. Derjenige, der persönliche Dienste in Anspruch nimmt, oder derjenige, der solche anbietet, will wissen, mit wem er es zu tun hat.

2. Kaufgesuche.

Kaufgesuche werden in den seltensten Fällen als Offerten anzusehen sein. Die Kundgebung wird meist so gehalten sein, daß entweder der Preis oder die Ware unbestimmt sind. Der Suchende wird entweder, da er billig kaufen will, in der Kundgebung den anzulegenden Preis nicht nennen oder, wenn er ihn nennt, wird er vor Abschluß des Kaufes die Ware sehen wollen[1]).

3. Annoncen, Kataloge usw.

Nach der Verkehrsanschauung fehlt es auch an der Bestimmung, unmittelbar angenommen zu werden und zum Vertragsschlusse zu führen, wenn in Zeitungsannoncen, Preislisten, Katalogen, Prospekten, Anschlägen für Kauf-, Verkauf- oder Dienstleistungsanerbieten usw. Reklame gemacht wird. Hier fehlt es an der genügenden Kennzeichnung, um sie als Kaufanträge anzusehen. Nach der Verkehrsanschauung weisen diese Formen der Reklamekundgebungen nicht darauf hin, daß jedem einzelnen, der das Inserat liest oder dem der Katalog usw. zugesandt wird, eine Offerte gemacht werden soll. Sie sind vielmehr lediglich dazu bestimmt, zur Abgabe von Offerten einzuladen[2]).

---

[1]) Vgl. Biermann, a. a. O. S. 306.

[2]) Vgl. Kammergericht in JW. 1919, 325, welches aus den angegebenen Gründen entschieden hat, daß Zeitungsannoncen nicht Vertragsanträge enthalten, sondern nur Aufforderungen zu Offerten.

Sind diese Kundgebungen somit keine Offerten, so sind sie doch nicht rechtlich völlig belanglos. Wird im Hinblick auf sie verhandelt und abgeschlossen, so sind sie zur Auslegung des Vertrages heranzuziehen. In der Regel muß hierbei angenommen werden, daß alles, was in jenen Kundgebungen versprochen ist, in den hierauf geführten Verhandlungen als fortgesetzt zugesichert betrachtet wird und geleistet werden muß. Auch der andere Teil muß alles gegen sich gelten lassen, was in den Reklamekundgebungen enthalten ist. Dies gilt aber nicht für außergewöhnliche Bestimmungen, wie z. B. Abweichungen vom gesetzlichen Erfüllungsort, Unterwerfung unter einen besonderen Gerichtsstand, Ausschluß des Rechtswegs usw. Reklamekundgebungen sollen über das Reklameobjekt aufklären, sie sind aber nicht dazu da, daß in ihnen außergewöhnliche Vertragsbedingungen festgelegt werden[1]).

4. Auslage von Waren.

Die Auslage von Ware im Schaufenster gilt nach der Verkehrsanschauung im allgemeinen nicht als Offerte. Sie wird aber in der Regel als Offerte angesehen, wenn der ausgestellte Gegenstand mit einem Preise ausgezeichnet ist. In diesem Falle liegt Bestimmtheit der Sache und Bestimmtheit des Preises vor, so daß die Auslage nach der Verkehrsanschauung in der Regel darauf hinweist, unmittelbar angenommen zu werden. Das gilt aber nicht, wenn erkennbare Umstände, z. B. die Veranstaltung einer Schaufensterwoche, darauf hindeuten, daß die Ware insbesondere zu dekorativen Zwecken innerhalb bestimmter Zeit im Schaufenster bleiben soll[2]).

5. Gastwirtschaftsbetrieb.

Streitig ist, ob in der Kundgebung, welche auf die Eröffnung einer Gastwirtschaft oder deren Betrieb hinweist, eine Offerte an das Publikum zu erblicken ist. Biermann[3]) nimmt hier das Vorliegen einer Offerte an. Er stützt sich hierbei auf eine Entscheidung des Reichsgerichts[4]), wonach ein Gastwirt, der einen Wagen zu den ankommenden Zügen sendet, eine Offerte an die Reisenden macht, in dem Gasthause Unterkommen zu nehmen, nicht aber nur eine Aufforderung, Offerten zu machen. Biermann folgert weiter, es liege kein Grund vor, Wirte, die keinen Wagen zur Bahn senden, anders zu behandeln. Diese Ansicht Biermanns erscheint, ebenso wie die Entscheidung des Reichsgerichts, bedenklich. Das Senden des Hotelwagens an die Bahn dürfte schon deshalb nicht als Offerte anzusehen sein, weil es an jeder Bestimmtheit fehlt. Eine solche Bestimmtheit würde allenfalls anzunehmen sein, wenn es sich um ein Hotel mit Einheitspreisen handeln würde, in dem sämtliche Zimmer gleichartig sind. Diese Fälle sind jedoch überaus selten. Im allgemeinen sind die Preise je nach Größe und Lage der Zimmer verschieden. Es kann daher nicht angenommen werden, daß der ankommende Reisende, der einen Hotelwagen besteigt, sich ohne weiteres damit einverstanden erklärt, das Zimmer, das ihm der Hotelwirt anweist, zu nehmen und den vom Wirt verlangten üblichen Preis zu zahlen. Andererseits kann dem Hotelwirt nicht ohne weiteres zugemutet werden, jeden ihm vielleicht aus irgendwelchen Gründen

[1]) Staub-Koenige 1921, Anm. 13, Anhang zu § 361 HGB., und die dort zitierten Entscheidungen.

[2]) Staudinger, a. a. O., Anm. 2 zu § 145 BGB.

[3]) a. a. O. S. 302. [4]) SeuffArch. 35, Nr. 205.

mißliebigen Gast aufzunehmen. Es dürfte daher der Verkehrsanschauung entsprechen, in der Eröffnung und dem Betrieb einer Gastwirtschaft lediglich die Einladung zur Abgabe von Offerten zu erblicken. Bei der Untersuchung dieser Frage hat auszuscheiden, ob der Wirt etwa auf Grund von Polizeiverordnungen verpflichtet ist, jeden Reisenden aufzunehmen, ob also für ihn aus öffentlich-rechtlichen Gründen ein Kontrahierungszwang besteht, ähnlich wie er für die öffentlichen Verkehrsanstalten (Eisenbahn, Post, Telegraphenanstalt usw.) gilt.

Es ist kein Grund einzusehen, den Betrieb einer Gastwirtschaft anders zu behandeln wie sonstige Betriebe[1]).

B. Offerten.

1. Theateranzeigen usw.

Lebhaft umstritten ist weiter die Frage, ob in Theater-, Konzert- oder in anderen ähnlichen Reklameanzeigen Offerten an das Publikum zu sehen sind oder lediglich Einladungen zur Abgabe von Offerten. Hier wird das Vorliegen einer Offerte, solange die Einlaßkarten nicht etwa vergriffen sind, dann anzunehmen sein, wenn Leistung und Preis genügend bestimmt sind. Allerdings hat ein Theater-, Konzertsaal usw. verschiedene Kategorien von Plätzen, die mit verschiedenen Preisen bezahlt werden. Es werden von jeder Kategorie so viel Plätze angeboten wie vorhanden sind. Der Vertrag wird nicht erst dadurch geschlossen, daß das Billett ausgehändigt wird, sondern bereits dadurch, daß es verlangt wird[2]). Diese Ansicht dürfte der Verkehrsanschauung entsprechen. Werden Preis und Leistung durch den Unternehmer genügend bestimmt, so will er Offerten machen, die lediglich der Annahme bedürfen.

Die Ansicht Zimmermanns[3]), der Unternehmer teile nur der Allgemeinheit mit, daß an dem betreffenden Abend eine Vorstellung stattfinde, dürfte, wenn Leistung und Preis genügend bestimmt sind, unzutreffend sein.

Danach ist die vielbesprochene Frage zu entscheiden, ob einem Rezensenten, der die Vorstellungen eines Theaters wiederholt ungünstig beurteilt hat, der Verkauf eines Billetts verweigert werden darf. Es wird prinzipiell anzunehmen sein, daß diese Weigerung unzulässig ist. Mit dem Fordern des Billetts durch den Rezensenten ist der Vertrag zustandegekommen, er hat also Anspruch auf Erfüllung. Daraus folgt allerdings nicht, daß der Unternehmer auch verpflichtet ist, einem Rezensenten, der in Überschreitung der Grenzen der Kritik seine Stellung dazu mißbraucht, den Unternehmer oder das Theaterpersonal zu beleidigen oder zu verhöhnen, hierzu weitere Gelegenheit zu geben. Die an das Publikum gerichteten Anträge sind so auszulegen, wie Treu und Glauben mit Rücksicht auf die Verkehrssitte es erfordern[4]). Die Offerten des Unternehmers haben daher als unter der, wenn auch stillschweigenden Bedingung abgegeben zu gelten, daß seiner Bindung gewisse Grenzen gesetzt werden und daß er vor unbilligen oder unmöglichen Anforderungen bewahrt bleibt. Der Unternehmer kann daher den seine Stellung mißbrauchenden Rezensenten ebenso zurückweisen, wie er Betrunkenen, Geisteskranken, unreinlich Gekleideten oder Personen, welche das

---

[1]) So auch Zimmermann, a. a. O. S. 64.

[2]) Vgl. Biermann, a. a. O. S. 309. [3]) a. a. O. S. 63.

[4]) Darüber, daß § 157 BGB. nicht nur auf Verträge, sondern auch auf Anträge Anwendung findet, vgl. Staudinger, a. a. O., Anm. 5 zu § 157 und Anm. 3 zu § 145 BGB.

Theater lediglich besuchen wollen, um Unfug zu treiben oder die Vorstellung zu stören, den Einlaß verweigern darf.

2. Reise- und Transportgelegenheiten.

Als an das Publikum gerichtete Offerten sind die Reklameankündigungen von Reise- und Transportgelegenheiten anzusehen. Dies ist jedoch nur dann der Fall, wenn die Angaben derart bestimmt sind, daß sich aus ihnen alle wesentlichen Punkte, welche für den Abschluß in Betracht kommen, ergeben. Für Gesellschaftsfahrten dürfte dies allerdings nicht allgemein zutreffen, da hier evtl. die Persönlichkeit des Fahrgastes eine Rolle spielen kann.

3. Reklameschriftstücke.

Eine Offerte liegt weiter vor, wenn Reklameschriftstücke zur freien Mitnahme ausgelegt werden. Hier offeriert der Reklametreibende die Eigentumsübertragung an den, der den Gegenstand an sich nimmt.

4. Automaten.

Eine Offerte an das Publikum enthält auch die Aufstellung eines Automaten. Wer ein Geldstück einwirft, erhält die Ware bzw. die Leistung. Läge in der Aufstellung des Automaten nur eine Aufforderung zur Offerte, so wäre das Hineinwerfen des Geldstückes die Offerte. Dann würde es an der Annahme der Offerte fehlen. Eine solche muß aber vorliegen, da der Bezug von Waren oder Leistungen aus dem Automaten ein Vertrag und nicht ein einseitiges Rechtsgeschäft voraussetzt. Gerade die Betrachtung der Rechtsverhältnisse bezüglich der Automaten hat mit zu der Bejahung der Frage geführt, ob es eine Offerte „an das Publikum" gibt.

5. Zusendung unbestellter Ware.

Einer besonderen Betrachtung bedarf in diesem Zusammenhange die Reklamekundgebung, welche durch Zusendung unbestellter Ware an das Publikum erfolgt. Die Darstellung dieser Rechtsverhältnisse geschieht — das liegt im Rahmen des vorliegenden Buches — nur insoweit, als es sich dabei um eine Reklamebetätigung handelt. Es scheiden also diejenigen Fälle aus, in denen jemand bei einem bestehenden Vertragsverhältnis dem Kontrahenten andere als die bestellte Ware — eben unbestellte Ware — oder mehr als die bestellte Ware sendet. Diese Zusendungen sind nicht der Ausfluß einer Reklameabsicht, sondern sind Fälle der Nichterfüllung oder mangelhaften Erfüllung eines bestehenden Vertragsverhältnisses.

Im Vordergrunde der folgenden Betrachtungen soll der Fall stehen, daß jemand an ihm unbekannte Personen, deren Adressen er Adreß-, Telephonbüchern oder Kundenverzeichnissen entnimmt, Waren zusendet. Dies ist der am häufigsten vorkommende Fall der Reklame durch Zusendung unbestellter Ware. Danach wird der Fall gestreift, in dem jemand einem festen Kunden, der dauernd mit ihm in Geschäftsverbindung steht, Waren, Neuerscheinungen, Neuheiten auf dem Gebiete, in dem der Adressat sein Dauerkunde ist, zur Ansicht übersendet.

Nicht nur im Publikum, sondern auch in der Wissenschaft herrscht über die Natur der Rechtsverhältnisse bei Zusendung von unbestellter Ware große Unklarheit. Zunächst ist bei der Betrachtung der hier vorliegenden Rechtsverhältnisse der Fundamentgrundsatz festzustellen, daß im geltenden bürgerlichen Recht und regelmäßig im Handelsrecht mit wenigen Ausnahmen der Satz gilt: „Durch Schweigen wird eine Zustimmung nicht erklärt (qui tacet, consentire non videtur).“ Soweit nicht besondere Rechtsverhältnisse[1]) vorliegen und sich nicht aus besonderen Umständen oder Handelsusancen das Gegenteil ergibt, kann niemandem zugemutet werden, die Ablehnung einer unbestellten Ware, die ihm zugesandt wurde, zu erklären.

In der Zusendung unbestellter Ware ist von seiten des Zusenders ein Antrag auf Abschluß eines Kaufvertrages mit dem Adressaten und einer Übereignung der zugehenden Ware an diesen zu sehen. Die Offerte auf Abschluß der Einigung über den Eigentumsübergang ist unter der Bedingung abgegeben, daß der Adressat auch die gleichzeitig abgegebene Kaufofferte annimmt. Schweigt der Adressat auf eine solche Zusendung und nimmt er mit der zugesandten Ware nichts anderes vor, als daß er die Zustellung zwecks Feststellung, worum es sich handelt[2]), öffnet, so kommt zwischen dem Absender und ihm kein Vertrag zustande. Durch bloßes Schweigen auf die Zusendung kann der Empfänger zu nichts verpflichtet werden. Auch irgendwelche Androhungen oder Fristsetzungen des Absenders sind bedeutungslos. So ist es z. B. völlig gleichgültig und unbeachtlich, wenn der Absender der Zusendung ein Schreiben beilegt des Inhalts, daß, falls der Adressat ihm die Ware nicht innerhalb einer bestimmten Frist zurücksende, ein Kauf der Ware vorläge.

Der Empfänger darf bei Vermeidung von Schadensersatzverpflichtungen — wie unten noch näher dargestellt wird — die Ware nicht vorsätzlich oder fahrlässig beschädigen, verletzen oder aus seinem Gewahrsam entfernen. Es ist die Ansicht vertreten worden, daß der Empfänger der Ware durch ihr Vorhandensein in seinen Räumen in seinem Besitz an diesen gestört werde, diese Störung erfolge ohne seinen Willen. Er habe daher gegen den Absender einen Anspruch auf Beseitigung der Störung (§ 862 BGB.[3])), den er auch im Wege der Selbsthilfe nach § 859 BGB.[4]) verwirklichen könne, so daß er sich der Sache entledigen dürfe. Diese Ansicht dürfte irrig sein. Die Besitzstörungsklage aus § 862 BGB.[3]) und die Besitzwehr nach § 859 BGB.[4]) setzen eine

[1]) So z. B. im Falle der §§ 516, 663 BGB., 85, 362 HGB., die für die Zustellung von unbestellter Ware nicht in Betracht kommen.

[2]) Ist also die Zusendung z. B. eine Originalpackung, so ist ihr Inhalt ohne weiteres erkennbar. In dem Öffnen der Originalpackung könnte bereits die Annahme der Offerten erblickt werden.

[3]) § 862 BGB.: „Wird der Besitzer durch verbotene Eigenmacht im Besitz gestört, so kann er von dem Störer die Beseitigung der Störung verlangen. Sind weitere Störungen zu besorgen, so kann der Besitzer auf Unterlassung klagen.

Der Anspruch ist ausgeschlossen, wenn der Besitzer dem Störer oder dessen Rechtsvorgänger gegenüber fehlerhaft besitzt und der Besitz in dem letzten Jahre vor der Störung erlangt worden ist.“

[4]) § 859 BGB.: „Der Besitzer darf sich verbotener Eigenmacht mit Gewalt erwehren.

Wird eine bewegliche Sache dem Besitzer mittels verbotener Eigenmacht weggenommen, so darf er sie dem auf frischer Tat betroffenen oder verfolgten Täter mit Gewalt wieder abnehmen.

Wird dem Besitzer eines Grundstücks der Besitz durch verbotene Eigenmacht entzogen, so darf er sofort nach der Entziehung sich des Besitzes durch Entsetzung des Täters wieder bemächtigen.

Die gleichen Rechte stehen dem Besitzer gegen denjenigen zu, welcher nach § 858 Abs. 2 die Fehlerhaftigkeit des Besitzes gegen sich gelten lassen muß.“

wirkliche Beeinträchtigung des Besitzers in seinem Besitzrecht voraus. Dies wird aber bei dem im Verhältnis zu den Räumen meist kleinen Volumen der zugesandten Ware nicht der Fall sein. Liegen aber besondere Verhältnisse vor, die eine wirkliche Beeinträchtigung des Raumbesitzers an seinem Raum bedeuten, z. B. weil die zugesandte Ware ein großes Volumen oder einen unangenehmen Geruch hat oder gefährlich ist, so kann die Sache weggeworfen werden. Ob derartige besondere Verhältnisse vorliegen, ist vom Standpunkt des Empfängers zu beurteilen. In diesem Falle begeht er durch das Wegwerfen der Ware keine unerlaubte Handlung, die ihn nach § 823 BGB. zu Schadensersatz verpflichten würde. Auf Grund des § 859 BGB.[1]) ist er in diesen Fällen zu einer solchen Handlung berechtigt. Er handelt daher nicht widerrechtlich[2]).

Im allgemeinen darf sich also der Empfänger der unbestellt zugesandten Ware nicht einfach entledigen. Da der Absender aber stets einen Herausgabeanspruch an den Adressaten hat, der sich entweder — wie unten noch untersucht wird — auf §§ 867[3]), 1005 BGB.[4]) oder auf § 985 BGB. stützt, kann der Empfänger sich der Ware auf folgendem Wege entledigen. Der Empfänger der Ware ist gegenüber dem Absender dessen Schuldner bezüglich seines Herausgabeanspruchs. Dieser ist insoweit sein Gläubiger. Setzt der Empfänger dem Absender eine Frist zur Abholung und läßt dieser die Frist fruchtlos verstreichen, so gerät er als Gläubiger in Annahmeverzug. Der Empfänger kann dann die Sache hinterlegen oder durch einen an seinem Wohnsitz bestellten Gerichtsvollzieher oder zu Versteigerungen befugten anderen Beamten oder öffentlich angestellten Versteigerer öffentlich versteigern lassen (§§ 372[5]), 382 ff. BGB.). Die hiernach zulässige Versteigerung ist allerdings wegen der damit verbundenen Kosten im Vergleich zu dem meist geringen Wert der Sache praktisch untunlich. Das Hinterlegungsrecht des Adressaten wird nicht in Frage kommen, da die zugesandte Ware wohl kaum in Geld, Wertpapieren, Urkunden oder sonstigen Kostbarkeiten bestehen wird, die nach § 372 BGB. allein hinterlegungsfähig sind. Allerdings können die Landesgesetze nach Art. 146 EGBGB. auch andere Sachen für hinterlegungsfähig

[1]) Siehe Anm. 4 S. 318.

[2]) Vgl. dazu Lange, Die rechtliche Natur der unbestellten Zusendungen, Berlin 1907, S. 62, und Friedheim, Die Zusendung unbestellter Ware nach neuem Deutschen Handelsrecht, Dissertation, Rostock 1903, S. 81.

[3]) § 867 BGB.: „Ist eine Sache aus der Gewalt des Besitzers auf ein im Besitz eines anderen befindliches Grundstück gelangt, so hat ihm der Besitzer des Grundstücks die Aufsuchung und Wegschaffung zu gestatten, sofern nicht die Sache inzwischen in Besitz genommen worden ist. Der Besitzer des Grundstücks kann Ersatz des durch die Aufsuchung und die Wegschaffung entstehenden Schadens verlangen. Er kann, wenn die Entstehung eines Schadens zu besorgen ist, die Gestattung verweigern, bis ihm Sicherheit geleistet wird; die Verweigerung ist unzulässig, wenn mit dem Aufschube Gefahr verbunden ist."

[4]) § 1005 BGB.: „Befindet sich eine Sache auf einem Grundstücke, das ein anderer als der Eigentümer der Sache besitzt, so steht diesem gegen den Besitzer des Grundstücks der im § 867 bestimmte Anspruch zu."

[5]) § 372 BGB.: „Geld, Wertpapiere und sonstige Urkunden sowie Kostbarkeiten kann der Schuldner bei einer dazu bestimmten öffentlichen Stelle für den Gläubiger hinterlegen, wenn der Gläubiger im Verzuge der Annahme ist. Das gleiche gilt, wenn der Schuldner aus einem anderen, in der Person des Gläubigers liegenden Grunde oder in Folge einer nicht auf Fahrlässigkeit beruhenden Ungewißheit über die Person des Gläubigers seine Verbindlichkeit nicht oder nicht mit Sicherheit erfüllen kann."

erklären, dies ist aber in Preußen in der Hinterlegungsordnung v. 21. IV. 1913 (Ges. S. 225) nicht geschehen.

Die Ansicht[1]), daß in der Nichterklärung der Annahmeverweigerung durch den Adressaten gegenüber dem überbringenden Postbeamten oder sonstigen Boten der Abschluß eines Verwahrungsvertrages zwischen Absender und Adressaten läge, da der Grundsatz von Treu und Glauben (§§ 157, 242 BGB.) die Erklärung der Annahmeverweigerung verlange, erscheint irrig. Zunächst sind die zur Stützung dieser Ansicht herangezogenen Entscheidungen unrichtig zitiert[2]) oder unzutreffend ausgelegt. Beer zitiert das Reichsgericht in RGZ. 11, 36. Hier handelt es sich um einen Kauf auf Probe, bei dem das Reichsgericht eine Aufbewahrungspflicht für den Käufer mit Recht annimmt. Bei dem Kauf auf Probe, der einen zwischen beiden Parteien abgeschlossenen Vertrag voraussetzt, durch den der Käufer Pflichten übernommen hat, liegen die Verhältnisse ganz anders als bei der Zusendung unbestellter Ware. Hier fehlt es an jedem Vertragsverhältnis. Der Adressat hat die Ware zugesandt erhalten, ohne vorher auch nur gefragt zu sein. Ferner ist nicht unbestritten, ob auf noch nicht abgeschlossene Verträge die §§ 157, 242 BGB., aus denen Beer den Abschluß des Verwahrungsvertrages allein herleiten will, angewendet werden können[3]). Aber abgesehen davon erscheint die Annahme des Zwanges zur sofortigen Annahmeverweigerung gegenüber dem Postbeamten oder sonstigen Boten als eine unerträgliche Anforderung an den Adressaten. Die Konsequenzen, zu denen die Ansicht Beers führen würde, sind unhaltbar. Wird z. B. die Post von Kindern oder vom Dienstpersonal entgegengenommen, wie dies häufig vorkommt, so würde diesen die Entscheidung darüber aufgebürdet werden, ob die Ware anzunehmen oder abzulehnen ist. Oder, um ein anderes Beispiel zu wählen: Die unbestellten Waren haben häufig kein sehr großes Volumen. Steckt der Postbeamte die ankommende Post, in der sich die Zusendung befindet, ohne zu läuten in einen sog. Briefkasten des Empfängers, wie soll der Adressat, der von dem Hineinstecken in den Briefkasten gar nichts ahnt, die Annahme verweigern? Schließlich dürfte aber die Ansicht Beers, selbst wenn man den von ihm konstruierten Grundsatz annehmen wollte, noch an folgendem scheitern: Regelmäßig kommt in der Zusendung nur der Wille des Absenders, die Ware zum Verkauf anzubieten, zum Ausdruck. Geheime Wünsche einer Partei sind im Rechtsleben für die Auslegung eines Rechtsgeschäftes unbeachtlich. Von seiten des Absenders liegt also erkennbar nur eine Kaufofferte, aber keine Offerte auf Abschluß eines Verwahrungsvertrages vor. In der Nichtablehnung kann daher die Annahme einer Offerte auf Abschluß eines Verwahrungsvertrages nicht liegen. Nimmt man trotz all dieser Bedenken mit Beer den Abschluß eines Verwahrungsvertrages an, so muß der Adressat die zugesandte Ware mit derselben Sorgfalt verwahren und aufheben wie seine eigenen Sachen (§ 690 BGB.[4])); tut er dies nicht, so macht er sich schadensersatzpflichtig.

[1]) Beer, Die Zusendung unbestellter Ware in DJZ. 1901, 303, dem sich Manthey in Recht 1901, 513 Über die Pflichten des Empfängers unbestellt zur Ansicht übersandter Waren, anschließt.

[2]) Manthey zitiert pr. Obertribunal in Strieth 97, 88. Eine solche Entscheidung ist nicht auffindbar. [3]) Vgl. Anm. 4 S. 316.

[4]) § 690 BGB.: „Wird die Aufbewahrung unentgeltlich übernommen, so hat der Verwahrer nur für diejenige Sorgfalt einzustehen, welche er in eigenen Angelegenheiten anzuwenden pflegt."

Liegen also keine besonderen Umstände vor, so wird zwischen Adressaten und Absender durch die bloße Annahme der Ware kein Vertrag abgeschlossen. Aus besonderen Umständen kann aber auf eine Annahme der Offerte durch den Adressaten geschlossen werden. Solche besonderen Umstände, in denen eine Annahme regelmäßig zu sehen ist, bilden vor allem solche Handlungen des Adressaten, die auf einen Willen zum Ge- oder Verbrauch der zugesandten Ware schließen lassen. Man hüte sich also, wenn man die Ware nicht behalten will, sie zu probieren oder zu verschenken, das zugesandte Buch aufzuschneiden, die in dem Postpaket enthaltene Originalpackung zu öffnen usw. In solchen Handlungen kann eine Annahme der Offerte erblickt werden, die die Verpflichtung zur Zahlung des Kaufpreises nach sich zieht.

Der Adressat ist also, da zwischen ihm und dem Absender keinerlei Vertragsbeziehungen durch die Zusendung und durch sein Schweigen auf diese entstehen, zu keinerlei positivem Tun verpflichtet. Er kann natürlich dem Absender die Ware auf dessen Kosten zurücksenden, nachdem er den Absender, evtl. durch unfrankierte Postkarte, zur Abholung aufgefordert hat[1]). Hierzu besteht aber keinerlei Rechtspflicht, auch wenn der Absender unter Beilegung des Portos darum bittet. Auf „Mahnbriefe" des Absenders braucht der Empfänger nicht zu antworten.

Hat der Empfänger irgendwelche Unkosten bezüglich der unbestellt zugesandten Ware, z. B. Aufbewahrungskosten, Schadensersatzansprüche, so hat er gegenüber den unten noch näher zu betrachtenden Herausgabe- bzw. Abholungsansprüchen des Absenders nach §§ 867, 1005 oder 985 BGB. an der Ware wegen seiner Ansprüche ein Zurückbehaltungsrecht nach § 273 II BGB. Zu beachten ist aber, daß dieses Zurückbehaltungsrecht als Einrede im Prozeß geltend gemacht werden muß. Dies ist in der Stellung des Klageabweisungsantrages nicht[2]) zu sehen; denn die Geltendmachung des Zurückbehaltungsrechts führt im Herausgabeprozeß nicht zur Klageabweisung, sondern hat nur die Wirkung, daß der Empfänger Zug um Zug gegen Erstattung seiner Unkosten durch den Absender zur Herausgabe verurteilt wird (§ 274 BGB.).

Die übrigen Rechtsbeziehungen zwischen Absender und Adressaten entscheiden sich aus der Beantwortung der Frage, ob der Adressat als Besitzer der unbestellt zugesandten Ware anzusehen ist oder nicht.

Die Frage, ob der Adressat Besitzer der ihm unbestellt zugesandten Ware geworden ist, läßt sich prinzipiell nicht lösen, sie muß für jeden einzelnen Fall nach den allgemeinen Regeln über den Besitzerwerb entschieden werden. Im allgemeinen ist anzunehmen, daß der Adressat nicht als Besitzer anzusehen ist, wenn ihm die Zusendung unwillkommen ist. Zum Besitzerwerb gehört nämlich nach der richtigen und wohl als herrschend anzusehenden Meinung, daß der Erwerber einen — wenn auch nicht speziell bestimmten — tatsächlichen — nicht juristisch qualifizierten — Willen auf Besitzbegründung hat. Der Besitzer braucht, um den Besitz an einzelnen Sachen zu erlangen, nur den tatsächlichen Willen zu haben, Sachen, die in gewisse Beziehungen zu ihm treten, haben zu wollen. Der Wille braucht nicht von einem Geschäftsfähigen auszugehen, da es nicht — wie schon hervorgehoben — eines juristischen qualifizierten

[1]) Ebenso Düringer-Hachenburg, Handelsgesetzbuch, 2. Aufl., S. 11.

[2]) Vgl. Crisolli, Zurückbehaltungsrecht, in Handwörterbuch der Rechtswissenschaft von Stier-Somlo-Elster, Bd. VI, S. 1057.

Willens bedarf, sondern nur eines tatsächlichen Habenwollens. Da aber der Adressat, wenn ihm eine ihm unwillkommene Ware zugesandt wird, die Ware gar nicht „haben will", so ist er unter Voraussetzung, daß ihm die Sache unwillkommen ist, im Durchschnitt nicht als Besitzer anzusehen. Die Meinungen darüber, ob der Adressat den Besitz erlangt, sind in der Literatur sehr geteilt. Eine Rechtsprechung ist bisher nicht bekanntgeworden[1]).

Ist der Adressat nicht Besitzer der Ware, so ist der Absender Besitzer geblieben. Der Adressat ist nur Gewahrsamsinhaber geworden. Diese Folgerung erscheint zunächst verwunderlich, wenn man z. B. den Fall annimmt, daß die unbestellt zugesandte Ware vom Postboten in den Briefkasten des Adressaten geworfen wird. Hier ist der Adressat Besitzer des Briefkastens, der Inhalt — die unwillkommen zugesandte Ware — bleibt aber im Besitz des Absenders. Solche Fälle, daß der eine den Kasten, der andere den Inhalt bzw. einen Teil desselben besitzt, sind durchaus nicht selten[2]). Man denke z. B. an den Vermieter eines Safefaches.

Der nicht besitzende Adressat ist für eine Klage des Absenders auf Herausgabe der Ware aus dem Eigentum des Absenders nach § 985 BGB. nicht passiv legitimiert; denn die Voraussetzung dieser Klage ist, daß der nichtbesitzende Eigentümer gegen den besitzenden Nichteigentümer klagt. Dies ist im vorliegenden Falle nicht gegeben. Weder hat der Eigentümer seinen Besitz verloren noch hat der Nichteigentümer Besitz. Der Absender hat aber[3]) den Abholungsanspruch nach §§ 867, 1005 BGB. Nach diesen Gesetzesvorschriften darf der Absender beanspruchen, daß ihm das Betreten der Wohnung gestattet und ihm ferner erlaubt wird, daß er die Ware dort sucht und abholt. An dieser klaren Gesetzesvorschrift ist nicht vorbeizukommen. Es ist daher unverständlich, wenn Josef[4]) erklärt, der dem Absender nach § 867 BGB. gegebene Anspruch sei bei so kleinen Wertgegenständen, wie bei den zugesandten Waren, offenbar unpraktisch. Josef ist ferner der Ansicht, daß, falls die Ware Personen, die keine abgesonderten Wohnräume besitzen — wie Hauskindern und Angestellten —, zugesandt ist, der Abholungsanspruch aus § 867 BGB. nicht gegeben sei. Namentlich die letzte Ansicht dürfte irrig sein. Voraussetzung der §§ 867, 1005 BGB. ist nur, daß die Ware auf das Grundstück geraten ist.

Die Durchführung der Ansprüche des Absenders aus §§ 867, 1005 BGB. erfährt praktisch eine Erschwerung dadurch, daß der Hauseigentümer oder der Mieter der Wohnung, in die die unbestellte Ware gelangt ist, von dem abholenden Absender verlangen kann, daß derselbe jeden Schaden, der durch die Aufsuchung und Wegschaffung der Ware entsteht, ersetzt. Vor allem aber können die genannten Personen die Gestattung der Aufsuchung verweigern, bis ihnen für den etwa entstehenden Schaden Sicherheit geleistet ist (§ 867, 1005 BGB.). Die Vorschrift, daß die Verweigerung der Gestattung vor Sicherheitsleistung unzulässig sei, wenn mit dem Aufschube Gefahr verbunden sei, kann bei Abholung von unbestellter Ware wohl kaum jemals vorliegen.

---

[1]) Vgl. im übrigen vor allem über die vorstehende Frage: Endemann, Lehrbuch des Bürgerlichen Rechts, § 35, Anm. 6ff.; Frank, Besitzwille, Bonn 1898; Rotering im Bürgerlichen Arch. 27, 83; Wendt, Besitz und Besitzwille, S. 14f.; Wolff, Sachenrecht, § 10, S. 29.

[2]) Worauf Wolff a. a. O. Anm. 2 bereits richtig hinweist.

[3]) Darauf weist Staudinger Anm. 4 zu § 146 BGB. hin.

[4]) In DJZ. 1901, 384.

Als weitere Folge der Annahme, daß der Empfänger nicht Besitzer der Ware geworden ist, ergibt sich, daß er nach § 823 BGB. zu Schadensersatz verpflichtet ist, wenn er die Ware vorsätzlich oder fahrlässig beschädigt[1]). Dies wird auch in der herrschenden Lehre angenommen[2]). Nicht richtig erscheint es, wie teilweise angenommen wird, daß man nach Treu und Glauben in einer vorsätzlichen Beschädigung oder Vernichtung der Ware die Annahme der Kauf- und Eigentumsübertragungsofferte des Absenders annehmen müsse. Dies kann manchmal vorliegen, braucht aber keinesfalls stets der Fall zu sein. In der Beschädigung oder Vernichtung der zugesandten Ware ist dann die Annahme der Offerten zu erblicken, wenn die Beschädigung oder Vernichtung in dem bestimmungsmäßigen Ge- oder Verbrauch der Sache liegt. Wer ein ihm zugesandtes Buch aufschneidet, beschädigt es; wer ihm zugesandte Zigarren aufraucht, vernichtet sie. In diesen Handlungen ist neben der Sachbeschädigung auch nach Treu und Glauben die Annahme der Offerten zu sehen, so daß der diese Handlungen begehende Empfänger den Kaufpreis zu zahlen hat. Anders liegen die Fälle aber, wenn der Empfänger die Ware in anderer Weise als in bestimmungsmäßigem Ge- oder Verbrauch beschädigt oder verletzt, z. B. die zugesandten Zigarren im Ofen verbrennt. Hier kann wohl kaum eine Annahme der Offerte als vorliegend angesehen werden, da der Adressat so handelt, weil er die Ware nicht kaufen will. Hier steht dem Absender nur der Weg nach § 823 BGB. offen. Nach § 823 BGB. haftet der Adressat für jeden Vorsatz und jede Fahrlässigkeit bei Verletzung oder Vernichtung der Sache. Dies erscheint zunächst unbillig. Die gerechte Lösung ist in der Heranziehung des § 254 BGB. zu finden. § 254 BGB. schreibt nämlich vor, daß, falls bei der Entstehung des Schadens ein Verschulden des Beschädigten mitgewirkt hat, die Verpflichtung zum Schadensersatze und der Umfang des zu leistenden Schadens von den Umständen abhängt. Der Absender der unbestellt zugesandten Ware hat zweifellos zur Beschädigung oder Vernichtung der Ware durch deren Zusendung mitgewirkt. Wer unbestellte Ware in die Welt sendet, muß von vornherein damit rechnen, daß die Ware nicht pfleglich behandelt wird. Er muß sich darüber klar sein, daß die Ware vom Empfänger nicht mit aller im Verkehr erforderlichen Sorgfalt behandelt wird. Unter Anwendung des § 254 BGB. kann man richtigerweise wohl nur zu dem Ergebnis kommen, daß der Empfänger nnr für Ersatz derjenigen Verletzungen haftet, die er vorsätzlich begeht, während die fahrlässigen Beschädigungen an der Ware durch das mitwirkende Verschulden des Absenders abgegolten sein dürften. Zu beachten aber ist vor allem, daß, wenn man unter Ablehnung der von Beer und Manthey[3]) vertretenen Ansicht annimmt, daß zwischen Adressaten und Absender kein Vertragsverhältnis zustande kommt, der Empfänger sich bei etwaigen Beschädigungen, die von seinem Dienstpersonal durch unerlaubte Handlungen verursacht worden sind, mit dem fast stets durchgreifenden Exkulpationsbeweis des § 831 BGB. von jeder Schadenersatzpflicht befreien kann, während er bei der Konstruktion als Verwahrungsvertrag für jede von seinem Dienstpersonal begangene

---

[1]) Daß der Empfänger sich aber mitunter — freilich nur in Ausnahmefällen — durch die nach § 859 BGB. erlaubte Besitzwehr der Sache ohne jede Schadensersatzpflicht entledigen darf, ist oben auf S. 319 bereits angeführt.

[2]) Anderer Ansicht scheinbar mit nicht überzeugender Begründung Josef in DJZ. 1901, 383.

[3]) DJZ. 1901, 383 und Recht 1901, 513.

vorsätzliche oder fahrlässige Handlung nach § 278 BGB. haftet, sobald die Ware schlechter als die eigenen Sachen des Empfängers behandelt werden.

Ist der Adressat dagegen Besitzer geworden, so ist er nach § 985 BGB. verpflichtet, die Sache an den Absender auf sein Verlangen herauszugeben. Hier ist er für die Eigentumsherausgabeklage passiv legitimiert. Wird er verklagt, solange er im Besitze der Ware ist, so erkenne er den Klageantrag, evtl. unter Geltendmachung des oben[1]) besprochenen Zurückbehaltungsrechts wegen der Unkosten, an; dann treffen den Absender nach § 93 ZPO. die Kosten, wenn der Adressat dem Absender keine Veranlassung zur Klage gab. Dies ist aber der Fall, wenn der Empfänger einem Boten des Absenders die Herausgabe verweigerte. Wohl aber hat der Empfänger dem Absender keine Veranlassung zur Klageerhebung lediglich dadurch gegeben, daß er dem Absender die Sachen trotz Beifügung von Porto nicht zurücksandte.

Die Herausgabe — auch wenn sie auf Grund des Urteils im Herausgabeprozeß erfolgt — kann nur am Orte, an dem sich die Ware befindet — also beim Empfänger —, verlangt werden. Der Absender hat nicht das Recht, die Zusendung der Ware zu verlangen. Der Absender hat auch die etwaigen Kosten der Abholung zu tragen[2]).

Dagegen hat der Absender den Abholungsanspruch nach §§ 867, 1005[3]) BGB. nicht, wenn der Empfänger Besitzer der Ware geworden ist, da dieser Anspruch nur so lange besteht, als die Sache noch nicht in den Besitz eines anderen gelangt ist. Der Absender kann aber verlangen, da er zur Klage auf Herausgabe berechtigt ist, daß der Adressat die Sache in der Wohnung des Adressaten zur Besichtigung vorlegt oder ihm die Besichtigung derselben gestattet, jedoch trägt auch hier der Absender die Kosten der zur Erfüllung seines Anspruchs notwendigen Handlungen, und der Adressat kann die Erfüllung des Anspruchs verweigern, bis ihm Sicherheit geleistet ist (§§ 809[4]), 811[5]) BGB.).

In der Literatur wird meist angenommen, daß der Empfänger der Ware, der deren Besitzer geworden ist, ebenso wie in dem vorhergehenden Fall, wo er nicht Besitzer der Ware geworden ist, für unerlaubte Handlungen nach § 823 BGB. haftet. Dies ist aber nach der ständigen Rechtsprechung nicht der Fall. Denn nach der Rechtsprechung kommen für unerlaubte Handlungen des Besitzers gegenüber dem Eigentümer die §§ 823 ff. BGB. direkt nicht zur Anwendung. Die Schadensersatzverpflichtungen des Besitzers werden allein durch die §§ 987 ff. BGB. geregelt, und nur insoweit diese Gesetzesvorschriften auf die §§ 823 ff. BGB. verweisen, kommen diese zur Anwendung. Nach §§ 987 ff. BGB. haftet der Besitzer für Schadensersatz wegen Verletzung der Sache

---

1) Auf S. 321. 2) So herrschende Meinung; vgl. Planck, Anm. 29 zu § 985.

3) Den Text der §§ 867, 1005 BGB. vgl. S. 319.

4) § 809 BGB.: „Wer gegen den Besitzer einer Sache einen Anspruch in Ansehung der Sache hat oder sich Gewißheit verschaffen will, ob ihm ein solcher Anspruch zusteht, kann, wenn die Besichtigung der Sache aus diesem Grunde für ihn von Interesse ist, verlangen, daß der Besitzer ihm die Sache zur Besichtigung vorlegt oder die Besichtigung gestattet."

5) § 811 BGB.: „Die Vorlegung hat in den Fällen der §§ 809, 810 an dem Orte zu erfolgen, an welchem sich die vorzulegende Sache befindet. Jeder Teil kann die Vorlegung an einem anderen Orte verlangen, wenn ein wichtiger Grund vorliegt.

Die Gefahr und die Kosten hat derjenige zu tragen, welcher die Vorlegung verlangt. Der Besitzer kann die Vorlegung verweigern, bis ihm der andere Teil die Kosten vorschießt und wegen der Gefahr Sicherheit leistet."

nur von Rechtshängigkeit der Eigentumsherausgabeklage nach § 985 BGB. oder wenn der Besitzer schlechtgläubig ist. Schlechtgläubig ist der Empfänger einer unbestellt zugesandten Ware aber nicht, da er zum Besitzerwerbe berechtigt sein sollte. Hiernach würde der Empfänger für an den zugesandten Waren von ihm begangene unerlaubte Handlungen nur dann haften, wenn sie von ihm begangen wurden, nachdem der Absender ihn auf Herausgabe der Gegenstände verklagt hat. Dies wäre aber eine unbillige Lösung, da der besitzende Empfänger damit viel besser gestellt wäre als der Nichtbesitzende. Eine gerechte Lösung bietet die Theorie von Wolff[1]), nach der auch bei redlichem Besitz § 823 BGB. nur dann nicht zur Anwendung kommt, wenn der Besitzer bei den von ihm vorgenommenen Eingriffen in das Eigentum im Rahmen seines Besitzrechtes, d. h. innerhalb seiner Machtbefugnisse, handelt. Überschreitet der Besitzer diese Grenze, so haftet er nach § 823 BGB. wie jeder andere. Der Empfänger der unbestellten Ware ist ein Besitzer, der bezüglich der Sache keine Machtbefugnisse hat. Er weiß genau, daß er, falls er die Sachen nicht kaufen will, sie nicht ge- oder verbrauchen darf. Ebenso darf er die Sachen nicht verletzen und vernichten, denn sein Besitzrecht gibt ihm keine Befugnisse hinsichtlich der Ware. Hiernach haftet also auch der besitzende Warenempfänger genau so wie der Nichtbesitzende für jede von ihm an der unbestellt zugesandten Ware vorgenommene Beschädigung oder Vernichtung. Auf seine Schadensersatzverpflichtung finden auch die §§ 254, 831 BGB. Anwendung[2]).

Das Ergebnis der vorstehenden Ausführungen ist also: Der Adressat oder Empfänger einer unbestellt zugesandten Ware kann sich ohne jegliche Gefahr jeden positiven Tuns enthalten. Er muß die Ware aber dem abholenden Absender herausgeben. Der Empfänger ist bei Vermeidung der Verpflichtung zur Zahlung des Kaufpreises nicht berechtigt, irgendeine Handlung zu begehen, die einen Ge- oder Verbrauch der Ware darstellt oder sich einem solchen auch nur nähert, da hierin leicht eine Annahme der Offerten des Absenders gesehen werden kann. Schließlich hat sich der Empfänger auch jeder schädigenden Einwirkung auf die Sache zu enthalten, da die Anwendung des § 254 BGB. in der Auslegung einen weiten Spielraum läßt.

Anders als bei der besprochenen Zusendung von unbestellter Ware an das große und dem Absender unbekannte Publikum liegen die Verhältnisse, wenn der Absender, zwar auch unbestellt, einem ihm bekannten Kundenkreis, mit dem er bereits in mehr oder minder langer Geschäftsverbindung steht, Waren zusendet, von denen er aus seinen Erfahrungen mit der Kundschaft annimmt, daß die Kundschaft für sie Interesse habe. Diese Fälle sind im allgemeinen nicht als Reklamebetätigung des Absenders anzusehen. Im Rahmen des vorliegenden Buches sei deshalb nur so viel gesagt, daß hier die Verhältnisse nach dem Einzelfall zu beurteilen sind. Hier wird im allgemeinen angenommen, daß der Empfänger Besitzer der zugesandten Ware wird und daß hier wohl nach Treu und Glauben zwischen dem Absender und Empfänger ein Verwahrungsvertrag zu stande kommt. Hier muß also der Empfänger neben seiner Haftung aus unerlaubter Handlung aus § 823 BGB., bei der er sich aber wegen schadenstiftender Handlung

---

[1]) Sachenrecht, § 85, 1. Diese Theorie hat jetzt auch das Reichsgericht (RGZ. 101, 310) anerkannt.

[2]) Vgl. darüber oben S. 323.

seiner Angestellten nach § 831 BGB. exkulpieren kann, die zugesandte Ware nach § 690 BGB.[1]) mit der Sorgfalt aufbewahren, welche er in eigenen Angelegenheiten anzuwenden pflegt, wobei er sich bei Verletzung dieser Sorgfaltspflicht durch seine Angestellten nicht exkulpieren kann, sondern dafür nach § 278 BGB. einzustehen hat[2]).

Zweiter Abschnitt.

Der Reklamevertrag.

In diesem Abschnitte werden nur die privatrechtlichen Rechtsbeziehungen der bei der Ausübung der Reklame beteiligten Personen behandelt. Die Rechtsbeziehungen, die zwischen einem eine Reklame Ausübenden und dem Staat oder einer Kommune als Träger von staatlichen Hoheitsrechten — aber nicht als Rechtspersonen des Privatrechts — bestehen, haben daher hier auszuscheiden. Es handelt sich also in den folgenden Ausführungen nicht um diejenigen Rechtsbeziehungen, die das Rechtsverhältnis zwischen dem einzelnen, der eine Reklame ausübt und dem Staat oder der Kommune, die die Ausübung der Reklame verbietet oder ihr bestimmte Richtlinien setzt, regelt. Wohl aber fallen unter die folgenden Ausführungen diejenigen Rechtsbeziehungen, die zwischen dem Staat — in diesem Falle auch Fiskus genannt — oder einer Kommune und einem einzelnen bestehen, wenn der Fiskus oder die Stadt mit ihm einen Vertrag über Reklameausübung schließt. Dies liegt z. B. vor, wenn der Fiskus usw. in einem ihm gehörigen Hause einen Laden vermietet oder seine Eisenbahn-, Straßenbahnwagen usw. für Reklamekundgebungen zur Verfügung stellt. In diesem Falle unterliegt der Staat denselben Rechtsregeln wie der einzelne Privatmann, wenn er Vertragsgegener des Reklametreibenden ist.

Im allgemeinen stellen sich die Rechtsbeziehungen zwischen den an der Ausübung der Reklame Beteiligten als Miete, Pacht, Dienstvertrag, Werkvertrag oder Modifikationen dieser Vertragsarten dar. In dem Folgenden werden die vertraglichen Beziehungen nur nach allgemeinen Gesichtspunkten behandelt, da das Leben zu vielgestaltig ist, als daß es unternommen werden könnte, jede nur bei der Ausübung der Reklame mögliche Vertragsbeziehung erschöpfend und restlos darzustellen. Eine eingehendere Darstellung werden die Miete und der sog. Inseratenvertrag finden, da diese Rechtsverhältnisse bei der Reklamebetätigung am häufigsten vorkommen dürften.

In vielen Rechtsverhältnissen werden die verschiedenen Vertragsarten in kombinierter Form erscheinen, so daß zu prüfen ist, welches Rechtsverhältnis vorliegt und daher in erster Linie die Beziehungen der Parteien regelt. Häufig werden die Vertragstypen

[1]) Den Text des § 690 BGB. vgl. oben Anm. 4 S. 390.

[2]) Über die Zusendung unbestellter Waren vgl. folgende Monographien: Aßmann, Die unbestellten Zusendungen, Berlin 1901; Ehrlich, Die stillschweigende Willenserklärung, 1893; Fränkel, Die unbestellte Ware, Dissertation, Jena 1902; Friedheim, S., Die Zusendung unbestellter Ware nach neuem deutschen Handelsrecht, Dissertation, Rostock 1903; Heppe, Die Aufbewahrungspflicht von unbestelltem Zugesendeten, Dissertation, Erlangen 1896; Luckhaus, Die unbestellte Ware, Dissertation, Erlangen 1896; Milster, Rechte und Pflichten des Empfängers unbestellter Ware, Dissertation, Erlangen 1901. Schletter, Die unbestellte Ware, Dissertation, Erlangen 1898; Weber, Die Zusendung unbestellter Ware nach deutschem Handelsrecht, Dissertation, Erlangen 1897.

derart ineinandergreifen, daß es den Anschein gewinnt, das Rechtsverhältnis unterliege sowohl den Regeln der einen Vertragstype als auch den Regeln der anderen. Hiernach sind die einzelnen Verpflichtungen, die sich aus dem einen Rechtsverhältnis ergeben, den einzelnen Vertragsregeln der verschiedenen Vertragstypen zu unterwerfen. Um dies klar zu zeigen, sei ein Beispiel aus dem täglichen Leben angeführt. Die Rechtsverhältnisse des Portiers zum Hauseigentümer regeln sich, soweit sie die Arbeiten des Portiers im Hause betreffen, im allgemeinen nach den Vorschriften des Dienstvertrages[1]). Soweit sie die Pflichten des Hauswirts zur Erhaltung der Portierwohnung betreffen, regeln sie sich dagegen im allgemeinen nach den Vorschriften der Miete[2]). Allerdings werden der Mietsvertrag durch die Dienstverhältnisse und umgekehrt die Dienstverhältnisse durch den Mietsvertrag berührt. So kann z. B. der Hauseigentümer den Portier bei schweren Dienstvertragsverletzungen kündigen und Räumung der überlassenen Räume verlangen, was ihm bei Vorliegen eines reinen Mietsverhältnisses nicht möglich wäre.

I. Charakterisierung der Vertragstypen.

Zunächst seien die einzelnen Vertragstypen des BGB. in kurzer Charakterisierung skizziert. Es soll dabei mit der Miete begonnen werden, um dann die Unterschiede der anderen Vertragsarten zu ihr zu zeigen.

Ein Mietverhältnis liegt vor, wenn der eine Vertragsteil dem anderen gestattet, gegen Entgelt eine Sache zu gebrauchen und lediglich die Verpflichtung übernimmt, die Sache während der Vertragsdauer in dem vereinbarten Zustand zu erhalten. Nur wenn keine anderen Rechte und Verpflichtungen zwischen den Parteien als die genannten bestehen, nämlich für den Vermieter die Pflicht zur Gebrauchsgestattung und Sacherhaltung, für den Mieter die Pflicht zur Zahlung des Mietszinses und zur Benutzung nur in vereinbarter Weise, liegt reine Miete vor. Sobald dem einen oder anderen Teile daneben noch ein anderes Recht zusteht oder ihm eine andere Pflicht auferlegt ist, handelt es sich nicht mehr um reine Miete. Hat z. B. der Vermieter außer der Pflicht der Gebrauchsgestattung und Erhaltung noch die Pflicht, bestimmte Handlungen für die Sache vorzunehmen, so ist eine Kombinierung zwischen Miete und Dienst- oder Werkvertrag gegeben. Verpflichtet sich der „Vermieter" hierbei, bestimmte Dienste nach Anweisung des „Mieters" vorzunehmen, so liegt ein Gemisch zwischen Miet- und Dienstvertrag vor. Hat der „Vermieter" dagegen die Pflicht, außer der Raumhergabe einen bestimmten Erfolg herbeizuführen, d. h. ein Werk nach eigenem Gutdünken herzustellen, so liegt ein Gemisch von Miete und Werkvertrag vor.

Hat derjenige, dem der Gebrauch der Sache übertragen ist, auch das Recht, die Sache oder das Recht zu nutzen, d. h. nicht bloß persönlich zu gebrauchen oder anderen diesen Gebrauch zu gestatten (Untermiete), sondern auch mit ihr, in ihr oder durch sie Früchte zu ziehen, so liegt nicht Miete sondern Pacht vor.

Das Kriterium zwischen Dienst- und Werkvertrag ist darin zu suchen, ob die Leistung von Diensten schlechthin oder die Herstellung eines Werkes geschuldet wird. Verpflichtet sich derjenige, der Arbeiten leistet, diese lediglich nach den Anweisungen des Vertragsgegners zu leisten, so liegt reiner Dienstvertrag vor. Hat der Verpflichtete dagegen die

---

[1]) §§ 611 ff. BGB. [2]) §§ 535 ff. BGB.

Aufgabe, ein Werk, einen Erfolg auf Grund eigener Entwürfe, eigener selbständiger Gedankenarbeit mit eigener Verantwortung zu leisten, so handelt es sich um einen Werkvertrag.

Zur Illustrierung mögen einige Rechtsverhältnisse aus dem Gebiet der Reklame dienen. Der Hauseigentümer gestattet dem Ladenmieter, über dem gemieteten Laden ein Reklameschild anzubringen, d. h. er gestattet die Hausfläche zu Reklamezwecken zu benutzen: reine Miete. Die Firma X. gestattet jemandem, einen Teil einer ihr gehörigen Reklamesäule zur Anklebung von Plakaten zu benutzen, sie verpflichtet sich dabei, die Säule nach Anweisung des Vertragsgegners zu bekleben: Miete mit Dienstvertrag. Die Straßenbahn vergibt ihre Außenflächen zu Reklamezwecken, wobei sie sich implizite verpflichtet, die Wagen im öffentlichen Verkehr fahren zu lassen: Inseratenvertrag, d. h. im wesentlichen Werkvertrag[1]). Jemand erwirbt das Recht, in einem Theater oder in einer Zeitung die gesamte Reklame auszuüben: Pachtvertrag. Der Handlungsgehilfe dekoriert nach Anweisung des Chefs das Schaufenster: Dienstvertrag. Der Künstler stellt auf Bestellung ein Reklameschild her: Werkvertrag.

II. Die einzelnen Vertragstypen.

In dem Folgenden werden zunächst die vertraglichen Beziehungen, die sich als Miete darstellen, behandelt. Hieran wird sich eine Betrachtung der Pachtverhältnisse, Dienst- und Werkverträge anschließen. Sodann wird eine eingehendere Darstellung des Inseratenrechts erfolgen. Den Abschluß bildet die Betrachtung des Verlagsvertrages, soweit er für das Gebiet der Reklame von Interesse ist.

A. Miete.

Das Mietsverhältnis spielt für das Reklamewesen eine viel größere Rolle, als es auf den ersten Blick erscheint. Auf Grund des Mietsvertrages mit dem Hauseigentümer erhält nämlich der Mieter das Recht, die allgemeinste und weitverbreitetste Art der Reklame zu treiben. Auf Grund des Mietsvertrages wird dem Mieter das Recht eingeräumt, an der Wand des Hauses sein Namen- bzw. Firmenschild anzubringen.

Daß die Anbringung von Schildern, Plakaten usw. an Häusern, Giebeln, Gaslaternen usw. den Gegenstand von Sachmietsverträgen (§ 535 BGB.[2])) bildet, ist in Wissenschaft und Praxis unbestritten. Den Gegenstand der Leistung bildet die entgeltliche Überlassung zur Anbringung von Schildern, d. h. zum Gebrauch[3]). Einer näheren Untersuchung bedarf dagegen die Frage, unter welche Kategorie von Verträgen die Benutzung von Flächen an oder in beweglichen Sachen[4]) zu Reklamezwecken unterzuordnen ist.

---

[1]) Siehe S. 345.

[2]) § 535 BGB. lautet: „Durch den Mietsvertrag wird der Vermieter verpflichtet, dem Mieter den Gebrauch der vermieteten Sache während der Mietszeit zu gewähren. Der Mieter ist verpflichtet, dem Vermieter den vereinbarten Mietzins zu entrichten."

[3]) Vgl. Schumann in DJZ. 1911, S. 703.

[4]) Zu den beweglichen Sachen gehören aber nicht die beweglichen Teile eines Grundstücks. Wenn jemand den Teil eines Theatervorhangs mietet, um darauf sein Reklameplakat zu malen, so liegt Sachmiete vor (so OLG. Dresden in OLGR. 7, 462). Hiermit hat aber nichts ein Vertragsverhältnis zu tun, durch das jemand vom Theaterdirektor das Recht erwirbt, auf

Den häufigsten Fall solcher Benutzung von Mobilien zu Reklamezwecken bildet die Benutzung der Innen- und Außenwände der Betriebsfahrzeuge der öffentlichen Verkehrsanstalten. Hier wird keineswegs nur die Wagenfläche zur Bemalung oder Anbringung von Schildern benutzt. Mit dem Recht, z. B. die Fenster der Wagen der Untergrundbahn mit Abziehbildern zu versehen, ist dem Berechtigten allein überhaupt nicht gedient. Es wird daher hier kaum von einem Mietvertrage gesprochen werden können. Unter welchen gesetzlich geregelten Vertragstyp dieser Reklamevertrag einzuordnen ist, wird unten[1]) behandelt werden. Es genügt hier die Feststellung, daß die Benutzung von Flächen von Mobilien regelmäßig nicht als Miete anzusprechen ist, da sich hier neben der Gebrauchsüberlassung meist andere Pflichten des die Mobilien zur Verfügung Stellenden ergeben, die die eigentliche Gebrauchsüberlassung völlig in den Hintergrund schieben. Deshalb wird in dem Folgenden bei den Ausführungen über Mietrecht im Reklamewesen zunächst nur der Fall der Gebrauchsüberlassung von Immobilien oder Teilen von solchen betrachtet werden.

1. Vermietung von Hausflächen.

Hier kommt zunächst der Gebrauch von Hausflächen zu Reklamezwecken in Betracht.

Bezüglich der Benutzung der Außenseite eines Hauses zur Anbringung von Schildern ist von Eckstein[2]) behauptet worden, daß es ein unbestrittener Grundsatz sei, daß jedem Mieter ein solches Recht zustehe. Diese Ansicht dürfte aber verfehlt sein, weil sie dem Leben widerspricht. Es ist durchaus nicht üblich, daß jeder Mieter die Außenseite des Hauses, in dem er eine Wohnung gemietet hat, zur Anbringung von Schildern benutzt. Vielmehr ist für den Mieter generell ein solches Recht nur für die Anbringung eines Namenschildes an der Tür oder neben derselben an der Wand aufzustellen. Sonst gibt es ein solches generelles Recht nicht.

Die Entscheidung der Frage, ob dem Mieter und in welchem Umfange ihm ein solches Recht zusteht, ist, wie Wolff[3]) bereits hervorhebt, soweit nicht Parteiabreden darüber bestehen, lediglich nach der Verkehrssitte zu entscheiden. Dies hat auch das Reichsgericht[4]) anerkannt[5]).

a) In erster Linie sind also für die Beurteilung auf jeden Fall die Parteiabreden maßgebend. Die Parteien sind für das vorliegende Gebiet, soweit ihnen nicht die Rechte Dritter oder der Allgemeinheit entgegenstehen, in ihren Vereinbarungen völlig frei. Die entgegenstehenden Rechte Dritter oder der Allgemeinheit werden bis auf etwa entgegenstehende Rechte anderer Mieter, die weiter unten näher betrachtet werden, in dem vorliegenden Teil des Buches nicht behandelt. Sie gehören zu den im vorstehenden Teile des Buches behandelten Gegenständen.

Die Parteien sind also an sich in der vertraglichen Regelung völlig frei. Sie können z. B. vereinbaren, daß der Mieter überhaupt keine oder nur räumlich oder zeitlich beschränkte oder in der Art der Ausführung bestimmte Schilder, Plakate, Leuchtschrift an-

---

dem Vorhang des Theaters Reklamelichtbilder dritter Interessenten vorzuführen. Hier liegt ein Pachtverhältnis (siehe unten S. 340 ff.) vor. Etwas anderes ist es auch, wenn der Theaterdirektor selbst den Vorhang dazu benutzt, um auf ihm Reklamebilder Dritter vorzuführen. Hier liegt ein sog. Inseratenvertrag vor.

[1]) Auf S. 346. [2]) SeuffBl. 78, 127.

[3]) In SeuffBl. 78, 318. [4]) In JW. 1905, 367. [5]) Vgl. Bolze 7, Nr. 332.

bringen dürfe oder daß der Mieter befugt sei, auch nach seinem Wegzuge ein Schild mit einer Verweisung auf seinen neuen Wohnsitz oder sein neues Geschäftslokal an dem Hause anzubringen. Solche Vereinbarungen sind meist nur obligatorische Verträge, d. h. sie haben nur Wirkung unter den Parteien; geht also der Vermieter die Verpflichtung ein, außer der Reklame des Mieters keine andere Reklame am Hause anbringen zu lassen, so hat der Mieter — abgesehen davon, daß evtl. in seinem Mietsbesitzbereich, was noch unten näher betrachtet wird, eingegriffen wird — nur einen Anspruch gegen den Vermieter, wenn dieser vereinbarungszuwider doch eine andere Reklame am Hause anbringen läßt. Aber die Parteien können den Vereinbarungen auch dingliche Wirkung geben, durch die der Mieter Anspruch auf Unterlassung gegen jeden Dritten erwirbt. Solche dinglichen Wirkungen der Vereinbarungen sind möglich. Die durch diese Vereinbarungen zu erstrebenden dinglichen Wirkungen können als sog. beschränkte persönliche Dienstbarkeiten ins Grundbuch eingetragen werden[1]). Um aber solche dinglichen Wirkungen mit Ansprüchen des Mieters gegen jeden Dritten zu erzeugen, ist das umständliche Eintragungsverfahren im Grundbuch erforderlich.

Zu beachten ist aber, daß die obligatorischen Vereinbarungen, wenn sie auch Wirkungen nur zwischen Mieter und Vermieter hervorbringen, doch durch den Eigentumswechsel am Grundstück, d. h. bei Wechsel in der Person des Vermieters, nicht zerrissen werden. Dies ist die Wirkung des bekanntlich falsch ausgedrückten uralten Rechtssatzes „Kauf bricht nicht Miete", welcher durch den § 571 BGB.[2]) auch in unserem geltenden Recht Wirkung hat. Veräußert also der Vermieter sein Haus, d. h. wird eine andere Person als Eigentümer im Grundbuch eingetragen, so gelten die zwischen dem früheren Eigentümer und dem Mieter getroffenen Vereinbarungen über die Reklame an der Hauswand auch zwischen dem neuen Vermieter und dem Mieter. Hieraus erklärt sich das manchem Berliner aufgefallene Schild, das sich bis vor wenigen Jahren am Eingang des Warenhauses KadeWe befand, in welchem angezeigt wurde, daß sich die Praxis des Rechtsanwalts NN. jetzt dort und dort befände. Der Rechtsanwalt NN. hatte mit dem früheren Eigentümer des Grundstücks, auf dem jetzt das KadeWe steht, vereinbart, daß bei seinem Wegzuge noch so und soviel Jahre hindurch ein Verweisungsschild an der Haustür angebracht werden sollte.

Die Parteivereinbarungen sind nach § 242 BGB. nach Treu und Glauben mit Rücksicht auf die Verkehrssitte auszulegen. Deshalb muß jeder Einzelfall für sich betrachtet und entschieden werden. In der Folge sollen nur einige Entscheidungen, die in den bisher den Gerichten zur Entscheidung unterbreiteten Fällen ergangen sind[3]), angeführt werden.

---

[1]) Vgl. Reichsgericht in Recht 1909, Nr. 37.

[2]) § 571 BGB.: „Wird das vermietete Grundstück nach der Überlassung an den Mieter von dem Vermieter an einen Dritten veräußert, so tritt der Erwerber an Stelle des Vermieters in die sich während der Dauer seines Eigentums aus dem Mietverhältnis ergebenden Rechte und Verpflichtungen ein.

Erfüllt der Erwerber die Verpflichtungen nicht, so haftet der Vermieter für den von dem Erwerber zu ersetzenden Schaden wie ein Bürge, der auf die Einrede der Vorausklage verzichtet hat. Erlangt der Mieter von dem Übergange des Eigentums durch Mitteilung des Vermieters Kenntnis, so wird der Vermieter von der Haftung befreit, wenn nicht der Mieter das Mietverhältnis für den ersten Termin kündigt, für den die Kündigung zulässig ist."

[3]) Die Entscheidungen sind zum größten Teil aus Mittelstein, Mietrecht, entnommen.

Sind z. B., wie es häufig geschieht, dem Mieter „in und am Hause" Schilder ohne nähere Artbestimmung gestattet, so ist der Mieter nicht auf den vom Hauswirt bestimmten Platz beschränkt, sondern hat auch das Recht, ein Schild vor den Fenstern anzubringen. Ist die Vereinbarung dahin getroffen, daß der Hauseigentümer die Schilder „genehmigen" muß, so ist die einmal erteilte Genehmigung des Hauseigentümers von dauernder Wirkung, der Mieter hat auf das genehmigte Schild ein Recht erworben und der Vermieter ist zur Änderung seiner „Genehmigung" nicht mehr befugt[1]). Die einmal erteilte Genehmigung bleibt auch bestehen, wenn der Hauseigentümer etwa bauliche Veränderungen vorgenommen hat. Ebenso ist zu entscheiden, wenn die Reklame des Mieters nach der Parteivereinbarung an den vom Hauseigentümer bestimmten Stellen angebracht werden darf, auch hier ist die einmal getroffene Bestimmung des Hauswirts von dauernder Wirkung[2]). Andererseits ist der Mieter in den Fällen, in den die Anbringung von Schildern usw. an die Genehmigung des Hauseigentümers gebunden ist, nicht befugt, neben oder über den genehmigten Schildern andere Schilder ohne erneute Genehmigung anzubringen, wenn diese auch, wie mitunter ihr Inhalt ergibt, z. B. „Ausverkauf", „weiße Woche" usw., nur zeitweilig an dem Hause bleiben sollen[3]).

Ist in den Parteivereinbarungen ausbedungen, daß die Schilder und Plakate „in gefälliger Ausführung" vorzunehmen sind, so dürfen die Schilder und Plakate nicht in grellen Farben gehalten sein, auch müssen sie sich im Rahmen der üblichen Größe halten. Sie sind in diesem Falle vor allem in ihrer ganzen Ausführung dem Charakter des Hauses und der Umgebung anzupassen[4]). Ist ausgemacht, daß die Schilder usw. im Einklang mit den bereits am Hause befindlichen Schildern stehen müssen, so dürfen sie keine Farben enthalten, die von den Farben der bisherigen Schilder allzu sehr abweichen.

Hat der Mieter eines offenen Ladengeschäftes auf Reklameschilder verzichtet, so hat der Vermieter damit noch nicht ohne weiteres das Recht, die Außenseite des Ladengeschäftes anderen Mietern oder Dritten zur Benutzung durch Anbringung von Reklame zu überlassen[5]); denn dies würde das Besitzrecht des Ladenmieters, das unten näher betrachtet wird, verletzen. Wie zu entscheiden ist, wenn dem Mieter eines offenen Ladengeschäftes nur der Laden unter Ausschluß der Vermietung der Außenwände vermietet ist, ist nicht unstreitig; auch hier wird wohl dem Hauswirt ein Recht auf Überlassung der Außenfläche des Ladens an Dritte abzusprechen sein, da der Mieter sich vertraglich nur verpflichtet hat, die Außenwand nicht zu benutzen. Damit ist dem Hauswirt das Recht der Überlassung der Fläche an einen Dritten nicht ohne weiteres gestattet. Hierzu würde es wohl einer ausdrücklichen Vereinbarung bedürfen[6]).

b) Ist zwischen den Parteien über die Befugnis des Mieters zur Anbringung von Schildern oder Plakaten usw. nichts vereinbart worden, so entscheidet darüber — wie gezeigt — gemäß §§ 242, 157 BGB. die Auslegung des Mietvertrages nach Treu und Glauben. Die Auslegung des Mietvertrages erfolgt in erster Linie nach den Anschauungen der **Verkehrssitte** über solche Befugnis des Mieters.

Ist dem Mieter nach der Verkehrssitte ein solches Recht zuzubilligen, so ist dieses Recht ein Ausfluß seines Mietvertrages. Der Vermieter muß die Anbringung der Reklame in dem noch zu besprechenden Maße dulden, weil er dem Mieter den Gebrauch

---

[1]) LG. I Berlin 37, S 23/13 und 67/13. [2]) LG. I Berlin 37, S 35/13.
[3]) LG. I Berlin, 98/13. [4]) KG. 14, U 272/02. [5]) LG. I Berlin 37, S 59/13.
[6]) So auch Niendorff, Mietrecht, 1914, S. 235.

der Mietsache entgeltlich überlassen hat. Bei dieser gemäß § 242 BGB. nach der Verkehrssitte zu beurteilenden Verpflichtung des Vermieters handelt es sich also nicht um eine besondere selbständige Verpflichtung des Vermieters. Die entgegengesetzte Ansicht von Eckstein[1]) dürfte den Anschauungen des täglichen Lebens nicht gerecht werden und die Rechtslage unnötig verwickeln.

α) Für die Verkehrssitte, nach der mangels jeglicher Parteivereinbarung das Recht auf Benutzung der Hausfläche zu Reklameschildern oder Plakaten und dessen Umfang zu beurteilen ist, kommen folgende Gesichtspunkte in Betracht: Lage und Art des Hauses, Zweck der Vermietung sowie die Art der Benutzung der Außenseite.

αα) Für die Frage des Bestehens eines Rechtes auf Benutzung der Außenseite eines Hauses und für den Umfang eines solchen Rechtes ist die Lage und Art des Hauses von großer Bedeutung. Wer Räume in einer Grunewaldvilla mietet, sei es zu Wohnzwecken, sei es zum Betriebe eines Geschäftes, kann sicherlich nach der Verkehrssitte nicht dasselbe Recht auf Anbringung von Schildern und Plakaten beanspruchen, wie der Mieter in der Friedrichstraße oder dem Kurfürstendamm, um Berliner Beispiele zu wählen. Ebenso kann auch der Mieter, der in einem Pfarrhause — solche Fälle sind mehrfach in der Praxis vorgekommen — sein Geschäftslokal unterhält, nicht dieselbe Befugnis zur Reklame am Hause beanspruchen wie der Mieter eines Geschäftslokals in der Leipziger Straße. Auch der Baustil eines Hauses wird auf die Beurteilung eines Einzelfalls mitunter nicht ganz ohne Einfluß bleiben können. So wird z. B. der Mieter eines in reinem romanischen Stil aufgebauten Hauses seine Reklame diesem Baustil wenigstens in ganz großen Zügen anpassen und sich schreiender Reklame ohne Erlaubnis des Vermieters enthalten müssen. Hier Unterschiede zu machen, erscheint durchaus am Platze. Der Mieter in dem Pfarrhaus muß von vornherein völlig anders mit der Möglichkeit, durch Schilder am Hause Reklame zu machen, kalkulieren als der Mieter in der Leipziger Straße. Bei der Vielgestaltigkeit des Lebens in dieser Beziehung lassen sich nur ganz allgemeine Gesichtspunkte für die Beurteilung aufstellen. Im übrigen muß alles andere jeder Einzelfall ergeben. Ganz allgemein läßt sich nur so viel sagen, daß Art und Lage des Hauses nur das Maß und die Art der vom Mieter vorzunehmenden Reklame beeinflußt, sie aber nicht völlig verhindert, und daß für die Beurteilung des Einzelfalles stets die Sachlage zur Zeit der Entscheidung und nicht zur Zeit des Eingehens des Mietverhältnisses maßgebend ist. Dieser letzte Grundsatz erscheint aus denselben Gründen gerechtfertigt, die für die gleiche Stellungnahme der Gerichte in den Fällen der sog. Immissionen maßgeblich waren[2]).

ββ) Für die Beurteilung der Verkehrssitte kommt weiter der Zweck des Gebrauchs der Räume in Betracht. Der Mieter eines Ladens kann nach der Verkehrsauffassung andere Rechte für sich in Anspruch nehmen als der Mieter einer Wohnung zu Wohnzwecken. Hier wird als Verkehrsauffassung wohl anzunehmen sein, daß jedem Mieter eines offenen Ladengeschäftes ein Recht auf Reklame durch Anbringung eines Schildes am Hause einzuräumen ist[3]), wobei es insbesondere in großen Städten gleichgültig ist,

---

[1]) a. a. O.

[2]) So RG. in RGZ. 64, 363; JW. 93, 315; 02, 202; SeuffArch. 51, 181; OLGR. 6, 111; 18, 124f.

[3]) So RGZ. 80, 281; OLGR. 2, 23; 3, 36; Mittelstein, Die Miete, S. 187: Schumann SeuffBl. 78, 318; vgl. LG. Straßburg vom 29. I. 1901 in ElsLothrZ. 26, 337.

ob die Ladengeschäfte einen direkten Zugang von der Straße haben oder in höheren Etagen liegen[1]).

Dagegen dürfte Mietern von Räumen zu anderen Zwecken als zum Betriebe eines offenen Ladengeschäftes ein solches Recht im allgemeinen nur zuzubilligen sein, wenn sie einen bestimmten Beruf ausüben, bei dem ein Reklameschild als notwendig und als üblich anzusehen ist. Hat der Mieter die Wohnung zunächst zu Wohnzwecken gemietet, später aber einen freien Beruf gewählt, bei dem die Reklame notwendig und üblich ist, so hat er kein Recht auf Schildanbringung, da die Verkehrssitte wohl Verträge unter Berücksichtigung der Verhältnisse zur Zeit ihres Abschlusses ergänzen, nicht aber in abgeschlossene Verträge einzugreifen vermag[2]).

Die Praxis hat einen Fall der Reklame am Hause für alle Mieter, auch die Mieter einer Wohnung zu Wohnzwecken, für nach der Verkehrssitte zulässig erachtet. Dieser Fall liegt vor, wenn ein Mieter, dem das Untervermieten vom Hauseigentümer erlaubt[3]) ist, Mietszettel mit dem Hinweis, daß möblierte Zimmer zu vermieten sind, aushängt[4]).

Bei welchen Berufen die Verkehrsauffassung eine Reklame für notwendig und üblich erachtet, wird im Einzelfall nicht immer ohne weiteres zu entscheiden sein. Zunächst ist eine solche Befugnis bei allen in sog. festem Arbeitsverhältnis stehenden Personen als nicht verkehrsüblich anzusehen. Weder ein Staats- oder Kommunalbeamter noch ein Privatangestellter oder Arbeiter dürfte ohne weiteres als berechtigt anzusehen sein, auch wenn er etwa einen freien Nebenberuf ausübt, sich durch Schilder oder Plakate am Hause an das Publikum zu wenden. Regelmäßig wird eine solche Befugnis nur den Anhängern der sog. freien Berufe zuzubilligen sein. Aber auch nicht alle freien Berufe haben nach der Verkehrsauffassung ein solches Recht, sondern nur solche, deren Angehörige auf den direkten Zulauf des Publikums in seinen weiteren Kreisen angewiesen sind. So sind z. B. Rechtsanwälte, Notare, Ärzte, Dentisten, Hebammen und Masseusen nach der Verkehrssitte berechtigt, ein Schild am Hause anzubringen. Dagegen wird ein solches Recht bei Künstlern, außer etwa bei Malern, zu verneinen sein. Gerade das Beispiel des Malers zeigt, daß das Kriterium, ob dem Anhänger eines freien Berufes ein Reklamerecht durch Anbringung eines Schildes am Hause zuzubilligen ist oder nicht, darin zu suchen ist, ob der Beruf auf den direkten Zulauf des Publikums angewiesen ist oder nicht. Für Schauspieler, Sänger oder Schriftsteller wird die Anbringung eines Schildes nicht in Frage kommen. Für diese sind Schilder nicht erforderlich, sie wenden sich zwar mit ihrer Kunst auch an das Publikum, sind aber nicht auf den direkten Zulauf angewiesen.

γγ) Schließlich hat die Art der Reklame auch auf die Entscheidung der Frage, ob ein Recht auf Reklameausübung durch Benutzung der Außenwand des Hauses nach der Verkehrssitte besteht, entscheidenden Einfluß. Der Hauseigentümer hat nur eine solche Reklame zu dulden, deren Vornahme nicht nach den allgemeinen Gesetzen strafbar oder unsittlich ist. Wie weit die Vornahme einer Reklame im Einzelfall nach den allgemeinen

---

[1]) KG. vom 24. IX. 1900 in OLGR. 2, 32; Sächs. Arch. 12, 372; KG. vom 1. IV. 1908 in Bl. für Rechtspfl. im Bez. des KG. 1908, 55.

[2]) LG. I Berlin vom 18. VI. 1906 in Bl. für Rechtspfl. im Bez. des KG. 1906, 78; a. M. Mittelstein, Die Miete Nr. 34 zu § 18.

[3]) Diese Erlaubnis kann heute durch das Mieteinigungsamt ersetzt werden.

[4]) LG. I Berlin vom 15. IV. 1903 in Bl. für Rechtspfl. im Bez. des KG. 1903, 47; KG. in Bl. für Rechtspfl. im Bez. des KG. 1905, 38.

Gesetzen strafbar oder unsittlich sein kann, ist nicht Gegenstand der vorliegenden Ausführungen. Hier kann nur so viel gesagt werden, daß der Hauseigentümer insoweit eine Reklame nicht an seinem Hause zu dulden braucht, als sie nicht dem aus der Verkehrssitte entnommenen „vertraglichen Rechte" des Mieters entspricht. Ein solches Recht wird stets zu verneinen sein, wenn die Vornahme der Reklame nach allgemeinen Gesetzen strafbar oder unsittlich ist.

β) In den vorstehenden Darlegungen ist gezeigt, wie weit dem Mieter eines Hauses zur Anbringung von Schildern bzw. Plakaten zu Reklamezwecken durch die Verkehrssitte ein Recht eingeräumt ist. Es bedarf der weiteren Betrachtung, in welchem Umfange[1]) der Mieter im allgemeinen dieses Recht ausüben darf. Sodann sind bezüglich dieses Rechtes die den Parteien gesetzlich zustehenden Maßnahmen zu betrachten. Schließlich ist noch die Berechtigung des Vermieters, die Außenseite seines Hauses anderweit als Reklamefläche zu benutzen, zu behandeln.

Über den Umfang des Rechtes auf Anbringung von Reklameschildern an der Hauswand auf Grund der Verkehrssitte ist zunächst festzustellen, daß die Berechtigung des Mieters nur so lange nach der Verkehrssitte als vorliegend anzusehen ist, als der Mieter in dem Hause selbst sein Ladengeschäft betreibt oder seinen Beruf ausübt. Sobald er ausgezogen ist, hat er auf Grund der Verkehrssitte allein keine Berechtigung mehr, ein Schild, etwa mit der Verweisung auf seinen neuen Laden — oder bei freien Berufen auf seinen neuen Sitz — anzubringen; denn insoweit kann von einer allgemein bestehenden Verkehrssitte keine Rede sein[2]).

Dagegen steht es dem Mieter frei, wenn keine entgegengesetzten Vereinbarungen bestehen, beliebige Zeit vor seinem Auszuge durch Anschläge mitzuteilen und anzukündigen, daß er das Geschäft nur bis zu einem bestimmten Zeitpunkt betreibe und dann sein Geschäftslokal an eine andere Stelle verlege. Bei vorzeitiger Räumung des Lokals wird er berechtigt sein, ein Plakat anzubringen, daß und weshalb er das Lokal räume[3]).

Der Mieter darf aber immer nur für seinen eigenen Geschäftsbetrieb oder seinen eigenen Beruf durch Anbringung des Ladenschildes oder anderer Schilder und Schaukästen Reklame machen, niemals für hausfremde Geschäftsbetriebe[4]), wozu aber nicht Schilder gehören, die nur auf die vom Mieter vertriebene Ware hinweisen. Ob dem Untermieter eines Ladens, wenn der Hauswirt der Aftermiete zugestimmt hat, dieselben Rechte wie dem Mieter einzuräumen sind, ist nicht unbestritten, wird aber richtigerweise zu bejahen sein. Gleichwohl erscheint es ratsam, daß der Untermieter sich stets das Recht auf Reklameausübung vom Hauswirt bei der Genehmigung des Untermietvertrages ausmacht.

Das Recht für Mieter eines offenen Ladengeschäftes, das Vorhandensein seines Geschäftes an der Hauswand erkennbar zu machen, umfaßt die Befugnis, in den räumlichen Grenzen — die noch näher zu betrachten sind — Firmenschilder, Leuchtreklame, Gewerbezeichen anzubringen oder sich in sonstiger dem Publikum erkennbarer und sichtbarer Weise anzuzeigen[5]). Dieses Recht besteht in großen Städten nicht nur für die zu

---

[1]) Hier sollen nur die Berliner Verhältnisse berücksichtigt werden.

[2]) Ebenso LG. I Berlin vom 15. II. 1909 in Bl. für Rechtspfl. im Bez. des KG. 1909, 43; OLG. Karlsruhe in Bad. Rechtspr. 1907, 224; KG. in DJZ. 1910, 1412; Dove-Meierstein, Gutachten der Industrie und Handelskammer Berlin 1926, III, 461, Nr. 2456.

[3]) LG. I in Berlin vom 13. XI. 1895. [4]) RG. in JW. 1905, 367.

[5]) Vgl. RGZ. 37, 214.

ebener Erde gelegenen Läden, sondern auch für andere Geschäftsräume[1]). Nach dem allgemeinen Ortsgebrauch erstreckt sich dieses Recht von der unteren Kante der gemieteten Räume bis zur Unterkante der im oberen Stockwerk befindlichen Fenster[2]). Daher darf der Ladenmieter, wenn dem Mieter des ersten Stockwerkes die gesamten Schaufenster des ersten Stockwerkes vermietet sind, nicht zwischen diesen Fenstern des ersten Stockwerkes irgendwelche Haken oder Bogenlampen anbringen, auch wenn sie nur mit einem kleinen Teil über die untere Kante der Fenster des ersten Stockwerkes hinausragen[3]). Mitunter richtet sich der Umfang der Ausdehnung der dem Ladenmieter zu seiner Verfügung stehenden Reklamefläche auch nach dem Umfang, den sein Rechtsvorgänger im Mietbesitz benutzt hat. Hatte z. B. der vorherige Mieter den ganzen, zwischen seinem und dem Nachbarladen vorhandenen Wandpfeiler zu Reklamezwecken benutzt, so darf der neue Mieter, mit dem abweichendes nicht vereinbart ist, wohl annehmen, daß auch er den ganzen Pfeiler benutzen darf[4]). Der Umfang der dem Ladenmieter in Großberlin im allgemeinen zur Verfügung stehenden Fläche ist also nicht unbeträchtlich. Das Reklameschild darf aber niemals den Verkehr behindern oder verunstaltend wirken[5]).

Das Recht des Mieters eines offenen Ladengeschäftes auf Erkennbarmachung und Ankündigung umfaßt im allgemeinen in Berlin auch das Recht, die Fensterscheiben des Ladens zu Reklamezwecken zu benutzen, ja sogar sie nicht nur zu bekleben, sondern auch zu bemalen. Eine Beschädigung der Mietsache dürfte darin kaum zu erblicken sein, zumal die Scheiben jederzeit als fungible Ware ersetzbar sind[6]). Ob der Mieter eines Ladengeschäftes statt Schilder oder Plakate anzubringen, ebenso wie die Fenster, auch die Hauswand bemalen darf, ist zweifelhaft; die verneinende Ansicht des Landgerichts I Berlin[7]) erscheint entgegen den Ausführungen von Niendorff[8]) richtig, da eine derartige Befugnis einen viel zu weitgehenden Eingriff in die Substanz der Mietsache — also nicht bloß deren Gebrauch — darstellt. Regelmäßig wird das Mietrecht eines Mieters eines offenen Ladengeschäftes auch das Recht umfassen, Schaukästen anzubringen. Dies wird namentlich dann anzunehmen sein, wenn ihm vertraglich das Recht eingeräumt ist, an der Schaufensterbekleidung — den Pfeilern — bauliche Veränderungen vorzunehmen[9]).

Der Vermieter hat das Recht, zu verlangen, daß der Mieter nur in den zulässigen Fällen und bei diesen nur in zulässiger Art Reklameschilder usw. anbringt. Überschreitet der Mieter die ihm zustehende Berechtigung, so muß der Vermieter dem Mieter eine „Abmahnung" senden. In dieser ist der Grund derselben mit dem Hinweis der Unzulässigkeit der Handlung des Mieters anzugeben. Einer solchen Abmahnung bedarf es aber nicht, wenn der Mieter von vornherein erklärt hat, er lasse von der unzulässigen Reklameart nicht. In einem solchen Falle oder in dem Falle, daß der Mieter trotz vorhergehender Abmahnung den vertragswidrigen Zustand nicht beseitigt, kann der Vermieter auf Unterlassung der vertragswidrigen Benutzung der Hauswand klagen (§ 550 BGB.[10])).

---

[1]) KG. 14 U 1182/99.
[2]) OLGR. 2, 32; Bl. für Rechtspr. im Bez. des KG. 1908, 107; RGZ. 80, 284.
[3]) LG. I Berlin 37 S 40/13. [4]) OLGR. 20, S. 100.
[5]) LG. I Berlin vom 13. XI. 1895. [6]) KG. 14 U 272/02.
[7]) In 37 S. 153/08. [8]) Mietrecht, 10. Aufl. 1904, S. 237.
[9]) Bl. für Rechtspfl. im Bez. des KG. 99, 72.
[10]) § 550 BGB.: „Macht der Mieter von der gemieteten Sache einen vertragswidrigen Gebrauch und setzt er den Gebrauch ungeachtet einer Abmahnung des Vermieters fort, so kann der Vermieter auf Unterlassung klagen."

wobei ihm evtl. in schwerwiegenden, dringenden Fällen der Weg der einstweiligen Verfügung offensteht. Liegt auf seiten des Mieters ein Verschulden vor — solches wird bei vorheriger Abmahnung nach § 550 BGB.[1]) stets anzunehmen sein — so hat der Vermieter nach § 553 BGB.[2]) daneben das Recht, das Mietverhältnis ohne Einhaltung einer Kündigungsfrist zu kündigen. Diese Kündigungsrecht ist jedoch davon abhängig, daß die unzulässige Reklameart eine erhebliche Verletzung der Rechte des Vermieters darstellt. Dies wird in Anbetracht der Sachlage selten der Fall sein.

Benutzt der Mieter die Hausfläche zur Anbringung eines Reklameschildes, dessen Inhalt mit seinem Mietsverhältnis in keinerlei Zusammenhang steht, so daß von einem vertraglichen Benutzungsrecht der Mietsache keine Rede sein kann — so z. B. wenn der Mieter einer Wohnung für sein Geschäft, das in einem anderen Hause liegt, Reklameschilder am Wohnhause anbringt —, so kann der Hauseigentümer auch auf Grund des § 1004 BGB.[3]) auf Unterlassung klagen, weil hier sein Eigentum von einem „Dritten" verletzt ist. Bemerkt sei, daß die Unterlassungsklage nach Rechtskraft eines zusprechenden Urteils in der Weise vollstreckt wird, daß der Vermieter sich vom Prozeßgericht erster Instanz — nicht dem Vollstreckungsgericht — ermächtigen läßt, die Entfernung der Schilder usw. auf Kosten des Mieters vornehmen zu lassen, da es sich um die Vollstreckung auf Vornahme einer sog. vertretbaren Handlung des Verurteilten handelt, d. h. auf Vornahme einer Handlung, die durch einen Dritten erfolgen kann.

Soweit dem Mieter ein Recht auf Benutzung der Hauswand weder vertraglich noch sonst nach der Verkehrssitte zusteht, kann der Vermieter die Hauswand zu anderweiter Reklame durch Bemalung oder Anbringung von Lichtreklamen vermieten. Der Vermieter darf aber die Hauswand nur insoweit zu anderweitiger Reklamevermietung benutzen, als dem Mieter ein Recht auf eigene Benutzung nicht zusteht, nicht schon insoweit, als er die eigene Benutzung selbst unterläßt oder zu unterlassen verpflichtet ist; denn der Vermieter muß die Hauswand dem Mieter zum jederzeitigen eigenen Gebrauch überlassen. Ob der Mieter von der ihm an sich zustehenden Benutzung Gebrauch macht oder machen darf, ist unerheblich. Mit Recht hat das LG. I Berlin[4]) entschieden, daß dem Hauswirt nicht das Recht zustehe, die dem Mieter räumlich zustehende Hausfläche anderweit zu Reklamezwecken zu vermieten, weil der Mieter auf eigene Reklamebetätigung vertraglich verzichtet hat. Falls also dem Mieter nach der Verkehrssitte an sich ein Recht auf Schildanbringung usw. zuzubilligen ist, kann der Hauswirt den dem Mieter an sich zustehenden Raum der Hauswand nur dann anderweit vermieten, wenn der Mieter dies vertraglich dem Hauswirt zugebilligt hat.

---

[1]) Siehe Anm. 10 S. 335.

[2]) § 553 BGB.: „Der Vermieter kann ohne Einhaltung einer Kündigungsfrist das Mietverhältnis kündigen, wenn der Mieter oder derjenige, welchem der Mieter den Gebrauch der gemieteten Sache überlassen hat, ungeachtet einer Abmahnung des Vermieters einen vertragswidrigen Gebrauch der Sache fortsetzt, der die Rechte des Vermieters in erheblichem Maße verletzt, insbesondere einem Dritten den ihm unbefugt überlassenen Gebrauch beläßt oder die Sache durch Vernachlässigung der dem Mieter obliegenden Sorgfalt erheblich gefährdet."

[3]) § 1004 BGB.: „Wird das Eigentum in anderer Weise als durch Entziehung oder Vorenthaltung des Besitzes beeinträchtigt, so kann der Eigentümer von dem Störer die Beseitigung der Beeinträchtigung verlangen. Sind weitere Beeinträchtigungen zu besorgen, so kann der Eigentümer auf Unterlassung klagen. Der Anspruch ist ausgeschlossen, wenn der Eigentümer zur Duldung verpflichtet ist."

[4]) Jn 37 S 59/13.

Der Hauswirt darf den von den „Reklamerechten" seiner Mieter freien Raum zu anderweitiger Reklame nur insoweit verwenden, als dies nicht nach der Verkehrssitte mit Rücksicht auf Treu und Glauben wegen evtl. Schädigung seiner Mieter unzulässig ist. So ist dieses Recht z. B. dahin einzuengen, daß der Vermieter, wenn er einen Mieter aus einem freien Berufe hat, dem nach der Verkehrssitte ein Schild an der Haustür zuzubilligen ist, es unterläßt, an dem Hause einem anderen Anhänger desselben freien Berufs, der nicht in demselben Hause wohnt, einen Platz zur Reklamebetätigung zu vermieten. Täte er dies, so würde darin eine Verletzung des dem Mieter zustehenden Rechtes auf vertragsmäßigen Gebrauch des Hauses (§ 536 BGB.[1]) liegen. Soweit der Vermieter die Hausfläche an Nichtmieter seines Hauses vermietet, hat seine später noch näher zu betrachtende Pflicht auf Erhaltung der Mietsache im vereinbarten Zustand strenger Beurteilung zu unterliegen. Wenn der Hauseigentümer z. B. den Giebel seines Hauses zur Anbringung sog. Giebelreklame vermietet, so übernimmt er — das liegt in diesem Vertrage und dessen Zweck — damit die Verpflichtung, daß die Giebelwand nicht nur in dem vereinbarten Zustande erhalten bleibt, sondern auch, daß die Umgebung derselben sich nicht derartig verändert, daß der Zweck der Vermietung, die Reklameausübung des Mieters, beeinträchtigt wird. Setzt z. B. der Nachbar auf sein Haus ein neues Stockwerk auf, so daß die Giebelreklame verdeckt oder beeinträchtigt wird, so stehen dem Giebelmieter die Rechte aus § 537 BGB.[2]) zu.

Nach Beendigung des Mietverhältnisses kann der Vermieter verlangen, daß der Mieter die Schilder usw. vom Hause auf eigene Kosten entfernt[3]).

Der Vermieter hat die Pflicht, die Sache — d. h. den Laden oder die Wohnung — während der Dauer des Mietvertrages im vereinbarten Zustande zu erhalten. Der Mieter muß es jedoch gestatten, daß der Hauswirt seine Ladenschilder usw. bei Renovierungen der Hauswand vorübergehend entfernt. In einem solchen Falle kann der Mieter keine Schadensersatzforderungen stellen, wenn er infolge des notwendigen Hausabputzes gezwungen wird, die abgenommenen Schilder durch Erneuerung der Firmenschrift verbessern zu lassen[4]). Zu den Erhaltungspflichten des Hauswirts gehört auch, daß er für

---

[1]) § 536 BGB.: „Der Vermieter hat die vermietete Sache dem Mieter in einem zu dem vertragsmäßigen Gebrauch geeigneten Zustande zu überlassen und sie während der Mietzeit in diesem Zustande zu erhalten."

[2]) § 537 BGB.: „Ist die vermietete Sache zur Zeit der Überlassung an den Mieter mit einem Fehler behaftet, der ihre Tauglichkeit zu dem vertragsmäßigen Gebrauch aufhebt oder mindert, oder entsteht im Laufe der Miete ein solcher Fehler, so ist der Mieter für die Zeit, während deren die Tauglichkeit aufgehoben ist, von der Entrichtung des Mietzinses befreit, für die Zeit, während deren die Tauglichkeit gemindert ist, nur zur Entrichtung eines nach den §§ 472, 473 zu bemessenden Teiles des Mietzinses verpflichtet.

Das gleiche gilt, wenn eine zugesicherte Eigenschaft fehlt oder später wegfällt. Bei der Vermietung eines Grundstücks steht die Zusicherung einer bestimmten Größe der Zusicherung einer Eigenschaft gleich."

[3]) So LG. I Berlin vom 15. II. 1909 in Bl. für Rechtspfl. im Bez. des KG. 1909, 43; AG. Karlsruhe in Bad. Rechtspr. 1907, 224; Kammergericht vom 11. I. 1910 in DJZ. 1910, 1412; OLG. Hamburg vom 1. XII. 1909 in BA. IX. 705/09; Staudinger § 536 B II 3 f.; Niendorff, Mietrecht, S. 228; a. A. Mittelstein, Die Miete, S. 378; Löwe, Mietrecht, S. 150, die wohl zu Unrecht aus der Verkehrssitte ein Recht des Mieters annehmen, solange der Platz nicht für einen anderen Mieter gebraucht wird, ihn noch durch ihr Schild angemessene Zeit zu benutzen.

[4]) LG. I Berlin vom 6. VII. 1898.

Handlungen Dritter einsteht, die den vertragsmäßigen Gebrauch der Mieträume beeinträchtigen, so z. B. wenn an der Außenwand der vermieteten Räume ein Dritter sein Firmenschild oder einen Schaukasten anbringt. Vermietet der Hauswirt die dem Mieter zustehende Hausfläche, so kann der Mieter, wenn er vom Hauswirt die Beseitigung der Schilder des anderen verlangt hat, dem dritten Mieter dessen Recht auf Benutzung zwar nicht auf Kosten des Hauswirts abkaufen, wohl aber darf er mit dem Dritten einen Vertrag schließen, nach welchem sich dieser gegen eine angemessene Abfindung verpflichtet, sein Recht während der Mietzeit nicht auszuüben. Der Mieter kann von dem Hauswirt den Ersatz der Abfindung fordern[1]).

An die Pflicht des Hauswirts, bezüglich der Ladenschilder usw. für Handlungen Dritter einzustehen, wird man, wenn die Benutzung der Hausfläche für Schilder usw. nur aus der Verkehrssitte folgt, nicht so strenge Anforderungen zu stellen haben wie in dem oben[2]) besprochenen Falle, wo es sich um Vermietung von Hausflächen an Nichtmieter des Hauses zu Reklamezwecken handelte. Der Zweck des Mietvertrages ist hier der Gebrauch des Ladens, der Gebrauch der Hausfläche ist nur eine Nebenverpflichtung des Hauswirts, die sich aus der Verkehrssitte gebildet hat. Hier dürfte anzunehmen sein, daß der Hauseigentümer nur für diejenigen Handlungen Dritter einzustehen hat, die die Hauswand, soweit sie dem Mieter zu seiner Reklamebetätigung zur Verfügung steht, selbst beeinträchtigen. Dagegen sind solche Eingriffe, die nur die Reklameausübung des Mieters außer diesen Fällen betreffen, ausgeschlossen, da hier die Reklameausübung nicht den Zweck der Miete bildet.

Falls der Vermieter seiner Sacherhaltungspflicht nicht nachkommt, hat der Mieter die Rechte aus §§ 537 ff. BGB. Diese alle hier eingehend darzustellen, geht weit über den Rahmen der hier vorliegenden Aufgabe hinaus. Hier sei nur so viel gesagt, daß der Mieter bei Verletzung der Obliegenheiten des Vermieters durch diesen zu einer Herabsetzung des Mietzinses berechtigt ist, unter Umständen Schadensersatz wegen Nichterfüllung verlangen kann. Diese Rechte hat der Mieter aber dann nicht, wenn er den Mangel bei Abschluß des Vertrages kannte. Bei grobfahrlässiger Unkenntnis des Mieters von dem Mangel kann er seine Rechte nur unter erschwerten Umständen, nämlich wenn der Vermieter die Abwesenheit des Mangels zugesichert oder sein Vorhandensein arglistig verschwiegen hatte, geltend machen. Bezieht der Mieter die Wohnung oder den Laden, obwohl er den Mangel kannte, so kann er Rechte gegen den Vermieter nur herleiten, wenn er sich seine Rechte beim Einzug vorbehielt. Entspricht die Benutzung der Hausfläche für den Mieter einem besonderen Interesse — was meist wohl der Fall sein wird — so kann er unter denselben Umständen wie bei der Minderung des Mietzinses oder bei Schadensersatz wegen Nichterfüllung den Mietvertrag ohne Einhaltung einer Kündigungsfrist kündigen, nachdem er dem Vermieter eine angemessene Frist zur Abhilfe gesetzt hat. Dieses Kündigungsrecht steht dem Mieter aber nur zu, wenn die Behinderung oder Vorenthaltung des Gebrauchs der Hauswand keinen unerheblichen Umfang hat.

Dagegen kann der Mieter den Mietvertrag nicht anfechten, wenn er bei dessen Abschluß nicht gewußt hat, daß der Vermieter die ihm zur freien Benutzung zur Verfügung

---

[1]) So Niendorff, a. a. O. S. 150; Schöller Gruch. 46, 264; und andere; für Kauf Crome Dogm. J. 37, 45.

[2]) S. 337.

stehende übrige Fläche der Außenwand des Hauses anderweit zu Reklamezwecken — sogar in derselben Branche — vermietet hat[1]).

γ) Nach richtiger Ansicht steht dem Mieter eines Hauses an der von ihm benutzten Fläche der Außenwand des Hauses ein rechtlich geschützter Besitz zu[2]). Allerdings ist dieser selbständige eigene Teilbesitz des Mieters nur dann anzunehmen, wenn der Mieter das Laden- oder Reklameschild oder den Schaukasten usw. an die Hauswand angebracht oder die Hauswand bemalt hat. Solange das Schild, der Schaukasten usw. noch nicht angebracht sind, sind die Grenzen der räumlichen Sonderbenutzung des Mieters an der Hauswand noch nicht zu erkennen. Solange ist ein Teilsachbesitz (§ 865 BGB.)[3]) an der Hauswandfläche nicht anzuerkennen. Der Mieter erhält mit dem Beziehen der Wohnung, des Ladens den selbständigen Besitz an den Innenflächen, den Besitz an den Außenwänden erhält er erst mit der wirklichen Ergreifung des Besitzes an ihnen[4]). Daß der Mieter neben dem Besitz an der Hauswand auch den Besitz an den von ihm angebrachten Sachen, den Schildern und Schaukästen usw. hat, ist selbstverständlich.

Sehr bestritten ist die Frage, ob dem Mieter einer Hausfläche zu Reklamezwecken, der sonst nicht Mieter des Hauses ist, Besitzrechte an der Hausfläche zuzuerkennen sind. Hier will Planck[5]) dem Mieter im Gegensatz zu Kraß[6]) kein Besitzrecht geben, da es an der nötigen Abgrenzung des Besitzes fehle und die Hauswand auch von den übrigen Mietern des Hauses benutzt werde. Diese Begründung erscheint nicht stichhaltig. Derjenige, der eine Giebelwand bemalt, setzt mit seiner Bemalung der von ihm benutzten Hausfläche genaue Grenzen. Worin der Besitz der Mieter an der zu Reklamezwecken vermieteten Außenhausfläche bestehen soll, ist unerfindlich, zumal es sich bei diesen Flächen meist um fensterlose Hausflächen handelt. Man dürfte daher dem Nichtmieter eines Hauses dieselben Besitzrechte zu geben haben wie dem Mieter des Hauses; d. h. er hat, sobald er die Hausfläche zu seiner Reklameausübung benutzt — aber erst dann — Besitzrecht an der Hausfläche in dem Umfange, in dem er sie benutzt.

Soweit dem Mieter der Besitz zusteht, kann er die sog. possessorischen Besitzrechte gegen jeden beliebigen Störer — auch gegen den Hauswirt — geltend machen; d. h. er hat die Besitzselbsthilfe und die Besitzklage im Rahmen seines Teilbesitzes. Wird ihm also sein Teilbesitz ohne seinen Willen entzogen oder wird er in seinem Teilbesitz gestört, so darf er sich des entzogenen Besitzes wieder bemächtigen, falls er dies sofort tut oder auf Wiedereinräumung des Besitzes und auf Unterlassung der Störung klagen, wobei er sich des schnellen einstweiligen Verfügungsverfahrens bedienen kann (§§ 859 III, 861 I, 862 I BGB.).

So kann z. B. der Mieter zur Selbsthilfe greifen oder die Besitzklage anstrengen, wenn der Vermieter oder ein Dritter mit oder ohne dessen Zustimmung einen Kasten am Hause als Lichtreklame anbringt, der das Schaufenster des Mieters oder einen Teil der Hausfläche, die von dem Mieter benutzt wird, verdeckt oder seine Lichtreklame beein-

---

[1]) So KG. in OLGR. 1913, 359. [2]) So RGZ. 1880, 281.

[3]) § 865 BGB.: „Die Vorschriften der §§ 858—864 gelten auch zugunsten desjenigen, welcher nur einen Teil einer Sache, insbesondere abgesonderte Wohnräume oder andere Räume, besitzt."

[4]) Nicht unbestritten; wie oben Kraß, Besitz und Recht, S. 267; a. A. Mittelstein, a. a. O. 272; unbestimmt RGZ. 1880, 281.

[5]) Anm. 2 a. A. zu § 865. [6]) a. a. O.

trächtigt[1]). Hat z. B. jemand das Recht erworben, an einer Stelle der Hauswand ein Firmenschild anzubringen, verdeckt aber der Hauswirt oder ein Dritter das Schild derartig, daß es unlesbar wird, so kann der Schildbesitzer seine Besitzrechte geltend machen[2]). Eine solche Besitzstörung kann[3]) dem Übermieter gegenüber auch dadurch begangen werden, daß der Untermieter sein Schild von der Hauswand schräg in die Straßen hineinragend anbringt, so daß es sich dadurch für das Auge des auf dem Bürgersteig befindlichen Beschauers vor die Schaufenster des im ersten Stockwerk befindlichen Geschäftes schieben[4]).

Jedoch hat der Mieter den Besitzschutz nur insoweit, als er selbst den Besitz nicht fehlerhaft gegenüber dem Besitzentzieher oder Besitzstörer innerhalb Jahresfrist erlangt hat (§§ 861 II, 862 II BGB.). Auch hat der Mieter den Besitzschutz dann nicht, wenn der Besitzentzieher oder -störer nicht in verbotener Eigenmacht gehandelt hat.

2. Vermietung von Immobilien.

Die Vermietung von Immobilienteilen, die nicht Hausflächen sind, sind im Gebiete der Reklame durchaus nichts Seltenes. Es handelt sich um Vermietungen von Stücken der Erdoberfläche zum Zwecke der Errichtung von Einrichtungen zu Reklamezwecken. Ein Beispiel hierfür bildet die sog. Streckenreklame, die darin besteht, daß längs der Strecke einer Eisenbahnlinie in bestimmten Abständen Reklametafeln aufgestellt werden. Hierher gehören auch z. B. Reklametafeln, wie man sie heute vielfach in Verkehrszentren der großen Städte findet.

Hier liegt, soweit es sich um die Rechtsbeziehungen zwischen dem Grundeigentümer und den Reklametreibenden handelt, Miete vor. Der Vertrag wird, soweit es sich um Reklametafeln in den Städten handelt, mit der Stadtgemeinde abzuschließen sein, da diese meist Eigentümerin des Straßengrundstücks ist. Falls die Straße der Stadt nicht gehören sollte, ist ihr Eigentümer der Vermieter der Grundfläche. Er verliert nicht dadurch sein Eigentum an der Straße, daß er viele seiner Eigentumsrechte wegen des Allgemeingebrauchs der Straße durch die sog. Widmung verloren hat.

Die Verhältnisse regeln sich hier genau nach den oben bei Vermietung der Hausfläche dargestellten Regeln. Man hat hier dem Vermieter auch wieder die streng auszulegende Verpflichtung aufzuerlegen, daß er für jede Handlung Dritter, die die Reklameausübung des Mieters beeinträchtigt, einzustehen hat[5]).

B. Pachtverhältnis.

Die Pacht unterscheidet sich von der Miete dadurch, daß bei dieser die Sache nur zum Gebrauch überlassen wird, während bei der Pacht neben der Gebrauchsüberlassung der Fruchtgenuß mit zu gewähren ist[6]). Ein weiterer Unterschied besteht darin, daß die Miete nur „Sachen", d. h. körperliche Gegenstände umfaßt, während die Pacht allgemein „Gegenstände" betrifft. Die Pacht kann sich daher auch auf unkörperliche Gegenstände, d. h. Rechte, beziehen. Das geltende Recht erkennt als möglichen Gegenstand von Pachtverhältnissen jeden Betrieb an, der nicht nur auf der Grundlage eines Inbegriffs von

---

[1]) RGZ. 80, 282. [2]) RG. in Gruch. 24, 425.
[3]) So KG. für Rechtspfl. im Bez. des KG. 1908, 106.
[4]) Über weitere Fälle aus der Praxis vgl. Striebt. Arch. 38, 227; 89, 286; OLGR. 3, 26.
[5]) S. 337. [6]) § 581 BGB.

Sachen und Rechten, sondern sogar nur auf Grund von tatsächlichen Möglichkeiten, sog. Chancen, bestimmt ist, dem Inhaber Gewinn zu verschaffen[1]).

Hierdurch gewinnt das Pachtverhältnis für das Gebiet der Reklame eine erhebliche Bedeutung.

Für das Gebiet der Reklame kann die Pacht einmal in Betracht kommen, wenn z. B. Flächen der Grundstücksfront von Grundstückseigentümern verpachtet werden und dem Pächter das Recht eingeräumt wird, diese Flächen zu Reklamezwecken für Dritte zu verwenden. Hier liegt nicht Miete vor, weil dem Pächter die Grundstücksfläche nicht nur zum Gebrauch überlassen wird. Außer der Fläche wird ihm auch der Fruchtbezug aus ihr gewährt. Das Rechtsverhältnis ist also Pacht.

Sodann spielt aber im Gebiete der Reklame die Pacht bei der Überlassung von Rechten eine große Rolle. Ein Pachtvertrag liegt vor, wenn z. B. ein Unternehmer das Recht der Reklame in einem Theater erwirbt, und zwar etwa in der Weise, daß er alleinberechtigt ist, Reklameanzeigen in die Programme aufzunehmen oder Reklameschilder oder Reklamekästen im Theater anzubringen. Ebenso sind die in der Praxis häufig vorkommenden Verträge, auf Grund deren ein Kino die gesamte Kinoreklame an einen Unternehmer vergibt, Pachtverträge. Hier erwirbt der Unternehmer das alleinige Recht, dem Publikum in dem betreffenden Theater Reklamekundgebungen in der Form von Diapositiven oder Reklamefilmen vorzuführen. Ein Pachtverhältnis ist es auch, wenn die Verleger von Zeitungen oder Zeitschriften einem Unternehmer das Recht einräumen, in diesen Druckschriften die Reklame zu vergeben.

Die Verpflichtungen des Verpächters auf Grund des Pachtvertrages bestehen darin, daß er an dem verpachteten Gegenstand den Gebrauch sowie den Fruchtgenuß zu gewähren hat. Neben diesen positiven Verpflichtungen liegt dem Verpächter auch die negative Verpflichtung ob, alles zu unterlassen, was den Pächter in der vertragsmäßigen Nutzung des Pachtgegenstandes stören könnte, insbesondere keine den Pachtgegenstand betreffenden Handlungen vorzunehmen, durch welche die Nutzung des Pächters ausgeschlossen oder geschmälert werden könnte[2]). Mit Recht hat daher das Landgericht I Berlin im folgenden Falle eine einstweilige Verfügung auf Unterlassung angeordnet: Ein Filmtheaterunternehmen hatte die Vorführung der gesamten Kinoreklame in ihren Theatern verpachtet. Das Unternehmen brachte einen sog. Kulturfilm zur Vorführung, der eine Seereise betraf und in dessen ersten Titel die Schiffahrtsgesellschaft genannt wurde, der das im Film abgebildete Schiff gehörte, mit dem die Reise angetreten werden sollte. Durch diesen Titel wurde der Film zweifellos zu einem Reklamefilm für die Schiffahrtsgesellschaft. Dem Kinounternehmen ist daher mit Recht untersagt worden, in dem Titel des Films die Schiffahrtsgesellschaft zu nennen.

Die Verpflichtung des Pächters besteht vor allem in der Zahlung des bedungenen Pachtzinses.

Im übrigen finden[3]), soweit nichts anderes bestimmt ist, auf die Pacht die Vorschriften über die Miete Anwendung[4]). Besonders ist zu bemerken, daß der Pächter von Grundstücksteilen zu Reklamezwecken, wie der Mieter, regelmäßig unmittelbarer Besitzer ist und vollen Besitzschutz genießt.

---

[1]) Vgl. RGZ. 70, 20ff. Das Reichsgericht zieht hier insbesondere die Bestimmungen der §§ 1822, Ziff. 4, BGB, 22 HGB. zur Begründung seines Standpunktes heran.

[2]) Vgl. RG.-Kommentar, Anm. 2 zu § 581. [3]) § 581 II BGB.

[4]) Deshalb wird auf die obigen Ausführungen zur Miete verwiesen.

C. Dienst- und Werkvertrag.

Bei diesen Verträgen handelt es sich um Vereinbarungen, durch welche Arbeitsleistungen gegen Entgelt übernommen werden. Es ist bereits in der Einleitung zu diesem Abschnitt kurz darauf hingewiesen worden, daß ein Dienstvertrag vorliegt, wenn die Arbeit als solche Vertragsgegenstand ist, daß es sich aber um einen Werkvertrag handelt, wenn der Verpflichtete einen gewissen Erfolg herstellen soll, so daß der schließliche Enderfolg seiner Tätigkeit als Zweck des Vertrages erscheint[1]).

Im Rahmen dieses Buches interessiert, soweit es sich um Arbeitsleistungen handelt, vor allem der später eingehend zu behandelnde Inseratenvertrag. Hier ist nur folgendes auszuführen:

1. Dienstvertrag.

Die Vorschriften über den Dienstvertrag sind im allgemeinen im BGB. enthalten[2]). Ein Dienstvertrag liegt vor, wenn der eine Teil zur Leistung der versprochenen Dienste, der andere zur Leistung der vereinbarten Vergütung verpflichtet ist. Wenn also z. B. der Reklametreibende einen Ausrufer anstellt, der etwa mehrere Stunden täglich die ihm übertragene Reklamekundgebung auszurufen hat, so ist das ein Dienstvertrag.

Der Dienstvertrag ist im Zweifel höchst persönlich. Der zur Dienstleistung Verpflichtete hat die Dienste im Zweifel in Person zu leisten. Auch der Anspruch auf die Dienste ist im Zweifel nicht übertragbar. „Im Zweifel" bedeutet, daß die gesetzliche Bestimmung gilt, wenn nichts anderes vereinbart oder aus den Umständen nichts anderes zu entnehmen ist. In der Rechtsprechung wird angenommen, daß der Anspruch auf die Dienste z. B. bei Geschäftsübertragungen, im allgemeinen auf den Rechtsnachfolger übergeht.

Neben dem BGB. kommen für den Dienstvertrag eine Reihe von Sondervorschriften der Reichs- und Landesgesetze in Betracht. Hier handelt es sich insbesonders um das HGB., das die Rechtsverhältnisse der Handlungsgehilfen sowie der Handlungsagenten regelt.

Handlungsgehilfe[3]) ist, wer in einem Handelsgewerbe zur Leistung kaufmännischer Dienste gegen Entgelt angestellt ist. So ist z. B. der Schaufensterdekorateur Handlungsgehilfe, wenn er fest angestellt ist[4]). Dagegen ist der Wanderdekorateur, der ohne in einem bestimmten Betriebe fest angestellt zu sein, für eine unbestimmte Anzahl von Geschäften Schaufenster dekoriert, nicht Handlungsgehilfe.

Zu den Pflichten eines fest angestellten Schaufensterdekorateurs gehört es, auf Erfordern alle Schaufenster des Gewerbetreibenden zu dekorieren, und zwar sowohl des Hauptgeschäfts als auch der Filialen. Der Dekorateur hat, da das Aufsuchen der Filialen zu diesem Zwecke zu seiner vertragsgemäßen Tätigkeit gehört, mangels anderweiter Vereinbarung keinen Anspruch darauf, daß ihm das Fahrgeld zu den einzelnen Filialen erstattet wird[5]). Handlungsgehilfen pflegen auch die Reklamechefs der großen Unternehmungen zu sein. Sie sind es dann, wenn sie in einem Betriebe fest angestellt sind und nicht auch für eine unbestimmte Anzahl anderer Geschäfte eine Reklametätigkeit ausüben.

---

[1]) Vgl. RGZ. 86, 75. [2]) §§ 611 ff. BGB. [3]) §§ 59 ff. HGB.
[4]) Staub-Koenige, Anm. 14 zu § 59 HGB. [5]) Vgl. Dove-Meyerstein 12.

Handelsagent ist, wer ohne als Handlungsgehilfe angestellt zu sein, ständig damit betraut ist, für das Handelsgewerbe eines anderen Geschäfte zu vermitteln oder im Namen des anderen abzuschließen.

Daß sich der Gewerbetreibende auch des Agenten als Mittel bedient, um für seine Waren mündliche Reklame zu machen, ist oben[1]) dargelegt worden.

2. Werkvertrag.

Gegenstand des Werkvertrages kann jeder durch höhere oder niedere, geistige oder körperliche, handwerksmäßige oder ungeschulte Tätigkeit, also durch Arbeit beliebiger Art herbeizuführende Erfolg sein[2]).

Liefert der Unternehmer den zu dem Werk erforderlichen Stoff, und handelt es sich um die Lieferung vertretbarer Sachen, d. h. solcher Sachen, die im Verkehr nach Zahl, Maß oder Gewicht bestimmt zu werden pflegen[3]), so liegt Kauf vor. Fertigt der Unternehmer aber nichtvertretbare Sachen an, so liegt ein Werkvertrag (Werklieferungsvertrag) vor[4]). Bestellt somit der Reklametreibende bei dem Unternehmer ein Reklameschild, so wird im allgemeinen ein Werklieferungsvertrag vorliegen. Liefert der Besteller den zu verarbeitenden Stoff selbst, so daß der Unternehmer nur die Zutaten und sonstige Nebensachen zu beschaffen hat, so liegt immer Werkvertrag vor[5]). Werkvertrag ist es daher stets, wenn der Auftraggeber die zur Anfertigung von Plakaten und sonstigen Reklamebildern erforderlichen Originalzeichnungen dem Plakathersteller liefert. Diese Originalzeichnungen bleiben Eigentum des Auftraggebers und sind ihm mangels anderer Vereinbarung auf Verlangen zurückzugeben. Die Rückgabe kann in Teilen erfolgen, falls die Originale zwecks Herstellung der Vervielfältigungen zerschnitten werden mußten[6]).

Der Unternehmer hat das Werk in vertragsmäßiger Beschaffenheit herzustellen, es dem Besteller abzuliefern und, wenn er auch den Stoff dazu liefert, ihm das Eigentum an der hergestellten Sache zu verschaffen. Das Werk muß die zugesicherten Eigenschaften haben und darf nicht mit Fehlern behaftet sein, die seinen Wert oder seine Tauglichkeit zum Gebrauch aufheben oder mindern[7]).

Ist das Werk mit Mängeln behaftet oder enthält es nicht die zugesicherten Eigenschaften, so kann der Besteller verlangen, daß der Mangel durch Nachbesserung beseitigt wird[8]). Ist der Unternehmer mit der Beseitigung im Verzuge, so kann der Besteller den Mangel selbst beseitigen und Ersatz der erforderlichen Aufwendungen verlangen. Es handelt sich hier jedoch lediglich um ein Recht des Bestellers; eine Verpflichtung, den Mangel selbst zu beseitigen, besteht für den Besteller nicht.

Der Besteller kann weiter dem Unternehmer zwecks Beseitigung des Mangels durch diesen eine angemessene Frist mit der Erklärung setzen, daß er nach Ablauf der Frist die Beseitigung des Mangels ablehne. Ist die Frist fruchtlos verstrichen oder die Nachbesserung nicht möglich, so hat der Besteller wahlweise Anspruch auf Wandlung[9]), Min-

---

[1]) S. 138. [2]) So Siméon-David, Recht und Rechtsgang 1928, § 67.
[3]) § 91 BGB. [4]) § 651 BGB. [5]) § 651 II BGB.
[6]) So Dove-Meyerstein Bd. III, Nr. 1578. [7]) § 633 BGB.
[8]) Der Unternehmer kann jedoch die Beseitigung verweigern, wenn sie einen unverhältnismäßigen Aufwand erfordert.
[9]) Wandlung kann der Besteller jedoch nur verlangen, wenn der Mangel nicht unerheblich ist oder in dem Fehlen einer zugesicherten Eigenschaft besteht.

derung und, falls der Mangel auf einem Verschulden des Unternehmers beruht, auf Schadensersatz wegen Nichterfüllung[1]).

Es bedarf hier der besonderen Hervorhebung, daß der Besteller einen Anspruch auf Wandlung, d. h. auf Rückgängigmachung des Vertrages hat. Es ist daher in diesem Falle der Zustand herzustellen, der bestünde, wenn ein Vertrag überhaupt nicht geschlossen worden wäre. Die Feststellung dieser für den reinen Werkvertrag geltenden Rechtslage ist mit Rücksicht auf die späteren Ausführungen über den Inseratenvertrag wichtig, weil bei diesem der Anspruch auf Wandlung regelmäßig nicht gegeben ist.

D. Inseratenvertrag[2]).

1. Inhalt.

Der Inseratenvertrag ist, wie Elster[3]) ihn zutreffend definiert, ein Vertrag „auf Aufnahme und Verbreitung einer Mitteilung an einer bestimmten Publikationsstelle" gegen Vergütung.

Der Inseratenvertrag hat also die Lieferung eines Werkes, das ist die Aufnahme und Verbreitung einer Mitteilung an einer bestimmten Publikationsstelle, zum Gegenstande. Diese Mitteilung braucht nicht ausschließlich ein Schriftwerk zu sein. „Jedes Bild ohne Worte, eine Schutzmarke kann ein voller Inhalt einer solchen Mitteilung sein[4])."

Die Publikationsstelle, an der die Mitteilung erfolgt, braucht nicht die Stelle in einer Zeitung zu sein. Sobald sich jemand verpflichtet, eine Mitteilung an einer zur Kenntnisnahme durch eine größere Zahl individuell nicht bestimmter Personen geeigneten Stelle zu veröffentlichen, liegt ein Inseratenvertrag vor. In der juristischen Konstruktion ist es deshalb wegen der Gleichartigkeit des Inhalts der vertraglichen Beziehungen unerheblich, ob sich ein Zeitungsverleger verpflichtet, ein Reklameinserat zu veröffentlichen oder ob sich ein Theater- oder Kinobesitzer verpflichtet, ein Reklamebild vorzuführen. Ebenso ist es gleichgültig, ob sich ein Unternehmer verpflichtet, durch Aussendung von Sandwichmen Reklameplakate durch die Straßen tragen oder im Rundfunk eine Reklamekundgebung vortragen zu lassen oder schließlich, ob sich die Reichsbahn, Reichspost oder Straßenbahn verpflichtet, an oder in ihren dem öffentlichen Verkehr dienenden Wagen ein Reklameplakat oder ein Abziehbild umherfahren zu lassen. In jedem Falle handelt es sich um den gleichartigen Hauptinhalt aller dieser Verträge, um die Gelegenheit zur Kenntnisnahme von Reklamemitteilungen an eine unbestimmte, individuell nicht zusammengehörige Anzahl von Personen. In allen diesen Fällen übernimmt der Unternehmer die Verpflichtung, einer individuell nicht zusammengehörenden Anzahl von Menschen Gelegenheit zur Kenntnisnahme der Reklamekundgebung zu geben. Deshalb sind alle diese Verträge ihrer juristischen Struktur nach Verträge gleichen Charakters, mögen sich auch einzelne Sonderverpflichtungen aus den einzelnen Vertragsarten verschiedenartig ergeben. Diese Verträge gelten im Rahmen des vorliegenden Buches als Inseratenverträge.

---

[1]) §§ 633, 645 BGB.

[2]) Die Gutachten und Entscheidungen im Gebiete des Inseratenvertrages sind zum Teil, insbesondere wenn keine weiteren Fundstellen angegeben sind, Ebner, Anzeigenrecht entnommen.

[3]) In GRUR. 1915, 189 ff. und „Anzeigenrecht" im Handwörterbuch der Rechtswissenschaft (Stier-Somlo-Elster), Bd. I, Sp. 246.

[4]) So Elster a. a. O.

Den gleichen Standpunkt, der den vorliegenden Ausführungen zugrunde liegt, nahm auch der Gesetzgeber ein. Das Umsatzsteuergesetz[1]) v. 24. XII. 1919 belegte mit erhöhter Steuer die Übernahme von Anzeigen und verstand darunter im § 26:

1. Die Herstellung von Anzeigen durch Druck usw.,
2. die Überlassung von Flächen und Räumen zur Aufnahme von Ankündigungen,
3. die Vornahme von Ankündigungen auf andere Weise als die in Nr. 1 und 2 bezeichnete Art (z. B. durch Beleuchtung, Umhertragen von Tafeln, Umherfahren von Reklamewagen, Ausrufen).

2. Rechtsnatur.

Die Rechtsnatur des Inseratenvertrages ist in der Literatur fast durchweg[2]) als Werkvertrag anerkannt worden. Streit herrscht lediglich über den Inhalt der Verpflichtung zur Verbreitung. Hier ist die Ansicht[3]) aufgestellt worden, der Inhalt der Leistung des Verbreiters des „Inserats" sei, daß das Publikum auch wirklich Kenntnis von der Anzeige nähme und daß diese Anzeige eine gewisse Wirkung erziele. Diese Ansicht dürfte aber irrtümlich sein. Sie legt dem Verleger usw. Pflichten auf, die seinem Einfluß gänzlich entzogen[4]) sind. Ob eine Veröffentlichung Erfolg beim Publikum hat, hängt neben dem Druck und der Verbreitung, die meist — aber nicht immer — dem Verleger usw. obliegen, hauptsächlich von ihrem Inhalt ab. Diesen liefert meist der Inserent. Vor allem aber vermengen die Vertreter dieser Meinung den Inhalt der Leistung und den Zweck des Vertrages. Selbstverständlich ist der Zweck des Vertrages die Reklamewirkung. Der Inhalt des Vertrages ist aber lediglich auf der einen Seite Schaffung der Gelegenheit zur Verbreitung der Bekanntmachung, auf der anderen Seite Vergütung für die Schaffung der Gelegenheit. Gegen die Ansicht, nach welcher der Reklamezweck Inhalt der vertraglichen Beziehungen sei, spricht, daß es eine große Zahl von Zeitungsinseraten gibt, die einem Reklamezweck des Inserenten gar nicht zu dienen bestimmt sind. Dies sind z. B. die Familienanzeigen. Allein richtig erscheint die Ansicht[5]), nach der der Zeitungsverleger, der Theater-, Kinobesitzer, die Reichsbahn, Reichspost, Straßenbahn usw. nur die Pflicht haben, für die ihnen zur Verfügung gestellten Bekanntmachungen die Möglichkeit zu schaffen, daß eine größere Anzahl Personen, die individuell nicht bestimmt ist, von ihnen Kenntnis nimmt. Dafür, daß der Besteller zu rechtlichen Vorteilen gelangt, hat — wie das Reichsgericht[6]) ausführt — der Unternehmer nicht einzustehen. Deren Erstreben ist lediglich der Beweggrund für den Besteller. Das Vertragsverhältnis

---

[1]) Die Anzeigensteuer ist in der Zwischenzeit wieder aufgehoben worden; vgl. oben S. 155.

[2]) So Ebner, Anzeigenrecht, 3. Aufl., im Druck; Höniger, Inseratenrecht; Staub, HGB. 1921, Anm. 15 zu § 381; Staudinger, Vorb. 3e zu § 631; OLG. Dresden in SächsArch. 2, 344 und SeuffArch. 65, 270; Jaeger, KO. Anm. 1 zu § 17; Pfafferott, Der Anzeigenvertrag im Konkurse des Inserenten, S. 12; Hachmeister, Der Inseratenvertrag als Werkvertrag, S. 6; vgl. auch RGZ. 70, 24; a. A. wohl Elster a. a. O., der auch Mietrechtsregelungen angewandt wissen will, und Kupferberg, in Die Reklame 1927, S. 323, der im Zeitungsinserat die Miete eines Platzes sieht.

[3]) So Recken in LZ. 8, 1696; JW. 1915, 253; vgl. auch Urteil des KG. 22 U 97/15 und 22 U 9422/15 (nicht veröffentlicht).

[4]) Vgl. Rosenthal in DJZ. 1914, 1163.

[5]) Vertreten von Ebner, JW. 15, 365; Kaufmann am gleichen Ort; Pfafferott a. a. O.; vgl. auch AG. Berlin Mitte, JW. 15, 1131.

[6]) In DJZ. 1916, 1168.

zwischen Unternehmer und Besteller wird deshalb durch den Umstand, daß die Reklame sich als unwirksam erweist, nicht berührt.

Diesen Leistungsinhalt haben die Verleger usw. so zu erfüllen, wie es dem mit ihnen abgeschlossenen Vertrage entspricht. Der Zeitungsverleger hat die Annonce in seiner Zeitung zum Abdruck zu bringen, die Reichsbahn, Reichspost, Straßenbahn haben die mit den Anzeigen versehenen Wagen in den Dienst des öffentlichen Verkehrs zu stellen[1]), der Theaterdirektor oder Kinobesitzer das Lichtbild, den Werbefilm in öffentlicher Vorstellung vorzuführen. Gerade durch diese „Verbreitungsverpflichtung" des Verlegers usw. unterscheidet sich der Inseratenvertrag, wie oben[2]) hervorgehoben, von der Miete.

Da also der Inseratenvertrag ein Werkvertrag ist, regelt er sich nach den Vorschriften der §§ 631 ff. BGB. Soweit die Verbreiter Kaufleute im Sinne des HGB. sind, treten neben die Regelungen des BGB. auch noch die Vorschriften des HGB.[3]). Ist der Vertragsgegner ebenfalls Kaufmann, so finden auf den Inseratenvertrag auch noch die für ihn etwa im Handelsverkehr geltenden Gewohnheiten und Gebräuche, die sog. Usancen Anwendung[4]).

3. Vertragsparteien.

Nach § 631 BGB. heißen die Parteien beim Werkvertrage Besteller und Unternehmer. Der Besteller ist beim Inseratenvertrage die Partei, die eine Anzeige zur Bekanntmachung aufgibt, während die Partei, die die „Verbreitung" vornimmt, d. h. der Zeitungsverleger, Theater-, Kinobesitzer, die Reichsbahn usw. Unternehmer heißen.

Zwischen diesen Parteien können sich beim Inseratenvertrage, namentlich soweit er sich auf die Zeitungsinserate bezieht, noch andere Einrichtungen treten. Als solche kommen die sog. Annoncenexpeditionen und Annoncensammler in Betracht. Auf die für diese Fälle in Frage kommenden Rechtsbeziehungen wird weiter unten[5]) eingegangen werden.

Für die vertraglichen Beziehungen der Parteien beim Inseratenvertrage ist es unerheblich, ob der Unternehmer die „Verbreitung" der Reklamekundgebung in seiner eigenen Zeitung, im eigenen Theater oder Kino, in oder am eigenen Wagen vornimmt, oder ob er nur das Recht, in der Zeitung, dem Theater usw. die Reklamekundgebungen zu bringen, von dem Eigentümer gepachtet hat[6]).

Ob der Besteller Kaufmann ist, ist für den Einzelfall danach zu entscheiden, ob er ein Handelsgewerbe nach § 1 HGB. betreibt oder ob er in das Handelsregister eingetragen ist[7]). Die Zeitungsverleger[8]), die Straßenbahn[9]), Eisenbahn[10]), die Aboag, die Untergrundbahn, sowie sonstige der Personenbeförderung dienenende Unternehmungen mit anstaltsmäßigem Betriebe sind Kaufleute. Die Reichspost ist niemals[11]) Kaufmann. Theaterdirektoren[12]) usw. sind Kaufleute, wenn sie im Handelsregister eingetragen sind.

Hervorzuheben ist für den Zeitungsinseratenvertrag, worauf Ebner richtig hinweist[13]), daß hier Unternehmer nicht die Zeitung, sondern der Eigentümer der Zeitung ist. Wird die Zeitung verkauft, so berührt dies den Inseratenvertrag nicht. Der bisherige Inhaber bleibt zur Erfüllung verpflichtet. Der Besteller kann sich an den bisherigen Eigentümer

---

[1]) So Schumann in DJZ. 1911, 703. [2]) S. 329.
[3]) § 345 HGB. [4]) § 346 HGB. [5]) S. 386 f.
[6]) S. 341. [7]) S. 9. [8]) § 1 II Nr. 8 HGB. [9]) § 1 II Ziff. 5 HGB.
[10]) Dagegen nicht die Mitropa; vgl. Staub, Anm. 74 zu § 1, und PrOVG. in DJZ. 1906, 374.
[11]) § 452 HGB. [12]) RGZ. 4, 55. [13]) a. a. O. S. 17.

halten. Jedoch hat er dieses Recht nicht, wenn durch den Verkauf des Blattes der Inhalt des Vertrages nur ganz unwesentlich berührt wird, wenn das Blatt trotz des Verkaufs das alte bleibt. Allerdings sind bei der Beurteilung der Frage, ob das Blatt trotz der Veränderung des Eigentümers das alte bleibt, alle Umstände des Einzelfalls zu berücksichtigen. Das Reichsgericht[1]) hat z. B. eine Veränderung angenommen, wenn an die Stelle eines bekannten kapitalkräftigen Verlegers ein weniger bekanntes Unternehmen tritt. Dagegen ist in einer bloßen Änderung des Titels einer Zeitschrift eine schwerwiegende Veränderung nicht gesehen worden[2]).

Der Besteller darf seine Rechte aus dem Inseratenvertrag nicht abtreten, da die Leistung an einen anderen Gläubiger nicht ohne Veränderung des Leistungsinhalts erfolgen kann[3]).

4. Vertragsabschluß.

Nach §§ 145 ff. BGB. gilt ein Vertrag als abgeschlossen, wenn eine Offerte angenommen wird.

Die Offerte dürfte im allgemeinen vom Besteller ausgehen. Dies wird auch dann der Fall sein, wenn von Unternehmern angekündigt wird, daß sie unter gewissen Bedingungen Reklamekundgebungen „verbreiten". Solche Ankündigungen erfolgen z. B. in Theatern und Kinos derart, daß ein Unternehmer mitteilt, er habe die Reklame zu vergeben. Derartige Ankündigungen finden sich auch namentlich in den Köpfen vieler Zeitungen in der Weise, daß der Preis der Annoncen angegeben wird. Diese Kundgebungen sind nicht derart gehalten, daß sie nach der Verkehrsauffassung dazu bestimmt sind, unmittelbar angenommen zu werden und zum Vertragsschlusse zu führen[4]). Beim Inseratenvertrag kommen in erheblichem Maße die besonderen Wünsche des Bestellers in bezug auf Größe, Platz, allgemeine Ausstattung usw. seiner Reklamekundgebung in Betracht, so daß es bei den genannten Ankündigungen an der für die Offerte erforderlichen Bestimmtheit fehlt. Diese Ankündigungen sind daher nicht Offerten, sondern lediglich Aufforderungen zur Abgabe von Offerten[5]).

Die Offerte kann nur vom Besteller oder einem von ihm bevollmächtigten Vertreter abgegeben werden. Die Vertretungsvollmacht des Vertreters kann sich auch aus den Umständen ergeben[6]). Die Offerte kann auch formlos, z. B. durch Übersendung eines Textes ohne besonderen Antrag[7]) geschehen.

Der Inseratenvertrag kommt in der Weise zustande[8]), daß der Unternehmer die Offerte annimmt[9]). Eine besondere Form der Annahme ist nicht vorgeschrieben. Wird die Annahme des Unternehmers durch ein Bestätigungsschreiben erklärt und hat dieses

---

[1]) So in BBl. 82, 3694. [2]) So AG. Stuttgart in ZW. 1913, 723.

[3]) Vgl. LZ. 1912, 54. [4]) Siehe oben S. 313.

[5]) So auch Ebner a. a. O., S. 25; vgl. oben S. 314.

[6]) Der Vorsteher der Werbeabteilung ist als bevollmächtigt anzusehen (Entscheidung eines LG. in Die Fachzeitschrift 1928, 54).

[7]) So RG. in JW. 1907, 556.

[8]) Ein Zwang zur Aufnahme von Inseraten besteht nur bei den die vorliegenden Ausführungen nicht interessierenden Zeitungsanzeigen nach § 10 RPG. (siehe oben S. 166).

[9]) Die Vorschrift des § 362 HGB., wonach in einem Stillschweigen des Kaufmanns auf Offerten deren Annahme zu erblicken ist, findet auf Inseratenverträge keine Anwendung (so AG. Stuttgart in Die Fachzeitschrift 1928, 162).

einen anderen Inhalt als die Offerte, so muß der Besteller, wenn nicht der Inhalt des Bestätigungsschreibens als von ihm genehmigt angesehen werden soll, falls er Kaufmann ist, dem Bestätigungsschreiben sofort widersprechen[1]). Ist der Besteller nicht Kaufmann, so liegt in einem Bestätigungsschreiben des Unternehmers, das von der Bestellung abweicht, keine Annahme der Offerte, sondern nach § 150 II BGB.[2]) die Ablehnung der Offerte des Bestellers und die Stellung einer neuen Offerte seitens des Unternehmers. Nimmt der Nichtkaufmann als Besteller die in dem abweichenden Bestätigungsschreiben enthaltene Offerte nicht an, so ist zwischen den Parteien ein Vertrag nicht zustande gekommen.

Nach § 151 BGB. ist die Erklärung der Annahme der Offerte, die innerhalb einer den Umständen nach angemessenen Frist erfolgen muß[3]), gegenüber dem Offerenten nicht erforderlich, wenn solche Erklärung nach der Verkehrssitte nicht zu erwarten ist. Dies ist bei nur einmal erscheinenden Zeitungsinseraten der Fall[4]). Jedoch ist in der stillschweigenden Annahme von Annoncen durch die Expedition die Annahme der Offerte noch nicht zu erblicken. Eine solche liegt erst vor, wenn der verantwortliche Redakteur die Annahme genehmigt[5]). Es entspricht dies der oben[6]) dargestellten strafrechtlichen Verantwortung des verantwortlichen Redakteurs.

5. Vermerke auf Rechnungen und Bestellscheinen.

Der Vertrag kommt mit dem Inhalt zustande, der in der Offerte und deren Annahme enthalten ist. Einer besonderen Untersuchung bedarf es, welche Bedeutung einseitigen Vermerken auf Rechnungen und Bestellscheinen zukommt.

Aufdrucke auf Rechnungen haben im allgemeinen, wenn sie andere Bedingungen wie die zwischen den Parteien vereinbarten enthalten, regelmäßig keine Bedeutung. Deshalb sind Vermerke auf Rechnungen über den Erfüllungsort der Zahlungspflicht des Bestellers unerheblich. Der Erfüllungsort ist, wenn zwischen den Parteien nichts anderes vereinbart ist, nach § 269 BGB. der Wohnsitz des Schuldners. Vermerke auf Rechnungen können vielleicht Bedeutung haben, wenn die Parteien in längerer Geschäftsverbindung stehen und regelmäßig die Bedingungen vereinbart haben, die den Vermerken auf den Rechnungen entsprechen[7]). Die Bedeutung der Vermerke in zugesandten Preislisten und anderen Reklamekundgebungen ist oben[8]) behandelt worden. Es wird hier auf diese Ausführungen Bezug genommen.

---

[1]) So AG. Berlin Mitte in BBl. 78, 7753.

[2]) § 150 II BGB.: „Eine Annahme unter Erweiterungen, Einschränkungen oder sonstigen Änderungen gilt als Ablehnung verbunden mit einem neuen Antrage."

[3]) Näheres in §§ 147, 148, 150 I BGB., welche lauten:

§ 147 BGB.: „Der einem Anwesenden gemachte Antrag kann nur sofort angenommen werden. Dies gilt auch von einem mittels Fernsprechers von Person zu Person gemachten Antrage.

Der einem Abwesenden gemachte Antrag kann nur bis zu dem Zeitpunkt angenommen werden, in welchem der Antragende den Eingang der Antwort unter regelmäßigen Umständen erwarten darf."

§ 148 BGB.: „Hat der Antragende für die Annahme des Antrags eine Frist bestimmt, so kann die Annahme nur innerhalb der Frist erfolgen."

§ 150 I BGB.: „Die verspätete Annahme eines Antrags gilt als neuer Antrag."

[4]) Gutachten der Handelskammer Berlin Nr. 7348 für 1904 (nach Höniger, a. a. O. S. 26).

[5]) AG. Erfurt und LG. Danzig in ZV. 25, 32, 1415. [6]) S. 169.

[7]) KG. in Recht 1907, Nr. 575 und 1173. [8]) S. 314 f.

Ist der Vertrag zwischen den Parteien schriftlich abgeschlossen, so besteht nach ständiger Rechtsprechung die Vermutung, daß in dem schriftlichen Vertrage sämtliche Vertragsvereinbarungen enthalten sind[1]). Damit ist aber nicht gesagt, daß nicht neben dem schriftlichen Vertrage noch andere Bedingungen vereinbart sein können. Der schriftliche Vertrag hat nur die Bedeutung, daß derjenige, der sich auf mündliche Abreden neben einem schriftlichen Vertrage beruft, diese beweisen und weiter beweisen muß, weshalb die mündlichen Nebenabreden in den schriftlichen Vertrag nicht aufgenommen wurden[2]). Dies hat eine Umkehrung der Beweislast zur Folge. Klagt z. B. der Unternehmer gegen den Besteller auf Bezahlung des Inserats, und bringt dieser vor, der Kläger habe bestimmte Bedingungen des Vertrages nicht erfüllt, so muß, wenn kein schriftlicher Vertrag abgeschlossen und der Kläger die vom Beklagten behaupteten Bedingungen nicht erfüllt hat, der Kläger beweisen, daß die Bedingungen nicht vereinbart wurden. Hat der Kläger in diesem Falle keine Zeugen, so muß er dem Beklagten in der Regel den Eid zuschieben. Ist dagegen zwischen den Parteien ein schriftlicher Vertrag abgeschlossen, und sind in diesem die vom Beklagten vorgebrachten Bedingungen nicht enthalten, so muß der Beklagte beweisen, daß sie neben dem schriftlichen Vertrag vereinbart wurden. In diesem Falle muß er, falls er keine Zeugen hat, in der Regel dem Kläger den Eid zuschieben.

Vermerke auf Bestellscheinen müssen, um überhaupt irgendwelche rechtliche Wirkungen zu haben, deutlich erkennbar und wahrnehmbar sein. Befinden sich die Vermerke in kleiner Schrift und versteckt auf dem Schein, so verstößt dieses Verfahren gegen die guten Sitten. In diesem Falle ist daher der Inhalt des Vermerks gemäß § 138 nichtig[3]).

Vermerke auf Bestellscheinen des Inhalts „Sämtliche Vereinbarungen haben nur dann Gültigkeit, wenn sie auf diesem Bestellschein vermerkt sind" oder „Mündliche Nebenabreden sind ungültig" stellen keine unsittlichen Vertragsbedingungen dar[4]). Die Bedeutung dieser Vermerke ist nicht unbestritten. Richtigerweise[5]) dürfte, wenn zwischen dem Unternehmer und dem Besteller trotz dieses Vermerks tatsächlich mündliche Nebenabreden getroffen wurden, anzunehmen sein, daß durch die mündlichen Vereinbarungen der Vermerk außer Kraft gesetzt wurde. Der Besteller kann sich also auf die mündlichen Nebenabreden berufen, muß sie aber beweisen. Nach der Ansicht des Reichsgerichts muß er daneben beweisen, aus welchem Grunde die Nebenabreden in den Bestellschein nicht aufgenommen wurden.

6. Nichtigkeit und Anfechtbarkeit.

Die Nichtigkeit und Anfechtbarkeit von Inseratenverträgen folgt aus den Vorschriften der §§ 116ff., 134, 138 BGB.

[1]) RGZ. 52, 23.

[2]) So RGZ. 52, 23; dies wird aber in der Praxis der unteren Gerichte häufig mit Recht nicht gefordert, wenn der schriftliche Vertrag ganz allgemein gehalten ist. In diesem Falle wird lediglich der Beweis der mündlichen Nebenabreden verlangt.

[3]) Ist die in dem Vermerk enthaltene Bedingung für den ganzen Vertrag von derartiger Bedeutung, daß anzunehmen ist, der Vertrag wäre ohne den nichtigen Teil nicht abgeschlossen worden, so ist der ganze Vertrag nichtig (§ 139 BGB.).

[4]) AG. Berlin-Schöneberg JW. 1915, 19, 393; 72, 703.

[5]) So OLG. Dresden in SeuffArch. 65, 270. Mitunter lassen Gerichte bei derartigen Vermerken mündliche Nebenabreden aber nicht gelten; so z. B. AG. Berlin-Schöneberg a. a. O. und LG. Hamburg in JW. 1921, 29, 956.

a) Nichtig sind Inseratenverträge hauptsächlich, wenn sie unsittlichen Inhalts sind oder gegen Verbotsgesetze[1]) verstoßen. Unsittlichen Inhalts sind alle Inseratenverträge, auf Grund deren Reklamekundgebungen unzüchtigen oder schamlosen Inhalts[2]) erfolgen sollen. Die Rechtsprechung[3]) hat auch einen Inseratenvertrag, auf Grund dessen schwindelhafte Reklame für ein Schwindelunternehmen ins Werk gesetzt werden sollte, als gegen die guten Sitten verstoßend und daher als nichtig angesehen. Wegen Verstoßes gegen ein Verbotsgesetz sind nach Ebner[4]) alle Inseratenverträge über Reklamekundgebungen nichtig, die eine Beleidigung, unlauteren Wettbewerb oder Betrug enthalten. Dagegen sind Inseratenverträge, welche die Verbreitung von Reklamekundgebungen für Gegenstände zum Inhalt haben, bei denen ein Feilhalten verboten ist, nicht nichtig. In dem Verbot des Feilhaltens ist ein Verbot der Anpreisung und Ankündigung nicht[5]) enthalten[6]).

b) Ein Inseratenvertrag kann sowohl vom Unternehmer wie vom Besteller wegen Irrtums, arglistiger Täuschung oder Drohung angefochten werden. Die Anfechtung wegen Irrtums muß unverzüglich erfolgen, die Anfechtung wegen arglistiger Täuschung und Drohung binnen Jahresfrist seit Kenntnis der Täuschung oder der Drohung.

So kann z. B. der Unternehmer den Inseratenvertrag wegen Irrtums anfechten[7]), wenn sich nach Abschluß des Vertrages herausstellt, daß die Reklamekundgebung strafbaren Inhalts ist, z. B. eine Beleidigung oder eine Reklamekundgebung für unzüchtige Gegenstände enthält. Der Unternehmer kann den Vertrag ferner wegen Irrtums anfechten, wenn er z. B. dem Besteller bei Abschluß[8]) des Vertrages Kredit gewährt, sich aber wesentlich über die Kreditwürdigkeit des Bestellers geirrt hat.

Andererseits kann auch der Besteller den Vertrag anfechten. Als Anfechtungsgründe sind in der Praxis — soweit bekannt — bisher nur Irrtum oder Täuschung über die Auflageziffern in Zeitungen angesehen worden. Allerdings muß der Irrtum erheblich sein. Wenn z. B. jemandem, der ein Zeitungsinserat in einer in bestimmten Interessentenkreisen verbreiteten Fachzeitung veröffentlichen will, erklärt wird, diese habe 10000 Bezieher, während sie in Wirklichkeit nur 6000 hat, so ist das unwesentlich[9]). Auch ist eine Anfechtung wegen arglistiger Täuschung zurückgewiesen worden, wenn dem Besteller erklärt wurde, er würde durch ein Inserat einen großen Erfolg haben, dieser aber völlig ausblieb.

Ist der Vertrag nichtig oder angefochten, so ist der ganze Vertrag aufgehoben und die Parteien haben gegenseitig wegen ihrer Leistungen keinerlei Ansprüche aus

---

[1]) Über den umstrittenen Begriff der Verbotsgesetze vgl. Crisolli, Verbotsgesetze im Handwörterbuch der Rechtswissenschaft Bd. VI, S. 356.

[2]) Vgl. oben S. 30 ff. [3]) OLG. Rostock in MeZ. 34, 8.

[4]) a. a. O. S. 46. [5]) S. 106; anders Isay, vgl. S. 276.

[6]) So hat das KG. Inseratenverträge über Anzeigen von Heilmitteln, deren Feilhaltung nach der kais. VO. verboten war (vgl. oben S. 114), nicht für nichtig erklärt. (ZW. 1912, 624; a. A. LG. I Berlin in ZW. 1912, 49, 1100.)

[7]) LG. I Berlin in ZW. 1913, 7, 144.

[8]) Fällt der Besteller im Laufe des Inseratenvertrages in Vermögensverfall — in diesem Fall hat sich also der Unternehmer über die Kreditwürdigkeit des Bestellers bei Abschluß des Vertrages nicht geirrt —, so kann der Unternehmer zwar den Vertrag nicht anfechten, aber gemäß § 321 BGB. seine Leistung verweigern, bis die Vergütung voll bezahlt oder dafür Sicherheit geleistet ist.

[9]) So ZW. 1911, 30, 667.

dem Vertrage[1]). Allenfalls können evtl. Ansprüche gegen den anderen Teil wegen dessen ungerechtfertigter Bereicherung erhoben werden.

7. Pflichten des Unternehmers.

Nach § 631 BGB. hat der Unternehmer im Inseratenvertrage die Reklamekundgebung des Bestellers an der vereinbarten Publikationsstelle in der vereinbarten Weise bekanntzugeben.

Bei der weiteren Betrachtung dieser dem Unternehmer obliegenden Verpflichtungen ist zwischen der Nichterfüllung, ihrer Verzögerung und ihrer mangelhaften Erfüllung zu unterscheiden. Eine Nichtleistung des Unternehmers kann auch vorliegen, wenn er eine Leistung erbringt, die von der vertraglich ausbedungenen derartig verschieden ist, daß diese Leistung nach Treu und Glauben mit Rücksicht auf die Verkehrssitte nicht als die vertragliche Leistung anzusehen ist.

a) Bei Nichterfüllung der Verpflichtungen durch den Unternehmer hat man weiter zu unterscheiden, ob ihm die Leistung schon vor dem Vertragsschluß unmöglich war oder nicht.

α) War die Leistung dem Unternehmer schon zur Zeit des Vertragsabschlusses unmöglich, so ist zu scheiden, ob die Leistung objektiv unmöglich war, z. B. weil das Kino des Unternehmers zur Zeit des Vertragsabschlusses abgebrannt war, oder ob nur der Unternehmer persönlich nicht in der Lage war, die Leistung zu erbringen, z. B. weil er gar kein Kino besaß.

αα) War die Leistung von Anfang an objektiv unmöglich, d. h. konnte kein Mensch die Leistung, zu der sich der Unternehmer verpflichtete, erbringen, so ist der ganze Vertrag gemäß § 306 BGB. nichtig. So ist z. B. ein Inseratenvertrag, auf Grund dessen sich jemand verpflichtete, für den Besteller in allen auf einer bestimmten Strecke verkehrenden D-Züge Flugblätter auszulegen, nichtig, wenn zur Zeit des Vertragsschlusses keine D-Züge mehr auf der Strecke verkehrten. Der Unternehmer braucht hier nichts mehr zu leisten, der Besteller ist aber auch seinerseits von jeder Leistung befreit. Das Geleistete kann evtl. wegen ungerechtfertigter Bereicherung des anderen Teils zurückgefordert werden. Weiß aber einer der beiden Vertragskontrahenten, oder muß er es wissen, daß die Leistung objektiv unmöglich war, so ist er dem anderen Teile zum Ersatz des Schadens verpflichtet, den der andere Teil dadurch erleidet, daß er auf die Gültigkeit des Vertrages vertraute[2]).

Ist die Leistung nur teilweise unmöglich, so ist der gesamte Inseratenvertrag nichtig, wenn nicht anzunehmen ist, daß er auch für den Fall der teilweisen Unmöglichkeit abgeschlossen sein sollte[3]). Verkehren in dem oben angeführten Beispiel statt 10 D-Zügen, wie die Parteien bei Vertragsabschluß annahmen, zur Zeit des Vertragsabschlusses nur 5 D-Züge, so ist nach Lage des einzelnen Falles zu entscheiden, ob der Inseratenvertrag auch für die mögliche Leistung der Auslage in 5 D-Zügen geschlossen sein sollte. Ist nach Lage des Einzelfalles anzunehmen, daß der Vertrag auch bei teilweiser Nichtigkeit für die Restleistung abgeschlossen sein soll, so vermindert sich die Gegenleistung des Bestellers entsprechend § 472 BGB. in dem Verhältnis, in welchem

---

[1]) AG. Berlin-Schöneberg in JW. 1901, Heft 52; vgl. auch ebenso JW. 1912, II, 232.
[2]) § 307 BGB. [3]) § 139 BGB.

der Wert der Teilleistung zu dem Wert der vollen Leistung gestanden haben würde. Ist der objektive Wert der Teilleistung 20,— RM., war der objektive Wert der Vollleistung 25,— RM., und war die vereinbarte Vergütung 50,— RM., so ergibt sich folgende Rechnung: x (die zu zahlende Vergütung) steht zu der vereinbarten Vergütung in dem Verhältnis, in dem der objektive Wert der Teilleistung zu dem objektiven Wert der vollen Leistung gestanden haben würde; d. h. $x : 50 = 20 : 25$; $x = \frac{20 \cdot 50}{25} = 40$,— RM. Es ist also dem Unternehmer, der den möglichen Teil der Leistung erbringt, neben der Bezahlung seiner Unkosten auch der verhältnismäßige Teil seines Gewinnes auszuzahlen.

ββ) War die Leistung des Unternehmers aber objektiv möglich, nur er selbst subjektiv zur Leistung unvermögend, so kann der Besteller auf Vornahme der subjektiv unmöglichen Leistung klagen[1]). Nach erfolgter Verurteilung kann der Unternehmer dem Unternehmer eine Frist zur Leistung setzen und nach fruchtlosem Fristablauf Schadensersatz in Geld verlangen[2]). Der Besteller kann aber auch sofort auf Schadensersatz in Geld klagen[3]), er muß aber hier das Unvermögen des Unternehmers zur Leistung beweisen.

β) War dem Unternehmer die Erfüllung der ihm obliegenden Leistung beim Vertragsschluß möglich, wurde sie ihm aber nachträglich unmöglich, so richten sich die Rechtsfolgen danach, ob die Unmöglichkeit der Leistung auf einen Umstand zurückzuführen ist, den er zu vertreten hat, oder ob der Besteller oder keiner von beiden für diesen Umstand einzustehen hat

αα) Haben der Unternehmer oder seine Angestellten den Umstand, auf Grund dessen die Leistung unmöglich wurde, zu vertreten, so kann der Besteller gemäß § 325 BGB. vom Vertrage zurücktreten oder Schadensersatz[4]) verlangen.

Zu vertreten hat der Unternehmer alle Umstände, die er oder seine Angestellten vorsätzlich oder fahrlässig begangen haben. So hat bei einem Inseratenvertrage, der die Vorführung von Diapositiven in Kinos betrifft, der Kinobesitzer es zu vertreten, wenn die Lichtbilder von einem Angestellten zerschlagen wurden und deshalb nicht zur Vorführung gelangen konnten. Auch die Beschlagnahme der Zeitung, in der die Inserate des Bestellers erscheinen sollen, ist ein Umstand, den der Zeitungsverleger zu vertreten hat. Ebenso ist ein Setzerstreik ein vom Unternehmer zu vertretender Umstand, wenn es ihm möglich war, andere Setzer gegen nicht übermäßige Kosten zu erlangen.

Bei dem dem Besteller zuzubilligenden Schadensersatz ist ihm auch der durch die Nichtleistung des Unternehmers entgangene Gewinn zuzusprechen. Diesen entgangenen Gewinn eingehend darzulegen und zu beweisen, wird in der Praxis äußerst schwierig sein. Hier kann meist nur[5]) in der Weise vorgegangen werden, daß das Gericht dem

---

[1]) RGZ. 99, 234. [2]) § 283 BGB.

[3]) So Enneccerus, Lehrbuch des Bürgerlichen Rechts II, § 253, Anm. 7.

[4]) Statt vom Vertrage zurückzutreten oder Schadensersatz zu verlangen, kann der Besteller auch von dem Unternehmer verlangen, daß dieser ihm den für die unmöglich gewordene Leistung etwa erlangten Ersatz herausgibt oder den etwa erlangten Schadensersatzanspruch abtritt. Falls der erlangte Schadensersatz oder Schadensersatzanspruch geringer ist als die unmöglich gewordene Leistung, kann der Besteller nach dem oben im Text besprochenen Verhältnis seine Gegenleistung nach § 472 BGB. herabsetzen.

[5]) Vgl. oben die hier sehr einschneidende Rechtsprechung des Reichsgerichts auf S. 229 ff.

Besteller gemäß § 287 ZPO. einen Schätzungseid auferlegt oder Sachverständige zuzieht. Bei der Berechnung der Höhe des Schadensersatzes ist aber dem Besteller ein ihm etwa zur Last fallendes mitwirkendes Verschulden abzurechnen[1]). Ein solches mitwirkendes Verschulden ist bereits anzunehmen, wenn der Besteller es unterläßt, Vorsorge zu treffen, daß sich der entstandene Schaden nicht vergrößert, oder es unterläßt, den Unternehmer auf die Gefahr eines ungewöhnlich hohen Schadens hinzuweisen, die der Unternehmer weder kannte noch kennen mußte.

Bei teilweiser vom Unternehmer zu vertretender Unmöglichkeit, so z. B. wenn von dem Angestellten nur ein Teil der Diapositive zerschlagen wird, ist der Besteller berechtigt, wegen des unmöglichen Teiles der Leistung Schadensersatz zu verlangen oder vom Vertrage teilweise zurückzutreten. Ein teilweiser Rücktritt kommt aber nur in Betracht, wenn der nicht unmöglich gewordene Teil der Leistung eine genügende Selbständigkeit besitzt[2]). Hat die Erfüllung der möglichen Teilleistung aber für den Besteller kein Interesse mehr, so kann er die noch mögliche Leistung ablehnen und wegen der ganzen Leistung Schadensersatz verlangen oder vom Vertrage zurücktreten.

ββ) Hat der Besteller dagegen den Eintritt der Unmöglichkeit der Leistung des Unternehmers selbst verschuldet, z. B. weil er den ihm obliegenden, noch näher[3]) zu betrachtenden Vorleistungspflichten des Abrufs oder der Lieferung des Textes nicht nachgekommen ist, so wird der Unternehmer von der ihm obliegenden Leistung frei, behält aber die Ansprüche gegen den Besteller auf Bezahlung des Werklohns. Allerdings muß der Unternehmer sich denjenigen Betrag anrechnen lassen, den er infolge der Befreiung von seiner Leistung erspart oder durch anderweite Verwendung erwirbt oder zu erwerben böswillig unterläßt. Im Gebiete des Inseratenvertrages über Zeitungsinserate ist es — wie später noch näher[4]) gezeigt werden wird — Rechtens, daß der Verleger dadurch, daß er ein Inserat nicht abdruckt, nichts erspart.

γγ) Hat weder der Unternehmer noch der Besteller die Unmöglichkeit der Erfüllung seitens des Unternehmers zu vertreten, z. B. das Kino brennt ab usw., so wird der Unternehmer von jeder Leistung frei, der Besteller braucht aber seinerseits auch nichts zu leisten und hat wegen etwa bereits geleisteter Gelder evtl. einen Anspruch gegen den Unternehmer aus ungerechtfertigter Bereicherung.

Wird die Leistung teilweise unmöglich, so fällt die Gegenleistung in dem oben dargestellten Verhältnis ebenfalls fort[5]).

Der Besteller kann aber in diesem Falle auch verlangen, daß der Unternehmer ihm dasjenige herausgibt, was er an Stelle der unmöglich gewordenen Leistung erlangt. In diesem Falle bleibt der Besteller aber zur Gegenleistung verpflichtet. Diese mindert sich jedoch in dem besprochenen[6]) Maße, wenn der erlangte Ersatzvorteil weniger Wert als die unmöglich gewordene Leistung hat.

b) Kommt der Unternehmer den ihm nach dem Inseratenvertrage obliegenden Verpflichtungen nicht **rechtzeitig** nach, so hat der Besteller einen klagbaren Anspruch auf Erfüllung. Der Besteller kann in diesem Falle seine Rechte auch nach §§ 326, 361 BGB. wahrnehmen[7]).

---

[1]) § 254 BGB. [2]) RGZ. 79, 310. [3]) S. 379 ff.
[4]) S. 380. [5]) S. 352. [6]) S. 352.
[7]) Auf das Kündigungsrecht des Bestellers gemäß § 636 BGB. wegen nicht rechtzeitiger Leistung des Unternehmers wird des Zusammenhanges wegen erst auf S. 372 eingegangen.

α) Eine Klage gegen den Unternehmer auf Erfüllung seiner Verpflichtungen wird für den Besteller in den seltensten Fällen in Betracht kommen. Die Interessen des Bestellers auf Erfüllung des Inseratenvertrages werden fast stets zeitlich begrenzt sein, so daß ein Urteil auf Vornahme der Leistungen durch den Unternehmer ihm kaum etwas nutzen kann. Die Klage auf Vornahme der Leistung gegen den Unternehmer wird der Besteller nur vornehmen, um nach § 283 BGB.[1]) dem Unternehmer nach dessen rechtskräftiger Verurteilung eine Frist zur Leistung zu setzen, nach deren Ablauf er von ihm Schadensersatz verlangen kann. Aber auch die Verfolgung der Rechte aus § 283 BGB. wird den Besteller nicht zur Klageerhebung gegen den Unternehmer auf Vornahme der Leistung veranlassen, da er nach dem noch näher zu betrachtenden § 326 BGB. schneller zu einem Schadensersatzanspruch gegen den Unternehmer gelangt, als auf dem Wege der Klageerhebung mit der Folge der Wahrnehmung der Rechte aus § 283 BGB.

Ist ein Urteil gegen den Unternehmer auf Vornahme der Bekanntmachung an der vereinbarten Publikationsstelle ergangen, so stößt der Besteller in der Zwangsvollstreckung meist auf ein langwieriges Verfahren. Das Urteil geht auf Vornahme einer Handlung. Die Durchführung dieses Urteils in der Zwangsvollstreckung hängt davon ab, ob die Vornahme der Handlung allein von dem Willen des Unternehmers abhängt oder nicht. Meist wird sie von dem Willen des Unternehmers allein abhängen. Dies dürfte z. B. der Fall sein bei dem Abdruck eines Inserates in einer Zeitung[2]), der Bekanntmachung einer Reklamenotiz im Rundfunk, der Vorführung eines Diapositives oder Werbefilmes in einem Kino oder Theater, dem Aussenden eines Wagens der Straßenbahn, der Eisenbahn, der Post oder der Untergrundbahn mit dem Reklameplakat des Bestellers. Die Durchführung der Zwangsvollstreckung erfolgt in diesem Falle nach § 888 I ZPO. Der Unternehmer ist hiernach zur Vornahme der Reklamekundgebungen, zu der er verurteilt ist, durch Geld- oder Haftstrafen anzuhalten. Der Abdruck eines Inserats in einer anderen Zeitung, die Vorführung des Werbefilms in einem anderen Theater usw. würde nicht mit der vertraglich vereinbarten Reklamekundgebung identisch sein. Hiernach kommt eine Zwangsvollstreckung des Urteils nach § 887 ZPO. nicht in Betracht. Nach dieser Vorschrift würde der Besteller ermächtigt werden, die Anzeige in einem anderen Blatte, die Vorführung des Werbefilms in einem anderen Theater auf Kosten des verurteilten Unternehmers vornehmen zu lassen. Eine solche Zwangsvollstreckung kommt dagegen bei einem Inseratenvertrag in Frage, in dem der Unternehmer sich z. B. verpflichtete, ein Werbeplakat des Bestellers durch von ihm ausgesandte Sandwichmen umhertragen zu lassen. Hier erscheint es nämlich gleichgültig, von wem die Sandwichmen ausgesandt werden. Hier erfolgt also die Zwangsvollstreckung aus einem Urteil, das den Unternehmer verurteilt, Werbeplakate des Bestellers umhertragen zu lassen, derart daß der Besteller vom

---

[1]) § 283 I BGB.: „Ist der Schuldner rechtskräftig verurteilt, so kann der Gläubiger ihm zur Bewirkung der Leistung eine angemessene Frist mit der Erklärung bestimmen, daß er die Annahme der Leistung nach dem Ablaufe der Frist ablehne. Nach dem Ablaufe der Frist kann der Gläubiger Schadensersatz wegen Nichterfüllung verlangen, soweit nicht die Leistung rechtzeitig bewirkt wird; der Anspruch auf Erfüllung ist ausgeschlossen. Die Verpflichtung zum Schadensersatze tritt nicht ein, wenn die Leistung infolge eines Umstandes unmöglich wird, den der Schuldner nicht zu vertreten hat.

[2]) So Hachmeister, a. a. O. S. 18.

Gericht[1]) ermächtigt wird, die Reklamekundgebung durch einen anderen Unternehmer auf Kosten des Verurteilten vornehmen zu lassen.

β) Kommt der Unternehmer der ihm obliegenden Verpflichtung nicht rechtzeitig nach, so kann der Besteller auch seine Rechte nach §§ 326, 361 BGB. verfolgen.

αα) Die Rechte des Bestellers nach § 326 BGB. setzen voraus, daß der Unternehmer sich im Verzuge befindet. Bevor der Besteller also ein Recht aus § 326 BGB. geltend machen kann, muß er den Unternehmer in Verzug setzen. Eine Inverzugsetzung des Unternehmers erfordert nach § 284 BGB. neben der Fälligkeit der Leistung des Unternehmers eine Mahnung des Bestellers. Diese ist nicht notwendig, wenn für die Leistung des Unternehmers kalendermäßig ein Termin gesetzt ist. Beim Inseratenvertrage wird das in der Regel der Fall sein, da Inseratenverträge im allgemeinen für die Leistung des Unternehmers einen kalendermäßigen Termin enthalten dürften. Eine solche kalendermäßige Festsetzung wird aber z. B. fehlen, wenn der Besteller sich vorbehalten hat, die Leistung des Unternehmers abzurufen. Hier muß der Besteller zunächst die Leistung abrufen und bei nicht rechtzeitiger Erfüllung mahnen.

Ein Verzug des Unternehmers liegt aber trotz kalendermäßiger Bestimmung der Leistung oder Mahnung nicht vor, solange die Nichtleistung auf einem Umstand beruht, den der Unternehmer nicht zu vertreten hat[2]). Ein Umstand, den der Unternehmer nicht zu vertreten hat, liegt immer vor, solange der Besteller den etwa ihm obliegenden Vorleistungspflichten[3]) nicht nachkommt. Solange der Besteller seine Vorleistungsverpflichtung, z. B. Lieferung des Inseratentextes, nicht erfüllt hat, kann der Unternehmer nicht in Verzug geraten, der Besteller also keine Rechte aus § 326 BGB. geltend machen.

Befindet sich der Unternehmer im Verzuge, so muß ihm der Besteller, um die Rechte aus § 326 BGB. auszuüben, eine angemessene Frist zur Vornahme setzen und bei dieser Fristsetzung klar erklären, daß er nach Ablauf der Frist die Annahme der Leistung ablehne. Wird die Leistung vom Unternehmer während dieser Frist nicht vorgenommen, so ist die Leistung endgültig ausgeschlossen. Der Besteller kann dann Schadensersatz wegen Nichterfüllung verlangen oder vom Vertrage zurücktreten. Wählt der Besteller den Rücktritt, so hat weder er noch der Unternehmer etwas zu leisten. Wählt der Besteller Schadensersatz wegen Nichterfüllung, so ist derselbe immer in Geld zu leisten. In welcher Weise der Schadensersatz wegen Nichterfüllung zu berechnen ist, ist in Wissenschaft und Praxis sehr umstritten. Hier kann nur so viel gesagt werden, daß der Besteller seinen vollen Schaden, den er durch die Nichterfüllung der Verpflichtungen durch den Unternehmer erlitten hat, beanspruchen kann. Er muß aber seine Gegenleistung abziehen, so daß er nur die Differenz zwischen dem Schaden und seiner Gegenleistung verlangen kann[4]). Für die Berechnung der Höhe des Schadens, den der Besteller erlitten hat, wird auf die obigen[5]) Ausführungen verwiesen. Auch hier kommen der Eid nach § 287 ZPO. und die Anrechnung eines etwaigen mitwirkenden Verschuldens des Bestellers in Frage.

Einer Nachfristsetzung zur Vornahme der Leistung durch den Unternehmer bedarf es nicht, wenn der Unternehmer die Leistung von vornherein verweigert hat oder wenn

[1]) Erster Instanz. [2]) § 285 BGB. [3]) S. 379 ff.

[4]) Sog. Differenztheorie, jetzt wohl herrschend RGZ. 50, 255. Vgl. im übrigen zu der sehr umstrittenen Frage die Lehrbücher und Kommentare zu § 326 BGB.

[5]) S. 353.

die verspätete Leistung für den Besteller kein Interesse mehr hat. In diesen Fällen kann der Besteller von dem im Verzuge befindlichen Unternehmer nach § 326 BGB. sofort Schadensersatz wegen Nichterfüllung verlangen oder vom Vertrage zurücktreten.

Bei Erfüllungsverweigerung des Unternehmers erübrigt sich die Fristsetzung nur, wenn die Weigerung ernstlich und bestimmt erklärt ist, so daß eine Nachfristsetzung durch den Besteller als ein Hohn erschiene[1]). Die Erklärung des Unternehmers, er habe den Wunsch, vom Vertrage zurückzutreten, reicht nicht aus.

Der Fortfall des Interesses befreit den Besteller von der Nachfristsetzung nur, wenn sein Interesse tatsächlich infolge der verzögerten Erfüllung geschwunden ist. Hatte auch die rechtzeitige Leistung des Unternehmers für den Besteller kein Interesse, weil es schon vorher fortgefallen war, so reicht das nicht aus[2]). Ob das Interesse des Bestellers an der Ausführung des Inseratenvertrages durch den Unternehmer fortgefallen ist, ist nach dem Einzelfall zu entscheiden. Der Fortfall des Interesses wird z. B. immer dann anzunehmen sein, wenn der Besteller nachweist, daß ihm nur an der pünktlichen Leistung etwas gelegen war, so z. B. wenn die Reklame sich auf Saisonwaren oder auf eine bestimmte Veranlassung bezog.

ββ) Ist bei einem Inseratenvertrage vereinbart, daß die Leistung des Unternehmers genau zu einer festbestimmten Zeit oder innerhalb einer festbestimmten Frist vorgenommen werden soll, so liegt ein sog. Fixgeschäft vor. Ein solches ist nur dann gegeben, wenn die bestimmte Erfüllungszeit zu einer Geschäftsbedingung des Inseratenvertrages des Inhalts geworden ist, daß mit ihrer Einhaltung das Geschäft stehen und fallen soll, daß eine nachträgliche Erfüllung überhaupt nicht mehr in Frage kommt[3]). Die Parteien müssen sich also bei Vertragsabschluß darüber einig sein, daß die Pünktlichkeit der Erfüllung ein wesentlicher Moment des Vertragsinhalts ist. Dies kann durch Hinzufügung der Ausdrücke wie „genau", „präzise", „prompt" usw. oder durch den gesamten Vertragsinhalt zum Ausdruck kommen, so z. B. wenn beide Vertragsparteien darüber einig waren, daß die Reklamekundgebung des Bestellers, die der Unternehmer verbreiten sollte, sich für ein kalendermäßig genau bestimmtes Ereignis, z. B. eine große Veranstaltung, beziehen sollte. Der Besteller, der das Vorliegen eines Fixgeschäftes behauptet, muß es beweisen.

Liegt ein Fixgeschäft vor, so ist der Besteller bei nicht rechtzeitiger Leistung gemäß § 361 BGB. zum Rücktritt berechtigt[4]), ohne daß es einer Fristsetzung bedarf[5]). Ob den Unternehmer ein Verschulden trifft, ist unerheblich. Der Besteller ist nur zum Rücktritt berechtigt, aber nicht verpflichtet. Erklärt er den Rücktritt nicht, so bleibt der Vertrag bestehen. Alsdann kann der Besteller neben der Erfüllung Schadensersatz gemäß § 286 BGB. wegen verspäteter Erfüllung verlangen, wenn der Unternehmer schuldhaft mit der Leistung im Verzuge ist. Schadensersatz wegen Nichterfüllung kann der Besteller auch beim Fixgeschäft erst geltend machen, wenn die oben angegebenen Voraussetzungen des § 326 BGB. vorliegen. Erklärt der Besteller den Rücktritt nicht, so kann ihm der Unternehmer nach § 355 BGB. eine angemessene Frist zur Erklärung mit der

---

[1]) RGZ. 51, 349; 57, 105; 61, 87; 90, 317; 91, 204.

[2]) RGZ. 70, 127. [3]) RGZ. 51, 347.

[4]) Ein schon vorher bedingt für den Fall der nicht rechtzeitig erfolgten Leistung erklärter Rücktritt ist wirkungslos.

[5]) RGZ. 108, 159.

Wirkung setzen, daß das Rücktrittsrecht des Bestellers bei Nichteinhaltung der Frist erlischt.

c) Schließlich ist noch der Fall zu behandeln, daß der Unternehmer zwar seine Verpflichtungen an und für sich erfüllt, gleichwohl aber vertragswidrig die Rechte des Bestellers verletzt. Dies liegt dann vor, wenn der Unternehmer den Inseratenvertrag zwar seinem Wortlaut nach rite erfüllt, aber durch irgendeine Maßnahme den Reklameerfolg, der zwar nach den obigen Ausführungen nicht Inhalt[1]) des Vertrages ist, aber den der Unternehmer durch den Vertrag zu erreichen sucht, beeinträchtigt oder vereitelt. Wenn der vom Besteller mit dem Inseratenvertrag bezweckte Reklameerfolg auch nicht dergestallt zum Inhalt des Inseratenvertrages gehört, daß der Unternehmer für den Eintritt des Reklameerfolges haftet, so muß er doch alles unterlassen, was den vom Inserenten bezweckten, dem Unternehmer nach Lage der Sache bekannten Reklameerfolg vereitelt oder beeinträchtigt, soweit dies nach Treu und Glauben mit Rücksicht auf die Verkehrssitte geboten erscheint.

Welche Handlung der Unternehmer hiernach zu unterlassen hat, ist je nach der Lage des Einzelfalles und der Natur des einzelnen Inseratenvertrages verschieden. Bei Zeitungsinseraten[2]), Vorführung von Reklamefilmen und Diapositiven in Theatern usw., Anbringung von Reklameplakaten in Wagen der Straßenbahn, Eisenbahn, Post und bei der Rundfunkreklame ist nach der Verkehrssitte regelmäßig nicht ohne weiteres zu fordern, daß der Unternehmer es unterläßt, auch Reklamekundgebungen anderer Besteller zu verbreiten. Hier ist nämlich im allgemeinen nach der Verkehrssitte anzunehmen, daß der Unternehmer, wenn nichts anderes zwischen den Parteien vereinbart ist, auch für andere Besteller Reklamekundgebungen verbreiten darf. Eine Unterlassungspflicht des Unternehmers wird erst vorliegen, wenn er die Zusicherung gegeben hat, daß er Reklamekundgebungen anderer Besteller, z. B. von Konkurrenten, unterläßt. Dieser Fall wird näher[3]) bei der Betrachtung der Zusicherung von Eigenschaften durch den Unternehmer zu betrachten sein. Anders liegt der Fall aber, wenn der Unternehmer sich z. B. verpflichtet, die Reklamekundgebung durch Sandwichmen oder durch besondere Wagen in bestimmter Aufmachung usw. zu verbreiten. Hier wird im allgemeinen nach der Verkehrssitte anzunehmen sein, daß der Unternehmer nicht durch dieselben Sandwichmen zugleich für andere Besteller, die etwa die Branche des ersten Bestellers berühren, Reklamekundgebungen verbreiten darf.

Ein Beispiel für eine Handlung, die als positive Vertragsverletzung anzusehen ist, bildet der Fall, daß ein Verleger ein Zeitungsinserat für ein Mädchenpensionat erscheinen ließ, dem er das Kontrollzeichen „§ 11" gab. Hier hat der Besteller die Bezahlung erfolgreich mit der Begründung verweigert, daß das Pensionat durch die Hinzufügung des Zeichens „§ 11" lächerlich gemacht würde, da man beim Lesen des Inserats auf den Gedanken kommen könnte, daß in dem Pensionat nach studentischer Manier getrunken würde[4]).

Besonders lebhaft ist in jüngerer Zeit die Frage umstritten worden, ob der Unternehmer, der eine Reklamekundgebung durch ein Zeitungsinserat verbreitet, in dem redaktionellen Teile dieser Zeitung sich einer abfälligen Kritik des Unternehmens des

---

1) Oben S. 344. 2) Dieser Fall wird noch unten näher behandelt werden; vgl. S. 370.
3) S. 370. 4) Vgl. JW. XIII, 10, 212.

Bestellers enthalten müsse. Die Frage beschränkt sich nicht nur auf den Fall des Inseratenvertrages durch Zeitungsinserate. Sie kann auch für die Rundfunkreklame eine Rolle spielen. Auch hier kann die Frage auftauchen, ob der Unternehmer, der für einen Besteller eine Rundfunkreklame verbreitet, es zulassen darf, daß an anderer Stelle im Rundfunkprogramm gegen das Unternehmen des Bestellers Stellung genommen wird. Hier ist richtigerweise anzunehmen, daß der Unternehmer nur derartige kritische Artikel im redaktionellen Teil der Zeitung bzw. Vorträge im Rundfunkprogramm zu unterlassen hat, die jedes zulässige Maß übersteigen. Würde einem Zeitungsverleger nämlich die Pflicht auferlegt werden, jede Bemerkung im redaktionellen Teile zu unterbinden, die die Inserate beeinträchtigt, so hieße das die redaktionelle Selbständigkeit der Zeitung untergraben. Es könnte nämlich jemand dadurch, daß er in einer Zeitung bestimmte Inserate aufgibt, die Stellungnahme der Zeitung erkaufen. Es ist schon bei der heutigen Lage der Verhältnisse die Gefahr nicht zu verkennen, daß Zeitungen sich zu einer gewissen Rücksichtnahme auf Großinserenten bewegen lassen. Dies hat in der Literatur[1]) zu der Forderung geführt, daß die politische Presse darauf verzichten solle, Inserate aufzunehmen. Wenn dem Zeitungsverleger oder dem Rundfunkunternehmer jede die Inserate beeinträchtigende Kritik genommen würde, so würde die Hauptaufgabe der Presse und des Rundfunks, die in der Vertretung allgemeiner Interessen besteht, stark beeinträchtigt werden. Dies ist auch die Ansicht des Reichsgerichts[2]), welches hierzu ausführt:

„Die Vertragsverletzung und die Vereitelung des Vertragszwecks ist nicht darin zu finden, daß der Kläger überhaupt Kritik an der Holzkonferenz geübt hat (das Recht zur Kritik konnte ihm nicht dadurch geschmälert werden, daß er die Inserate aufnahm), sondern darin, daß er sie in einer jedes zulässige Maß übersteigenden Weise ausübte, die Holzkonferenz beschimpfte und verächtlich zu machen suchte. Ein Recht zu solchen, gegen die guten Sitten verstoßenden Angriffen stand ihm überhaupt nicht zu, auch nicht, wenn die Beklagte nicht inseriert hätte. Richtete er aber seine, ihrer Art nach unzulässigen Angriffe gegen die bei ihm inserierende Beklagte, so verletzte er zugleich seine Vertragspflicht, gleichviel, ob es sich um ein gewöhnliches Inserat oder um ein solches an bevorzugter Stelle handelte. Wegen dieser Vertragsverletzung kann er die Gegenleistung nicht verlangen."

Was im Einzelfall als eine das zulässige Maß übersteigende Kritik anzusehen ist, kann nicht allgemein entschieden werden. Es kann nur soviel gesagt werden, daß eine Kritik dann unzulässig sein dürfte, wenn sie ihrem Inhalt nach unberechtigt ist oder durch ihre Form stark verletzend wirkt.

Hat der Unternehmer eine derartige Handlung vorgenommen, so liegt darin eine sog. positive Vertragsverletzung. Im Falle der positiven Vertragsverletzung ist der Besteller berechtigt, unter entsprechender Anwendung der §§ 276, 326 BGB. Schadensersatz[3]) wegen Nichterfüllung zu fordern. Einer Fristsetzung bedarf es hier nicht, da sich das mangelnde Interesse aus der Natur der Sache ergibt. Das weitere aus § 326 BGB. sich für den Besteller ergebende Recht, vom Vertrage zurückzutreten, dürfte

[1]) Mataja, Die Reklame, S. 249ff. [2]) In LZ. 1926, 1070.

[3]) Infolge seines Schadensersatzanspruchs kann der Besteller nach den obigen Ausführungen (S. 355) seine Leistung verweigern und die Differenz, die zwischen seinem Schaden und seiner Leistung liegt, verlangen.

ihm im Falle der hier behandelten positiven Vertragsverletzung des Unternehmers nicht zustehen. Die Folge eines Rücktritts ist nach § 346 BGB., daß beide Parteien einander verpflichtet sind, die empfangenen Leistungen zurückzugewähren. Bei dem hier behandelten Fall der positiven Vertragsverletzung hat jedoch der Unternehmer eine — wenn auch vertragswidrige — Leistung vollbracht, welche der Besteller ihm zurückzugewähren nicht in der Lage ist. Dies wird bei dem später zu behandelnden Wandlungsrecht des Bestellers näher erörtert werden. Es wird deshalb auf die späteren Ausführungen hierüber verwiesen[1]). Dieser Fall unterscheidet sich also von dem oben behandelten Fall der Nichterfüllung des Unternehmers dadurch, daß der Unternehmer dort nicht erfüllt hat, so daß ein Rücktritt möglich ist, da dort nichts vorliegt, was der Besteller zurückzugewähren hätte.

d) Bei mangelhafter Erfüllung der Vertragspflichten durch den Unternehmer kann der Besteller nach den Vorschriften[2]) des Werkvertrages an sich Nachbesserung, Wandlung, Minderung, evtl. Schadenersatz verlangen[3]).

α) Bevor auf die Mängel im einzelnen eingegangen wird, sollen zunächst die dem Besteller nach den Vorschriften des BGB. über den Werkvertrag zustehenden Rechte in ihrer Auswirkung auf den Inseratenvertrag untersucht werden.

αα) Zunächst hat der Besteller[4]) nur einen Anspruch auf Beseitigung des Mangels, doch kann er, wenn der Unternehmer trotz Mahnung den Mangel nicht beseitigt, den Mangel auch selbst beseitigen und Ersatz der erforderlichen Aufwendungen verlangen[5]).

Die Nachbesserung des Werkes bedeutet nicht, daß er die Lieferung eines neuen mangelfreien Werkes verlangen kann[6]). Wenn also die Nachbesserung nur in der Weise möglich ist, daß der Unternehmer ein neues Werk liefert, so ist eine Nachbesserung überhaupt nicht möglich. Dies ist im Inseratenvertrage regelmäßig gegeben. Wird z. B. ein Zeitungsinserat gedruckt, ein Reklameplakat am Wagen der Straßenbahn, Eisenbahn usw. umhergefahren, ein Diapositiv im Theater oder Kino vorgeführt oder ein Reklamehinweis im Rundfunk vorgetragen usw., so ist mit jedem Abdruck, jeder Vorführung, jedem Umherfahren usw. eine Leistung des Unternehmers erbracht, die nicht nachzubessern ist, ohne daß eine gänzliche Neuleistung erfolgt. Eine Nachbesserung würde dann in Betracht kommen, wenn ein Berichtigungsinserat, ein Berichtigungsdiapositiv usw. erbracht würde. Ein solches würde aber eine vordem fehlerhafte Reklamekundgebung nicht mängelfrei machen, da die fehlerhafte Kundgebung bereits die Leistung darstellte. Die Berichtigungsnotiz würde die Wirkung der fehlerhaften nicht mehr berühren. Hiernach ist es also regelmäßig unmöglich, daß der Unternehmer eine mangelhafte Leistung nachbessert. Deshalb kommt beim Inseratenvertrag das dem Besteller sonst zustehende Nachbesserungsrecht nicht in Frage.

ββ) Die übrigen Rechte des Bestellers auf Wandlung, Minderung, evtl. Schadensersatz setzen voraus, daß der Besteller dem Unternehmer zur Beseitigung des Mangels eine Frist setzt. Der Bestimmung einer Frist bedarf es nicht, wenn die Beseitigung

---

[1]) S. 360. [2]) §§ 633 ff. BGB.

[3]) Das dem Besteller bei nicht rechtzeitiger Lieferung zustehende Rücktrittsrecht nach § 636 BGB. wird auf S. 372 behandelt.

[4]) Gemäß § 633 II Satz 1. [5]) § 633 III BGB.

[6]) RGZ. 57, 270; 107, 340; Staudinger § 644, Anm. III, 1d.

des Mangels unmöglich ist. Beim Inseratenvertrag wird, wie vorstehend dargetan ist, die Beseitigung des Mangels in der Regel unmöglich sein. Dem Besteller werden daher hier die genannten Rechte zustehen, ohne daß er eine Frist zu setzen hat.

$\gamma\gamma$) Nach den Vorschriften des BGB. kann der Besteller bei mangelhafter Erfüllung des Unternehmers Wandlung, Minderung, evtl. Schadensersatz verlangen. Die Rechtsnatur dieser drei Ansprüche ist grundverschieden. Bevor auf die einzelnen Ansprüche eingegangen wird, ist zunächst zu untersuchen, ob bei dem Inseratenvertrage überhaupt alle drei Ansprüche möglich erscheinen, oder ob dies wegen der besonderen Struktur des Inseratenvertrages ausgeschlossen ist.

„Der[1]) Wandlungsanspruch geht letzten Endes — gleichviel welcher Theorie man sich über sein Wesen und seinen Inhalt anschließt — auf Rückgängigmachung des Werkvertrages. Schließt man sich nämlich der sog. Herstellungstheorie an, so hat der Besteller, wenn die Voraussetzungen des Wandlungsanspruches vorliegen, einen direkten Anspruch auf Rückgängigmachung des Werkvertrages, während die Vertragstheorie dem Besteller unter den genannten Voraussetzungen nur einen Anspruch gegen den Unternehmer auf Abschluß eines den Werkvertrag aufhebenden Vertrages gibt."

Dagegen lassen der Minderungsanspruch und die Schadensersatzverpflichtung den Werkvertrag an sich bestehen.

Der Minderungsanspruch geht nur auf „Herabsetzung" des Werklohns. Der Werkvertrag bleibt an sich unberührt, die Verpflichtung des Bestellers auf Zahlung des Werklohns wird nur ermäßigt[2]).

Die Schadensersatzverpflichtung läßt den Werkvertrag gleichfalls bestehen. Sie „tritt nur neben die Leistungspflicht des Unternehmers als Erweiterung hinzu oder nimmt sie als Ersatzmittel in sich auf"[3]).

Die Untersuchung der Rechtsnatur der drei Ansprüche des Bestellers ergibt, daß er im Inseratenvertrage nur die Minderung und den Anspruch auf Schadensersatz geltend machen kann. Denn nur bei ihnen bleibt der Inseratenvertrag bestehen, während er bei der Wandlung rückgängig gemacht würde.

Die Rückgängigmachung des Inseratenvertrages ist unmöglich, weil der Besteller bei Rückgängigmachung desselben auch dem Unternehmer seine Leistung zurückzugewähren hätte. Dies ist ausgeschlossen, da die Leistung des Unternehmers, nämlich die „Verbreitung"[4]) der Reklamekundgebung des Bestellers, dem Unternehmer unmöglich zurückgegeben werden kann. Bei einem reinen Werkvertrage, z. B. einem Vertrage über die Anfertigung einer Tischlerarbeit, kann dem Tischler zwar seine Arbeit auch nicht zurückgegeben werden, wohl aber seine Leistung, nämlich z. B. der schlecht gelieferte Stuhl. Wenn Hachmeister[5]) erklärt, daß bei einem Inseratenvertrage eine Wandlung zulässig sei, weil bei jedem Werkvertrage die Arbeit des Unternehmers nicht zurückgewährt werden könne, so übersieht er, daß der Werkvertrag nicht auf die Leistung der Arbeit, sondern auf die Leistung des Werkes, des Erfolges geht. Dieser kann dem Unternehmer bei einem Werkvertrage, wo das Werk in einer körperlich nicht faßbaren und daher nicht rücklieferbaren „Verbreitung" besteht, nicht zurückgewährt werden. Daß bei einem Werk-

---

[1]) Die folgenden Ausführungen sind Crisolli, ZHR. 93, 239 entnommen.
[2]) Vgl. Enneccerus, Lehrbuch, § 333, S. 330.
[3]) So neben anderen Siméon-David, Recht und Rechtsgang I, § 42, 1, S. 300.
[4]) S. 344. [5]) a. a. O. S. 19.

vertrage mit körperlich nicht faßbaren, deshalb „ideell" oder „immateriell" genannten Werken, eine Wandlung im Gegensatz zur Minderung und dem Schadensersatz ausgeschlossen ist, ist bereits des öfteren in der Wissenschaft[1]) vertreten worden.

Hiernach kann der Besteller stets nur Minderung oder Schadensersatz wegen mangelhafter Lieferung geltend machen. Daß im Einzelfall die Minderung oder der Schadensersatz die Höhe der Werklohnforderung des Unternehmers erreichen können, so daß der Besteller de facto überhaupt keinen Werklohn zu zahlen hat und auf diesem Wege das Ergebnis der Wandlung erreicht, ist selbstverständlich nicht ausgeschlossen, hat aber mit dem begrifflichen Ausschluß der Wandlung nichts zu tun.

δδ) Der Besteller kann also nur Minderung oder Schadensersatz wegen mangelhafter Leistung verlangen.

ααα) Der Minderungsanspruch setzt voraus, daß die Leistung des Unternehmers mit Fehlern behaftet ist, die ihren Wert oder ihre Tauglichkeit herabsetzen, oder daß sie nicht den etwa zugesicherten Eigenschaften entspricht. Ein Verschulden des Unternehmers oder seiner Gehilfen ist nicht erforderlich. Hat aber der Besteller bei dem Mangel der Leistung des Unternehmers mitgewirkt, weil er etwa ein mangelhaftes Klischee, einen schlechten Inseratentext, ein schlechtes Diapositiv usw. dem Unternehmer zur Verfügung stellte, so kann ihm der Unternehmer dies in entsprechender Anwendung des § 254 BGB. entgegenhalten. Allerdings erfordert hier der Grundsatz von Treu und Glauben, daß der Unternehmer sich auf ein Verschulden des Bestellers dann nicht berufen kann, wenn er nach Treu und Glauben mit Rücksicht auf die Verkehrssitte verpflichtet war, den Besteller auf solche Fehler hinzuweisen. Nach Hachmeister[2]) muß z. B. „vom Verleger bzw. vom Drucker verlangt werden, daß er grobe orthographische Fehler, die der Anzeigentext enthält, verbessert. Auch andere offensichtliche Unrichtigkeiten hat er zu berücksichtigen. Man darf jedoch hinsichtlich dieser Verpflichtung des Verlegers nicht zu weit gehen. Es kann ihm nicht etwa zugemutet werden, bei jeder Anzeige den eingesandten Text genau auf seine Richtigkeit hin zu prüfen. Wann eine Pflicht zur Berichtigung besteht, hängt vielmehr in jedem einzelnen Fall von den besonderen Umständen ab".

Der Minderungsanspruch des Bestellers führt dazu, daß sein Werklohn herabgesetzt wird. Die Minderung erfolgt, wie bereits ausgeführt[3]), derart, daß der Werklohn in dem Verhältnis herabgesetzt wird, in welchem der Wert der Leistung in mangelfreiem Zustand zu dem Wert der mangelhaften Leistung steht. Ist also z. B. statt des auf der ersten Seite vereinbarten Inserates ein solches auf der vierten Seite erschienen, oder ist das Inserat statt am Sonntag an einem Wochentage gebracht worden, oder ist in dem Kinotheater das Reklamediapositiv des Bestellers statt als fünftes als zwanzigstes Bild erschienen, so kann der Besteller seine für die Leistung des Unternehmers zu zahlenden Beträge in dem Verhältnis mindern, in dem der Wert der geleisteten „Verbreitungen" zu dem der vereinbarten steht. Für die Berechnung der Minderung ist also das Verhältnis des objektiven Wertes der mangelfreien Leistung zu dem der mangelhaften Leistung maßgebend.

---

[1]) Z. B. Rümelin, Dienstvertrag und Werkvertrag, Tübingen, 1906, S. 203; Riezler, Der Werkvertrag, Jena, 1900, S. 123.

[2]) a. a. O. S. 21. [3]) S. 352.

Es mag hier darauf hingewiesen werden[1]), daß in der Wissenschaft über die Wirkungen, welche Reklameanzeigen auf das Publikum ausüben, die eingehendsten Untersuchungen unternommen worden sind. Man hat z. B. durch Experimente festzustellen versucht, welchen Reklamewert eine Annonce auf der ersten und eine solche auf einer anderen Seite, eine solche oben auf der Seite gegenüber einer solchen in dem unteren Teil der Seite hat, ebenso, welche verschiedenen Reklamewirkungen Annoncen an den einzelnen Tagen ausüben.

Über diese Untersuchungen kann im Rahmen der vorliegenden Ausführungen nur soviel gesagt werden, daß sie zu einem greifbaren Ergebnis bisher nicht geführt haben. Die Erkenntnis ist aber insoweit gefördert worden, als die Untersuchungen ergeben haben, daß die Bewertung einer Reklamekundgebung wesentlich, wenn vielleicht auch nicht restlos, aus der Psychologie der Reklame zu erfolgen hat. Hier ist der Wissenschaft noch ein weites Feld gestellt. Gerade die Frage der Bewertung einer mangelhaften Leistung des Unternehmers wird den Richter vor sehr schwierige Aufgaben stellen, die er nur unter Berücksichtigung aller einzelnen Umstände und Imponderabilien zu lösen in der Lage sein wird. Die erwähnten Untersuchungen haben auf alle Fälle gezeigt, daß es völlig irrig ist, die mangelhafte Leistung eines Inserates ohne weiteres deshalb als völlig wertlos anzusehen und den Werklohn in voller Höhe abzusprechen, weil das Inserat nicht in völlig mangelfreier Weise gebracht ist, oder weil es nicht etwa alle zugesicherten Eigenschaften hat. Die Lösung der Frage, wie hoch die Bewertung einer mangelhaften Reklameverbreitung zur mangelfreien zu beziffern sei, bedarf daher einer sehr eingehenden Untersuchung, die ganz auf die einzelnen Umstände jedes Falles abzustellen ist.

Hervorgehoben sei, daß der Richter dem die Minderung geltend machenden Besteller einen Schätzungseid über die Höhe seines Minderungsanspruchs auferlegen kann[2]).

βββ) Der Schadensersatzanspruch des Bestellers wegen mangelhafter Leistung des Unternehmers setzt ein Verschulden des Unternehmers oder seiner Gehilfen voraus. Ein solches liegt stets vor, wenn der Unternehmer vorsätzlich oder fahrlässig den Mangel verschuldet hat. Bei der Prüfung des Verschuldens des Unternehmers oder seiner Gehilfen ist zu berücksichtigen, ob der Besteller bei dem Eintritt des Mangels mitgewirkt hat, indem er z. B. mangelhafte Klischees usw. geliefert hat.

Die Feststellung der Höhe des Schadensersatzes hat von dem subjektiven Schaden, den der Besteller durch mangelhafte Leistung erlitten hat, auszugehen, wobei dem Besteller der entgangene Gewinn zuzubilligen ist. Die Frage, wie hoch der dem Besteller infolge der Mangelhaftigkeit der Leistung entgangene Gewinn zu bewerten ist, unterliegt denselben Schwierigkeiten, die sich bei der Frage der Höhe des Minderungsanspruchs des Bestellers ergaben. Es kann daher auf die obigen Ausführungen verwiesen werden. Bemerkt sei, daß auch hier der Richter dem Besteller über die Höhe des Schadens[3]) einen Schätzungseid auferlegen kann.

Für die Höhe des geltend gemachten Schadensersatzanspruches ist zu beachten, daß der Besteller gemäß § 254 BGB. den Unternehmer auf den Eintritt eines evtl. unge-

[1]) Vgl. darüber Mataja, Die Reklame 1926, S. 265.
[2]) § 287 II ZPO. [3]) Hier gemäß § 287 I ZPO.

wöhnlich hohen Schadens besonders hinzuweisen und seinerseits alles zu tun hat, was ihm nach Treu und Glauben zugemutet werden kann, damit der Eintritt des Schadens verhindert oder wenigstens gemindert wird. Ein Beispiel hierfür gibt die Entscheidung des OLG. Kolmar v. 9. VI. 1911. In dieser Entscheidung[1]) heißt es:

„Die beklagte Inseratenbestellerin konnte Ersatz verlangen, wenn ihr ein Schaden durch die zunächst mangelhafte Ausführung der Anzeige aus Verschulden der Klägerin entstanden wäre. Sie macht nun einen Schaden von 600 Mk. geltend, weil sie durch das Versehen — die Anzeige hatte die für Halbleinen angegebenen Preise mit denjenigen für Reinleinen verwechselt — zur Vermeidung eines weit höheren Schadens genötigt gewesen sei, das Reinleinen zu Halbleinenpreisen zu verkaufen. Es mag dahingestellt bleiben, ob grundsätzlich anerkannt werden könnte, daß die Klägerin überhaupt denjenigen Schaden ersetzen müßte, der durch das auf die Verhinderung des Eintritts eines größeren Schadens abzielende Verhalten der Beklagten selbst eingetreten ist. Jedenfalls würde diese Verpflichtung nur dann bestehen, wenn der Beklagten bei ihrem Vorgehen kein Verschulden zur Last fällt. Dies trifft jedoch hier nicht zu. Würde sie nämlich das Publikum, wenn es auf Ankauf zu den Inseratpreisen bestand, in der durch die Sachlage gebotenen und den Anforderungen des Verkehrs genügenden Weise pflichtmäßig, besonders durch Vorzeigung der in den anderen Tageszeitungen mit richtiger Preisangabe abgedruckten Anzeige, über die Entstehung des Irrtums aufgeklärt haben, so hätte die Beklagte nicht den etwa trotzdem aufrecht erhaltenen Anforderungen der Kunden nachzugeben brauchen, um einen größeren Schaden abzuwenden. Es lag für sie keine Veranlassung zu der Annahme vor, daß ihr Verhalten von abgewiesenen Kaufliebhabern entstellt, Dritten gegenüber zum Gegenstand einer abfälligen Kritik gemacht worden wäre. Eine wahrheitsgemäße Weiterverbreitung aber konnte unmöglich den geschäftlichen Ruf der Beklagten schädigen und ihr den Verdacht schwindelhaften Angebots zuziehen."

εε) Unter Umständen ist dem Besteller die Geltendmachung seiner Minderungs- oder Schadensersatzansprüche genommen.

Ebner[2]) ist der Ansicht, daß zwischen den Mängeln insofern ein Unterschied bestehe, als der Besteller Ansprüche aus allgemeinen Mängeln im Gegensatz zu den Mängeln wegen Fehlens zugesicherter Eigenschaften nur geltend machen dürfe, wenn die Mängel den Wert oder die Tauglichkeit der Leistung nicht unerheblich minderten. Dagegen ist zu bemerken, daß gemäß § 634 III BGB.[3]) bei Vorliegen von unerheblichen Mängeln nur die Wandlung ausgeschlossen ist. Dagegen bleiben auch bei unerheblichen Mängeln die Minderungs- und Schadensersatzansprüche bestehen[4]). Da bei dem Inseratenvertrage die Wandlung — wie dargetan — aber überhaupt ausgeschlossen ist, besteht bezüglich der Ansprüche des Bestellers auf Minderung und Schadensersatz zwischen den allgemeinen Mängeln und den Mängeln wegen Fehlens von zugesicherten Eigenschaften kein Unterschied.

ααα) Der Besteller verliert seine Minderungsansprüche — nicht aber die auf Schadensersatz —, wenn er die mangelhafte Leistung vorbehaltslos a b n i m m t, falls er die Mängel kannte oder kennen mußte[5]).

Der Begriff der Abnahme im Werkvertrage ist in Wissenschaft und Praxis sehr bestritten. Im Rahmen der vorliegenden Ausführungen kann nur soviel gesagt werden,

---

[1]) OLG. 23, 48. [2]) a. a. O. S. 49.

[3]) § 634 III BGB. lautet: „Die Wandlung ist ausgeschlossen, wenn der Mangel den Wert oder die Tauglichkeit des Werkes nur unerheblich mindert."

[4]) So RG. in Warn. 1920, Nr. 107.

[5]) § 640 II BGB. lautet: „Nimmt der Besteller ein mangelhaftes Werk ab, obschon er den Mangel kennt, so stehen ihm die in den §§ 633, 634 bestimmten Ansprüche nur zu, wenn er sich seine Rechte wegen des Mangels bei der Abnahme vorbehält."

daß sie im Gegensatz zu der Abnahme beim Kauf nicht bereits in jeder äußerlichen Hinnahme der Leistung zu erblicken ist. Zur Abnahme beim Werkvertrage ist vielmehr erforderlich, daß der Besteller bei oder nach der Hinnahme der Leistung ausdrücklich oder stillschweigend zu erkennen gibt, daß er die Leistung als eine im wesentlichen dem Vertrage entsprechende Erfüllung anerkenne[1]).

Durch die Abnahme verliert der Besteller nur Minderungsansprüche, aber nicht seine Schadensersatzansprüche. Dies ergibt sich aus dem klaren Wortlaut des Gesetzes. Es würde auch Treu und Glauben widersprechen, wenn der Besteller durch die Abnahme Ansprüche, die auf einem vom Unternehmer zu vertretenden Umstand beruhen, durch eine vorbehaltlose Abnahme verlieren würde.

Die Leistung des Unternehmers besteht beim Inseratenvertrage in der „Verbreitung" der Reklamekundgebung des Bestellers. Die Leistung des Unternehmers besteht also in einer Leistung, die dem Besteller direkt gegenüber nicht erbracht wird. Der Besteller kann die Verbreitung nicht unmittelbar empfangen. Die Leistung besteht vielmehr darin, daß dem Publikum Gelegenheit gegeben wird, die vom Unternehmer verbreitete Reklamekundgebung entgegenzunehmen. Infolgedessen wird eine Abnahme der Leistung des Unternehmers im Inseratenvertrage durch den Besteller nicht in Frage kommen.

$\beta\beta\beta$) Der Besteller verliert seine sämtlichen Ansprüche — sowohl Minderungs- als auch Schadensersatzansprüche — durch Genehmigung der Mängel.

Eine Genehmigung der mangelhaften Leistung wird nur dann vorliegen, wenn nach den Umständen des Einzelfalls in der trotz Kenntnis der Mangelhaftigkeit erfolgten vorbehaltlosen Hinnahme des Werkes der Wille des Bestellers, auf seine Ansprüche zu verzichten, erkennbar zutage tritt[2]). Ein Verzicht kann auch aus den Umständen entnommen werden. Dies ist der Fall, wenn nach den besonderen Umständen des Einzelfalls der das gesamte Recht durchziehende Grundsatz von Treu und Glauben es nach der Verkehrssitte erfordert, daß der Besteller, der von der Leistung des Unternehmers Kenntnis genommen hat, die Mangelhaftigkeit der Leistung rügt. Für das Gebiet des Inseratenvertrages wird z. B. eine solche Rügepflicht nach Treu und Glauben gegeben sein, wenn die Leistung des Unternehmers aus mehreren sich wiederholenden Teilleistungen besteht. Es wäre unbillig, einem Besteller, dem der Unternehmer eine längere Reihe von nach Art und Umfang sich wiederholenden Teilleistungen zu erbringen hat, Ansprüche wegen mangelhafter Leistung zuzubilligen, wenn er mangelhafte Teilleistungen widerspruchslos hingenommen hat, obwohl der Unternehmer ihm Gelegenheit gegeben hat, die Teilleistungen nachzuprüfen.

Hiernach erscheint es gerechtfertigt, wenn sich im Gebiete des Inseratenvertrages durch Zeitungsinserate der Handelsbrauch gebildet hat, daß der Besteller, der einen längeren Inseratenauftrag erteilt hat, verpflichtet ist, die ihm von den einzelnen erschienenen Inseraten übersandten Belegexemplare sofort und eingehend auf etwaige Mängel zu prüfen und von etwaigen Mängeln dem Verleger bei Vermeidung der Annahme der Genehmigung Mitteilung zu machen hat. Nach dem Handelsbrauch erstreckt sich die Prüfung auf Druck, Druckfehler, Platz und Anzeigen von Konkurrenten. Allerdings werden kleine, nicht ins Auge springende Fehler davon auszunehmen sein, da

[1]) Vgl. RGZ. 57, 338; 64, 240; 87, 343; 110, 404; JW. 1908, 432; Warn. 18, Nr. 93; OLGR. 39, 162.

[2]) RGZ. 90, 18.

die Korrektur dieser nicht den Zweck der Übersendung der Belegnummern bildet. So führt ein Gutachten[1]) der Berliner Industrie- und Handelskammer ungefähr folgendes aus:

„Die Vorschriften der Mängelrüge, die an sich nur für den Handelskauf gelten, finden handelsüblich bei Anzeigenverträgen entsprechende Anwendung, d. h. der Besteller der Anzeige, der zu diesem Zweck ein Belegblatt zugesandt erhält, muß die in dem Blatt enthaltene Anzeige auf ihre Ordnungsmäßigkeit und Richtigkeit prüfen. Tut er dies nicht und unterläßt er eine an sich gerechtfertigte Beanstandung, so gilt er mit ihr als ausgeschlossen."

Handelt es sich bei Zeitungsinseraten um einen einmaligen Auftrag, so wird im allgemeinen daraus, daß der Besteller einen ihm etwa zur Korrektur übersandten Fahnenabzug entweder unkorrigiert oder überhaupt nicht zurücksendet, eine Genehmigung des Bestellers bezüglich derjenigen Mängel, zu deren Prüfung ihm der Fahnenabzug übersandt wurde, anzunehmen sein. Sendet der Besteller also den ihm übersandten Fahnenabzug unkorrigiert, überhaupt nicht oder nicht innerhalb angemessener Frist zurück, so gelten alle Mängel, die etwa in Druckfehlern bei den Angaben des Eigennamens, der Firma, der Straße, der Hausnummer oder in der Anordnung, in der Schriftart, der Umrahmung und dem Wortlaut[2]) bestehen, als genehmigt[3]). Dagegen werden Mängel, die in dem Platz der Anzeige, Konkurrenzanzeigen usw. bestehen, in diesem Falle nicht als genehmigt anzusehen sein, da diese Mängel in der Korrekturfahne nicht in die Erscheinung treten[4]).

Der Beweis der Genehmigung, der dem Unternehmer obliegt, wird im Einzelfall nicht leicht zu führen sein. Der Unternehmer wird dem Besteller meist den Eid darüber zuzuschieben haben, daß ihm die Belegexemplare oder der Fahnenabzug zugegangen sind[5]).

Streitig ist, ob der Verleger die Verpflichtung hat, dem Besteller Bürstenabzüge zur Korrektur und Belege oder Belegausschnitte über das Erscheinen zu übersenden. Aus dem Gesetz dürfte eine solche Pflicht nicht zu entnehmen sein. Die gerichtlichen Entscheidungen sind ebenso wie die Gutachten der Handelskammern über das Bestehen von solchen Handelsbräuchen nicht einheitlich. Im allgemeinen wird anzunehmen sein, daß Fahnen- oder Bürstenabzüge usancemäßig nur bei periodischen und bei großen, ganz- oder halbseitigen Inseraten zu übersenden sind[6]). Ebenso sind im allgemeinen Belege oder Belegausschnitte nur bei längerlaufenden Inseratenaufträgen zu übersenden[7]). Es sei hierüber auf zwei Gutachten der Berliner Industrie- und Handelskammer hingewiesen. In dem ersten[8]) heißt es: „In Deutschland besteht kein allgemeiner Handelsgebrauch,

---

[1]) Nr. 20 979/21, XII A/4.

[2]) Bei anderen Druckfehlern wird dies nur ausnahmsweise anzunehmen sein, da der Fahnenabzug ihrer Korrektur im allgemeinen nicht dienen soll. Diese Korrektur gehört im allgemeinen zu der Pflicht des Verlegers allein.

[3]) So Höniger, a. a. O. S. 27. [4]) So AG. Berlin-Schöneberg in ZV. 1915, 30, 661.

[5]) So AG. Berlin-Schöneberg in 27. C 43/29.

[6]) Vgl. Dove-Meyerstein, S. 159, Nr. 640.

[7]) So Dove-Meyerstein, S. 157, Nr. 632 und Jahresbericht der Handelskammer Berlin 1907, S. 183, Nr. 115; a. A. Höniger a. a. O. S. 27, der stets eine Übersendung fordert.

[8]) 37 158/15; vgl. auch Gutachten Berlin in ZV. 1918, 38, 1033; und ähnlich Breslau ZVFP. 23, 77.

wonach Anzeigenvermittelungsgeschäfte, die einer Zeitung Anzeigen übergeben, die Vergütung dafür nur dann zu bezahlen brauchen, wenn ihnen Belegblätter für jede einzelne Anzeige gesandt worden sind." Das zweite[1]) lautet: „Ein Handelsgebrauch, nach dem bei Anzeigenaufträgen für Fachzeitschriften Bezahlung erst nach Übersendung der Belegstücke zu erfolgen hat, besteht nicht. Grundsätzlich muß die Mitteilung an den Anzeigenbesteller, an welchen Tagen bzw. in welchen Nummer die Anzeigen veröffentlicht sind, genügen, falls nicht bei der Auftragserteilung Lieferung von Belegnummern, -blättern oder -ausschnitten vereinbart worden ist."

β) Nach der Betrachtung der Rechte des Bestellers bei mangelhafter Erfüllung im allgemeinen sollen nunmehr einzelne, häufig vorkommende Mängel näher betrachtet werden. Hierbei werden sich die Betrachtungen im großen und ganzen auf die Verhältnisse beim Zeitungsinseratenvertrag beschränken, da dieser der am häufigsten vorkommende Fall des Inseratenvertrages ist und bei ihm allein — soweit bekannt — Rechtsstreitigkeiten zu gerichtlichen Entscheidungen geführt haben. Trotzdem werden die folgenden Ausführungen auch ihre analoge Anwendung auf andere Inseratenverträge finden.

Beim Zeitungsinseratenvertrage werden die häufigsten Mängel in der geringeren Auflagenhöhe, in Druck- und anderen Textfehlern, in der Umrahmung, der Schriftart, dem Platz, den Anzeigen anderer Mitbewerber und in der Nichteinhaltung der Erscheinungszeit liegen.

αα) Die Höhe der Auflage ist ein wesentliches Moment in der Leistung des Unternehmers. Ein allgemeiner Handelsbrauch dahin, daß die Bestellungen von Inseratenaufträgen im Zeitungsgewerbe stets unter der Bedingung einer bestimmten Auflagenhöhe erteilt werden, läßt sich nach dem Gutachten der Handels- und Industriekammer Berlin[2]) nicht feststellen. Ob eine bestimmte Auflagenhöhe vereinbart ist, wird nach dem Inhalt des Inseratenvertrages zu entscheiden sein. Eine Vereinbarung über die Auflagenhöhe ist auch ohne besondere, ausdrückliche Zusicherung des Verlegers anzunehmen, wenn der Kopf der Zeitung oder des Bestellscheins eine Auflagenziffer angibt. Auch bei mehrjährigen Inseratenverträgen liegen nach einem Gutachten[3]) der Industrie- und Handelskammer Berlin die Verhältnisse nicht anders.

Was beim Zeitungsinserat Höhe der Auflage ist, dürfte bei anderen Inseratenverträgen die Inanspruchnahme des Unternehmens durch das Publikum sein. Enthält z. B. ein Bestellschein, betreffend den Auftrag auf Vorführung von Diapositiven in einem Theater oder Kino oder auf Anbringung von Plakaten in oder an öffentlichen Verkehrsmitteln Zusicherungen über die Höhe der Zahl der Besucher des Kinos oder der Benutzer des Verkehrsmittels, so ist anzunehmen, daß diese Zusicherung ein wesentlicher Bestandteil der Leistung des Unternehmers ist. Die Leistung des Unternehmers ist also mangelhaft, wenn der Besuch oder die Benutzung nicht in der zugesicherten Weise erfolgt. Allerdings ist hier zu fordern, daß eine ausdrückliche Zusicherung des Unternehmers vorliegt, damit die Zahl als vereinbarter Vertragsinhalt anzusehen ist. Eine solche ausdrückliche Zusicherung wird in allgemeinen Angaben in Zeitungsannoncen oder sonstigen Prospekten regelmäßig nicht zu finden sein. Dagegen wird dies in der Regel der Fall sein, wenn sich eine solche Angabe am Kopf des Bestellscheins findet.

---

[1]) 26 324/23, XII A/4. [2]) 509/27, C XII, A/4. [3]) 7186/20.

ββ) Bei den Druckfehlern und Fehlern im Text, die durch Auslassungen, Verwischungen und anderes hervorgerufen werden, ist hervorzuheben, daß nur derartige Fehler einen Mangel der Leistung des Unternehmers darstellen, die die Wirkung des Inserates als Reklamekundgebung des Bestellers zum mindesten verringern. Zweck der Leistung des Unternehmers ist nicht Wiedergabe des Inserates, sondern die Schaffung der Möglichkeit zur Entgegennahme der Reklamekundgebung durch das Publikum. Deshalb sind geringe Druckfehler, die sich bei Stellen, die für den Reklamezweck unwesentlich sind, finden, kein Mangel der Leistung des Unternehmers. Anders dagegen kann es sein, wenn sich Fehler in der Angabe des Namens, der Firma, der Straße, der Hausnummer des Bestellers oder in den Angaben über die angepriesenen Waren oder Preise finden. Bei solchen Fehlern ist nachzuprüfen, in wieweit sie den Reklamewert des Inserates tangieren. Dies ist nach den Verhältnissen des Einzelfalls zu entscheiden. Sinnentstellende Druckfehler in den zuletzt aufgeführten Angaben können den Wert eines Inserates z. B. derart mindern, daß der Inserent keinen Nutzen von der Anzeige hat. In diesem Fall kann er seine Leistung derart mindern, daß sie gleich null wird. Andererseits kann aber unter Umständen ein Scherz des Druckfehlerteufels gerade die Wirkung haben, daß das Inserat des Bestellers eine Heiterkeit des Leserpublikums hervorruft und so dem Inserat womöglich eine größere Reklamewirkung gibt, als es ohne ihn gehabt hätte. Es ist jedenfalls zu betonen, daß ein Inserat keineswegs ohne weiteres seinen Reklamewert für den Inserenten durch einen Druckfehler restlos verliert und er daher zur Zahlungsverweigerung berechtigt wird. Deshalb erscheinen folgende Ausführungen Ebners[1]) durchaus richtig:

„In einer Zeitung in Berlin erschien eine Anzeige einer Firma, in der Bett- und Leibwäsche, Frottierwaren usw. angeboten wurden, und zwar wurden 15 Beispiele von Waren mit ihren Preisen angeführt, darunter Bettbezüge, Bettlaken, Küchenhandtücher usw. Von Bettlaken waren vier Arten genannt, zu 2,95 Mk., 3,95 Mk., 5,25 Mk. und 5,50 Mk. Bei der letzten Art stand in der Anzeige versehentlich 25,50 Mk. Wegen dieses Fehlers verweigerte die Firma die Bezahlung, wurde aber vom AG. verurteilt, weil der eine Fehler unter den 14 richtig angegebenen Preisen kaum ins Gewicht falle; übrigens hatte der Verlag vorher einen Nachlaß von 20% bewilligt. Auf die Berufung der Firma wies das LG. I Berlin (JW. 1925, 35, 2349) die Klage ab, weil der Fehler nicht geringfügig war und aus der Anzeige durch Ankündigung besonders billiger Preise Kunden angelockt werden sollten; die Kunden der Firma bestanden hauptsächlich aus Arbeitern, durch den Fehler wurde der Zweck der Anzeige völlig vereitelt. Diese Entscheidung erscheint verfehlt. Es ist anzunehmen, daß nur sehr wenig Leser den Fehler bemerkt haben und daß kaum jemand sich durch ihn von dem Besuch des Geschäfts hat abhalten lassen. Nach Lage der Sache war auch anzunehmen, daß die meisten derjenigen Leser, die den Fehler bemerkt hatten, ihn als solchen erkannten. Unmöglich konnte die Anzeige durch diesen einen Fehler völlig wertlos geworden sein."

Auf einem der tatsächlichen Sachlage gerecht werdenden Standpunkt steht auch die Handels- und Industriekammer Berlin[2]), die ausführt: „Daß dem Besteller durch die Umstellung seines Namens (Vorname hinter dem Zunamen) wesentliche geschäftliche Nachteile entstanden sind, ist unwahrscheinlich, da Anfragen oder Bestellungen den Besteller auch erreichen, wenn in der Anschrift der Vorname hinter dem Zunamen steht."

Die vorstehenden Ausführungen betreffen nur Druck- und andere Fehler, die in einem Inserat vorkommen, trotzdem der Inserent dem Verleger einen richtigen Text lieferte. Anders liegen die Verhältnisse, wenn der Inserent dem Verleger einen mangelhaften Text

---

[1]) Anzeigenrecht, 3. Aufl. IX., 1. [2]) 30741/26, C XII, A/4.

liefert. Dem Verleger ist nach der Verkehrssitte eine allgemeine Verpflichtung aufzuerlegen, daß er Texte, die mit sinnentstellenden oder Flüchtigkeitsfehlern geliefert werden, so daß die Fehler ohne weiteres als solche erkennbar sind, verbessert. Eine solche Verbesserungspflicht besteht aber nur insoweit, als die Fehler bei der Aufnahme oder dem Druck bemerkt werden. Denn einerseits ist dem Verleger nicht zuzumuten, jede Anzeige auf etwaige Textfehler durchzusehen, andererseits aber würde es gegen Treu und Glauben verstoßen, wenn der Verleger offensichtliche Fehler, die er bemerkt hat, nicht verbessern würde.

Gibt der Text zu Zweifelsfragen Anlaß, so muß der Verleger regelmäßig beim Inserenten anfragen, damit dieser die Zweifel behebt. Stellt z. B. der Inserent dem Verleger ein Klischee mit der Abbildung einer bisher völlig unbekannten Maschine zur Verfügung, so muß der Verleger, falls Zweifel bestehen, bei dem Inserenten anfragen, welche Stellung der Maschine richtig ist. Dagegen hat der Verleger nicht die Pflicht, einen infolge irgendwelcher Umstände falsch gewordenen Inseratentext zu ändern.

Hat der Unternehmer oder seine Gehilfen den Eintritt des Fehlers zu vertreten, so hat der Besteller nach den obigen Ausführungen neben seinem Minderungsrecht auch Schadensersatzansprüche. Aber nur diejenigen Fehler, die einen wirklichen Nachteil für den Inserenten zur Folge haben, geben diesem einen Schadensersatzanspruch. So führt das Oberlandesgericht Karlsruhe[1]) mit Recht in einem Fall, wo statt eines Inseratentextes „Licht- und Kraftanlagen" abgedruckt war „Schall- und Kraftanlagen" aus:

„Es ist schlechtweg unmöglich, einen Druck von größerem Umfange ohne erheblichen Fehler im Satz herzustellen. Auch in dem mit äußerster Sorgfalt hergestellten Reichsgesetzblatt finden sich Druckfehler. Anders ist es jedoch bei Anzeigen von wenigen Zeilen. Selbstverständlich kann nicht jeder Fehler in einer Drucksache eine Schadenersatzpflicht begründen, sondern nur solche, die in einem wesentlichen Punkte den Inhalt zum Nachteil des Bestellers anders wiedergeben, als die Bestellung lautete."

$\gamma\gamma$) Entspricht die Umrahmung, Schriftart und der Satz nicht den vereinbarten Bedingungen, so hat der Besteller Ansprüche, wenn die Abweichung eine geringere Reklamewirkung seiner Anzeige zur Folge hat. Ob eine solche vorliegt, kann nur nach der Lage jedes Einzelfalls unter Berücksichtigung aller Umstände beurteilt werden. Es seien hier einige Beispiele aus der Praxis angeführt[2]):

$\alpha\alpha\alpha$) In einem Falle, in dem eine dreimalige Umrahmung vereinbart war, ist in einigen Exemplaren nur eine einmalige Umrahmung der Annonce erschienen. Die Klage[3]) des Verlegers wurde abgewiesen. Diese Entscheidung dürfte zu beanstanden sein. Ebner[4]) führt hierzu mit Recht aus: „Der Besteller bezweckt mit dem Vorschreiben einer bestimmten Umrahmung nicht sowohl, daß die Anzeige gerade diese Umrahmung aufweist, sondern er will durch die Umrahmung die Aufmerksamkeit der Leser auf seine Anzeige lenken und möglichst viele Angebote erlangen. Erreicht er seinen Zweck, so kommt es nicht darauf an, ob die von der Zeitung gewählte Umrahmung genau der Vorschrift des Bestellers entspricht, erheblich ist vielmehr nur, ob der Besteller den mit dem Aufgeben der Anzeige verfolgten Zweck erfüllt sieht."

$\beta\beta\beta$) Eine Firma gab eine Bestellung auf ein Inserat nach einem beigefügten Muster auf, in welchem in der Textmitte eine Reihe voller größerer runder Punkte in auffallender

[1]) BadRspr. 1905, 283. [2]) Die Beispiele sind aus Ebner a. a. O. entnommen.
[3]) JW. VII, 784. [4]) Anzeigenrecht, 2. Aufl., S. 74.

Weise enthalten waren. Es wurde vereinbart, daß das Inserat derart gebracht werden sollte, daß der Text in Petit und die Überschrift in Nonpareille gebracht werden sollte. In dem Inserat erschienen sodann statt der Punkte in Petit Quadrate in Nonpareille. Der Klage der Zeitung wurde vom Landgericht Duisburg stattgegeben[1]), weil es im Zeitungsgewerbe üblich sei, Annoncenbestellungen mit geringen Abweichungen auszuführen, wenn der Drucker nicht über das notwendige Material verfüge. Diese Begründung erscheint, wenn auch dem Urteile im Ergebnis zuzustimmen ist, nicht stichhaltig. Das Gericht hätte vielmehr feststellen müssen, ob durch die Abweichung der Reklamezweck gemindert wurde, und von dieser Feststellung seine Entscheidung abhängig machen müssen.

γγγ) Eine Firma, die Annoncen mit aufrechtstehenden Buchstaben des Firmennamens aufgegeben hatte, wurde vom Landgericht I Berlin[2]) zur vollen Zahlung der Vergütung verurteilt, trotzdem der Firmenname in der Annonce wagerecht gebracht wurde. Das Gericht führt mit Recht zur Begründung aus, daß der Zweck der Annonce sei, die Leser der Zeitung auf die Anzeige aufmerksam zu machen. Dies geschähe durch eine wagerechte Stellung mehr als durch eine aufrechte. Ob diese Feststellung des Gerichts richtig ist, kann dahingestellt bleiben. Der vom Gericht eingeschlagene Weg zur Urteilsfindung erscheint jedenfalls richtig.

δδδ) Andererseits hat das Amtsgericht Düsseldorf[3]) die Klage eines Zeitungsverlegers gegen eine Firma auf Zahlung der Vergütung einer Annonce abgewiesen, weil die Annonce statt mit vereinbarten schrägen Streifen mit geraden Streifen versehen war. Zur Begründung dieses Fehlurteils führt das Gericht rechtsirrtümlicher Weise an, daß der Vertrag nicht vertragsgemäß erfüllt sei.

εεε) Die Handels- und Industriekammer Berlin[4]) hält es für zulässig, daß der Verleger statt einer vereinbarten zweigespaltenen Anzeige eine dreigespaltene setzt, wenn dies wegen veränderter Seitenanordnung notwendig ist. In einem solchen Fall soll aber der Besteller im allgemeinen berechtigt sein, seine Vergütung um 40% zu mindern.

δδ) Ist zwischen den Parteien über den **Platz** eines Inserates nichts besonderes vereinbart, hat insbesondere der Verleger keine besonderen Zusicherungen gemacht, so ist er berechtigt, den Platz zuzuweisen.

Eine Vereinbarung über einen bestimmten Platz besteht nur, wenn einwandfrei und klar hervorgeht, welcher Platz gemeint ist. Erklärungen „an hervorragender Stelle" sind mangels jeglicher Bestimmtheit des Inhalts der Erklärung belanglos. Über die Vereinbarung „an erster Stelle nach dem Text" führt die Industrie- und Handelskammer Berlin[5]) folgendes aus:

„Soll eine Anzeige nach der Bestellung als erste nach dem Text in einer Zeitschrift erscheinen, in welcher verschiedene Seiten zugleich Text und Anzeigen enthalten, so ist anzunehmen, daß die Anzeige unter dem Text irgendeiner Seite zu erscheinen hat, die überhaupt redaktionellen Text enthält, nicht aber am Schlusse des gesamten Textes."

Ist eine Vereinbarung über den Platz getroffen oder hat der Verleger betreffs seiner eine bestimmte Zusicherung gemacht, so ist die Nichtinnehaltung der Vereinbarung oder der Zusicherung ein Mangel, der den allgemeinen Regeln über Mängel unterliegt. Der

[1]) JW. XVII, 19, 403. [2]) BBl. 78, 9692. [3]) JW. XIII, 33, 739.
[4]) JW. XI, 29, 551. [5]) Dove-Meyerstein 2, 321, 771.

Mangel der unrichtigen Placierung gibt dem Besteller also nur dann Minderungs- oder evtl. Schadensersatzansprüche, wenn durch die anderweitige Placierung die Wirksamkeit des Inserates beeinträchtigt wird.

So hat das Amtsgericht Frankfurt a. M.[1]) mit Recht einen Besteller zur vollen Zahlung des Werklohns verurteilt, trotzdem die von ihm bestellte Annonce in dem linken Eckfelde statt wie vereinbart im rechten Eckfelde erschienen war.

Die vorstehenden Ausführungen haben nicht nur für die Inseratenverträge über Zeitungsanzeigen, sondern auch auf andere Inseratenverträge Anwendung zu finden. Der Placierung der Anzeige im Druckfelde der Zeitung entspricht z. B. die Nummer des Diapositivs in der Reihenfolge der in einem Theater oder Kino vorgeführten Diapositive.

εε) Im Zeitungsgewerbe ist dem Verleger im allgemeinen freigestellt, in seinem Blatte Annoncen beliebig vieler Konkurrenten aufzunehmen. Auch dürfte dagegen nichts einzuwenden sein, daß ein Zeitungsverleger die Annoncen der Kaufleute einer bestimmten Branche an einem Platz zusammenstellt. Denn damit gibt er dem lesenden Publikum einen besseren Überblick.

Ein Ausschluß der Konkurrenten von der Inserierung bedarf der speziellen Zusicherung des Verlegers. Eine solche hat aber immer nur die Bedeutung, daß in der betreffenden Nummer, in der die Annonce des Bestellers erschien, kein Konkurrenzunternehmen ein Inserat aufgeben darf. Daneben sind aber auch Zusicherungen über den Ausschluß von Konkurrenzanzeigen derart möglich und üblich, daß der Verleger sich nur verpflichtet, nicht auf der Seite, auf der das Inserat des Bestellers erscheint, die Anzeigen von Konkurrenten zu bringen.

Werden die Zusicherungen über den Ausschluß der Konkurrenz nicht eingehalten, so liegt ein Mangel vor. Der Besteller ist also berechtigt, zu mindern, d. h. seine Leistung in dem Verhältnis herabsetzen, das dem Verhältnis der mangelfreien Leistung zu dem der mangelhaften entspricht[2]). Evtl. kann er Schadensersatz verlangen.

Die vorliegenden Ausführungen werden nach der Verkehrssitte auch z. B. auf Inseratenverträge, die sich auf Vorführung von Diapositiven in Theatern oder Kinos oder auf Anzeigen in oder an den Verkehrsmitteln beziehen, Anwendung zu finden haben. Auch hier wird der Unternehmer, wenn er nichts anderes zugesichert hat, berechtigt sein, alle möglichen Reklamekundgebungen von Konkurrenten zu verbreiten. Anders dagegen werden die Verhältnisse bei den Unternehmern liegen, die z. B. Reklamekundgebungen durch Entsendung von Sandwichmen oder Zettelverteilern verbreiten. Ihnen wird nach der Verkehrssitte ohne weiteres nicht das Recht zustehen, durch dieselben Sandwichmen oder dieselben Zettelverteiler zugleich für mehrere Besteller Reklame zu machen.

ζζ) Ist über den Zeitpunkt des Erscheinens[3]) eines Inserats zwischen den Parteien nichts vereinbart, so ist der Verleger berechtigt und verpflichtet, die Anzeige in der nächsten Nummer aufzunehmen. Die Berliner Industrie- und Handelskammer[4]) steht auf folgendem Standpunkt:

---

[1]) BBl. 78, 9692.

[2]) Vgl. hierzu auch LG. Hamburg in ZB. XIII, 33, 741.

[3]) Über die Zeit des Erscheinens des Inserates, wenn dem Besteller ein Abrufsrecht vorbehalten ist, vgl. S. 372, 381.

[4]) 28973/22, XII, A/4.

„Grundsätzlich ist eine Anzeige an dem Tage zu veröffentlichen, für den sie bestellt ist. In den letzten Jahren hat sich aber der Brauch entwickelt, Anzeigen auch später zu veröffentlichen. Ein Vermerk findet sich oft in den Zeitungsköpfen und anderen Stellen, daß eine Gewähr für den Abdruck in bestimmten Ausgaben nicht übernommen wird. Muß eine Anzeige an einem bestimmten Tage erscheinen, so hat der Besteller dies zum Ausdruck zu bringen."

Ist an dem Kopf der Zeitung nichts darüber enthalten, bis zu welchem Zeitpunkt die Annonce für die nächste Nummer aufgegeben sein muß, so bedeutet die Bestellung „für die nächste Nummer", daß die Annonce in die nächstmögliche Nummer aufgenommen werden soll, wobei der Besteller mit dem Geschäftsgang der Zeitung zu rechnen hat[1]). Die nächste Nummer ist im allgemeinen diejenige, deren Fertigstellung zum Druck bei Bestellung der Anzeige noch nicht beendet ist.

Häufig wird zwischen den Parteien eine bestimmte Nummer vereinbart sein, z. B. die Sonntagsnummer.

Mitunter werden Anzeigen in eine bestimmte Nummer derart aufzunehmen sein, daß die Nummer unter einer besonderen Bezeichnung wie „Rennummer", „Meßnummer" festgesetzt wird. Hier ist ein Erscheinen in derjenigen Nummer vereinbart, die nach ihrem gesamten Inhalt, ihrer gesamten Aufmachung, d. h. z. B. durch Aufsätze, Abbildungen und Besprechungen, der Bezeichnung der Nummer entspricht[2]).

Mitunter wird sich der Zeitpunkt des Erscheinens aus den Umständen ergeben. Dient die Anzeige z. B. der Reklame für ein bestimmtes Ereignis, z. B. für eine Theater- oder Konzertveranstaltung oder sucht jemand zum „ersten" eine Stellung, so ist es klar, daß die Anzeige vor dem bestimmten Ereignis oder dem „ersten" erscheinen soll. Dem Verleger ist aber nicht zuzumuten, daß er jede ihm übergebene Anzeige auf ihren Inhalt hin besonders prüft. Verlangt der Besteller also, daß die Anzeige in besonderer Art vom Verleger bearbeitet werden soll, daß die Anzeige z. B. nicht in der nächsten Nummer erscheinen soll, so muß er dies mit dem Verleger besonders vereinbaren.

Über die Zeit des Erscheinens können erhebliche Zweifel obwalten, wenn eine Dauerbestellung aufgegeben ist, ohne daß für die Abdrücke im einzelnen bestimmte Zeitpunkte festgelegt sind. Hier hat sich im Zeitungsgewerbe ein Grundsatz[3]) dahin gebildet, daß, falls nichts anderes vereinbart ist, die Abnahme binnen Jahresfrist seit Bestellung erfolgt sein muß. Die Berliner Industrie- und Handelskammer[4]) ist der Ansicht, daß der Besteller im allgemeinen innerhalb angemessener Frist abzurufen[5]) hat. Was eine angemessene Frist ist, ergeben die Umstände des Einzelfalls. Ist bestimmt, daß der Gesamtabruf innerhalb einer bestimmten Frist zu erfolgen hat, so soll der Einzelabruf in möglichst gleichmäßigen Abständen erfolgen[6]). Der Besteller soll bei Dauerbestellungen berechtigt

[1]) So AG. Münster in JW. 1910, 36, 704.

[2]) So Leipziger Handelskammer in Mitteilungen 1, 131, 194.

[3]) So wenigstens die allgemeinen Grundsätze des Vereins Deutscher Zeitungsverleger. Anders dagegen die Industrie- und Handelskammer Berlin, die im Gutachten C 6045/27, XII A/4 erklärt, daß ein Handelsbrauch auf Erledigung eines nicht näher bestimmten Anzeigenvertrages innerhalb Jahresfrist nicht besteht.

[4]) Gutachten 7159/14.

[5]) Über die Abrufspflicht des Bestellers vgl. im übrigen S. 381.

[6]) Gutachten der Berliner Industrie- und Handelskammer 26 828 A XII, A/4, vgl. auch C 59 318/24, XII, A/4 und 69943/20, XII, A/4.

sein, aus dringenden Gründen eine nicht allzu große Unterbrechung[1]), z. B. während der Reisezeit zu fordern. Die Gutachten über das Recht des Bestellers auf zeitweise Unterbrechung sind nicht einheitlich[2]). Wird überhaupt ein solches Recht auf kurze Unterbrechung anerkannt, so darf die Unterbrechung nicht verhindern, daß die Abnahme innerhalb eines Jahres erfolgt[3]); denn der Besteller hat auch bei Unterbrechung die Gesamtabnahmefrist auf jeden Fall einzuhalten[4]). Wird eine Unterbrechung „bis auf weiteres" vom Verleger gutgeheißen, so soll der Verleger berechtigt sein, den Zeitpunkt des Wiederbeginns zu bestimmen[5]).

Eine Vereinbarung dahin, daß der Beginn des Abrufs „nach Belieben" erfolgen könne, ist dahin zu verstehen, daß der Besteller nach einer sich aus den Umständen des Einzelfalls ergebenden angemessenen Frist abzurufen hat.

Erscheint die Anzeige, falls nichts Näheres vereinbart ist, nicht in der nächsten Nummer oder werden die über die Erscheinungszeit getroffenen besonderen Vereinbarungen vom Verleger nicht eingehalten, so enthält seine Leistung einen Mangel, der den dargestellten Regeln unterliegt. Nach diesen hängen Minderungsansprüche des Bestellers davon ab, ob die in einer anderen Nummer erschienene Anzeige für den Besteller einen minderen Wert hat, als wenn sie in der vereinbarten Nummer gebracht worden wäre.

Tritt das verspätete oder nicht vereinbarungsgemäße Erscheinen infolge eines Verschuldens des Verlegers oder seiner Gehilfen ein, so hat der Besteller, wie dargestellt, neben dem Minderungsanspruch auch einen Schadensersatzanspruch. Für die Höhe des beanspruchten Schadensersatzes ist aber zu beachten, daß der Besteller den Unternehmer gemäß § 254 BGB. auf den Eintritt eines ungewöhnlich hohen Schadens, der evtl. durch das nicht rechtzeitige Erscheinen hervorgerufen werden kann, hinzuweisen hat. Auch muß der Besteller, sobald er merkt, daß die Anzeige nicht rechtzeitig erscheint, alles tun, was ihm nach Treu und Glauben zugemutet werden kann, um den Schadenseintritt abzuwenden oder den Schaden zu mindern. So muß er z. B. dem Verleger sofort Mitteilung machen, damit dieser evtl. durch Extraausgaben den Schaden abwenden kann.

Neben diesen dem Besteller bei jedem Mangel der Leistung zustehenden allgemeinen Minderungs- und Schadensersatzansprüchen steht dem Besteller bei dem nicht rechtzeitigen Erscheinen nach § 636 BGB. noch ein besonderes Recht zu, wenn der Wert der Anzeige für den Besteller durch verspäteten Abdruck erheblich vermindert wurde oder der Besteller ein pünktliches Erscheinen zugesichert hatte. Hier kann der Besteller dem Verleger eine angemessene Frist mit der Erklärung setzen, daß er den Abdruck nach vergeblichen Fristablauf ablehne. Erscheint die Anzeige nicht innerhalb der Frist, so kann in diesem Falle der Besteller vom Vertrage zurücktreten. Dieses Rücktrittsrecht des Bestellers wegen nicht rechtzeitiger Erfüllung, das nach § 636 BGB. an Stelle der Wandlung tritt, wird auch dem Besteller im Inseratenvertrage prinzipiell nicht dadurch genommen, daß

---

[1]) Nach dem Gutachten der Berliner Industrie- und Handelskamer C 885/27, XII, A/4 besteht kein Handelsbrauch, daß bei einer wöchentlich erscheinenden Zeitschrift das Unterbrechungsverlangen spätestens 14 Tage vorher erklärt sein muß. Die Frist ergibt sich vielmehr aus der Drucklegung der Zeitschrift.

[2]) Die Industrie- und Handelskammer Berlin lehnt in Dove-Meyerstein z. B. 2, 321, 1273 ein solches Recht ab.

[3]) Berliner Industrie- und Handelskammer im Gutachten 14 198/14.

[4]) Dieselbe im Gutachten 3 945/20. [5]) So JW. 19, 104.

ihm, wie oben[1]) ausgeführt, das Wandlungsrecht zu versagen sein dürfte. Dieses wurde nämlich versagt, weil der Besteller dem Unternehmer die mangelhafte Leistung nicht zurückgewähren kann. Wegen nicht rechtzeitiger Erfüllung tritt der Besteller aber zurück, weil der Unternehmer die Leistung nicht erbracht hat. Der Besteller kann daher hier vom Vertrage zurücktreten, weil er dem Unternehmer nichts zurückzugewähren hat. Hat der Unternehmer nur einen Teil seiner Leistung nicht rechtzeitig erbracht, so kann der Besteller nur bezüglich der nicht rechtzeitig erschienenen Inserate, nicht aber bezüglich des ganzen Vertrages zurücktreten. Denn soweit der Verleger den Vertrag durch Teilleistung erfüllt hat, ist der Besteller nicht in der Lage, ihm das Geleistete zurückzugewähren. Deshalb wird ihm in einem solchen Falle das Rücktrittsrecht auf Grund des § 636 BGB. nur insoweit zu gewähren sein, als der Unternehmer seine Verpflichtungen noch nicht erfüllt hat.

Mit der Erklärung des Rücktritts hat der Besteller seinen Anspruch auf den Abdruck, der Unternehmer seinen Anspruch auf die Vergütung verloren. Der Besteller behält aber seine evtl. Ansprüche auf Schadensersatz, wenn sich der Unternehmer mit seiner Leistung im Verzuge befand.

Einer Fristsetzung bedarf es nicht, wenn die verspätete Leistung für den Besteller ohne Interesse ist, wenn z. B. das Konzert, für das durch die Anzeige Reklame gemacht werden soll, inzwischen stattgefunden hat. Hier kann der Besteller seinen Rücktritt sofort erklären.

Ist die Vereinbarung über die Erscheinungszeit der Verbreitung des Unternehmers derart zum Inhalte des Inseratenvertrages geworden, daß dieser als Fixgeschäft[2]) anzusehen ist, so kann der Besteller gemäß § 361 BGB. ohne weiteres vom Vertrage zurücktreten.

8. Pflichten des Bestellers.

Den Pflichten des Unternehmers stehen, da der Inseratenvertrag ein gegenseitiger Vertrag ist, Pflichten des Bestellers gegenüber. In der Regel wird dem Besteller als Hauptpflicht die Bezahlung der vereinbarten Vergütung, des sog. Werklohns, obliegen. Daneben können ihm noch andere Pflichten auferlegt sein, z. B. Lieferung des Inseratentextes, des Klischees, der Abruf auf Vornahme der Verbreitung.

a) Nach § 632 I BGB. gilt eine **Vergütung** des Bestellers als stillschweigend vereinbart, wenn die Herstellung des Werkes den Umständen nach nur gegen Bezahlung zu erwarten ist. Daher hat derjenige, der behauptet, daß die Leistung des Unternehmers nicht gegen Bezahlung vereinbart sei, dies zu beweisen.

α) Der Werklohn ist an sich nach § 641 BGB. nach Abnahme des Werkes **fällig**. Eine Abnahme ist, wie oben[3]) ausgeführt, im Inseratenvertrage begrifflich ausgeschlossen. Daher ist die Vergütung des Bestellers nach § 646 BGB. mit der Vollendung des Werkes fällig.

Hiernach ist der Unternehmer vorleistungspflichtig. Daraus ergibt sich, daß der Besteller, der vom Unternehmer auf Zahlung belangt wird, ohne daß der Unternehmer vorgeleistet hat, die Einrede des nicht erfüllten Vertrages nach § 320 BGB. erheben kann. Diese hat zur Folge, daß der Belangte nur verurteilt wird, Zug um Zug gegen die Leistung

---

[1]) S. 360. [2]) Siehe oben S. 356. [3]) S. 363.

des anderen Teils zu leisten. Der Besteller kann jedoch gemäß § 320 II BGB. die Einrede nicht erheben, wenn der Unternehmer teilweise geleistet hat und die Verweigerung des Bestellers insbesondere wegen verhältnismäßiger Geringfügigkeit des rückständigen Teils gegen Treu und Glauben verstoßen würde.

Die Parteien können eine von den gesetzlichen Bestimmungen, nach denen der Unternehmer vorleistungspflichtig ist, abweichende Vereinbarung treffen. Hier greifen auch vielfach Handelsbräuche ein.

So wird regelmäßig bei einmaligen kleinen Anzeigen oder wenn der Besteller unbekannt ist, eine Vorausbezahlung verlangt.

Bezüglich der die Fälligkeit der Vergütung des Zeitungsinserenten regelnden Handelsbräuche liegen die verschiedensten Gutachten der Industrie- und Handelskammern vor.

αα) Nach einem Berliner Gutachten[1]) besteht in Berlin keine Usance, daß Bestellern von langfristigen Annoncen ein dreimonatiges Ziel gewährt wird.

ββ) Ein anderes Berliner Gutachten[2]) lautet:

„Wenn bei Vergebung eines Auftrages auf wiederholte Einrückung einer Anzeige besondere Zahlungsvereinbarungen nicht getroffen sind, ist nach Handelsbrauch der Verleger berechtigt, Zahlung nach jedesmaligem Erscheinen der Anzeige zu verlangen."

γγ) Ein weiteres Berliner Gutachten[3]) besagt, daß der Verleger bei Bestellung wiederholter Anzeigen, falls nichts über die Zahlungszeit vereinbart ist, Zahlung nach jedesmaligem Erscheinen verlangen kann.

δδ) In einem ferneren Gutachten[4]) ist die Ansicht vertreten, daß bei längerlaufenden Bestellungen am Anfang eines Kalendervierteljahres für die bisher erschienenen Anzeigen Teilbeträge verlangt werden können.

εε) Auch nach einem anderen Berliner Gutachten[5]) gibt es bei Geschäftsanzeigen kein Zahlungsziel von einem Jahr. Bei Jahresaufträgen sind mindestens vierteljährlich Teilzahlungen für die bisherigen Inserate zu leisten.

ζζ) In Breslau ist es bei Tageszeitungen üblich, wöchentlich, spätestens monatlich Zahlung zu verlangen.

ηη) Eine Firma hatte im November 1912 eine 13malige monatliche Insertion bestellt, am Ultimo des Jahres verlangte der Unternehmer Bezahlung der bisher erschienenen Inserate. Das AG. Mannheim verurteilte[6]) zur Zahlung.

ϑϑ) Es waren wöchentliche Anzeigen für ein halbes Jahr, also 26 Anzeigen bestellt. Nach dem Erscheinen der sechsten Anzeige gerieten die Parteien in Streit. Der Verleger verlangte Bezahlung aller 26 Anzeigen, weil im Bestellschein die Bedingung enthalten war: „Bei gerichtlichen Auseinandersetzungen wird auch der Betrag für die noch abzunehmenden Anzeigen fällig." Das Amtsgericht Guben[7]) wies die Klage ab, da die Bedingung infolge der übermäßigen Beschränkung des Inserenten unsittlich sei. Das Berufungsgericht[8]) teilte die Meinung nicht und verurteilte antragsgemäß.

ιι) Über die Bedeutung des Wortes „quartaliter" äußert sich ein Berliner[9]) Gutachten: „Wenn bei einem Insertionsauftrag nichts vereinbart ist, bedeutet dieser Ausdruck nach der Verkehrsauffassung, daß die im Laufe eines Vierteljahres entstehenden

---

[1]) 3987/07 in Dove-Meyerstein 2, 145, 585. [2]) In VZ. 1910, 6, 109.
[3]) 16069/09 in Dove-Meyerstein II, 145, 587. [4]) VZ. 1915, 72, 48.
[5]) VZ. 1914, 7, 305. [6]) VZ. 1918, 37, 772. [7]) VZ. 1926, 32, 1701.
[8]) JW. 1926, 44, 2330. [9]) Apt. 586.

Insertionskosten nachträglich gezahlt werden sollen und sonach mit Ablauf des betreffenden Vierteljahres fällig werden."

β) Die Höhe der Vergütung hängt von den Parteivereinbarungen ab. Ist über sie nichts vereinbart, so kann der Unternehmer das Handelsübliche fordern. Was handelsüblich ist, kann nur der Einzelfall ergeben.

Die Berechnung der Vergütung des Bestellers wird, falls nichts anderes vereinbart ist, beim Zeitungsinseratenvertrage nach dem Satz vorgenommen. Wird in den Tageszeitungen nach der Parteivereinbarung als Grundlage für Berechnung der Vergütung die „Millimeterzeile" gewählt, so bedeutet[1]) „Millimeterzeile" die Millimeterhöhe der Anzeige. Die Breite der Anzeige wird in diesem Falle nach den Spalten berechnet.

Es ist zweifelhaft, ob ein Probeabzug zu bezahlen ist. Die Bezahlung wird zu erfolgen haben, wenn der Probeabzug ein selbständiges Werk ist. Beim Zeitungsinseratenvertrage wird dies regelmäßig nicht der Fall sein, da anzunehmen ist, daß der Verleger den Probeabzug aus Geschäftsrücksichten unentgeltlich liefern will[2]). Nur wenn der Probeabzug eine besondere künstlerische oder kunstgewerbliche Arbeit erforderte, ist dies nicht anzunehmen.

Nach einem Gutachten der Berliner Industrie- und Handelskammer[3]) werden in Berlin, wenn der Bestellschein die Bemerkung „Klischees werden billigst berechnet" trägt, die Zeichnungen besonders zu bezahlen sein, falls die Umstände des Einzelfalls nichts anderes ergeben.

Änderungen des Inseratentextes hat der Unternehmer, wenn solche beim Zeitungsinseratenvertrage vorbehalten sind, bis auf Bildanzeigen auf seine Kosten vornehmen zu lassen. Die Kosten der Änderungen von Bildanzeigen hat der Besteller zu tragen[4]).

γ) Der Erfüllungsort für die Vergütung des Bestellers ist gemäß § 269 BGB. sein Wohnsitz. Hier ist auch gemäß § 13 ZPO. sein allgemeiner Gerichtsstand.

Sowohl Erfüllungsort als auch Gerichtsstand können von den Parteien vereinbarungsgemäß abgeändert werden.

Im allgemeinen haben sich im Gebiete des Zeitungsinseratenvertrages keine den Erfüllungsort oder den Gerichtsstand abändernde Handelsbräuche gebildet.

Drei Berliner Gutachten[5]) besagen: „Es besteht kein Handelsbrauch, nach welchem für die Zahlung des Insertionspreises für Zeitungsinserate derjenige Ort Erfüllungsort ist, an dem die betreffende Zeitung mit dem Inserat erscheint.

Allerdings haben seit einiger Zeit eine größere Anzahl von Zeitungsverlegern bei Insertionsaufträgen zur Bedingung gemacht, daß dort, wo die Zeitung erscheint, der Erfüllungsort sei, und Inserenten, welche direkt ohne Vermittlung einer Annoncenexpedition den Auftrag erteilen, pflegen an dem Orte Zahlung zu leisten, an welchem die Zeitung erscheint; doch ist dies überall nicht der Fall, und da, wo es sich um Aufträge von Annoncenexpeditionen handelt, wird häufig der Betrag von der Kasse dieser Expeditionen abgeholt."

---

[1]) Gutachten der Berliner Industrie- und Handelskammer in BBl. vom 11. V. 1926.
[2]) So Handelskammer Graudenz JW. 1915, 22, 478.
[3]) 4135/21, XII, A/4.
[4]) So Gutachten der Berliner Industrie- und Handelskammer in JW. 1913, 30, 400.
[5]) Abgedruckt bei Apt., S. 584.

„In der Zeitungsbranche besteht kein Handelsbrauch in bezug auf Bezahlung von Inseraten bzw. in bezug auf den Gerichtsstand der Parteien, welcher von den Bestimmungen des Handelsgesetzbuches abweicht."

„Wir halten nach wiederholten umfassenden Ermittelungen unser Gutachten vom 19. X. 1905 aufrecht. Wie uns in zuverlässiger Weise bestätigt wird, kann ohne ausdrückliche Vereinbarung keine Rede davon sein, daß nach allgemeinem Handelsbrauch der Ort, an dem die Zeitung erscheint, als Erfüllungsort für die Bezahlung von Inseraten gilt."

Ein ferneres Berliner Gutachten besagt:

„Bei kleineren Aufträgen oder Gelegenheitssachen pflegt man überhaupt keinen Gerichtsstand zu vereinbaren."

Darüber, ob der Besteller ihm bekannte Vermerke auf Bestellscheinen oder im Kopf der Zeitung, wenn er diese gelesen hat, gegen sich gelten lassen müsse, wenn in diesen Vermerken eine Veränderung des Gerichtsstandes enthalten ist, führt ein Gutachten der Berliner Industrie- und Handelskammer[1]) aus:

„Dagegen wird der Besteller den Gerichtsstand des Verlegers dann gegen sich gelten lassen müssen, wenn etwa der Kopf der Zeitung einen entsprechenden Vermerk enthält, den er bei Aufgabe der Anzeige gekannt hat."

In einem Falle hatte eine auswärtige Firma Anzeigen bei einer Berliner Zeitung bestellt auf Grund eines Bestellscheins, der den Vermerk trug „Erfüllungsort für beide Teile Berlin". Ein halbes Jahr und ein Jahr später wurden weitere Inserate aufgegeben. Bei diesen späteren Bestellungen fehlte jeder Vermerk auf den Bestellscheinen. Trotzdem hat das Kammergericht[2]), als die Firma in Berlin verklagt wurde, die Einrede der örtlichen Unzuständigkeit verworfen. Diese Entscheidung wurde damit begründet, daß zwischen den Parteien eine fortlaufende Geschäftsverbindung entstanden sei, für die die Bedingungen der Bestellung maßgebend seien.

δ) Ein sehr bestrittenes Gebiet ist beim Zeitungsinserate die Frage des Rabattes.

In den vorliegenden Ausführungen kann die Rechtsnatur dieses sehr umstrittenen Rechtsgebietes nicht näher untersucht werden. Hier kann nur soviel gesagt werden, daß der Rabatt eine Preisermäßigung ist, die der Verleger aus den verschiedensten Beweggründen zu erteilen pflegt.

Ob der Rabatt bei der Bestellung gewährt sein muß, oder ob ein Handelsbrauch dahin besteht, daß Rabatte bei Bestellungen größeren Umfanges ohne weiteres als zugebilligt gelten, ist zweifelhaft. Ein Gutachten der Berliner Industrie- und Handelskammer[3]) erklärt z. B.:

„In der Annoncenbranche besteht kein allgemeiner Handelsbrauch, wonach bei Aufgabe von sechs Annoncen ein Rabatt von 25% gewährt wird."

In dem Verein Deutscher Zeitungsverleger haben viele deutsche Tageszeitungen einen festen Rabattarif geschaffen, der von den Zeitungen und den Annoncenexpeditionen einzuhalten ist.

Nach zwei Gutachten[4]) wird der Nachlaß nur gewährt, wenn sämtliche Anzeigen abgenommen sind.

---

[1]) C 3571/25 in JW. 1915, 36, 791.
[2]) In KGBl. 1920, 62.
[3]) Abgedruckt bei Apt., S. 586.
[4]) Nr. 76341/29 und 13007/21, XII, A/4 Berlin.

Das Oberlandesgericht Jena[1]) dagegen erklärt, daß der Nachlaß nicht ganz wegfalle, sondern nur entsprechend der Zahl der abgedruckten Anzeigen herabzumindern sei.

Über Anzeigenverträge, bei denen dem Besteller ein Widerruf vorbehalten ist, äußert sich ein Gutachten der Industrie- und Handelskammer Berlin[2]) folgendermaßen:

„Bei Anzeigenaufträgen, die auf Widerruf erteilt sind, besteht kein Handelsbrauch auf Nachlaßgewährung. In jedem einzelnen Falle pflegen Verleger und Besteller hierüber Vereinbarungen zu treffen, oder die Parteien verfahren nach den vom Verleger aufgestellten Tarifbestimmungen. Es gibt Blätter, welche auch bei widerruflichen Aufträgen Nachlaß gewähren, und Blätter, welche dies ablehnen."

Über die Höhe des Rabatts hat sich kein allgemeiner Handelsbrauch gebildet[3]).

Der Beweggrund für den Verleger, dem Besteller einen Rabatt zu gewähren, ist darin gesehen worden, daß er den Besteller zur pünktlichen Zahlung veranlassen will. Hieraus ist gefolgert worden, daß der Rabatt bei unpünktlicher Zahlung des Bestellers fortfalle. Weiter ist aber auch angenommen worden, daß der Rabatt vom Unternehmer gewährt werde, um den Besteller zu größeren Bestellungen auf einmal zu veranlassen. Denn eine größere einmalige, fortlaufende Bestellung hat für den Zeitungsverleger, der dadurch leichter disponieren kann, eine Arbeits- und Unkostenersparnis zur Folge, so daß sich hieraus auch die Gewährung des Rabatts erklären kann.

Der Rabatt fällt bei nicht pünktlicher Zahlung fort, wenn dies zwischen den Parteien vereinbart ist[4]). Ein Handelsbrauch, daß der von einem Zeitungsverleger dem Inserenten gewährte Rabatt ohne weiteres bei säumiger Zahlung, Klageerhebung oder Konkurseröffnung fortfalle, läßt sich nicht feststellen. Allerdings sprechen manche Gutachten der Industrie- und Handelskammern für einen solchen ohne weiteres erfolgenden Fortfall des Rabatts bei säumiger Zahlung[5]). Nach manchen Gutachten fällt der Rabatt bei Klage[6]) oder Konkurseröffnung fort. Andere Gutachten[7]) lehnen diese Annahme aber strikte ab. Das Oberlandesgericht Hamburg[8]) hat mit als durchaus zutreffend erscheinenden Gründen in einer Entscheidung aus dem Jahre 1922 folgenden Standpunkt eingenommen:

„Der Umstand, daß sie („die Annoncenexpedition") die Anzeigen an die Zeitungen sofort bar bezahlen und daher bei dem großen Umfange ihres Geschäftes darauf halten muß, von ihren Kunden das Geld schnell hereinzubekommen, kann sie allein nicht berechtigen, ihren Kunden im Falle der Säumnis den Rabatt zu entziehen. Dieses Recht hätte ausdrücklich vereinbart sein müssen. Daß ein allgemeiner Handelsbrauch bestehe,

---

[1]) JW. 1915, 20, 430; ähnlich auch Amtsgericht Hannover in JW. 1910, 18, 346.

[2]) JW. 1910, 6, 109.

[3]) So Höniger, a. a. O. S. 29 und Jahresbericht der Berliner Handelskammer 1907, 113.

[4]) Eine solche Vereinbarung kann auch stillschweigend geschlossen werden. Vgl. LG. Dresden in ZV. 1921, 35, 1190.

[5]) z. B. Gutachten C 11036/25, 23212/25, XII, A/4 Berlin. Die Gutachten Berlin C 1771/026, XII, A/4 und C 4197/27, XII, A/4 Berlin erklären, daß Nachlässe von 40 und mehr Prozent dafür sprechen, daß sie nicht nur zur Sicherung pünktlicher Zahlung gewährt sind, also bei unpünktlicher Zahlung nicht ohne weiteres fortfallen. Vgl. auch Amtsgericht Berlin-Schöneberg in „Die Fachzeitschrift" 1929, 37.

[6]) Berlin in JW. VIII, 156.

[7]) Diese Gutachten sind aber meist älteren Datums; z. B. Berlin bei Apt. 586.

[8]) OLGR. 43, 76.

der bei erheblichem Zahlungsverzug oder sonstigen Schwierigkeiten zur Streichung der Rabatte berechtigte, ist durchaus unwahrscheinlich, zumal seine Umgrenzung bei der Dehnbarkeit jener Voraussetzungen sehr unbestimmt wäre. Jedenfalls liefe er auf die Möglichkeit hinaus, daß die eine Partei den fest vereinbarten Preis willkürlich wesentlich heraufsetzen könnte, was der stillschweigenden Vereinbarung einer Vertragsstrafe gleichkäme und sich als Mißbrauch darstellt."

Ein einmal vereinbarungsmäßig oder nach Handelsbrauch eingetretener Fortfall des Rabatts wird nicht dadurch wieder aus der Welt geschafft, daß etwa der Besteller nach Klageerhebung zahlt.

ε) Preiserhöhungen brauchen sich die Besteller, deren Aufträge mit fester Preisvereinbarung laufen, nicht gefallen zu lassen, auch wenn ihnen der Verleger etwa Preiserhöhungen mitteilt.

Anders liegen die Verhältnisse, wenn es sich nicht um feste laufende Aufträge handelt. Eine Firma z. B. gab einem Zeitungsverleger fortlaufend neue Aufträge. Als der Verleger die Preise erhöhte, weigerte sich die Firma, die erhöhten Preise zu zahlen. Hatte der Verleger der Firma von der Erhöhung der Preise Kenntnis gegeben, so war er berechtigt, die erhöhten Preise zu beanspruchen[1]).

Nach einem Gutachten[2]) der Berliner Industrie- und Handelskammer besteht kein Handelsbrauch, daß ein Zeitungsverleger, der ohne feste Preisvereinbarung eine laufende Bestellung bearbeitet und nach teilweiser Erledigung der Bestellung seine Preise erhöht, für die restlichen Anzeigen eine inzwischen eingetretene Preiserhöhung berücksichtigen darf, ohne daß er den Bestellern vorher eine entsprechende Mitteilung macht. Einer solchen Mitteilung bedarf es nur dann nicht, wenn vereinbart ist, daß die jeweils geltenden allgemeinen Bedingungen maßgebend sein sollen.

Ist der Besteller mit dem noch zu behandelnden[3]) Abruf der Anzeige in Verzug geraten, so erklärt die Industrie- und Handelskammer Berlin[4]) es für zulässig, daß der Verleger die nach dem Ablauf der Abnahmefrist erhöhten Preise berechnen darf. Dagegen besteht kein Handelsbrauch[5]), daß der Verleger bei nicht pünktlicher Zahlung Preisaufschläge außer den gesetzlichen Verzugszinsen und dem evtl. weiteren Schaden (§ 288 BGB.) verlangen darf.

ζ) Der Anspruch des Verlegers verjährt nach § 196 Ziff. 1 BGB. in zwei Jahren; ist die Reklamekundgebung für den Gewerbebetrieb des Bestellers erfolgt, so tritt die Verjährung erst in vier Jahren ein (§ 196 Ziff. 2 BGB.). Der Lauf der Verjährung tritt nach § 201 BGB. mit dem Ende des Jahres ein, in dem die Forderung des Verlegers fällig wurde.

η) Kommt der Besteller der Zahlungspflicht nicht nach, so kann der Besteller nicht ohne weiteres vom Vertrage zurücktreten. Er kann bei Nichtzahlung gemäß § 273 BGB. ein Zurückbehaltungsrecht bezüglich seiner etwaigen weiteren Leistungen geltend machen und seine etwaigen Leistungen bis zur Zahlung der fälligen Vergütungen verweigern. Eventuell kann er gemäß § 326 BGB. nach Fristsetzung Schadensersatz wegen Nichterfüllung verlangen oder vom Vertrage zurücktreten.

---

[1]) JW. 1912, 27, 608. [2]) 22271/21, XII, A/4.
[3]) S. 381. [4]) 33764/24, XII, A/4.
[5]) Gutachten 23 219/26, XII, A/4. Berlin.

Soweit den Unternehmer eine Vorleistungspflicht trifft, kann er, falls in der Vermögenslage des Bestellers eine wesentliche Verschlechterung eintritt, gemäß § 321 BGB. seine Leistung solange verweigern, bis der Besteller ihm die Vergütung zahlt oder für sie Sicherheit leistet.

b) Mitunter liegen dem Besteller außer der Pflicht zur Zahlung der Vergütung noch Vorleistungspflichten ob.

α) Bei Inseratenverträgen hat der Besteller meist die Pflicht, dem Unternehmer den Text der Reklamekundgebung, die der Unternehmer zu „verbreiten" hat, zu liefern. Ob eine solche Pflicht zur Lieferung des Textes der Reklamekundgebung besteht, bestimmt sich nach den Umständen des Einzelfalls. Regelmäßig aber wird der Besteller dem Unternehmer den Text zu liefern haben, weil er darüber bestimmt, welche Reklamekundgebung er verbreiten will. Wenn aber z. B. die Herstellung des Inhalts der Reklamekundgebung auf besonderen technischen Vorrichtungen, die der Unternehmer besitzt, beruht, können die Verhältnisse anders liegen. So ist es üblich, daß der Besteller eines Werbefilms den Unternehmer, der ein eigenes Filmatelier besitzt, mit der Herstellung des Werbefilms beauftragt. Ob der Besteller oder der Unternehmer die Idee zu dem Werbefilm zu liefern hat, kommt auf den einzelnen Fall an.

Erfordert die Verbreitung der Reklamekundgebung besondere Klischees, so wird der Besteller diese regelmäßig dem Unternehmer zu liefern haben. Auch hier ist die Frage, ob eine solche Vorleistungspflicht des Bestellers anzunehmen ist, nur nach der Lage des Einzelfalls zu entscheiden.

Der Besteller erfüllt die ihm obliegende Vorleistungspflicht nur, wenn er dem Unternehmer einen Text, Klischees usw. liefert, die nach Treu und Glauben dem Inhalt der zu verbreitenden Reklamekundgebung entsprechen. Andere Texte darf der Unternehmer ablehnen. So hat das LG. I Berlin[1]) entschieden, als ein Besteller dem Unternehmer einen Text lieferte, „Der Platz der Anzeige ist billig abzugeben".

Verletzt der Besteller die ihm obliegende Vorleistungspflicht, so kann der Unternehmer neben den aus allgemeinen Vorschriften sich ergebenden Ansprüchen[2]) die Rechte aus §§ 642, 643 BGB.[3]) geltend machen. Dagegen steht dem Unternehmer gegen den Besteller ein Anspruch auf Lieferung des Inseratentextes oder des Klischees

---

[1]) In „Die Fachzeitschrift" 1928, 163.

[2]) Z. B. aus Annahmeverzug, vertraglichem Verschulden, Unmöglichkeit der Leistung, Einrede des nicht erfüllten Vertrages.

[3]) §§ 642, 643 BGB. lauten:

§ 642 BGB.: „Ist bei Herstellung des Werkes eine Handlung des Bestellers erforderlich, so kann der Unternehmer, wenn der Besteller durch das Unterlassen der Handlung in Verzug der Annahme kommt, eine angemessene Entschädigung verlangen.

Die Höhe der Entschädigung bestimmt sich einerseits nach der Dauer des Verzugs und der Höhe der vereinbarten Vergütung, andererseits nach demjenigen, was der Unternehmer infolge des Verzugs an Aufwendungen erspart oder durch anderweitige Verwendung seiner Arbeitskraft erwerben kann."

§ 643 BGB.: „Der Unternehmer ist im Falle des § 642 berechtigt, dem Besteller zur Nachholung der Handlung eine angemessene Frist mit der Erklärung zu bestimmen, daß er den Vertrag kündige, wenn die Handlung nicht bis zum Ablaufe der Frist vorgenommen werde. Der Vertrag gilt als aufgehoben, wenn nicht die Nachholung bis zum Ablaufe der Frist erfolgt."

usw. nicht zu[1]). Auch darf der Unternehmer mangels besonderer Vereinbarung nicht die dem Besteller obliegende Leistung vornehmen[2]).

Der Verzug des Bestellers setzt ein Verschulden nicht voraus[3]). Nur objektive Unmöglichkeit, z. B. sein Tod[4]), befreit ihn von seiner Pflicht.

Nach § 642 BGB. kann der Unternehmer von dem Besteller, wenn er seiner Vorleistungspflicht nicht genügt, eine angemessene Entschädigung verlangen. Die Höhe der Entschädigung richtet sich nach der Dauer des Verzuges und der Höhe der vereinbarten Vergütung. Der Unternehmer muß sich aber das anrechnen lassen, was er infolge des Verzuges an Aufwendungen erspart.

Die Höhe der angemessenen Entschädigung kann nur nach Lage des Einzelfalls berechnet werden. Für das Gebiet des Zeitungsinseratenvertrages ist aber beachtlich, daß zahlreiche Gutachten[5]) der Industrie- und Handelskammer und zahlreiche Gerichte[6]) auf dem Standpunkt stehen, daß der Zeitungsverleger dadurch, daß er eine Anzeige oder einen redaktionellen Hinweis nicht bringt, nichts erspart. Der Verleger ist sogar nach Ansicht der Gutachten berechtigt, von dem Besteller die volle Vergütung zu verlangen, wenn er an Stelle der unterbliebenen Anzeige eine andere Anzeige setzt. Als Beispiel sei ein treffendes Urteil des LG. München[7]) angeführt, in welchem ausgeführt ist:

„Der Umfang der meisten Zeitungen ist nicht festliegend, sondern veränderlich, so daß je nach der Fülle von redaktionellem Teil und Anzeigen durch Abzug oder Zufügung eines halben oder viertel Bogens jeder Nummer der ihrem Inhalt entsprechende Seiten- oder Bogenumfang gegeben werden kann. Auch der redaktionelle Umfang liegt hinsichtlich des von ihm beanspruchten Raumes nicht unbedingt fest, bewegt sich vielmehr gewöhnlich zwischen einem wünschenswerten, kalkulatorisch berechneten Maximum und Minimum, so daß er bei zunehmendem Anzeigenteil beschränkt, bei abnehmendem entsprechend erweitert werden kann. Ferner sind zahlreiche Anzeigen auch hinsichtlich des Erscheinungsdatums nicht auf bestimmte Tage oder Nummern der Zeitung festgelegt, vielmehr ist dem Verleger seitens der Auftraggeber ein gewisser Spielraum gelassen. Diese sog. Dispositionsanzeigen werden meist dann gebracht, wenn ein gewisser, noch nicht besetzter Raum zur Verfügung steht, den man durch die Dispositionsanzeigen gut ausfüllen kann. Lediglich das Zusammenwirken dieser Gesichtspunkte macht es möglich und erklärlich, daß Inhalt und Raum sich bei Zeitungen und Zeitschriften fast regelmäßig decken. Der ideale, von jeder Zeitung erstrebte, meist aber nicht erreichte Zustand besteht nun darin, daß ohne Überschreitung des für die Redaktion kalkulatorisch festgelegten Raumes der für Anzeigen vorbehaltene Teil von vollbezahlten Inseraten gänzlich ausgefüllt ist. Ist das nicht der Fall, so werden geringe Lücken durch Dispositionsanzeigen ausgenutzt oder es wird der Redaktion ein größerer Spielraum gewährt, was dann oft mit entsprechenden Mehrkosten für den redaktionellen Teil verbunden ist. Gehen die Anzeigen noch weiter zurück, so wird der Umfang der Nummer durch Fortlassung eines viertel, halben, ganzen oder mehrerer Bogen beschränkt. Grundsatz ist also, den Umfang der Nummer nach Maßgabe der Einnahme, d. h. der vorhandenen Anzeigen festzusetzen. Wenn demnach über eine festliegende, z. B. durch vier teilbare Seitenzahl hinaus noch eine weitere Seite gebracht werden muß, so kann der Verleger den Umfang der Nummer nicht etwa nur um diese eine Seite vermehren, sondern ist gezwungen, wegen dieser einen Seite einen halben Bogen

---

[1]) RGZ. 37, 241.

[2]) Die Ansicht Fulds in LZ. 1915, 430, der einem Verleger, der es unterläßt, sich eine Ersatzanzeige zu verschaffen, ein mitwirkendes Verschulden auferlegt, dürfte im Gesetz keine Stütze finden.

[3]) SeuffArch. 74, Nr. 171. [4]) Staudinger, Anm. 2d zu § 642.

[5]) Vgl. z. B. BBl. 78, 9691; JW. 1911, 36, 786; 49, 1595; 1913, 52, 1119.

[6]) Vgl. LG. I Berlin in BBl. 78, 1841; OLG. Jena JW. 1911, 43, 909; LG. Limburg BBl. 78, 1843; KG. in ZWFP. 26, 56; a. A. LG. in JW. 1924, 8, 246.

[7]) Abgedruckt bei Ebner, a. a. O. S. 96.

mehr zu geben. Da nun aber der für eine Seite zu zahlende Anzeigenpreis nicht den viertel oder halben Bogen bezahlt macht, so hat der Verleger durch Beschränkung des Inhaltes, Rückstellung von Dispositionsanzeigen und Schluß der Anzeigenannahme die Möglichkeit, eine einzige Seite ohne Erweiterung des Umfanges in dem vorhandenen Raum noch unterzubringen und eine Erweiterung des Umfanges um einen halben Bogen (vier Seiten) erst dann eintreten zu lassen, wenn sie sich durch entsprechende Anzeigenbesetzung bezahlt macht. Hieraus geht zunächst hervor, daß die Annahme des Beklagten, Klägerin hätte wegen des vollbesetzten Raumes seine Anzeige gar nicht mehr aufnehmen können, auf Unkenntnis des Anzeigen- und Zeitungswesens beruht. Das Blatt mußte, ob mit oder ohne die Anzeige des Beklagten, erscheinen und würde, auch wenn die Anzeige des Beklagten hinzugekommen wäre, wegen dieser allein seinen Inhalt nicht um einen halben Bogen vermehrt, den Raum für die betreffende Anzeige vielmehr durch Beschränkung des redaktionellen Teils gewonnen haben. Das Blatt hat also, ob mit oder ohne die Anzeige des Beklagten, an Satz, Druck, Papier, Verbreitung usw. genau dieselben Aufwendungen."

Nach einem Handelsbrauch[1]) im Zeitungsanzeigengewerbe soll der Besteller, bevor er auf Zahlung der Gebühr verklagt wird, noch einmal zur Einreichung des Wortlauts aufgefordert werden, falls er nicht vorher definitiv seine Absage erklärt hatte.

Nach § 643 BGB. ist der Unternehmer auch berechtigt, falls die Voraussetzungen des § 642 BGB. vorliegen, den Vertrag zu kündigen, nachdem er dem Besteller eine angemessene Frist zur Nachholung der ihm obliegenden Pflichten gesetzt hat.

Der Unternehmer ist nicht berechtigt, die von dem Besteller zur Verfügung gestellten Druckstöcke, Klischees, Diapositive, Werbefilme usw. anderweit zu benutzen. Gebraucht der Unternehmer diese Klischees usw., so macht er sich schadenersatzpflichtig[2]). Seine Handlung ist sogar evtl. strafbar, wenn die Gegenstände z. B. Urheberrechtschutz genießen.

Der Unternehmer hat dem Besteller die übergebenen Klischees usw. nach Erledigung des Inseratenvertrages wieder zurückzugeben, falls dieser nicht darauf verzichtet.

β) Bei Inseratenverträgen, die eine sich wiederholende Verbreitungshandlung zum Gegenstande haben, hat der Besteller vielfach die einzelnen Verbreitungen seiner Reklamekundgebung a b z u r u f e n. Diese Abrufspflicht[3]) ist ebenfalls eine Vorleistungspflicht, deren Nichtvornahme den Besteller nach § 642 BGB. in Annahmeverzug versetzt.

Kommt der Besteller seiner Abrufspflicht nicht nach, so kann der Unternehmer neben den aus allgemeinen Vorschriften sich ergebenden Ansprüchen[4]) die bei der Textlieferungspflicht besprochenen Rechte aus §§ 642, 643 BGB. geltend machen.

Wenn sich die Abrufsfrist fix aus dem Vertrage ergibt, braucht der Unternehmer dem Besteller eine Nachfrist zum Abruf nicht zu setzen, da sich der Besteller hier bei Nichteinhaltung ohne weiteres im Gläubigerverzuge befindet[5]). Auch besteht in diesem Falle in Berlin kein allgemeiner Handelsbrauch auf Nachfristsetzung[6]). Ist dagegen die Abrufsfrist im Vertrage nicht fix bestimmt, so dürfte der Unternehmer dem Besteller eine angemessene Frist zu setzen haben.

Will der Verleger nach § 643 BGB. vom Vertrage zurücktreten, so muß er dem Besteller stets eine angemessene Frist mit der Erklärung setzen, daß er den Vertrag kündige, wenn der Besteller nicht innerhalb der Frist abruft.

---

[1]) Gutachten der Industrie- und Handelskammer Berlin 24 530/26, XII, A/4.

[2]) Vgl. JW. 1911, 7, 133.

[3]) Über den Zeitpunkt des Abrufs vgl. auch die Ausführungen oben bei der Betrachtung des Zeitpunktes des Erscheinens (vgl. S. 371 ff.).

[4]) Vgl. Anm. 3 auf S. 379. [5]) So auch LG. I Berlin in ZVFP. 25, 38.

[6]) Gutachten der Berliner Industrie- und Handelskammer 8011, XII, A/4.

Da nach den Ausführungen bei der Betrachtung der Textlieferungspflicht des Bestellers bereits der Umfang der Rechte des Unternehmers nach den §§ 642, 643 BGB. näher betrachtet ist, erscheint es genügend, in dieser Beziehung auf die oben unter α gemachten Ausführungen zu verweisen.

Der Verleger kann auf seine Rechte aus den §§ 642, 643 BGB. verzichten. Ein solcher Verzicht kann auch aus den Umständen des Einzelfalls entnommen werden, z. B. wenn der Unternehmer gegen einen Besteller, der um Befreiung des Weiterabrufs gebeten hatte, jahrelang nichts unternimmt[1]).

γ) Weitere Pflichten des Bestellers werden regelmäßig nicht bestehen. Insonderheit Zbesteht im eitungsgewerbe keine Pflicht des Bestellers, über das Erscheinen seiner Anzeigen zu wachen und etwa den Verleger zu mahnen, wenn die Übersendung von Belegblättern, die sonst erfolgte, unterbleibt[2]).

9. Kündigung des Bestellers.

Dem Besteller steht nach dem BGB.[3]) das Recht zu, den Vertrag jederzeit nach seinem Belieben zu kündigen.

Dieses Kündigungsrecht nach § 649 BGB., dessen Ausübung — wie noch gezeigt werden wird — den Besteller aber im allgemeinen von seiner Vergütungspflicht nicht befreit, ist nicht zu verwechseln mit einem Rücktritt des Bestellers.

Regelmäßig wird es im Gebiete des Inseratenvertrages ein Rücktritts-, Widerrufs-, Stornierungs-, Sistierungsrecht nur geben, wenn es vertraglich ausgemacht ist. Vor allem ist zu betonen, daß ein Wegfall des Werbezwecks, etwa weil der Besteller sein Geschäft oder Unternehmen aufgibt oder die durch das Inserat anzupreisende Ware nicht mehr vertreibt, ihm ein Rücktrittsrecht nicht gibt[4]). Die außerordentlichen Verhältnisse des Krieges, die in der Literatur und Rechtsprechung teilweise die Meinung hervorgerufen hatten, daß der Besteller wegen Vereitelung des Werbezweckes vom Vertrage zurücktreten könne, haben bei den Betrachtungen des vorliegenden Buches auszuscheiden. Es sei in dieser Beziehung nur soviel gesagt, daß nach richtiger Ansicht — wie oben ausgeführt[5]) — der Unternehmer die Werbung des Bestellers nicht als von ihm zu vertretenden Erfolg übernimmt, so daß der Wegfall des Werbezweckes den Besteller nicht zum Rücktritte berechtigt[6]).

Obwohl dem Besteller ein Rücktrittsrecht vom Vertrage nur bei Vereinbarung zusteht, können Handelsbräuche dem Unternehmer die Pflicht auferlegen, einem vom Besteller erklärten Rücktritt bei Vermeidung der Annahme des Einverständnisses mit dem Rücktritt innerhalb angemessener Zeit zu widersprechen[7]).

---

[1]) So KG. in JW. 1920, 35, 1101, 1155.

[2]) Gutachten der Berliner Industrie- und Handelskammer in JW. 1914, 24, 497.

[3]) § 649 BGB. lautet: „Der Besteller kann bis zur Vollendung des Werkes jederzeit den Vertrag kündigen. Kündigt der Besteller, so ist der Unternehmer berechtigt, die vereinbarte Vergütung zu verlangen; er muß sich jedoch dasjenige anrechnen lassen, was er infolge der Aufgebung des Vertrages an Aufwendungen erspart oder durch anderweitige Verwendung seiner Arbeitskraft erwirbt oder zu erwerben böswillig unterläßt.

[4]) So Kammergericht in JW. 1920, 35, 1101, 1155; OLG. Hamburg in JW. 1921, 31, 1034; 45, 1569; scheinbar a. A. ohne nähere Begründung die Entscheidung eines AGs. in JW. 1919, 15, 602.

[5]) S. 344. [6]) Vgl. RG. in DJZ. 1916, 1168; JW. 1925, 48, 3185.

[7]) So Gutachten der Berliner Industrie- und Handelskammer C 2303/27, XII, A/4.

Kündigt der Besteller den Inseratenvertrag nach § 649 BGB., so muß er dem Unternehmer die vereinbarte Vergütung bezahlen. Dieser muß sich aber dasjenige anrechnen lassen, was er infolge der Aufhebung des Vertrages an Aufwendungen erspart oder durch anderweitige Verwendung seiner Arbeitskraft erwirbt oder zu erwerben böswillig unterläßt. Wie hoch die Ersparnisse des Unternehmers, die er sich hier auf die Vergütung anrechnen lassen muß, anzusetzen sind, können nur die Umstände des Einzelfalls ergeben. Die Verhältnisse liegen bei der Kündigung nach § 649 BGB. genau so, wie wenn der Unternehmer Ansprüche aus § 642 BGB. stellt, weil der Besteller den ihm obliegenden Vorleistungspflichten der Textlieferung usw. nicht nachkommt. Bei der Betrachtung dieser Ansprüche[1]) ist ausgeführt, daß der Verleger im Gebiete des Zeitungsinseratenvertrages nichts erspart. Die obigen Ausführungen haben auch auf die Kündigung des Bestellers nach § 649 BGB. Anwendung zu finden. Hiernach kann der Zeitungsverleger bei Kündigung eines Inserates von dem Besteller nach § 649 BGB. die volle Vergütung verlangen, er muß sich höchstens die minimalen Satzkosten anrechnen lassen, wenn der Besteller den Vertrag vor Drucksetzung des Inserates kündigt[2]).

10. Konkurs des Bestellers.

Einer besonderen Betrachtung bedarf schließlich noch die Rechtslage, wenn bei einem Inseratenvertrage von längerer Laufzeit der Besteller in Konkurs fällt oder über sein Vermögen das Vergleichsverfahren eröffnet wird.

Im folgenden soll nur die Rechtslage näher behandelt werden, die bei Eröffnung des Konkursverfahrens eintritt. Die Verhältnisse bei Eintritt eines Vergleichsverfahrens sollen nur gestreift werden.

a) Die bei Eintritt des Konkurses des Bestellers sich ergebende Rechtslage ist sehr kompliziert und bestritten. Es würde über den Rahmen dieses Buches weit hinausgehen, hier eine erschöpfende Darstellung geben zu wollen. Hier soll nur eine zusammenfassende Übersicht geboten werden.

Bei der Rechtslage ist zu scheiden, ob bei Eintritt des Konkurses der Inseratenvertrag von einem der beiden Vertragskontrahenten, dem Unternehmer oder dem Kridar, erfüllt ist oder ob dies nicht der Fall ist.

α) Der Fall, daß der Kridar einen länger laufenden Inseratenvertrag voll voraus bezahlt hat, wird nicht sehr häufig vorkommen und kann daher bei den folgenden Betrachtungen ausscheiden.

Hat der Unternehmer den länger laufenden Inseratenvertrag voll oder bis auf Kleinigkeiten voll erfüllt[3]), so hat er für den Teil seiner Forderung, der noch nicht beglichen ist, eine Konkursforderung. Diese hat er anzumelden. Sie teilt dann das Schicksal der anderen Konkursforderungen.

β) Zu Schwierigkeiten Anlaß bietet allein die Rechtslage, wenn bei Eintritt des Konkurses weder der Kridar noch der Unternehmer den Inseratenvertrag voll erfüllt haben. Hier ist als Grundsatz zu betonen, daß der Inseratenvertrag nach den einleitenden

---

[1]) S. 380.

[2]) LG. Münster JW. 1914, 1, 28; a. A. KG. in JW. 1927, 30, 1801; LG. I Berlin in JW. 1924, 8, 246.

[3]) Vgl. Jaeger, Anm. 10 zu § 17; Staub, Exc. zu § 382, Anm. 78.

Ausführungen[1]) zu den vorliegenden Betrachtungen ein Werkvertrag ist. Die Rechtslage bei beiderseitiger Teilerfüllung richtet sich daher nach § 17 KO.[2]).

Hiernach ist der Unternehmer zunächst, bis der Konkursverwalter die weitere Erfüllung ablehnt, verpflichtet, den Inseratenvertrag seinerseits weiter zu erfüllen. Er kann den Konkursverwalter gemäß § 17 II KO. zu baldiger Stellungnahme veranlassen. Die Meinung Pfafferotts[3]), daß der Unternehmer in analoger Anwendung des § 321 BGB.[4]) bis zur Entscheidung des Konkursverwalters die weitere Leistung verweigern könnte, erscheint nicht stichhaltig[5]).

Nach § 17 KO. hat der Konkursverwalter zu erklären, ob er den Inseratenvertrag weiter erfüllen will oder ob er dessen weitere Erfüllung ablehnt.

$\alpha\alpha$) Erklärt der Konkursverwalter, daß er die weitere Erfüllung verlange, so bildet die Vergütung des gesamten Inseratenvertrages eine Masseschuld im Sinne der KO. Sie muß also gemäß §§ 59, 60 KO. vor den anderen Konkursforderungen, soweit die Konkursmasse reicht, voll erfüllt werden[6]).

Erklärt der Konkursverwalter, er verlange zwar die weitere Erfüllung des Inseratenvertrages, wolle aber die Vergütung der bisher verbreiteten Kundgebungen nicht als Masseschuld voll befriedigen, so lehnt er mit dieser Erklärung die Erfüllung des Inseratenvertrages ab, da der Inseratenvertrag als sog. Einheitsvertrag anzusehen ist[7]).

$\beta\beta$) Lehnt der Konkursverwalter die weitere Erfüllung des Inseratenvertrages ab, so richten sich die Folgen dieser Erklärung nach § 26 KO.[8]).

Danach steht dem Unternehmer eine Forderung zu. Bestritten ist, ob diese Forderung Ansprüche einfacher oder zwiefacher Art umfaßt. Nach der einen Ansicht[9]) stehen dem Unternehmer zwei Ansprüche zu, nämlich eine Forderung auf Bezahlung der bis

---

[1]) S. 345.

[2]) Dieser lautet: „Wenn ein zweiseitiger Vertrag zur Zeit der Eröffnung des Konkursverfahrens von dem Gemeinschuldner und von dem anderen Teile nicht oder nicht vollständig erfüllt ist, so kann der Konkursverwalter an Stelle des Gemeinschuldners den Vertrag erfüllen und die Erfüllung von dem anderen Teile verlangen.

Der Verwalter muß auf Erfordern des anderen Teils, auch wenn die Erfüllungszeit noch nicht eingetreten ist, demselben ohne Verzug erklären, ob er die Erfüllung verlangen will. Unterläßt er dies, so kann er auf der Erfüllung nicht bestehen."

[3]) Der Anzeigenvertrag im Konkurse des Inserenten, S. 21.

[4]) § 321 BGB. lautet: „Wer aus einem gegenseitigen Vertrage vorzuleisten verpflichtet ist, kann, wenn nach dem Abschlusse des Vertrags in den Vermögensverhältnissen des anderen Teiles eine wesentliche Verschlechterung eintritt, durch die der Anspruch auf die Gegenleistung gefährdet wird, die ihm obliegende Leistung verweigern, bis die Gegenleistung bewirkt oder Sicherheit für sie geleistet wird."

[5]) So Jaeger, Anm. 43, 54 zu § 17; Wolff, Konkursordnung 1920, S. 95.

[6]) Jaeger, Anm. 17 zu § 17; Fuld, Recht IX, 676; Staub, Exc. zu § 382, Anm. 82/83.

[7]) Vgl. Staub, a. a. O. und in JW. 1904, 559; RGZ. 39, 57; 51, 281; Gruch. 50, 230, 568; OLGR. 4, 168.

[8]) § 26 KO. lautet: „Wenn infolge der Eröffnung des Konkursverfahrens die Nichterfüllung einer Verbindlichkeit oder die Aufhebung eines Rechtsverhältnisses des Gemeinschuldners eintritt, so ist der andere Teil nicht berechtigt, die Rückgabe seiner in das Eigentum des Gemeinschuldners übergegangenen Leistung aus der Konkursmasse zu verlangen. Er kann eine Forderung wegen der Nichterfüllung oder der Aufhebung nur als Konkursgläubiger geltend machen, soweit ihm nicht ein Anspruch auf abgesonderte Befriedigung zusteht."

[9]) Bielschowski, Presse, Buch, Papier, Bd. 10, 160; Ebner, Anzeigenrecht, S. 111; Fuld, LZ. 1910, 104.

zur Erklärung erfolgten Verbreitung und eine Schadensersatzforderung wegen der abgelehnten weiteren Erfüllung. Diese Ansicht dürfte jedoch dem gesamten Aufbau der KO. nicht gerecht werden. Zutreffender erscheint die andere Ansicht, nach welcher dem Unternehmer bei Ablehnung der weiteren Erfüllung durch den Konkursverwalter nur eine einheitliche Schadensersatzforderung zusteht[1]), die eine gewöhnliche Konkursforderung ist.

Die Höhe der Schadensersatzforderung nach § 26 KO. bestimmt sich analog den Vorschriften des § 649 BGB.[2]). In der Ablehnung der weiteren Erfüllung durch den Konkursverwalter liegt eine Kündigung des Inseratenvertrages. Hiernach kann der Unternehmer die Forderung auf volle Vergütung zum Konkurse anmelden, muß sich jedoch anrechnen lassen, was er infolge der Aufhebung des Vertrages an Aufwendungen erspart oder durch anderweitige Verwendung seiner Arbeitskraft erwirbt oder zu erwerben böswillig unterläßt. Was sich der Unternehmer darauf anrechnen lassen muß, kann nur aus den Umständen des Einzelfalls entnommen werden. Für das Gebiet des Zeitungsinseratenvertrages ist aber anzunehmen, daß nach den obigen[3]) Ausführungen der Verleger die volle Vergütung anmelden kann, da er im Durchschnitt nichts erspart[4]).

Bemerkt sei nur noch, daß der Unternehmer auch die etwaigen Rabattkosten zum Konkurse anmelden kann, wenn entgegen der hier vertretenen Ansicht[5]) als richtig angenommen wird, daß der Rabatt im Inseratenvertrage an die Voraussetzungen pünktlicher Zahlung geknüpft ist.

b) Ist im Vergleichsverfahren[6]) der Inseratenvertrag zur Zeit der Eröffnung des Verfahrens zwar vom Unternehmer voll erfüllt, vom Schuldner jedoch nicht oder nicht vollständig erfüllt, so ist der Unternehmer ein am Verfahren und dem etwa zu schließenden Vergleich beteiligter Gläubiger.

Ist dagegen der Inseratenvertrag zur Zeit der Eröffnung des Verfahrens weder vom Unternehmer noch vom Schuldner vollständig erfüllt, so ist der Unternehmer gemäß § 4 der Vergleichsordnung am Verfahren nicht beteiligt, so daß er auch von dem etwa zu schließenden Vergleich nicht betroffen wird. Aber auch in diesem Falle kann jeder der beiden Vertragsteile mit Ermächtigung des Gerichts die weitere Erfüllung ablehnen (§ 28 VerglO.). Kündigt in diesem Falle der Besteller mit Ermächtigung des Gerichts den Inseratenvertrag, so kann der Unternehmer gemäß § 30 VerglO. bezüglich des nicht erfüllten Teiles Schadensersatz wegen Nichterfüllung verlangen. Mit diesem Schadensersatzanspruch nimmt der Unternehmer am Verfahren teil, während er mit seiner Forderung auf Bezahlung der bereits erschienenen Inserate nicht am Verfahren teilnimmt. Diese kann der Unternehmer ohne Rücksicht auf das Verfahren beitreiben. Die Höhe des Schadensersatzanspruches richtet sich nach den oben für den

---

[1]) So Pfafferott, a. a. O. S. 31.

[2]) Nicht unbestritten, so vgl. Pfafferott, a. a. O. S. 35; Arnheim, JW. 26, 586; a. A. wohl Örtmann, Schuldverhältnisse, S. 571.

[3]) S. 380, 382.

[4]) So Arnheim, JW. 1926, 586, der drei Urteile des Kammergerichts (9. U. 15564/21; 16. U. 678/23; 21. U. 3818/19) zitiert.

[5]) S. 376 f.

[6]) So Wöller, DJZ. 1928, 518; vgl. auch Pape, Handbuch der Fachpresse, S. 256.

Fall des Konkurses des Bestellers entwickelten Grundsätzen. Nach diesen ist der Zeitungsverleger befugt, seine volle restliche Vergütung als Schadensersatzanspruch geltend zu machen. Deshalb wird eine Ablehnung der weiteren Erfüllung eines Zeitungsinseratenvertrages in der Regel untunlich sein[1]).

11. Die Annoncenexpedition.

a) Die Rechtsnatur der sog. Annoncenexpedition ist in Wissenschaft und Praxis sehr umstritten. Einmal hat man in ihr einen Speditionsvertrag im Sinne der §§ 407 ff. HGB. gesehen[2]). Es wurde angenommen, es handle sich bei diesem Geschäft um einen Transport von Nachrichten, welche als Güter nach § 407 HGB. anzusehen seien. Diese Ansicht dürfte der Rechtslage nicht gerecht werden, da — worauf Staub[3]) hinweist — den Nachrichten das zum Begriff des „Gutes" notwendige körperliche Substrat fehlt. Auch die weitere Ansicht, daß die Annoncenexpedition ein Werkvertrag[4]) sei, dürfte nicht stichhaltig sein, weil der „Spediteur" nicht für einen Erfolg einsteht, sondern nur seine Dienste offeriert. Die Annoncenexpedition dürfte auch nicht als Kommission[5]) anzusprechen sein, da der die Expedition Betreibende gegenüber seinem Auftraggeber feste Preise ansetzt.

Im Rahmen des vorliegenden Buches kann zu der Frage der Rechtsnatur nicht abschließend Stellung genommen werden. Auch dürften die Verhältnisse jedes einzelnen Falles so verschieden liegen, daß sich eine einheitliche Stellungnahme nicht ergeben kann[6]). Die großen Annoncenbureaus z. B. schließen mit den Zeitungsverlegern im eigenen Namen und für eigene Rechnung ab, während die anderen Annoncenexpeditionen zwar im eigenen Namen, aber für fremde Rechnung abschließen.

Im Rahmen des vorliegenden Buches kann nur so viel gesagt werden, daß, wenn das Annoncenbureau die Geschäfte gegenüber dem Verleger im eigenen Namen und für eigene Rechnung tätigt[7]), zwischen ihm und Besteller regelmäßig eine Geschäftsbesorgung nach § 675 BGB. vorliegt. Hiernach finden auf die Geschäfte zwischen dem Reklametreibenden und dem Bureau die §§ 663, 665—670, 672—674 BGB. Anwendung. Von diesen sind die §§ 665, 666 BGB. hier besonders zu beachten, welche lauten:

§ 665 BGB.: „Der Beauftragte ist berechtigt, von den Weisungen des Auftraggebers abzuweichen, wenn er den Umständen nach annehmen darf, daß der Auftraggeber bei Kenntnis der Sachlage die Abweichung billigen würde. Der Beauftragte hat vor der Abweichung dem Auftraggeber Anzeige zu machen und dessen Entschließung abzuwarten, wenn nicht mit dem Aufschube Gefahr verbunden ist."

§ 666 BGB.: „Der Beauftragte ist verpflichtet, dem Auftraggeber die erforderlichen Nachrichten zu geben, auf Verlangen über den Stand des Geschäfts Auskunft zu erteilen und nach der Ausführung des Auftrags Rechenschaft abzulegen."

---

1) Vgl. Die Fachzeitschrift 1927, 98.

2) So die ältere Rechtsprechung; vgl. ROHG. 4, 134; 12, 213; RGZ. 20, 51; OLGR. 6, 95.

3) Anm. 8, Anhang zu § 415. 4) Makower § 413, Anm. V.

5) So Düringer-Hachenburg § 407, Note II, 2; OLGR. 6, 95.

6) So auch Elster im Handwörterbuch der Rechtswissenschaft (Stier-Somlo-Elster) I, 239.

7) Davon aber ist zu scheiden, wenn das Annoncenbureau vom Verleger das gesamte Recht auf Reklameausübung in einem Blatt erworben hat. Hier liegt zwischen ihm und dem Verleger ein Pachtverhältnis (S. 341) vor. Dagegen schließt der Reklametreibende in diesem Falle mit dem Annoncenbureau einen Inseratenvertrag ab.

Schließt dagegen der Inhaber der Annoncenexpedition mit dem Zeitungsverleger nicht im eigenen Namen ab, so wird zwischen dem Reklametreibenden und ihm ein speditionsähnliches Verhältnis, bei dem aber auch Vorschriften über die Kommission zu beachten sind, vorliegen.

b) Die Annoncenexpedition ist ein Unternehmen, das stets ein Handelsgewerbe im Sinne des HGB. ist[1]). Es unterliegt zahlreichen Handelsgebräuchen.

α) So ist nach Handelsbrauch der Besteller berechtigt, die Zahlung zu verweigern, bis ihm das ordnungsmäßige Erscheinen der Reklamekundgebung nachgewiesen wird[2]).

β) Der Inhaber der Annoncenexpedition darf in Berlin nach Handelsbrauch nicht höhere Preise als die Originalpreise der Zeitungen berechnen[3]).

γ) Hat der Inhaber der Annoncenexpedition im eigenen Namen abgeschlossen, so hat nach Handelsbrauch nur er den Anspruch auf etwaige Nachlässe[4]).

δ) Der Verleger hat den Anspruch auf Vergütung, wenn der Besteller die Lieferung des Textes unterließ. Dem Inhaber der Annoncenexpedition stehen nach Handelsbrauch außer dem Anspruch auf Ersatz etwa entgangenen Gewinnes weitere Ansprüche nur zu, wenn er vom Verleger in Anspruch genommen wird[5]).

ε) Der Inhaber der Annoncenexpedition darf nach Handelsbrauch ohne Zustimmung des Reklametreibenden in keiner anderen Zeitung als der vereinbarten inserieren[6]).

ζ) Es besteht kein Handelsbrauch, wonach in dem zwischen dem Inhaber der Annoncenexpedition und dem Verleger abgeschlossenen Vertragsverhältnis ein bestimmter Erfüllungsort als vereinbart gilt[7]).

12. Annoncensammler.

Auch über die Rechtsverhältnisse der Inseratensammler herrschen in der Wissenschaft starke Divergenzen[8]). Auch hier soll im Rahmen des vorliegenden Buches eine endgültige Stellungnahme nicht genommen werden. Dies dürfte auch nicht erforderlich sein, da sich über die rechtlichen Verhältnisse der Inseratensammler zahlreiche Handelsgebräuche gebildet haben, die zu Musterverträgen geführt haben[9]). Diese Handelsgebräuche beschäftigen sich aber meist nur mit dem Verhältnis des Inseratensammlers zu dem Unternehmer. Sie haben also mit der Reklamekundgebung des Reklametreibenden, die allein den Gegenstand des vorliegenden Buches bildet, wenig zu tun. Deshalb sei hier nur so viel gesagt, daß der Inseratensammler regelmäßig als Agent im Sinne des HGB. anzusehen ist. Seine Ansprüche auf Provision entstehen in der Regel erst, wenn der Reklametreibende seine Zahlungen an den Unternehmer geleistet hat, so daß der Inseratensammler etwa auf einen Abschluß hin erhaltene Vorschüsse zurückzuzahlen hat, wenn der Besteller in Konkurs fällt.

---

[1]) Nach § 1 Ziff. 7 oder 8 HGB. (siehe S. 9). Deshalb hat der Inhaber der Expedition stets die Sorgfalt eines ordentlichen Kaufmanns zu beobachten.

[2]) Dove-Meyerstein II, 145, 588. [3]) JW. 1910, 19, 372.

[4]) Gutachten C 18408/24, XII, A/4 Berlin.

[5]) JW. 15, 19. [6]) JW. 1914, 16, 732. [7]) Apt. 585.

[8]) Vgl. die Ausführungen von Elster in BBl. vom 14. VI. 1919; Hertel in JW. 1924, 35, 1521 und ZWFP. 1926, 71; Alexander, Die Fachzeitschrift 1928, 52.

[9]) Abgedruckt z. B. in Die Fachpresse 6, 88, 108, 116, 123; ZWFP. 25, 21, 45.

E. Verlagsvertrag.

Schließlich bildet der Verlagsvertrag noch die Grundlage zu vertraglichen Beziehungen, die eine Ausübung von Reklamekundgebungen zum Gegenstande haben.

Der Verlagsvertrag, dessen rechtliche Natur im einzelnen für die vorliegenden Ausführungen nicht interessiert, ist als modifizierter Werkvertrag anzusprechen. Er ist durch das Gesetz über das Verlagsrecht[1]) eingehend geregelt. Von diesen Bestimmungen interessiert für das Gebiet der Reklame allein der § 14, nach dem der Verleger verpflichtet ist, das Werk des Verfassers „in der zweckentsprechenden und üblichen Weise zu verbreiten".

Danach ist für das Gebiet der Reklame zweierlei zu untersuchen. Einmal ist zu prüfen, ob und in welchem Maße der Verleger wegen seiner Verpflichtung zur Verbreitung des Werkes für dieses Reklame zu machen hat. Als zweite Frage kommt in Betracht, ob und inwieweit der Verleger berechtigt ist, ein Werk für anderweitige Reklamekundgebungen zu benutzen.

1. Pflicht des Verlegers zur Reklame.

Der Verleger ist auf Grund des genannten § 14, Verlagsgesetz, als verpflichtet anzusehen, für das Werk des Verfassers in zweckentsprechender und üblicher Weise Reklame zu machen. Was als zweckentsprechend oder üblich anzusehen ist, kann nur aus den Umständen des Einzelfalles entnommen werden. Es ist selbstverständlich, daß z. B. eine ganz andere Reklame für einen Roman als üblich anzusehen ist als für ein wissenschaftliches Werk über Archäologie.

Regelmäßig hat der Verfasser kein ins einzelne gehende Bestimmungsrecht über die vorzunehmende Reklame. Er hat nur einen allgemeinen Anspruch auf Vornahme zweckentsprechender und üblicher Reklame durch den Verleger[2]).

Im allgemeinen ist eine Anzeige im Buchhändlerbörsenblatt als zweckentsprechend und üblich anzusprechen. Mitunter kann aber zu einer zweckentsprechenden Reklame erforderlich sein, daß die Anzeige im Buchhändlerbörsenblatt mehrmals erfolgt. Im allgemeinen wird der Verleger auch verpflichtet sein, nach seiner Bestimmung Besprechungsexemplare zu versenden[3]). Einen Anspruch auf Versendung von Besprechungsexemplaren hat aber nur der Verfasser, nicht etwa auch die Zeitschriften usw. Der Verleger hat auch weiter regelmäßig die Pflicht, für das Werk eines Verfassers unter Benutzung seiner anderen Verlagsartikel Reklame zu machen.

Dagegen wird dem Verleger regelmäßig nicht die Pflicht obliegen, für ein Werk durch besonders zu bezahlende Anzeigen Reklame zu machen[4]). Dies ist allerdings von Verfasserkreisen erstrebt worden. Auch sonstige Reklamekundgebungen, wie Versendung von Prospekten, Flugblättern, Zeitungsbeilagen, Verlagskatalogen und periodisch erscheinenden Verzeichnissen von Neuerscheinungen, wird der Verleger im

---

[1]) Vom 19. VI. 1901 (RGBl. 217), in der Fassung der Novelle vom 22. V. 1910 (RGBl. 793).

[2]) So Elster, Urheber- und Erfinder- usw. Recht, S. 226, und Voigtländer-Fuchs, Urheberrecht und Verlagsrecht, S. 298.

[3]) Hoffmann, Das Verlagsrecht, S. 77.

[4]) So Voigtländer-Fuchs, a. a. O. S. 331.

allgemeinen zu versenden nicht verpflichtet sein. Versendet er aber Verlagskataloge oder bietet er die in seinem Verlage erschienenen Werke in Prospekten usw. an, so darf er regelmäßig ein einzelnes Werk nicht übergehen[1]).

2. Unterlassungspflichten des Verlegers.

Die Entscheidung der Frage, ob der Verfasser Reklameanzeigen, insbesondere solche für andere Werke, in Beilagen, auf dem Umschlag, im Anhang usw. seines Werkes zu dulden hat, kann nur aus den Umständen des Einzelfalls entnommen werden.

Im allgemeinen wird der Verfasser eines Buches nur solche Reklameanzeigen zu dulden haben, die sich auf Werke des Verlages beziehen. Verlagsfremde Anzeigen kann der Verfasser im allgemeinen verbieten. Die Anzeigen müssen aber vor allem derartig gehalten sein, daß sie keinen Anstoß erregen. Auch dürfen sie keine anstößige Literatur betreffen. Der Verleger wird weiter regelmäßig gehalten sein, in den Anzeigen usw. nicht ein anderes Werk derart anzupreisen, daß dem Werke des Verfassers daraus Nachteile erwachsen können.

Anders liegen die Verhältnisse bei Zeitschriften. Hier wird dem Verleger größere Freiheit einzuräumen sein. Allerdings darf die Reklameausübung durch den Verleger auch bei Zeitschriften nicht einen derartigen Umfang annehmen, daß dadurch eine Veränderung des gesamten Werkes hervorgerufen wird. Dies würde gegen § 13 Verlagsgesetz verstoßen, der dem Verleger jede Änderung am Werke, dessen Titel usw. verbietet.

---

[1]) So Goldbaum, Urheberrecht, Anm. 2 zu § 14 Verlagsges.

Sachregister.

A.

B.

C.

G.

R.

W.

Z.

Druck von C. G. Röder G. m. b. H., Leipzig.

Nachweis wichtiger Gesetzesausgaben

mit und ohne Erläuterungen, größere und kleinere Kommentare, Lehrbücher, Sammelwerke, Entscheidungs-Sammlungen, Zeitschriften

Zusammengestellt vom Verlage Walter de Gruyter & Co., Berlin
Sommer 1929

Inhaltsübersicht

I. Allgemeine Sammelwerke

Rechtsgeschichte, Rechtsphilosophie

Handwörterbuch der Rechtswissenschaft. Unter Mitberatung von Reichsgerichtspräsident Dr. E. Bumke, L. Busch, Oberreichsanwalt Dr. L. Ebermayer, Geh. Justizrat Professor Dr. Fr. Endemann, Geh. Justizrat Professor Dr. E. Heymann, Senatspräsident am Reichsgericht Dr. O. Strecker, Präsident des Bayrischen Obersten Landesgerichts Staatsrat Dr. K. v. Unzner herausgegeben von Dr. jur. **Fritz Stier-Somlo,** o. Professor an der Universität Köln, und Dr. jur. **Alexander Elster,** Berlin. 6 Bände. Lexikon-Oktav. 1926/29. In Halbleder geb. 304.—

„Es zeigt sich doch jetzt immer mehr, daß Ihr Handwörterbuch ein ganz großer Wurf war. Wie ich höre, wird es auch in der Praxis in steigendem Maße benutzt."
Professor Dr. Nipperdey, Köln.

Hedemann, J. W., Einführung in die Rechtswissenschaft. Zweite, erweiterte und umgestaltete Auflage. Oktav. XXII, 566 Seiten. 1927. 14.—, geb. 16.—

(Lehrbücher und Grundrisse der Rechtswissenschaft Bd. IX.)

„. . . Das Buch Hedemanns, welches die Aufgabe einer Einführung am reichsten und umfassendsten auffaßt und löst . . ." *Juristische Wochenschrift.*

Sternberg, Theodor, Einführung in die Rechtswissenschaft.

I. Teil: Methoden- und Quellenlehre. Zweite, neugestaltete Auflage. Verbesserter Neudruck. 190 Seiten. 1927. Geb. 1.50

(Sammlung Göschen Bd. 169.)

II. Teil: Das Rechtssystem. Erste Hälfte: Grundbegriffe und Privatrecht. Zweite, vermehrte Auflage. 133 Seiten. 1922.

(Sammlung Göschen Bd. 170.) Geb. 1.50

Eine in ihrer Knappheit ganz ausgezeichnete Darstellung der juristischen Begriffe und Probleme.

Schröder, R., und **von Künßberg, E., Lehrbuch der deutschen Rechtsgeschichte.** Sechste, verbesserte Auflage. Groß-Oktav. Mit einer Abbildung im Text, fünf Tafeln und einem Bildnis. 1124 Seiten. 1922. 26.—, in Halbleder geb. 30.—

Dieses bekannte Lehrbuch hat sich seit langen Jahren bestens bewährt.

Fehr, Hans, Deutsche Rechtsgeschichte. Zweite, verbesserte und ergänzte Auflage. Oktav. 416 Seiten. 1925. 13.—, geb. 14.50

(Lehrbücher und Grundrisse der Rechtswissenschaft Bd. X.)

Das Buch gibt eine plastische Darstellung der deutschen Rechtsgeschichte, die eine Anhäufung von Stoff ausdrücklich vermeidet, vielmehr das Schwergewicht auf eine mehr ideengeschichtliche Behandlung des Gegenstandes legt.

Schröder, Richard, und **Glitsch,** Heinrich, **Deutsche Rechtsgeschichte.** Zweite Auflage.

I. Bis zum Ende des Mittelalters. 160 Seiten. 1920. Geb. 1.50
(Sammlung Göschen Bd. 621.)

II. Die Neuzeit. 90 Seiten. 1920. Geb. 1.50
(Sammlung Göschen Bd. 664.)

Eine gemeinverständliche kurze Darstellung der deutschen Rechtsgeschichte.

Giese, Friedrich, **Preußische Rechtsgeschichte.** Übersicht über die Rechtsentwicklung der preußischen Monarchie und ihrer Landesteile. Ein Lehrbuch für Studierende. Groß-Oktav. 256 Seiten. 1920. 5.—, geb. 6.50

„Das Buch ist nicht ein, sondern das (bisher fehlende) Lehrbuch der preußischen Rechtsgeschichte.“ Dr. Karl Strupp im „Verwaltungsarchiv“.

Stammler, Rudolf, **Lehrbuch der Rechtsphilosophie.** Dritte, vermehrte Auflage. Groß-Oktav. XVI, 396 Seiten. 1928. 13.—, geb. 15.—

„. . . Ein Werk aus einem Gusse, ein herbes Werk von größter wissenschaftlicher Strenge, eine Schule, durch die jeder gehen muß, der mit den rechtsphilosophischen Problemen der Gegenwart ringt.“ Schweizerische Juristenzeitung.

Stammler, Rudolf, **Rechts- und Staatstheorien der Neuzeit.** Leitsätze zu Vorlesungen. Zweite, vermehrte und verbesserte Auflage. Oktav. IV, 116 Seiten. 1925. 3.50, geb. 4.50

Ein unentbehrlicher Führer durch die Rechts- und Staatstheorien der Neuzeit.

Stammler, Rudolf, **Wirtschaft und Recht** nach der materialistischen Geschichtsauffassung. Eine sozialphilosophische Untersuchung. Fünfte, durch einen Nachtrag ergänzte Auflage. Oktav. VIII, 704 Seiten. 1924. 14.—, geb. 16.—

„Das Werk Stammlers darf den Ruhm in Anspruch nehmen, unter allen Büchern, die in der letzten Zeit auf dem hier in Betracht kommenden Gebiet erschienen sind, die stärkste Wirkung hervorgebracht zu haben. Zu einer ernsten Auseinandersetzung mit Stammler sah sich jeder genötigt, der von dem sich beständig steigernden Interesse für die Grundfragen der Jurisprudenz, der Nationalökonomie und der Geschichtswissenschaft erfüllt war.“ Historische Zeitschrift.

Friedrichs, Karl, **Der Allgemeine Teil des Rechts.** Eine Darstellung der gemeinsamen Lehren des öffentlichen und des privaten Rechts. Groß-Oktav. X, 306 Seiten. 1927. 12.—, geb. 13.50

„Eine solche Arbeit fehlte bisher in der juristischen Literatur. Friedrichs ist der bedeutendste Vertreter dieser Lehre. Er ist wie kein anderer berufen, eine grundlegende Arbeit über dieses Gebiet zu schreiben.“
Mitteilungen des Preuß. Richtervereins.

Maas, Georg, und **Magnus,** Julius, **Abkürzungsverzeichnis der Rechtssprache.** Abkürzungen der Bezeichnungen von Rechtsquellen,

Behörden, Entscheidungen usw. des deutschen und österreichischen Rechts. Oktav. IV, 140 Seiten. 1929. 4.—

„Bis jetzt fehlte eine Zusammenstellung, die in zuverlässiger Weise die gebräuchlichsten Abkürzungen wiedergab. Diese Lücke füllt das neue Buch in glücklicher Weise aus." *Der junge Rechtsgelehrte.*

Endemann, Friedrich, **Grundriß des römischen Privatrechts.** Oktav. X, 256 und 30 Seiten. 1925. 9.—, geb. 10.50

(Lehrbücher und Grundrisse der Rechtswissenschaft Bd. XII.)

„. . . ein nach jeder Richtung hochstehendes Werk."
Der junge Rechtsgelehrte.

Stammler, Rudolf, **Aufgaben aus dem römischen Recht.** Der „Institutionenübungen für Anfänger" vierte Auflage. Oktav. IV, 92 Seiten. 1919. Mit Figuren im Text. Geb. 5.—

Zum selbständigen Einarbeiten in das System des römischen Privatrechts.

II. Bürgerliches Recht

1. Bürgerliches Gesetzbuch

Lehmann, Heinrich, **Allgemeiner Teil des Bürgerlichen Gesetzbuches.** Dritte, vermehrte und verbesserte Auflage (9. bis 12. Tausend). Oktav. XIV, 439 Seiten. 1928. 12.—, geb. 13.50

(Lehrbücher und Grundrisse der Rechtswissenschaft Bd. I.)

„Es liegt ein großer pädagogischer Wert in diesem Buch. Es wird sich unter den Studenten rasch großer Beliebtheit erfreuen." *Das Recht.*

Leonhard, R., **Der Allgemeine Teil des Bürgerlichen Gesetzbuches** in seinem Einflusse auf die Fortentwicklung der Rechtswissenschaft. Groß-Oktav. XVI, 537 Seiten. 1900. 10.—

(Recht des Bürgerlichen Gesetzbuches in Einzeldarstellungen Nr. II.)

Die Sammlung „Recht des Bürgerlichen Gesetzbuches" umfaßt systematische Darstellungen des BGB. aus der Feder erster Juristen der Wissenschaft und Praxis.

Oertmann, Paul, **Allgemeiner Teil des Bürgerlichen Gesetzbuches.**

I. Einleitung. Lehre von den Personen und von den Sachen. Dritte, verbesserte Auflage. 136 Seiten. 1926. Geb. 1.50
(Sammlung Göschen Bd. 447.)

II. Erwerb und Verlust, Geltendmachung und Schutz der Rechte. Dritte, verbesserte Auflage. 147 Seiten. 1928. Geb. 1.50
(Sammlung Göschen Bd. 448.)

Nach der die Vorgeschichte des BGB. und einzelne für seine Bedeutung und Anwendung wichtige Hauptfragen behandelnden Einleitung bespricht der Verfasser die Lehre von den Personen und von den Sachen. Er verarbeitet den Inhalt der einzelnen Gesetzesparagraphen wissenschaftlich und erörtert dabei auch mehrfach Fragen, die im BGB. selbst nicht geregelt, höchstens gestreift werden.

Plancks Kommentar zum Bürgerlichen Gesetzbuch nebst Einführungsgesetz. Bisher herausgegeben von E. Strohal. Bearbeitet von E. Brodmann, L. Busch, J. Ebbecke, F. Flad, M. Greiff, K. Gunkel, P. Knoke, M. Landois, A. Lobe, Fr. Oegg, H. Siber, O. Strecker, K. von Unzner. Vierte, völlig neubearbeitete Auflage. Lexikon-Oktav.

Bisher sind erschienen:

I. Band: Allgemeiner Teil. 606 Seiten. 1913. 15.—, geb. 17.—
II. Band, 1. Hälfte: Recht der Schuldverhältnisse. (Allgemeiner Teil.) 640 Seiten. 1914. 15.—, geb. 17.—
II. Band, 2. Hälfte: Recht der Schuldverhältnisse. (Besonderer Teil.) 1296 Seiten. 1928. 49.—, geb. 52.—
III. Band: Sachenrecht. 1464 Seiten. 1920. 30.—, geb. 33.—
IV. Band: Familienrecht.
Erste Lieferung: §§ 1297—1436. 336 Seiten. 1924. 10.—
Zweite Lieferung: §§ 1437—1588. 365 Seiten. 1928. 16.—
V. Band: Erbrecht.
Erste Lieferung: §§ 1922—1984. 192 Seiten. 1924. 6.—
Zweite Lieferung: §§ 1985—2063. 160 Seiten. 1926. 7.—

„Die hohe wissenschaftliche Bedeutung des Kommentars braucht nicht neu betont zu werden. Für jeden Praktiker, der tiefer in den Rechtsstoff eindringen muß, um die zur Entscheidung stehende Frage zu prüfen, ist Plancks Kommentar immer ein zuverlässiger Ratgeber und seine Erläuterung und Meinung von hohem Wert und Gewicht, stets sorgfältiger Beachtung wert.“
Zentralblatt für freiwillige Gerichtsbarkeit.

Das Bürgerliche Gesetzbuch mit besonderer Berücksichtigung der Rechtsprechung des Reichsgerichts. Erläutert von Dr. Busch, Erler, Dr. Lobe, Michaelis, Oegg, Schliewen und Seyffarth, Reichsgerichtsräten und Senatspräsidenten am Reichsgericht. Sechste, neubearbeitete Auflage. 5 Bände. §§ 1—2385. Lexikon-Oktav. 3182 Seiten. 1928. 125.—, in Halbleder geb. 150.—
I. Band: Allgemeiner Teil. Recht der Schuldverhältnisse I. (Allgemeiner Teil.) / II. Band: Recht der Schuldverhältnisse II. (Einzelne Schuldverhältnisse.) / III. Band: Sachenrecht. / IV. Band: Familienrecht. / V. Band: Erbrecht. Alphabetisches Sachverzeichnis.
(Band I verpflichtet zur Abnahme des ganzen Werkes.)

„Der Zivilpraxis ist wieder ihr wichtiges Hilfsmittel nach dem neuesten Stande in die Hand gegeben, welches wie kein Buch zuvor fördernd und erklärend auf die gesamte Gerichtstätigkeit eingewirkt hat. Gerade die knappe, klare Form der Rechtssätze, die Vollständigkeit der oberstrichterlichen Rechtsprechung, die objektive Darstellung hat dem Kommentar zur „glossa ordinaria“ des BGB. gemacht, dessen Benutzung zur sachgemäßen Bearbeitung fast jeder Rechtssache gehört.“
Juristische Wochenschrift.

Achilles-Greiff, Bürgerliches Gesetzbuch nebst Einführungsgesetz. In Verbindung mit André, Meyer, Strecker, v. Unzner. Zwölfte, vermehrte und verbesserte Auflage, mit Erläuterungen der Verordnung über das Erbbaurecht, des Gesetzes über die religiöse

Kindererziehung und des Gesetzes für Jugendwohlfahrt. Groß-Oktav. XVI, 1247 Seiten. 1927. Geb. 24.—

(Guttentagsche Sammlung Deutscher Reichsgesetze Bd. 38/39.)

„Längst ist das Buch der ursprünglich gestellten Aufgabe, nur ein Handbuch und Wegweiser für den Leser zu sein, entwachsen. Was heute vorliegt, darf den Anspruch auf Bezeichnung als wissenschaftlicher Kommentar erheben. Trotz aller Selbstbescheidung eine große Fülle von Wissenswertem und Notwendigem. Weder die Erläuterungen zu den Gruppen von Bestimmungen noch die Anmerkungen zu den einzelnen Paragraphen enthalten überflüssiges Beiwerk. Den Gebrauch erleichtern das umfassende Nachschlageverzeichnis und vorzüglich die Überschriften zu den Einzelparagraphen." Zeitschrift des Bundes Deutscher Justizamtmänner.

Bürgerliches Gesetzbuch nebst Einführungsgesetz. Vom 18. August 1896 mit Berücksichtigung der bis zum 1. Januar 1928 ergangenen Abänderungen. Textausgabe mit ausführlichem Sachregister. Sechzehnte Auflage. (61. bis 66. Tausend). Taschenformat. 758 Seiten. 1928. Geb. 5.—

(Guttentagsche Sammlung von Textausgaben ohne Anmerkungen mit Sachregister.)

Die vorliegende Ausgabe zeichnet sich durch Vollständigkeit und besondere Ausführlichkeit des Sachregisters aus.

Siméon, P., Preußisches Ausführungsgesetz zum Bürgerlichen Gesetzbuch. Dritte Aufl. Taschenformat. 199 Seiten. 1914. Geb. 2.20

(Guttentagsche Sammlung Preußischer Gesetze Bd. 23.)

„Die Ausgabe beschränkt sich nach ihrer Einleitung darauf, die einzelnen Vorschriften des Ausführungsgesetzes in sich zu erläutern und ihren Zusammenhang mit dem neuen Reichsrecht wie dem früheren Landesrecht kurz klarzulegen. Das Werkchen wird sich zahlreiche Freunde erwerben."
Zeitschrift für Deutsche Justizsekretäre.

v. Schwerin, Cl., Frhr., Grundzüge des deutschen Privatrechts. Zweite Auflage. Oktav. XII, 342 Seiten. 1928. 9.50, geb. 11.—

(Lehrbücher und Grundrisse der Rechtswissenschaft Bd. XIII.)

„Was dem Studenten not tut, ist ein kurzgefaßtes Handbuch. ... Ein ausgezeichnetes Hilfsmittel dieser Art ist das vorliegende Buch."
Zeitschrift für Rechtspflege in Bayern.

Wegner, Arthur, Jugendrecht. Ein Lehrbuch zur Einführung. Oktav. IX, 219 Seiten. 1929. 6.—, geb. 7.50

„Ein gleichartiges und gleichwertiges Werk über das Jugendgericht gibt es noch nicht." Breslauer Zeitung.

Schuldverhältnisse insbesondere

Hedemann, Justus Wilh., Schuldrecht des Bürgerlichen Gesetzbuches. Oktav. Zweite Auflage in Bearbeitung.

(Lehrbücher und Grundrisse der Rechtswissenschaft Bd. II.)

„Die Schrift bietet die beste mir bekannte Einführung in das schwierige Recht der Schuldverhältnisse." Staats- und Selbstverwaltung.

Oertmann, Paul, **Schuldrecht.** (BGB. II.)
I. Allgemeine Lehren. Dritte, verbesserte Auflage. 142 Seiten. 1927. Geb. 1.50
(Sammlung Göschen Bd. 323.)
II. Die einzelnen Schuldverhältnisse. Zweite, verbesserte Auflage. 167 Seiten. 1919. Geb. 1.50
(Sammlung Göschen Bd. 324.)

„In knapper Form und gemeinverständlicher Ausdrucksweise ist ein vorzüglicher Überblick über den Stoff gegeben.“ Leipz. Zeitschrift f. deutsches Recht.

Meyer, Georg, **Das Recht der Beschlagnahme von Lohn- und Gehaltsforderungen.** Sechste Auflage. Taschenformat. 1927. Mit Nachtrag 1928. Geb. 4.50
(Guttentagsche Sammlung Deutscher Reichsgesetze Bd. 55.)

„Das Buch enthält einen Kommentar zum Lohnbeschlagnahmegesetz, der durch Gründlichkeit und Zuverlässigkeit ausgezeichnet ist. Als Anhang ist ihm eine übersichtliche Darstellung des Verfahrens der Beschlagnahme von Lohn- und Dienstbezügen beigegeben sowie eine sehr brauchbare Zusammenstellung von Behörden, denen bei der Pfändung der Dienstbezüge von Beamten als Drittschuldnern der Pfändungsbeschluß zuzustellen ist.“ Berliner Tageblatt.

Seligsohn, Franz, **Haftpflichtgesetz.** Groß-Oktav. 349 Seiten. 1920. 8.—, geb. 9.50

„Das reiche Material hat der Verfasser mit logischer Schärfe und in knapper Form bearbeitet und damit ein mustergültiges Werk geschaffen, das für die meist veralteten Kommentare zum Reichshaftpflichtgesetz einen wertvollen Ersatz bietet.“ Blätter für Rechtspflege im Bezirk des Kammergerichts.

Krieg, O., **Mietrecht und Wohnungsmangelgesetzgebung** im Reiche, in Preußen und in Berlin, einschließlich Hauszinssteuer, Kostenwesen und Rechtsentscheiden des Kammergerichts und des Obersten Landesgerichts. Zusammengestellt und mit ausführlichem Schlagwortregister versehen. Vierte Auflage. Taschenformat. XII, 594 Seiten. 1928. Geb. 10.—
(Guttentagsche Sammlung Deutscher Reichsgesetze Bd. 156.)

„Eine solche Ausgabe zu besitzen, ist wertvoll. Eine angenehme Zugabe sind die Rechtsentscheide des Kammergerichts. Diese Ausgabe verdient schon wegen ihrer Vollständigkeit besondere Beachtung. Ein vortreffliches Sachregister ist beigegeben.“ Juristische Wochenschrift.

Stölzle, Hans, **Viehkauf** nach Bürgerlichem Gesetzbuch und ausländischem Recht. Verordnung, betreffend die Hauptmängel und Gewährfristen beim Viehhandel. Von Eugen Fröhner. Sechste, vermehrte und wesentlich verbesserte Auflage. Taschenformat. 699 Seiten. 1926. Geb. 15.—
(Guttentagsche Sammlung Deutscher Reichsgesetze Bd. 50.)

„Die neue Auflage erfüllt alle Erwartungen, die an sie geknüpft wurden. Unseres Wissens genießt der Spezialkommentar von Stölzle auch in Richterkreisen ein sehr großes Ansehen. Bei der Lektüre der vielen Gerichtsentscheidungen, die uns aus unsern Mitgliederkreisen zugestellt werden, mußten wir immer wieder die Beobachtung machen, daß eine große Anzahl von Gerichten in den Urteilsgründen auf die

Ansicht von Stölzle Bezug nahm. Wer täglich über Viehkaufsfragen Auskunft geben muß, stellt mit hoher Befriedigung fest, daß der ‚Stölzle' alle Fragen dieser schwierigen Materie in klarer und erschöpfender Weise behandelt.“
Allgemeine Viehhandelszeitung.

Hoffmann, J., Abzahlungsgeschäfte. Vierte Auflage, besorgt von K.-A. Crisolli. Taschenformat. Im Druck.
(Guttentagsche Sammlung Deutscher Reichsgesetze Bd. 34.)

„Jeder, der mit Abzahlungsgeschäften zu tun hat, kann sich bestens aus dem Büchlein informieren. Der Kommentar ermöglicht es auch dem Laien, sich mit allen einschlägigen Fragen vertraut zu machen. Die Bearbeitung stellt sich als durchaus sachgemäß und praktisch verwendbar dar.“ Berliner Intelligenz-Blatt.

Harnier, Ed., Sicherung der Bauforderungen. Dritte Auflage. Taschenformat. 122 Seiten. 1912. Geb. 1.50
(Guttentagsche Sammlung Deutscher Reichsgesetze Bd. 93.)

„Die vorliegende Neubearbeitung der kleinen Ausgabe des äußerst schwierigen Gesetzes findet einen weiterstreckten Interessenkreis. Nach einer äußerst klaren Einleitung, in der die langwierige Geschichte und der verwickelte Inhalt des Gesetzes in kurzen Zügen, aber mit kräftigen Strichen geschildert wird, werden seine Bestimmungen an der Hand der Gesetzesmaterialien und auf dem Boden des geltenden Rechts, unter Herstellung des Zusammenhanges mit ihm, in knappen Anmerkungen erläutert.“ Mitteilungen der Handelskammer Breslau.

Göppert, H., Gesetz, betreffend die gemeinsamen Rechte der Besitzer von Schuldverschreibungen. Zweite Auflage, bearbeitet von E. Trendelenburg. Taschenformat. 156 Seiten. 1915. Geb. 1.50
(Guttentagsche Sammlung Deutscher Reichsgesetze Bd. 52.)

Dungs, H., Sechs Haager Abkommen über internationales Privatrecht. Taschenformat. 116 Seiten. 1910. Geb. 1.50
(Guttentagsche Sammlung Deutscher Reichsgesetze Bd. 98.)

„Die diesen Abkommen vom Verfasser beigefügten Erläuterungen sind kurz und klar gefaßt und entsprechen den allgemeingültigen Anschauungen. Der Kommentar von Dungs kann allen Gerichten, Staatsanwaltschaften und diplomatischen Behörden nur angelegentlichst empfohlen werden.“
Juristisches Literaturblatt.

Bogeng, G., Die Haager Abkommen über das internationale Privatrecht. Taschenformat. 173 Seiten. 1908. Geb. 2.—
(Guttentagsche Sammlung Deutscher Reichsgesetze Bd. 90.)

Sachenrecht insbesondere

Hedemann, Justus Wilh., Sachenrecht des Bürgerlichen Gesetzbuches. Oktav. XXXII, 507 Seiten. 1924. 12.—, geb. 13.50
(Lehrbücher und Grundrisse der Rechtswissenschaft Bd. III.)

„Ein trotz seiner Kürze ausgezeichnetes und inhaltreiches Lehrbuch, nicht nur für die Studierenden, sondern auch für ältere Juristen. Hervorzuheben ist der systematische Aufbau. Die Arbeit ist wissenschaftlich tiefgründig und doch gemeinverständlich geschrieben; auf jeder Seite bietet sie reiche Anregung rechtlicher und wirtschaftlicher Natur und wird allen Fragen der Neuzeit in vollstem Umfange gerecht.“ Zeitschrift des Deutschen Notarvereins.

Kretschmar, F., Sachenrecht.
I. Allgemeine Lehren. Besitz und Eigentum. Zweite, verbesserte Auflage. 142 Seiten. 1922. Geb. 1.50
(Sammlung Göschen Bd. 480.)
II. Begrenzte Rechte. 144 Seiten. 1923. Geb. 1.50
(Sammlung Göschen Bd. 481.)
Diese Bändchen bieten die Grundzüge des Sachenrechts in gedrängter und klarer Form.

Lenzen, Georg, Das deutsche Pfandleihrecht. Kommentar zum preußischen Pfandleihgesetz unter Berücksichtigung der außerpreußischen Gesetze. Oktav. XXVI, 266 Seiten. 1929. Geb. 20.—
Mit diesem Buch erscheint das erste Erläuterungswerk über das preußische Pfandleihgesetz und die wichtigsten außerpreußischen Bestimmungen, so daß es allen deutschen Ratsuchenden die langentbehrte Hilfe sein wird. Der Verfasser dehnt seine Erläuterungen auch auf die unechten Lombardgeschäfte und die Konzessionen aus und berücksichtigt bei seiner Erläuterung auch das umfangreiche Material an nichtveröffentlichten gerichtlichen Entscheidungen und gewohnheitsrechtlichen Grundsätzen und Handelsgebräuchen. Durch Vollständigkeit und Verständlichkeit ist die Erläuterung für die tägliche Praxis besonders brauchbar geworden.

Günther, Hermann, Erbbaurecht. Taschenformat. 167 Seiten. 1919. Geb. 2.—
(Guttentagsche Sammlung Deutscher Reichsgesetze Bd. 135.)
„Günther ist ausführlich, ohne weitschweifig zu sein; ausgezeichnete Vorbemerkungen geben vorzügliche Übersicht und wahren den Zusammenhang. Überall ist der bisherige Rechtszustand, der ja für absehbare Zeit seine Bedeutung behält, mit in das Bereich der Betrachtungen gezogen. Der Praxis wird das Werk von hervorragendem Nutzen sein.“ Beiträge zur Erläuterung des deutschen Rechts.

Arnheim, Hugo, Grundbuchordnung. Kommentar zur Grundbuchordnung für das Deutsche Reich nebst den für Preußen erlassenen Ausführungsbestimmungen. Zweite, völlig neubearbeitete Auflage. Lexikon-Oktav. 959 Seiten. 1913. 15.—
„Der Band weist außerordentliche Gründlichkeit, Klarheit und Übersichtlichkeit der Darstellung sowie Selbständigkeit des Urteils gegenüber der Literatur und der Rechtsprechung auf. Man kann wohl sagen, daß kaum eine Frage auftauchen wird, die nicht wenigstens berührt wäre; die bisher zutage getretenen Fragen aber sind sämtlich in der eingehendsten Weise erörtert.“
Zentralblatt für freiwillige Gerichtsbarkeit.

Fischer, Otto, und Fischer, Norbert, Grundbuchordnung für das Deutsche Reich nebst den preußischen Ausführungsbestimmungen. Neunte, durchgearbeitete und ergänzte Auflage. Taschenformat. 322 Seiten. 1927. Geb. 5.—
(Guttentagsche Sammlung Deutscher Reichsgesetze Bd. 42.)
„Eine der äußerlich kleinen, inhaltlich vortrefflichen alteingeführten Handausgaben der Guttentagschen Sammlung, bei der schon die Auflagenziffer für die Brauchbarkeit in der Praxis spricht. Nach wie vor ist das vorliegende Buch ein vortrefflicher Wegweiser und Berater für den, der sich über die wichtigsten von Theorie und Praxis entwickelten Auslegungssätze kurz unterrichten will.“
Juristische Wochenschrift.

Ricks, Gerhard, **Die Grundbuchpraxis.** Ein Handbuch für den täglichen Gebrauch in Grundbuchsachen. Achte Auflage. Groß-Oktav. XII, 412 Seiten. 1929. 12.—, geb. 14.—

„Das Buch soll ein kurzes Handbuch für den täglichen Gebrauch des Grundbuchrichters und anderer mit dem Grundbuchrechte befaßter Personen sein. Dieser Zweck ist in ausgezeichneter Weise erreicht. Als einen besonderen Vorzug sehe ich es an, daß die Ausführungen und Ratschläge des Verfassers überall dem Bestreben erwachsen sind, in dem Grundbuche nicht eine öde Aneinanderreihung langweiliger Vermerke, sondern ein lebendiges Ganzes zu erblicken."

Deutsche Juristenzeitung.

Friedlaender, Martin, **Hypothekenbeschaffung für Wohn- und Geschäftshäuser.** Handbuch für die Praxis der Grundstückswirtschaft. Groß-Oktav. VIII, 151 Seiten. 1929. 6.—, geb. 7.50

„Das Buch gibt einen außerordentlich praktischen Überblick über alle Fragen der Hypothekenbeschaffung. Die anschauliche Art der Zergliederung und die gründliche Darlegung des Statuts sichern dem Buch eine weite Verbreitung."

Deutsche Sparkassen-Zeitung.

Familienrecht, Erbrecht

Lehmann, Heinrich, **Familienrecht** des Bürgerlichen Gesetzbuches einschließlich Jugendfürsorgerecht. Oktav. XII, 352 Seiten. 1926. 11.—, geb. 12.50

(Lehrbücher und Grundrisse der Rechtswissenschaft Bd. IV.)

„Die Schilderung Lehmanns ist überall anregend und fesselnd. Das Werk kann allen Rechtsstudenten und Referendaren zur Anschaffung dringend empfohlen werden." *Der junge Rechtsgelehrte.*

Titze, Heinrich, **Familienrecht.** (BGB. IV.) 169 Seiten. Neudruck. 1924. Geb. 1.50

(Sammlung Göschen Bd. 305.)

Endemann, Fr., **Erbrecht.** Oktav. XII, 166 Seiten. 1923. 3.—, geb. 4.50

(Lehrbücher und Grundrisse der Rechtswissenschaft Bd. V.)

„Dieser Leitfaden behandelt den spröden Stoff des schwierigen Erbrechts in meisterhafter, fesselnder Darstellung."

Zeitschrift des Bundes Deutscher Justizamtmänner.

Blume, Wilh. von, **Erbrecht.** (BGB. V.)

I. Einleitung. Die Grundlagen des Erbrechts. 75 Seiten. 1913. Geb. 1.50

(Sammlung Göschen Bd. 659.)

II. Die Nachlaßbeteiligten. Mit 23 Figuren. 131 Seiten. 1913. Geb. 1.50

(Sammlung Göschen Bd. 660.)

Riesenfeld, E., **Die Erbenhaftung nach dem Bürgerlichen Gesetzbuch.** Groß-Oktav. 2 Bände. 1916. 15.—, geb. 18.—

I. Band: Die Grundsätze der Haftung. XII, 461 Seiten.

II. Band: Das Inventar und die Mittel der Haftungsbeschränkung. VIII, 455 Seiten.

„Ein hervorragendes Werk, das in allen Teilen die vollständige Beherrschung des schwierigen Stoffes erkennen läßt und sich dabei durch klare und gemeinverständliche Darstellung auszeichnet.“ Sächsisches Archiv für Rechtspflege.

Aufwertung

Michaelis, Richard, **Das Aufwertungsrecht** nach den Aufwertungsgesetzen und nach allgemeinem bürgerlichem Rechte. Kommentar zu den Gesetzen vom 16. Juli 1925 über die Aufwertung von Hypotheken und anderen Ansprüchen und über die Ablösung öffentlicher Anleihen sowie systematische Darstellung des Aufwertungsrechts außerhalb dieser Gesetze. Zweite, gänzlich umgearbeitete Auflage des Kommentars zur Dritten Steuernotverordnung vom 14. Februar 1924 (Aufwertung). Mit einer Fristentabelle von H. Hoormann. Groß-Oktav. X, 516 Seiten. 1926. Mit Nachtrag 1927. Geb. 16.—

(de Gruytersche Sammlung Deutscher Gesetze. Handkommentare.)

„Es handelt sich bei dem vorliegenden Werk um ein ganz erstklassiges, die gesamte Rechtslehre und Rechtsprechung lückenlos verarbeitendes Hauptwerk, das sich für jeden Aufwertungsinteressenten als unentbehrlich erweisen wird. Das Buch ist begreiflicherweise auf das Vielfache des früheren Umfangs angewachsen, geht dafür aber auch keiner der zahllosen Streitfragen aus dem Wege, sondern beantwortet sie mit größter wissenschaftlicher Vertiefung und in dem steten Bestreben einer praktischen Lösung nach den Grundsätzen der Billigkeit.“
Deutsche Allgemeine Zeitung.

Berliner, Ludwig, und **Pfaffenberger,** Ernst, **Aufwertung von Versicherungsansprüchen** mit Durchführungsbestimmungen.

I. Teil. Oktav. 235 Seiten. 1925. Geb. 6.50
(Guttentagsche Sammlung Deutscher Reichsgesetze Bd. 164.)

II. Teil: Sach- und Transportversicherung; Unfall- und Haftpflichtversicherung. Oktav. 112 Seiten. 1926. Mit Nachtrag. Geb. 3.50
(Guttentagsche Sammlung Deutscher Reichsgesetze Bd. 164a.)

„Ein bedeutsamer Kommentar, der sowohl dem Versicherungstechniker wie dem Juristen eine Fülle von Aufklärung und Anregung bietet. Das Werk ist als eine wohlgelungene systematische Darstellung des gesamten versicherungsrechtlichen Aufwertungsgebiets anzusprechen. Alles in allem: eine wissenschaftlich und praktisch gleichermaßen auf der Höhe stehende Leistung, bei der sich Versicherungstechniker und Jurist mit Erfolg die Hand gereicht haben!“
Neumanns Zeitschrift für Versicherungswesen.

2. Handelsrecht

v. Gierke, Jul., **Handelsrecht und Schiffahrtsrecht.** Dritte, umgearbeitete Auflage. Oktav. Im Druck.

(Lehrbücher und Grundrisse der Rechtswissenschaft Bd. VI.)

„. . . ein außerordentlich hochstehendes, immer den neuesten Stand der Lehre und der Rechtsprechung widerspiegelndes Lehrbuch des Handelsrechts im weitesten Sinn.“ Der junge Rechtsgelehrte.

Lehmann, K., und Hoeniger, H., Lehrbuch des Handelsrechts. Dritte Auflage. Erster Halbband, enthaltend die Lehre vom Handelsstand und von den Handelsgesellschaften. Groß-Oktav. 432 Seiten. 1921. 10.—

Ein großangelegtes Lehrbuch des Handels- und Schiffahrtsrechts.

Lehmann, K., und Hoeniger, H., Deutsches Handelsrecht.

I. Einleitung. Der Kaufmann und seine Hilfspersonen. Offene Handelsgesellschaft, Kommandit- und stille Gesellschaft. 117 Seiten. 1921. Geb. 1.50
(Sammlung Göschen Bd. 457.)

II. Aktiengesellschaften, Gesellschaften mit beschränkter Haftung, eingetragene Genossenschaften. Handelsgeschäft, 126 Seiten. 1924.
(Sammlung Göschen Bd. 458.) Geb. 1.50

Eine gemeinverständliche Darstellung in gedrängter Form.

Hein, Joh., Die Zusammenhänge zwischen Steuerrecht und Handelsrecht und ihre Entwicklung, untersucht an dem Gewinn und an der Bewertung. Eine bilanzrechtliche und bilanzkritische Darstellung mit praktischen Beispielen. Groß-Oktav. X, 280 Seiten. 1928. 10.—, geb. 12.—

„Das Buch führt in klarer Gestaltung in die Probleme des Bilanzrechts ein. Eine übersichtliche Gliederung ermöglicht dem Kaufmann wie dem Juristen eine schnelle und doch gründliche Einführung in das ihn interessierende Gebiet. Ein eingehendes Sachregister leistet dabei gute Hilfe. Darüber hinaus stellt das Buch eine wesentliche Förderung für die dringend notwendige wissenschaftliche Behandlung des Steuerbilanzrechts und seiner Zusammenhänge mit den verwandten Rechtsmaterien dar." Zeitschrift für Handelsrecht.

Veröffentlichungen der Vereinigung der Handelsrechtslehrer deutscher Hochschulen.

Bericht über die erste Tagung der Vereinigung in Berlin am 7. und 8. März 1927 (Senatssaal der Universität). Mit Beiträgen von **Ernst Heymann, Hans Wüstendörfer, Otto Schreiber** und **Arthur Nußbaum.** Oktav. 65 Seiten. 1928. 5.—

Das Handelsrecht zeigt heute unter den privatrechtlichen Materien die meisten wissenschaftlichen und gesetzgeberischen Probleme und entwickelt am meisten Initiative. Unter diesen Verhältnissen werden sich die Veröffentlichungen der Vereinigung der Handelsrechtslehrer deutscher Hochschulen als besonders fruchtbar und förderlich erweisen.

Staubs Kommentar zum Handelsgesetzbuch. Zwölfte und dreizehnte Auflage. Bearbeitet von Heinrich Koenige, Albert Pinner, Felix Bondi. Vier Bände und ein Registerband. Groß-Oktav. 4000 Seiten. 1927.
Zusammen 157.—, in Halbleder 183.60

„Der Staubsche Kommentar ist das klassische Hilfswerk zum Deutschen Handelsgesetzbuch und für die Beurteilung der zahlreichen schwierigen Fragen dieses Gesetzes maßgebend geworden; es stellt ein unentbehrliches Mittel zur Erfassung und zur Anwendung des Gesetzes dar." Frankfurter Zeitung.

Mosse, Albert, und **Heymann**, Ernst, **Handelsgesetzbuch** (ohne Seerecht). Mit den ergänzenden Vorschriften des Bürgerlichen Gesetzbuchs und einem Anhang, enthaltend das Einführungsgesetz, das Depotgesetz, die Bestimmungen über Börsentermin- und Differenzgeschäfte u. a. Nebst Erläuterungen. Im Anschluß an die Textausgabe von F. Litthauer. Siebzehnte Auflage. Unter Mitwirkung von Karl August Crisolli. Oktav. VIII, 693 Seiten. 1926. Geb. 14.—

(Guttentagsche Sammlung Deutscher Reichsgesetze Bd. 4.)

„Die Litthauer-Mossesche Ausgabe des Handelsgesetzbuches hat bei allen Praktikern seit langem den wohlbegründeten Ruf größter Zuverlässigkeit und übersichtlicher Anordnung, die mit möglichster Knappheit des Ausdrucks gepaart sind. Das Buch ist ein zuverlässiger Führer durch das immer schwieriger werdende Gebiet des Handelsrechts.“ *Vossische Zeitung.*

Handelsgesetzbuch nebst Einführungsgesetz und Seerecht. Elfte Auflage. 381 Seiten. 1924. Geb. 2.60

(Guttentagsche Sammlung von Textausgaben ohne Anmerkungen.)

Die handliche Ausgabe enthält den genauen Gesetzestext mit einem das Zurechtfinden sehr erleichternden Sachregister.

Baum, G., **Das vertragliche Wettbewerbsverbot** (Konkurrenzklausel). Nebst Kommentar zum Gesetze vom 10. Juni 1914. Taschenformat. XII, 231 Seiten. 1914. Geb. 3.—

(Guttentagsche Sammlung Deutscher Reichsgesetze Bd. 115.)

Gesellschaften

Brodmann, Erich, **Aktienrecht.** Kommentar. Groß-Oktav. XII, 580 Seiten. 1928. 28.—, geb. 30.—

(Gewerbe- und Industrie-Kommentar Bd. IV.)

„Mit unvergleichlichem Geschick hat der Verfasser Großartiges geleistet — Brodmann ist Trumpf!“ *Zeitschrift für Aktiengesellschaften.*

Solmssen, Georg, **Probleme des Aktienrechts** unter besonderer Berücksichtigung ihrer Entwicklung in den Vereinigten Staaten von Amerika. Zweite Auflage. Oktav. I, 127 Seiten. 1928. 2.50

„Sämtliche Momente, die bei der Prüfung der Frage, ob und inwieweit das geltende deutsche Aktienrecht änderungsbedürftig ist, haben eine eingehende und umfassende Erörterung gefunden. Allen, die sich mit dieser recht heiklen Frage befassen, kann die Anschaffung des Werkes wärmstens empfohlen werden.“ *Badische Wirtschafts-Zeitung.*

Hachenburg, Max, **Kommentar zum Gesetz, betr. die Gesellschaften mit beschränkter Haftung.** (Früher **Staub-Hachenburg.**) Fünfte Auflage unter Mitarbeit von Fritz Bing und Walter Schmidt. 2 Bände. 43.—, geb. 47.—

I. Band: §§ 1—34. Groß-Oktav. VI, 527 Seiten. 1926.

II. Band: §§ 35—84. Groß-Oktav. II, 452 Seiten. 1927.

„Was Hachenburg in seinen Neubearbeitungen aus diesem Buche gemacht hat, ist erstaunlich. Sein reiches juristisches Wissen, sein überlegener und kritischer

Verstand, seine vorzügliche Gestaltungskraft und seine nur wenigen Juristen eigene vielseitige Auslegungskunst haben etwas Großes, Unvergleichliches geschaffen. Man findet selten ein literarisches Werk, in welchem Rechtsgelehrsamkeit und praktisches Können vereint einem Spezialgesetz so zugute kamen wie hier.“
Zeitschrift für Aktiengesellschaften.

Brodmann, Erich, Gesetz, betr. die Gesellschaften mit beschränkter Haftung. Kommentar. Groß-Oktav. VIII, 315 Seiten. 1924.
(Gewerbe- und Industrie-Kommentar Bd. I.) 16.—, geb. 18.—

„Übersichtliche, klare Anordnung der Erläuterungen, tiefes Eindringen in die Einzelheiten des Gesetzes unter steter Berücksichtigung des Wirtschaftslebens, erschöpfende Wiedergabe der Rechtsprechung, namentlich des Reichsgerichts, sind die besonderen Vorzüge des Werkes, das damit ebenbürtig neben die anderen Reichsgerichtskommentare tritt und mit ihnen unentbehrliches Rüstzeug für Richter und Anwälte werden wird.“ Badische Rechtspraxis.

Parisius, Ludolf, und Crüger, Hans, Das Reichsgesetz, betr. die Gesellschaften mit beschränkter Haftung. Textausgabe mit Anmerkungen und Sachregister. Achtzehnte Auflage, bearbeitet von Adolf Crecelius und Fritz Citron. Taschenformat. 244 Seiten. 1929. Geb. 3.50
(Guttentagsche Sammlung Deutscher Reichsgesetze Bd. 32.)

„Die äußerst sachkundig erläuterte Ausgabe des Gesetzes, betreffend die Gesellschaften mit beschränkter Haftung, wird von den interessierten Kreisen freudig begrüßt werden. Wir können das Bändchen der bekannten Guttentagschen Sammlung bestens empfehlen.“ Badische Wirtschafts-Zeitung.

Klumpp, Hermann, Beiträge zur Rechtsstellung der Geschäftsführer einer G. m. b. H. nach deutschem und französischem Recht. Oktav. XVI, 180 Seiten. 1928. 6.—

Im G.m.b.H.-Recht hat die Stellung des Geschäftsführers besondere Bedeutung. Die vorliegende Arbeit, die unter Auswertung der umfangreichen Literatur eine eingehende Untersuchung dieser so wichtigen Frage nach deutschem und französischem Recht darstellt, wird in juristischen und geschäftlichen Kreisen Interesse finden.

Starke, Arthur, Offene Handelsgesellschaften, Kommanditgesellschaften und stille Gesellschaften von der Errichtung bis zur Auflösung. Nebst Vertrags- und Anmeldeformularen und mit Berücksichtigung des Steuerrechts. Oktav. XIV, 167 Seiten. 1928.
Eine systematische Darstellung für Studium und Praxis. 5.—

Wechselordnung und Scheckrecht

Staubs Kommentar zur Wechselordnung. Fortgesetzt von J. Stranz und M. Stranz. Zwölfte Auflage, bearbeitet von M. Stranz und Martin Stranz. Groß-Oktav. 432 Seiten. 1929.
16.—, geb. 18.—

„Zwei Namen klingen ans Ohr, die der deutschen Juristenwelt unvergeßlich sind, Hermann Staub und Josef Stranz. Was soll man mehr sagen? Staub-Stranz ist der Kommentar zur Wechselordnung. Auch die jüngste Auflage des Kommentars gibt einen echten Staub-Stranz. Weiterer Kommentar dazu ist überflüssig.“ Juristische Wochenschrift.

Stranz, J., und Stranz, M., Wechselordnung vom 3. Juni 1908. Kommentar. Zwölfte Auflage von M. und M. Stranz. Taschenformat. VIII, 396 Seiten. 1923. Mit Nachtrag 1926. Geb. 3.50
(Guttentagsche Sammlung Deutscher Reichsgesetze Bd. 5.)

„Die neue Ausgabe der Wechselordnung mit ihrem äußerst nützlichen, guten Kommentar ist sehr zu empfehlen. Erfreulicherweise enthält das Bändchen auch die Bestimmungen der Zivilprozeßordnung über Urkunden- und Wechselprozesse im Anhang.“ Badische Wirtschaftszeitung.

Wechselordnung in der Fassung der Bekanntmachung vom 3. Juni 1908 (RGBl. S. 326 ff.). Mit einem Anhang, enthaltend den Wechselprozeß und Nebengesetze. Textausgabe mit Einleitung und Sachregister. Taschenformat. 102 Seiten. 1928. Geb. 1.50
(Guttentagsche Sammlung von Textausgaben ohne Anmerkungen.)

Vorteilhafte Anordnung, ein zuverlässiges Sachregister, das das Gesetz erschließt, Handlichkeit und sauberer Druck zeichnen auch die neue Auflage der Wechselordnung aus, deren Einleitung den letzten Stand dieser Materie erfaßt und deren Anhang „Nebengesetze“ bis auf die letzte Zeit ergänzt ist.

Michaelis, Richard, Scheckgesetz mit allen einschlägigen Nebengesetzen, den ausländischen Gesetzen und dem Deutschen Postscheckgesetz mit Postscheckordnung. Kommentar. Groß-Oktav. VII, 339 Seiten. 1927. 16.—, geb. 18.—
(Gewerbe- und Industrie-Kommentar Bd. II.)

„Die vielen umfangreichen, den einzelnen Bestimmungen des Scheckgesetzes angefügten Bemerkungen behandeln die schwierige Materie in so tiefgründiger Weise, daß man in allen sich ergebenden Zweifelsfragen einer erschöpfenden Aufklärung gewiß sein darf. Es darf ferner nicht unerwähnt bleiben, daß das Buch nicht nur für den Gebrauch für den Juristen überaus geeignet erscheint, sondern auch infolge seiner klaren und allgemeinverständlichen Ausdrucksweise ein wertvolles Hilfsmittel für die Kreise des Gewerbes und der Industrie darstellt. Wir glauben deshalb nicht fehlzugehen, wenn wir dem ausgezeichneten Werke großen Erfolg voraussagen.“ Blätter für Genossenschaftswesen.

Schiffahrtsrecht

Schaps, Georg, Das deutsche Seerecht nebst Erläuterungen zu den seerechtlichen Nebengesetzen. Nach dem Tode des Verfassers fertiggestellt von Max Mittelstein und Julius Sebba. Zweite, vollständig umgearbeitete Auflage.

I. Band. (Handelsgesetzbuch: Viertes Buch.) Groß-Oktav. In Vorbereitung.

„Die alte, auf der Staubschen Kommentierungsmethode beruhende Auflage erfreute sich mit Recht schon großen Ansehens. In diesen bewährten Bahnen leistet die zweite Auflage an Vollständigkeit, Übersichtlichkeit und Genauigkeit das Höchste, was Wissenschaft und Praxis nur wünschen können.“ Juristische Wochenschrift.

Knitschky, W. E., Die Seegesetzgebung. Fünfte Auflage, bearbeitet von O. Rudorff. XXIV, 1024 Seiten. 1913. Vergriffen.
(Guttentagsche Sammlung Deutscher Reichsgesetze Bd. 19.)

Sieveking, Gustav, **Das deutsche Seeversicherungsrecht.** Kommentar zum zehnten Abschnitt des vierten Buches des Handelsgesetzbuches. Lexikon-Oktav. 218 Seiten. 1912. 5.—, geb. 6.80

„Der Kommentar ruht auf einer vortrefflichen Grundlage und zeigt sich auch in seinem Inhalte dieser Grundlage durchaus würdig. Er ersetzt ein Lehrbuch und kann daher auch zur Einführung in das Seeversicherungsrecht empfohlen werden.“
Leipziger Zeitschrift für deutsches Recht.

Ritter, Carl, **Das Recht der Seeversicherung.** Ein Kommentar zu den Allgemeinen Deutschen Seeversicherungsbedingungen. Groß-Oktav. 2 Bände. 1494 Seiten. 1924. Geb. 100.—
(Friederichsen de Gruyter & Co., m. b. H., Hamburg.)

Allgemeine Deutsche Seeversicherungs-Bedingungen. Im Jahre 1919 herausgegeben von den deutschen Seeversicherern nach Beratung mit deutschen Handelskammern und Fachverbänden unter Vorsitz der Handelskammer Hamburg. 16.—20. Tausend. 50 Seiten. 1925.
(Friederichsen de Gruyter & Co., m. b. H., Hamburg.) 2.—

General Rules of Marine. Insurance 1919 adopted by the German Underwriters. Authorind Translation by Dr. Alfred Sieveking, larger in Hamburg. 64 Seiten. 1920. 3.—
(Friederichsen de Gruyter & Co., m. b. H., Hamburg.)

Materialien zu den Allgemeinen Deutschen Seeversicherungs-Bedingungen. Im Auftrag der vereinigten Handelskammern herausgegeben von Prof. Dr. E. Bruck. Groß-Oktav. 2 Bände. 678 Seiten. 1920. 10.—
(Friederichsen de Gruyter & Co., m. b. H., Hamburg.)

Makower, H., **Gesetze, betreffend die privatrechtlichen Verhältnisse der Binnenschiffahrt und der Flößerei.** Nach den Materialien erläutert. Sechste, vermehrte Auflage, bearbeitet von E. Loewe. Taschenformat. 458 Seiten. 1923. Geb. 4.—
(Guttentagsche Sammlung Deutscher Reichsgesetze Bd. 36.)

„Das vorzüglich bearbeitete Buch dürfte mit seinen klaren und verständlichen Erläuterungen für jeden, der in irgendeiner Weise mit der Binnenschiffahrt und der Flößerei zu tun hat, ein nie versagender Ratgeber sein.“ Schiffbau.

Sebba, Jul., **Seewasserstraßenordnung.** (Polizeiverordnung zur Regelung des Verkehrs auf den deutschen Seewasserstraßen vom 31. März 1927.) Taschenformat. 493 Seiten. 1928. Geb. 8.50
(Guttentagsche Sammlung Deutscher Reichsgesetze Nr. 171.)

Die vorliegende Ausgabe bildet die erste juristische Kommentierung der wichtigen am 1. Dezember 1927 in Kraft getretenen Seewasserstraßenordnung. Sie ist für die an dem neuen Gesetz interessierten beiden Fachgruppen, die der Nautiker und der Juristen, von gleich großer Bedeutung, da der Verfasser sich zur Aufgabe gestellt hat, die Rolle eines Vermittlers zwischen den beiden Gruppen zu übernehmen, indem er dem Juristen die tatsächliche Bedingtheit aller nautischen Vorschriften und dem Nautiker den inneren Zusammenhang der rechtlichen Vorschriften vor Augen führt. Diese Verbindung zweier Kenntnisgebiete gibt dem vorliegenden Kommentar seine besondere Note und seinen großen Wert für sämtliche interessierten Kreise.

Genossenschaften

Parisius, Ludolf, **Crüger,** Hans, **Crecelius,** Adolf, und **Citron,** Fritz, **Reichsgesetz, betreffend die Erwerbs- und Wirtschaftsgenossenschaften.** Kommentar zum praktischen Gebrauch für Juristen und Genossenschaften. Elfte, neubearbeitete Auflage. Groß-Oktav. XV, 598 Seiten. 1928. 28.—, geb. 30.—

„Crüger beherrscht wie kein anderer Theorie und Praxis des Genossenschaftswesens, auch nach der wissenschaftlichen Seite hin.“ Juristische Wochenschrift.

Parisius, Ludolf, und **Crüger,** Hans, **Das Reichsgesetz, betreffend die Erwerbs- und Wirtschaftsgenossenschaften.** Textausgabe mit Anmerkungen und Sachregister. Neunzehnte, neubearbeitete Auflage von Hans Crüger, Adolf Crecelius und Fritz Citron. Taschenformat. 299 Seiten. 1928. Geb. 4.—

(Guttentagsche Sammlung Deutscher Reichsgesetze Bd. 29.)

„Der Ruf der Verfasser als ausgezeichnete Kenner dieses schwierigen Rechtsgebietes und nicht weniger die vielen Vorzüge ihres Werkes, in dem auf möglichst beschränktem Raum unter stetem Eingehen auf Rechtsprechung und Literatur das Recht der Genossenschaften musterhaft erläutert wird, haben es zu der verbreitetsten Ausgabe des Gesetzes gemacht, zu der wohl jeder Jurist greift, wenn er sich schnell über eine Frage aus diesem Gebiet unterrichten will.“
Kölnische Zeitung.

Verschiedenes

Schreiber, Otto, **Handelsrechtliche Nebengesetze.** Taschenformat. VIII, 1002 Seiten. 1926. Geb. 14.—

(Guttentagsche Sammlung Deutscher Reichsgesetze Bd. 162.)

„Die Sammlung ist ein unentbehrliches Hilfsmittel für den Praktiker. Die Zusammenstellung ist sehr zuverlässig; auch das Sachregister von Kleffel verdient volle Anerkennung. Druck und Ausstattung des Buches sind ausgezeichnet.“
Zentralblatt für Handelsrecht.

Staffel, W., **Verordnung gegen Mißbrauch wirtschaftlicher Machtstellungen** vom 2. November 1923. Kommentar. Oktav. 108 Seiten. 1927. Geb. 3.50

(Guttentagsche Sammlung Deutscher Reichsgesetze Bd. 167.)

„Die für das Wirtschaftsrecht so wichtige Kartellverordnung findet hier eine eingehende Kommentierung aus der Feder eines in diese Fragen tief eingedrungenen Mitgliedes des höchsten Gerichtshofs. Die Erläuterungen werden daher um so unentbehrlicher für die wirtschaftliche Praxis auf diesem Gebiete sein.“
Industrie- und Handelszeitung.

Lusensky, F., **Gesetz über die Handelskammern.** Zweite Auflage. Taschenformat. 278 Seiten. 1909. Vergriffen.

(Guttentagsche Sammlung Preußischer Gesetze Bd. 21.)

„Das Buch ist ein vortrefflicher Berater aller derer, die in der Handelskammerorganisation sind oder zu ihr in Beziehung stehen. Der erste Teil gibt einen geschichtlichen Überblick über die Entwicklung der preußischen Handelskammern,

Entstehungsgeschichte und Inhalt des Handelskammergesetzes. Den zweiten Teil bildet der Kommentar zum Gesetze, in dem der Verfasser die einzelnen Bestimmungen in ihrer Bedeutung und praktischen Tragweite eingehend erörtert und daneben auch auf andere für das Handelskammerwesen wichtige gesetzliche Materien eingeht. Das Buch kann warm empfohlen werden."

Zeitschrift für Polizei- und Verwaltungsbeamte.

Bank und Börse

Koch, R., und **Schacht**, Hjalmar, **Die Reichsgesetzgebung über das Münz- und Notenbankwesen.** Textausgabe mit Anmerkungen und Sachregister. Siebente, völlig neubearbeitete Auflage. Taschenformat. XVIII, 617 Seiten. 1925. Geb. 14.—

(Guttentagsche Sammlung Deutscher Reichsgesetze Bd. 26.)

„Dieser Kommentar zeichnet sich durch Vollständigkeit und Reichhaltigkeit des gesetzgeberischen und sonstigen Materials, durch Bestimmtheit und Klarheit der Erläuterungen aus und bietet außerdem in der Einleitung einen vortrefflichen Überblick über die Entwicklung des deutschen Noten- und Geldwesens während der letzten Jahrzehnte." Monatsschrift für Handelsrecht und Bankwesen.

Nußbaum, Arthur, **Bank- und Börsenrecht.** Eine Sammlung von Gesetzen und Geschäftsbedingungen. Taschenformat. XII, 622 Seiten. 1927. Geb. 11.—

(Guttentagsche Sammlung Deutscher Reichsgesetze Bd. 169.)

Die vorliegende Sammlung der verstreuten bank- und börsenrechtlichen Vorschriften fehlte bisher in der kaufmännischen und juristischen Bankpraxis ebenso wie im handelsrechtlichen und betriebswirtschaftlichen Unterricht. Ihr Erscheinen wurde daher vielseitig begrüßt. Die Sammlung berücksichtigt auch die dem freien Verkehr entstammenden Rechtsbildungen.

Kommentar zum Börsengesetz. Im Auftrage des Centralverbandes des Deutschen Bank- und Bankiersgewerbes (E. V.) bearbeitet von H. Rehm, H. Trumpler, Heinrich Dove, Ernst Neukamp, R. Schmidt-Ernsthausen, James Breit. Mit einem Vorwort von J. Rießer. Lexikon-Oktav. VIII, 464 Seiten. 1909. 12.—, geb. 13.50

„Einen so guten Kommentar zum Börsengesetze hat es noch nie gegeben. Wer sich darein vertieft, wird reiche Belehrung daraus schöpfen über das Börsenwesen im allgemeinen und über seine Rechtsübung und Rechtsprechung im besonderen."

Sächsisches Archiv für Rechtspflege.

Hemptenmacher, Th., **Börsengesetz.** Dritte Auflage von O. Meyer. Taschenformat. XXIII, 373 Seiten. 1915. Geb. 3.50

(Guttentagsche Sammlung Deutscher Reichsgesetze Bd. 41.)

„Das Bändchen bringt neben einem kurzen Überblick und einem vorteilhaft erweiterten Anhang das Börsengesetz nebst Ausführungsbestimmungen. Die einzelnen Paragraphen sind sehr ausgiebig und in gemeinverständlicher Weise kommentiert. Alles in allem schließt sich auch dieses Bändchen wieder den übrigen Textausgaben der wegen ihrer unbedingten und erschöpfenden Sachlichkeit bekannten Guttentagschen Sammlung Deutscher Reichsgesetze würdig an."

Bayrische Handelszeitung.

Lusensky, F., Gesetz, betreffend die Pflichten der Kaufleute bei Aufbewahrung fremder Wertpapiere (Depotgesetz). Dritte Auflage. Taschenformat. 113 Seiten. 1916. Mit Nachtrag 1925.

(Guttentagsche Sammlung Deutscher Reichsgesetze Bd. 40.) Vergriffen.

„Die beste Bearbeitung des sogenannten Depotgesetzes verdanken wir unstreitig dem Geheimrat Lusensky, der an der Entstehung dieses Gesetzes von seiner ersten Ausarbeitung bis zu seiner Fertigstellung im Reichstage fortdauernd Anteil gehabt hat und deshalb, wie kaum einer, in der Lage ist, das Vortrefflichste zu leisten.“
Zeitschrift für Aktiengesellschaften.

Schwerin, Frh. Cl. von, Recht der Wertpapiere (einschließlich Wechsel- und Scheckverkehr). Oktav. X, 234 Seiten. 1924. 7.—, geb. 8.50

(Lehrbücher und Grundrisse der Rechtswissenschaft Bd. 7.)

„Das Buch löst seine Aufgabe, den Studierenden eine Einführung in die Materie des Wertpapierrechts zu geben, ausgezeichnet, vor allem deshalb, weil es eine gute theoretische Fundierung mit einer dem Lehrzweck entsprechenden Darstellung des praktischen Rechts und der Rechtstatsachen verbindet.“
Deutsche Juristenzeitung.

Bank-Archiv. Zeitschrift für Bank- und Börsenwesen. Unter Mitwirkung von hervorragenden Fachmännern herausgegeben von Geh. Justizrat Prof. Dr. Rießer, Berlin. Schriftleitung: Rechtsanwalt Otto Bernstein, geschäftsführendes Mitglied des Centralverbands des Deutschen Bank- und Bankiergewerbes. Quart. Jährlich 24 Nummern. XXVIII. Jahrgang. 1929/30. Pro Halbjahr 12.—

„Ein von sachverständigen Mitarbeitern unterstütztes Organ, das in der glücklichen Vermischung von wissenschaftlichen Aufsätzen mit Mitteilungen aus der bankmännischen und gerichtlichen Praxis einen Berater von exzeptionellem Werte bildet.“
Frankfurter Zeitung.

Zeitgemäße Bankrechtsfragen. Festgabe der Rechtsabteilung der Disconto-Gesellschaft zum 70. Geburtstage des Herrn Dr. jur. Arthur Salomonsohn. Quart. 126 Seiten. 1929.
8.—, geb. 10.—

Inhalt: Zwingende Vorschriften im Aktienrecht. Von Dr. jur. Walter Hartmann. — Londoner Vorkriegsdepots. Von Rechtsanwalt Dr. jur. Hans-Alfons Simon. — Zweitstellige Pfand- und Sicherungsrechte. Von Rechtsanwalt Wilhelm Schütz. — Dotations-Konten (Pfändung und Aufwertung). Von Rechtsanwalt Erich Kraetke. — Das Avis als Verpflichtungsgrund. Von Rechtsanwalt Curt Paechter. — Wirtschaftliche Bedeutung und steuerliche Auswirkung des Steuermilderungsgesetzes bei Betriebszusammenschlüssen. Von Regierungsrat a. D. Dr. Hans Paschke. — Kreditsicherung durch Begründung von Miteigentum. Von Rechtsanwalt Dr. jur. Günther Schirdewahn. — Schutz des Geschäftsverkehrs gegen unbekannte Verfügungsbeschränkungen. Von Gerichtsassessor Dr. jur. Hans-Herbert Wimmer.

Verhandlungen des VII. allgemeinen Deutschen Bankiertages. Köln 9.—11. September 1928 auf Grund stenographischer Berichte. Groß-Oktav. 436 Seiten. 10.—

III. Grenzgebiete des Bürgerlichen Rechts

1. Privat- und Sozialversicherung

Koenige, Heinrich, und Petersen, A., Gesetz über die privaten Versicherungsunternehmungen vom 12. Mai 1901. Textausgabe mit Anmerkungen und Sachregister. Dritte, umgearbeitete Auflage. Taschenformat. 856 Seiten. 1927. Geb. 20.—

(Guttentagsche Sammlung Deutscher Reichsgesetze Bd. 62.)

„Der Verfasser hat es meisterhaft verstanden, reiche Literatur und Judikatur zu dem wichtigen Grundgesetz der Privatversicherung mit seiner eigenen selbständigen Auffassung von der Bedeutung der Gesetzesbestimmungen in Verbindung zu bringen. Für Theorie und Praxis der Privatversicherung wird das Werk dadurch zu einem unentbehrlichen Hilfsmittel." Deutsche Versicherten-Zeitung.

Bruck, E., Reichsgesetz über den Versicherungsvertrag nebst dem zugehörigen Einführungsgesetz vom 30. Mai 1908. Sechste, vollkommen neubearbeitete Auflage. Taschenformat. 708 Seiten. 1929. Geb. 14.—

(Guttentagsche Sammlung Deutscher Reichsgesetze Bd. 83.)

„Die Vorzüge, welche die früheren Auflagen schon zeigten, die Fülle des Gebotenen, die Beherrschung des Stoffes, die anschauliche und doch knappe Sprache, und dies alles in dem engen Rahmen einer Textausgabe, kleinen Handausgabe mit Anmerkungen, sind auch dieser vierten Auflage in hohem Maße eigen."
Mitteilungen für die öffentlichen Feuerversicherungs-Anstalten.

Moldenhauer, Paul, Das Versicherungswesen.

I. Allgemeine Versicherungslehre. Vierte Auflage. 152 Seiten. 1925. Geb. 1.50

(Sammlung Göschen Bd. 262.)

II. Die einzelnen Versicherungszweige. Zweite Auflage. 130 Seiten. 1923. Geb. 1.50

(Sammlung Göschen Bd. 636.)

„Das Buch ist für jeden, der sich mit dem Versicherungswesen und seinen Zweigen vertraut machen will, auch für den Versicherungsmann als Einführung in die eine oder die andere Materie, die nicht zu seinem unmittelbaren Arbeitsgebiet gehört, ein trefflicher Führer, da es über die technische, wirtschaftliche und organisatorische Grundlage der behandelten Zweige gründlich informiert."
Versicherungspost.

Veröffentlichungen des Reichs-Aufsichtsamts für Privatversicherung. Groß-Oktav. Jahrg. 1—2, je 2.50. Jahrg. 3—16, je 6.—. Jahrg. 17—21, je 7.50. Jahrg. 22, 15.—. Jahrg. 23, 18.—. Jahrg. 24, 21.—. Jahrg. 25, 50.—. Jahrg. 26, 51.50.— Jahrg. 27, Heft 1—3, 28.—. Jahrg. 28, Heft 1, 6.—.

Versicherungsstatistik für 1902 über die unter Reichsaufsicht stehenden Unternehmungen. Herausgegeben vom Reichsaufsichtsamt für Privatversicherung. Lexikon-Oktav. LXXVII, 384 Seiten. 1905. 10.—

— für 1903 bis 1917. Je Jahrgang 10.—

Berliner, Ludwig, und **Pfaffenberger,** Ernst, **Aufwertung von Versicherungsansprüchen** mit Durchführungsbestimmungen.

I. Teil. Oktav. 235 Seiten. 1926. Mit Nachtrag. Geb. 6.50
(Guttentagsche Sammlung Deutscher Reichsgesetze Bd. 164.)

II. Teil: Sach- und Transportversicherung; Unfall- und Haftpflichtversicherung. Oktav. 112 Seiten. 1926. Geb. 3.50
(Guttentagsche Sammlung Deutscher Reichsgesetze Bd. 164a.)

„Das Werk ist ein bedeutsamer Kommentar, durch den die gesetzlichen Bestimmungen von der juristischen und versicherungstechnischen Seite aus eingehend erläutert werden. In seinem straffen, systematischen Aufbau, der Geschlossenheit der Darstellung muß man das Buch als ein Standardwerk für das gesamte versicherungsrechtliche Aufwertungsgebiet bezeichnen.
Quellenangaben, sorgfältige Zitierungen, Stichwortverzeichnis erhöhen den praktischen Wert und machen es zum unentbehrlichen Ratgeber in allen interessierten Kreisen.“ *Versicherungs-Post, Berlin.*

Stier-Somlo, Fritz, **Kommentar zur Reichsversicherungsordnung** und ihrem Einführungsgesetz. Vom 19. Juli 1911.

I. Band. 1. Buch: Gemeinsame Vorschriften. 2. Buch: Krankenversicherung. Lexikon-Oktav. LXXVIII, 1130 Seiten. 1915. 26.—

II. Band. 3. Buch: Unfallversicherung. Lexikon-Oktav. LV, 1110 Seiten. 1916. 26.—

Lippmann, Karl, **Die Reichsversicherungsordnung** in der Fassung der Bekanntmachung vom 15. Dezember 1924 und des Gesetzes über das Reichsschiedsamt vom 22. Januar 1925 nebst dem Einführungsgesetze, den wichtigsten Ausführungsvorschriften, den ergänzenden Gesetzen und Verordnungen sowie den Verordnungen über das Verfahren. Oktav. XV, 589 Seiten. 1925. Geb. 11.—
(Guttentagsche Sammlung Deutscher Reichsgesetze Bd. 161.)

Ergänzungsband, enthaltend den vollständigen Wortlaut der neuen Fassung des Unfallversicherungsgesetzes sowie die Ergänzungen der übrigen Bücher der RVO. Oktav. 224 Seiten. 1926. Geb. 4.—
(Guttentagsche Sammlung Deutscher Reichsgesetze Bd. 161a.)

Zweiter Ergänzungsband, enthaltend weitere Änderungen und Ergänzungen durch die in der Zeit von Anfang 1926 bis Mitte 1928 erlassenen Gesetze und Verordnungen. Zweite, vermehrte Ausgabe, Stand vom 1. Juli 1928. Oktav. 71 Seiten. 1928. —.80
(Guttentagsche Sammlung Deutscher Reichsgesetze Bd. 161b.)

„Das Buch dürfte sich in der Bibliothek eines jeden finden, der sich mit der Reichsversicherungsordnung befaßt. Es gehört zu den praktisch wertvollsten.“ *Deutsche Allgemeine Zeitung.*

Reuß, Max, und Hense, Fritz. Das Reichsknappschaftsgesetz vom 1. Juli 1926 nebst Einführungsgesetz. 2. Aufl. Taschenformat. XVI, 640 Seiten. 1926. Geb. 12.—

(Guttentagsche Sammlung Deutscher Reichsgesetze Bd. 155.)

„Zur rechten Zeit erscheint die Erläuterung des Reichsknappschaftsgesetzes aus der Feder zweier Männer, die schon seit Jahren im Verwaltungs- und Aufsichtsdienste des Knappschaftswesens tätig sind und bei der Verabschiedung des Gesetzes mit in erster Linie gestanden haben. Die Herausgabe des Gesetzes aus ihrer Feder bedarf daher keiner besonderen Empfehlung. Das Buch kann allen, die auf dem Gebiete des Knappschaftswesens tätig sind, aufs wärmste empfohlen werden."

Zeitschrift für Bergrecht.

Angestelltenversicherungsgesetz vom 28. Mai 1924. Zweite Auflage. Taschenformat. 143 Seiten. 1927. Mit Nachtrag. Geb. 2.50

(Guttentagsche Sammlung Deutscher Reichsgesetze. Textausgaben ohne Anmerkungen.)

Diese neue Ausgabe entspricht der neuesten Fassung des Gesetzes unter Berücksichtigung der letzten Änderungen und Verordnungen. Das beigefügte Sachregister erleichtert das rasche Zurechtfinden in den einzelnen Bestimmungen des Gesetzes.

Manes, Alfred, Sozialversicherung. 7. ergänzte Aufl. 1928. Kl.-Oktav. 139 Seiten. Geb. 1.50

(Sammlung Göschen Bd. 267.)

„Es gibt keine andere Darstellung der geltenden Sozialversicherung, die in solch erfreulicher Kürze und Sachlichkeit durch die annähernd 2400 Paragraphen führt." *Hanseatische Rechts- und Gerichts-Zeitschrift.*

Schmeißer, Herbert, Handbuch der Arbeitslosenversicherung. Mit einer Einführung und Erläuterungen. Taschenformat. 2. Aufl. Im Druck.

(Guttentagsche Sammlung Deutscher Reichsgesetze Bd. 165.)

„Das Buch gibt in kurzer, aber ausreichender Form eine Darstellung des gesamten Rechtsstoffes der Erwerbslosenfürsorge unter Anpassung an die praktischen Bedürfnisse. Das Buch, das als Handbuch bezeichnet wird, ist allen Arbeitsnachweisen, Kommunalbehörden, Parlamentariern, Gewerkschaften und Angestelltenverbänden zu empfehlen, zumal es sich um Vorschriften handelt, die in politischer, volkswirtschaftlicher und finanzieller Hinsicht zur Zeit weit schwerwiegender sind als die sonstiger sozialer Gesetze."

Kommunalpolitische Blätter.

2. Arbeitsrecht

Depéne, Hans, Das Arbeitsgerichtsgesetz. Taschenformat. 180 Seiten. 1927. Geb. 3.60

(Guttentagsche Sammlung Deutscher Reichsgesetze Bd. 168.)

„Die neue Materie des Arbeitsgerichtsgesetzes erfordert in erhöhtem Maße das Interesse des Unternehmers. Zur Einarbeitung ist das vorliegende Buch besonders brauchbar, weil es sich nicht um einen Kommentar mit vielen Details handelt, sondern um eine Textausgabe mit einer ausführlichen, von einem hervorragenden Sachkenner verfaßten Einleitung. Daß die entsprechenden Bestimmungen anderer einschlägiger Gesetze gleich mit abgedruckt sind, ist ein großer Vorteil."

Wirtschaftliche Rundschau.

Entscheidungen des Reichsarbeitsgerichts. Herausgegeben von den Mitgliedern des Reichsarbeitsgerichts. Oktav.

Band I. 1928. 6.50, geb. 8.—

Band II. 1928/29. 6.50, geb. 8.—

Band III. 1929. 6.50, geb. 8.—

Die neue Sammlung gibt in der Art der beiden bekannten bisherigen Reihen der Entscheidungen des Reichsgerichts, herausgegeben von den Mitgliedern des Reichsgerichts, die amtliche Auswahl der zur Veröffentlichung bestimmten Entscheidungen des Reichsarbeitsgerichts.

Günther, Adolf, und **Schneider,** Richard, **Arbeiterschutz und Arbeitsrecht.** Zweite Auflage. Taschenformat.

I. Teil: **Arbeitszeitschutz.** Das Arbeitszeitnotgesetz und die übrige arbeitszeitrechtliche Gesetzgebung des Reichs seit dem 9. November 1918. 386 Seiten. 1927. Geb. 7.50

„Die Arbeit ist der 1. Auflage gegenüber ein völlig neues Buch. Der Kommentar umfaßt die gesamte arbeitszeitrechtliche Gesetzgebung von der Staatsumwälzung bis zur Gegenwart, und zwar nicht nur die allgemeinen Bestimmungen, sondern auch die für einzelne Gewerbezweige und Einzelbetriebe erlassenen Verordnungen. Auch die internationale Regelung des Arbeitszeitschutzes findet Berücksichtigung. Das Buch ist ein Führer durch das weite und unübersichtliche Gebiet der arbeitszeitrechtlichen Gesetzgebung. Ein ausführliches Sachregister soll die praktische Benutzung erleichtern." Die Wirtschafts-Genossenschaft.

II. Teil: Gesetz über die **Beschäftigung Schwerbeschädigter** nebst den einschlägigen gesetzlichen Bestimmungen. 404 Seiten. 1928. Geb. 8.—

(Guttentagsche Sammlung Deutscher Reichsgesetze Bd. 138a/138c.)

„Die umfassende Rechtsprechung und die angehende wissenschaftliche Bearbeitung, die das Gesetz erfahren hat, beweisen seine hohe wirtschafts- und sozialpolitische Bedeutung. Das Buch stellt somit nicht nur beim Studium des Gesetzes ein wertvolles Hilfsmittel dar, sondern ist auch für den Handgebrauch des Arbeitsrechtspraktikers unentbehrlich." Berliner Wohlfahrtsblatt.

IV. Teil: **Betriebsstillegungsverordnung.** 240 Seiten. 1929. Geb. 6.50

(Guttentagsche Sammlung Deutscher Reichsgesetze. Bd. 138d.)

Tilly, Dr. Helmuth Tczerclas von, **Internationales Arbeitsrecht.** Unter besonderer Berücksichtigung der Internationalen Arbeitsorganisation. 120 Seiten. 1924. Geb. 1.50

(Sammlung Göschen Bd. 882.)

Es ist das erste Werk, das in klarer, kurzer und allen leicht verständlicher Weise das gesamte grundlegende Tatsachenmaterial — und zwar nur dieses — auf dem umfassenden Gebiete des internationalen Arbeiterschutzes von dessen ersten Anfängen bis in die neueste Zeit bietet.

3. Gewerberecht

Hiller, Fr., und **Luppe,** H., **Gewerbeordnung für das Deutsche Reich nebst Kinderschutzgesetz und Hausarbeitsgesetz** sowie den für das Reich und Preußen erlassenen Ausführungsbestimmungen. Einundzwanzigste, veränderte Auflage. (143. bis 148. Tausend.) Taschenformat. 931 Seiten. 1928. Geb. 11.—

(Guttentagsche Sammlung Deutscher Reichsgesetze Bd. 6.)

„Ein Wort der Empfehlung für dieses Buch zu sagen, erübrigt sich. Hervorgehoben sei, daß diese Auflage alle Vorzüge der früheren Auflagen in sich schließt. Die zahlreichen neuen Gesetze sind erschöpfend berücksichtigt. Zeitschrift des Deutschen Notarvereins.

Brassert, H., Allgemeines Berggesetz für die preußischen Staaten mit Kommentar. Zweite Auflage, bearbeitet von Hans Gottschalk. Groß-Oktav. XXIX, 1291 Seiten. 1914. 27.—, geb. 30.—

Sonnenfeld, Hugo, Die reichsrechtlichen Bestimmungen, betreffend den Handel mit Drogen und Giften. Dritte, veränderte Auflage. Taschenformat. 435 Seiten. 1926. Geb. 12.—
(Guttentagsche Sammlung Deutscher Reichsgesetze Bd. 64.)

„Die Arbeit gehört einem Spezialgebiet an, mit dem nicht jeder Jurist zu tun hat. Wird er einmal genötigt, sich auf dieses Gebiet zu begeben, so ist er um so dankbarer für eine Arbeit, die sofort den Eindruck größter Sachkunde und vollständiger Materialsammlung macht, und deren Führung man sich unbedenklich anvertrauen kann." Vossische Zeitung.

Lebbin, Georg, Nahrungsmittelgesetze mit Erläuterungen. Zweite, stark vermehrte Auflage in zwei Bänden.
I. Band: Das Lebensmittelgesetz vom 5. Juli 1927 mit Nebengesetzen (Margarine, Fleisch, Milch, Süßstoff, Essigsäure usw.). Erläutert von G. Lebbin und R. Gießner. Taschenformat. XVI, 419 Seiten. 1928. Geb. 8.50
II. Band: Getränkegesetze und Getränkesteuergesetze (Wein, Bier, Branntwein, Mineralwasser). Unter Mitarbeit von Rechtsanwalt Dr. Kniebe. Taschenformat. XII, 400 Seiten. 1926. Geb. 10.—
(Guttentagsche Sammlung Deutscher Reichsgesetze Bd. 54b.)

„Das Werk, in der bekannten und bewährten Aufmachung der Gesetzessammlung gearbeitet, ist für unsere Leser und überhaupt die ganze Fachwelt der Getränkeindustrie unentbehrlich, muß doch jedermann mit den einschlägigen Gesetzesbestimmungen sich soweit wie irgend möglich vertraut machen, wenn er nicht in Nachteile geraten will. Die Anschaffung des Buches kann bestens empfohlen werden." Branntweinmonopol.

Voß, Werner, Die reichs- und landesrechtlichen Bestimmungen auf dem Gebiete des Gesundheitswesens. Taschenformat. 608 Seiten. 1929.
(Guttentagsche Sammlung Deutscher Reichsgesetze Bd. 172.) Geb. 11.–

Der vorliegende Band ist eine auf die Praxis abgestimmte Sammlung der Gesetze, Verordnungen und Bestimmungen auf dem Gebiete des Gesundheitswesens, wie sie in dieser Vollständigkeit noch nicht besteht. Dadurch erst ist ein zuverlässiger und rascher Überblick über die einschlägigen weitverstreuten Bestimmungen usw. gewährleistet. Die bei der Guttentagschen Sammlung bewährte Übersichtlichkeit der Anordnung, die Erläuterungen und Verweisungen aus der Feder eines Fachmannes und die Handlichkeit des Formats sowie die Vielseitigkeit der Auswahl sichern auch diesem Bande einen weiten Benutzerkreis.

4. Geistig-gewerblicher Rechtsschutz

Pietzcker, Eduard, Patentgesetz und Gebrauchsmusterschutzgesetz. Kommentar unter Berücksichtigung der vorgeschlagenen und weiter beantragten Abänderungen des Patentgesetzes. Erster Halbband: §§ 1—12 PatG. Groß-Oktav. 427 Seiten. 1929. 26.—, geb. 28.—
(Gewerbe- und Industrie-Kommentar Bd. V, 1.)

„Dies Werk erfüllt die Anforderungen an einen mit wissenschaftlichem

Geiste erfüllten Kommentar in bewundernswerter Weise. Es ist die sorglich zur Reife gebrachte Frucht reicher Erfahrung, und ich glaube nicht zuviel zu sagen, wenn ich ihm nachrühme, daß er mit dem ersten Augenblick seines Erscheinens sich seinen Platz in der ersten Reihe der gesamten Kommentarliteratur gesichert hat.

Es ist nicht nur ein Genuß, diese klare Sprache zu lesen, der geschlossenen Entwicklung der sachlichen Darstellung zu folgen, es ist vor allem eine Freude, die wissenschaftliche Gründlichkeit und den gedanklichen Reichtum dieser Arbeit in sich aufzunehmen.

Die überall zutage tretende geistige Leistung macht Pietzckers Kommentar für jeden, der sich mit diesem Rechtsgebiet zu beschäftigen hat, zum unentbehrlichen Rüstzeug.“ *Markenschutz und Wettbewerb.*

Seligsohn, Arnold, **Patentgesetz und Gesetz, betr. den Schutz von Gebrauchsmustern.** Siebente Auflage. Oktav. 1929. In Bearbeitung.

„Die Vorzüge des Buches sind bekannt. Klare, leichtfaßliche Sprache, wissenschaftliche Vertiefung, dabei starke Betonung der Praxis, lückenlose Behandlung aller Probleme sind die Vorzüge, die den Seligsohnschen Kommentar zum unentbehrlichen Rüstzeug jedes im gewerblichen Rechtsschutz Tätigen gemacht haben.“
Mitteilungen vom Verband Deutscher Patentanwälte.

Lutter, R., **Patentgesetz.** Nebst Ausführungsbestimmungen, völkerrechtlichen Verträgen und Patentanwaltsgesetz, unter eingehender Berücksichtigung der Rechtsprechung des Reichsgerichts und der Praxis des Reichspatentamts. Neunte Auflage. Taschenformat. XV, 467 Seiten. 1928. Geb. 10.—

(Guttentagsche Sammlung Deutscher Reichsgesetze Bd. 22.)

„Der jetzige Verfasser hat einen völlig neuen Kommentar geschaffen, der in seiner Knappheit und Sparsamkeit dem ursprünglichen Zweck gerecht wird, aber an wissenschaftlicher Durcharbeitung und Gründlichkeit die vorangegangenen Auflagen weit überragt. Die jetzt vorliegende Auflage zeichnet sich durch Reichhaltigkeit, Genauigkeit und Klarheit aus.“
Gewerblicher Rechtsschutz und Urheberrecht.

Elster, Alexander, **Urheber- und Erfinder-, Warenzeichen- und Wettbewerbsrecht.** (Gewerblicher Rechtsschutz.) Zweite, stark erweiterte und völlig umgearbeitete Auflage. Mit Abdruck der Gesetzestexte. Oktav. XII, 611 Seiten. 1928. 18.—, geb. 19.50

(Lehrbücher und Grundrisse der Rechtswissenschaft Bd. VIII.)

„Seit Kohler und Osterrieth endlich wieder das lang entbehrte Lehrbuch. Hier unternimmt ein wahrhaft selbständiger und ideenreicher Kopf den Versuch, eine wirkliche Synthese zu schaffen.“ *Juristische Rundschau.*

Neuberg, Johannes, **Gesetz, betr. das Urheberrecht an Mustern und Modellen,** und Gesetz, betr. den Schutz von Gebrauchsmustern, nebst den zu beiden Gesetzen ergangenen Ausführungsverordnungen und abgeschlossenen internationalen Verträgen. Textausgabe mit Einleitung, Anmerkungen und Sachregister. Taschenformat. 192 Seiten. 1911. Geb. 2.40

(Guttentagsche Sammlung Deutscher Reichsgesetze Bd. 102.)

„Die Anmerkungen sind kurz, klar, treffend, mit Nachweisungen aus der Judikatur und aus der Literatur versehen. Sie ermöglichen auch dem mit der Materie nicht vertrauten Praktiker eine schnelle Orientierung über den Stand der Frage.“
Zeitschrift für das gesamte Handelsrecht.

Daude, Paul, **Die Reichsgesetze über das Urheberrecht an Werken der Literatur und der Tonkunst und das Verlagsrecht** vom 19. Juni 1901 in der Fassung des Gesetzes vom 22. Mai 1910 zur Ausführung der revidierten Berner Übereinkunft. Oktav. VIII, 293 Seiten. 1910. 6.—

„Der Zusammenhang der erläuterten Gesetze mit dem Strafgesetzbuch, dem Bürgerlichen Gesetzbuch und anderen Gesetzen ist in leichtverständlicher Weise praktisch dargestellt. Literatur und Rechtsprechung sind angemessen berücksichtigt. Dem praktischen Juristen, dem Buchhändler und dem Autor wird es gleichermaßen vorzügliche Dienste leisten." Deutsche Literatur-Zeitung.

Lindemann, O., **Gesetz, betr. das Urheberrecht** an Werken der Literatur und der Tonkunst. Vierte Auflage. Taschenformat. 171 Seiten. 1921. Geb. 1.80

(Guttentagsche Sammlung Deutscher Reichsgesetze Bd. 60.)

„Die vorliegende Arbeit ist nicht bloß eine Gesetzesausgabe, sondern mit ihren sachgemäßen, gründlichen, sorgfältig gearbeiteten, wenn auch kurzen Erläuterungen zu den einzelnen Paragraphen ein wertvoller Kommentar des Gesetzes. Das Werk sei jedermann auf das beste empfohlen." Juristische Wochenschrift.

Fuld, Ludwig, **Gesetz, betr. das Urheberrecht an Werken der bildenden Künste und der Photographie.** Zweite Auflage. Taschenformat. 192 Seiten. 1925. Geb. 6.—

(Guttentagsche Sammlung Deutscher Reichsgesetze Bd. 81.)

„Der zwar kleine, aber inhaltreiche und daher sehr beliebte Kommentar von Fuld erscheint in zweiter, völlig neubearbeiteter Auflage. Überall ist dem Stande der heutigen Rechtsprechung und wissenschaftlichen Auffassungen Rechnung getragen. In einem Anhang sind die einschlägigen internationalen Übereinkommen abgedruckt. Alle Interessenten werden mit Freuden die neue Auflage begrüßen." Danziger Juristische Monatsschrift.

Heinitz, Ernst, und **Marwitz**, Bruno, **Das Reichsgesetz über das Verlagsrecht.** Textausgabe mit Einleitung, Anmerkungen und Sachregister. Dritte Auflage. Taschenformat. 136 Seiten. 1922. Geb. 1.60

(Guttentagsche Sammlung Deutscher Reichsgesetze Bd. 61.)

„Dieser kurze Kommentar ist durch seine knappen, das Wichtige klar vortragenden Darlegungen dazu berufen, eine Lücke auszufüllen, die sich für den Praktiker des Verlagsrechts seit Jahren ergab. Man darf deshalb das Erscheinen dieser neuen Auflage aus der Feder des Spezialisten des Verlagsrechts mit größter Freude begrüßen." Börsenblatt für den Deutschen Buchhandel.

Elster, A., **Das deutsche Urheber- und Verlagsrecht.** 128 Seiten. 1923. Geb. 1.50

(Sammlung Göschen Bd. 863.)

„Erstaunlich ist, wie Elster diese beiden so viel umstrittenen Gesetze auf so engem Raum in vortrefflicher Weise zur Darstellung gebracht hat." Deutscher Journalistenspiegel.

Heymann, E., **Die zeitliche Begrenzung des Urheberrechts.** Oktav. 74 Seiten. 1927. 5.—

(Sitzungsberichte der Preußischen Akademie der Wissenschaften zu Berlin.)

Elster, A., Das deutsche Erfinderrecht. (Patent- und Musterschutzrecht). 118 Seiten. 1924. Geb. 1.50

(Sammlung Göschen Bd. 891.)

„Die Aufgabe, einen Überblick über das deutsche Erfinderrecht zu geben, ist im Rahmen der kurzen Erörterungen mit viel Geschick gelöst. Deshalb wird das Büchlein auch bei allen Gruppen der am Patentrecht interessierten Personen seine Freunde finden." Gewerblicher Rechtsschutz und Urheberrecht.

Seligsohn, Jul., Geheimnis und Erfindungsbesitz. Groß-Oktav. 147 Seiten. 1921. 3.—

Reininger, G., Der Schutz des Urheberrechts im deutschen Rundfunk. Oktav. 88 Seiten. 1929. 4.—

Die vorliegende Arbeit untersucht die Wirkungen der technischen Neuerungen im Rundfunk hauptsächlich auf das deutsche Urheberrecht und erörtert die Möglichkeiten einer Änderung oder Ergänzung der Gesetzgebung zum Schutz der Urheber.

Sie untersucht die Theorien, die für die Beurteilung des Urheberrechtsschutzes im Rundfunk aufgestellt worden sind, und prüft an Hand dieser Theorien die Rechtslage nach den neuesten Erfindungen.

Pinner-Elster, Gesetz gegen den unlauteren Wettbewerb. Achte, sehr vermehrte und umgestaltete Auflage. Taschenformat. 254 Seiten. 1927. Geb. 5.—

(Guttentagsche Sammlung Deutscher Reichsgesetze Bd. 37.)

„Das Buch ist mehr als eine bloße ‚Textausgabe mit Anmerkungen', nämlich ein richtiger Kommentar, und wird in der Praxis ausgezeichnete Dienste tun."
Senatspräsident am Reichsgericht Dr. Lobe, Leipzig, i. d. Jurist. Wochenschrift.

Born, A., Reichspreßgesetz vom 7. Mai 1874 nebst den einschlägigen Bestimmungen der Reichsverfassung, des Reichsstrafgesetzbuches, der Gewerbeordnung usw. Mit Kommentar und Sachregister. Dritte Auflage. Taschenformat. 176 Seiten. 1924. Geb. 4.—

(Guttentagsche Sammlung Deutscher Reichsgesetze Bd. 53.)

„Das Werk bringt eine sehr reichhaltige Kommentierung des Stoffes, die um so wertvoller ist, als den Entscheidungen der Wortlaut der Urteilsbegründungen beigefügt ist. Ein weiterer Vorteil des Buches ist darin zu erblicken, daß sämtliche einschlägigen Bestimmungen der das Pressewesen berührenden Gesetze aufgeführt, eingehend besprochen und in Beziehung zueinander gebracht worden sind. Als Nachschlagewerk in Zweifelsfällen wird das Buch von großem Nutzen sein."
Ministerialblatt für die preußische innere Verwaltung.

Hagens, Alfred, Warenzeichenrecht. Kommentar. Groß-Oktav. VIII, 408 Seiten. 1927. 22.—, geb. 24.—

(Gewerbe- und Industrie-Kommentar Bd. III.)

„Eine ausführliche Darstellung, die zeigt, daß der Verfasser das gesamte Fachschrifttum und die reichhaltige Rechtsprechung restlos beherrscht. Ich habe gefunden, daß nicht ein einziger Fall von Bedeutung fehlt.

Was aber dem Werke eine erhöhte Bedeutung verschaffen dürfte, ist die auf Erfahrungen einer langen richterlichen Laufbahn beruhende, kritische Würdigung, die keineswegs immer eine Übereinstimmung mit dem höchsten Gerichtshof bekundet." Markenschutz und Wettbewerb.

Seligsohn, Arnold, **Gesetz zum Schutz der Warenbezeichnungen.** Dritte Auflage, bearbeitet in Gemeinschaft mit Martin Seligsohn in Berlin. Groß-Oktav. IV, 416 Seiten. 1925. 15.—, geb. 16.50

„Der Kommentar zeigt alle Vorzüge des in der Wissenschaft und Praxis des gewerblichen Rechtsschutzes gleich ausgezeichneten Juristen: volle theoretische und praktische Beherrschung des Stoffes, klare Darstellungsgabe, sorgsame Behandlung und treffsicheres Urteil.“ Badische Rechtspraxis.

Freund, G. S., **Magnus**, Julius, und **Jüngel**, Friedrich, **Das deutsche Warenzeichenrecht.** Sechste, neubearbeitete Auflage. Teil I: Die internationalen Verträge. VI, 247 Seiten. Mit 4 Tafeln. 1924. Geb. 9.—

(Guttentagsche Sammlung Deutscher Reichsgesetze Bd. 87a.)

„Das ganze Werk mit seiner Fülle von Gesetzen, Verordnungen, Verträgen, Bekanntmachungen bildet eine Quellensammlung für das internationale deutsche Zeichenrecht, ohne die man fortan nicht mehr auskommen kann.“ Gewerblicher Rechtsschutz und Urheberrecht.

IV. Zivilprozeß

Fischer, Otto, **Lehrbuch des deutschen Zivilprozeß- und Konkursrechts.** Groß-Oktav. XII, 488 Seiten. 1918. 8.—, geb. 10.—

Kisch, Wilh., **Deutsches Zivilprozeßrecht.**

I. Band. Dritte, verbesserte Auflage. 120 Seiten. 1922. Mit Nachtrag. 1924. Geb. 1.50
(Sammlung Göschen Bd. 428).

II. Band. Dritte, verbesserte Auflage. 154 Seiten. 1922. Mit Nachtrag. 1924. Geb. 1.50
(Sammlung Göschen Bd. 429).

III. Band. Dritte, verbesserte Auflage. 136 Seiten. 1922. Mit Nachtrag. 1924. Geb. 1.50
(Sammlung Göschen Bd. 430.)

Diese Auflage wird jedem, der sich auf gemeinverständliche Weise über unser geltendes Zivilgerichtswesen unterrichten will, gute Dienste leisten, und kann namentlich den Studierenden des Rechts als Einführung bestens empfohlen werden.

Sydow, R., **Busch**, L., und **Krantz**, W., **Zivilprozeßordnung und Gerichtsverfassungsgesetz.** Neunzehnte Auflage. Groß-Oktav. VIII, 1335 Seiten. 1926. Geb. 25.—

(de Gruytersche Sammlung Deutscher Gesetze. Handkommentare.)

„Der Wert des Werkes ist längst anerkannt. Es gibt wohl keinen Praktiker, der sich seiner nicht mit besonderer Vorliebe bedient. Vollständigkeit, Übersichtlichkeit, Zuverlässigkeit und Ausführlichkeit der Erläuterungen sind auch diesmal dem allgemein beliebten Buche als seine hervorstechendsten Vorzüge treugeblieben. Für die Praxis ist es unentbehrlich.“ Zeitschrift des Bundes Deutscher Justizamtmänner.

Zivilprozeßordnung mit Gerichtsverfassungsgesetz und Einführungsgesetzen in der Fassung der Bekanntmachung vom 13. Mai 1924. VIII, 464 Seiten. 1924. Geb. 3.50

(Guttentagsche Sammlung von Textausgaben ohne Anmerkungen.)

Die handliche Ausgabe enthält den genauen Gesetzestext mit einem das Zurechtfinden sehr erleichternden Sachregister.

Sydow, R., Busch, L., und Krantz, W., Gerichtsverfassungsgesetz mit Einführungsgesetz. Unter besonderer Berücksichtigung der Entscheidungen des Reichsgerichts. Zehnte Auflage. Taschenformat. 347 Seiten. 1925. Geb. 6.—

(Guttentagsche Sammlung Deutscher Reichsgesetze Bd. 14.)

„Das Buch bedarf keiner Empfehlung, es empfiehlt sich selbst durch die Fülle dessen, was es bietet. Gesetzgebung und Rechtsprechung sind bis in die neueste Zeit berücksichtigt.“ Leipziger Zeitschrift für Deutsches Recht.

Rausnitz, Julius, Gebührenordnung für Notare vom 28. Oktober 1922 (GS. 404) nebst den einschlägigen Vorschriften des Preußischen Gerichtskostengesetzes vom 28. Oktober 1922 (GS. 363), beide in der Fassung der Gesetze vom 12. April 1923 (GS. 107), 18. Dezember 1923 (GS. 556) und der Verordnung vom 28. Juni 1924 (GS. 573). Sechste, umgearbeitete Auflage. Oktav. 158 Seiten. 1925. Geb. 7.—

(Guttentagsche Sammlung Preußischer Gesetze Bd. 4.)

„Die Aufgabe, einen kurzgefaßten, aber möglichst vollständigen Handkommentar für den täglichen Gebrauch des Praktikers zu schaffen, hat der Verfasser glänzend gelöst. Mit einer bewundernswerten Kürze und Schärfe entscheidet er nicht nur Streitfragen, sondern behandelt auch die im täglichen Leben vorkommenden Fälle vollständig. Der in seiner äußeren Form sehr handlich und gut ausgestaltete Kommentar kann den Herren Kollegen nur auf das wärmste empfohlen werden. Er wird ihnen sehr bald ein unentbehrlicher, weil nie versagender Ratgeber werden, der ihnen ihre Berufsarbeit sehr erleichtern wird.“ Juristische Wochenschrift.

Sydow, R., Busch, L., und Krieg, O., Die Deutsche Gebührenordnung für Rechtsanwälte und das Preußische Gebührengesetz. Unter besonderer Berücksichtigung der Entscheidungen des Reichsgerichts herausgegeben mit Anmerkungen und Kostentabellen. Dreizehnte Auflage im Druck.

(Guttentagsche Sammlung Deutscher Reichsgesetze Bd. 17.)

„Die Erläuterung der Gebührenordnung bietet besonders Wertvolles. Sie steht schon lange unter den Anmerkungsausgaben mit an erster Stelle. Und das mit Recht.“ Zeitschrift des Bundes Deutscher Justizamtmänner.

Sydow, R., Busch, L., und Krieg, O., Deutsches Gerichtskostengesetz nebst Gebührenordnung für Gerichtsvollzieher und für Zeugen und Sachverständige in den neuesten Fassungen. Auf der Grundlage der Sydow-Buschschen Textausgabe mit Anmerkungen neubearbeitet in elfter Auflage. Taschenformat. XI, 433 Seiten. 1928. Geb. 7.50

(Guttentagsche Sammlung Deutscher Reichsgesetze Bd. 15.)

„Die neue Auflage bietet unter gründlicher Berücksichigung der gesamten ein-

schlägigen Rechtsprechung eine zeitgemäße, übersichtliche und erschöpfende Erläuterung des Gesetzes. Für den täglichen Gebrauch in der Praxis erscheint diese Textausgabe mit Anmerkungen als unentbehrlich.“

Dr. Natter in der „Württembergischen Zeitschrift für Rechtspflege“.

Lindemann, Otto, **Preußisches Gerichtskostengesetz** (neueste Fassung). Nach dem Tode des früheren Herausgebers P. Siméon erläutert. Achte, völlig umgearbeitete Auflage. Taschenformat. 439 Seiten. 1928. Geb. 8.—

(Guttentagsche Sammlung Preußischer Gesetze Bd. 17.)

„Die vorliegende, nunmehr achte Auflage dieser bekannten Ausgabe des Preußischen Gerichtskostengesetzes ist entsprechend den bedeutsamen Änderungen der letzten Jahre völlig umgearbeitet. Die gesamte Rechtsprechung wurde eingehend berücksichtigt, so daß hier eine Erläuterung vorliegt, die Zuverlässigkeit und Vollständigkeit in sich verbindet.“ Mitteilungen des Preußischen Richtervereins.

Freiwillige Gerichtsbarkeit

Jastrow, Hermann, und **Günther**, Hermann, **Die Gesetze des Reiches und Preußens über die freiwillige Gerichtsbarkeit.** Textausgabe mit Einleitung, Anmerkungen und Sachregister. Siebente, vermehrte Auflage. Taschenformat. 548 Seiten. 1928. Geb. 9.—

(Guttentagsche Sammlung Deutscher Reichsgesetze Bd. 46.)

„Die Anmerkungen unterrichten in zuverlässiger Weise über die wichtigste Rechtsprechung des Reichsgerichts und der deutschen Oberlandesgerichte auf dem Gebiete der freiwilligen Gerichtsbarkeit. Ein ausführliches Sachregister erhöht die Brauchbarkeit des bewährten Buches, das auch in der neuen Auflage seinen Zweck auf das beste erfüllen wird.“ Juristische Wochenschrift.

Szkolny, Felix, und **Kober**, Leopold, **Das Notariatrecht**, unter besonderer Berücksichtigung des materiellen Rechts und des Steuer- und Stempelrechts erläutert. Oktav. 236 Seiten. 1926. Geb. 8.50

(Guttentagsche Sammlung Deutscher Reichsgesetze Bd. 163.)

„Die Darlegung des materiellen Rechts, soweit es in der täglichen Anwendung den Notar hauptsächlich beschäftigt. Es wird die Beurkundung einzelner Rechtsgeschäfte und anderer Rechtsvorgänge behandelt. Die Ausführungen verwerten die neueste Lehre und Rechtsprechung eingehend, die Darstellung ist leicht faßlich und klar, einzelne Muster vervollkommnen das anschauliche Bild.“

Zeitschrift des Deutschen Notarvereins.

Szkolny, Felix, **Die Belehrungspflicht des Notars.** Oktav. 52 Seiten. 1927. 2.—

„Ein trotz seines geringen Umfanges sehr nützliches Buch, für das wir dem Verfasser Dank wissen müssen. Jedem Notar wird die Benutzung des Szkolnyschen Buches die Ausübung seines Amtes wesentlich erleichtern. Es ist zu begrüßen, daß die Beschäftigung mit dem Notariatsrecht zunimmt, und es besteht die Hoffnung, daß dies eine günstige Einwirkung auf die Handhabung des Notariats nicht verfehlen wird.“ Zeitschrift des Deutschen Notarvereins.

Konkursordnung und Zwangsvollstreckung

Jaeger, Ernst, **Kommentar zur Konkursordnung** und den Einführungsgesetzen. Mit einem Anhang, enthaltend das Anfechtungsgesetz, die Vergleichsordnung, Auszüge aus den Kostengesetzen, Ausführungsgesetze und Geschäftsordnungen. Sechste und siebente, neubearbeitete Auflage. Groß-Oktav. Der Umfang des Gesamtwerkes umfaßt etwa 100 Bogen. Die Ausgabe erfolgt in Lieferungen. Gesamtpreis etwa 80.—

Erster Band. Erste Lieferung (§§ 1—16). 296 Seiten. 1928. 16.—

Erster Band. Zweite Lieferung (§§ 17—27). Seite 297—472. 1929. 10.—

„Das Jaegersche Werk ist ohne Zweifel der beste von den mehreren guten Kommentaren zur Konkursordnung, die wir besitzen. Die Rechtsanwendung wird von ihm kaum jemals im Stiche gelassen werden, und auch die Rechtslehre wird ihm mannigfache Förderung zu verdanken haben. Das Werk ist mit erschöpfender Gründlichkeit gearbeitet, eine Unsumme auch fernerliegender literarischer Erscheinungen ist von dem Verfasser herangezogen und verwertet worden." Zeitschrift für Deutschen Zivilprozeß.

Sydow, R., **Busch,** L., und **Krieg,** O., **Konkursordnung** und Anfechtungsgesetz. Mit Anmerkungen unter besonderer Berücksichtigung der Entscheidungen des Reichsgerichts. Vierzehnte, vermehrte Auflage. Taschenformat. XXXI, 622 Seiten. 1926. Mit Nachtrag, enthaltend die Vergleichsordnung vom 5. Juli 1927. Geb. 10.—

(Guttentagsche Sammlung Deutscher Reichsgesetze Bd. 13.)

„Diese mustergültige Bearbeitung des Konkursrechtes kann einen großen Kommentar zur Konkursordnung voll ersetzen. Der Reichtum an praktisch-wissenschaftlichen Erläuterungen, an angezogenen Gerichtsentscheidungen setzt in Erstaunen. Die angefügte Darstellung des Anfechtungsgesetzes erfüllt ebenfalls alle Erwartungen." Leipziger Zeitschrift für Deutsches Recht.

Gesetz über den Vergleich zur Abwendung des Konkurses (Vergleichsordnung) vom 5. Juli 1927. 54 Seiten. 1927. —.80

Dient zur Ergänzung der KO. von Sydow-Busch-Krieg, wird aber auch einzeln abgegeben.

Klien, G., **Verordnung über die Geschäftsaufsicht zur Abwendung des Konkurses** vom 14. Dezember 1916. Mit systematischer Einleitung von Ernst Jaeger. Taschenformat. 126 Seiten. 1917. Mit Nachtrag. 1924. Geb. 3.—

(Guttentagsche Sammlung Deutscher Reichsgesetze Bd. 127.)

Fischer, K., und **Schäfer,** L., **Die Gesetzgebung, betr. die Zwangsvollstreckung in das unbewegliche Vermögen** im Reiche und in Preußen. Bearbeitet von J. Krech und O. Fischer. Zweite Auflage. Lexikon-Oktav. XVI, 728 Seiten. 1910. 15.—, geb. 18.—

„Unter den zahlreichen Bearbeitungen des Zwangsvollstreckungsgesetzes ist der

Kommentar von Fischer und Schäfer wohl der wissenschaftlich bedeutendste. Überall sind die Erläuterungen systematisch, manchmal geradezu lehrbuchartig aufgebaut, die leitenden Gedanken treten trotz der Fülle der behandelten Einzelfragen klar und deutlich hervor." Zeitschrift für Rechtspflege in Bayern.

Krech, J., und Fischer, O., Die Gesetzgebung, betr. die Zwangsvollstreckung in das unbewegliche Vermögen im Reiche und in Preußen. Textausgabe mit Einleitung, Anmerkungen und Sachregister. Zehnte Auflage, bearbeitet von O. Fischer. Taschenformat. 266 Seiten. 1929. Geb. 5.—

(Guttentagsche Sammlung Deutscher Reichsgesetze Bd. 43.)

„Einer besonderen Empfehlung dieser handlichen Ausgabe, deren Hauptteil das Gesetz über die Zwangsversteigerung und Zwangsverwaltung bildet, bedarf es nicht. Gesetzgebung, Rechtsprechung und Rechtslehre sind bis zur Gegenwart berücksichtigt." Sächsisches Archiv für Rechtspflege.

Samter, M. K., Handbuch zum Verfahren der Zwangsversteigerung und Zwangsverwaltung nach dem Reichsgesetz vom 24. März 1897 (Fassung vom 20. Mai 1898). Zweite Auflage, vermehrt durch einen Nachtrag und ein Selbstexaminatorium. VIII, 400 Seiten. 1912. 5.—

Im ersten Teil dieses Handbuches sind, seinem Einführungszweck entsprechend, die allgemeinen und materiellrechtlichen Grundlagen des Verfahrens kurz dargestellt, deren Aneignung jüngeren Juristen besonders schwer fällt. Im zweiten Teil ist das Verfahren in organischer Plastik zur Darstellung gelangt, um auch älteren Juristen, in strepitu fori, eine leichte und doch voll ausreichende Übersicht der in Betracht kommenden Vorschriften und Rechtsgrundsätze zu gewähren.

Kretzschmar, F., Die Zwangsversteigerung und die Zwangsverwaltung. 110 Seiten. 1911. Geb. 1.50

(Sammlung Göschen Bd. 523.)

V. Strafrecht und Strafprozeß

Strafgesetzbuch

Ebermayer, Ludwig, Lobe, Adolf und Rosenberg, Werner, Das Reichsstrafgesetzbuch, Leipziger Kommentar mit besonderer Berücksichtigung der Rechtsprechung des Reichsgerichts. Vierte vermehrte und verbesserte Auflage. Lexikon-Oktav. X, 1282 Seiten. 1929. 56.—, in Halbleder geb. 63.—

„Der Kommentar ist in der Praxis unentbehrlich durch seine große Prägnanz und Zuverlässigkeit und bringt auch dem Theoretiker eine ungewöhnliche Fülle von Belehrung und Anregung."
Zeitschrift für die gesamte Strafrechtswissenschaft.

Kohlrausch, Eduard, Strafgesetzbuch für das Deutsche Reich mit Nebengesetzen. Textausgabe mit Anmerkungen und Sachregister. Achtundzwanzigste Auflage. Taschenformat. XII, 589, *52 Seiten. 1928. Geb. 8.—

(Guttentagsche Sammlung Deutscher Reichsgesetze Bd. 2.)

„Schon die hohe Auflagenziffer beweist das Bedürfnis der Praxis für eine Aus-

gabe wie die vorliegende. Es ist in der Tat ein Buch, an Hand dessen eine schnelle und zuverlässige Orientierung über die wichtigsten Auslegungsfragen möglich ist. Der Kern der Dinge wird klar herausgestellt. Wichtige Reichsgerichtsentscheidungen werden als Beleg oder als Beispiel angeschlossen. Die neue Auflage ist überall auf den gegenwärtigen Stand der Rechtsprechung gebracht. So dient das Buch in gleicher Weise dem Studierenden zur Einführung in eine Lektüre des Gesetzes wie dem Praktiker zur schnellen Auffindung einer Entscheidung.“

Rechtsanwalt Dr. Max Alsberg in der „Juristischen Wochenschrift“.

Liszt, Fr. v., Lehrbuch des deutschen Strafrechts. Fünfundzwanzigste, vollkommen durchgearbeitete und zum Teil umgestaltete Auflage, besorgt von Dr. E. Schmidt, Professor an der Universität Breslau. Groß-Oktav. XXXIV, 976 Seiten. 1927.
27.50, geb. 30.—

„Das Lisztsche Lehrbuch wird auch in dieser neuen Bearbeitung seinen ersten Platz und seinen Weltruf sich bewahren.“

Zeitschrift des Deutschen Notarvereins.

Gerland, H. B., Das deutsche Reichsstrafrecht. Oktav. 600 Seiten. 1922. 10.—, geb. 11.50

(Lehrbücher und Grundrisse der Rechtswissenschaft Bd. XVI.)

„Durch knappe, geradezu klassische Kürze zeigende Darstellung gelang es Gerland auf engem Raume eine ungeheure Fülle des Stoffes zu bieten und auf jede Frage Antwort zu geben.“ *Juristische Wochenschrift.*

Zeitschrift für die gesamte Strafrechtswissenschaft. Gegründet von **Fr. von Liszt** und **A. Dochow.** Unter ständiger Mitarbeiterschaft hervorragender Fachmänner herausgegeben von Dr. K. von Lilienthal, Professor in Heidelberg, Dr. Ed. Kohlrausch, Professor in Berlin, und Dr. W. Gleispach, Professor in Wien. Der Jahrgang besteht aus 8—9 Heften. Quart.

Bd. 1—43. 1881—1922. Je 15.—. Bd. 44. 1922. 25.—. Bd. 45. 1924. 21.—. Bd. 46—49. 1925—1929. Je 30.—.

Sammlung außerdeutscher Strafgesetzbücher in deutscher Übersetzung Herausgegeben von den Schriftleitungen der Zeitschrift für die gesamte Strafrechtswissenschaft und der Mitteilungen der Internationalen Kriminalistischen Vereinigung.
Nr. 1—43. 1881—1914. Preise auf Anfrage.

Nr. 44:

Japanische Strafgesetze. I. Schwurgerichtsordnung vom 18. April 1923 und strafrechtliche Nebengesetze. Übersetzt von Hyoichiro Kusano, Reichsgerichtsrat in Tokio, Tadao Sugiura, Oberlandesgerichtsrat in Sapporo, und Dr. jur. Fritz Bartelt in Berlin. II. Strafvollzugsgesetz vom 28. März 1908 nebst Ausführungsverordnung vom 16. Juni 1908. Übersetzt von Dr. jur. Toshita Tokiwa, Gerichtsassessor in Tokio, und Dr. jur. Werner Gentz, Justizrat beim Strafvollzugsamt in Kiel. Oktav. 55 Seiten. 1927.
3.—

Nr. 45:

Die Auslieferungsgesetze Norwegens, Schwedens und Finnlands. Mit einer systematischen Darstellung der Grundzüge des nordischen Auslieferungsrechts im Hinblick auf den Erlaß eines deutschen Auslieferungsgesetzes. Von Dr. jur. Ernst Wolgast, Privatdozent in Königsberg i. Pr. Groß-Oktav. VIII, 487 Seiten. 1928. 20.—

Nr. 46:

Das Türkische Strafgesetzbuch vom 1. März 1926. Gesetz Nr. 765. (Türkisches Gesetzblatt Nr. 320 vom 13. März 1926.) Das Ausführungsgesetz zum Türkischen Strafgesetzbuch vom 26. April 1926. Deutsche Übersetzung von Dr. jur. Kurt Ziemke. Oktav. 138 Seiten. 1927. 5.—

Nr. 47:

Entwurf eines griechischen Strafgesetzbuches. Übersetzt und eingeleitet von Demetrius G. Venturas, Rechtsanwalt in Korfu, Griechenland. Oktav. 123 Seiten. 1928. 7.—

Nr. 48:

Italienischer Vorentwurf zu einem neuen Strafgesetzbuch. (Progetto di un nuovo codice penale.) In deutscher Übersetzung von Dr. K. Bunge, Landgerichtsrat in Berlin. Oktav. XXXII, 224 Seiten. 1928. 10.—

Nebengesetze

Lindemann, Otto, **Sammlung der wichtigsten preußischen Strafgesetze.** Zweite Auflage. Taschenformat. 372 Seiten. 1912. Geb. 3.50

(Guttentagsche Sammlung Preußischer Gesetze Bd. 34.)

„Die durch mehrere wichtige Gesetze erweiterte zweite Auflage dieses unentbehrlichen Ergänzungsbandes zu den in Einzelausgaben erschienenen Preußischen Gesetzen ist durch die Wiedergabe der noch geltenden vereinzelten alten Strafvorschriften nebst trefflich unterrichtenden Vorbemerkungen und Erläuterungen für die Strafverfolgungsbehörden und den Strafrichter besonders wertvoll. Nur mittels einer solchen ausgezeichneten Sammlung ist es diesen möglich, auch die zerstreuten Gebiete des Strafrechts völlig zu beherrschen.“ Deutsche Juristenzeitung.

Kirchner, Rudolf, **Gesetz über den Verkehr mit Kraftfahrzeugen.** Vierte Auflage. In Vorbereitung.

(Guttentagsche Sammlung Deutscher Reichsgesetze Bd. 92.)

„Der Verfasser bietet ein sehr wertvolles Hilfsmittel für Anwendung und Auslegung des wichtigen Gesetzes. Der Schwerpunkt seiner Erläuterungen liegt natürlich in dem Abschnitt über die Haftpflicht; dieser ist denn auch mit besonderer und sehr anerkennenswerter Gründlichkeit bearbeitet; namentlich ist die Rechtsprechung sorgfältig berücksichtigt.“ Leipziger Zeitschrift für deutsches Recht.

Lindemann, Otto, **Polizeiverordnungen in Preußen.** Zweite Auflage. Taschenformat. 189 Seiten. 1912. Geb. 2.50

(Guttentagsche Sammlung Preußischer Gesetze Bd. 36.)

Abhandlungen des Kriminalistischen Instituts an der Universität Berlin. Herausgegeben von Dr. **Franz von Liszt,** o. Professor der Rechte. Sonderverzeichnis kostenlos.
Vierte Folge. I. Band.

Heft 1:

Dannenberg, Herbert, **Liberalismus und Strafrecht im 19. Jahrhundert unter Zugrundelegung der Lehren Karl Georg von Waechters.** Oktav. IV, 66 Seiten. 1925. 3.—

Heft 2:

Tarnowski, Dr. Hans, **Die systematische Bedeutung der adäquaten Kausalitätstheorie für den Aufbau des Verbrechensbegriffs.** Oktav. X, 340 Seiten. 1927. 18.—

Heindl, Robert, **System und Praxis der Daktyloskopie** und der sonstigen technischen Methoden der Kriminalpolizei. Dritte, neubearbeitete und vermehrte Auflage. 900 Abbildungen im Text und 21 Bildertafeln. 780 Seiten. Groß-Oktav. 1927. 36.—, geb. 40.—

„Ein Werk, mit dem wohl für geraume Zeit die Literatur dieses Gebiets ihren krönenden Abschluß gefunden haben dürfte. — Es darf erwartet werden, daß jeder Richter, Rechtsanwalt und Verteidiger sich dieses vorzüglichen Werkes bedient." Deutsche Juristenzeitung.

Kleine kriminalistische Bücherei.

Band 1:

Schneickert, Hans, **Die strafrechtlichen Aufgaben der Polizei.** Für den Polizeiunterricht und die Polizeipraxis. Taschenformat. 182 Seiten. 1921. 2.—

„Das Werk stellt ein brauchbares Hilfsmittel für Unterricht und Praxis dar, dessen Benutzung noch durch ein eingehendes Sachregister erleichtert wird." Ministerialblatt für die preußische Verwaltung.

Band 2:

Philipp, Lothar, **Beobachtungs- und Ermittlungspraxis im Polizei- und Detektivdienst.** Taschenformat. 180 Seiten. 1923. 2.—

„Solch ein Buch kann nur jemand schreiben, der selbst Erfahrung auf diesem Gebiet hat. Alles in allem: ein Buch, für den Fachmann lesenswert, für den Anfänger ein guter Leitfaden, für den Laien interessant." Zeitschrift für gerichtliche Schriftvergleichung.

Band 3:

Manteuffel, H. v., **Falschspieler.** Formen und Technik des Spielbetruges, nebst einem Anhange: Der Spielprofessor und sein angeblich sicheres System beim Spiele gegen eine öffentliche Roulettebank. Taschenformat. 90 Seiten. 1923. 2.—

Gerade heutzutage, wo die Spielleidenschaft so weite Kreise zieht, ist es von besonderem Reiz, diese klare, flüssige und lehrreiche Darstellung zu verfolgen.

Band 4:

Schneickert, Hans, **Kriminalistische Spurensicherung.** Sammlung dienstlicher Anweisungen und sachverständiger Ratschläge für den Dienstgebrauch und für Polizeischulen. Zweite, vermehrte und verbesserte Auflage. Taschenformat. 96 Seiten. Mit 2 Abbildungen. 1925. Geb. 3.—

„Alle Einzelheiten werden hervorgehoben und als möglicherweise wichtige Beweismomente in einem vielarmigen System zusammengefaßt. In der Durchführung seiner Aufgabe hat der Verfasser tatsächlich alles berücksichtigt, was füs das Beweisverfahren von Bedeutung ist und sein könnte.“ Archiv für Kriminologie.

Band 5:

Rehfeldt, P., **Gerichtsärztliche Tatbestandsfeststellungen** im Dienste der Polizei. Ein Leitfaden für Polizei- und Kriminalbeamte. Taschenformat. 133 Seiten. 1927. Geb. 3.50

„Die Bearbeitung gibt eine geschlossene, einheitliche Behandlung des Stoffgebietes durch einen Arzt, wie sie anderweitig in der kriminalistischen Literatur nicht vorhanden ist.“ Deutsches Polizeiarchiv.

Strafprozeßordnung

Kohlrausch, Eduard, **Strafprozeßordnung** und Gerichtsverfassungsgesetz mit Nebengesetzen. Einundzwanzigste Auflage. Taschenformat. XI, 526 Seiten. 1927. Geb. 7.50

(Guttentagsche Sammlung Deutscher Reichsgesetze Bd. 12.)

„Das Buch ist nicht nur für den Praktiker, der sich rasch unterrichten will, sondern auch für den Studierenden, zumal wenn ihm die wirtschaftlichen Verhältnisse die Anschaffung umfangreicher Kommentare nicht ermöglichen, von größtem Wert.“ Oberreichsanwalt Dr. Ebermayer in der „Juristischen Wochenschrift“.

Feisenberger, Albert, **Strafprozeßordnung und Gerichtsverfassungsgesetz.** Handkommentar. Groß-Oktav. IX, 517 Seiten. 1926. Mit Nachtrag 1927. Geb. 17.—

(de Gruyterſche Sammlung Deutscher Gesetze. Handkommentare.)

„Der vorliegende Handkommentar ist eine glänzende Arbeit, die bald in der Hand jedes Strafrichters und Rechtsanwalts sein wird. Er hält die Mitte zwischen Textausgabe und den umfangreichen Kommentaren. Geradezu vorbildlich ist er für den Umfang der Heranziehung der Rechtsprechung. Alles Wesentliche ist berücksichtigt.“ Danziger Juristische Monatsschrift.

Beling, E., **Deutsches Reichsstrafprozeßrecht** mit Einschluß des Strafgerichtsverfassungsrechts. Oktav. XIV, 568 Seiten. 1928. 15.—, geb. 16.50

(Lehrbücher und Grundrisse der Rechtswissenschaft Bd. XVII.)

Die Eigenart des vorliegenden Lehrbuches des Reichsstrafprozeßrechts ist, daß es dem Verständnis der Gesetzestexte vorarbeiten und zu ihnen hinführen will. Gerade das, was nicht im Gesetz steht, ist die Hauptsache; die Gesetzesparagraphen sind Ziel, nicht Ausgangspunkt. Insbesondere aber stellt der Verfasser die Regelungsinhalte des geltenden Rechts in die heutige rechtspolitische Gedankenwelt hinein und gibt ein auch äußerlich scharf hervortretendes System, das den Lernenden befähigt, die Fülle der Einzelheiten unter allgemeinen Ordnungsgesichtspunkten zusammenzusetzen.

Rosenfeld, E. H., Deutsches Strafprozeßrecht. 2 Bände. 128 und 148 Seiten. 1926. Geb. je 1.50
(Sammlung Göschen Bd. 938/939.)
„Eine wissenschaftlich hochstehende, auf einen knappen Raum zusammengedrängte, klar und originell geschriebene Einführung in den deutschen Strafprozeß.“ *Schweizer. Zeitschrift für Strafrecht.*

Löwe, F., und Rosenberg, Werner, Die Strafprozeßordnung für das Deutsche Reich vom 22. März 1924 nebst dem Gerichtsverfassungsgesetz. Kommentar. Achtzehnte, neubearbeitete Auflage. Lexikon-Oktav. 1332 Seiten. 1929. 44.—, in Halbleder geb. 50.—
„Der Löwesche Kommentar hat sich in Wissenschaft und Rechtsprechung eine so hervorragende Stellung erworben, daß er zum unentbehrlichen Ratgeber für Theoretiker und Praktiker geworden ist. Der Kommentar steht auf strafprozessualem Gebiet nach wie vor an erster Stelle und ist ein Meisterwerk in der Kunst einer klaren, übersichtlichen und erschöpfenden Darstellung dieses außerordentlich spröden Stoffes.“ *Zeitschrift des Deutschen Notarvereins.*

Feisenberger, Albert, Strafprozeßordnung und Gerichtsverfassungsgesetz, in alter und neuer Fassung synoptisch gegenübergestellt. Mit ausführlichem Sachregister. Taschenformat. 265 Seiten. 1924. Mit Nachtrag. 1927. Geb. 4.50
(Guttentagsche Sammlung Deutscher Reichsgesetze Bd. 158.)
„Die Ausgabe ist für die Praxis auf längere Zeit unentbehrlich. Die synoptische Darstellung erleichtert die Arbeit und schützt vor Gedächtnisfehlern.“ *Juristische Wochenschrift.*

VI. Öffentliches Recht

1. Staats- und Völkerrecht

Fischbach, O. G., Allgemeine Staatslehre. Zweite Auflage. 136 Seiten. 1928. Geb. 1.50
(Sammlung Göschen Bd. 358.)
„Das Buch darf einer breiten Öffentlichkeit als ausgezeichnete Einführung, den Fachgenossen aber, jung und alt, als Musterbeispiel wissenschaftlichen Bemühens um die denkbar beste Leistung anempfohlen werden, wie man ihm heute nicht allzu häufig mehr begegnet.“ *Reichsverwaltungsblatt.*

Fischbach, O. G., Allgemeines Staatsrecht.
I. Teil. 139 Seiten. 1923. Geb. 1.50
(Sammlung Göschen Bd. 415.)
II. Teil. 151 Seiten. 1923. Geb. 1.50
(Sammlung Göschen Bd. 416.)
„Diese Bearbeitung bringt nicht bloß einen leicht faßlichen gemeinverständlichen Überblick über alle Zweige des Staatsrechtes, sondern auch in den einzelnen Partien viele gründliche wissenschaftliche Erörterungen der einschlagenden Probleme und kritischen Beleuchtung der verschiedenen Rechtsansichten.“

Stier-Somlo, Fritz, **Deutsches Reichs- und Landesstaatsrecht** I. Oktav. XVI, 726 Seiten. 1924. 16.50, geb. 18.—

(Lehrbücher und Grundrisse der Rechtswissenschaft Bd. XVIII.)

„... Von den zurzeit vorhandenen größeren Lehrbüchern des Reichsstaatsrechts das geeignetste.“ Juristische Wochenschrift.

Stier-Somlo, Fritz, **Reichsstaatsrecht.** I. Grundbegriffe des Staatsrechts. Verfassungsgeschichte vom Ende des 18. Jahrhunderts bis zur Reichsverfassung vom 11. August 1919. 108 Seiten. 1927. Geb. 1.50

(Sammlung Göschen Bd. 967.)

II. Das geltende Reichsstaatsrecht. 114 Seiten. 1927. Geb. 1.50

(Sammlung Göschen Bd. 968.)

Stier-Somlo, Fritz, **Preußisches Staatsrecht.** Zweite Auflage. 136 Seiten. 1927. Geb. 1.50

(Sammlung Göschen Bd. 298.)

„Es ist eine Kunst, die nur ein so über der Sache Stehender, wie es der Verfasser auf diesem Gebiete ist, voll meistert, auf so engem Raum und trotzdem auf streng wissenschaftlicher Grundlage und unter Berücksichtigung des neuesten Standes der Forschung die so schwierige Materie darzustellen. Auch für den Juristen ist es eine Freude, die flüssige und interessante Darstellung, die in knappsten Zügen und doch vollständig sowohl die Entwicklung als auch den heutigen Rechtszustand des Staatsrechts umreißt, zu lesen Und deswegen werden die drei schmalen Bändchen nicht allein als wünschenswertes Orientierungsmittel für den Laien und den angehenden Juristen zu begrüßen sein, sondern auch dem im praktischen Berufsleben stehenden Juristen Anregung und Belehrung bieten.“ Juristische Wochenschrift.

Arndt, Adolf, **Die neue Verfassung des Deutschen Reiches.** Dritte Auflage. Taschenformat. 1927. 8.—

(Guttentagsche Sammlung Deutscher Reichsgesetze Bd. 137.)

„In knappen, jedoch sehr eingehenden und namentlich durch stete Hinweise auf die einschlägige Literatur wertvollen Anmerkungen erläutert der hervorragende Staatsrechtslehrer die einzelnen Artikel der Reichsverfassung. Für alle, die sich auf dem schwierigen Gebiet der Reichsverfassung orientieren wollen, liegt hier ein vorzügliches Nachschlagewerk von gediegener Wissenschaftlichkeit vor.“ Staats- und Selbstverwaltung.

Stier-Somlo, Fritz, **Kommentar zur Verfassung des Freistaates Preußen.** Groß-Oktav. 319 Seiten. 1921. Geb. 3.—

„Die Darstellung ist flüssig und knapp und ist als treffliche Orientierung über das neue Verfassungswerk, eine Orientierung, die ihre notwendige Ergänzung in dem vorzüglichen Kommentar Stier-Somlos findet, sehr zu empfehlen.“ Zeitschrift für öffentliches Recht.

Arndt, Adolf, **Die Verfassung des Freistaats Preußen** vom 30. November 1920. Mit Einleitung, vollständigem Kommentar, Landeswahlgesetz und Sachregister. Taschenformat. 158 Seiten. 1921. Geb. 2.—

(Guttentagsche Sammlung Preußischer Gesetze Bd. 1.)

„Die Einleitung ist eine vortreffliche staatsrechtliche Abhandlung, die unter

Berücksichtigung und Verwertung der einschlägigen Literatur in die Entstehungsgeschichte und in die Bedeutung der Verfassungsurkunde einführt. Die Erläuterungen sind recht vollständig und enthalten in knapper Darstellung alles zur Auslegung Wesentliche. Zu den verschiedenen verfassungsrechtlichen Fragen nimmt der Verfasser in geschickter Weise Stellung. Der Kommentar wird denjenigen, die sich mit den einzelnen Bestimmungen der Verfassung vertraut machen wollen, ein willkommener Ratgeber sein.“

Zeitschrift für Polizei- und Verwaltungsbeamte.

Veröffentlichungen der Vereinigung deutscher Staatsrechtslehrer.

Heft 1: Der deutsche Föderalismus. Oktav. 1924. 5.—

Heft 2: Der Schutz des öffentlichen Rechts. Oktav. 1925. 12.—

Heft 3: Die Gleichheit vor dem Gesetz. Der Einfluß des Steuerrechts auf die Begriffsbildung des öffentlichen Rechts. Oktav. 1927. 7.—

Heft 4: Das Recht der freien Meinungsäußerung. — Der Begriff des Gesetzes in der Reichsverfassung. Oktav. 1928. 10.—

Heft 5: Wesen und Entwicklung der Staatsgerichtsbarkeit. — Überprüfung von Verwaltungsakten durch die ordentlichen Gerichte. Oktav. 1929. 12.—

Sehling, Emil, **Kirchenrecht.** Zweite Auflage.

I. Teil. Einleitung. Quellen, Verfassung und Verwaltung der katholischen Kirche. Anhang: Die griechisch-orthodoxe Kirche. 119 Seiten. 1922. Geb. 1.50

(Sammlung Göschen Bd. 377.)

II. Teil: Das evangelische Kirchenrecht. Die Stellung des Staates zur Kirche und das Verhältnis der Religionsgesellschaften zueinander. 87 Seiten. 1927. Geb. 1.50

(Sammlung Göschen Bd. 954.)

Edler v. Hoffmann, H., Deutsches Kolonialrecht. 150 Seiten. 1907. Geb. 1.50

(Sammlung Göschen Bd. 318.)

Neier, Otto, **Sozialisierungsgesetze.** Taschenformat. 214 Seiten. 1920. Geb. 2.20

(Guttentagsche Sammlung Deutscher Reichsgesetze Bd. 141.)

„Das Werk stellt die erste zusammenfassende kommentarische Darstellung der Sozialisierungsgesetzgebung dar und ist für alle Interessenten unentbehrlich.“

Zentralblatt der Reichsversicherung.

Delius, H., Die Beamtenhaftpflichtgesetze des Reiches und der Länder. Vierte, vermehrte und vollkommen neubearbeitete Auflage. Taschenformat. 384 Seiten. 1929. Geb. 10.—

(Guttentagsche Sammlung Deutscher Reichsgesetze Bd. 94.)

Hohenstein, Adolf, und **Goldbaum,** Wenzel, **Reichsschädengesetze.** Textausgabe mit Anmerkungen. Oktav. 360 Seiten. 1922.
Geb. 4.—
(Guttentagsche Sammlung Deutscher Reichsgesetze Bd. 150.)

„In dem Werke sind alle für die Entschädigungsfrage in Betracht kommenden Gesetze zusammengestellt und mit kurzen Anmerkungen versehen worden, die durchaus dankenswerte Fingerzeige für die schnelle Orientierung geben. Im ganzen ist das vorliegende Werk nicht nur ein wertvolles Hilfsmittel für den Fachmann, sondern ist besonders jedem Geschädigten zu empfehlen, der sich über seine Ansprüche orientieren will." Auslandswarte.

Wörterbuch des Völkerrechts und der Diplomatie. Begonnen von Professor Dr. **Julius Hatschek †.** Fortgesetzt und herausgegeben von Dr. **Karl Strupp,** Professor an der Universität Frankfurt a. M., Associé de l'institut de droit international, membre de l'Academie Diplomatique Internationale. Lexikon-Oktav.

Band I: Aachen—Lynchfall. VI, 860 Seiten. 1924.
35.—, in Halbleder geb. 40.—

Band II: Maas—Utschiali. 779 Seiten. 1925.
35.—, in Halbleder geb. 40.—

Band III (Schluß): Vasallenstaaten—Zwangsverschickung. Ferner Anhang: Abessinien—Weltgerichtshof; Sachverzeichnis und Mitarbeiterregister. II, 1316 Seiten. 1929. 62.—, in Halbleder geb. 67.—

„Der Vorsprung, den entsprechende Werke in französischem Sprachgewande bisher hatten, ist nunmehr in Deutschland eingeholt. Die Form der alphabetischen Zergliederung des Stoffes ermöglicht eine breitere Behandlung der Einzelfälle, die im internationalen Rechtsleben nicht selten von größerer Bedeutung als vorzeitig aufgestellte Abstraktionen sind." Zeitschrift für Völkerrecht.

Anzilotti, Lehrbuch des Völkerrechts. Übersetzt und herausgegeben vom Institut für ausländisches öffentliches Recht und Völkerrecht, Berlin. Groß-Oktav. Etwa 25 Bogen. 1929. Im Druck.

Mit der Herausgabe der Übersetzung dieses Lehrbuches des berühmten Völkerrechtlers ist das Institut für ausländisches öffentliches Recht und Völkerrecht einem in Deutschland außerordentlich fühlbaren Bedürfnis entgegengekommen. Das Buch ist nicht schlechthin eine Übersetzung der italienischen Originalausgabe, sondern berücksichtigt auch die gesamte Rechtsprcehung und Literatur der letzten Zeit und stellt somit das zur Zeit modernste Lehrbuch des Völkerrechts überhaupt dar.

Niemeyer, Theodor, **Völkerrecht.** 168 Seiten. 1925. Geb. 1.50
(Sammlung Göschen Bd. 865.)

Dieses Bändchen gibt in gedrängter Form eine vollständige Übersicht über das Völkerrecht.

Beiträge zum ausländischen öffentlichen Recht und Völkerrecht. Herausgegeben im Auftrage des Instituts für ausländisches öffentliches Recht und Völkerrecht in Berlin in Gemeinschaft mit Friedrich Glum, Ludwig Kaas, Rudolf Smend, Heinrich Triepel von **Viktor Bruns.** Groß-Oktav.

Eine Sammlung einschlägiger wissenschaftlicher Abhandlungen, Materialsammlungen, Übersetzungen besonders wertvoller ausländischer Werke u. a.

Heft 1:

Staatsrecht und Politik. Rede beim Antritt des Rektorats der Friedrich-Wilhelms-Universität zu Berlin am 15. Oktober 1926. Von Heinrich **Triepel.** 40 Seiten. 1927. 2.—

Heft 2:

Volksentscheid und Volksbegehren. Ein Beitrag zur Auslegung der Weimarer Verfassung und zur Lehre von der unmittelbaren Demokratie. Von Dr. Carl **Schmitt,** o. ö. Professor der Rechte an der Universität Bonn. 54 Seiten. 1927. 2.60

Heft 3:

Der Aufbau des britischen Reiches. (Der Verhandlungsbericht der Reichskonferenz von 1926.) Eingeleitet und herausgegeben von Gerichtsassessor Dr. K. **Heck,** Referent am Institut für ausländisches öffentliches Recht und Völkerrecht. 152 Seiten. 1927. 6.—

Heft 4:

Die Souveränität. Ein Beitrag zur Theorie des Staats- und Völkerrechts. Von Dr. H. **Heller,** Privatdozent und Referent am Institut für ausländisches öffentliches Recht und Völkerrecht. 177 Seiten. 1927 8.50

Heft 5:

Die Missionsfreiheit nach den Bestimmungen des geltenden Völkerrechts. Von Dr. Theodor **Grentrup,** S. V. D. 112 Seiten. 1928 5.50

Heft 6:

Das Minoritätenproblem und seine Literatur. Kritische Einführung in die Quellen und die Literatur der europäischen Nationalitätenfrage der Nachkriegszeit, unter besonderer Berücksichtigung des völkerrechtlichen Minderheitenschutzes.

Allgemeiner Teil. Von Jakob **Robinson,** Rechtsanwalt in Kaunas (Litauen). 265 Seiten. 1928. 9.—

Heft 7:

Der Reichssparkommissar. Von Dr. Karl **Bilfinger,** o. ö. Professor der Rechte an der Universität Halle. 68 Seiten. 1928. 3.60

Heft 8:

Die völkerrechtliche Stellung der fremden Truppen im Saargebiet. Von Dr. jur. J. M. **Bumiller,** Referent am Institut für ausländisches öffentliches Recht und Völkerrecht, Berlin. 156 Seiten. 1928. 9.—

Heft 9:

Das Recht des Ausnahmezustands im Auslande (Frankreich, Belgien, Niederlande, Italien, England, Irland). Bearbeitet im

Institut für ausländisches öffentliches Recht und Völkerrecht. 296 Seiten. 1928. 14.—

Heft 10:

Die Beziehungen zwischen dem Parlament und den Gerichten in England. Eine rechtsvergleichende Studie. Von Heinrich B. **Gerland.** 137 Seiten. 1928. 8.—

Heft 11:

Zu den Problemen des fascistischen Verfassungsrechts. Akademische Antrittsvorlesung. Von Dr. Gerhard **Leibholz,** Privatdozent an der Universität Berlin, Referent am Institut für ausländisches öffentliches Recht und Völkerrecht. 112 Seiten. 1928. 5.—

Heft 12:

Der deutsche und der französische Reichswirtschaftsrat. Ein Beitrag zu dem Problem der Repräsentation der Wirtschaft im Staat. Von Dr. Friedrich **Glum,** Privatdozent an der Universität Berlin, Wissenschaftliches Mitglied des Instituts für ausländisches öffentliches Recht und Völkerrecht. 188 Seiten. 1929. 9.—

Zeitschrift für ausländisches öffentliches Recht und Völkerrecht. Im Auftrage des Instituts für ausländisches öffentliches Recht und Völkerrecht herausgegeben von Dr. Viktor **Bruns,** Professor an der Universität Berlin, Leiter des Instituts.

Band I. Im Druck.

Diese neue Zeitschrift enthält wissenschaftliche Abhandlungen aus dem Gebiete des Völkerrechts und des ausländischen Staats- und Verwaltungsrechts von deutschen und ausländischen Mitarbeitern. Der Materialteil wird aus denselben Gebieten in systematischer Anordnung Urkunden im Wortlaut und kurz dokumentierte Berichte bringen.

Kraus, H., Internationale Schiedssprechung. Eine Sammlung der für das Deutsche Reich verbindlichen Verträge und Vertragsbestimmungen, die sich auf internationale Gerichtsbarkeit, Schiedsgerichtsbarkeit sowie Vergleichsverfahren beziehen, nebst den dazugehörigen deutschen Regierungsdenkschriften. Taschenformat. XXXVI, 348 Seiten. 1929. (Guttentagsche Sammlung Deutscher Reichsgesetze Bd. 174.) Geb. 10.—

Die vorliegende Sammlung ist eine systematische Zusammenstellung derjenigen Staatsverträge und Vertragsbestimmungen, die sich auf die friedliche Erledigung internationaler Streitigkeiten im juristisch geordneten Verfahren beziehen, soweit Deutschland daran beteiligt ist. Diese Zusammenstellung reicht vom Schiedsabkommen der Haager Friedenskonferenz von 1899 bzw. 1907 über die Locarnoverträge zum sog. Kellogpakt. Besonderer Wert wurde auf den Abdruck der Bemerkungen der deutschen Regierung zu fast allen diesen Verträgen gelegt.

Strupp, Karl, **Das Werk von Locarno.** Eine völkerrechtlich-politische Studie. Oktav. 180 Seiten. 1926. 10.—

„Die lückenlose Mitteilung aller für das Verständnis und die Auslegung wichtiger Urkunden macht das aktuelle Buch zu einem außerordentlich wertvollen Mittel der Erkenntnis des Inhalts und der Tragweite dieser grundlegenden Staatsverträge.“ D. A. Z.

Deutschland unter dem Dawes-Plan. Entstehung, Rechtsgrundlagen, wirtschaftliche Wirkungen der Reparationslasten. Von Professor Max **Sering,** Universität Berlin. Oktav. VIII, 237 Seiten. 1928. 10.—

Der weithin bekannte Volks- und Weltwirtschaftler nahm im Auftrage der Reichsregierung als Sachverständiger an der Weltwirtschaftskonferenz zu Genf teil und ist ganz besonders berufen, die Entstehungsgeschichte, die Rechtsgrundlagen, die volks- und weltwirtschaftlichen Auswirkungen des Dawes-Abkommens nach jeder Richtung hin zu untersuchen und darzustellen. Nachdem sich die Reparationen auch in der Form der Daweszahlungen als schwerstes Hindernis der normalen Entwicklung der deutschen Volkswirtschaft und somit auch für den Wiederaufbau der Weltwirtschaft überhaupt herausgestellt haben und eine Revision des Dawes-Abkommens immer dringlicher wird, ist eine Untersuchung dieses Problems nach einem nunmehrigen Stande von ganz besonderer Wichtigkeit.

2. Verwaltungsrecht

Reichsrecht

Blume, E., und **Weirauch**, W., **Die Eisenbahn-Verkehrsordnung** vom 16. Mai 1928 mit Allgemeinen Ausführungsbestimmungen sowie dem Internationalen Übereinkommen über den Eisenbahnfrachtverkehr vom 30. Mai 1925 und dem Internationalen Übereinkommen über den Eisenbahn-Personen- und Gepäckverkehr vom 12. Juni 1925. Textausgabe mit Anmerkungen. Vierte Auflage. Taschenformat. X, 482 Seiten. 1928. Geb. 9.—

(Guttentagsche Sammlung Deutscher Reichsgesetze Bd. 91.)

„Wir besitzen hier einen neuen, die tatsächlichen Verhältnisse bis zur Gegenwart berücksichtigenden Kommentar und damit ein treffliches Hilfsbuch für alle, die sich mit dem Eisenbahnverkehrsrecht theoretisch und praktisch zu beschäftigen haben. Der Kommentar wird besonders auch den Gerichten und den Anwälten gute Dienste leisten, da die Ausführungsbestimmungen zur Eisenbahnverkehrsordnung, die vollständig abgedruckt werden, sonst nur in den Tarifen veröffentlicht werden, die in den Kreisen der Juristen weniger bekannt sind. Allen, die es angeht, kann daher die Anschaffung der neuen Auflage dringend empfohlen werden.“ Juristische Wochenschrift.

Fischer, D., und **Staedler**, E., **Die deutsche Post- und Telegraphengesetzgebung.** Teil I: Postrecht (mit Ausschluß des internationalen Rechts). Siebente Auflage. 47*, 586 Seiten. 1929. Geb. 15.—

(Guttentagsche Sammlung Deutscher Reichsgesetze Bd. 7.)

Mit der vorliegenden Neuauflage dieser lange Zeit vergriffen gewesenen Aus-

gabe wird dem Wunsche zahlreicher Interessenkreise entsprochen: Die neue Bearbeitung ist gegenüber der letzten Auflage wesentlich vermehrt und in allen Teilen neugestaltet. Sie enthält die Quellen des Postrechts, wobei die Postordnung in ihrer letzten Fassung (vom Januar 1929) erscheint.

Dem Ganzen wurde erstmalig eine Systematik des geltenden Postrechts vorangestellt; die Gesetzestexte wurden sorgfältig erläutert, Rechtsprechung und die einschlägige Literatur bis auf die letzte Zeit berücksichtigt.

Sebba, Julius, **Seewasserstraßenordnung.** (Polizeiverordnung zur Regelung des Verkehrs auf den deutschen Seewasserstraßen vom 31. März 1927.) Taschenformat. 493 Seiten. 1928. Geb. 8.50

(Guttentagsche Sammlung Deutscher Reichsgesetze Bd. 171.)

„Es bedarf hierbei wohl nicht der besonderen Hervorhebung, daß die Kommentierungsmethode des rühmlichst bekannten Neu-Herausgebers von Schaps-Seerecht auch in dem vorliegenden Werke eine knappe und doch gründliche geworden ist." Verkehrsrechtliche Praxis.

Busse, Rudolf, **Luftrecht einschließlich Luftverkehrsgesetz und Pariser Luftverkehrsabkommen.** Taschenformat. XVIII, 448 Seiten. 1928. Geb. 10.—

(Guttentagsche Sammlung Deutscher Reichsgesetze Bd. 170.)

Das vorliegende Buch sucht in einem nationalen und internationalen Teil einen klaren Überblick über das gesamte Luftrecht zu geben; der neueste Stand der Rechtsprechung ist hierbei berücksichtigt. Den erläuterten Gesetzesabkommenstexten ist eine systematische Einführung in das gesamte Luftrecht mit seinen vielseitigen Rechtsdisziplinen vorausgeschickt.

Zeitschrift für das gesamte Luftrecht (ZLR.). Herausgegeben von Dr. jur. Otto **Schreiber,** o. Professor an der Universität in Königsberg i. Pr., Geh. Regierungsrat, Leiter des Instituts für Luftrecht. Erscheint in Bänden zu je vier Heften.

Band I 1926/28 50.—, geb. 55.—

Band II, Heft 1 10.—

„Organisation und Inhalt der Zeitschrift machen einen vorzüglichen Eindruck. Im Interesse ihres hohen sachlichen Zieles sind ihr weite Verbreitung und bester Erfolg zu wünschen." Weltwirtschaftliches Archiv.

Volkmann, Kurt, **Die Straßenverkehrsordnungen** nebst den einschlägigen Nebenbestimmungen. Taschenformat. 312 Seiten. 1929. Geb. 7.—

(Guttentagsche Sammlung Deutscher Reichsgesetze Bd. 175.)

Die vorliegende neue Zusammenstellung der für den Straßenverkehr in Stadt und Land geltenden Bestimmungen hat sich aus der Eigenart des Verkehrs notwendig gemacht. Die Erläuterung stützt sich auf die Musterordnung des Reichsverkehrsministeriums, der bis auf ganz geringfügige Änderungen alle Landesverordnungen engstens nachgebildet sind. Ferner enthält sie die Verordnung über den Kraftfahrzeugverkehr, die Berliner Straßenordnung, die Grundzüge betreffend den Radfahrverkehr, die entsprechenden preußischen Runderlasse sowie die österreichische Straßenpolizeiverordnung. Rechtsprechung und Literatur sind berücksichtigt.

Kirchner, Rudolf, **Gesetz über den Verkehr mit Kraftfahrzeugen** vom 3. Mai 1909. Vierte, völlig neubearbeitete Auflage. In Vorbereitung.

(Guttentagsche Sammlung Deutscher Reichsgesetze Bd. 92.)

„Der Verfasser hat sich mit der nicht unschwierigen Materie auf das beste vertraut gemacht und seine Kenntnisse mit großer Gewandtheit in logischen, klaren und ausführlichen Erläuterungen zum Gesetze verwertet."
Zeitschrift für Polizei- und Verwaltungsbeamte.

Aumer, Georg, **Der Kraftfahrzeugverkehr.** Richtlinien für Polizeibeamte und Kraftfahrer. Mit 79 Abbildungen und Figuren. Zweite Auflage. Taschenformat. 208 Seiten. 1928.
Geb. 4.50

„Ein kleines, aber nicht nur für jeden Polizeibeamten, sondern für jeden bei einem Kraftfahrzeugunfall — sei es nur als Zeugen — Beteiligten interessantes Kapitel über Hinweise auf Feststellungen bei Unglücksfällen und eine Übersicht über den Kraftfahrzeugbestand schließen die interessante Schrift, die — wenn sie sich auch ihrem Zweck entsprechend von juristischen Erörterungen fernhält — doch auch dem Juristen eine Fülle rechtstatsächlichen Materials, das gerade auf diesem Gebiete besonders wichtig ist, bietet." *Juristische Wochenschrift.*

Holzapfel, W., **Die Siedlungsgesetzgebung** im Reich und in Preußen. 347 Seiten. 1920. Geb. 3.—

(Guttentagsche Sammlung Deutscher Reichsgesetze Bd. 140.)

„Die zur Ausführung jener Gesetze bestimmten Behörden und auch die literarische Forschung wird dem Verfasser für seine mühevolle Arbeit Anerkennung zollen." *Archiv für öffentliches Recht.*

Behrend, Ernst, und **Stranz-Hurwitz**, Helene, **Sammlung von Wohlfahrtsgesetzen** des Deutschen Reichs und Preußens nebst den allgemeinen Wohlfahrtsgesetzen von Sachsen, Thüringen, Hamburg, Mecklenburg-Schwerin und -Strelitz, Oldenburg, Lippe und Lübeck.

Teil I: Taschenformat. 560 Seiten. 1923. Geb. 5.—

Teil II: Nebst Ausführungsgesetzen sämtlicher Länder zum Reichsjugendwohlfahrtsgesetz. Taschenformat. XVI, 551 Seiten. 1925. Geb. 9.—

Teil I und II zus. 12.—

(Guttentagsche Sammlung Deutscher Reichsgesetze Bd. 152 und 152a.)

„Die kurzen, alles Wesentliche zusammenfassenden Einleitungen zu den einzelnen Gesetzen sind mit außerordentlicher Sachkunde und Klarheit geschrieben; sie genügen zusammen mit den Literaturangaben völlig für den Praktiker, um die Gesetzestexte richtig handhaben zu können. Das Werk ist für alle in der Wohlfahrtspflege Arbeitenden unentbehrlich und sehr praktisch."
Nachrichtendienst des Deutschen Vereins für öffentliche Fürsorge.

Wegner, Arthur, **Jugendrecht.** Ein Lehrbuch zur Einführung. Oktav. IX, 219 Seiten. 1929. 6.—, geb. 7.50

„Ein gleichartiges und gleichwertiges Werk über das Jugendrecht gibt es noch nicht." *Breslauer Zeitung.*

Drewes, Paul, und **Sandré,** Emil, **Das Reichsgesetz für Jugendwohlfahrt** vom 9. Juli 1922 und **Jugendgerichtsgesetz** vom 16. Februar 1923 nebst Nebengesetzen. Zweite Auflage. Taschenformat. XVI, 496 Seiten. 1928. Geb. 11.—

(Guttentagsche Sammlung Deutscher Reichsgesetze Bd. 154.)

„Eine sehr handliche Gesetzesausgabe. Sie bietet in ausführlichen geschichtlichen und rechtlichen Vorbemerkungen und Einleitungen wertvolles Material zur Einführung in den Willen und Geist beider Gesetze und gibt in knappen, aber ausreichenden Erläuterungsbemerkungen zu den einzelnen Bestimmungen dem Praktiker die erforderlichen Unterlagen zur richtigen Anwendung. Das Werk dürfte sich in der Praxis bald beliebt machen."

Blätter für öffentliche Fürsorge.

Sandré, Emil, **Verordnung über die Fürsorgepflicht.** Vom 14. Februar 1924. Mit Einschluß der für die Durchführung dieser Verordnung in Frage kommenden reichs- und landesgesetzlichen Bestimmungen. Taschenformat. 342 Seiten. 1925. Geb. 6.—

(Guttentagsche Sammlung Deutscher Reichsgesetze Bd. 160.)

„Die Zusammenstellung der bis in die jüngste Zeit ergangenen gesetzlichen Bestimmungen, die in Beziehung zur Fürsorgepflichtverordnung stehen, gibt der Sandréschen Arbeit ihre besondere Bedeutung. Die Anmerkungen sind zahlreich und zeichnen sich durch einen feinen, klaren Stil aus. Das Buch ist übersichtlich geordnet und leicht zu handhaben." Schleswig-Holsteinische Wohlfahrtsblätter.

Szczesny, Viktor, **Das Lichtspielgesetz** vom 12. Mai 1920 mit der Ausführungsverordnung, Einleitung, Gebührenordnung und Sachregister. Taschenformat. 106 Seiten. 1920. Geb. 1.50

(Guttentagsche Sammlung Deutscher Reichsgesetze Bd. 147.)

„Das neue Lichtspielgesetz hat hier eine ausführliche Kommentierung gefunden. Das Buch kann bei der gründlichen Behandlung des Stoffes als ein geeignetes Hilfsmittel für die Praxis bezeichnet werden."

Preußische Gemeinde-Zeitung.

Wündisch, Ernst, **Das Gesetz über Schußwaffen und Munition** vom 12. April 1928 (RGBl. I S. 143) nebst der Ausführungsverordnung der Reichsregierung vom 13. Juli 1928 (RGBl. I S. 198) und dem Preußischen Erlaß zur Durchführung des Gesetzes vom 7. September 1928 (MBliV. S. 925). Taschenformat. 139 Seiten. 1928. Geb. 5.—

(Guttentagsche Sammlung Deutscher Reichsgesetze Bd. 173.)

Durch das neue Gesetz über Schußwaffen und Munition vom 12. April 1928 sind auf diesem für die Öffentlichkeit so wichtigen Gebiet neue Rechtsverhältnisse geschaffen worden, für die die Praxis exakte Erläuterungen wünscht. Eine solche Erläuterung stellt das vorliegende Buch dar, das, von einem auf diesem Gebiet besonders erfahrenen Sachkenner bearbeitet, eine absolut zuverlässige Darstellung der neuen Bestimmungen enthält. Außer dem Gesetzestext sind die für die Praxis wichtigen Ausführungsbestimmungen des Reiches und Preußens abgedruckt. Auf Übersichtlichkeit, Leichtverständlichkeit und Vollständigkeit der Erläuterungen, die die Hauptvorzüge der Guttentagschen Sammlung sind, wurde auch bei diesem Gesetze Wert gelegt.

Fraustädter, W., und **Kreutzberger,** M., **Das deutsche Ausländerrecht.** Die Bestimmungen des Reichsrechts und preußischen Landesrechts. Textausgabe mit Erläuterungen und Sachregister. Taschenformat. 396 Seiten. 1927. Geb. 9.—

(Guttentagsche Sammlung Deutscher Reichsgesetze Bd. 166.)

„Eine höchst begrüßenswerte Veranstaltung, aus dem Bedürfnis der Praxis hervorgegangen und mit vollendetem Sachverständnis unternommen. Sowohl die Vollständigkeit der mannigfach verstreuten gesetzlichen Bestimmungen als deren Anordnung, Registrierung und Erläuterung durch Ausführungsbestimmungen, Gerichtsentscheidungen, Verwaltungspraxis ist vortrefflich."

Niemeyers Zeitschrift für internationales Recht.

Voß, Werner, Die reichs- und landesrechtlichen Bestimmungen auf dem Gebiete des **Gesundheitswesens.** Zusammengestellt und mit Anmerkungen versehen. Taschenformat. 608 Seiten. 1929. Geb. 11.—

(Guttentagsche Sammlung Deutscher Reichsgesetze Bd. 172.)

„Der Band enthält eine Sammlung der Gesetze, Verordnungen und Bestimmungen auf dem Gebiete des Gesundheitswesens, wie sie in dieser Vollständigkeit sonst nicht besteht. Dadurch erst ist ein zuverlässiger und rascher Überblick über die einschlägigen weit verstreuten Bestimmungen gewährleistet. Übersichtlichkeit der Anordnung, die Erläuterungen und Verweisungen und die Handlichkeit des Formats sichern dem Buch einen weiten Benutzerkreis."

Württ. Zeitschr. f. Rechtspflege.

Hippel, W. von, **Reichsviehseuchengesetz** vom 26. Juni 1909 nebst Ausführungsvorschriften und dem preußischen Ausführungsgesetz. Zweite Auflage. Taschenformat. 486 Seiten. 1913. Geb. 4.—

(Guttentagsche Sammlung Deutscher Reichsgesetze Bd. 103.)

Boxberger, L. von, **Vogelschutzgesetz** vom 30. Mai 1908 nebst den das Flugwild betreffenden Bestimmungen der Preußischen Jagdordnung. Taschenformat. 57 Seiten. 1909. Geb. 1.—

(Guttentagsche Sammlung Deutscher Reichsgesetze Bd. 89.)

Landesrecht

Bitter, von, Handwörterbuch der Preußischen Verwaltung. Dritte, vollständig umgearbeitete Auflage. Unter Mitwirkung zahlreicher hoher Reichs- und preußischer Staatsbeamten herausgegeben von Dr. Bill Drews, Staatsminister a. D., Präsident des Pr. Oberverwaltungsgerichts, und Dr. Franz Hoffmann, Wirklicher Geheimer Oberregierungsrat, Berlin. Lexikon-Oktav. 1928. 120.—, geb. 132.—

Erster Band, 1. Halbband: Abbaugerechtigkeiten—Fleisch- und Viehagenten. 552 Seiten.
2. Halbband: Fleischvergiftung—Kyffhäuserbund. Seite 553 bis 1134 und IX Seiten.

Zweiter Band: Lackfabriken—Zwischenkredit. VII, 1220 Seiten.

(Im Verlage der Firmen: Walter de Gruyter & Co., Berlin; Carl Heymanns Verlag, Berlin; Roßberg'sche Verlagsbuchhandlung, Leipzig.)

Das zentrale Werk der Praxis des Verwaltungsrechts.

Reichelt, H., Verwaltungsgesetzbuch für Preußen. Systematische Zusammenstellung der wichtigsten Verwaltungsgesetze und Verordnungen für Praxis und Unterrichtszwecke. Lexikon-Oktav. VII, 1302 Seiten. 1914. Geb. 7.60

„Das Buch ist sehr wertvoll, dem Praktiker unentbehrlich und leistet demjenigen, der sich auf eine Prüfung vorbereitet, vorzügliche Dienste. Allen Verwaltungsbehörden wird das Buch warm empfohlen.“
Preußische Verwaltungs- und Finanz-Zeitung.

Friedrichs, K., Die Gesetzgebung über die allgemeine Landesverwaltung und Zuständigkeit der Verwaltungs- und Verwaltungsgerichtsbehörden. Dritte, durchgesehene Auflage. Taschenformat. XXIII, 295 Seiten. 1927. Geb. 5.—
(Guttentagsche Sammlung Preußischer Gesetze Bd. 42.)

„Der Wert dieser Arbeit liegt darin, daß er eine erschöpfende und klare Übersicht über das tatsächlich geltende Verwaltungsrecht bringt. Das Werk ist ein vorzügliches und nie versagendes Hilfsmittel.“ *Gesetz und Recht.*

Pfafferoth, Carl, Preußische Beamtengesetzgebung. Fünfte Auflage. XIV, 280 Seiten. 1916. Geb. 2.40
(Guttentagsche Sammlung Preußischer Gesetze Bd. 2.)

Dultzig, Eugen von, Das preußische Disziplinargesetz für die nichtrichterlichen Beamten. Taschenformat. XIV, 364 Seiten. 1914. Geb. 4.20
(Guttentagsche Sammlung Preußischer Gesetze Bd. 51.)

„Der Verfasser kennt das Disziplinarrecht aus eigener Tätigkeit und aus langer Erfahrung. Diese hat er zu einem praktischen Nachschlagebuch für alle praktischen Fragen des Disziplinarrechts ausgestaltet. Bei tunlichster Kürze sind doch recht erschöpfende, klare und anschauliche Erläuterungen entstanden, die das Verständnis und die Anwendung des Disziplinarrechts in zweckmäßiger Weise erleichtern. Das Büchlein verdient volle Beachtung.“
Zeitschrift für Polizei- und Verwaltungsbeamte.

Hagemann, Rudolf, Hinterlegungsordnung vom 21. April 1913. Taschenformat. 175 Seiten. 1914. Geb. 2.20
(Guttentagsche Sammlung Preußischer Gesetze Bd. 53.)

„Das in der vorteilhaft bekannten Guttentagschen Sammlung erschienene Buch darf als ein Hilfsmittel zu dem nicht immer ganz einfachen Verständnis der neuen Hinterlegungsvorschriften bestens empfohlen werden; es ist klar, übersichtlich und ausführlich.“ *Zentralblatt für freiwillige Gerichtsbarkeit.*

Aschrott, P. F., Gesetz über die Fürsorgeerziehung Minderjähriger. Vom 2. Juli 1900. Nebst Ausführungsanweisungen. Dritte Auflage. Taschenformat. 374 Seiten. 1917. Geb. 2.80
(Guttentagsche Sammlung Preußischer Gesetze Bd. 28.)

„Das Buch gewährt nicht nur einen klaren Einblick in die gegenwärtige Gestaltung der Fürsorgeerziehung in Preußen, sondern es gibt auch über die Zweifelsfragen, welche bei der Auslegung des technisch ziemlich unvollkommenen Fürsorgeerziehungsgesetzes in besonders reicher Fülle auftauchen, durchweg eine erschöpfende und zutreffende Auskunft.“ *Das Recht.*

Marcks, A., Gesetz, betr. die Unterhaltung der öffentlichen Volksschulen. Taschenformat. 194 Seiten. 1906. Geb. 1.80

(Guttentagsche Sammlung Preußischer Gesetze Bd. 39.)

„Das handliche Büchlein wird, von sachkundiger Seite herrührend und praktisch angelegt, Verwaltungsbeamten, Schulvorständen, Lehrern beim Gebrauch gute Dienste leisten.“ *Schulblatt der Provinz Brandenburg.*

Ledermann, W., und **Brühl, L., Die Städteordnung für die sechs östlichen Provinzen Preußens.** Zweite Auflage. Taschenformat. 593 Seiten. 1913. Geb. 6.—

(Guttentagsche Sammlung Preußischer Gesetze Bd. 32.)

„Der Ledermann-Brühlsche Kommentar zur Städteordnung, eine hervorragende Arbeit des leider so früh verstorbenen Mannes und seines Mitarbeiters, ist von der Kritik und der Praxis so einmütig günstig aufgenommen worden, daß er auch in seiner zweiten durch Gesetzgebung, Literatur und Rechtsprechung der letzten zehn Jahre bereicherten Ausgabe keiner weiteren Empfehlung bedarf.“
Kommunale Praxis.

Wölbling, P., Bildung der neuen Stadtgemeinde Berlin. Zweite Auflage. Taschenformat. 114 Seiten. 1920. Geb. 1.40

(Guttentagsche Sammlung Preußischer Gesetze Bd. 59.)

„Einem Gesetz, daß als eine Ergänzung der Städteordnung abgefaßt ist, hat der Verfasser lebendigen Gedankeninhalt verliehen. Auf die Verknüpfung des Neuen mit der Städteordnung und ihrer engeren Gestaltung wird im einzelnen mit umfassender Sorgfalt hingewiesen.

Die Ebenmäßigkeit mit den Kommentaren anderer Gesetze der Guttentagschen Sammlung, die unter weniger leidenschaftlichen Kämpfen zur Entstehung gelangten, erringt der Verfasser durch seine strenge Sachlichkeit. Damit muß seinem Werk die Beachtung bei der Durchführung des Gesetzes und bleibender Wert gesichert erscheinen.“ *Soziale Praxis.*

Holzapfel, W., Umlegungsordnung. Taschenformat. 144 Seiten. 1921. 1.80

(Guttentagsche Sammlung Preußischer Gesetze Bd. 60.

„Holzapfel, der hervorragende Kenner der Auseinandersetzungsgesetze, erläutert die Vorschriften der Umlegungsordnung in seiner scharfsinnigen Art in durchaus erschöpfender Weise und gibt in diesen Erläuterungen ein außerordentlich anschauliches Bild von der Umlegung der Grundstücke. Das Buch ist auch für Laien leicht und gut verständlich und kann jedem, der für die Umlegung Interesse hat, zur Benutzung angelegentlich empfohlen werden.“
Preußisches Verwaltungsblatt.

Holzapfel, W., Gesetz über Landeskulturbehörden. Taschenformat. 176 Seiten. 1919. Geb. 2.—

(Guttentagsche Sammlung Preußischer Gesetze Bd. 57.)

„Der Titel gibt den Inhalt des Werkchens vollständig an, hinzuzufügen ist aber, daß die Erläuterung, die umfangreich und eingehend ist und der praktischen Handhabung des Gesetzes Schritt für Schritt folgt, aus der Feder eines Mannes herrührt, der durch seine sachliche Qualifikation als gründlicher Kenner der Materie für eine zuverlässige Führung die größte Gewähr bietet. Dankenswert ist die Gründlichkeit der im bescheidenen Rahmen geleisteten Arbeit.“
Verwaltungs-Archiv.

Meyer, O., Gesetz, betr. die Anlegung und Veränderung von Straßen und Plätzen in Städten und ländlichen Ortschaften. Taschenformat. 211 Seiten. 1913. 3.—

(Guttentagsche Sammlung Preußischer Gesetze Bd. 50.)

Friedrichs, R., Strauß-Torney, Hugo von und **Saß,** Carl, **Gesetz, betr. Anlegung und Veränderung von Straßen und Plätzen** in Städten und ländlichen Ortschaften. (Straßen- und Baufluchtengesetz.) Kommentar. Groß-Oktav. 211 Seiten. 1920.

8.—, geb. 9.50

„Das Werk zeigt eine Reichhaltigkeit und Vollständigkeit, die sonst wenigen Kommentaren eigen ist, und übertrifft hierin noch weit die früheren Auflagen. Besonders erwähnenswert ist die geschickte Anordnung der Erläuterungen und das praktische Inhaltsverzeichnis.“ Wochenschrift des Architektenvereins zu Berlin

Heine, H., Die preußischen Baupolizeigesetze nebst den sonstigen einschlägigen Reichs- und Landesgesetzen. Taschenformat. 404 Seiten. 1928. Geb. 8.—

(Guttentagsche Sammlung Preußischer Gesetze Bd. 64.)

Diesem Band ist die Aufgabe gestellt, die in erster Linie in Betracht kommenden Gesetze und sonstigen Vorschriften und die im Zusammenhang hiermit entstehenden Rechtsfragen in übersichtlicher Weise zusammenzufassen und zu erörtern. Die Rechtsprechung des Oberverwaltungsgerichts und anderer Gerichte ist hierbei berücksichtigt worden.

Goldschmidt, O., Gesetze gegen die Verunstaltung landschaftlich hervorragender Gegenden mit Ausführungsanweisungen. Taschenformat. 152 Seiten. 1912. Geb. 2.40

(Guttentagsche Sammlung Preußischer Gesetze Bd. 49.)

„Der Kommentar, der sich durch seine klare und prägnante Ausdrucksweise auszeichnet, läßt eine gründliche Durcharbeitung des Stoffes erkennen und bietet eine sachgemäße, sorgfältige und erschöpfende Erläuterung der einzelnen gesetzlichen Bestimmungen. Er wird als ein durch Vollständigkeit und Zuverlässigkeit ausgezeichnetes Hilfsmittel jedem Freunde des Heimatschutzes ein willkommener Ratgeber sein.“ Jahrbuch des Verwaltungsrechts.

Wulff, G., und **Herold, F., Wassergesetz** vom 7. April 1913. Mit Einleitung, Erläuterungen und Sachregister. Zweite, umgearbeitete Auflage von G. Wulff. Taschenformat. XVI, 665 Seiten. 1928. Geb. 12.—

(Guttentagsche Sammlung Preußischer Gesetze Bd. 52.)

Diese zweite Auflage des Preußischen Wassergesetzes soll noch mehr als die erste mit ihren Anmerkungen und dem ausführlichen Sachregister als Wegweiser durch die teils schwierigen und verwickelten Fragen dieser Materie dienen und den Juristen über die einschlägige Rechtsprechung und das Schrifttum überall in ihrem neuesten Stande unterrichten. Mit seiner Reichweite, Gründlichkeit und treffsicheren Kürze bildet dieser Kommentar ein Meisterstück.

Lohmann, W., Gesetz, betr. die Feuerbestattung. Taschenformat. 79 Seiten. 1912. Geb. 1.50

(Guttentagsche Sammlung Preußischer Gesetze Bd. 47.)

„Der Verfasser, der als Mitglied der Kommission des Abgeordnetenhauses an dem Zustandekommen des Gesetzes hervorragend beteiligt war, konnte als zuständiger Bearbeiter des Gesetzes in erster Linie gelten. Der kleine Kommentar ist besonderer Aufmerksamkeit sicher." Jahrbuch des Verwaltungsrechts.

Holtgreven, A., und **Wolff, Th., Das Wildschadengesetz** vom 11. Juli 1891. Kommentar. Vierte, vermehrte und verbesserte Auflage. Oktav. VIII, 216 Seiten. 1902. 4.—

„Dieses Werkchen verfolgt einen doppelten Zweck. Dasselbe will einerseits die juristisch zweifelhaften Punkte des Wildschadengesetzes wissenschaftlich erörtern und klarstellen und andererseits allen denjenigen, welche bei der Handhabung dieses Gesetzes in irgendeiner Weise, sei es als Private, Beamte, Grundbesitzer oder als Jagdberechtigte, beteiligt sind, ein praktischer Berater sein."
Allgemeine Forst- und Jagdzeitung.

Born, A., Das preußische Fischereigesetz vom 11. Mai 1916 in der geltenden Fassung. Taschenformat. 428 Seiten. 1928. Geb. 7.50

(Guttentagsche Sammlung Preußischer Gesetze Nr. 62.)

Die Ausgabe bietet eine bis jetzt fehlende neue Darstellung des Fischereigesetzes, in der vor allem die neue Rechtsprechung eingehend verwertet ist. Außer dem Fischereigesetz, das eine ausführliche Erläuterung gefunden hat, sind die wichtigen Ausführungsverordnungen und im Anhang die einschlägigen Bestimmungen anderer für die Anwendung des Fischereigesetzes in Frage kommenden Gesetze berücksichtigt.

Born, A., Die preußischen Jagdgesetze in ihrer geltenden Fassung. Mit Erläuterungen versehen. Taschenformat. 433 Seiten. 1928. Geb. 8.—

(Guttentagsche Sammlung Preußischer Gesetze Nr. 63.)

Von einem erfahrenen Sachkenner bearbeitet, bietet die vorliegende Ausgabe eine eingehende Darstellung und Erläuterung der Gesetzgebung auf dem Gebiete des Jagdrechts. Außer der Jagdordnung sind die Ausführungsanweisungen, die in Frage kommenden Bestimmungen des Strafgesetzbuches, das Landesverwaltungsgesetz, das Gesetz über den Waffengebrauch der Forst- und Jagdbeamten, das Stempelsteuergesetz, die Verwaltungsgebührenordnung, die Preußische Pachtschutzordnung und das Reichsvogelschutzgesetz berücksichtigt.

Kunze, F., Das Jagdscheingesetz. Zweite Auflage. Taschenformat. 157 Seiten. 1899. Geb. 2.—

(Guttentagsche Sammlung Preußischer Gesetze Bd. 19.)

„Die eingehenden Anmerkungen und die im Titel hervorgehobenen Beigaben machen den kleinen Kommentar zu einem vortrefflichen, in der Praxis schwer entbehrlichen Hilfsmittel zur Auslegung des Gesetzes."
Zeitschrift für die gesamte Strafrechtswissenschaft.

Caro, H., Gesetz, betr. Austritt aus der Landeskirche, vom 14. Mai 1873. Taschenformat. 190 Seiten. 1911. Geb. 2.40

(Guttentagsche Sammlung Preußischer Gesetze Bd. 46.)

„Ein sehr praktisches Buch, das in den Anmerkungen zum Wortlaut des Ge-

setzes eine reiche Fülle von Material bietet für alle möglichen Fragen, die mit Aus- und Übertritt zusammenhängen. Das genau gearbeitete Inhaltsverzeichnis ermöglicht bei gelegentlicher Benutzung ein leichtes Auffinden des Nötigen.“
Deutsch-Protestantische Bücherschau.

Kollenscher, M., Rechtsverhältnisse der Juden in Preußen. Taschenformat. VIII, 199 Seiten. 1910. 2.40
(Guttentagsche Sammlung Preußischer Gesetze Bd. 45.)
„Es fehlte bisher eine zusammenfassende, erschöpfende Darstellung der in den verschiedensten Quellen zerstreuten zahlreichen Judengesetze und Verordnungen, und es ist ein großes Verdienst des Verfassers, uns diese in klarer, übersichtlicher Form und Anordnung gegeben zu haben. Jede Synagogengemeinde und jeder, der sich mit jüdischen Angelegenheiten beschäftigt, müßte dieses Buch besitzen.“
Jüdische Rundschau.

3. Steuerrecht

Nieberl, A., Reichsabgabenordnung vom 13. Dezember 1919 nebst Einführungsverordnung vom 18. Dezember 1919 und Übergangsverordnung vom 11. Oktober 1921. Textausgabe mit Anmerkungen und ausführlichem Sachregister. Zweite, neubearbeitete Auflage. Taschenformat. 1927. Geb. 12.—
(Guttentagsche Sammlung Deutscher Reichsgesetze Bd. 143.)
„Dieses Werk will auf Grund der Ergebnisse der Praxis der praktischen Anwendung der RAbgO. dienen und auch für den Nichtjuristen verständlich sein. Daß dieser Zweck erreicht wird, dürfte dem Verfasser nicht bestritten werden. Die Darstellung ist leicht verständlich und klar. Das Sachregister ist gründlich bearbeitet. Jedenfalls wird das Buch, das einen mit der praktischen Handhabung der RAbgO. vertrauten Verfasser erkennen läßt, nicht nur den Steuerbeamten, sondern auch dem rechtsuchenden Publikum und seinen Beratern ein willkommener guter Führer auf diesem Gebiet sein.“ *Juristische Wochenschrift.*

Michaelis, Richard, Die Dritte Steuernotverordnung vom 14. Februar 1924. Mit besonders ausführlicher Berücksichtigung der Vorschriften über die Aufwertung und die öffentlichen Anleihen. Taschenformat. VIII, 388 Seiten. 1924. Geb. 7.—
(Guttentagsche Sammlung Deutscher Reichsgesetze Bd. 157.)
„Ganz besonders zu rühmen ist der Kommentar von Michaelis, der dank seiner eingehenden und gründlichen Bearbeitungsweise erheblichen Einfluß auf die Praxis gewonnen hat.“ *Juristische Wochenschrift.*

Hollaender, Adolf, Einkommensteuergesetz und Körperschaftsteuergesetz nebst den zugehörigen Aus- und Durchführungsbestimmungen, Verordnungen und Erlassen. Taschenformat. XXXIX, 697 Seiten. 1926. Mit Nachtrag. 1928. Geb. 24.—
(Guttentagsche Sammlung Deutscher Reichsgesetze Bd. 151.)
„Das auf die Bedürfnisse der Praxis abgestellte und ihnen gerecht werdende Buch wird jedem gute Dienste leisten, der sich handelnd oder leitend auf dem äußerst unsicheren, ohne Hilfsmittel überhaupt nicht begehbaren Boden der heutigen Einkommensteuer zurechtfinden muß.“ *Juristische Rundschau.*

Pick, Reichsbewertungsgesetz. Textausgabe mit Anmerkungen. In Bearbeitung.

Wrzeszinski, Richard, und **Simon,** H. Veit, **Vermögensteuergesetz und Reichsbewertungsgesetz.** Kommentar. In Bearbeitung.

Schachian, Herbert, **Erbschaftsteuergesetz,** Fassung vom 22. August 1925, mit Anmerkungen. Vierte Auflage. Oktav. 65 Seiten. 1926. 2.50

„Das Buch enthält in der Form des Kommentars eine vollständige Darstellung des Erbschaftssteuerrechts und der zugrunde liegenden bürgerlich-rechtlichen Vorschriften des Erbrechts. Als wissenschaftliche und praktische Leistung steht der klar und scharf geschriebene Kommentar in vorderster Reihe unter seinen Rivalen; er ist als Wegweiser ganz besonders zu empfehlen." *Juristische Wochenschrift.*

Hoffmann, U., **Die preußischen Erbschaftsteuergesetze.** Taschenformat. 561 Seiten. 1905. 3.—

(Guttentagsche Sammlung Preußischer Gesetze Bd. 20.)

Lindemann, Otto, **Umsatzsteuergesetz** (neueste Fassung) mit Ausführungsbestimmungen. Vierte, vermehrte und verbesserte Auflage. Taschenformat. 518 Seiten. 1926. Geb. 10.—

(Guttentagsche Sammlung Deutscher Reichsgesetze Bd. 132.)

„Es handelt sich um einen ausführlichen, gediegenen und klar abgefaßten Kommentar, der den weiteren Vorzug besitzt, auf dem laufenden zu sein. Das Werk kann allen Interessenten nur warm empfohlen werden." *Industrie- und Handels-Zeitung.*

Meyer, E. H., Gesetzgebung über Steuer- und Kapitalflucht. Zweite Auflage. Taschenformat. 129 Seiten. 1921. Geb. 1.60

(Guttentagsche Sammlung Deutscher Reichsgesetze Bd. 145.)

„Das Büchlein enthält den Text der einschlagenden vier Gesetze samt den vier Verordnungen gegen die Kapitalabwanderung bzw. Kapitalflucht, eine kurze Übersicht über den Inhalt der Gesetze und sehr knapp gehaltene Anmerkungen. Sein Wert liegt in der handlichen Zusammenfassung der einschlagenden Vorschriften." *Juristische Wochenschrift.*

Lindemann, Otto, **Grunderwerbsteuergesetz** (neueste Fassung) mit den Ausführungsbestimmungen. Zweite, völlig umgearbeitete Auflage. Taschenformat. 186 Seiten. 1926. Geb. 4.—

(Guttentagsche Sammlung Deutscher Reichsgesetze Bd. 139.)

„Das Buch wird manchem in den mannigfachen Streitfragen des in der Praxis sehr einschneidenden Gesetzes ein willkommener Ratgeber sein. Die Erläuterungen zeichnen sich durch Klarheit und Gemeinverständlichkeit im besten Sinne aus." *Württembergische Industrie.*

Hoepker, Heinrich, **Die Industriebelastungsgesetze** vom 30. August 1924 nebst den Durchführungsbestimmungen zum Gesetz über die Industriebelastung. Taschenformat. XV, 200 Seiten. 1925. Mit Nachträgen. Geb. 4.—

(Guttentagsche Sammlung Deutscher Reichsgesetze Bd. 159.)

„Die Anmerkungen sind erschöpfend und führen den Leser mit Geschick in die schwierige und neue Materie ein. Rechtsanwälte sowie Kaufleute, für welche die Industriebelastung in Frage kommt, werden das mit einem guten Sachregister ausgestattete Werk mit gleichem Nutzen gebrauchen!“ *Industrie- und Handels-Zeitung.*

Eiffler, Kurt, **Staatliche Verwaltungsgebühren.** Gesetz über staatliche Verwaltungsgebühren vom 29. September 1923 nebst Gebührenordnungen und Ausführungsbestimmungen. Taschenformat. 192 Seiten. Mit Nachtrag. 1925. Geb. 6.—

(Guttentagsche Sammlung Preußischer Gesetze Bd. 61.)

„Das Buch ist für alle preußischen staatlichen und kommunalen Behörden unentbehrlich.“ *Deutsches Beamtenarchiv.*

„Das Buch, gut gegliedert und reichlich mit Erläuterungen und Anmerkungen versehen, ist ein ausgezeichnetes Hilfsmittel für alle, die mit Verwaltungsgebühren zu tun haben.“ *Kommunales Echo.*

Loeck, P., und **Eiffler**, K., **Preußisches Stempelsteuergesetz** mit den gesamten Ausführungsbestimmungen. Unter besonderer Berücksichtigung der Entscheidungen der Verwaltungsbehörden und der Gerichte herausgegeben. Zehnte neubearbeitete Auflage. Taschenformat. 476 Seiten. 1928. Geb. 13.—

(Guttentagsche Sammlung Preußischer Gesetze Bd. 18.)

„Die zahlreichen Auflagen zeugen für die Güte und praktische Brauchbarkeit des Buches, das durch den von Eiffler hinzugefügten Anhang auf den gegenwärtigen Rechtsstand gebracht ist.“ *Finanz-Ministerialblatt.*

Lebbin, Georg, **Nahrungsmittelgesetze** mit Erläuterungen. Zweite, stark vermehrte Auflage in zwei Bänden.

Zweiter Band: **Getränkegesetze und Getränkesteuergesetze** (Wein, Bier, Branntwein, Mineralwasser). Unter Mitarbeit von Rechtsanwalt Dr. Kniebe. Taschenformat. XII, 400 Seiten. 1926. Geb. 10.—

(Guttentagsche Sammlung Deutscher Reichsgesetze Bd. 54b.)

„Die wichtigsten Gesetze sind eingehend kommentiert und durch die einschlägigen Verordnungen, Ausführungsbestimmungen, Erlasse, Entscheidungen oberster Gerichte und nicht zuletzt die internationalen Abkommen so vollständig ergänzt, daß die Sammlung als unentbehrliches Hilfsmittel, wie es in dieser Art bislang noch fehlte, für den Sachbearbeiter bei Behörden und Verbänden sowohl als auch für den Kaufmann der Branche zu begrüßen ist.“
Württembergische Wirtschafts-Zeitschrift.

Wündisch, Friedrich, **Das Tabaksteuergesetz** vom 12. September 1919 nebst den Ausführungsbestimmungen vom 26. Februar 1920. Taschenformat. 286 Seiten. 1920. Mit Nachtrag 1925.
Geb. 4.—

(Guttentagsche Sammlung Deutscher Reichsgesetze Bd. 146.)

„Endlich ein Kommentar zum Tabaksteuergesetz! Die Ausgabe kommt den Wünschen der Praxis nach einer erschöpfenden Darstellung des neuen Gesetzes in umfassender Weise entgegen. Außer einer eingehenden Kommentierung des neuen Rechts ist der frühere Rechtszustand sowie der Gang des Tabaks vom Feld bis zum Verbraucher eingehend dargestellt. Außer den Behörden und Beamten, in deren Hand die Durchführung des Gesetzes gelegt ist, bildet das Buch auch für die Steuerzahler eine ausgezeichnete Informationsquelle für alle Fragen, die in der Praxis vorkommen. Die zahlreichen ausführenden Verordnungen sind abgedruckt."
Deutsche Tabak-Zeitung.

Hagelberg, E., und **Krämer**, L., **Grunderwerbsteuergesetz** vom 12. September 1919 (RGBl. S. 1617) in der Fassung des Gesetzes vom 11. März 1927 (RGBl. I S. 72) nebst Einleitung, Sachregister und Ausführungsbestimmungen und der einschlägigen Vorschriften des Finanzausgleichs-Steuermilderungsgesetzes und Steuerstrafrechts. Für die Praxis erläutert. Zweite völlig umgearbeitete und erweiterte Auflage. 1928. Groß-Oktav. 355 Seiten. Geb. 15.—

„Die verhältnismäßige Kürze ihrer Erläuterungen bei großer Vollständigkeit ist zu rühmen. Das Buch ist nicht nur für den Juristen, sondern auch für den gebildeten Laien, namentlich Grundstücksmakler und Hausbesitzer, von großem, praktischen Wert." *Zeitschrift d. Deutsch. Notarvereins.*

FSC
www.fsc.org
MIX
Papier | Fördert
gute Waldnutzung
FSC® C083411

Kolibri 360 GmbH
Ferdinand-Jühlke-Straße 7
99095 Erfurt, Deutschland
produktsicherheit@kolibri360.de